中國古代史學叢書

[清]顧炎武 撰
譚其驤 王文楚 朱惠榮 等 校點

肇域志

肆

上海古籍出版社

肇域志（四）

譚其驤　王文楚　朱惠榮等校點

陝西

總制陝西尚書一員。　巡撫陝西都御史一員，巡撫榆林都御史一員，巡撫寧夏都御史一員，巡撫甘肅都御史一員。　巡按陝西監察御史一員，巡按河西監察御史一員，巡茶監察御史一員，清軍監察御史一員，巡鹽監察御史一員。　平涼行太僕寺卿一員，少卿二員，寺丞一員；甘肅行太僕寺卿一員，少卿一員，寺丞一員；苑馬寺卿一員，少卿一員，寺丞一員。　布政司：左布政使一員，右布政使一員〔一〕，左參政一員，右參政四員，左參議一員，右參議三員。　按察司：按察使一員，副使一十二員，僉事六員。　按察司分六道：關内道，理西安；關西道，理平、鳳；關南道，理漢中；隴右道，理臨、鞏、洮、岷；河西道，理延、慶、寧夏；西寧道，理行都司各衛所。　都司：都指揮使一員，指揮同知二員，指揮僉事四員。

繁簡考：陝西内綜八郡，外控三邊，吏兹土者牧且兼帥焉，責誠艱矣。西、鳳、漢中，稍稱饒庶，百需給仰，供應頗難。延、慶、平涼、臨、鞏，逼近邊陲，虜一入，無論貲産，鋒鏑死傷之患，獨先嘗焉，視諸郡尤衝而勢不相貫。故甘肅星懸於河外，寧夏株保於横城、榆林，一望虜又幕，千里餽糧，獨其人輕生敢戰相持無恐，頻年更番入衛，耗亡半矣，墮城殞將，蓋有由然。若虜其甚者，固原爲開府調度之中，重兵屯戍，自去秋敗績之後，懸賞選募，至今鋭士尚不滿千，若虜襲舊直驅，踐汧、隴〔二〕，薄涇、邠，窺三輔，特再晝夜力耳。鳳、沔之墟，夙多回種，而無良亡命者又多逃匿其中，立俟風塵，鼓煽而起，腹心之患，其將大乎！是故有牧帥之責者，所當觀釁而預圖焉。

晉末，劉裕伐秦，王鎮惡蒙衝小艦，徑至渭橋〔三〕。唐高祖時，突厥歲盜邊，帝會羣臣問所以備邊者。將作大匠于筠請於五原、靈武置舟師於河〔四〕，扼其入。中書侍郎温彦博曰：魏爲長塹遏匈奴，今可用。帝使桑顯和塹邊大道，召江南船工，大發卒治戰艦。據此，是江南之船可至關中，而舟楫之利可行於西北也。董衡唐書釋音〔五〕：雍，於用切。州名雍，擁也。東崤，西漢，南商，北居庸，四山之所擁翳也。史記霍驃騎傳：渾邪王降漢，乃分徙降者邊五郡故塞外，而皆在河南，因其故俗，爲屬國。隴西、北地、上郡、朔方、雲中。宋書王鎮惡傳：鎮惡請率水軍，自河入渭，直至渭橋。鎮惡所乘皆蒙衝小艦〔六〕，行船者悉在艦内。羌見艦泝渭而進，不見有行船〔七〕，北土素無舟楫，莫不驚惋，咸謂爲神。

【校勘記】

〔一〕右布政使　「使」，底本作「司」，川本、滬本同，據明史職官志改。

〔二〕踐汧隴　「汧」，底本、川本作「沂」，據滬本及紀要卷五二改。

〔三〕徑至渭橋　「渭」，底本、川本作「謂」，據滬本及宋書王鎮惡傳改。

〔四〕于筠　「于」，底本作「於」，川本同，據滬本及新唐書突厥傳改。

〔五〕董衡唐書釋音　「董衡」，底本、川本作「堇衡」，據滬本及宋史藝文志改。

〔六〕皆蒙衡小艦　「衡」，底本作「童」，川本缺，據滬本及宋書王鎮惡傳改。

〔七〕羌見艦泝渭而進不見有行船　底本、川本、滬本同。宋書王鎮惡傳：「羌見艦泝渭而進，艦外不見有乘行船人。」疑有脱誤。

西安府

屬關内道。　城周四十里。府志。　自黄巢寇長安，焚毁宫室，韓建仍棄舊城，築京兆府城，是爲今城。張祉記云：周二十五里〔一〕。　南割楚、蜀，東連豫、冀，西界番戎，北抵沙漠，幅員萬里，誠中分天下之大域也。　内列八府，外控三邊。通志。〔眉批〕左殽、函，右隴、蜀，沃野千里，南有巴、蜀之饒，北有胡苑之利。阻三面而守，獨以一面東制諸侯，此所謂金城千里，天府之國也。史記。　季札觀樂，爲之歌秦，曰：此之謂夏聲。夫能夏則大，大之至也，其周之舊乎！左傳。勇於公戰，怯於私鬬〔二〕。史記。〔眉批〕雍州土厚水深，其民厚重質直，無驕惰浮靡之習〔三〕。以善導之，則易興起而篤於仁義；以猛驅之，則其强毅果敢之資，亦足以强兵力農而成富强之業；非山東諸國所及。朱子秦風詩傳〔四〕。瀕南山，近夏陽，多阻險，輕薄易爲盜賊，嘗爲天下劇。又郡國輻輳，浮食者多，民去本就末；列侯貴人，車服僭上，衆庶倣效，羞不相及；嫁娶尤崇侈靡，送死過度；故漢時京輔稱爲難理。府志。元爲安西路，置陝西行省。本朝洪武二年，改爲西安府，在陝西行省〔五〕，洪武九年，改爲布政司。〔眉批〕漢書高帝紀：二年，雍州定，八十餘縣，置河上、渭南、中地、隴西、上郡。注：服虔曰：河上，即左馮翊也。渭南，京兆也〔六〕。中地，右扶風也。

終南山，在府城南五十里，一名南山。東自藍田縣界，西入咸寧縣界。要義曰：太乙，一名終南山。三秦記曰：太乙在驪山西，去長安二百里。太白武功二山，在今郿縣。太華山，在華陰縣西南。何景明曰：太華、終南、太白，實一山，延亘不絶。太華在華陰，終南在長安，太白在郿，各以其地異名爾。其山首枕嵩、芒〔七〕，尾貫羌、蜀，表裏秦關，蓋邦域大紀云。黄河，自龍門而下，歷韓城、郃陽至朝邑縣界，稍折而東，入蒲州界。渭河，在府城北五十里。出臨洮府渭源縣鳥鼠山西北谷，東流經盩厔、興平、咸陽、渭南，至華陰界入黄河。涇河，發源平凉府界岍頭山〔八〕，經邠州、醴泉、涇陽，至高陵縣入渭〔九〕。

藩封：秦王，太祖第二子，洪武三年封。

巡撫並關内道分巡駐劄。

陝西都指揮使司：西安左衛，西安前衛，西安後衛，西安右護衛。

京兆驛，西安遞運所，灞橋遞運所。　地當省會，供應煩雜，回、漢軍民雜處，健訟。

【校勘記】

〔一〕張祉記云周二十五里　「記」，底本、川本作「紀」，據滬本改。「二十五里」，底本、川本同，滬本作「二十三里」。

〔二〕怯於私鬭　「私」，底本、川本作「外」，據滬本及史記商君列傳改。

〔三〕無驕惰浮靡之習　「驕惰」，底本、川本作「論嬌」，據滬本及清統志卷二二七改。

〔四〕秦風詩傳　「傳」，底本、川本作「稿」，據滬本及明統志卷三二、清統志卷二二七改。

〔五〕在陝西行省　底本、川本、滬本同。清統志卷二二六：「明初仍立陝西行省，洪武九年，改置陝西等處承宣布政使司。」是「在」當爲「仍」之誤。

〔六〕渭南京兆也　「渭」，底本、川本作「謂」，據滬本及漢書高帝紀顏師古注引服虔曰改。

〔七〕其山首枕嵩芒　「芒」，底本、川本及雍大記卷九同，滬本作「邙」。

〔八〕岍頭山　「岍」，底本、川本作「𡵉」，滬本作「笄」，據淮南子墬形訓高誘注、明統志卷三二改。

〔九〕至高陵縣入渭　底本、川本及明統志卷三二同，滬本作「至高陵縣南入渭」。

長安縣　治。　隋開皇三年，始徙縣治於此。　隋文帝命高熲等創建新都，其地在漢長安故城之南，南直終南山子午谷，北據渭水，東臨灞、滻，北枕龍首山原。至唐天祐元年，昭宗幸洛陽，匡國軍節度使韓建改築〔一〕，約其制爲今城。史記河渠書：元光中，大司農鄭當時建言：引渭起長安，東至河三百餘里，渠下民田萬餘頃〔二〕，得灌溉，益肥關中地。天子以爲然，令齊水工徐伯發卒數萬人穿渠〔三〕，三歲通，渠下民頗得溉田。

【校勘記】

〔一〕匡國軍節度使韓建　「軍」，底本無，川本、滬本同。新唐書方鎮表一：乾寧二年，升同州爲匡國軍節度。天祐三年，罷匡國軍。舊五代史梁書韓建傳：開平四年，除匡國軍節度使。此脱「軍」字，據補。

〔二〕渠下民田萬餘頃　「下」，底本脱，川本、滬本同。史記河渠書：鄭當時爲大農，言曰：引渭穿渠起長安，至河三百餘里，「而渠下民田萬餘頃，又可得以溉田」。據補。

〔三〕徐伯　「伯」，底本、川本作「佑」，滬本作「祐」，據史記河渠書改。

咸寧縣　治。隋大興縣。唐萬年縣。通鑑：隋文帝以渭水多沙，深淺不常，漕者苦之，招太子左庶子宇文愷帥水工鑿渠〔一〕，引渭水自大興城東至潼關三百餘里，名曰廣通渠。漕運通利，關内賴之。北史：隋文帝開皇四年六月壬子，開通漕渠，自渭達河，以通運漕。隋書郭衍傳：爲開漕渠大監，部帥水工，鑿渠引渭水，經大興城北，東至於潼關，漕運四百餘里，關内賴之，名之曰富民渠。唐書：天寶元年，韋堅爲陝郡太守、水陸轉運使。自漢及隋，有運渠自關門西抵長安，以通山東租賦。堅奏於咸陽壅渭水作興成堰，截灞、滻水，傍渭東注，至關西永豐倉下，與渭水合。於長安城東九里長樂坡下〔二〕，滻水之上架苑牆〔三〕，東面有望春樓〔四〕，樓下穿潭以通舟楫，二年而成。堅預於東京、汴、宋取小斛底船二三百隻置於潭側，其船皆署牌表之〔五〕。凡數十郡，各以土物堆積其上，駕船人皆大笠子、寬袖衫、芒屨，如吳、楚之制。廣集兩縣官，使婦人唱得寶歌。使縣尉崔成甫作歌詞十首，白衣缺胯緑衫，錦半臂，偏袒膊，紅羅抹額，於第一船作號頭唱之。和者婦人一百人，皆鮮服靚妝，齊聲接影，鼓笛胡部以應之。餘船洽進，至樓下，連檣彌亘數里，觀者山積。堅跪上諸郡輕貨，又上百牙盤食〔六〕，府縣進奏，教坊出樂迭奏。玄宗大悦，賜名廣運潭。府志：在縣東滻水，今廢。

龍首山，在府城北一十里。首入渭水，尾達樊川，長六十里。隋以長安城狹小，改作新都於龍首山遷焉。

錫谷，在府城東南六十里。有路至歸安鎮，合義谷路通漢中府。　子午谷，在府城南一百里。谷中路通南北，故名。漢平帝時置關，今廢。　潏水，在府城南一十里。發源南山石壁谷，北流注於渭。顔師古曰：涇、渭、滻、灞、豐、鎬、澇、潏爲八水。三輔黄圖：關中八水，皆出入上林苑〔七〕。　鎬水，在府城西北一十八里。上承鎬池，下流合滮池水。　滻水，在府城東一十五里。源出藍田縣，合金谷水〔八〕，北流入灞水。　灞水，在府城東二十里。源出秦嶺，合藍谷、傾谷諸水入滻水，注於渭。北史：隋文帝開皇五年九月乙丑，改鮑陂曰杜陂〔九〕，霸水曰滋水。滮水，在府城西北二十里。發源咸陽縣之滮池，西北合鎬水。交水，在府城南三十里。一名福水，上承樊川，西至石碣，道分爲二：一注澧河，一入昆明池。樊川，在府城南二十里。御宿川，在府城西南二十里。樂遊原，在府城南八里。漢宣帝起樂遊廟。細柳原，在府西南三十三里昆明池南。漢周亞夫屯兵處。長樂坡，在府城東北一十里，滻水西岸。漢長樂宮在其西北。曲江池，在府東南一十里。漢武帝所鑿，其水曲折似嘉陵江〔一〇〕，因名。〔眉批〕史記司馬相如傳：臨曲江之隑州兮。索隱曰：隑，音祈，即碕字，謂曲岸頭也。有宮閣路〔一一〕，今獨謂之曲江，在杜陵西北〔一二〕。昆明池，在漢上林苑。武帝欲伐昆明，穿此池以習水戰。唐書：大和九年〔一三〕，浚昆明曲江二池。上好爲詩，每誦杜甫曲江行云：江頭宮殿鎖千門，細柳新蒲爲誰緑？乃知天寶以前，曲江四岸皆有行宮臺殿〔一四〕、百司廨署，思復昇平故事〔一五〕，故爲樓殿以壯之〔一六〕。命左右神策軍淘曲江昆明二池，起翠雲樓、彩霞亭〔一七〕。

未央宮，在府城西北一十四里。漢高帝建，内有東闕、北闕、前殿、武庫，遺址尚存。長樂宮，在府城西北一十八里。漢高帝建。創業起居注：帝遺移營舍於長樂宮滻川上〔一八〕。此隋之長樂宮也。建章宮，在府城西北二十里。漢武帝建。大明宮，在府治東北五里。唐東内也。貞觀中建，初名永安，後改曰蓬萊〔一九〕，又改曰大明。夾城，唐玄宗以隆慶坊爲興慶宮，附外郭爲複道，名曰夾城。後宣宗於夾城南頭開便門〔二〇〕，自芙蓉園北入青龍寺〔二一〕，俗號新開門。安西王城，在府城東北二十里。元世祖以子忙阿剌爲安西王，開府京兆，鎮秦防留涼之地〔二二〕，置城，今俗名斡耳朵，故址尚存。興慶宮，在府治東南五里。唐南内也，玄宗建。翠微宮，在府城南八十里終南山上。唐高祖建，名太和，太宗改曰翠微。中渭橋，在府城西北二十五里，架渭水上。秦始皇作離宮於渭南北，渭水貫都，以象天漢，横橋南渡，以法牽牛。〔旁注〕長安城北，咸陽東南二十五里〔二三〕。今橋廢渡存。東渭橋，在府城東北五十里。〔旁注〕咸寧東四十里。漢高祖造，以通櫟陽之道〔二四〕。西渭橋，在舊長安城西。漢武帝造，跨渭水以通茂陵，以其對便門，故亦名便橋。唐時名咸陽橋。便橋。武帝紀：建元三年，初作便門橋。服虔曰：在長安西北〔二五〕、茂陵東。蓋秦世已有中橋，亦自可趨興平而遷四離道，故於城之西面南來第一門外，對門創橋，以便西往。故北門一名便門，而北橋遂名便橋，亦曰便門橋也。灞渡，在縣東南二十五里〔二六〕，入藍田路。光泰門渡，在縣東二十里，入高陵、耀州路〔二七〕。霸橋，在府城東霸水上。漢時送行者多至此。王莽時橋災〔二八〕，隋更造，元修以石〔二九〕。長安故城，在府城西北二、三十里〔三〇〕。舊志謂本秦離宮。今按其地即秦宮跨渭處。漢高帝七年，自櫟陽徙都於此。惠帝元年，城長安，周圍六十五里，南爲南斗形，北爲北斗形。城周圍六十里，經緯各長十五里〔三一〕，城中地九百七十三頃〔三二〕，八街、九陌、九市。〔眉批〕三輔治所，在長安古城中。京兆在故城南尚冠里，馮翊在故城内太上皇廟西南，扶風在夕陰街北。三輔者，三爵：中尉及左、右内史，漢武帝改曰京兆尹、左馮翊、右扶風，共治長安城中。光武之後，馮翊出治高陵，扶風出治槐里。顔師古注：長安以東爲京兆，長陵以北爲左馮翊，渭城以西爲右扶風。霸陵城，在府城東二十五里。本秦穆公築，漢文帝葬其地，因置霸陵縣。上林苑，在府城内〔三三〕。本秦苑，漢武帝開廣之，方數百里。博望苑，在府城北五里。漢武帝爲戾太子築，使通賓客。軹道，在府城東一十三里。秦子嬰降沛公處。周穆王陵，在府西南二十五里張恭村〔三四〕。造書臺，在長安縣西南二十里西宫張村三會寺中〔三五〕。即倉頡造字處。〔旁注〕石經，在於府學。周易、毛詩、尚書、周禮、儀禮、禮記、左氏、公羊、穀梁、孝經、論語、爾雅，凡十二經，孟子獨缺。石刻孝經，唐明皇八分書，在府學。孔子廟堂碑，唐太子中書舍人、著作郎虞世南撰并書，在文廟，今缺裂不完。顔氏家廟碑，唐吏部尚書顔真卿撰并書，在文廟。三藏聖教序碑二：一爲唐沙門懷仁奉敕集晉王右軍書〔三六〕，一爲中書令褚遂良書，在慈恩寺塔東西龕下，今存。

【校勘記】

〔一〕宇文愷　「愷」，底本作「瑾」，川本、滬本同，據通鑑卷一七六改。

〔二〕於長安城東九里　「東」，底本、川本脱，據滬本及舊唐書韋堅傳補。

〔三〕滻水之上　「上」，底本、川本作「下」，據滬本及舊唐書韋堅傳改。

〔四〕東面有望春樓　「面」，底本、川本作「西」，據滬本及舊唐書韋堅傳改。

〔五〕其船皆署牌表之　「署」、「表」，底本、川本作「置」、「衣」，據滬本及舊唐書韋堅傳改。

〔六〕又上百牙盤食　「牙」，底本、川本作「般」，據滬本及舊唐書韋堅傳改。

〔七〕皆出入上林苑　「入」，底本、川本脱，據滬本及三輔黄圖卷六補。

〔八〕金谷水　「金」，川本同，與長安志卷一六合；滬本作「莽」，清畢沅校長安志藍田縣金谷水下云：「沅案水經注云，滻水西北流，與一水合，水出西南莽谷，東北流注滻水，滻水又北流，歷藍田川，北流注於霸水，即此水也。」

〔九〕改鮑陂曰杜陂　兩「陂」字，底本、川本、滬本作「陵」，據北史隋本紀改。

〔一〇〕嘉陵江　「嘉」，川本及紀要卷五三同，滬本作「廣」，同寰宇記卷二五。

〔一一〕有宫閣路　「閣」，底本、川本作「門」，據滬本及史記司馬相如傳索隱改。

〔一二〕在杜陵西北　「杜」，底本、川本作「江」，據滬本及史記司馬相如傳索隱改。

〔一三〕大和九年　「大和」，底本、川本作「太初」，據滬本及舊唐書文宗紀改。

〔一四〕曲江四岸皆有行宫臺殿　「四」，底本、川本脱；「臺」，底本、川本作「宫」，據滬本及舊唐書文宗紀補改。

〔一五〕思復昇平故事　「思復」，底本、川本作「司後」，據滬本及舊唐書文宗紀改。

〔一六〕爲樓殿以壯之　「樓」，底本、川本作「宫」，據滬本及舊唐書文宗紀改。

〔一七〕命左右神策軍至彩霞亭　川本同，滬本無此二十字。滬本於上文昆明池，「穿此池以習水戰」下有「秦長信宫。史記：始皇二十七年，作長信宫於渭水之南，通驪江」二十四字，底本、川本無。

〔一八〕帝遣移營舍於長樂宫滻川上　「舍」，底本、川本缺；「滻」，底本、川本缺，滬本作「澧」，據滬本及大唐創業起居注卷二補改。

〔一九〕初名永安後改曰蓬萊　「初名永安」，滬本下有「明年改大明」五字，底本、川本無。「後改曰蓬萊」，川本同，滬本下有「曰含元」三字，與新唐書地理志同，底本、川本無。

〔二〇〕夾城南頭　「頭」，底本、川本脱，據滬本及長安志圖卷上補。

〔二一〕自芙蓉園北入青龍寺　「園」、「北」，底本、川本作「圃」、「以」，據滬本及長安志圖卷上改。

〔二二〕鎮秦防留涼之地　底本、川本、滬本同。疑爲「鎮防秦、涼之地」之誤。

〔二三〕長安城北咸陽東南二十五里　底本、川本作「長安□□咸陽東西二十五里」，滬本作「橋今在咸陽東南二十五里」。紀要卷五三：中渭橋，在「故長安城北」，「咸陽東南二十二里」。此「長安」下當脱「城北」二字，「西」爲「南」字之誤，據以補改。

〔二四〕漢高祖造以通櫟陽之道　「高祖」，底本、川本同，滬本作「景帝」。紀要卷五三：東渭橋，「漢高祖造此以通櫟陽之道，或曰景帝時所作也」。

〔二五〕長安西北　底本、川本作「西北長安」，據滬本及漢書武帝紀顔師古注引服虔曰乙正。

〔二六〕在縣東南二十五里　川本同，滬本作「在咸陽縣東南二十五里」。長安志卷一一：横霸官渡，在萬年縣東南二十五里。横霸官渡當即灞渡，宋萬年縣在明、清爲咸寧縣，一統志卷二三九載横霸官渡於咸寧縣，則滬本誤。

〔二七〕光泰門渡在縣東二十里入高陵耀州路　「泰」，底本、川本作「春」；「耀」，底本、川本脱，並據滬本及長安志卷一一改補。

〔二八〕王莽時橋災　「時」，底本、川本作「東」，據滬本及明統志卷三二改。

〔二九〕隋更造元修以石　川本及明統志卷三二同，滬本作「隋更造，修以石」。

〔三〇〕在府城西北二三十里　「二三」，川本同，滬本作「二，一作三」。明統志卷三二作「二十里」。

〔三一〕經緯各長十五里　「十五」，川本及續漢書郡國志劉昭注引漢舊儀同，滬本作「三十五」。

〔三二〕城中地九百七十三頃　「三」，川本及續漢書郡國志劉昭注引漢舊儀同，滬本作「二」。

〔三三〕在府城内　「内」，川本及明統志卷三二同，滬本作「西」。

〔三四〕張恭村　「恭」，底本、川本作「太」，據滬本及明統志卷三二改。

〔三五〕造書臺在長安縣西南二十里西宫張村三會寺中　底本、川本作「造書壘，在長安縣西三十里西宫張村三會寺臺」，滬本作「造書臺，在長安縣西南三十里西宫張村三會寺臺」。據明統志卷三二改補。

〔三六〕唐沙門懷仁　「懷」，底本、川本脱，據滬本及清統志卷二二八補。

咸陽縣　府西北五十里。　西達諸邊，南通蜀道。地衡而事頗簡。南臨渭水，北依九嵕〔一〕。　城周四里一百五十二步。嘉靖二十六年，拓東、西、北三隅爲郭〔二〕，周四里有奇。萬曆四年，遂合新、舊爲一城。　唐書李石傳：石奏：咸陽令韓遼請開興成渠。舊漕在咸陽縣西十八里，東達永豐倉，自秦、漢以來疏鑿，其後堙廢。昨遼計度，用功不多。此漕若成，自咸陽抵潼關，三百里内無車輓之勤，則轅下牛盡得歸耕，永利秦中矣〔三〕。　唐武德元年，析涇陽、始平置咸陽縣。六年，徙便橋，城舊在杜郵館西。洪武四年，始遷今治。

洪瀆原，在縣北五里。東西一周，闊七里許。　渭水驛。治東。　鮮原，周文王伐密之後，相高原而徙都。詩：在渭之將。注云：在京兆府咸陽縣。周文王都，在縣南四十里。武王都，在縣南五十里。咸陽遞運所。治西。高陽原，在城南二十里，接長安界。短陰原，一名短陰山〔四〕，在縣西南二十里。詳見長安。渭水。漕河，在城南十五里。自萬年縣界來，逕縣界五里入渭。詳見長安。畢原，在縣北，周文、武、成、康葬於此。灃水，出終南山，合太平、高觀谷水，東至縣入於渭。詩云：豐水東注。即此。〔眉批〕府志：豐水在縣東南，經流所向〔五〕，可引疏咸、長兩縣田，亦可殺水勢，不然豈惟坐失水利，時或春漲，更有衝決之害。

牛首池，在渭水南。史記：秦上林苑傍牛首池中，有自生之韭，故又名野韭澤〔六〕。府志：在縣南八里。長信宮，在縣境渭水南。史記：始皇初居有長信宮、祈年宮。阿房宮，在縣東二十五里。始皇建於渭南上林苑中。蘭池宮，在縣東二十五里。秦始皇三十一年，爲微行咸陽，與武士四人俱，夜出逢盜蘭池，見窘，武士擊殺盜。〔眉批〕漢志：渭城縣有蘭池宮〔七〕。三秦記：始皇引渭水爲長池，東西二百里，南北二十里〔八〕，築蓬萊山，刻石鯨，長二百丈〔九〕。亦曰蘭池陂〔一〇〕。鎬京城，在縣西南。周武王自豐居鎬，今灃水之東，長安之西三十里之灃一十五里鎬池〔一一〕，即其故都也。周文王陵，在縣北十五里。其北爲武王陵。漢高帝長陵，在縣東三十五里。徙關東豪傑萬家於此，置陵邑。其東有呂后陵，戚夫人、趙隱王如意墓，在櫟陽故城〔一二〕。咸陽故城，有三：秦城，在今縣東三十里；隋城，在縣東北二十里；唐城，在渭水北，杜郵館西。杜郵，在縣東五里。〔旁注〕唐故縣城東。秦白起賜死處。今其地名孝里亭。〔眉批〕淩雲閣。漢宮闕疏曰：淩雲閣，秦二世造，在咸陽，其閣與南山齊。冀闕〔一三〕。史記：秦孝公十二年，於咸陽築冀闕，徙都之。棘門，在舊咸陽縣東北十八里。漢徐厲嘗屯此〔一四〕。細柳營，在縣西三十里〔一五〕。漢周亞夫屯軍處。陳濤斜。雍録云：在咸陽。唐肅宗在彭原，房琯爲先鋒，收兩京，戰於陳濤斜。又李晟與李懷光會於咸陽陳濤斜，即此。

【校勘記】

〔一〕北依九嵕　「嵕」，底本作「嵏」，據川本、滬本及紀要卷五三改。

〔二〕拓東西北三隅爲郭　「郭」，底本、川本作「邦」，據滬本改。

〔三〕則轅下牛盡得歸耕永利秦中矣　「耕」、「永」，底本、川本作「新」、「水」，據滬本及舊唐書李石傳改。

〔四〕短陰原一名短陰山　兩「短」字，底本、川本並作「矩」，據滬本及元和志卷一、長安志卷一三改。

〔五〕經流所向　「向」，川本同，滬本作「回」。

〔六〕史記秦上林苑傍牛首池中有自生之韭故又名野韭澤　川本、滬本同。按史記司馬相如列傳：「濯鷁牛首。」集解引漢書音義曰：「牛首，池名，在上林苑西頭。」漢書司馬相如傳顏師古注引張揖曰同。「有自生之韭，故又名野韭澤」，不見於今本史記、漢書。

〔七〕漢志渭城縣　底本、川本作「注謂城縣」，據滬本及漢書地理志改。

〔八〕南北二十里　「二」，川本、滬本同，續漢書郡國志劉昭注引三秦記作「三」。

〔九〕長二百丈　底本、川本脱「百」字，據滬本及史記秦始皇本紀正義引括地志、續漢書郡國志劉昭注引三秦記補。

〔一〇〕蘭池陂　「陂」，底本、川本作「陵」，據滬本及史記秦始皇本紀正義引括地志改。

〔一一〕今澧水之東長安之西三十里之澧一十五里鎬池　「西」，底本、川本作「南」。寰宇記卷二五：「周文王作豐，今縣（長安）西北靈臺鄉豐水上游是也。武王理鎬，今昆明池北鎬陂是也。」是「南」爲「西」之誤，據改。滬本作「今澧水之東，長安西北之鎬池」，無「三十里之澧一十五里」諸字。

〔一二〕戚夫人趙隱王如意墓在櫟陽故城　底本、川本及明統志卷三二同。滬本作「戚夫人墓在縣西」，無「趙隱王如意墓在櫟陽故城」諸字。寰宇記卷二六：「戚夫人墓在縣（咸陽）西十五里。」與滬本合。

〔一三〕冀闕　底本、川本作「翼閣」，據滬本及史記秦本紀改。下同。

〔一四〕漢徐厲嘗屯此　「嘗」，底本、川本作「喜」，據滬本改。

〔一五〕在縣西三十里　底本、川本同，滬本作「在縣西南二十里」，與元和志卷一同。又，長安志卷一三作「在縣西南三十里」。

興平縣　府西一百里。　章邯爲雍王，都廢丘〔一〕，即此。　城周七里三分。　後依高原，前襟渭水。

清水，在縣南十五里，東入於渭。　渭水，在縣南二十里〔二〕，發源於渭源縣，東流入於黄河。

黄山宫，在縣西南三十里。　漢孝惠二年起。　東方朔傳：武帝微行，西至黄山。即此地也。揚雄甘泉賦曰：北繞黃山。張衡西京賦曰〔三〕：繞黃山而款牛首。仙林宮，在縣西一十八里。隋文帝所置。多寶塔，在縣東南二十五里。唐時建，今重勒顔真卿書。底張馬驛，在縣北三十里。東北二十里〔四〕。白渠驛，治北。底張村遞運所，在縣北三十里〔五〕。底張鎮，在縣東北三十里。北通固原〔六〕，最衝要。馬嵬堡，在縣西三十里。馬村堡，在縣東二十里。郭村堡，在縣西南一十五里。近年防虜，知縣劉賢建〔七〕。馬嵬坡，在縣西二十五里。唐玄宗幸此，賜楊貴妃死處。槐里城，在縣東南一十里。即犬丘城〔八〕，晉爲始平郡治。茂陵城，在縣東北。漢武帝析槐里置。

【校勘記】

〔一〕章邯爲雍王都廢丘　「都」，底本、川本錯簡於「章邯」下，據滬本及史記項羽本紀乙正。

〔二〕在縣南二十里　「南」，底本、川本作「西」，據滬本及元和志卷二改。

〔三〕張衡西京賦　底本、川本作「張衡賦曰西京上林」，據滬本及文選卷二改。

〔四〕在縣北三十里東北二十里　川本同，滬本作「在縣東北三十里」，紀要卷五三、清統志卷二二九同。

〔五〕在縣北三十里　「北」，川本同，滬本作「東北」，紀要卷五三、清統志卷二二九同。

〔六〕固原　「固」，底本、川本作「同」，據滬本及乾隆西安府志卷一〇改。

〔七〕劉賢建　底本脱「劉」字，川本脱「劉」「建」二字，據滬本及乾隆西安府志卷一〇補。

〔八〕犬丘城　「犬」，底本、川本作「大」，據滬本及長安志卷一四改。

臨潼縣　府東六十里〔一〕。本志：東北五十里。　城周四里。本志：五里。〔眉批〕西抗驪山，背阻渭水，鴻門控其左，灞陵接其右。　面驪山，背渭水，東控鴻門，西接灞橋。本志。　元史世祖紀：至元四年，省櫟陽縣入臨潼〔二〕。

新豐鎮，在縣東北二十里。　泠口鎮〔三〕，在縣東北五十里。　櫟陽鎮，在縣北五十里。斜口鎮，在縣西十里。　相橋鎮，在縣東北六十里。　渭水，在縣北十五里。自高陵界來，入渭南界。　玉橋河，在縣東三十里，北入渭。　交口河，在縣東北四十里。石川、清峪二水會於櫟陽東北，東南入渭，故名。　其北經張家村，名張家河。　石川河，在縣東北八十里。　自富平界來，至櫟陽東北入境。　清河，在縣東北八十里。　自三原界荆山南來入境。　新豐驛，治西南。　新豐遞運所，在縣北一十八里〔四〕。　嘉靖癸丑八月，北虜入寇，自延安至鄜州，關中騷動，因而豫設保障，創築者五：新豐、零口、相橋、康橋、田市〔五〕；修補者一，櫟陽。　工設幾成，乙卯地大震，復於隍矣。　清渠，在縣西。　白渠，在縣西北六十里。　五渠：中白渠、析波渠、中南渠、高望渠、禑南渠〔六〕。　驪山，在縣東南二里〔七〕。　因驪戎所居，故名。　山之麓，溫泉所出〔八〕。〔眉批〕慶山，在縣東南三十五里。　唐垂拱二年九月己巳，新豐露臺鄉大風震雹，有山湧出，漸高至二百丈，有池周三百畝〔九〕。池中有見龍鳳、禾黍之異〔一〇〕，武后以爲休徵，故名。　畦時，在櫟陽東北三十里〔一一〕。　史記：秦獻公時，櫟陽雨金，自以得金瑞，作畦時以禮白帝〔一二〕。鴻門坂，在縣東一十七里。漢高帝會項羽處。漢書注：孟康曰：在新豐東十七里，舊大道北下坂口名〔一三〕。戲水〔一四〕，在縣東三十里。出驪山鴻谷，北流經戲亭入渭。華清宫，在驪山下。唐太宗建，初名温泉，玄宗改曰華清〔一五〕，治湯爲池，環山立宫，每歲臨幸。今湯尚存。

古驪戎國城，在縣東二十五里。櫟陽縣，在縣北五十里。高帝都此，帝既葬太上皇於萬年陵，遂分櫟陽置萬年縣，治櫟陽城中，故又名萬年城。在今交口河櫟陽鎮。史記：秦獻公二年〔一六〕，城櫟陽，徙都之。獻公自雍徙居之〔一七〕。項羽入關，封司馬欣爲塞王，都櫟陽。爲漢王還定三秦後，亦以爲陵邑〔一八〕。周明帝二年，省萬年入廣陽、高陵二縣〔一九〕，更於長安别置萬年。唐武德元年，仍改廣陽爲櫟陽。元省入臨潼並爲鎮〔二〇〕。今廢爲鎮〔二一〕，城存。新豐城，〔旁注〕今爲遞運所。在縣東一十五里。漢高帝因太上皇思故豐里，乃置此縣，徙豐人實之，故曰新豐。〔旁注〕黄圖：步高宫，在新豐縣，亦名市丘城。步壽宫，在新豐縣步高宫西。曲郵，在縣南二里。漢高帝征黥布，張良送至此。張翼寨〔二二〕，在縣西南驪山左畔。元末平章張翼築山寨於此，聚兵據守，聞國朝兵至，棄走。零口橋，在縣東四十里，大道之衝。

【校勘記】

〔一〕府東六十里　「六」，川本同，滬本作「七」。按明統志卷三二作「七」，清統志卷二二七：「臨潼縣，在府東少北六十里。」

〔二〕元史世祖紀至元四年省櫟陽縣入臨潼　「臨潼」，底本、川本作「新豐」，據元史世祖紀改。按滬本無此十六字。

〔三〕泠口鎮　「泠」，底本、川本、滬本作「冷」。乾隆臨潼縣志卷一：「零口鎮，縣東四十里。一作泠口，泠水由此入渭。」據改。

〔四〕在縣北一十八里　「北」，川本同，滬本作「東北」。清統志卷二二九：「新豐鎮，在臨潼縣東北二十里，即唐天寶中所廢新豐縣治，明洪武五年置遞運所。」則滬本是。

〔五〕康橋田市　「康」、「田」，底本、川本作「原」、「舊」，據滬本及清統志卷二二九改。

〔六〕禑南渠　「禑」，底本、川本作「渭」，滬本作「禍」，據乾隆臨潼縣志卷一改。

〔七〕在縣東南二里　川本、滬本同，滬本此下別有「南門外」三字，底本、川本無。

〔八〕温泉所出　「温」，底本、川本作「沼」，據滬本及明統志卷三二改。

〔九〕有池周三百畝　「池」，底本、川本作「地」，據滬本及舊唐書五行志改。

〔一〇〕池中有見龍鳳　川本同，滬本作「池中有龍鳳之形」，舊唐書五行志同。

〔一一〕在櫟陽東北三十里　川本同，滬本作「在臨潼東北」。

〔一二〕作畤時以禮白帝　「以禮」，川本同，滬本作「而祀」，同史記封禪書。

〔一三〕舊大道北下坂口名　底本、川本作「舊大道北下故名」，據滬本及漢書高帝紀顏師古注引孟康曰改。

〔一四〕戲水　「戲」，底本、川本作「彪」，據滬本及明統志卷三二改。

〔一五〕唐太宗建初名温泉玄宗改曰華清　底本、川本及明統志卷三二並同。滬本作「唐太宗建，初名湯泉，咸亨二年名温泉，天寶六載改曰華清」。長安志卷一五、紀要卷五三略同。

〔一六〕秦獻公二年　「秦獻公」，底本、川本作「子春注」，據滬本及史記秦本紀改。

〔一七〕徙都之獻公自雍徙居之　川本同，滬本無「獻公自雍徙居之」七字。按前後文意重，滬本是。

〔一八〕爲漢王還定三秦後亦以爲陵邑　川本同。長安志卷一七：「高帝爲漢王，還都櫟陽。」此「爲」上或脱「高帝」二字，「還定三秦後」下蓋脱「還都櫟陽」四字。滬本作「漢王還定三秦後，都櫟陽，後徙都長安，以此爲奉陵邑」。

〔一九〕周明帝二年省萬年入廣陽高陵二縣　「高陵」，川本及長安志卷一七同，滬本作「高陸」。元和志卷二：高陵縣，「魏文帝改爲高陸，屬京兆郡，隋大業二年復爲高陵」。則滬本是。

〔二〇〕元省入臨潼並爲鎮　底本、川本作「自省入臨潼並爲鎮」，滬本作「省廣陽入臨潼爲鎮」。元史地理志：至元初，并「櫟陽縣入臨潼」。紀要卷五三：「元省櫟陽縣入臨潼。」此「自」當爲「元」字之誤，據改。

〔二一〕今廢爲鎮　川本同，滬本無「廢」字，當是。

〔二二〕張翼寨　「寨」，底本、川本作「塞」，據滬本及乾隆臨潼縣志卷二改。下「寨」改同。

涇陽縣　府北七十里〔一〕。　城周五里二十步。　以臨涇水北爲名。　秦昭王之弟封涇陽君。〔眉批〕士勤積學，鄉好論文，人才輩出，更精律令、藝術，相先甲於關中。本志。　東峙唐原，西控仲山，涇流適其南，嵯峨鎮其北。

涇水，在縣西北七十里。自淳化縣界東流經本縣，東南入高陵縣界。清谷水〔二〕，自耀州界東流出谷，名清川，上下有磑碾，分四渠溉田。詳見三原。冶谷水，自淳化縣界東流至三原謝家村，與清谷水合。嵯峨山，在縣北五十里，一名巀嶭。甘泉山，在縣西北一百二十里。亦名石鼓原，甘泉所出。焦穫澤，在縣西北，亦名瓠口。詩云：整居焦穫。白公渠，在縣西北。漢白公引涇水溉田，有大白、中白、南白三渠，下流入高陵縣界。

望夷宫，在縣東南八十里，秦建。黄圖：在縣界長平觀道東，北臨涇，長陵西北〔三〕，以望北夷。因爲宫名。甘泉宫，在甘泉山。本秦林光宫，漢武廣之，又名雲陽宫。雲陽廢縣，故城在縣西北七十里。漢昭帝置，唐廢〔四〕。縣屬左馮翊，古有雲陽宫〔五〕，因以爲名。鼎州城，在今長街鎮。唐天授間析雲陽縣置鼎州，尋廢。三限口，在縣北五里。分白渠爲三，水中置石人，其字刊曰：水到石人腰，限上不得澆；水到石人肘，限上開斗口。赫連臺，在縣西三十里。故傳赫連勃勃駐兵所〔六〕，橋底鎮東有遺址。洪武三十一年三月辛亥，修涇陽縣洪渠堰。時涇陽縣爲民詣闕，言堰東西堤岸圮壞，乞修治之。上命長興侯耿炳文、工部主事丁富、陝西布政使司參政李篪督兵民修築之，凡五月，堰成。又堰渠一十萬三千六百六十八丈，民皆利焉。

【校勘記】

〔一〕府北七十里　川本及明統志卷三二同，滬本及乾隆西安府志卷七「北」作「西北」。

〔二〕清谷水　「水」，底本、川本脱，據滬本及乾隆西安府志卷七補。

〔三〕北臨涇長陵西北　川本同。三輔黄圖卷一：望夷宫，「北臨涇水」，無「長陵西北」四字。滬本作「張晏曰：望夷宫在長陵西北長平觀道東故亭處是也。臨涇水作之，以望北夷」。蓋據史記秦始皇本紀集解改。

〔四〕漢昭帝置唐廢　川本及明統志卷三二同，滬本無此六字。

〔五〕古有雲陽宫　「古」，底本、川本脱，據滬本補。

〔六〕故傳赫連勃勃駐兵所　「所」，底本、川本脱，據滬本補。

高陵縣　府北八十里〔一〕。　編户十五里。　城周四里二百二十步。景泰元年，知縣張錦增築。西門距河，知縣楊清顯甃之。〔旁注〕秦孝公置，左輔都尉爲治所〔二〕。史記：昭王封其同母弟顯爲高陵君〔三〕。〔眉批〕後漢書章帝紀：建初七年，幸長平，御池陽宫，東至高陵，造舟於涇而還。　民多醇厚樸實，尚勤儉，好禮度，事耕織。本志。

渭河，在縣南十里。　涇河，在鹿臺東上馬渡口。　奉正原，在縣南十里。自涇陽來過縣達臨潼，延幾百里，高者四五丈，涇、渭之不能北徙者，此也。故自周、漢、隋、唐，王侯將相多葬於此。又名降駕原，舊傳漢文帝誕於此〔四〕。　鹿苑原，在縣西南三十里。自咸陽來，當涇、渭間，亦名奉正原，陽陵之所在也。自陽陵之右，周、漢諸陵絡繹而西，伏見交亘，此二原，其關中地形之勝與。〔旁注〕其西即北芒巖始平原〔五〕。渭橋，在縣西南〔六〕。漢文帝從代來，至渭橋，太尉周勃跪上天子璽符。疑此橋當爲中渭橋，故蘇林注漢書：在長安北二里；而縣人相傳文帝生於毗沙鎮，〔旁注〕宋志：縣西南一十八里。故從代來，復次於此鎮。鎮通中渭橋路。〔旁注〕今有渭橋渡，北通蒲城、富平諸路。若東渭橋則在縣南十里，唐李晟所屯兵處，其後自咸陽還軍，仍駐東橋，竟從此地以入長安。而劉德信援奉天之難，亦嘗進屯此橋，以就積粟。中橋柱七百五十，今水落猶見一二，然其地今隸咸陽。東橋圮廢無迹。〔眉批〕陸游老學庵筆記：秦所作鄭白二渠，在今京兆府之涇陽，皆以涇水爲源。白渠灌涇陽、高陵、櫟陽及耀州雲陽、三原、富平，凡六縣，斗門百七十餘所。今尚存，然多廢不治。鄭渠所灌尤廣袤，數倍於白渠。涇水乃絶深，不能復入渠口，渠岸又多摧圮填淤，比之白渠，尤不可措手矣。金史傅慎微傳〔七〕：傅權陝西諸路轉運使，復修三白、龍首等渠以溉田。

呂柟志五渠田曰：高陵與涇陽、三原、櫟陽同體。唐縣令劉仁師開五渠於高陵，其功尤大云。昔韓欲罷秦，使水工鄭國説秦，令鑿涇水，自仲山西抵瓠口爲渠，並北山，東注洛三百餘里。乃注填閼之水〔八〕，溉瀉鹵之地四萬餘頃，收皆畝一鍾。於是關中爲沃野，秦以富强，因名曰鄭國渠。至漢武帝元鼎六年，百三十六歲矣。兒寬爲左内史〔九〕，奏穿六輔渠，以益溉鄭渠旁高仰之田。詔議咸令吏民勉農〔一〇〕，盡地利，平繇行水〔一一〕，勿使失時。後十六歲，太始二年，趙中大夫白公復奏穿渠，引涇水，起谷口，入櫟陽，注渭中，袤二百里，溉田四千五百餘頃，因名曰白渠。民得其饒，遂作歌曰：「田於何所？池陽、谷口。鄭國在前，白渠起後。舉臿爲雲，決渠爲雨。涇水一石，其泥數斗。且溉且糞，長我禾黍。衣食京師，億萬之口。」言此兩渠利也。至唐高宗永徽六年，雍州長史長孫祥及太尉長孫無忌奏言：往日鄭、白渠溉田四萬餘頃，今毀富商大賈碾磑，得水田纔六千二百頃〔一二〕。玄宗開元九年，京兆少尹李元紘奏疏三輔諸渠，毀去公家立碾磑者〔一三〕。是後乃立水部式，決泄有時，畝澮有度，居上游者不得壅泉而專其腴，每歲少尹行視。兵後寖失本根，涇陽人果擁而專之，公私四竇，澤不及下，涇田獨肥，他邑爲枯，地力既移，地徵如初。穆宗長慶三年，高陵令劉仁師乃循故事〔一四〕，考式文，又以新意請更水道，杜私竇，遵正令，列上便宜，未行。至敬宗寶曆元年，端士鄭覃爲京兆，秋九月，具聞，下丞相、御史。御史屬元谷實司察視，持詔詣白渠，上書得利病還奏。上以谷奉使有狀，乃俾太常撰移京兆，下其符，縣主簿譚孺直實董之。冬十月，百衆雲奔〔一五〕，揆功十七八。涇陽人又以奇計賂術士，上言白渠下，高祖故墅在焉〔一六〕，不宜以畚鍤近阡陌。上聞，命京兆立止之。仁師馳詣府控告，具發其以賂致前事〔一七〕，又詣丞相請〔一八〕，以顙血污車茵。丞相彭原公斂容謝曰：明府真愛人。即入言上前。翌日，有詔許訖工。十一月〔一九〕，新渠成。季冬二日，新堰成。按股引而東千七百步，其廣四尋，而深半之，兩涯夾植杞柳萬本〔二〇〕，下垂根以作固，上生材以備用。仍歲旱沴，而渠下田獨有秋。明年，涇陽、三原人又擁其衝爲七堰，以析水勢，使下流不厚。仁師又詣京兆嘗言之〔二一〕。府命從事蘇持至水濱，盡撤不當擁者。由是邑人享其長利，生子以劉名之，名渠曰劉公，堰曰彭城，〔旁注〕仁師，彭城人。而立祠於其下焉。然劉之爲渠，實祖鄭白二渠。蓋二渠既受涇水，下至涇陽縣北白公斗分三限：北限入三原、櫟陽，南限入涇陽，中限則至高陵。彭城閘下，仁師乃分爲四渠：一曰中白，二曰中南，三曰高望，四曰禑音吳。南〔二二〕。其中南之支流曰昌連，凡五渠。中白渠自彭城閘東流，經仁村，至櫟陽北入清河，袤三十里。其南七里爲中南渠，自磨子橋〔旁注〕縣北三里。經坳下村，東經高橋，又東過孝義坊入清河，袤五十有五里。高望渠自磨子橋經魏村及李趙村之間，東過阿石橋、〔旁注〕縣南一里。陳楊村至臨潼境入渭，袤五十有五里。禑南渠自磨子橋西南流，折而東經毗沙鎮、原趙村，又東南過渭橋，至臨潼境北田王〔旁注〕渭橋西二里。入渭〔二三〕。新開渡、〔旁注〕縣南十四里。渭橋之間故渠，今崩入渭。昌連渠自縣西張市里分中南渠，東過通遠門〔旁注〕北門。下，經郭橋，〔旁注〕縣東十里。至臨潼境入清河。宋太宗至道元年，大理丞皇甫選奏：三白渠溉高陵、涇陽、櫟陽、雲陽、三原、富平田三千八百五十餘頃。涇河中舊石堰修廣皆百步，捍水雄壯，名將軍翣，廢壞已久，功固難就〔二四〕。近造木堰，用梢樁萬一千三百餘數，遇夏水每漂流散失。自今溉田既畢，令水工拆堰木置岸側，可充二三歲之用。景德三年，太常博士尚賓乘傳率丁夫治白渠洪口，直東南合舊渠以畎涇河，灌高陵、富平、櫟陽，水利饒足，民獲數倍。至元太宗十二年，梁泰奏撥人户牛具，修三白渠，得糧米供軍食。於是泰佩金牌，充宣差規措三白渠使〔二五〕，而郭時中副之，直隸朝廷，置司於雲陽。武宗至大三年，陝西行臺御史王承德乞展修洪口石渠，爲萬世利。凡八十五步，深二丈，廣一丈五尺。計治石十有二萬七千五百尺，用石工二百，丁夫三百，金火匠二，火焚水淬，人日采石積方一尺，共日鑿五百尺，二百五十五日工畢〔二六〕。官給食用，丁夫就役利户並顧匠傭直〔二七〕，委屯田府達魯花赤只里赤督工。自仁宗延祐元年二月入役〔二八〕，續展十有七步，石積二萬五千五百尺，添夫匠百人，日鑿六百尺。此即今所謂之御史渠也。文宗天曆二年三月，屯田總管兼管河渠司事郭嘉議言〔二九〕：去歲六月三日驟雨〔三〇〕，涇水泛漲，元修洪堰及小龍口盡圮，水歸涇河，白渠内水淺，計用十四萬九千五百十一工，役丁夫千有六百，度九十三日畢，於利户内差撥，每夫麻、鐵一斤，繫囤取泥索一，草苫一。陝西省准屯田府驗田出夫千六百人，自八月一日修堰，至十月放水，定爲年例。近因奉元路亢旱，差夫又令就出用物，實不能辦。竊詳涇陽北近水最便，不似諸縣遥遠，今次修堰，除見在户依例差役，其逃户合出夫數，宜令涇陽近限水利户添差一人〔三一〕，官日給米一升，并工修治，至十一月畢。其後官政不行，豪猾姦民反因行水取財。縣自西吳、慶豐二里者，猶間或用水；縣東、南、北民被豪猾擾告，不獲用水，遂並夫役告消。厥後高陵令王珪又即縣通遠門下，引昌連渠入城中，委其餘於蓮池，〔旁注〕在縣東偏。至今有三分食用水之謡。〔旁注〕府志：五渠之外，又有昌連渠，皆見存。又曰：近日參政南京劉麟嘗曰：

使麟在陝西十年，當無地不成河渠。因問其策，答曰：北隨凹地以開渠，南高涇、渭之岸，東杜入河之口〔三二〕，如李冰壅江作堋法，即高陵、櫟陽以北，不讓江南諸郡矣。又曰：今西安之地，北有鄭、白諸渠，南有灃、澇、漕、潏諸水〔三三〕，府設水利同知一人，故其地稱陸海，税額獨重於他郡。然今渠堰未通，雖通不均，而科徵如故，如之何民不貧且逋哉。

左馮翊城，在縣西南二里。　鹿臺城，在縣西南二十五里〔三四〕。元李思齊新築。

【校勘記】

〔一〕府北八十里　川本及明統志卷三二同，滬本作「府東北八十里」，乾隆西安府志卷一作「府東北七十里」。

〔二〕左輔都尉爲治所　川本及長安志卷一七同，滬本無此七字。

〔三〕昭王封其同母弟顯爲高陵君　底本、川本作「□公封其弟公子爲高陵君」，據滬本及史記穰侯列傳改補。

〔四〕舊傳漢文帝誕於此　川本及嘉靖高陵縣志卷一同，滬本及清統志卷二二七作「舊傳漢文帝入繼大統時經此」。

〔五〕其西即北芒巖始平原　底本、川本作「其西即芒巖畢郢始平原」，據滬本改。長安志卷一四：始平原，「漢時亦謂之北芒巖」。

〔六〕在縣西南　川本、滬本同，滬本下别有「渭橋鎮，在縣西南十八里」十字。底本、川本無。

〔七〕金史傳慎微傳　「傳慎微傳」，底本、川本、滬本作「傳徵傳」，據金史傳慎微傳改。

〔八〕乃注填閼之水　「閼」，底本、川本作「閉」，據滬本及史記河渠志改。

〔九〕兒寬爲左内史　「内」，底本、川本作「田」，據滬本及漢書溝洫志改。

〔一〇〕詔議咸令吏民勉農　「詔」，底本、川本作「招」，據嘉靖高陵縣志卷一改。滬本缺「詔議咸」三字。

〔一一〕平繇行水　「繇」，底本、川本作「縣」，據滬本及漢書溝洫志改。

〔一二〕得水田纔六千二百頃　「二」，底本、川本作「六」，據滬本及嘉靖高陵縣志卷一改。

〔一三〕毀去公家立碾磑者　川本、滬本同。舊唐書李元紘傳：「諸王公權要之家，皆緣渠立磑，以害水田，元紘令吏人一切毀之。」此「去」疑爲「王」字之誤。

〔一四〕穆宗長慶三年高陵令劉仁師乃循故事　「故」，底本、川本、滬本作「以」，據嘉靖高陵縣志卷一改。又，按新唐書地理志：高陵，「有古白渠，寶曆元年，令劉仁師請更水道，渠成，名曰劉公，堰曰彭城」。與本書上下文有異。

〔一五〕百衆雲奔　「衆」，底本、川本、滬本作「泉」，據嘉靖高陵縣志卷一改。

〔一六〕高祖故墅在焉　「故」，底本、川本、滬本作「北」，據嘉靖高陵縣志卷一改。

〔一七〕具發其以賂致前事　「以賂」，底本、川本作「貽」，據滬本及嘉靖高陵縣志卷一改。

〔一八〕又詣丞相請　「詣」，川本、滬本同，嘉靖高陵縣志卷一作「謁」。

〔一九〕十一月　「月」，底本、川本、滬本作「日」。嘉靖高陵縣志卷一：「仲冬，新渠成。」因據改。

〔二〇〕兩涯夾植杞柳萬本　「植」，底本、川本、滬本作「柏」，據嘉靖高陵縣志卷一改。

〔二一〕仁師又詣京兆嘗言之　「嘗」，川本同，滬本脱，嘉靖高陵縣志卷一作「索」。

〔二二〕四曰禑南　「禑」，底本、川本作「禍」，據滬本及嘉靖高陵縣志卷一改。下同。

〔二三〕北田王　底本、川本作「北□之」，滬本作「北由之」，據嘉靖高陵縣志卷一改。

〔二四〕功固難就　「固」，底本、川本、滬本作「用」，據嘉靖高陵縣志卷一改。宋史河渠志作「功不克就」。

〔二五〕充宣差規措三白渠使　「措」，底本、川本、滬本及嘉靖高陵縣志卷一並作「指」，據元史河渠志改。

〔二六〕二百五十五日工畢　上「五」字，底本作「二」，川本、滬本同，據元史河渠志改。

〔二七〕就役利户　川本、滬本同，元史河渠志作「就役使水之家」。

〔二八〕延祐元年　「祐」，底本、川本作「佑」，據滬本及元史仁宗紀改。

〔二九〕郭嘉議　「議」，底本、川本作「儀」，據滬本及元史河渠志、嘉靖高陵縣志卷一改。

〔三〇〕六月三日　底本、川本、滬本作「三月六日」，據元史河渠志改。

〔三一〕水利户　「水」，底本、川本、滬本脱，據元史河渠志補。

〔三二〕東杜入河之口　「杜」，底本、川本、滬本作「北」，據嘉靖高陵縣志卷一改。

〔三三〕灃澇漕滈諸水　川本同，滬本「漕」作「鎬」，嘉靖高陵縣志卷一「滈」作「灞」，當是。

〔三四〕在縣西南二十五里　「西南」，底本、川本作「南」，滬本作「西」，據嘉靖高陵縣志卷一改。

鄠縣　府西南七十里。　城周六里七十四步。　古扈國，啓伐有扈氏，大戰于甘，即此。

漢武帝建元三年〔一〕，始爲微行，嘗入南山下射緣〔二〕，馳騖禾稼之地。鄠、杜令欲執之，示以乘輿物乃得免〔三〕。宣帝微時好游俠，上下諸陵，尤樂鄠、杜之間。〔眉批〕面拱終南〔四〕，背倚渭水〔五〕，灃水繞其東，澇水環其西。山有白雲諸峯，拱揖其前，清渭流其後。　灃水東注而外，澇水帶焉。　故西安言地形佳勝者，東藍田，西鄠、盩厔，其他弗能及也。

秦渡鎮，在縣東三十里，豐河在其東〔六〕。秦渡，即古豐地。豐水之西岸也，豐舊城在焉。水之上即靈臺〔七〕，今屬長安。書：大戰于甘。孔安國曰：甘，有扈郊。左傳：夏有觀、扈。殷爲崇國，文王伐崇，作邑于豐。杜預注：始平鄠縣有扈鄉〔八〕。後漢志：鄠有甘亭〔九〕。牛首山，在縣西南二十三里〔一〇〕。西京賦：繞黄山而款牛首〔一一〕，即此也。牛首之東有白雲山，與鄠對，而蒼翠可愛。白雲之東有立峯，與重雲寺對，其形若立，故名立峯。峯東有紫閣、白閣、黄閣諸峯。紫閣者，旭日射之，爛然而紫，其形上聳若樓閣然。白閣，陰森積雪。三閣相距俱不甚遠。又東有大頂凌霄羅漢三峯，有仙掌。府志：白閣峯，在縣西南三十里。紫閣峯，在縣東南三十里。南山，即終南山。綿亘於南，自西而東，隨地殊稱，西爲牛首山。白雲山，在牛首東。立峯，在白雲山東，其形若立。紫閣峯、白閣峯、黄閣峯，俱在立峯東。大頂峯、凌霄峯、羅漢峯，俱在三閣東。

古酆國，在縣東。左傳：畢、原、酆、郇，文之昭也。周文王豐宫，在豐水西，去縣三十里〔一二〕。史記：西伯伐崇侯虎而作豐邑。詩：文王受命，有此武功。既伐于崇，作邑于豐。崇國，在京兆府。文王辟雍，引豐水爲之，而曰「辟雍」。水旋丘如璧〔一三〕，以節觀者。明堂，在縣東三十里故城。周文王立，以重節儉。靈囿，在縣東三十里。詩云：王在靈囿。孟子：

文王之囿，方七十里，芻蕘者往焉，雉兔者往焉，與民同之。即此。　王季墓，在縣西五里。　海子，在文義里董村南，河水縈流。土人傳爲靈沼。水經注：豐水北經靈臺西〔一四〕，文王引水爲辟雍、靈沼。靈囿在故長安城西四十里灃水之西〔一五〕、真花磑北。今沼爲水泊。博物志曰：辟雍池今悉無復處所，惟靈臺孤立，高二丈，周迴一百二十步〔一六〕。　澇水，出縣南山澇谷，合渼陂水〔一七〕，流至長安縣界入潏水。　渼陂，在縣西。　靈臺，高二丈，周百二十步，在縣東豐水西。周文王作邑於豐時所築，以觀氛祲、察災祥。詩云：經始靈臺。是也。左傳：秦穆獲晉惠公，舍諸靈臺。　萯陽宮〔一八〕，在縣西南三十里，〔旁注〕黄圖作二十三里〔一九〕。秦惠文王建。

【校勘記】

〔一〕漢武帝建元三年　「三」，底本、川本、滬本作「二」，據漢書東方朔傳改。

〔二〕嘗入南山下射緣　「緣」，川本同，滬本作「蝝」。漢書東方朔傳：「嘗入南山下馳射鹿豕狐兔，手格熊羆。」是此文有脱誤。

〔三〕示以乘輿物乃得免　「乘」，底本、川本、滬本作「朱」，據漢書東方朔傳改。

〔四〕面拱終南　「面」，底本、川本作「山」，據滬本及康熙鄠縣志卷一、乾隆西安府志卷一改。

〔五〕背倚渭水　「水」，底本、川本脱，據滬本及康熙鄠縣志卷一、乾隆西安府志卷一補。

〔六〕豐河在其東　「東」，底本、川本作「北」，據滬本及乾隆西安府志卷一〇改。

〔七〕水之上即靈臺　「上」，底本作「地」，川本同。漢書地理志：「文王作酆。」顔師古注：「今長安西北界靈臺鄉豐水上是。」滬本作「上」，是，據改。

〔八〕始平鄠縣有扈鄉　「縣」，底本、川本作「杜」，據滬本及長安志卷一五改。按左傳昭公元年杜預注作「扈在始平鄠縣」。康熙鄠縣志卷三作「北」。

〔九〕鄠有甘亭　「甘亭」，底本、川本作「扈父亭」，據滬本及續漢書郡國志改。漢書地理志作「鄠有扈谷亭」。

〔一〇〕在縣西南二十三里　「西南」，底本、川本作「南」，據滬本及長安志卷一五改。

〔一一〕繞黄山而款牛首　「繞」，底本、川本作「就」，滬本作「枕」，據文選卷二改。

〔一二〕去縣三十里　「去」，底本、川本作「上元」，據滬本及康熙鄠縣志卷三改。

〔一三〕水旋丘如璧　「丘」，底本、川本作「立」，滬本作「丘」。按詩大雅靈臺：「於論鼓鍾。」孔穎達疏：「水旋丘如璧者，璧體圓而内有孔，此水亦圓而内有地，猶如璧然。」據改。

〔一四〕豐水北經靈臺西　「西」，底本、川本、滬本作「而」，據玉海卷一六二引水經注改。

〔一五〕靈囿在故長安城西四十里灃水之西　「在」，底本、川本、滬本作「經」；「故」，底本作「上」，川本同，滬本作「故」。三輔黄圖卷四：「文王靈囿，在長安縣西四十二里。」據改。

〔一六〕博物志曰辟雍池今悉無復處所惟靈臺孤立高二丈周迴一百二十步　「所」，底本、川本、滬本並脱；「孤」、「二」，底本、川本、滬本並作「城」、「四」。按今本博物志無此文，長安志卷三引水經注：「豐水北經靈臺西，文王又引水爲辟雍、靈沼。」又引括地志：「今悉無復處所，惟靈臺孤立。案今靈臺高二丈，周圍百二十步。」據補改。

〔一七〕合漢陂水 「合」，底本、川本脱，據滬本及明統志卷三二補。

〔一八〕萯陽宫 「萯」，底本、川本脱，據滬本及明統志卷三二補。

〔一九〕黄圖作二十三里 「作」、「里」，底本、川本脱，據滬本及三輔黄圖卷一補。

藍田縣 秦惠王命太子向爲藍田君〔一〕。 府東南九十里。 城周四里四分。府志。 本爲嶢柳城〔二〕，亦爲青泥城。晉桓温伐秦，遣京兆太守薛珍擊青泥城破之，即此。 城周八里，僅東南一隅〔三〕。 嘉靖二年更築，周五里。

終南山，在縣西南七十里。詳見府。 秦嶺，在縣南。 凡入商洛、漢中者〔四〕，必越嶺而後達〔五〕。 秦嶺，終南山之界，綿亘寶鷄、隴州。 金山，在縣南十里〔六〕。 上有風后洞，下有祠，以祀風后。 七盤山，在縣南二十里。 近北又有緑坡。 杜氏通典：七盤、十二緑，藍關之險路也。唐貞元初，刺史李西華自藍田至内鄉開新道七百餘里〔七〕，迴山取塗，人不病涉，謂之偏路，行旅便之。〔旁注〕舊道自藍谷入商。 嶢山，在縣南二十里。 秦嶢關以此山名。 蕢山，在縣東南二十五里。 漢高帝引兵逾蕢山擊秦軍，大破之，即此。〔旁注〕史記：秦二世三年。 横嶺，在縣北三十五里。 自驪山東入藍田界。 白鹿原，在縣西五里。 晉書：苻雄與桓沖戰於白鹿原。 藍關，在縣東南五十里。 韓退之詩：雪擁藍關馬不前。 即此。别一關。 藍田關，在縣東南九十八里。本秦嶢關，漢高帝引兵繞嶢關、逾蕢山，即此。後周改青泥關。隋、唐以來，名藍田關。木谷水〔八〕，在荆谷水南，西南流入咸寧界。輞川，在縣南二十里。山海經云：商嶺水自藍橋伏流至輞川〔九〕，如車輞環流，落疊嶂，入深潭。本宋之問別墅，後爲王維莊。府志：輞川，在縣正南嶢山口〔一〇〕，去縣八里。輞川別業，在縣西南輞谷。唐王維置別業於此〔一一〕，有孟城坳、華子岡、茱萸洲、辛夷塢、木蘭柴等二十餘景〔一二〕，與裴迪各賦以詩。

【校勘記】

〔一〕秦惠王命太子向爲藍田君　川本、滬本同。水經渭水注引竹書紀年：「梁惠成王三年，秦子向命爲藍君。」寰宇記卷二六引竹書紀年：「惠王命秦子向爲藍田君。」長安志卷一六引竹書紀年：「梁惠成王命太子向爲藍田君。」范祥雍古本竹書紀年輯校訂補：「陳逢衡集證四十五云：藍爲秦地，魏不得命太子往爲藍君，當是『秦』與『泰』近，而『泰』又與『太』通，故長安志引紀年訛爲梁惠成王命太子向耳。」

〔二〕本爲嶢柳城　「嶢」，底本脱，川本同，滬本作「縣本爲嶢柳城」。元和志卷一：藍田縣理城，「即嶢柳城也，俗亦謂之青泥城」。據補。

〔三〕城周八里僅東南一隅　川本、滬本同。長安志卷一六：「城周八里，今縣城但（當爲「僅」之誤）東南一隅而已，周三里餘八十步。」是「僅」上脱「今縣城」三字。

〔四〕在縣南凡入商洛漢中者　「南」，底本、川本作「東南」，無「凡」字，並據滬本及乾隆西安府志卷三改補。

〔五〕越嶺而後達　「後達」，底本、川本作「移道」，據滬本及乾隆西安府志卷三改。

〔六〕在縣南十里　川本、滬本及長安志卷一六同。乾隆西安府志卷三引縣志：「金山，在縣東北三十里。」清統志卷二二七：「金山，在藍田縣北四十里……長安志謂在縣南十里，疑誤。」

〔七〕唐貞元初刺史李西華自藍田至内鄉開新道七百餘里　「貞元初」，川本、滬本同。按新唐書地理志、唐會要卷八六並作「貞元七年」，此「初」字蓋誤。「刺史」，川本同，滬本作「商州刺史」，與唐會要同。

〔八〕木谷水　川本、滬本同，清統志卷二二七作「木谷溝水」，乾隆西安府志卷六作「木峪溝水」。

〔九〕山海經云商嶺水自藍橋伏流至輞川　按今本山海經無此文。「自」，底本、川本、滬本作「流至」。按紀要卷五三輞谷水：「商嶺水自藍橋伏流至此。」據改。

〔一〇〕在縣正南嶢山口　「嶢山」，底本、川本作「川之」，據滬本及乾隆西安府志卷六改。

〔一一〕唐王維置別業於此　川本同，滬本此下別有「其遊止」三字。

〔一二〕木蘭柴　「柴」，底本、川本、滬本作「巖」，據王右丞集卷一三輞川集序、明統志卷三二改。

盩厔縣

〔旁注〕山曰盩，水曰厔〔一〕。　府西南一百八十里。　城周五里一百二十五步。　後周天和二年，徙縣於鄠縣西北三十五里〔二〕，析雍州之終南郡，於此爲恒州。建德三年，徙縣於今治。

石樓山，在縣東三十五里〔三〕，峯巒層疊如樓。其東南有五福山。　五福山，在縣東南四十五里，五峯高峙。　黑水河，在縣東二十五里，出終南山。其水色黑，北流入渭。　甘河，在縣東六十里。駱谷，在縣東南三十里〔四〕。西駱谷、駱谷，俱在縣西南三十里〔五〕。駱谷有水，兩山相轄，有道通洋州。底保谷，在縣西南三十里。倉谷、强弩谷、故縣谷，俱在縣西南二十里。十八盤巡檢司，在縣西南一百五十里。〔旁注〕府志：一百。西南入駱谷七十里。柴家關巡檢司，在縣南百里。〔旁注〕府志：一百七十里。南入黑水谷二百四十里。沉嶺，在縣南五十里。漢姜維率衆出駱谷，經沉嶺，即此。芒谷，在縣東南，芒水所出。駱谷關，在縣西南一百二十里，〔旁注〕通志：南九十里。南通漢中。漢姜維出駱谷，圍長安。竹園，在縣東。周迴百里，漢爲鄠、杜竹林，有司竹都尉，隋、唐皆置司竹監以掌之。長楊宮〔六〕，在縣東南三十三里。黄圖：本秦舊宫，至漢修飾之，以備行幸。宫中有垂楊數畝，因爲宫名。門曰射熊觀〔七〕，秦、漢遊獵之所。五柞宫，在縣東南三十八里，漢武帝所作。宫中有五柞樹，因以爲名。五柞皆連抱上枝，覆蔭數畝。馬融讀書巖，在縣南三十里〔八〕。

【校勘記】

〔一〕山曰盩水曰厔　川本、滬本同。元和志卷二、長安志卷一八：「山曲曰盩，水曲曰厔。」是「山」、「水」下各脱漏「曲」字。

〔二〕徙縣於鄠縣西北三十五里　「三」，底本、川本、滬本作「二」，據寰宇記卷三〇、長安志卷一八改。

〔三〕在縣東三十五里　川本、滬本同，明統志卷三二、清統志卷二二七作「縣東三十七里」。

〔四〕駱谷在縣東南三十里　川本、滬本同。按乾隆西安府志卷四、清統志卷二二七：「駱谷，在盩厔縣西南三十里。」疑此「東」爲「西」之誤。

〔五〕俱在縣西南三十里　「西」，底本、川本、滬本作「東」，據乾隆西安府志卷四、清統志卷二二七改。

〔六〕長楊宫　「楊」，底本、川本作「陽」，據滬本及漢書地理志、三輔黄圖卷一改。

〔七〕門曰射熊觀　「門」，底本、川本脱，據滬本及三輔黄圖卷一補。

〔八〕在縣南三十里　川本、滬本同。元和志卷二：「馬融讀書臺，在縣東北二十七里。」長安志卷一八、明統志卷三二同。蓋此文有誤。

三原縣　府北九十里。　舊隸耀州，弘治四年改隸。　北達延、綏，地衝事煩，通商頗饒。　城周九里一百八十步，北臨清河。

〔眉批〕南據涇、渭，北依巀嶭，仲山峙其西，清河繞其東。　市交不欺，多集商賈。本志。

焦穫澤，見涇陽通志。　今考三原有焦吳里〔一〕，有焦村數處〔二〕，有東西焦家橋，皆焦穫之遺名也。　三原故城，在縣東北二十五里〔三〕。〔旁注〕三原故城，按舊志：本漢池陽縣云，今城東北二十五里，遺址尚存。　建忠驛，治北〔四〕。　池陽廢縣，在縣東北二十里〔五〕，漢縣。　嵯峨山，亘涇陽界，俯瞰秦中。

【校勘記】

〔一〕焦吳里　「焦」，底本、川本作「熊」，據滬本及乾隆西安府志卷七改。

〔二〕有焦村數處　底本、川本脱「村」字。按光緒三原縣新志卷二：清河鄉留坊里、三家里皆有「焦村」，因據滬本補。

〔三〕在縣東北二十五里　「二十五里」，川本同，滬本作「三十五里」。清統志卷二二八引縣志作「三十里」。

〔四〕治北　「北」，底本作「南」，川本、滬本同。紀要卷五三三原縣：「建忠驛，在縣治北，明初置於此。」清統志卷二三九載同。此「南」爲「北」字之誤，據改。

〔五〕在縣東北二十里　「二十里」，川本、滬本同。明統志卷三二作「三十里」。按元和志卷一：池陽故城，「在今縣（涇陽）西北二里。」

渭南縣　府東一百五十里。漢初此地渭河之南，東置鄭縣，西置新豐縣，河之北分置下邽、蓮勺二縣〔一〕。在華州西五十里。舊隸華州，嘉靖三十九年改隸〔二〕。城周七里三百二十四步。〔眉批〕南面秦嶺，北帶渭河，少華峙其左，湭水繞其右。

箭峪山，在縣東南。南通商、洛諸山，又東南通武關。石鼓山，在縣西南十里。舊志：湭水出石樓山，今窮其源，乃此山耳。金氏陂，在下邽縣東南二十里。漢昭帝以金日磾有功，賜此陂。唐武德三年，引白渠灌之，以置監屯。下邽城，秦武公伐邽戎，得其地，置二邽，此爲下邽，上邽在秦州。物定倉，在華州下邽縣南渭河岸上，乃漢之物定倉也。西京雜記：物定倉收貯五穀，各先定其物性〔三〕，則不浥壞。故秦、漢、隋、唐皆於此置倉。今俗訛爲武底倉〔四〕。豐原驛，城内。渭南遞運所，東關。赤水，在縣東二十里。北流入於渭。酒水，在縣西。源出石樓山麓，經縣西門外，注於渭。蓮勺廢縣，在縣北七十里。晉置縣〔五〕，隋省。密時，在縣西南三里。史記：秦宣公四年，作密時。括地志云：宣公作密時於渭南，以祀青帝。分水嶺，在縣西南十里。其嶺當東北、西南之麓，麓東北之水入酒河，其西南之流入於藍田。鴻門亭，即漢高帝會項羽之處，在半日村〔六〕。

【校勘記】

〔一〕蓮勺　「蓮」，底本、川本作「運」，據滬本及漢書地理志改。

〔二〕嘉靖三十九年　川本、滬本同，明史地理志、紀要卷五三作「嘉靖三十八年」。

〔三〕各先定其物性　「物性」，底本、川本作「性物」，據滬本乙正。今本西京雜記無此文。

〔四〕武底倉　川本、滬本同，紀要卷五三、清統志卷二二八「武」作「無」。

〔五〕晉置縣　川本、滬本同。按漢書地理志左馮翊有蓮勺縣，是「晉」爲「漢」之誤。

〔六〕鴻門亭即漢高帝會項羽之處在半日村　川本、滬本同。按本書前文臨潼縣下有鴻門坂。明統志卷三二：「鴻門坂，在臨潼縣東一十七里，即漢高帝會項羽處。舊有鴻門亭。」紀要卷五三同。又，寰宇記卷二九華州：「半日村，此村以山高蔽虧，陽影常照其半。」清統志卷二二九：半日村，在渭南縣東南，「舊志，唐郎士元爲渭南尉，構半日村別業」。則鴻門亭與唐半日村無關，此當誤。

醴泉縣　府西北一百二十里。　在乾州東七十五里。舊隸乾州，嘉靖三十八年改隸。城周六里有奇。〔眉批〕終南繞其前，九嵕擁其後，南襟泔河，北帶渭水。

涇水，自永壽界來經縣東北〔一〕，東流入涇陽縣界。　泔河，自乾州界來，經縣西北泔北鎮，東北流與涇水合。　洪口堰，在縣東北六十里。　白渠，在縣東北七十里。　舊縣城，在今縣東南三十里，遺址尚存。　舊有唐太宗祠，今廢，惟六駿昭陵二圖、宋重修碑，今存。　九嵕山，在縣西北六十里，高六百餘丈。　承陽山，在縣西北五十里。左右有水，合流入甘河。三輔黃圖所謂浪水。　武將山，在縣西北一十八里，一名馮山。　醴泉，在縣東南三十里。唐貞觀中泉復湧出，其味如醴，因以名縣。〔旁注〕周數十步，深不可測。圖經曰：在本縣扶風鄉。　谷口廢縣，舊縣北四十里，今縣東北七十里。漢之谷口縣，故址尚存，在九嵕山西，當涇水出山之處，故謂之谷口。　漢醴泉宮，在縣東北。宣帝建，後周亦嘗建之，故縣因以名。本志按寰宇記云：宮在縣東南三十里。本漢池陽縣，後魏武帝於谷口置温秀、寧夷護軍，改池陽爲寧夷縣〔二〕，隸咸陽郡。西魏置寧夷郡〔三〕，後周改爲寧秦郡，隋開皇十八年改爲醴泉縣，其城即古仲橋城也。唐武德省，貞觀十一年營昭陵復置〔四〕。唐醴泉城即古仲橋城也，縣東北十里，今爲泔北鎮。通考：唐太宗昭陵，因九嵕層峯，鑿山南西，深七十五尺爲玄宫〔五〕，山旁巖架梁爲棧道〔六〕，懸絶百仞，繞山二百三十步，始達玄宫門。頂上亦起游殿。

【校勘記】

〔一〕東北　「東」，底本、川本、滬本並作「西」，據紀要卷五三、清統志卷二二七改。

〔二〕後魏武帝於谷口置温秀寧夷護軍改池陽爲寧夷縣　「秀」，底本、川本、滬本作「泉」；「改」，底本、川本、滬本作「故」。按寰宇記卷二六醴泉縣：「後漢及晉又爲池陽，魏改爲寧夷縣。」與此所引異。長安志卷一六：醴泉縣，本漢谷口縣地，「後漢、魏、晉爲池陽縣，後魏武帝於谷口置温秀、寧夷二護軍，改池陽爲寧夷縣，隸咸陽郡」。即爲本書所引，此「泉」、「故」乃「秀」、「改」之誤，據改。

〔三〕西魏置寧夷郡　底本、川本脱「寧」字，據滬本及長安志卷一六補。

〔四〕貞觀十一年營昭陵復置　川本、滬本同，舊唐書地理志、長安志卷一六作「貞觀十年」，此「一」當爲衍文。

〔五〕因九嵕層峯鑿山南西深七十五尺爲玄宫　川本及文獻通考卷一二五同。唐會要卷二〇：「因九嵕層峯，鑿山南面，深七十五丈爲玄宫。」滬本同，是底本、川本及文獻通考有誤。

〔六〕山旁巖架梁爲棧道　川本、滬本及文獻通考卷一二五同，唐會要卷二〇「山」前别有「緣」字。

富平縣　在耀州東南七十五里。舊隸耀州，萬曆三十六年改〔一〕。城周三里一十步。地故名窑橋頭，元末張良弼徙縣於此。〔眉批〕耀州志云：人言富平不據河山之險，然城地特高〔二〕，四面俱下，城蓋倚巖坂斬削爲之〔三〕，自其入門即高仰如登山者。又城小人衆，於法爲實，若有積貯，固無慮防禦事云。　漢懷德、頻陽二縣地〔四〕，苻秦於此置土門護軍〔五〕，隋始置富平，用北地郡富平縣名〔六〕。

美原堡、流曲堡、莊里堡、到賢堡、張喬堡〔七〕，俱嘉靖二十五年築〔八〕。　富平堰，後周賀蘭祥拜大將軍，太祖以涇、渭灌溉之處渠堰久廢，命祥修造富平堰，引水東注於洛，用溉田，民獲其利。

沮河，來自延安府宜君縣境，至朝邑東南入渭〔九〕。　荆山，在縣西南一十里。禹貢：荆、岐既旅。即此。注：荆山在懷德縣南。帝王世紀：禹鑄鼎於荆山。　頻山，在縣東北七十里。　秦厲公於山南置頻陽縣。　頻水，在縣東北七十里。源出頻山，即大小石谷二澗水。鄭國渠，在縣南二十里。即韓水工鄭國説秦所穿渠也。漢左内史兒寬又於上流開六小渠，以輔助定水令以廣溉田，名六輔渠。　府志：富平故城，在縣東北一十里。　頻陽故城，在縣東北五十里，秦厲公置。省志云：州東南五里。誤。　褱德故城，在縣西南十五里荆山下。晉始徙富平於此。又東北十里有富平故城，乃西魏時城。〔眉批〕史記周勃世家〔一〇〕：頒賜食邑懷德。正義曰：括地志云〔一一〕：懷德故城，在同州朝邑縣西南四十三里。　土門城，在縣東北六十里〔一二〕。　後魏置縣，唐美原縣治此，元省入富平〔一三〕。

【校勘記】

〔一〕萬曆三十六年改　底本、川本、滬本缺「三十六」三字，據明史地理志、乾隆西安府志卷一補。紀要卷五三作「三十八年」。

〔二〕然城地特高　「地」，底本、川本、滬本作「池」，據嘉靖耀州志卷一改。

〔三〕城蓋倚巖坂斬削爲之　「坂」，底本、川本、滬本作「陂」，據嘉靖耀州志卷一改。

〔四〕頻陽　底本、川本、滬本作「荆陽」。按漢書地理志左馮翊下無「荆陽縣」，而有頻陽縣。嘉靖耀州志卷一：「漢時富平爲頻陽、懷德。」此「荆」乃「頻」字之誤，據改。

〔五〕苻秦於此置土門護軍　「土門」，底本、川本、滬本作「五門」，據嘉靖耀州志卷一改。

〔六〕隋始置富平用北地郡富平縣名　「用」，川本同，滬本作「屬」。按長安志卷一九：「富平縣，前漢縣治在今靈州回樂縣界，後漢徙今寧州彭原縣界，晉徙縣於今縣西南十一里懷德城。」又載：西魏文帝大統五年自懷德城徙於今治，周武帝以縣屬馮翊，「隋開皇三年隸雍州」。此處當有誤。

〔七〕到賢堡張喬堡　「到」，川本同，滬本及清統志卷二二九作「道」。「喬」，底本、川本作「念」，據嘉靖耀州志卷三改，滬本及清統志作「橋」。

〔八〕嘉靖二十五年築　底本、川本旁注有「諸府」二字，據滬本刪。

〔九〕至朝邑東南入渭　「至」，底本、川本作「曰」，據滬本及明統志卷三二改。

〔一〇〕史記周勃世家　底本、川本「史記」下別有「漢書」二字。按漢書無「世家」，據滬本刪。

〔一一〕括地志　底本、川本、滬本作「地理志」，據史記絳侯周勃世家正義改。

〔一二〕在縣東北六十里　川本及明統志卷三二同，滬本作「東七十里」，嘉靖耀州志卷二作「北七十里」。

〔一三〕元省入富平　「元」，底本、川本作「原」，滬本作「縣」。元史地理志耀州：至元元年，「并美原入富平」。明統志卷三二土門城：「元省入富平。」此「原」爲「元」字之誤，據改，滬本誤。

商州　古商國。府東南二百六十里。府志：三百六十里。通志：三百里。城周五里。形如鶴翔，面對龜山，謂之龜山鶴城〔一〕。秦相商鞅邑。楚、魏戰於陘山，魏許秦以上洛，以絶秦於楚。晉置上洛郡。〔旁注〕明月山下。宋高宗與金議和，遣使割唐、鄧、商、秦之地以畀金，東西割商、秦之半〔二〕，止存上津、豐陽、天水三縣，以鶻嶺爲界〔三〕，南屬宋，北屬金。洪武改州爲縣，成化十三年盜王彪亂，亂平，詔尚書撫豪傑，奏復爲商州，分商縣地南置山陽縣，東置商南縣，升商縣爲州，并洛南、鎮安二縣屬之。商洛道分守駐劄。〔眉批〕武關東塞，嶢、蕢西據，號略北填，漢江南帶，層山獻奇，終南山東北隅，三水結秀，丹水、楚水、荊水，重岡擁嶺，七盤十二崢，藍關之險路也。史記：秦孝公十一年，城商塞。疑始於此。唐書：崔湜，景龍中獻策開南山新路，以通商州水陸之運〔四〕，役徒數萬，死者十三四。仍嚴閉舊道，禁絶行旅，新路已開，竟爲夏潦衝突，崩壓不通。宋史王溥傳：溥到商州，以奉錢募人開大秦山巖梯路〔五〕，行旅感其惠。元商州，本朝改爲縣。〔眉批〕金史石盞女魯歡傳〔六〕：商洛重地，西控秦陝，東接河南。民守法令，甘辛苦，安儉素，不厭簡略。

武關巡檢司，在州東一百八十里。　秦嶺巡檢司，在州西一百二十里。通志：糢糊關，在州西一百二十里。有巡檢司〔七〕，控秦嶺，通藍田。　熊耳山，在州西五十里〔八〕，伊水所出。　冢嶺山，在州南六十里。　商洛山，商山，一名商洛山。在州東南九十里。秦時四皓隱於此。　竹山，在州東南二百里〔九〕。丹水所出，東流入河南界。　商顏渠〔一〇〕，在州東，引洛水至商山下。　武關，在州東一百八十里。有巡檢司，路通南陽。　昔漢高由此進兵以取關中。　洪武中以官軍定之。　山陽廢縣，在州南一百二十一里。今爲豐陽巡檢司〔一一〕。　上洛廢縣，在州東九十里。今爲上洛鎮〔一二〕。

【校勘記】

〔一〕面對龜山謂之龜山鶴城　底本、川本作「而鼓勉山謂之龜山鶴山」，滬本作「而鼓」，據圖書集成職方典卷四九七、乾隆商州志卷四改。

〔二〕東西割商秦之半　川本、滬本同。宋史紀事本末卷七二：紹興十一年十二月，「遂命周聿、鄭剛中等分畫京西唐、鄧二州，陝西商、秦之半以畀金」。此「東西」疑爲「陝西」之誤。

〔三〕止存上津豐陽天水三縣以鶻嶺爲界　「天水三縣」，底本、川本、滬本脱。據本書後文山陽縣及宋史紀事本末卷七二紹興十一年十二月補。「鶻」，底本、川本脱，滬本作「秦」，據乾隆商州志卷一、清統志卷二四六補。紀要卷五四作「劉嶺」。

〔四〕開南山新路以通商州水陸之運　「新」、「運」，底本、川本、滬本並作「河」、「道」，據舊唐書崔湜傳改。

〔五〕以奉錢募人開大秦山巖梯路　「奉」、「梯」，底本、川本、滬本並作「劵」、「得」，據宋史王溥傳改。

〔六〕石盞女魯歡傳　底本、川本作「石□女魯散傳」，據金史石盞女魯歡傳改。滬本無「金史至不厭簡略」等三十四字。

〔七〕通志模糊關在州西一百二十里有巡檢司　川本、滬本同。按清統志卷二四六：「牧護關，在州西一百二十里，或訛爲模糊關……明設秦嶺巡司」。是模糊關所設巡司即秦嶺巡檢司。

〔八〕在州西五十里　「州」，底本、川本、滬本作「荊」，據明統志卷三二、紀要卷五四改。

〔九〕在州東南二百里　川本、滬本同，乾隆商州志卷二引雍勝略作「西北二百里」。

〔一〇〕商顏渠　「顏」，底本、川本、滬本作「雒」，據漢書溝洫志、圖書集成職方典卷四九六改。

〔一一〕山陽廢縣在州南一百二十一里今爲豐陽巡檢司　川本、滬本及嘉靖陝西通志卷一二同。清統志卷二四六：豐陽故城，晉置，金貞元二年廢縣爲鎮。縣志：「明初置豐陽鎮巡司，成化十二年，徙巡司於漫川，於豐陽故址置山陽縣，以在北山之南，豐河之北，故名。有豐陽故城，在縣西南五十里。」又：「豐陽關，在山陽縣東南一百二十里，即故漫川縣。明洪武初，置巡司於豐陽鎮，成化十三年移駐於此，仍名豐陽巡司。」此「山陽」當爲「豐陽」之誤。

〔一二〕上洛廢縣在州東九十里今爲上洛鎮　川本、滬本及嘉靖陝西通志卷一二同。紀要卷五四商州：「商洛廢縣，州東九十里。」清統志卷二四六商洛故城：隋開皇四年，改商縣爲商洛。唐武德二年，移於今理。金貞元二年，廢商洛縣爲鎮。「州志：商洛鎮，在州東八十五里。」此兩「上」字均爲「商」字之誤。

鎮安縣　府南二百八十里。〔旁注〕通志：州東五十里〔一〕。　舊爲乾祐巡檢司〔二〕，屬咸寧縣。景泰三年，於廢縣北二十四里野豬坪置鎮安縣，〔旁注〕一作今縣北五十里野豬坪。　移遷謝家灣，即今治。　城周四里三分一百八十步。　嘉靖四年於東北隅增修月城，周一里七分。　乾祐廢縣〔三〕，在縣北八十里，今爲民田。

考山，泎河，洵河，蘊水，並見宋志。　鎮安河〔四〕，在南門外。　乾祐河〔五〕，在縣東三里。　永安河，在縣東五十里。　秋林川，在縣東七十里。　以上四川，俱開渠灌田。　舊縣巡檢司，在縣北一百五十里〔六〕。　五郎壩巡檢司，在縣西三百五十里。　舊有三岔巡檢司〔七〕，今無。

【校勘記】

〔一〕通志州東五十里　底本、川本作「州東通志州五十」，據滬本改。明統志卷三二：「在州城南二百五十里。」紀要卷五四：「州西南百五十里。」乾隆商州志卷一、清統志卷二四六：在商州西南三百四十里。乾隆鎮安縣志卷二：「東至商州城三百里。」按此「東」下「五」上當有脱字。

〔二〕乾祐巡檢司　「祐」，底本、川本作「拓」，據滬本及乾隆商州志卷一改。

〔三〕乾祐廢縣　「祐」，底本、川本作「拓」，據滬本及紀要卷五四改。

〔四〕鎮安河　底本、川本此前有「乾拓」二字，據滬本删。

〔五〕乾祐河　「祐」，底本、川本作「拓」，據滬本及乾隆鎮安縣志卷一改。

〔六〕在縣北一百五十里　川本同，滬本「五」下别注「一作二」。按乾隆商州志卷四正作「一百二十里」。

〔七〕舊有三岔巡檢司　底本、川本、滬本「舊」下别有「會興府」三字。乾隆鎮安縣志卷五：「三岔巡檢廨，在舊司里，久裁廢。」亦無此文，據删。

雒南縣　州東七十里。元屬商州，洪武七年改隸華州。成化十二年，仍屬商州。城周三里三分。

玄扈山。本志：在縣西北一百里。世傳黄帝時有鳳啣圖，見於玄扈山，帝拜受之，即此。陽虚山〔一〕。本志：在縣西北一百里。河圖玉板云：蒼頡爲帝南巡，登陽虚之山〔二〕，臨玄扈之水。沙河，在縣東十五里。西峪河，在縣東七十里。石家坡巡檢司，在縣東四十里。三要巡檢司，在縣東南九十里。青緑洞，在縣東六十里。洞産石青，因采辦爲民害，景泰間知縣陳琰奏止〔三〕。老君峪，在縣東南一百里，路通武關。沙河，在縣東十五里。西峪河，在縣東七十里。八渡河，在縣西七十里。洛南河，在縣東二百餘步〔四〕。南河，在縣東南九十里。洗馬河，在縣西四十里。鹿池，在縣東南二十里〔五〕。盧雲閣，在縣東北境上。路可道盧氏雲竇〔六〕，故名。洛河，在縣北五里。發源冢領山，東流入河南盧氏縣界。

【校勘記】

〔一〕陽虛山 「虛」，底本、川本、滬本作「處」，據紀要卷五四、乾隆商州志卷三改。

〔二〕陽虛之山 「虛」，底本、川本、滬本作「處」，據水經洛水注、寰宇記卷一四一引河圖玉板改。

〔三〕陳琰 「琰」，底本、川本、滬本作「瑛」，據嘉靖陝西通志卷二改。

〔四〕在縣東二百餘步 底本、川本、滬本同，乾隆商州志卷三作「縣南二百餘步」。

〔五〕在縣東南二十里 川本、滬本同，乾隆商州志卷三作「在商州東百十里」。

〔六〕路可道盧氏雲竇 「道」，川本同，滬本作「通」，蓋是。

山陽縣 州東南一百二十里。〔旁注〕府志：東南一百一十里。 城周二里三分六釐。 舊爲豐陽巡檢司，成化十二年，尚書原傑改立商州，徙巡檢於漫川〔一〕，於此立山陽縣。〔眉批〕東據竹林關，西阻殺虎嶺，鶻嶺峻其南〔二〕，石門塞其北，衆流迴貫，四圍重關，亦形勝之地也。 邑僻山隅，風頗樸實。 民始事獵，後變而務耕種，女多蠶績。 古豐陽縣，秦苻健都長安，以荆州刺史鎮豐陽；苻菁掠上洛〔三〕，於豐陽縣立荆州；苻堅移洛州於豐陽。晉太元九年五月，秦洛州刺史張五虎據豐陽來降。唐析豐陽置安業。宋紹興十一年，遣使割唐、鄧、商、秦之地以畀金，止存上津、豐陽、天水三縣。後因兵火，豐陽不存。至我朝以故址立爲豐陽巡檢司云云。

光照山，在縣東二百十里，與鄖西接界〔四〕。 天柱山，在縣南八十里。壁立萬仞，上平坦有池。任嶺，在縣東南一百三十里，與上津接界。銀花河，在縣東八十里。源自圈嶺，〔旁注〕縣東二十里。東流入兩河。兩河，在縣東一百五十里。自商州至竹林關，與銀花河合。金井河，在縣西南七十里。一名金津河。竹林關巡檢司，〔旁注〕漢丹水縣址。在縣東一百三十里。豐陽巡檢司，〔旁注〕魏曼川縣地〔五〕。舊屬商州。在縣東南一百五〔旁注〕三、四。十里。

【校勘記】

〔一〕漫川　「川」，底本、川本、滬本作「州」，據乾隆商州志卷二、清統志卷二四六改。

〔二〕鵲嶺峻其南　「其南」，底本、川本作「甚承」，據滬本改。

〔三〕苻菁　「菁」，底本、川本、滬本作「晉」，據晉書苻健載記改。

〔四〕鄖西　底本、川本、滬本作「鄭西」，據嘉靖陝西通志卷二、乾隆商州志卷三改。

〔五〕魏曼川縣地　「魏」、「川」，底本、川本、滬本並作「漢」、「州」。按漢無「曼州縣」，寰宇記卷一四一上津縣：「廢漫川縣，在縣北四十五里，前魏廢帝二年置，後周保定三年廢。」此「漢」、「州」並爲「魏」、「川」之誤，據改。

商南縣　州東二百四十里。府東南五百四十里。城周二里。成化十三年，析商縣扶川、北佛等里立。

分水嶺，在縣西四十里，水分東西流。界嶺，在縣北二十里。林麓甚壯，可以北拒嵩、盧。

小嶺關，在縣南七十里。大嶺關，在縣南八十里。其峯高峻，可以南望荆楚。上扶川，在縣南一百里。中扶川，在縣南一百五十里。下扶川，在縣南二百里。沐河，在東門外。下兩河，在縣南四十里。與沐河、商河相合。上兩河，在縣西南一百里。與銀花河、商河相合。富水堡巡檢司，在縣東三十五里〔一〕。有古城迹。成化八年，大盗王彪作亂，設巡檢司，以古城爲堡。古有富水驛，即此地。千丈山，在縣西北五十里雒南縣界。四條嶺，在縣西五十里商州界。清油河〔二〕，在縣西三十里。滔河，在縣南。西入大竹園，東出秦家漫，斜流一百餘里。二河俱通舟楫，便商賈，而商南之民，亦多賴焉。

【校勘記】

〔一〕在縣東三十五里　川本同，滬本「三」下别有「一作二」三字。按乾隆商州志卷四作「三十里」，光緒商南縣志卷二作「二十五里」。

〔二〕清油河　「清」，底本、川本、滬本脱，據嘉靖陝西通志卷二、乾隆商州志卷三補。

同州　古梁國。漢初置河上郡，後罷爲左内史，武帝太初元年，改爲左馮翊。府東北二百八十里。城周九里三分。前臨沙苑，後枕滸岡，左接平原，右帶沮水。〔眉批〕人多晉語，質樸儉素，漸於唐風。本志。後漢書安帝紀：上郡徙衙。注：衙縣，在同州。延光三年，馮翊言甘露降頻陽、衙。

商原〔一〕，在州北二十五里。其地寬平，自蒲城至朝邑縣界，延袤八十餘里。産麻最佳。以其近沮水之滸，故名滸原。沮水，在州西南五里。又名洛水，其源出宜君縣西北子午嶺，至耀州岔口，與漆水合流，至朝邑縣入渭，即禹貢所謂「漆、沮既從」是也〔二〕。蘇村河，〔旁注〕渭水經流之處。在州西南四十里。舊因水漲衝崩民田，嘉靖中修渠導水，其患始息。商原，在州北三十五里。水經：洛水南經商原。沙苑，在州南一十二里，即高歡與宇文泰戰處。其地宜畜牧，唐於此置監。渭河，在州南四十里。東流至朝邑，入黄河。渭曲〔三〕，在沙苑南、渭河北，宇文泰戰地。羌白鎮，西有唐祁國公王仁皎墓〔四〕。神道碑，張説撰文，明皇御書。

【校勘記】

〔一〕商原　「商」，底本、川本、滬本作「高」。通典州郡同州馮翊縣有商原。寰宇記卷二八同州馮翊縣：「商原，在州北三十五里。注水經云，洛水南經商原西，俗謂許原也。」此「高」乃「商」之誤，據改。

〔二〕即禹貢所謂漆沮既從是也　「沮」，底本、川本作「水」，據滬本及尚書禹貢改。

〔三〕渭曲　「曲」，底本、川本、滬本作「田」，據周書文帝紀、天啓同州志卷二改。

〔四〕西有唐祁國公王仁皎墓　「祁」、「皎」，底本、川本、滬本作「鄭」、「政」，據舊唐書王仁皎傳改。

朝邑縣　古芮國。春秋時爲大荔戎所居，秦厲公伐大荔，取五城，築高壘以臨晉國，號爲臨晉。按大荔城在洛州〔一〕，此誤。　州東三十里。　城周四里有奇。〔眉批〕舊唐書姜師度傳：遷同州刺史，於朝邑、河西二縣界，就古通靈陂〔二〕，擇地引洛水及堰黄河灌之，以種稻田，凡二千餘頃，内置屯十餘所〔三〕，收穫萬計。

黄河，在縣東三十里。自龍門而來，歷韓城、郃陽，經本縣大慶關，轉經潼關，東入河南界。幷河、渭、洛三水匯東南一巨浸〔四〕，世稱三河口。　渭河，在縣南三十里，東流入黄河。　洛水，在縣西北三里。其源泉出縣西北二里鐮山之北〔五〕。　金水河，在縣北五十里。民獲灌溉，今崩於河。　沮水，在縣南五里許。自同州界來，東流入渭。　芮伯國，周同姓，在畿内爲王卿士者。括地志云：朝邑縣南三十里有南芮鄉〔六〕，又有北芮鄉，皆古芮伯國。史記：秦穆公二十年，滅芮。　蒲津關，在縣東黄河。關下有鐵牛渡，唐時横絙連艦以渡黄河，後常絙斷艦破，開元十二年，鑄鐵牛八以纜浮梁。今牛西岸三，東岸四，其一沉於河。浮梁久廢，以舟渡。　大慶關，一名臨晉關，又名蒲津關，在縣東三十五里黄河岸。元築河堤，與蒲州相對。〔眉批〕賈誼新書所謂建武關、函谷、臨晉關者〔七〕，大抵爲備山東諸侯也。　金史宣宗紀：元光元年六月，造舟運陝西糧，由大慶關渡抵湖城。　大荔戎城，在縣東。　長春宫，在縣西北一里。後周武帝保定五年，宇文護所築，隋置殿其上。唐高祖起兵濟河而西，舍長春宫休甲養士，後命太宗鎮之。李懷光據此〔八〕，馬燧百計攻之不能下，曰：三面懸絶，不可攻也。

【校勘記】

〔一〕按大荔城在洛州　底本、川本無「按」字，據滬本補。按大荔城所在有二説，括地志輯校卷一：「今朝邑縣東三十步故王城，即大荔王城。」後漢書西羌傳：「洛川有大荔之戎。」李賢注：「洛川即洛水。大荔，古戎國，秦獲之，改曰臨晉，今同州城是也。」本書以在朝邑之説非，而以在洛川或同州之説是，則此「洛州」當爲「洛川」或「同州」之訛。

〔二〕就古通靈陂　「古」、「陂」，底本、川本作「可」、「改」，據滬本及舊唐書姜師度傳改。

〔三〕内置屯十餘所　「置」，底本、川本作「蓋」，據滬本及舊唐書姜師度傳改。

〔四〕并河渭洛三水　「河渭」，底本、川本、滬本作「上金」，據嘉靖陝西通志卷二、乾隆同州府志卷二改。

〔五〕其源泉出縣西北二里鐮山之北　底本、川本、滬本同。按紀要卷五二：「洛水源出慶陽府合水縣北二十里白於山。」清統志卷二四三：九龍泉，「又有西渠、坡底、漢村、義井、新莊、馮村、平王寨等七泉，俱在鐮山之麓，亦資灌溉」。此文疑有脱誤。

〔六〕南芮鄉　「南」，底本、川本、滬本脱，據括地志輯校卷一、乾隆同州府志卷一補。

〔七〕賈誼新書所謂　「謂」，底本、川本作「爲」，據滬本改。

〔八〕李懷光據此　底本、川本、滬本同。按舊唐書馬燧傳載，據守長春宫者爲李懷光將徐廷光，疑此「李懷光」下有脱字。

郃陽縣　秦夏陽。　州東北一百二十里。州志。府志：一百三十里。　城周八里二百二十步。〔眉批〕郃、澄、韓，號剛悍使氣，居常較强弱，一不當輒訟，訟輒求勝。弟兄則聚徒相鈔殺，至麗刑章無所恨〔一〕。

飛浮山〔二〕，在縣東南四十里黄河内，與水爲升沉，上有卜子夏讀書室〔三〕。　洽河〔四〕，在縣西北三十里。即金水河，源出梁山西谷〔五〕，東流注於河。　子夏石室，在縣東四十里。禮記：子夏退老於西河之上。　帝嚳高辛氏陵，在縣東南三十里。又見滑縣、歸德。　梁山，在縣北四十里。　黄河，在縣東四十里。水經：河水東過郃陽城東。　郃水，在縣西北二里，東流入黄河。詩曰：在洽之陽〔六〕。即此。　漢置郃陽縣，去水而加邑。　瀵水〔七〕，在縣東四十里夏陽村，曰鯉瀵，曰東鯉瀵，曰王村瀵，曰渤池瀵，曰夏陽瀵〔八〕。說者謂水濆沸湧出，其深無限，曰瀵〔九〕。居民引渠灌田。今見存者三泉，餘俱没入黄河〔一〇〕。　夏陽渡，在縣東四十里，即韓信以木罌渡軍處。　劉仲城，在縣西二里，昔漢高祖兄劉仲封邑於此。　郃水，來自西北，經縣東北入黄河。　瀵水，在黄河西岸。水有三，一在臨晉，一在同州，一在郃陽，其源潛通。　莘城，在縣南二十里。本莘國，禹之後，詩：纘女維莘。　羈馬城，在縣東界。左傳文公十二年：秦伐晉，取羈馬〔一一〕。　夏陽城，在縣東南四十里。史記：秦惠文君十年〔一二〕，魏入上郡少梁以附秦，秦更名少梁曰夏陽〔一三〕。　漢縣，唐廢；或云漢置，宋熙寧四年省入。　奉先城，在縣界。本唐蒲城縣，開元中改奉先。　剺首坑，在縣東界。左傳文公七年：晉敗秦師于令狐，至于剺首。

【校勘記】

〔一〕至麗刑章無所恨　底本、川本同，滬本「麗」作「嚴」。

〔二〕飛浮山　「浮」，底本、川本、滬本作「游」，據嘉靖陝西通志卷二、乾隆同州府志卷二改。

〔三〕上有卜子夏讀書室　「室」，底本、川本、滬本作「洞」，據乾隆郃陽縣志卷一、乾隆同州府志卷二改。

〔四〕洽河　「洽」，底本作「冷」，川本、滬本同。按順治重修郃陽縣志卷一：「洽河，縣西北三十里，即金水河。」康熙陝西通志卷三：「洽水，在郃陽縣西北三十里，即金水河。」則此「冷」爲「洽」之誤，據改。

〔五〕源出梁山西谷　「梁」，底本、川本、滬本作「渠」，據嘉靖陝西通志卷二、乾隆郃陽縣志卷二改。

〔六〕在洽之陽　「洽」，底本、川本、滬本作「郃」，據詩大雅大明改。

〔七〕瀵水　「瀵」，底本、川本、滬本作「漢」，據嘉靖陝西通志卷二、紀要卷五四改。

〔八〕夏陽瀵　「陽」，底本、川本作「時」，據滬本及嘉靖陝西通志卷二改。

〔九〕説者謂水濆沸湧出其深無限曰瀵　「沸」、「曰」，底本、川本作「紼」、「由」，據滬本及嘉靖陝西通志卷二改。

〔一〇〕俱没入黄河　「没」，底本、川本、滬本作「浥」，據嘉靖陝西通志卷二改。

〔一一〕驪馬　「馬」，底本、川本缺，據滬本及左傳文公十二年補。

〔一二〕秦惠文君十年　底本、川本作「秦惠文王三十年」，據滬本及史記秦本紀改。

〔一三〕魏入上郡少梁以附秦秦更名少梁曰夏陽　底本、川本同，滬本作「魏納上郡十五縣。十一年，更名少梁曰夏陽」。與史記秦本紀略同。

澄城縣　州北一百二十里。　城周三里有奇。　漢徵縣，後漢改重泉。本志：後漢省，晉爲重泉地。

臨高原，在縣南五十里。宋李顯忠知同州，以計執金撒離喝〔一〕，後由漢村經臨高原撲地河奔入夏國，即此。　雲門谷，在縣西北五十里。　紅羅谷，在縣西北七十里。　洛河，在縣西二十里。自耀州同官歷白水、蒲城界入縣境，流經同州朝邑縣達渭。　長寧河，在縣西北四十里。即雲門、紅羅二谷水所會，西南入於洛。　大谷河，在縣東二十里，至同州入於洛。　界頭山，在縣西北七十里。北爲洛川〔二〕，南爲澄城界。　風谷山，在縣西北七十里，有風伯祠。　澄水，在縣西三里，縣以此名。源發大慶里西莊澗下。史記河渠書：莊熊羆言：臨晉民願穿洛以溉重泉以東萬餘頃故鹵地。誠得水，可令畝十石。於是爲發卒萬餘人穿渠，自徵引洛水至商顏山下〔三〕。岸善崩，乃鑿井，深者四十餘丈。往往爲井，井下相通行水。水積以絶商顏〔四〕，東至山嶺十餘里間。井渠之生自此始。　北徵城，在縣西南二十五里蒲城縣界〔五〕，俗名避難堡。　左傳：秦伐晉，取北徵。漢爲徵縣，晉省。　王官城，在縣西北四十里。左傳：秦伯伐晉，取王官。按王官在解州，所謂王官谷者是也。　新城，在縣界東北二十里。左傳：晉伐秦，圍邧、新城〔六〕。　親鄰寨〔七〕，在縣西北二十里。元末陝西平章李思齊築。

【校勘記】

〔一〕撒離喝　底本、川本及乾隆同州府志卷二同，滬本作「散離喝」，宋史李顯忠傳作「撒離曷」。

〔二〕洛川　「川」，底本、川本、滬本作「州」，據嘉靖陝西通志卷二、乾隆同州府志卷二改。

〔三〕自徵引洛水至商顔山下　「商顔山」，底本、川本、滬本作「商顧」，據史記河渠書改。

〔四〕水積以絶商顔　「積」、「商」，底本、川本、滬本並作「頹」、「高」，據史記河渠書改。

〔五〕在縣西南二十五里　底本、川本同，滬本「五」下別有「一作二」三字。

〔六〕圍邧新城　「邧」，底本、川本、滬本作「郱」，據左傳文公四年改。

〔七〕親鄰寨　「寨」，底本、川本、滬本作「塞」，據嘉靖陝西通志卷一二、乾隆同州府志卷二改。

白水縣　州西北一百二十里。城周五里。漢粟邑、衙二縣地。

黃龍山，在縣東五十里。陽武山，在縣東三里〔一〕，蒼聖發靈之區。沮水，在縣東。源出洛，一名洛河，並漆水匯於縣治東入渭。小秦山，在縣西北五十里，路通中部、宜君。洛河，在縣東三十里。鐵牛河，在縣北五十里。河中古有鐵牛，以鎮水患。馬蓮灘巡檢司，即隋書馬蘭山之訛〔二〕。白水河，在縣西三里。水色如雪，縣以此名。彭衙城，在縣東北六十里。左傳文公二年〔三〕：秦、晉交戰之地。粟邑廢縣，在縣西北二十八里〔四〕。漢縣，後魏廢。倉頡墓，在縣東北七十里。南寨堡城〔五〕，在縣南五里。元同僉陸大用築。

【校勘記】

〔一〕陽武山在縣東三里　底本、川本、滬本同。乾隆同州府志卷二："按陽武村在縣東北七十里，有倉聖廟。西安府志作縣東三里誤。"清統志卷二四三："陽武山，在白水縣東北七十里。"此載里距疑有誤。

〔二〕即隋書馬蘭山之訛　"蘭"，底本、川本、滬本作"岡"，據隋書地理志、天啓同州志卷二改。"之"，底本、川本脱，據滬本補。

〔三〕左傳文公二年　"二"，底本、川本、滬本作"三"，據左傳文公二年改。

〔四〕在縣西北二十八里　底本、川本及元和志卷二同，滬本"二十八"下別有"一作八十"四字。按嘉靖陝西通志卷一三、清統志卷二四三作"縣西北八十里"。

〔五〕南寨堡城　"寨"，底本、川本、滬本作"塞"，據乾隆同州府志卷一改。

韓城縣　古韓國。　州東北二百二十里。　城周四里一百五十九步。本志：六里六十五步。州志同。〔眉批〕龍門控左，梁山峙右，北屏韓原，南臨濮水。

梁山，在縣西九十里。詩："奕奕梁山，惟禹甸之。"即此。　麻線嶺，在縣西北一百二十里，草木暢茂。成化八年，參議嚴憲開通餉道。　韓原，在縣東二十里，即春秋秦獲晉侯以歸處。　黃河，在縣北。有禹門渡，通山西河津縣。河南流入郃陽縣界。　芝川河，在縣南二十里〔一〕，東流入黃河。其地今爲鎮。　濮水河，在縣南一里。居民引之溉田，東流入黃河。　龍門山，在縣東北八十里。與山西河津相接。禹貢：導河至于龍門〔二〕。三秦記：龍門懸船而行〔三〕，兩旁有山，水陸不通，魚鼈莫上，故江河大魚有暴鰓龍門之困。唐武德中，治中雲得臣自龍門引河溉田六千餘頃。呂氏春秋曰：龍門未開，河出孟門，東大溢，是謂洪水〔四〕。禹鑿龍門，始南流。愚按：河水至此，自山直下千仞〔五〕，淵沫如雨，濤聲如雷，皆震撼。其下湍潤驚波，如山如沸，兩厓皆斷山絶壁，相對如門，唯神龍可越，故曰龍門。傳記曰河魚至此，非化龍而飛騰霄漢者，莫能逆流而上。三秦記謂大魚至是不能化龍者，有暴鰓之困。

古韓城，括地志云在縣南十八里〔六〕。詩大雅：溥彼韓城〔七〕。即此。春秋秦、晉戰於韓原。〔旁注〕府志：舊韓城，在縣北六十里半山之間〔八〕，城址尚存。相傳爲古韓國城。韓原城，在縣西一十八里〔九〕，秦、晉戰地。少梁城，在縣南二十二里。史記：秦攻魏少梁〔一〇〕。芝川鎮，即古少梁城地。當秦、晉咽喉，知縣全文城之。夏陽城，在縣南。舊韓城，在縣北六十里半山之間。相傳爲古韓國城，有遺址。高門原，在縣西南二十里。水經：原南層阜，秀出雲表。

【校勘記】

〔一〕在縣南二十里　「南」，底本、川本作「東南」，據滬本及嘉靖陝西通志卷二、清統志卷二四三改。

〔二〕導河至于龍門　川本、滬本同。按尚書禹貢作「導河積石，至于龍門」。

〔三〕龍門懸船而行　底本、川本、滬本作「龍門外懸泉而」，據寰宇記卷二八引三秦記改。

〔四〕龍門未開河出孟門東大溢是謂洪水　川本、滬本同。按呂氏春秋愛類：「昔上古龍門未開，呂梁未發，河出孟門，大溢逆流，無有丘陵、沃衍、平原、高阜，盡皆滅之，名曰鴻水。」與此引文異。

〔五〕自山直下千仞　「直」，底本、川本作「置」，據滬本改。

〔六〕在縣南十八里　「十八」，底本、川本、滬本作「八十」，據括地志輯校卷一乙正。

〔七〕溥彼韓城　「溥」，底本、川本作「浦」，滬本作「溤」，據詩大雅韓奕改。

〔八〕在縣北六十里半山之間　「半」，底本、川本、滬本作「羊」。按韓城縣無「羊山」，而下文「舊韓城」條作「半山」，因據改。

〔九〕韓原城在縣西一十八里　底本、川本、滬本同。按韓原、韓城，據括地志輯校卷一載，在縣南或西南，因疑「西」下脱漏「南」字。

〔一〇〕秦攻魏少梁　底本、川本作「秦取魏少渠」，滬本作「秦取魏少梁」，據史記趙世家改。

華州　古鄭國。府東二百里。　城周七里一百五十步。　元鄭縣，附郭，本朝并入州。

鄭桓公友初封於此〔一〕，其後武公從平王東遷〔二〕，稱新鄭，以此爲古鄭。〔眉批〕南面少華，北背清渭。前據華嶽，後臨涇、渭，左控桃林之塞，右阻藍田之關，古人所謂百二之勝，天府之國也。

渭水，在州北十五里〔三〕。自渭南界來經本州，鄭縣故城北有古渭水橋，東流入華陰縣界。　華山驛，治北。　羅汶橋遞運所，在州東一十里。　少華山，在州南十四里，東連太華山。山峯稍低，故名少華。又名半截山、復成山。宋神宗熙寧中，此山崩而餘半截，故名。今摧處十餘里〔四〕，亂石猶存，蔽野横路，名亂石灘。沈云：少華另是一山，不與太華相連。敷水，在州東南一十五里。源出小敷谷，流經華陰縣西北合渭河，名敷水渠〔五〕。唐開元中，姜師度鑿，以泄水害，刺史樊忱復鑿之，使通渭漕。古鄭縣城，在州北。即鄭桓公封邑，秦爲縣，元省入州。後秦有其地，武公十一年，初縣鄭。後周移於西南九里，隋文移於州城内。沈陽廢縣，在州東北一十五里。漢初置渭水北，後漢安帝移於此。利俗渠〔六〕，在州西南二十三里。唐開元中，詔陜州刺史姜師度開華州鄭縣二渠曰利俗，引喬谷以灌田〔七〕。羅文渠，在州東一十五里。引小敷谷水以溉田。武城，在州東二十一里。史記：秦康公二年，伐晉於武城。魏文侯三十八年，伐秦，敗我武下〔八〕，得其將。又名光武城，謂征隗囂時所築，遺址尚存。

【校勘記】

〔一〕鄭桓公友初封於此　「友」，底本、川本作「及」，據滬本及鄭氏詩譜鄭風譜改。

〔二〕其後武公從平王東遷　「其後」，底本、川本作「其於」，滬本作「及」，據隆慶華州志卷一改。

〔三〕渭水在州北十五里　「北」，底本、川本脱，據滬本及嘉靖陜西通志卷二補。

〔四〕今摧處十餘里　「摧」，底本、川本作「據」，據滬本及嘉靖陜西通志卷二改。

〔五〕名敷水渠　「水」，底本、川本、滬本作「川」，據新唐書地理志、明統志卷三二改。

〔六〕利俗渠　底本、川本前别有「漢縣」二字，不知所指，滬本無，據删。

〔七〕引喬谷以灌田　「喬」，底本、川本、滬本作「秦」，據新唐書地理志改。

〔八〕伐秦敗我武下　底本、川本作「伐晉，敗於武下」，滬本作「伐晉，敗於武城」，據史記魏世家改。

華陰縣　魏陰晉地。　州東七十里。　城周二里九分。　史記犀首傳：犀首者，魏之陰晉人也。曹相國世家：賜食邑於寧秦〔一〕。〔眉批〕華山峙其前，渭水繞其後，左據潼關，右引下邽。　地在三省之交，東至閿鄉縣界二里，西至華陰縣界二里，南至洛南縣界五十里〔二〕。　直隸潼關衛，城周十一里七十二步〔三〕。洪武初，設千户所，隸陝西都司。永樂中，改直隸。　縣東四十里，兵備駐劄。

潼津驛，縣城内。驛遞領於華陰。　潼關驛，衛城内。　華陰遞運所〔四〕，縣城内。　潼關遞運所，衛城西關。　大慶關巡檢司，在衛城北六十里。　風陵渡巡檢司，在衛城東門外。　永樂鎮巡檢司，在衛城東北四十里。　俱隸潼關衛。　後軍都督府。　實録：永樂六年六月甲申，改潼關衛隸北京行後軍都督府〔五〕。

太華山，在縣南一十里，即西嶽也〔六〕。〔旁注〕舜典：八月西巡狩，至于西岳。即此。　以西有少華山，故名曰太華。　削成四方，高五千仞，有芙蓉、明星、玉女三峯。　車箱谷，在縣西南二十五里。

潼關，在縣東四十里。　平舒城，在縣西南〔七〕。　秦始皇紀：三十六年，使者從關東來，夜過平舒道，有人將璧遮使者。即此。渭水，在縣北十五里，東入於河。黄河，在縣東北。

【校勘記】

〔一〕賜食邑於寧秦　「秦」，底本、川本作「泰」，滬本作「城」，據史記曹相國世家改。

〔二〕南至洛南縣界五十里　「洛南縣」，底本、川本、滬本作「洛陽縣」，據清統志卷二四三改。

〔三〕直隸潼關衛城周十一里七十二步　底本繫於本條下文「兵備駐劄」之後，川本、滬本同。明史地理志華陰：「東有潼關。洪武七年置潼關守禦千户所，九年十一月升爲衛，屬河南都司。永樂六年直隸中軍都督府。」則諸本錯簡，今據以乙正。

〔四〕華陰遞運所　「所」，底本、川本脱，據滬本補。

〔五〕後軍都督府實録永樂六年六月甲申改潼關衛隸北京行後軍都督府　前者「後軍都督府」，底本脱「後」字，川本同，據滬本及本條下文補。按明史兵志載，洪武二十六年定天下都司衛所，潼關衛屬中軍都督府河南都司；後定天下衛所，潼關衛屬後軍都督府直隸，即本書引明實録所載永樂六年六月「改潼關衛隸北京行後軍都督府」也。則此所引明實録文乃錯簡，應屬上文直隸潼關衛條「永樂中，改直隸」之下。又，此前者之「後軍都督府」蓋屬衍文。

〔六〕即西嶽也　「嶽」，底本、川本作「華」，據滬本及嘉靖陝西通志卷二改。

〔七〕在縣西南　底本、川本、滬本同。按括地志輯校卷一作「縣西北六里」，此當誤。

蒲城縣　古賈國。秦重泉縣。史記：秦簡公城重泉。　州北一百二十里。　城周八里一百八十步。

豐山〔一〕，在縣西北三十里。元史五行志：至正二十六年十一月辛丑，蒲城縣洛岸崩，壅水絶流三日。十二月庚午，蒲城縣洛水和順崖崩〔二〕。其崖戴石，有巖穴可居。是日壓死辟亂者七十餘人。　南河，自宜君、同官界來，經縣西北，東流入於洛。　温湯，在縣東南六十里。源出沮水東岸石眼中，西流里許，入於沮水，四時温煖可浴。近有山曰太湖，平地突起，周五六里，高十餘仞，有危石、古木、流泉、魚稻。　同州故城，在縣南五十里，即漢馮翊城〔三〕。　奉先城，在縣東三十里。宋長安志云：在郃陽縣，本屬蒲城縣，開元中，改奉先縣〔四〕。　堯山，在縣北三十里〔五〕，亦名浮山。山有靈隱夫人祠〔六〕，祠東有粧鑑泉，西有龍泉修祠記，謂此水清泠〔七〕，不獨天旱取水，雩祭則雨。　金粟山，在縣東北三十里。　古賈伯國。　洛水，在縣東北五十里。東流入潼關界注渭。　東鹵池，在縣南二十里。　蓮勺，有鹽池，縱廣十餘里。其鄉名曰鹵中。　西鹵池，在縣西南四十里。近池間時産硝，或偶爲鹽。

【校勘記】

〔一〕豐山　「山」，底本、川本、滬本作「城」，據嘉靖陝西通志卷二、清統志卷二四三改。

〔二〕和順崖　「和」，底本、川本、滬本作「初」，據元史五行志改。

〔三〕同州故城在縣南五十里即漢馮翊城　底本、川本、滬本及嘉靖陝西通志卷一二同。乾隆蒲城縣志卷二於馮翊城下云：「宋長安志作祋祤城，及金修縣衙記，曰此縣地名祋祤，又續大事記，曰祋祤縣也，恐未的。」

〔四〕宋長安志云在郃陽縣本屬蒲城縣開元中改奉先縣　底本、川本、滬本同。按今本長安志無此文。又，新唐書地理志：奉先縣，「故蒲城，開元四年更名」。此「屬」字當爲衍文。

〔五〕在縣北三十里　底本、川本同，滬本「三」作「二」，一作三」，嘉靖陝西通志卷二作「二」。

〔六〕山有靈隱夫人祠　「靈隱夫人」，底本、川本、滬本作「靈應天人」，據隆慶華州志卷三改。

〔七〕謂此水清冷　「此」，底本、川本、滬本作「二」，據隆慶華州志卷三改。

耀州　漢祋祤縣。　府北一百八十里。　城周六里七十步。　姚萇起兵北地，晉北地治祋祤，即此。　前抱乳山，後依高原，漆水經其東，沮水繞其西。〔眉批〕漆沮二水，時爲城患，城又三隅空，守備寡弱，州南三里即富平縣地，州城惟西北隅耳。地又多山溪，寡收，物力僅當富平什一。

步壽原，在州東北一里。三輔黄圖：漢故有祋祤宫。即此。　夏侯堡，在州南二十里。元末州治毁，官治事於此，後空無人。嘉靖二十五年，復築堡城。　小丘堡，在州西北四十里。亦嘉靖二十五年築。一堡蓋上官奉朝議爲備虜計云。　岸門，在西北八十里分水嶺上。嘉靖三十二年，參政張涣以虜報急，乃令知州李廷寶築此。然塗者由七里川行，即不經岸門。　七里川，即古寧谷鎮地界，故有寧谷驛。順義驛，治南。土門山，在州東南四里，中斷如門。杜甫詩：北上惟土門，連天走窮谷。頻陽故城，在州東南五里。沮河，來自延安府宜君縣，至本州富平縣合漆河，至同州朝邑縣東南入渭。祋祤廢縣，在州東北一里。漢縣，晉泥陽亦此地。通志：東北一里。神爵二年，鳳凰集祋祤城，即此。説文云：祋，殳也。從殳，示聲。詩云：何戈與祋〔一〕。趙師民守耀州，以爲祋祤字從示，悉祭神求福之意。江鄰幾雜志曰：祋祤，秦時祭兵之廟也，漢立縣，本此名〔二〕。華原故城，在州北五里〔三〕。隋築。隋、唐末耀州治此，元省，遺址尚存。

【校勘記】

〔一〕何戈與祋 「何」，底本、川本、滬本作「荷」，據詩曹風候人改。

〔二〕江鄰幾至本此名 「江鄰幾」，底本、川本作「北鄰楚」，據滬本及乾隆續耀州志卷一〇改。又，此文底本繫於上文「順義驛，治南」下，川本同，滬本改敘於「耀州漢祋祤縣」下，今依文義改移於此。

〔三〕在州北五里 川本同，滬本「五」作「三，一作五」，嘉靖耀州志卷二、乾隆續耀州志卷一作「州北三里」。

同官縣 州北七十五里。城周四里。本苻秦銅官護軍，後魏太平真君七年〔一〕，置銅官縣。後周建德四年，徙今治，省銅爲同。縣西南一里，有銅官護軍，今名濟陽寨，有土城，高數丈，縣倚固焉。至正時，張良弼遣院判虎林赤、都事吴進賢築山寨爲據守計[二]，即此。〔眉批〕左襟漆水，右帶同川，據山寨爲城，足爲阨阻，漆水迎東城下，爲城患。

黄堡鎮，在縣南三十里。有古寨，在金時爲重鎮。嘉靖二十五年重築。頻山，在縣東北一里。烏泥川[三]，在縣東北三十里，合漢井泉東流入蒲城界。雷平川，在縣西北五十里，合同官川水。大石盤川，在縣東北三十里，入宜君界。小石盤川，東流合大石盤川入洛川[四]。雄同川[五]，在縣東四十里，西南與同官川合。漆水驛，治東北。金鎖關巡檢司，在縣北三十里。嘉靖三十二年，參政張涣命縣修關城及二水關。漆河，出扶風古漆縣西北，經本縣至耀州南合沮水。故作來自永壽。府志：出雍家原，至縣頻山，受同川水，合而東注。同官川，在縣北五十里，合雄同川水，南流入耀州界。

【校勘記】

〔一〕後魏太平真君七年　「太平真君七年」，底本、川本、滬本作「太元初」，按北魏無「太元」年號，據長安志卷二〇、紀要卷五四改。

〔二〕築山寨爲據守計　「寨」，底本、川本作「塞」，據滬本及乾隆同官縣志卷一改。

〔三〕烏泥川　「烏」，底本、川本作「鳥」，據滬本及嘉靖耀州志卷二改。

〔四〕東流合大石盤川入洛川　「石」，底本、川本、滬本脱，據乾隆西安府志卷八補。

〔五〕雄同川 「雄」，底本、川本、滬本作「雒」，據長安志卷二〇、嘉靖耀州志卷二改。下同。

乾州 府西北一百八〔旁注〕通志：六。十里。 城周九里三分。 元奉天縣，倚郭。 本朝并入州。〔眉批〕九嵕控其東，武水環其西，北枕梁山，南接平壤〔一〕。

五峯山，在州東北五十里。 漠谷河〔二〕，州西五里。 源出永壽麻亭嶺，流經州西南三十里，入武功縣界合渭，又名武水。 甘谷河，州東北二十里。 源出永壽縣界，流經州東北四十里，入醴泉縣界合涇。 唐武后光宅元年，析醴泉、始平、好畤、武功、豳州之永壽五縣地〔三〕，置奉天縣，奉乾陵〔四〕，屬京兆郡。 乾寧三年，改乾州。〔眉批〕元史世祖紀：至元五年，復置乾州奉天縣，省好畤、永壽入焉。 咸陽驛，治東北。 乾州遞運所，驛東。 梁山，在州西北五〔旁注〕北十。本志：西北五。里。古公去邠逾梁山，即此。 唐高宗乾陵在焉。 武亭河〔五〕，在州西五里。 河源出麟遊縣界，經城西四十里，流入武功縣界入渭。 好畤廢縣，在州東七里。 漢縣，後周省。 奉天羅城，德宗以桑道茂之言，築奉天，廣州城。外象龜形，内列六街，及朱泚亂，果幸焉。 德宗行在，即今州治。

【校勘記】

〔一〕南接平壤 「南」，底本、川本、滬本作「西」，據崇禎乾州志卷一改。

〔二〕漠谷河　「漠」，底本、川本、滬本作「漢」，據嘉靖陝西通志卷二、崇禎乾州志卷一改。
〔三〕豳州　「豳」，底本、川本、滬本作「幽」，據新唐書地理志、長安志卷一九改。
〔四〕奉乾陵　「奉」下「乾」上，底本、川本、滬本衍「天」字，據崇禎乾州志卷一删。
〔五〕武亭河　底本、川本脱「河」字，滬本作「武水」，據嘉靖陝西通志卷二、崇禎乾州志卷一改。

武功縣　古郜國。　州西南六十里。　城周，本志：三里二百二十步。　晉書宣帝紀：青龍二年，諸葛亮率衆十餘萬出斜谷，壘於郿之渭水南原。天子憂之，遣征蜀護軍秦朗督步騎二萬〔一〕，受帝節度。諸將欲往渭北以待之，帝曰：百姓積聚皆在渭南，此必爭之地也〔二〕。遂引軍而濟，背水爲壘。因謂諸將曰：亮若勇者，當出武功，依山而東。若西上五丈原，則諸軍無事矣。亮果上原，將北度渭，帝遣將軍周當屯陽遂以餌之〔三〕。數日，亮不動。帝曰：亮欲爭原而不向陽遂，此意可知也。遣將軍胡遵、雍州刺史郭淮共備陽遂，與亮會於積石。臨原而戰，亮不得進，還於五丈原。

郃城驛，治東南。　太白山，在縣南九十里。山極高，上恒積雪，望之皓然。諺云：武功太白，去天三百。凡山下軍行不得鳴鼓角，鳴則疾風暴雨立至。〔眉批〕周地圖記曰：太白山甚高，上恒積雪，無草木。半山有横雲如瀑布〔四〕，則澍雨，人常以爲候。故語曰：南山瀑布，非朝即暮。　金史宗道傳：爲陝西路統軍使兼知京兆府事，時夏旱，俾長安人取太白湫水〔五〕，步迎於遠郊，及城而雨。　辛氏三秦記曰：太白山，至長安三百里，不知高幾許。武功山，在縣南一百里。北連太白山。通志：止此二山最秀傑，縣以此得名。惇物山，在縣東南二百餘里長安縣界。又名垂山，即禹貢所謂惇物也。按尚書蔡傳云：地志：古文以垂山爲惇物〔六〕，在古武功。五丈原，在縣西南七十里縣界。漢諸葛亮屯兵處。圍川，自扶風縣流至縣南，合武亭川水入渭。斄城，在縣西南二十里〔七〕，即后稷受封邰國。周城，在縣西北。周太王邑於岐山之下，即此。美陽廢縣，在縣西七里〔八〕，漢縣。

【校勘記】

〔一〕秦朗　底本、川本、滬本作「奏明」，滬本眉批：「奏，當作秦。」據晉書宣帝紀改。

〔二〕此必爭之地　「爭」，底本、川本、滬本作「征」，據晉書宣帝紀改。

〔三〕帝遣將軍周當屯陽遂以餌之　「餌」，底本、川本作「餅」，據滬本及晉書宣帝紀改。

〔四〕半山有横雲如瀑布　「横雲」，底本、川本、滬本作「積雪」，據漢唐地理書鈔周地圖記改。

〔五〕俾長安人取太白湫水　「湫」，底本、川本、滬本作「泓」，據金史宗道傳改。

〔六〕古文以垂山爲惇物　「山」，底本、川本作「竹」，據滬本及漢書地理志改。

〔七〕在縣西南二十里　底本、川本「西」上有「東」字，據滬本及明統志卷三二删。

〔八〕在縣西七里　底本、川本「七」下有「百」字，據滬本及明統志卷三二删。萬曆武功縣志卷一：美陽故城，「在縣西原八里，後漸徙鳳泉東，則今扶風境内也」。紀要卷五四作「縣西北二十五里」，並云：「一統志城在縣西七里，似誤。」

永壽縣　州北九十里。府西北二百四十里。　城周五里三分。　漢右扶風漆縣地。舊永壽縣，即永壽鎮。元至正四年〔一〕，徙縣治於此麻亭鎮，即今治。〔眉批〕古麻亭驛，城在嶺上，三面阻險，中無平地。郭邦基記。

【校勘記】

〔一〕元至正四年　川本、滬本及紀要卷五四同，元史地理志作「至元十五年」。

好畤縣。在縣西南七十里，漢縣。　烈山，在縣東二里。　明月山，在縣西南八十里。峗山，在縣西南九十里。　廣壽原，在縣西二十里。魏時廣壽縣，因此原爲名，今改爲古城鎮。錦川河，在縣西南好畤鎮東，發源麟遊〔一〕。　武亭水、莫谷水，俱在縣西南八十里。　武亭河，在縣西一里。其水出川口。　漆泉，在縣東北四十五里，色如漆。　永安驛，治西北。　土副巡檢司。本志：今省。　蒿店遞運所〔二〕，在縣南一十五里。　底窑鋪遞運所，在縣北三十里。　梁山宫，在縣南八十里，秦始皇建。史記：始皇遊梁山宫，從山上見丞相車騎衆〔三〕，弗善也。中人或告丞相，丞相後損車騎。始皇怒曰：此中人泄吾語。案問莫服，捕當時旁者，皆殺之。右扶風城，在縣東南四十里。穆陵關，在縣南四里。宋嘉祐四年置〔四〕。武陵山，在縣城内。有武陵寺，後魏平陽王熙建石塔一座。平瑶鎮，山如翠屏，二水交流。出煤炭，居民便之，陶埴磁器，通平、慶、鳳三府。水有黑石，鎔之可爲鐵。

【校勘記】

〔一〕麟遊　「麟」，底本、川本、滬本作「鱗」，據紀要卷五四、光緒永壽縣志卷一改。

〔二〕蒿店遞運所　「店」，底本、川本、滬本作「居」，據清統志卷二四七、光緒永壽縣志卷三改。

〔三〕從山上見丞相車騎衆　「從」，底本、川本、滬本作「後」，據史記秦始皇本紀改。

〔四〕宋嘉祐四年置　「宋」，底本、川本、滬本旁注「當作金」；「嘉」，底本、川本、滬本作「貞」。清統志卷二四七、光緒永壽縣志卷三：「穆陵關，宋嘉祐四年置。」據改。

邠州　漢栒邑縣。元直隸陝西行省，本朝屬西安府。新平縣附郭，本朝幷入州。府西北三百五十里。城周九里三分。山城與今城相連，周五里。分巡關内道駐劄。〔眉批〕涇水繞其北，邠巖峙其南〔一〕，依山爲城，因水爲池，地勢險固。

新平驛，治西。宜禄驛，在州西八十里。〔旁注〕幷入長武。邠州遞運所，北門外。宜禄遞運所，在州西八十里。停口遞運所，在州西四十里。通志有冉店巡檢司，在州西六十里。邠山，在州治南。立州之時，依以爲城，陡峻險固，易守難攻。宜禄川，在舊宜禄縣，今涸。紫微山，在州城内。西南上有宋、金屯兵砦。宜禄廢縣，在州西九十里。後魏縣，今省。〔旁注〕并入長武。新平廢縣，在州西南。本漢漆縣，後魏爲白土縣，隋改新平，宋、元因之，今省〔二〕。今爲新平驛。折墌城〔三〕，〔旁注〕入長武。在宜禄廢縣北五里。唐初，秦王薛仁杲居折墌城〔四〕，太宗圍之，即此。姜嫄墓〔五〕，在州東一十里山谷中。公劉墓，在州東九十里土陵村。

【校勘記】

〔一〕邠巖峙其南　「巖峙」，底本、川本、滬本作「州挹」，據明統志卷三二改。

〔二〕今省　底本錯簡於上文「隋改新平」後，川本、滬本同，據明統志卷三二改。

〔三〕折墌城　底本、川本及明統志卷三二、民國邠州新志稿卷三同，滬本及元和志卷三、清統志卷二四八作「高墌城」。

〔四〕秦王薛仁杲　「杲」，底本、川本、滬本作「果」，據舊唐書高祖紀改。

〔五〕姜嫄墓　「嫄」，底本、川本、滬本作「源」，據明統志卷三二、清統志卷二四八改。

三水縣　州東四十里。本志：東六十里〔一〕。通志：東北七十里。成化十四年置。〔旁

注〕十三年，都御史余子俊、馬文升奏分淳化復爲縣〔二〕。　城周五里五分有奇。

石鴜山，在縣東一十五里。三面石崖，河經其下，勢極峻絶，可以避兵。　石門山，在縣東南。壁峙立如門。　黑石巖，在縣東南五十里石門山之西。其山石色似漆，壁立萬仞，西北倚山，東北臨河。　梁渠川，在縣北二十里，入於涇。　支唐川，在縣北三十里。　三水河，在縣南。源出石門山，流經玉泉、白馬泉、稍泉，故以名縣。過縣四十里入於涇，境内諸水多注於此。邑有三泉。　温涼河，在縣西三里。四時不滿，冬温夏涼，故名，南入汃河〔三〕。　柏林河，在縣北東六十里〔四〕。源出宜君縣經牛黄嶺，南流入三水河。　連家河，在縣東北。東十里〔五〕。源出馬欄山，南流入三水河。　玉泉，在縣東二里。　稍泉，在縣南三里。　白馬泉，在縣北。此三泉者，邑名所起。然皆涓流不足表識也。　豳谷，在州東北五十里，今縣東一里。　公劉立國處，即三水舊縣，朱子詩傳曰：豳，今邠州。　石門關巡檢司，在縣東北二十里石門山巖，三水縣是也〔六〕。　栒邑城，在縣東三十五里〔七〕。漢景帝三年置，屬右扶風。元帝永光元年，改置三水縣，王莽復爲栒邑。盧芳據之，三國魏省入北地郡。

【校勘記】

〔一〕東六十里「里」，底本無，川本同，據滬本補。下「東北七十里」補同。

〔二〕奏分淳化復爲縣　「分」，底本、川本脱，據滬本及乾隆三水縣志卷一補。

〔三〕汃河　「汃」，底本、川本、滬本無。清統志卷二四八：温涼河，下流入汃河。此脱「汃」字，據補。

〔四〕柏林河在縣北東六十里　底本、川本、滬本同。按雍正宜君縣志、乾隆三水縣志、清統志均不載此文，「北東」或爲「東北」之誤。

〔五〕東十里　川本同，滬本「東」上有「一云」二字。

〔六〕石門關巡檢司在縣東北二十里石門山巖三水縣是也　底本、川本、滬本同，疑有脱誤。「東北二十里」，紀要卷五四、清統志卷二四八作「東南六十里」。

〔七〕在縣東三十五里　底本、川本、滬本同，寰宇記卷三二、紀要卷五四作「東北二十五里」。

淳化縣　州東二百里。通志、府志同。　城周四里一百七十步。本志同。州志：五里三分。

黃帝明廷，在甘泉山下。地理志：黃帝治萬國，朝諸侯〔一〕。乃作合宮，兼明廷，布政於甘泉。　甘泉宮，在甘泉山。史記：秦始皇作甘泉宮及前殿，作甬道，自渭屬之〔二〕。　甘泉山，在縣西北九十（旁注）百五〔三〕。里。同宋志雲陽下。　仲山，在縣東南二十五里。即鄭國鑿渠引涇水之處，詳見涇陽。　嵯峨山，在縣東南五十里。詳見三原。　石門山，在縣北六十里，兩山壁立如門。　雲陽城，在縣北三十里。漢昭帝置，屬左馮翊，後漢省。　雲陵城。一統志：在縣北二十里。三秦記曰：昭帝尊母鉤弋夫人爲皇太后，起雲陵，平帝元始中罷爲縣。漢書：武帝趙倢伃鉤弋夫人，昭帝母也。從幸甘泉，有過見譴，以憂死，因葬雲陽。昭帝即位，追尊爲皇太后，發卒二萬人起雲陵，邑三千户。車箱坂，在縣西北六十八里。同宋志雲陽下。涇河，在縣西南二十里。淳化河，在縣東門外。水從石門山出，東流入涇陽縣界，因縣而名。三水河，在縣西南。姜嵰河〔四〕，在縣西北四十里，流入於涇。漢故縣城，在縣西北六十里〔五〕。雲陽城，在縣北三十里。漢武帝築。三水廢縣，在縣西北一百三十里。漢末，三水人盧芳據此，吴漢擊之不克，即此。元并入淳化縣。梨園鎮，見宋志。三水廢縣，在縣西一百三十里。漢盧芳據之。元省入淳化〔六〕。栒邑城，在廢三水縣東二十五里。按此宜入今三水。通志三水縣竟無古迹。

林光宫。師古曰：秦二世所建，漢因之，在甘泉宫之旁。

【校勘記】

〔一〕治萬國朝諸侯　底本、川本、滬本並同，漢書地理志作「建萬國，親諸侯」。

〔二〕自渭屬之　「渭」，底本、川本作「謂」，據滬本改。史記秦始皇本紀作「咸陽」。

〔三〕百五　川本同，滬本作「一云百五十里」。

〔四〕姜嵰河　「嵰」，川本、滬本同，按紀要卷五四作「源」，民國淳化縣志卷四引邠州志作「嫄」。

〔五〕漢故縣城在縣西北六十里　底本、川本、滬本同。按漢無「淳化縣」，長安志卷二〇：「雲陽，今縣西北六十里古城，即漢縣也。」即指此，則此「漢故縣城」應作「漢雲陽故縣城」。

〔六〕三水廢縣在縣西一百三十里至元省入淳化　川本同，滬本無。按上文已列，此係重出。

長武縣　州西八十里。府志：西北八十。　萬曆十一年置。　城周五里。　元宜祿縣〔一〕，本朝并入州。漢爲鶉觚城，唐爲宜祿縣，宋、元因之，國朝省入邠州〔二〕，止設巡司、驛遞、税課局而已。嘉靖年廢局，改巡司於冉店，而宜祿仍爲鎮。在涇、邠之間，道路四衝，邑治既遠，民多負嵎，健訟多盜。萬曆十年，奏復爲縣，改名長武。〔眉批〕東環黑水，西距關中，南枕宜山，北帶涇河。西、鳳、平、慶四府交會之區。

冉店，城一座，在縣東一十里。　窯店〔三〕，城一座，内與涇州分界，巡檢司在界東。　宜祿驛、宜祿遞運所，並治東。　停口遞運所，縣東四十里停口鎮。　宜山，在縣南二十里。　涇河，在縣北二十里。　前川河，在縣南二十里。　後川河，在縣南一十里。　黑水河，在縣東四十里。　折墌城〔四〕，在縣北五里。唐太宗圍薛仁杲於此。　鶉觚城。　窯店巡檢司，舊在宜祿鎮，名宜祿巡檢司。弘治十七年，移冉店，〔旁注〕縣東二十里。萬曆十一年，立縣，改置窯店，在縣西五十里。

【校勘記】

〔一〕宜禄縣　底本、川本、滬本作「宜陽縣」。按元史地理志邠州下無「宜陽縣」，從下文乃「宜禄縣」之誤，據改「陽」爲「禄」。

〔二〕國朝省入邠州　「邠州」，底本、川本、滬本作「汾州」，據明史地理志、紀要卷五四改。

〔三〕窯店　「窯」，底本、川本、滬本作「笠」，據明史地理志、紀要卷五四改。

〔四〕折墌城　底本、川本及寰宇紀卷三二、宣統長武縣志卷三引邠州志同，滬本及清統志卷二四八作「高墌城」。

咸寧〔旁注〕宋志：萬年。終南山，在縣南五十里。東自藍田縣界，西入縣界石鱉谷，以谷水與長安縣爲界，東西四十里。禹貢：終南惇物，至于鳥鼠。詩：終南何有，有條有梅〔一〕。毛注：周之名山，中南也。春秋左氏傳曰：荆山、中南，九州之險也。杜注曰：中南，在始平武功縣南。淮南子：孟門、終隆之山。注：終隆，終南，在扶風。漢書曰：太乙山，又爲終南山。五經要義曰：太乙，一名終南山，在扶風武功縣。則終南、太乙，不得爲一山明矣。蓋終南，南山之總名，太乙山之别號耳。關中記曰：終南山，一名中南，言在天中，居都之南也。又曰：終南、太一，左右三十里内名福地。三秦記曰：太一在驪山西，去長安二百里，山之秀者也。一名地肺山。漢書東方朔傳曰：終南山，天下之大阻也。其山多玉石，金、銀、銅、鐵、豫章、檀、柘，異類之物，不可勝原〔二〕。此百工所取給〔三〕，萬姓所仰足也。府志：豹林谷，在終南山麓。宋种放隱此山東明峯。畢原，在縣西南二十八里。府志：按府城西南皆長安地，非咸寧有。第接鄠縣有王季所治畢地〔四〕，亦非原，或以爲誤。白鹿原，在縣東南二十里。自藍田縣界，至滻水川盡，東西一十五里；南接終南，北至霸川盡，南北一十里，亦謂之霸上。少陵原，在縣南四十里。南接終南，北至滻水，西屈曲六十里入長安縣界，即鴻固原也。宣帝許后葬於此，俗號少陵原。周書武帝紀：保定二年十月戊午〔五〕，講武於少陵原。樂遊原，在縣南八里。漢書：宣帝起樂遊苑。在曲江北，亦曰樂遊原。長樂坡，在縣東北一十里，即滻水之西岸〔六〕。漢長樂宫在其西北。高望堆。長安圖曰：在延興門南八里。潘岳西征賦曰：憑高望之陽隈。御宿川，在縣西南四十里。揚雄羽獵賦序曰：武帝開上林，東南至御宿川。孟康注曰：爲諸離宫別觀，禁御不得使人往來遊觀，止宿其中，故曰御宿川。漢元后傳：夏遊籞宿〔七〕。師古曰：籞宿苑，在長安城南，今之御宿川是也。三秦記曰：樊川，一名御宿川。樊川，一名後寬川，在縣南三十五里。十道志曰：其地即杜陵之樊鄉。漢高祖至櫟陽，以將軍樊噲灌廢丘功，賜噲食邑於此，故曰樊川。三秦記曰：長安正南秦嶺，嶺根水流爲秦川〔八〕，一名樊川。義谷，在縣東南八十里。東南至乾祐縣及金、商等州，西南有路至興元府。宋史高宗紀〔九〕：建炎二年，金人犯永興軍，經略使郭琰退保義谷〔一〇〕。舊唐書李抱玉傳：京城南面子午等五谷羣盜頗害居人，朝廷遣薛景仙領兵爲五谷招討使，連月不捷，乃詔抱玉討之。抱玉探知賊帥行止之處，先分屯諸谷，乃使奇兵南自洋州入攻之。賊皆就擒，旬日五谷平。錫谷，在縣東南六十里。有路至舊歸安鎮，合義谷路，通興元府。羊谷，在縣東南六十里。炭谷，在縣南六十里。府志：即太乙谷。秦記訛爲炭谷，讀二字爲一音。郊谷，在縣東南六十里。竹谷，在縣南六十里。石鱉谷，在縣西南五十五里〔一一〕。荆谷，在縣東南二十五里。渭水，在縣北五十里〔一二〕。西自長安縣界，流經縣界入臨潼。山海經曰：渭水出鳥鼠同穴山。禹貢：導渭自鳥鼠同穴。鳥鼠同穴山，在隴西首陽縣。渭水出其東，經南安、天水、略陽〔一三〕、扶風、始平、京兆，至弘農華陰縣入河。灞水，在縣東二十一里〔一四〕。〔旁注〕府東一十五里〔一五〕。自藍田縣來，合滻水北流入渭。滻水，在縣東。〔旁注〕府東一十五里。北流四十里入渭。水經注曰：滻水出京兆藍田谷，北至霸陵入灞。二水終始盡於苑中，不復出。史記曰：秦都咸陽，灞、滻、灃、澇、涇、渭、長水，皆非大川，以近咸陽，盡得祠之。潏水，在府南二十里，今名沈水。自南山皇子陂西北流入縣界。字林曰：潏水出杜陵縣。漢書注：晉灼曰：潏，音決。師古曰：地理志鄠縣有潏水，北過上林苑入渭，而今之鄠縣則無此水。水經注曰：潏水自樊川西北流經杜伯冢，又西北經下杜城。其字或作水旁穴〔一六〕，與沈字相似，俗人因名沈水。括地志曰：潏水又名石壁谷水，又名高都水。漢王氏五侯大治第宅，引高都水入長安城。李善曰：潏水經至昆明池入渭〔一七〕。福水，即交水也。水經注曰：上承樊川、御宿諸水，出縣南山石壁谷南三十里，與赤谷水合，亦名子午谷水。　庫谷澗水，北流二十五里合採谷水，下流入荆谷水，號滻水。下流二十五里合灞水，號灞水。北流二里入渭。　採谷水，來自藍田縣界，西北流三十里入縣界，二十里合採谷爲滻水〔一八〕，北流四十里入灞水。　石門谷水，來自藍田縣北流一十里入縣界，合採谷水，北流一十五里，合庫谷水入爲滻水。　荆谷水，一名荆谿，來自藍田縣，至康村入縣界，西流二十里出谷至平川，合庫谷、採谷、石門水爲荆谷水，一名滻水。兩京道里記曰〔一九〕：荆谿，本名長水，後秦姚興避諱改焉。　義谷水，自縣界，由乾祐縣下流入山，一百里至谷口，西北流二十里，合錫谷、羊谷水入坑河，西流一十五里入長安縣界。　郊谷水，北流一十里合錫谷水，自谷口北流一十里爲坑河〔二〇〕，入長安縣分界。　石鱉谷水，北流一十五里，復西流一十里入長安縣界。　漕水，由縣界坑河分水，約五里西流。　龍首渠，一名滻水渠。漢書曰：穿渠得龍骨，故名龍首渠。　自縣界龍首鄉馬頭埪堰滻水入此渠，西流由府城東過，入長安縣界。兩京道里記曰：隋開皇二年，引水北流入苑。　渠在長樂坡止。宋史陳堯咨傳：知永興軍。長安地斥鹵，無甘泉，堯咨疏龍首渠注城中，民利之。　黄渠，自義谷口澗分水入此渠〔二一〕，北流一十里，分兩渠：一東北流入庫谷；一西流入樊川，溉田，西流入坑河。在龍首渠南。自南山東義谷堰水，至杜陵南分爲二渠。　九龍池，在縣東南五里。　九曲池，在其西。　曲江，在縣南一十里。　永安陂，在縣南二十五里，〔旁注〕三十。周七里。　十道志曰：秦葬皇子，起冢陂北原上，因名皇子陂，隋文帝改。　豐潤陂，在縣東北二十五里，〔旁注〕三十。周六里。　三輔舊事曰：後周太祖名爲中都陂，隋文帝改。　洛女陂，在縣東一十五里。三輔舊事曰：洛女冢南有洛陂，俗號洛女陂。

軹道，在通化門東北十六里。漢元年，秦王子嬰素車白馬降沛公處。蘇林曰：軹道，亭名，在長安東十三里。師古曰：軹道亭，在霸城觀西四里。地道記曰：在霸水西。　長門亭，在長安城東二十里。漢書：文帝出長門，若見五人於道北，遂因其直立五帝壇〔二二〕。　郎官亭，漢武帝陳皇后葬霸陵郎官亭東。　千人聚，在府治東南金城坊。皇覽曰：衛思后葬城東南桐柏園，今千人聚是〔二三〕。關中記曰：宣帝父曰悼皇考，母曰悼夫人，墓曰奉明園，衛皇后曰思后，以倡優雜伎千人樂思后園，今所謂千人鄉者是。　獸圈，在通化門東北二十五里。　霸陵故城，在縣東北二十五里霸水之東。十三州志曰：霸陵，秦昭襄王所葬芷陽也〔二四〕，漢文帝更名霸陵。郡國志曰：在通化門東二十里。秦昭襄王葬於其坂，謂之霸上，其城即秦繆公所築。漢王元年十月，至霸上，子嬰降。文帝後六年，宗正劉禮爲將軍，次霸上。文帝後葬其地，謂之霸陵，因爲縣。東南至文帝陵十里，晉改爲霸城，後周建德二年省。關中記曰：秦爲銅人十三，董卓壞以爲錢，餘二枚，魏明帝欲徙詣洛陽，載到霸城，重不可致，便留之。今在霸城大道南。

南陵故城，在縣東南二十四里白鹿原上。漢文帝七年置，屬京兆尹。漢舊儀曰：薄太后葬之所，亦謂之南霸陵，因置縣以奉陵寢，後漢省。漢書：沂水出藍田谷〔二五〕，北至霸陵入霸水。沂，先歷反。　杜陵故城，在縣東南一十五里。漢宣帝以杜東原上爲初陵，置縣曰杜陵，而改杜縣爲下杜城，〔旁注〕通志謂之東杜。王莽改此杜陵曰饒安，後魏改杜陵爲杜縣，後周建德二年省。漢書：有周右將軍杜主祠四所。　鳴犢鎮，在縣南六十里。鎮西原下有鳴犢泉，武宗獵於太白原〔二六〕，即鎮之西原也。　灞橋鎮，在縣東二十里。　渭橋鎮，在縣東四十里。即東渭橋，唐李晟屯兵處〔二七〕。　義谷鎮，在縣南八十里。入乾祐路〔二八〕，俗曰谷口鎮。　莎城鎮，唐昭宗乾寧二年，繇啓夏門出居之。今廢。　灞橋，隋開皇三年造。唐隆二年，仍舊所爲南、北兩橋。漢有灞館，王莽更曰長存鎮；灞橋，王莽更曰長存橋。　漢太上皇陵，山陵考：在臨潼縣東北七十五里。按高帝十年，太上皇崩，葬萬年。師古曰：三輔黃圖曰：高祖初居櫟陽，故太上皇因在櫟陽。及崩，葬其北原，起萬年邑〔二九〕，置長丞。　薄太后陵，在縣東南三十五里白鹿原上。　文帝霸陵，在縣東一十里白鹿原上。〔旁注〕漢書：治霸陵，皆瓦器，不得以金、銀、銅、錫爲飾，因其山，不起墳。　宣帝杜陵，在縣東南一十五里。近有許后陵。　開元坡。劇談録：唐京城興慶池西，乃明皇爲王時故宅，後廢爲坡。元稹詩：開元坡下日初斜。即此。　金鑾坡，在府北唐金鑾殿側。德宗移學士院於此，故俗稱翰林學士爲「鑾坡」。　神谷，在滻水東白鹿平原。有泉湧出，水味甘冽，釀酒香美，唐時以神策軍禁守，日取水入大明宮醞造御酒。　秦昭襄王墓。史記：王葬芷陽。括地志云：在新豐西南三十五里。今計之，當在咸寧縣界。秦孝文王墓。史記：王葬壽陵。兩京道里記：在長安通化門外，今屬咸寧。秦莊襄王墓。史記云：葬芷陽。兩京道里記云：在通化門東二里。今在府城東三里咸寧縣界。秦二世皇帝陵。史記：二世皇帝葬宜春苑〔三〇〕。括地志曰：陵在萬年縣南三十四里〔三一〕。

【校勘記】

〔一〕有條有梅　「梅」，底本、川本、滬本作「枚」，據詩秦風終南改。

〔二〕不可勝原　「原」，底本、川本作「數」，據滬本及漢書東方朔傳改。

〔三〕此百工所取給　「所」，底本、川本脱，據滬本及漢書東方朔傳補。

〔四〕有王季所治畢地　「王季」，底本、川本、滬本作「三季」，據通典卷一七三改。

〔五〕保定二年十月戊午　「戊午」，底本、川本、滬本作「戊子」，據周書武帝紀改。

〔六〕即滻水之西岸　「滻水」，底本、川本、滬本作「涇水」，據長安志卷一一改。

〔七〕夏遊禦宿　「禦宿」，底本、川本、滬本作「御宿」，據漢書元后傳改。

〔八〕嶺根水　「嶺」，底本、川本、滬本作「之」，據長安志卷一一改。

〔九〕宋史高宗紀　「宋史」，底本、川本作「史記」，據滬本及宋史高宗紀改。

〔一〇〕郭琰　「琰」，底本、川本、滬本作「淡」，據宋史高宗紀改。

〔一一〕石鱉谷在縣西南五十五里　「五十五里」，底本、川本、滬本及乾隆西安府志卷二同，長安志卷一一作「五十里」，紀要卷五二作「六十里」。

〔一二〕渭水在縣北五十里　底本、川本及長安志卷一一同，滬本下別有「府北二十二里」六字。

〔一三〕略陽　底本、川本、滬本作「洛陽」。按南安、天水、扶風，皆晉郡名，晉書地理志秦州、雍州下無「洛陽郡」，而有「略陽郡」，略陽郡治臨渭縣，爲渭水所經，當是，因據改。

〔一四〕灞水在縣東二十一里　「東」，底本、川本脱，據滬本及長安志卷一一補。

〔一五〕府東一十五里　「一十五」，川本同，滬本作「二十」。

〔一六〕其字或作水旁穴　「水」，底本、川本脱，據滬本及長安志卷一一引水經注補。

〔一七〕潏水經至昆明池入渭　「經至」，底本、川本同，滬本作「經」，長安志卷一一作「徑至」。

〔一八〕二十里合探谷爲滻水　「探谷」，底本、川本、滬本及長安志卷一一同。據上文庫谷澗水所記，北流合探谷水，則此應作「庫谷」。乾隆西安府志卷五：「探谷水，自藍田西北三十里入縣界，又二十里合庫谷水爲滻水。」此「探」蓋爲「庫」字之誤。

〔一九〕兩京道里記　「兩京」，底本、川本作「西東」，據滬本及長安志卷一一改。下同。

〔二〇〕自谷口北流一十里爲坑河　「谷口」，底本、川本、滬本作「以谷」，據長安志卷一一改。

〔二一〕義谷口澗　「口」，底本、川本作「以」，據滬本及長安志卷一一改。

〔二二〕遂因其直立五帝壇　「遂」，底本、川本脱，據滬本及漢書郊祀志補。

〔二三〕今千人聚是　「人」，底本、川本脱，據滬本、本書上文及長安志卷一一引皇覽補。

〔二四〕秦昭襄王所葬芷陽也　「葬」，底本、川本、滬本作「築」，據長安志卷一一引十三州志改。

〔二五〕沂水　「沂」，底本、川本作「近」，據滬本及漢書地理志改。

〔二六〕武宗　川本及長安志卷一一同，滬本作「武帝」。

〔二七〕李晟　「晟」，底本、川本、滬本作「陽」，據舊唐書李晟傳、長安志卷一一改。

〔二八〕入乾祐路　「乾祐」，底本、川本作「乾拓」，據滬本及長安志卷一一改。

〔二九〕起萬年邑　「起」，底本、川本、滬本作「故」，據漢書高帝紀顔師古注改。

〔三〇〕宜春苑　「苑」，底本脱，川本、滬本同。按史記秦始皇本紀：「以黔首葬二世杜南宜春苑中。」據補。

〔三一〕陵在萬年縣南三十四里　「四」，底本、川本、滬本脱，據括地志輯校卷一補。

長安　南山，一名終南山，在縣南七十里，連乾祐縣界。龍首山，在縣北一十里。三秦記曰：龍首山長六十里，頭入渭水，尾達樊川。頭高二十丈，尾漸下可六、七丈〔一〕。括地志曰：今按山首在長安故城中，自漢築長安城及營宫殿，咸已堙平，其餘即今宫城之太倉以東是也。武將山。長安記曰：長安城西北有武將山，即前漢末辛孟所隱之處。少陵原，在縣南四十里。東接萬年縣界，西入縣界五里。高陽原，在縣西南二十里，接咸陽界。細柳原，在縣西南三十三里。渭水，西自鄠縣界流入。水經注曰：渭又東過長安縣北，豐水從南來注之〔二〕。豐水，一作酆，又作灃，在府城西二十五里。出縣西南五十五里終南山豐谷，其原闊一十五步，其下闊六十步，水深三尺，自鄠縣界來，經縣界，繇馬坊村入咸陽，合渭水。詩曰：豐水東注，維禹之績。豐水發南，而其末流投北入渭河，未嘗東也。其曰東注者，謂正流東，豐已入渭，則遂與之俱東也。

靈臺。黃圖：在長安西北四十里。詩云：經始靈臺，經之營之。庶民攻之，不日成之。鄭玄云：天子有靈臺者，所以觀祲象察氣之妖祥也〔三〕。文王受命而作邑於豐，立靈臺。今臺基猶高二丈，周四百二十步。

黃圖：周靈囿，文王囿也。在長安西四十二里。今見鄠縣。

周文王靈沼，在長安西三十里。詩曰：王在靈沼，於牣魚躍。

周文王辟雍，在長安西北四十里，亦曰璧雍，如璧之圓，雍之以水〔四〕，象教化流行也。詩云：於論鼓鍾，於樂辟廱。毛萇注云：論，思也，水旋丘如璧，曰辟廱〔五〕，以節觀者。箋云：昔堯時洪水，而豐水亦泛濫爲害，禹治之，使入渭，東注於河，禹之功也。文王、武王今得作邑於其旁，爲天下所歸，乃由禹之功，故引美之。

豐邑，在豐水之西。

鎬京，在豐水之東。書曰：漆、沮既從，豐水攸同。張揖曰：豐水出鄠南山豐谷，北入渭。決録注曰：鎬在豐水東，酆在鎬水西，相去二十五里。水經注曰：豐水出豐溪，西北流，分爲二水，一水東北流爲支津，一水西北流，又北交水自東入焉，又北昆明池水注之〔六〕，又北經靈臺西，又北至石埸〔七〕，注於渭。又曰：渭水東與豐水會矩陰山，無他高山異巒，惟原阜石墩而已。水上舊有便門橋。括地志曰：豐水渠，今名賀蘭渠，東北流注交水。

鎬水，或作滈，在府城西北一十八里，出縣西北十八里。

鎬池。水經注曰：鎬水上承鎬池於昆明池北〔八〕，周武王之所都也。府志：鎬京，在府城南三十里。帝王世紀：武王自豐居鎬，諸侯宗之，是爲宗周。故詩云：考卜維王，宅是鎬京。維龜正之，武王成之。鎬水又北流與彪池水合，又北經清泠臺西，經慈石門注於渭。廟記曰：長安城西有鎬池，在昆明池北，周匝二十一里，蓋地二十三頃。史記曰：始皇帝三十六年，使者從關東來，夜過華陰，望見素車白馬，從華山上下，持璧與客曰：爲我遺滈池君。因言曰：今年祖龍死。使者問其故，因忽不見，置其璧去。使者奉璧，具以聞。始皇默然良久，曰：山鬼固不過知一歲事也。退言曰：祖龍者，人之先也。使御府視璧，乃二十八年行渡江所沉璧也。後漢志曰：鎬在上林苑中。孟康曰：長安西南有鎬池。皇覽曰：文王、周公冢皆在鎬聚東社中。括地志曰：今按鎬池水又北流入永通渠，不至慈石門，亦不復入渭矣。今圖經：鎬水在縣西四十里〔九〕。其水自鄠縣界，入於縣界一十里入清渠。滮池水，出縣西北二十里。滮池。詩曰：滮池北流，浸彼稻田。鄭玄曰：豐、鎬之間，水北流也。括地志曰：今按其池周十五步。澇水，來自鄠縣界，北流入渭。水出鄠縣南山澇谷，北流至縣界入渭〔一〇〕。潏水，在縣南十里。東自萬年縣界流入。交水，一作郊，東自萬年縣界流入。水經注曰：交水又西南流，與豐水支津合。其北又有漢故渠出焉。又西至石堨〔一一〕，分爲二水，一水西流注豐，一水自石堨北經細柳諸原，北流入昆明池。圖經曰：郊河水，在縣南三十二里。自萬年縣界，經本縣三十里合豐水。戲水。水經注曰：源出驪山坑谷〔一二〕。水在縣南二十七里，自萬年縣界，流經縣五里合交水。楩梓谷水，出南山，北流合成國渠〔一三〕，又西北豹林谷水入焉〔一四〕，又西北流至縣東南三十里入交水。　豹林谷水，出南山，北流三里，有竹谷水自南來會，又北流二里，有子午谷水自東來會，自此以下亦謂之子午谷水〔一五〕。圖經：豹林谷水、子午谷水並合入郊河〔一六〕。　野韭澤，即漢牛首池也，在縣西北三十八里。　漕河，在縣南一十五里。自萬年縣界，東經縣界五里入於渭。漢書：武帝元光六年春，穿漕渠通渭。　龍首渠，〔旁注〕今存。在縣東北五里。自萬年縣界流入注於渭。　明渠，漢時渠也。水經注曰：在長樂宮、桂宮之間。　清渠，〔旁注〕今存。在縣西五十里。自鄠縣界來，經縣界一十八里入於渭。　漆渠，在縣西一十里。舊自縣之坈河分水，經縣界二十里入漕河。漢書曰：漢穿渠通漆水，故曰漆渠。括地志曰：胡亥將運南山之漆，而開此渠。　永安渠，隋文帝開皇三年開，在縣南。引交水西北入城，經西市而入苑，沈水自南入焉。有福堰，下分爲二水，流一里，一水合交水，一水西北流，又東流爲瀆，越沈水上過〔一七〕，名永安瀆。　清明渠〔一八〕，東南自萬年縣流入，西北流，又屈而東北流入京城。　永通渠，隋開皇四年開，起縣西北渭水興城堰，初名富民渠〔一九〕，仁壽四年，改漕渠。唐天寶二年，京兆尹韓朝宗引渭水入金光門〔二〇〕，置潭於西市，以貯材木。大曆元年，尹黎幹自南山谷口開漕渠，抵景風〔二一〕、延喜門入苑，以漕薪炭。　石闥堰〔二二〕，在縣西南三十二里。水經注曰：交水西至石堨，漢武帝元狩三年，穿昆明池所造。　昆明池，在縣西二十里。今爲民田。　定昆池，在縣西南十五里。〔旁

注〕唐書：安樂公主請昆明池爲私沼不得，自鑿定昆池，延袤數里，定，言可抗訂之也〔二三〕。司農卿趙履温爲繕治，累石肖華山，隥彴橫邪，回淵九折，以石瀵水〔二四〕。又爲寶罏〔二五〕，鏤怪獸神禽。間以瑑貝珊瑚〔二六〕，不可涯計。 景龍文館記曰：安樂公主西莊，在京城西延平門外二十里。司農卿趙履温種植，將作大匠楊務濂引流鑿沼，延袤十數里，時號定昆池。通典曰：神龍中，安樂公主恃寵請昆明池，中宗不與，主發怒，自以家財别穿池，號曰定昆池。 雁鶩陂。廟記曰：在鎬池北。地方六頃，承昆明池下流河池陂〔二七〕。水經注曰：昆明故渠，上承昆明池，而東經河池陂而北，亦曰女觀陂。 雍門。顔師古曰：在長安西北尚孝里，西南去長安二十里〔二八〕。廣記曰：趙父冢，在門西，即鉤弋趙后父也。 長安故城，在縣西北十三里。本秦離宫也。漢書曰：高帝七年，長樂宫成，自櫟陽徙都之。惠帝元年正月，城長安。水經注曰：長安有秦離宫，原無城垣，故惠帝城之。漢舊儀曰：長安城十三里，經緯各長十五里，一十二門，城中地九百七十三頃，八街、九陌、三宫、九市、三廟。周地圖記曰：長安城南爲南斗形，北爲北斗形，周回六十五里。十二城門，門各有候。東出北頭三門：第一門名曰宣平門，〔旁注〕後漢書獻帝紀：長安宣平門外屋自壞〔二九〕。外郭門曰東都門；第二門名曰清明門，外郭門曰東平門，又曰東城門；第三門名曰霸城門，外郭門曰青門，亦曰清城門。〔旁注〕漢書王莽傳：霸城門災，民間所謂青門也。史記：召平者，故秦東陵侯，於青門外種瓜。南出東頭三門：第一門名曰覆盎門，又曰杜門、端門，與洛門相對，去一十三里二百一十步，門外有魯班

所造橋，北對長樂宮，故曰端門；第二門名曰安門，又曰鼎路門；第三門名曰西安門，北對未央宮平門。西出南頭三門：第一門名曰章門，又曰章城門；第二門、第三門並闕。北出西頭三門，第一門名曰武朔門，第二門、第三門並闕。府志：隋開皇三年，遷都龍首山北，城遂廢。下杜城，在縣南一十五里。城周三里一百七十三步。左傳：晉范宣子曰：昔匄之祖在周爲唐杜氏。杜預注曰：周成王滅唐，遷之於杜，爲杜伯國。記曰：周宣王四十三年，杜伯入爲王卿士，無罪而王殺之。史記曰：秦武公十一年，初縣杜，即此地也。括地志曰：蓋宣王殺杜伯，以後子孫微弱，附於秦。及春秋後，武公滅之爲縣〔三〇〕。漢宣帝時，修杜之東原爲陵，曰杜陵縣，更名此爲下杜城。廟記曰：下杜城，杜伯所築，東有杜原城，在底下，故曰下杜。大興城，隋文帝開皇三年六月，以長安城制度狹小，詔作新都於龍首山，遷焉，名曰大興城。大興城〔三一〕，唐初因之，永徽四年增築，改爲長安城。

秦阿房宮，一名阿城，在縣西二十里。〔旁注〕括地志曰：雍州城西南面，即阿房城東面也〔三二〕。阿房者，言殿之四阿皆爲房也。東西北三面有牆，南面無牆，周五里一百四十步，崇八尺，上闊四尺五寸〔三三〕，下闊一丈五尺，今爲民田。史記曰：始皇三十五年，以爲咸陽人多，先王之宮廷小，吾聞周文王都豐，武王都鎬，豐、鎬之間，帝王之都也。乃營作朝宮於渭南上林苑中。先作前殿阿房，東西五百步，南北五十丈，上可以坐萬人，下可以建五丈旗。周馳爲閣道，自殿下直抵南山。表南山之顛以爲闕。爲複道，自阿房渡渭，屬之咸陽，以象天極閣道絶漢抵營室也。阿房宫未成；成，欲更擇令名名之。築宫阿房〔三四〕，故天下謂之阿房宫。十六國春秋曰：苻堅建元二十年，慕容沖據阿房城。初，民謡曰：鳳凰，鳳凰，上阿房。堅以鳳凰非梧桐不棲，非竹實不食，乃植桐、竹數千萬株於阿城，以待鳳凰之至。沖小字鳳皇，終爲堅賊。黄圖：雲閣，二世所造，起雲閣欲與南山齊，不言所在。漢未央宫，在縣西北一十四里，周匝二十二里。史記曰：高帝八年〔三五〕，蕭何治未央宫，立東闕、北闕、前殿、武庫、太倉。上見其壯麗甚，怒，謂何曰：天下匈匈苦戰數歲，成敗未可知，是何治宫室過度也？何曰：天下方未定，故可因以就宫室。且夫天子以四海爲家，非令壯麗，亡以重威，且亡令後世有以加也。上説。西京雜記曰：未央宫周迴二十二里九十五步五尺。街道周迴七十里〔三六〕，臺殿四十三所，其三十二所在外，十一所在後宫。池十三，山六，門闥凡九十五。潘岳關中記曰：未央宫周旋三十三里〔三七〕，街道十七里，有臺三十二，池十二，土山四，宫殿門八十一，掖門十四。又曰：未央宫殿及臺皆疏龍首山以築之，殿基出長安城上，非築也。又取山土以爲城，山之餘尾，今在城西南數里乃盡也〔三八〕。辛氏三秦記曰：今長安城即疏龍首山爲臺殿，臺址不假版築。張衡西京賦云：疏龍首以抗殿。是也。王莽改未央宫曰壽成宫。括地志曰：未央宫，在長安故城中，近西南隅。建章宫，在府城西北二十里。漢書曰：武帝太初元年十一月，柏梁臺災。二月，起建章宫。郊祀志：上還，以柏梁災故，受計甘泉。越人勇之曰：越俗有火災，復起屋，必以大，用勝服之。於是作建章宫，度爲千門萬户。前殿度高未央。其東則鳳闕，高二十餘丈。其西則商中，數十里虎圈。其北治大池，漸臺高二十餘丈，名曰泰液，池中有蓬萊、方丈、瀛州、壺梁，象海中神山龜魚之屬。其南有玉堂璧門大鳥之屬。立神明臺、井幹樓，高五十丈，輦道相屬焉。師古曰：建章宫在未央宫西，今長安故城西，俗所呼貞女樓者，即建章宫之闕也。關中記曰：建章宫，其制度事兼未央宫，周圍二十餘里。三輔舊事曰：建章宫，周圍數十里。殿東別起閣，高二十五丈，憑高以望遠。

長樂宫。漢書曰：高帝五年，都長安。九月，治長樂宫。叔孫通傳：漢七年，長樂宫成。十二年四月甲辰，帝崩於長樂宫。關中記曰：長樂宫本秦之興樂宫也。周圍二十餘里，有殿十四。漢太后常居之。長安記曰：黄圖同，興樂宫，秦始皇造，漢修飾之。王莽改長樂宫曰常樂室。

桂宫。三輔黄圖曰：漢武帝造。漢書曰：桂宫有紫房複道，通未央宫。又成帝爲太子，初居桂宫。師古曰：三輔黄圖：桂宫，在城中，近北宫，非太子宫。三輔故事曰：桂宫，在未央宫北，周匝十餘里，中有明光殿、走狗臺、土山，複道横北度，從宫中西上城，至建章宫神明臺〔三九〕。

明光宫。漢書曰：武帝太初四年秋，起明光宫〔四〇〕。元后傳曰：成都侯商嘗病欲避暑，從上借明光宫。師古曰：明光在城中，近桂宫。三秦記曰：王莽篡位，命孺子爲定安公，孝平皇后爲定安太后，改明光宫爲定安館，定安太后居之。

北宫。漢書曰：惠帝張皇后廢，

處北宮。師古曰：在未央之北。董偃常從武帝遊戲北宮，馳逐平樂觀。平帝貶皇太后趙氏爲孝成皇后，退居北宮，哀帝皇后傅氏退居桂宮。霍光傳：北宮、桂宮皆在未央宮北。上林苑，秦舊苑也。漢書曰：武帝建元三年，起上林苑。又曰：帝微行，以爲道遠勞苦，又爲百姓所患，乃使太中大夫吾丘壽王與待詔能用算者二人，舉籍阿城以南，盩厔以東，宜春以西，提封頃畝，及其賈直，除以爲上林苑，屬之南山。三輔故事曰：上林延亘四百餘里。漢舊儀曰：上林苑方三百里。漢宮殿疏曰：方百四十里。

杜角鎮(四一)，在縣南四十五里。又有西杜角。秦杜鎮(四二)，在縣西南灃水西四十里。入鄠縣路。子午谷，路自南通北，正對長安，故名。然止單人獨騎行。漢魏延請孔明出軍，即此。子午關，在縣南一百里。漢平帝元始五年，王莽通子午道(四三)，因置關，今廢。子午道，從杜陵直絶南山，徑漢中。師古曰：子，北方也。午，南方也。言通南北道相當，故謂之子午耳。今京城直南山，有谷通梁、漢道者，名子午谷。又宜州西界(四四)，慶州東界，有山名子午嶺，計南北直相當。此則北山者是子，南山者是午，共爲子午道。後漢書順帝紀：延光四年，詔益州刺史罷子午道，通褒斜路。注：子午道，平帝時，王莽通之。三秦記曰：子午，長安正南，山名秦嶺谷，一名樊川。子午谷。樗里子墓，在縣東北長安故城中。史記：樗里子，秦惠王之弟，卒，葬於渭南章臺之東。謂人曰：後百歲當有天子之宮夾我墓。至漢興，長樂宮在其東，未央宫在其西，武庫正直其墓。冰井。城南記：長安城南八十里太乙玉案山，有井深數丈，水落井中結冰，經暑不消。長安不藏冰，每夏於此井取冰，謂之冰井。聖女泉。舊圖經云：在長安縣西二十五里，平地湧出爲池，周二十步。

【校勘記】

〔一〕尾漸下可六七丈　「六、七丈」，底本、川本、滬本作「六十丈」，據長安志卷一二改。漢唐地理書鈔三秦記作「五、六丈」。

〔二〕豐水　「豐」，底本作「封」，川本、滬本同，據長安志卷一二引水經注改。

〔三〕所以觀祲象察氣之妖祥也　「之」，底本、川本脱，據詩大雅靈臺毛傳補。滬本作「所以觀祲象察氛祥也」。

〔四〕雍之以水　「之」，底本、川本、滬本作「焉」，據三輔黄圖卷五改。

〔五〕水旋丘如璧曰辟廱　底本、川本、滬本脱「璧曰」二字，據詩大雅靈臺毛傳補。

〔六〕又北昆明池水注之　「之」，底本、川本作「云」，據滬本及水經渭水注改。

〔七〕又北至石堨　「堨」，底本、川本、滬本作「磡」，據水經渭水注改。

〔八〕鎬水上承鎬池於昆明池北　「鎬池」，底本、川本作「鎬水」，據水經渭水注改。

〔九〕鎬水在縣西四十里　「鎬水」，底本、川本、滬本作「洪水」，據長安志卷一二改。

〔一〇〕水出鄠縣南山澇谷北流至縣界入渭　底本、川本作「水出鄠縣南山谷合流□水流至縣界入渭」，據滬本及乾隆西安府志卷六改。

〔一一〕又西至石堨 「石」，底本、川本、滬本脱，據水經渭水注補。

〔一二〕源出驪山坈谷 底本、川本、滬本作「源出瞻山坑谷」，據長安志卷一二引水經注改。

〔一三〕成國渠 「成」，底本、川本、滬本作「潤」，據長安志卷一二改。

〔一四〕又西北豹林谷水入焉 「水」，底本、川本、滬本作「北」，據本書下文及乾隆西安府志卷五改。

〔一五〕自此以下亦謂之子午谷水 「此」，底本、川本作「北」，據滬本及長安志卷一二改。

〔一六〕並合入郊河 底本、川本「郊河」旁注有「支水」二字，據滬本及長安志卷一二删。

〔一七〕越沈水上過 「沈」，底本、川本作「次」，據滬本及長安志卷一二改。

〔一八〕清明渠 川本同，滬本下别有「俗名皂河渠」五字。

〔一九〕富民渠 底本、川本缺「民」字，據滬本及長安志卷一二補。

〔二〇〕金光門 底本、川本缺「金」字，據滬本及舊唐書代宗紀補。

〔二一〕景風 「風」，底本、川本作「鳳」，據滬本及舊唐書代宗紀改。

〔二二〕石闥堰 「闥」，底本、川本、滬本作「闕」，據長安志卷一二改。

〔二三〕言可抗訂之也 「抗訂」，底本、川本、滬本作「坑計」，據新唐書安樂公主傳改。

〔二四〕隥彴横邪回淵九折以石瀵水 「彴」、「回」、「石」，底本、川本、滬本作「約」、「四」、「爲」，據新唐書安樂公主傳改。

〔二五〕又爲寶罏 「罏」，底本、川本、滬本作「鐘」，據新唐書安樂公主傳改。

〔二六〕間以璖貝珊瑚 「間」、「璖」，底本、川本、滬本並脱；「貝」，底本、川本、滬本作「具」，據新唐書安樂公主傳補改。

〔二七〕承昆明池下流河池陂　「池下」下，底本、川本、滬本下衍「池下」二字，據長安志卷一二刪。

〔二八〕西南去長安二十里　「二」，川本、滬本同，長安志卷一二作「三」。

〔二九〕長安宣平門外屋自壞　「屋」，底本、川本作「座」，據滬本及後漢書獻帝紀改。

〔三〇〕武公滅之爲縣　「滅」，底本、川本、滬本作「城」，據括地志輯校卷一改。

〔三一〕大興城　「大」，底本、川本、滬本作「唐」，據長安志卷一二改。

〔三二〕雍州城西南面即阿房城東面也　前「面」字，底本、川本、滬本脱；後「面」字，底本、川本作「西」，滬本作「南」，並據史記秦始皇本紀正義補改。

〔三三〕上闊四尺五寸　「闊」，底本、川本、滬本作「開」，據長安志卷一二改。

〔三四〕築宫阿房　底本、川本作「築宫阿基旁其房」，滬本作「築宫阿基」，據史記秦始皇本紀改。

〔三五〕高帝八年　「八」，底本、川本、滬本作「七」，據史記高祖本紀改。

〔三六〕周迴七十里　底本、川本、滬本作「周四十七里」，據西京雜記校注卷一改。

〔三七〕未央宫周旋三十三里　「三十三」，川本、滬本同，長安志卷三引關中記作「三十一」。

〔三八〕今在城西南數里乃盡也　「乃」，底本、川本、滬本作「仍」，據長安志卷三改。

〔三九〕神明臺　「明」，底本、川本、滬本作「道」，據長安志卷一二引三輔故事改。

〔四〇〕明光宫　底本、川本作「明光殿」，滬本作「光殿」，據漢書武帝紀改。

〔四一〕杜角鎮　「杜」，川本、滬本及清統志卷二二九同，長安志卷一二作「社」。

〔四二〕秦杜鎮　「杜」，川本、滬本同，長安志卷一二作「社」。

〔四三〕王莽通子午道　「通」，底本、川本、滬本作「過」，據漢書王莽傳、長安志卷一二改。

〔四四〕又宜州西界　「州」，底本、川本、滬本作「山」，據漢書王莽傳顏師古注改。

咸陽　畢原，在縣北界涇、渭間。孟子：文王卒於畢郢。尚書曰：周公薨，成王命葬公于畢。劉向傳曰：文、武、周公葬於畢。師古曰：畢陌，在長安西北四十里〔一〕。三輔故事曰：文王、武王、周公，皆葬畢陌南北。春秋左氏傳曰：王使詹桓伯辭於晉曰：魏、駘、芮、岐、畢，吾西土也。蓋武王克商之後，以其地封文王次子。又曰：畢、原、酆、郇，文之昭也。杜注曰：畢，在長安西北。關中記曰：高陵北有畢原陌。元和郡縣圖志曰：畢原，即縣所理原，南北數十里，東西二三百里，無山川陂湖，井深五十丈。亦謂之畢陌，漢朝諸陵並在其上下。又名石安原，即石勒置石安縣之所。按石安原見涇陽。本志：畢原在縣北，西起武功故廢城北，東盡高陵，在涇、渭間云云。文、武、成、康、周公、太公及秦、漢君臣陵墓，俱在其上，亦名畢陌。高陽原，在縣東南二十里，接長安縣界。　天漢斗牛城，在縣東北二十里，本秦離宮，即始皇作都跨渭者也。其城半在渭北，屬咸陽，半在渭南，屬長安。史記秦紀所謂端門四達，以則紫宮，渭水貫都，以象天漢，横橋南渡，以法牽牛〔二〕，是也。有洞南面渭〔三〕，北通涇，長二十餘里。此疑始皇爲此，蓋以避倉卒之患。後世帝王多有爲地窟通宫禁以防患者，此之類耳。漢高祖自櫟陽徙都於此。南爲南斗形，北爲北斗形，因以名焉。矩陰原，在縣西南二十里，前有矩陰山。渭水，西自興平界來，流入高陵縣界。〔旁注〕通志：經城南。豐水，在縣西南十一里。自長安縣界來，流至宋村，合入渭。水經注曰：渭水又東，與豐水會於矩陰山内，其水緣南山，郊水合流。蘭池陂，即秦之蘭池也，在縣東二十五里。周氏陂。本志、通志：在縣東南三十里，周十三里。舊圖經曰：漢周勃冢在此，其子亞夫有功，遂賜此陂，故地以氏稱之。長安圖曰：周氏曲，在咸陽縣東南三十里。李善曰：陂南一里有漢蘭池宫。龍首渠，在縣東南五里。自萬年縣界流入，注於渭。清渠，在縣西五十里。自鄠縣來，經縣界一十里，流注於渭。漆渠，在縣西南〔四〕。興成渠，在縣西十八里。唐李石爲相，奏咸陽令韓遼治之，東建永豐倉。〔旁注〕以復秦、漢漕渠，可罷車輓之勞，及堰成，甚賴其利。今廢。自秦、漢以來，疏鑿爲漕渠，起咸陽，抵潼關三百里，無車輓之勞，其後堙廢。

交道廐，去長安六十里，近延陵。〔旁注〕谷永傳：敕過交道廐者勿追〔五〕。秦咸陽故城，在縣東二十里。孝公十二年，於渭北城咸陽，自汧、隴徙都焉。三秦記曰：咸陽，秦所都，在九嵕山南、渭水北，山水俱陽，故名咸陽。秦自孝公至始皇、二世，並都之。漢高帝元年，更名新城，七年，罷入長安。元鼎三年，更曰渭城縣，屬右扶風。王莽改曰京城，後漢省入長安。始皇二十六年，一天下，收天下兵聚之咸陽，徙天下豪富二十萬户於咸陽。漢元年，項羽引兵西屠咸陽，殺子嬰，燒秦宫室，凡三月不滅。按秦咸陽，在今縣東二十里渭城里地。隆慶末年，舊北城基尚存數十丈，今渭水漲崩盡矣。　隋故縣城，在縣東二十二里渭水北。即秦之杜郵，其城周八里。漢渭城縣亦治於此。石勒於渭城置石安縣，秦苻堅於今縣東北長陵城置咸陽郡，後魏太和二十年，徙咸陽郡於涇水北，今涇陽縣是也。隋開皇初郡廢，九年，改涇陽縣爲咸陽，十一年，徙故咸陽城西三里，即秦之杜郵。大業二年，省入涇陽。唐武德元年，復析涇陽、始平置咸陽縣，寄治鮑橋。三年，徙白起堡，六年，又復便橋西北，即前渭城縣。元省入興平，尋復。國朝洪武四年，遷今治。　唐故縣城，在渭河北、杜郵館西，城崇一丈五尺。遺址尚存。

渭河浮橋，在漢渭城縣南、北兩城中間，架渭水上，即漢之便橋也。漢書曰：武帝建元三年春，初作便橋。蘇林曰：去長安四十里。服虔曰：在長安西北，茂陵東，去長安二十里〔六〕。顔師古曰：便門即平門，長安城北面西頭門也〔七〕。古者平、便皆同字，於此作橋，跨渡渭水，以趨茂陵，其道平易，即今所謂便橋是其處也。便讀如本字。唐末廢，宋乾德四年重修，後爲暴水所壞。淳化三年，徙置孫家灘。至道二年，復修於此。元和郡縣圖志曰：長安城西門曰便門，此橋與門相對，因號便橋。本志：咸陽古渡，每歲夏秋以舟，秋深則作橋，故斯地以渡名，復以橋名。古便橋，久廢，嘉靖間，以舟爲浮橋，歲可長行，倣古便橋制也，未久廢。近來從省便，每歲霜降即以木緣橋，蓋覆之以土，人不病涉矣。　中渭橋，在縣東南二十里，本名橫橋，架渭水上。水經注曰：秦始皇作離宮於渭水南北，以象天宮，故三輔黃圖曰：渭水貫都，以象天漢，橫橋南渡，以法牽牛。渭水南有長樂宮，北有咸陽宮，欲通二宮之間，故造二橋，廣六丈，南北三百八十步〔八〕，洞六十八，柱七百五，梁二百二十二。橋南北有堤，激立石柱〔九〕。柱南，京兆主之；柱北，馮翊主之。有令、丞，各領徒一千五百人。張釋之傳：上行出中渭橋。張晏曰：在渭橋中路。漢末董卓入關，遂燔之，魏武帝更造。舊圖經曰：劉裕入關，又毀之，後魏重造。唐貞觀十年廢〔一〇〕。三輔舊事曰：漢承秦制，造橫橋，置都水令以掌之，號石柱橋。　中橋渡，在今縣東二十五里中渭橋所。今橋廢，渡存。

周文王陵，在縣北一十五里。孟子曰：文王生於岐周，卒於畢郢。注書曰：太子發上祭於畢，下至於盟津。畢，文王墓，近鎬也。〔旁注〕漢書劉向傳曰：文、武、周公葬於畢。府志：長陵故城，在渭北畢郢原，漢高帝置，西南去長陵三里〔一一〕。莽曰長平，并省。　武王陵，在文王陵北一里。　成王陵，在文王陵西南。　康王陵，在文王陵東南。　周公墓，在縣東一十五里。尚書：周公薨，成王葬于畢。　太公墓，在縣東北二十五里。禮記：太公薨於齊，比及五世，皆反葬於周。　秦惠文王、悼武王陵，俱在縣境。　惠帝安陵，在縣東三十五里。元和郡縣圖志：陵在縣東北二十里。臣瓚曰：在長安北二十五里。三輔黃圖曰：去長陵十里。置安陵縣。〔旁注〕安陵故城，在府城北三十五里。漢惠帝陵在焉，即周之程邑也。周書曰：惟王季宅于程。漢高祖長陵，在今縣東三十五里。今涇陽縣分祀，舊有安陵故城及廟，張敖冢在其東〔一二〕。

景帝陽陵，在縣東十五里。元和郡縣圖志：陵在縣東四十里。陽陵，故城名，在縣東四十里。故弋陽縣，屬左馮翊，東至陽陵二里，景帝更名陽陵。莽曰渭陽，魏省。漢書曰：景帝五年，作陽陵邑，後三年，葬陽陵。山陵考：在高陵縣西南三十里。臣瓚曰：在長安東北四十五里。東有王皇后陵〔一三〕。

昭帝平陵，在縣東北一十三里。漢書曰：帝初作壽陵，制令流水而已。石槨廣一丈二尺，長二丈五尺，無得起墳。陵東北作廡，長三丈五步，外爲小廚，裁足祠祀，萬年之後，掃地而祭。臣瓚曰：陵在長安西北。〔旁注〕平陵故城〔一四〕，昭帝置，昭帝平陵在焉，屬右扶風。魏黄初中，改爲始平縣。苻秦徙縣於茂陵故城，此城遂廢。

元帝渭陵，在縣東北一十三里。陵西百步，有元后陵。臣瓚曰：陵在長安北五十六里。

成帝延陵，在縣西北一十五里。漢書曰：成帝葬延陵，在扶風，去長安六十二里。關中記曰：延陵，在長安西北四十里，渭陵之東，延陵是也。成帝起延陵，城邑已成，言事者以爲不便，乃更造昌陵，在霸城東二十里，運沙渭濱，取東山土。東山土與粟同價，所費巨億，數年而陵不成。谷永等奏昌陵積土爲高山，樟村猶在實土之上，浮土之下，非永年之基。延鄉之地，居高臨下，道貫二州二十餘縣，宜還就延鄉。乃遣衛尉淳于長行視，長奏宜如永等議，乃徙延陵，而棄初言者將作大匠解萬年於敦煌配役。

哀帝義陵，在縣西八里。臣瓚曰：義陵，在右扶風，去長安四十六里。

平帝康陵，

在縣西二十五里。臣瓚曰：在長安北六十里。舊圖經曰：康陵在興平原口。唐代祖元皇帝興寧陵，在今縣東二十五里。則天父追號順陵，在縣東北二十五里。舊有石碑人獸，至嘉靖三十四年冬，地震，碑毁，人獸猶存。

【校勘記】

〔一〕在長安西北四十里　「西北」，底本、川本、滬本作「西」，據漢書劉向傳顔師古注補。

〔二〕史記秦紀所謂至以法牽牛　川本、滬本同。按此文不見於史記秦本紀。史記荆軻列傳正義引三輔黄圖云：「秦始兼天下，都咸陽，因北陵營宫殿，則紫宫象帝宫，渭水貫都以象天漢，横橋南度以法牽牛也。」疑即本此。

〔三〕有洞南面渭　「有洞」，底本、川本、滬本脱，據乾隆西安府志卷五四補。

〔四〕在縣西南　「西」，底本、川本、滬本作「東」，據長安志卷一三、乾隆西安府志卷六改。

〔五〕敕過交道廐者勿追　底本、川本、滬本「敕」下「過」上衍「我」字，據漢書谷永傳删。

〔六〕初作便橋至去長安二十里　川本、滬本同。「便橋」，漢書武帝紀作「便門橋」；「去長安二十里」，顔師古注引服虔曰無。

〔七〕長安城北面西頭門也　「面」，底本、川本、滬本作「西」，據漢書武帝紀顔師古注改。

〔八〕南北三百八十步　「三」，底本、川本、滬本作「二」，據水經渭水注改。

〔九〕激立石柱　「激」，底本、川本、滬本作「繳」，據水經渭水注改。

〔一〇〕唐貞觀十年廢　川本、滬本同。按元和志卷一：「貞觀十年，移於今所。」此文有脱誤。

〔一一〕西南去長陵三里　「去」，底本、川本、滬本作「之」，據寰宇記卷二六改。

〔一二〕張敖冢在其東　「張敖冢」，底本、川本、滬本作「張故家」，據長安志卷一三改。

〔一三〕東有王皇后陵　「皇」，底本、川本、滬本脱，據漢書外戚傳、乾隆西安府志卷六三補。

〔一四〕平陵故城　底本、川本、滬本脱，據清統志卷二二八補。

興平　始平原，在縣北二里。東西五十里，西北八十里，東入咸陽界，西入武功界。〔旁注〕武水東界。三秦記曰：長安城北有始平原，長數百里，其人井汲巢居，井深五十丈。漢時亦謂之北芒巖。〔旁注〕府勝略：以此爲黄山之迹。詩：黄山舊繞漢宫斜。即此。　渭水，南去縣二十九里。自武功縣界來，澇水注之，入咸陽縣界。〔旁注〕通志：在縣南二十五里。府志：南二十里。縣志同。　成國渠，在縣北一里。西自武功縣界，流入縣界，凡六十里，溉田二百四十餘頃，東流入咸陽縣界，即古白渠也。水經注曰：成國故渠，故魏尚書右僕射衛臻征蜀所開也，上承汧水於陳倉東，東過郿及武功、槐里縣〔一〕。按唐李石記〔二〕：咸通十三年，京兆府奏修六門堰畢，其渠合韋川、莫谷、香谷、武安四水，溉武功、興平、咸陽、高陵等縣田二萬餘頃，俗號爲白渠，言其利與涇、白二水相上下。今堙。五泉渠。十道志云：自岐山扶風縣界入渠，經三時原上〔三〕，東流經武功西南，去縣一十二里，隋文帝葬原上。圖記：此水又東合成國渠。今堙。　昇原渠，在縣南一十五里。西自武功縣流入縣界，凡六十里，溉田七十餘頃，東流入咸陽。其源出汧水，自鳳翔虢縣城西北原，流至武亭合流數里，西南至六門堰東，與成國渠合流，西南出縣界。今涸。普濟渠，在縣南一十里。自武功縣流入縣界，凡六十里，溉田七十餘頃，東流入咸陽。今涸。清渠，在縣南二里。東流入咸陽縣界。今涸。馬牧澤，在縣東南二十里。南北廣四里〔四〕，東西二十一里。

槐里故城，即犬丘城，在縣東南一十里。周十二里，崇二丈五尺，晉太康中始平郡治也。其城繞帶防陸舊渠尚存〔五〕，即漢書所謂槐里環堤者也。晉灼曰：繞環槐里堤者。是也。通志：即周懿王、秦非子所都之犬丘，後名廢丘。漢高祖三年，易名槐里，晉爲始平郡治。帝王世紀：周懿王自鎬徙都於犬丘〔六〕。史記：秦非子居犬丘。小槐里，李奇曰：即槐里之西城也，東已有槐里城，故以此城爲小槐里。魏志：太祖以陽阜爲武都太守，以武都孤遠，欲移之，人多戀土，然阜威信素著，前徙人在京兆、扶風、天水界者萬餘户，於是徙郡於小槐里，百姓襁負隨之。茂陵故城，在縣東北一十九里，周三里。三輔舊事曰：武帝於槐里茂鄉，徙户六萬一千，置茂陵縣，屬右扶風。舊圖經曰：徙茂陵城，蓋苻堅時也，魏恭帝末年，徙今城。樊噲城，在縣南一十五里，崇二丈。西京雜記：漢王襲雍王章邯〔七〕，敗走廢丘城，命將軍樊噲圍之，於城西築臺以望。今城尚有武延臺〔八〕，疑即此。馬嵬故城，在縣西北二十三里。孫景安征途記曰：馬嵬，人姓名，於此築城以避難，未詳何代人。姚萇時，扶風王驎以數千人保馬嵬故城〔九〕。文學城，在縣東，崇二丈五尺。十道志曰：永安元年，移扶風於文學城，即此。今謂故縣城是也。武學城〔二○〕，在縣東一十里。崇二丈五尺，與文學城相接。世傳二城並章邯所築。漢黄山宫，在縣西三十里。武帝微行，西至黄山宫。隋仙林宫，在縣西十八里，文帝置。漢武帝茂陵，在縣東北十七〔旁注〕本志：二十七。里。武帝建元二年，置茂陵邑，後元二年葬。師古曰：本槐里縣之茂鄉，故曰茂陵。臣瓚曰：茂陵，在長安西北八十里。關中記曰：漢諸陵皆高十二丈，方一百二十步，惟茂陵高一十四丈，方一百四十步。徙民置縣者凡七，長陵、茂陵者萬户，餘五陵各五千户。陵縣屬太常，下隸郡也〔一一〕。守陵溉樹掃除凡五千人，陵令屬官各一人，寢廟令一人，園長一人，門吏三十三人，候四人。元帝時，三輔七十萬户，始斷不復徙人，陽陵、渭陵、延陵、義陵皆不立。漢帝諸陵，自各立廟，或在城内，或在城外，或在陵旁。又陵下園中有寢宫，有便殿，日祭於寢，月祭於廟，時祭於便殿。寢，日四上食；廟，歲二十五祠於便殿；又月一遊衣冠。至元帝始正迭毁禘祫之制，惟祖宗之廟，世世不毁，餘王廟親盡而毁〔一二〕。四時祭於廟，除；諸寢園，不除〔一三〕；衣冠之遊，或廢或興。馬嵬驛，在縣西二十里。今廢。

【校勘記】

〔一〕東過郿及武功槐里縣　「郿」，底本、川本、滬本作「郡」，據水經渭水注改。

〔二〕李石　底本、川本、滬本脱「李」字，據長安志卷一四補。

〔三〕三時原　「時」，底本、川本、滬本作「疇」，據長安志卷一五改。

〔四〕南北廣四里　「南」，底本、川本、滬本脱，據長安志卷一四補。

〔五〕其城繞帶防陸舊渠尚存　「繞」，底本、川本、滬本作「遞」，據長安志卷一四改。

〔六〕周懿王自鎬徙都於犬丘　「徙」，底本、川本、滬本脱，據長安志卷一四補。

〔七〕章邯　「邯」，底本、川本作「邱」，據滬本及長安志卷一四引西京雜記改。

〔八〕今城尚有武延臺　「延」，底本、川本、滬本作「廷」，據長安志卷一四改。

〔九〕王驎　「驎」，底本、川本、滬本作「駢」，據晉書姚萇載記改。

〔一〇〕武學城　「學」，底本、川本作「帝」，據滬本及長安志卷一四改。

〔一一〕下隸郡也　「下隸」，底本、川本、滬本作「□縣」，據長安志卷一四改。

〔一二〕世世不毀餘王廟親盡而毀　底本、川本、滬本脱「世世不毀，餘王廟」七字，據長安志卷一四引關中記補。

〔一三〕不除　底本、川本、滬本作「木」，據長安志卷一四引關中記改。

西安府

終南山，乃關中南山，西起隴、鳳，東逾商、洛，綿亘千里有餘，其南北亦然，隨地異名，總言之則曰南山耳。〔旁注〕府志：東西連亘藍田、咸寧、長安、鄠、盩厔五縣之境〔一〕。舊志曰：在城南五十里者，以山之對城者言也。禹貢曰：終南、惇物〔二〕。詩曰：終南何有。春秋傳曰：終南，九州之險。

即此。關中記曰：終南，一名中南，言居地絡陰陽之中，即所謂中條山而在都城之南者也。唐人謂之南山。韓愈南山詩云：東西兩際海，巨細難悉究。蓋舉中條而言也。以下山原丘陵谷坡，皆兹山之北麓，凡渭以南諸水皆兹山所出，又名太乙山。

太乙山，按五經要義：終南，一名太乙。太乙者，猶曰天下第一也。三秦記曰：太乙山，一名地肺。〔旁注〕皇甫謐高士傳曰：秦四皓隱地肺山。即此。舊志不載其處，今考鎬水谷東、太乙谷西名五臺山者，即太乙山也。其山五峯峻拔，淩霄如畫，上有洞，有寺，寺僧名山曰五臺。每夏六月中，遠近人登者如蟻。蓋南山秀麗之處，惟此爲最，故遊人集焉。西谷爲鎬水，鎬自古不以名山，東谷爲太乙，則山太乙無疑矣。天有太乙星，地有太乙山，皆第一之稱也。其南山深處，高而長大，無異名者，曰秦嶺。

秦嶺。三秦記曰：秦嶺東起商、洛，西盡汧、隴，綿亘千里，經萬壑千谷，不能斷絶，行者必造其嶺而後逾〔三〕。蓋南山之脊，江、河之水所由分處，故嶺南之水皆謂之江，嶺北之水皆謂之河。南山之西麓爲豐水，東爲鎬水，又東爲潏水，又東爲滻水。豐、鎬間爲御宿川。

御宿川，漢武帝於其地置離宫别館，禁御人不得入，時往來遊觀〔四〕，止宿其中，故又曰御宿苑。其鎬水經處兩岸瀕河地，皆引水灌溉，爲稻田，爲菜畦，爲佳果園，膏腴之區，御羞之所出也，故又曰御羞川。川首北岸爲劉村，西北爲王渠，有濛溪觀；又西北爲皇甫村，又西北爲魚頭村，有通真觀；又西北爲夾肋村，又西爲香積寺，有潏水自北來會爲東交河。

川首南岸爲胡村〔五〕，又西爲曹村，又西爲石村，又西爲子午鎮，又西爲交河，又西爲豐水，又北至定昆池，爲豐、鎬間，又北爲鎬入豐處，御宿地盡矣。其地形逶迤自東南而西北，故杜甫詩曰：昆吾御宿自逶迤。迤北爲神禾原。神禾原，在鎬水東、潏水西，首起南山麓，西至東交河而止。〔旁注〕在御宿川北樊川原上，東西三十里。其北爲潏水，爲樊川。樊川。三秦記曰：長安正南秦嶺根水，北流爲秦川，一名樊川，在城南三十五里。十道志曰：其地即杜陵之樊鄉，漢高祖至櫟陽，以將軍樊噲灌廢丘功，賜食邑於此，故曰樊川。其地在潏水河北渠南，西北爲杜曲，又西北爲韋曲，韋曲之西有華嚴寺。〔旁注〕沈云：在韋曲東。今以此川爲華嚴川者，以寺名也。寺西有雁鶩陂，陂西北有第五橋〔六〕，迤北爲鎬京、鎬池，而樊川之地盡矣。樊川出秔，有綫稜，名曰綫稜秔，食之香軟，爲天下絶品。其地東原爲杜原。杜原，在潏水東、滻水西，即杜伯國地，故名杜原。以在秦、漢、隋、唐都城之東，又名東原。宣帝以爲己陵，曰杜陵，又曰杜陵原。陵所立縣曰杜陵縣，後即縣南原首司馬村葬許后，其陵差小，故其地又號少陵原。杜甫取以爲號者，此也。少陵迤西爲鮑陂，北爲鳳棲原，迤西北爲鴻固原，其下有鴻固陂。鴻固迤西爲杜陵，杜陵北爲高望堆、芙蓉園、曲江池。其西爲秦宜春苑地，爲漢宣帝樂遊原。高陽原在樂遊西，樂遊之南爲秦杜縣。其地下，謂之下杜城。自少陵至下杜，東原之地盡矣。其北爲龍首山。龍首山，一名龍首原，長六七十里。蓋山言其高峻，原言其高平，其實一耳。原起伏蟠曲，貫秦、漢、隋都，唐三内。其西北高處，則爲秦長樂、漢未央，稍東南六坡〔七〕，則爲隋城、唐西内，擬乾六爻之地。〔旁注〕舊唐書裴度傳：帝城東西，横亘六岡，合易象乾卦之數。度平樂里第，偶當第五岡〔八〕。其東則爲唐南内興慶、龍池之所，其北則爲唐東内大明宫含元、宣政、紫宸、蓬萊、金鑾諸殿之所。南内之東南，引滻水入城，則爲龍首渠，入東苑則爲龍首池、龍首殿，皆以是原得名。原之所經，在今城東南則爲狗脊嶺，東北則爲長樂坡，東内前，今北闕外，爲龍首坡，俗名三稜坡，金鑾殿所則爲金鑾坡。其在南内興慶池西、玄宗藩邸所者，爲開元坡，其在宣平坊者，爲胭脂坡，在下馬陵下者，爲翡翠坡，二坡皆舊妓館所也。其在西内朱雀門外者爲草場坡，在舊西市者爲西市坡。〔旁注〕府志：故市坡。雍録：元在京坡西，舊西市〔九〕，市廢，其坡號爲故市云。三稜坡。新説曰：京兆玄武門外龍首坡上出三稜，俗呼爲三稜坡，今爲郡厲壇。餘見雍録，然圖説稍自矛盾，諸志訛謬。三秦記曰：龍首原起自南山東義谷，滻水西岸。關中記曰：龍首山頭高二十丈，入渭水，尾漸下，可六七丈，達樊川。今考杜原在滻水西，龍首亦在其處。杜原西爲樊川，龍首尾又達之。蓋龍首高在渭水之上，其南則其蟠曲之處，故爲六坡，或出杜原之西，或出其東。以尾言，南漸卑也。杜原爲終南之麓，故南高，至樂遊視秦川，猶云如掌，其高可知。至秦杜縣處，則漸卑，亦原之尾也。使非各以首尾言，則滻水西、義谷水東固一原，非二地矣。又杜原則但委曲而已，故其西有杜韋曲，龍首則多蟠，故不啻六坡，此二原之辨也。

畢原。長安志：在咸寧縣西南二十八里。按咸寧西南皆長安地，接鄠縣，有王季所始畢地，非高原也。白鹿原，在滻水東，灞水南，東西六十里，南北五十里。三秦記：周平王東遷，見白鹿於此，以是得名。南接終南，北至灞川，亦謂之灞上。

豐水，在鎬京西二十五里。文王遷豐，依此水也。源出長安縣秦嶺，北得景陽山川水，西北經子午谷，得折腰嶺水。西入豐谷，得豐谷水，出豐谷口北流，其西高觀、太平二谷水入焉，其東則雪谷、龍驟、西和、白石、羅什諸谷水入焉，爲西交河。又北則有東交河水入焉〔一〇〕。北經周豐邑靈臺、漢昆明池，又北至矩陰山入渭。矩陰乃石阜，非巖險山也。水上有橋曰便門，其爲渠曰賀蘭。老子云，豐水深十仞而不受塵垢，金鐵在中，形見於外，言其清也。今豐水名曰豐河，造紙人多依居，其紙佳於他處，名曰「豐河紙」，以水清故耳。谷有路，通子午谷達漢中。鎬水，在豐東二十五里。周武王遷都依此水，曰鎬京。鎬京，至漢武帝時穿昆明池，故基淪没，鎬水至此聚爲池，曰鎬池，一名元阯，在昆明池北。秦始皇毁之，蓋因鎬池君遺璧之事惡之故耳。其北爲滮池。詩曰：滮池北流，浸彼稻田。是也。滮池亦名聖女泉，西北流與牧猪泉合，又北經清泠臺〔一一〕，經磁石門入渭。今不復入渭。源出太乙山西谷中，北流迤西得七姑谷水，又西得漆谷、磻谷、鴻興、竹谷、桐梓、石鱉、豹林諸谷水，過御宿川北、香積寺南，西合潏水爲東交河，又西入豐水。潏水，源出南山石壁谷，東得東義谷水、西義谷水、錫谷水，北流西得羊谷水，又西得土門谷、炭谷、太乙谷水爲河，西過杜曲、樊川南，又西過韋曲、華嚴寺南，又過下杜城南、神禾園北，折西過神禾原西，至香積寺西南，與鎬水合爲東交河。今按潏水自南山下分爲二，一西北流會鎬水爲交河，一自東岸爲渠，西北流入城爲通濟渠。東義谷俗名大義谷，西義谷俗名小義谷，其東爲錫谷，三谷俱有路通漢中。滻水，出藍田南山谷，西北流至咸寧界，得荆谷、廣谷水，又得採谷、石門、庫谷水，過白鹿原西，又過省城東，合灞水，北入渭。荆谷水，一名荆谿，自藍田來，至咸寧平川，合廣谷水，入滻水。採谷水，自藍田來，西北流三十里至咸寧界，入滻水。石門谷水，自藍田來，北流十里至咸寧界，合採谷水，又北流十五里合庫谷水，入滻水。庫谷水，自藍田來，北流二十五里合採谷水，又合荆谷水，入滻水。灞水，本名滋水，秦穆公改名灞，以彰霸功。出商州上洛縣，而北出谷，過驪山西、白鹿原北，滻水自西南來會，西北入渭。鎬、潏水下流爲秦漆渠，漢漕渠、明渠、清渠、王渠，隋清明渠、永安渠、香積渠，唐漕渠，今通濟渠。滻水下流爲漢、隋、唐、宋黄渠、龍首渠。漆渠，秦二世所開以運南山漆者，故名，此秦漕渠也。漢漕渠，武帝元狩三年所穿，上接秦渠，下入昆明池，分三派。其一派自昆明池東爲明渠，東過長安城南，又過城東，合王渠北流。其二派自昆明北爲飛渠入城。飛渠者，以木槽接水上流，逾隍入城，渠若飛而過也。既入城，則引而東北，至漸臺，爲滄池，又東過未央北、明光南，又東過秦長樂宫北，出東都門外，合王渠、明渠水入渭。其三派自昆明北經長安城西，北過秦阿房宫東入揭水陂，又北入唐仲池，又北過城西門西、建章東，又西過建章北入太液池，又北入渭。其清渠在東交河西。清明渠，隋開皇三年，引潏水西北流入京城，又東流至安樂坊之西南隅，屈而北流經宣義、太平等九坊之西，東流入皇城大社，又東至含元門街，屈而北流經尚食局東，又北流經將作監、内侍省，又北流入宫城。永安渠，隋開皇三年，引交水西北流入城，經大通、信義、永安、延福、崇賢、延康六坊西，又經西市東，北流經布政、頒政、輔興、崇德四坊及興福寺西，又北入芳林園，又北入苑注於渭。香積渠，隋開皇三年，築京城，引香積渠水自赤欄橋經第五橋西北入城。黄渠，在龍首渠南，自南山東義谷堰水至杜陵南，分爲二渠，一灌鮑陂，一北流曲江。新説曰：唐文宗時，曲江已涸。帝讀杜甫詩，思復興。太和元年，發神策軍掘黄渠，陶曲江。漕渠，大曆元年，京兆尹黎幹自南山谷口開漕渠，抵景風〔一二〕、延喜門入苑，以運南山薪炭。通濟渠，今省城西南渠也。蓋城南故有秦、漢、隋、唐舊渠，久廢。皇明天順中，西安府知府余公子俊相度城東南龍首渠水入城，稍微，西城官民食水苦鹹不便，議修復廢渠。時都御史項公忠巡撫陝西，遂具疏上聞。允命既下，余公即躬督疏浚，不一載渠成，引交潏二水自城西南隅入城，城中官府、街市、坊巷皆支分爲渠。又架橋其上以障塵穢，復作井，設募以汲，於是闔城官民朝夕食飲始便，至今利焉。〔旁注〕府志：成化元年，余公子俊自終南義谷口引潏水，一支由西南入省城，給居民汲飲，俗名漕河。王恕二渠記：訪得義峪等河水經杜曲、御宿川等處，至丈八頭入皂河，乃於丈八頭造石閘一，穿渠引水，西流至郭村，轉東築堤爲渠，至安定門入城，分作二渠。一從祠堂經長安縣東，流過大菜市、真武庵，流出城，注於池。一從廣濟街北流過鐘樓，轉西過永豐倉、東街口。北流，其渠自西關廂入城。俱用磚甃砌，一千四百五十丈。龍首渠，今省城東南渠也，一名滻水渠。漢書載此渠，蓋漢所穿也。

按地圖：在黄渠北。隋開皇三年，因漢渠堰滻水，西北流三十里，至大興城東南入城，唐因隋渠，導滻水至長樂坡而北〔一三〕，分爲二渠：一西入通化門，西南入南内興慶宫龍池，又西入西内太極宫；一北入東苑至龍首殿爲龍首池，又灌凝碧、積翠池，又西北入大明宫後，灌太液池。五季後，渠涸，唐東苑西内池俱廢。〔旁注〕王恕二渠記：龍首渠始鑿於隋，初引滻水經倪家村、龍王廟、滴水崖、老虎窑、九龍池至長樂門入城，分作三渠：一從玄真觀南流，轉羊市，過咸寧縣總府，西流轉北過馬巷口；一從真武庵北流；一從羊市分流，過書院坊西入秦府。宋大中祥符七年，龍圖閣直學士、工部郎中、知永興軍事陳堯咨奏〔一四〕：永興軍城井泉鹽苦，居民不堪食用。臣親相度城東二里有渠曰龍首，其水清泠甘冽，可開渠引注入城，散流廛閈，出納城濠，闔城盡食甘水。疏上，璽書奬諭。元時湮塞，至元十年復開，〔旁注〕自東南引流入城，軍民甚利，餘水泄入秦府。至今東城官民利焉。以上諸渠並廢，今所存者惟龍首、通濟二渠而已。漢漕渠，孝武時，鄭當時奏引渭穿渠起長安，旁南山下，至河三百餘里，且漕且溉。上以爲然，令水工徐伯表，率卒數萬穿之，三歲而通〔一五〕。以漕，便利，民亦得以溉。隋漕渠，開皇四年，於縣西北渭水作興城堰，引渭水入都，名富人渠。仁壽四年，改曰永通渠。唐漕渠，天寶二年，京兆尹韓朝宗引渭水入金光門，置潭於西市，曰廣運，以貯材木。横橋。三輔舊事云：秦造，漢承秦制，廣六丈三百八十步。雍州圖云：在長安北二里横門外。渭橋，有三。黄圖：渭橋，秦始皇造。蘇林曰：在長安北三里。便門橋。元和志：在長安西，橋與門對。

【校勘記】

〔一〕東西連亘藍田咸寧長安鄠盩厔五縣之境　「盩厔」、「縣」，底本、川本作「□屋」、「里」，據滬本及清統志卷二二七補改。

〔二〕終南惇物　「惇物」，底本、川本作「淳物」，據滬本及尚書禹貢改。

〔三〕行者必造其巔而後逾　「巔」，底本、川本作「嶺」，據滬本改。

〔四〕禁御人不得入時往來遊觀　「入」、「時」，底本、川本、滬本作「出」、「入」，據三輔黄圖卷四改。

〔五〕胡村　「胡」，川本同，滬本作「湖」。

〔六〕陂西北有第五橋　「第五橋」，底本、川本作「第橋」，據滬本及清統志卷二二九補「五」字。

〔七〕稍東南六坡　底本、川本、滬本作「稍東南城六坡」，據乾隆西安府志卷二引名山記載，「城」乃衍字，删。

〔八〕度平樂里第偶當第五岡　底本、川本作「廣平樂里第□當第五岡」，據滬本及舊唐書裴度傳補改。

〔九〕舊西市　川本同，滬本「舊」之前有「即」字。

〔一〇〕又北則有東交河水入焉　「有」，底本作「又」，川本作「又入」，據滬本及乾隆西安府志卷五改。

〔一一〕清泠臺　「泠」，底本、川本作「吟」，據滬本及長安志卷一二改。

〔一二〕景風　「風」，底本缺，川本同，據滬本及新唐書地理志補。

〔一三〕導滻水至長樂坡而北　「樂」，底本、川本作「安」，據滬本及清統志卷二三三改。「而」，川本同，滬本作「西」。

〔一四〕永興軍　「軍」，底本、川本、滬本作「府」，據宋史河渠志五、陳堯咨傳改。

〔一五〕三歲而通　「三」，底本、川本、滬本作「二」，據史記河渠書、漢書溝洫志改。

咸陽　畢原，西起武功故邰城地〔一〕，東盡高陵涇、渭間鹿臺，即王季所都畢地。又按畢在長安西南二十八里，與咸陽相接，今王季陵在鄠縣西隅，則渭水南北皆畢境也。此地亦曰畢郢，故文王卒於此，曰畢郢，武王封其弟於此，曰畢公，而斯原曰畢原，曰畢郢原也。其上有文、武、成、康、周公、太公及秦、漢君臣陵墓皆在焉，亦名畢陌，以陵冢之間民居遊者，稱陌阡也。又名石安原，即石勒建縣之所，亦曰咸陽原，以縣名也。〔旁注〕舊志謂在九嵕山陽，誤。九嵕，去咸陽二百餘里，隔醴泉縣北水，又東有涇水，在二水陰，非陽可知，故曰以縣名。亦曰黄山，黄山有宮，見興平。　又名洪瀆原。舊志：在城北五里，東西一崗，闊七里許。今按其地有潦池，故曰洪瀆，實一原也。〔旁注〕分言之其名有七。

中橋渡，在城東二十五里中渭橋所，今橋廢渡存。　咸陽古渡，在城東南百步，即西渭橋所，一名咸陽橋，一名便橋。蓋其地夏秋時以舟渡，秋深則作橋，至夏水漲，復用舟渡，故此地以渡名，復以橋名。嘉靖間，以舟爲浮橋，則歲可長行，故又曰渭河浮橋。　龍首渠，在縣東南五里。自萬年縣界流入，注於渭。　清渠，在縣西五十里。自鄠縣界來，經縣界十里，注於渭。漆渠，在縣東南。漢書云：穿此渠通漆水，故曰漆渠。括地志曰：胡亥築阿房宮，開此渠通南山之漆。牛首池，在縣南八里。上林十池之一。

【校勘記】

〔一〕郃城 「郃」，底本、川本作「邵」，據滬本及正德武功縣志卷一改。

臨潼 驪山，東西長數十里，其陽爲藍田北山，其陰爲温泉，其上爲石魚巖，有老君殿。又東南爲走馬嶺，其東爲東繡嶺，爲石瓮谷，爲鳳凰原，爲金斧山，爲新豐原，爲浮胏山，皆驪山東麓。其西爲繡嶺，其山畔有峯，其坪爲白鹿觀，爲坑儒谷，爲牡丹溝，爲磑子谷，皆驪山西麓，東西實一山也。新豐原，在縣東二十里，一名青原。其下即漢立新豐縣處，今爲新豐遞運所。有水北流，名曰新豐水。

興平 始平原，在縣北一里。東入咸陽，名畢郢原，西至武功界武水東岸，漢謂之北芒巖。一名黄山。馬嵬有黄山宫。王維詩云：「黄山舊繞漢宫斜。」謂是原也。馬務，在縣東南二十里。從東第一曰飛龍務，次曰大馬務，次曰小馬務，次曰羊澤務。地凡三百七十一頃，南渡渭河。慶曆中爲營田，尋罷之。其後民占佃，簿籍散亡，不復歸於有司矣。今屬秦藩。板橋泉，在縣西一十七里。後魏地形志曰：槐里縣有板橋泉。宋泊，在縣西二十五里，周一十六里。一曲泊，在縣西南一十五里。自宋泊以下，皆有蒲魚之利。隋開皇十五年築堤，今俱廢。成國渠，魏司馬懿都督雍、涼諸軍事，奏開此渠，自興平至槐里，築臨晉陂，引汧、洛溉舄鹵之地三千餘頃〔一〕，國以充實。

【校勘記】

〔一〕築臨晉陂引汧洛溉舄鹵之地三千餘頃　「臨晉陂」，底本、川本、滬本脱「陂」字；「頃」，底本、川本作「里」，據滬本及晉書宣帝紀補改。

涇陽　嵯峨山，在縣北四十里。其東及東北隅爲三原，其西北爲淳化，其東南爲涇陽，蓋三縣山也。詳見三原縣。其前爲煙洞溝，其下爲流金泊，其西麓爲白來嶺〔二〕、黑水谷、豐樂原。中山，〔旁注〕在縣西北隅，東北接嵯峨西麓，惟隔冶谷，西南則並九嵕山，涇河自中出焉。按此山西有九嵕、涇水，東有嵯峨、冶水，在二山、二水中，故名。一名小仲山，蓋以嵯峨爲孟，而以此爲小、爲仲也。今嵯峨山前有雲孟里、孟店鎮，亦孟之證也。俗傳此山高祖兄仲所居，上有仲子廟，因名。今考郃陽縣西有劉仲城，乃高祖兄仲封邑，不應於此山有居，蓋「中」誤爲「仲」，而「仲」又誤爲

「劉仲」敕。黄嶺山，在舊雲陽縣，乃五丈渠所出。石安原，在縣西南七里，南入咸陽縣界。百頃原，在縣西北六十里。西至谷口，東連峨山，東西十里，南北五六里，高數十丈，宜種黍稷。西城原，在縣北四十里。東自天井澤至洪門監，東西四十里，南北十五里，宜種黍稷。清涼原，在縣東北四十里，清谷口東。豐樂原，在縣東北五十里，清谷口西。東西十五里，南北五六里。石窟，在嵯峨山西峯上，深五六里，風從内出。

【校勘記】

〔一〕白來嶺　川本、滬本同，滬本眉批：「來，疑米字之訛。」

三原　嵯峨山，在縣西北四十里，古名荆山。其東爲縣之毛坊，其北爲縣之大盤、小盤、杜寨，又西北爲舊縣。山西有冶水，皆自西北來而會於東南。山有五峯，秀麗如筆架形，故又名筆架山。山東峯，凡冒雲即雨，否則雖陰不雨。山在天齊高原之上，特出雲表，登其巔則涇、渭、黄河舉在目前，視秦中如指諸掌矣。其西逾冶水爲中山，逾涇水爲九嵕。其東麓有坪爲馬圈，有峯爲堯門山，無峯爲西原，逾清水爲中原，逾濁水爲東原，又東爲斷原，峨山之麓盡矣。西中東三原，縣之所由名也。〔旁注〕本志：以其地南有豐原，西有孟侯原，北有白鹿原，故名三原。史載黄帝鑄鼎於荆山，今山陽有鼎州，則此山爲黃帝鑄鼎所在，帝時名荆山也。〔旁注〕其山陽爲鼎州，其南爲湖縣，其西爲治谷，皆黃帝鑄鼎之證。今諸儒所謂荆山者，即縣之東原，恐誤。又按禹貢「導岍及岐，至于荆山」，今岐山東惟峨山爲大，禹紀事乃略其大而詳其細，不記其山而敍其麓，無是理也。按宋敏求長安志亦以此爲荆山。堯門山，在縣西北三十里。其下有豁，山空如門，故名。上有唐德宗崇陵。西原，以在清水西。一名天齊原，以高名。一名七里原，計其里名。中原，以在清水東、濁水西，故名。原上有辛村，有北社，有已社，有中原村。原自三水界石門山來，或巨或細，或起或伏，南行幾二百里，至三原城北清水曲、濁水澥西而止，是三原之主原也。原之西，清水所出，爲谷口。東原，以在濁水東，故名。一名浮山，謂洪水時雍州皆水，兹原若浮，故名。其上三家里爲唐太祖永康陵〔一〕，其南張家里爲唐敬宗莊陵〔二〕。原東北爲趙氏河，河東入漆沮，爲石川河。東原至張村里舊縣城東，原稍高起，舊名荆山。按書禹貢注及諸地志皆云，然其南有神泉谷，谷有后土廟，有金人修荆山神泉谷后土廟記，則前此諸儒皆以兹原爲荆山也。今考而辯之，見前。神泉谷在唐村里。又東原上有唐高祖獻陵，陵西張村里有武宗端陵，獻陵東爲富平縣城〔三〕，獻陵東斷原所，則石川水南流，其南則清水東注，其中則濁水爲渠盡處。豐原、孟侯原、白鹿原。舊志云：豐原在舊縣南，即天齊原；孟侯原在舊縣西；白鹿原在舊縣北。〔旁注〕以上三原，俱在今縣治西北。今按峨山之西麓爲豐樂原，前爲涇陽及淳化縣地，天齊原計七里，不名豐原。中原北耀州大丘西，又過清水谷西，有岡名曰辰頭嶺，其嶺端傍清谷，有村曰孟侯，昔人以孟侯名原者，謂是嶺歟！其西爲淳化東山，無所謂白鹿原者。嶺之北但有白辰村，其清谷東有白村，然白辰、孟侯、豐樂皆清谷西地，是三原止有「西原」，無「中」、「東」二原，地甚狹小，不成縣治。若白村爲原，則有「西」、「中」二原，無「東原」，亦不得以「三原」名矣。況白鹿原在藍田縣界灞、滻二水間，去三原甚遠，豐原在臨潼、渭南二縣境中，今三原縣境内覓所謂豐、孟侯、白鹿者，不見其一，故辯之以俟後人考焉。

清谷水，一名清河。源出石門山石泉，南流百餘里至底石堡，爲三原北社里地。又東南流爲義河，又東流爲鬼谷，昔鬼谷先生所隱處也，今名曰鬼門關。出鬼谷，東南流〔四〕，西有杜寨谷水入焉，其地爲横水，又南爲毛坊，則毛氏兄弟立栅建忠所也。其「建忠」地蓋即杜寨，四面俱巖險可據。〔旁注〕按魏書：毛遐，鴻賓兄也，有功於魏孝明〔五〕，詔析北地郡之三原縣爲建忠郡，屬北雍州，以旌其兄弟功也。淳化志：杜寨，本魏孝明帝孝昌三年，時蕭寶寅逆亂，關右毛鴻賓兄弟立義栅捍賊有功〔六〕，改建忠郡，以鴻賓爲刺史，以旌其功。又南至樂村七里原北，折而東爲馮村。又東至楊杜村，折而南過閻村西。又南過第五村東，村有漢第五倫祠，其子孫依而居焉。又南爲谷口，元義士李子敬所居。又南爲魯橋鎮，又南至杜村。折而西爲靖川，唐衛公李靖故居所也，有七里原，鹹水入焉〔七〕。又西至涇陽大石里地，折而南至三原謝家村，有治谷水自西入焉。又南至涇陽新管匯，折而東南至三原澗里村，折而東至鄭渠邢堰所，折而南又北，又折而東過龍橋。〔旁注〕在城北門外〔八〕。其南爲三原縣城，其北居人與南城等，嘉靖壬寅，撫按移文作北城，未築。又東過古城，北至林村，又折而北，又東至吳村，又折而北，又折而東至櫟陽古城東南偏，石川水自北來會，又南入渭爲交口河。清河出石門山至楊杜村，皆石谷，水流不渾，故曰清水，中有官渠五，溉涇陽、三原二縣田。濁谷水，源出清谷源東，南入耀州界，東南過牛村西、中原村北，入三原杜堡里，過邵村西南，過北社東。又過辛村東、永康陵西，又南過洛村東，又南過元郝天挺墓東，出濁谷口。折而過東原南、樓底西寨北，折而南過東寨東，東南入武官里。又東過西陽村，又東北過張村、端陵南，分而爲渠，至唐村，濁水盡矣。凡夏月北山有大雨，谷水漲，則自張村西溢而入王店乾溝，東南入清河。濁谷口以北，多土少石，故名濁谷水。然非漲時水亦澄，漲時，凡河濱地被淤，田收逾常田數倍，有溉田堰七。

【校勘記】

〔一〕唐太祖　「祖」，底本、川本、滬本作「宗」，據長安志卷二〇改。

〔二〕其南張家里爲唐敬宗莊陵　「其」，底本、川本作「之」。光緒三原縣新志卷一：「唐太祖永康陵，在縣北四十里。」又云：「敬宗莊陵，在縣東北三十里酆原上。」則太祖陵在北，敬宗陵在其南，滬本作「其」，是，據改。

〔三〕獻陵東爲富平縣城　「東」，川本同，滬本作「北」。清統志卷二二九載：獻陵在三原縣東北。則應作「東北」。

〔四〕東南流　「流」，底本、川本、滬本脱，據光緒三原縣志卷一補。

〔五〕有功於魏孝明　「有功於」，底本、川本、滬本作「有勸子」，據北史毛遐傳改。

〔六〕毛鴻賓　底本、川本作「毛鴻」，據滬本、本書上文及北史毛遐傳補「賓」字。

〔七〕鹹水　底本、川本、滬本作「鹽水」，據光緒三原縣志卷一改。

〔八〕在城北門外　「北」，底本、川本作「門」，滬本無，據光緒三原縣新志卷二改。

商州　熊耳山，在州西五十里。東西兩峯似熊耳，故名。山多椶、漆、丹青樹，又産爁炭。山海經曰：熊耳之山，伊水出焉。冢嶺山，在州南六十里。地志：洛水出上洛縣冢嶺山。水經謂之讙舉山，舊志以冢嶺、讙舉爲二山，誤。良餘山，在州西南九十里〔一〕，乳水所出。竹山，在州西北二百里，丹水所出。菟和山，在州南。左傳：左師軍于菟和。洛水，在州西北首二十里〔二〕。源出州南冢嶺山，東流至河南鞏縣入河。伊水，源出州西熊耳山。山海經曰：伊水東北至洛陽縣南，北入於洛〔三〕。丹水，在州東南二十里。源出竹山，東流入河南界。呂氏春秋曰：堯有丹水之戰，以服南蠻〔四〕。即此水也。丹水兩源合於四皓〔五〕，逕高車嶺。又東歷菟和山，即春秋所謂「左師軍于菟和，右師軍于倉野」者也〔六〕。逕商水南〔七〕，至丹水縣入於均水〔八〕。曰沛公圍宛，至南陽，定丹水，即此。楚水，出楚山西大谷，有兩源，下流相合，入丹水。乳水，出良餘山，水色如乳。

【校勘記】

〔一〕在州西南九十里　「州」，底本、川本無，據滬本補。

〔二〕在州西北首二十里　「首」，川本同，滬本删。按蓋爲「百」字之誤。

〔三〕山海經曰至北入於洛　川本、滬本同。按今本山海經無此文。水經伊水：「又東北至洛陽縣南，北入於洛。」疑「山海經」爲「水經」之誤。

〔四〕以服南蠻　「以」、「蠻」，底本、川本脱，據滬本及吕氏春秋召類補。

〔五〕四皓　川本同，滬本作「四皓廟」。

〔六〕春秋所謂左師軍于菟和右師軍于倉野者也　川本、滬本同。按此文見於左傳哀公四年。「春秋」當爲「左傳」。

〔七〕商水　川本、滬本同。按明以前無「商水縣」，漢置商縣，水經丹水注：「丹水東南過商縣南。」隋改名商洛縣，金廢。又，明成化中，置商南縣，丹水逕其南。則此「商水」蓋爲「商縣」，或爲「商洛縣」、「商南縣」之誤。又，清統志卷二四六載：「商河在商南縣西南八十里，或訛爲囚河，東流入丹水。」與本書所載亦不合，當誤。

〔八〕均水　「均」，底本作「汮」，川本、滬本同。明史地理志淅川縣：東有均水，「北有丹水俱流入焉」。紀要卷五一淅川縣：丹水，「東注於均水」。此「汮」乃「均」字之形訛，據改。

朝邑　通靈陂，在縣北四十里。唐書姜師度傳：師度爲同州刺史，於朝邑、河西二縣界，就古通靈陂引洛水，及堰黄河灌之，以種稻田，凡二千餘頃，内置屯十餘所，以穫萬計。臨晉渡，在縣北六十里。史記：魏王豹盛兵蒲坂，以塞臨晉。即此。高陽城，在縣西南三十里，地舊出名酒。沙苑城，在縣南七十里。唐置監，養隴右諸牧牛羊以供祭祀、宴會及尚食所用。千社寨，在縣北四十里。元末戈平章築以爲保障之所，今廢。鐵牛，在縣東二十五里大慶關，東岸四，西岸三，開元十二年鑄。

華陰白虎通云：西方少陰用事〔一〕，萬物生華，故曰華山。又按是山名曰蓮華峯。李白詩云：石作蓮華雲作臺。今觀山形，外羅諸山如蓮瓣，中三峯突出如蓮心，其下爲雲臺山，自遠視之，宛然青色蓮華開於雲臺之上，疑山所繇名，白詩得之。山高五千仞，片石壁立如削成，有芙蓉、明星、玉女三峯。上有八卦池、太乙池、白蓮池、細辛坪、五粒松、玉女洗頭盆、老君洞、仙碁臺、菖蒲池、蘆葦池、二十八宿池及蒼龍嶺、日月崖、仙掌巖石月之勝，又有洞，號曰洞天〔二〕。郭緣生述征記云：山下自華嶽廟列柏，南行十一里，又東迴三里至中祠，又西南出五里至南祠。南入谷口七里，又至一祠，又南一里至天井，出井如望空視明，如在室窺窗。出井東南二里，至峻阪斗上，又東至青柯坪，則僕馬皆屏去無用，上百丈崖，皆須攀繩挽葛而後行。今有石磴鐵索，攀緣而上，其石磴止用一人，登者必須著布鞋，穿袖短衣，仍以帶索束縛，躡磴攀索而上。或膽氣不足而心多懼者，登或可勉，下則驚心褫魄，實難。故韓愈既登此山，及下時視其險絕，遂心悸目眩，發狂痛哭，投書與家人永訣。華陰令乃百計取之，然後能下。蓋如井綆汲水，束縛而下垂之也，其難下可知。由是觀之，則退之學力未至立處，其心易動，宜其遭貶輒有收骨之懼，悦大顛而與之交也。其答孟尚書、張籍書，亦下山後語耳。或曰蘇軾屆險而止，章惇則逾而不懼，豈惇不動心而愈於愈耶？曰：惇所能者，北宫黝之心，愈所不能者，孟子之學。牛心谷〔三〕，在華山。昔楊震微時，隱此講授羣書，學者如市，其谷多槐，故稱楊震槐市。張超谷，在華山，後漢張超隱此。石羊城，在張超谷之西，乃黄初平叱石成羊之處。車箱谷，在嶽西。深不可測，禱雨者投以石，其中若有鳥飛出，即雨。杜甫詩：車箱入谷無歸路。即此。落雁峯，在華山。毛女峯，在嶽西。昔秦始皇宫人因秦亡入此山，服松葉，飲泉，體生緑毛，故名。雲臺峯，在嶽東北。兩峯崢嶸，四面陡絶。周武帝時，有道士焦道廣居此，帝親詣山庭問道，因而谷口置雲臺觀。白雲峯，在嶽東北。唐明皇妹金仙公主爲女道士之所〔四〕。青柯坪，在瀑布泉西北、來山谷盡處，初登太華之所。種藥坪，王暉真人居此〔五〕，常駕虎豹種蒼术、黄精爲餌。巨靈掌迹，一曰仙掌，在東峯東北。又有石月在掌之上。遁甲開山圖曰：巨靈胡者，偏得坤元之道〔六〕，能造山川，出江河〔七〕。薛綜云：華山對河東首陽山，黄河流於二山之間。古詩云此本一山，當河，河水過之而曲行，河神巨靈以手擘開其上，以足蹋離其下，中分爲兩，後通河流。今睹手迹於華嶽上，指掌之形具在，脚迹在首陽山下，亦存焉。石仙洞，在嶽北面半腹中。其深不可測，時出異色雲氣，洞口有丹青石，似仙人之狀，故名。上有瀑布，飛流直下三千餘丈，又名水簾洞。希夷庵，五代陳摶所居。壺公石室，在嶽西北孤峯上。可容十餘人，費長房從壺公學道之所。東谷中，即後魏道士寇謙之算場；西谷中，即修羊公石榻穿陷之所。拜嶽壇，漢武帝拜祀之所，唐太宗爲鎮嶽靈仙寺，後或名勝會院，或昭慶寺。

【校勘記】

〔一〕西方少陰用事　「少陰」，底本、川本作「太陰」，據滬本及初學記卷五引白虎通改。

〔二〕號曰洞天　川本、滬本同。明統志卷三二：「道書以爲總仙洞天。」此「洞天」上應有「總仙」二字。

〔三〕牛心谷　底本「谷」下有「山」字，川本同，據滬本及光緒華嶽志卷二刪。

〔四〕金仙公主　「公」，底本、川本、滬本作「宫」，滬本眉批：「宫，當作公。」據新唐書諸帝公主傳改。

〔五〕王暉真人居此　「王暉」，底本、川本、滬本作「王渾」，據華嶽志卷二引真僊通鑑改。

〔六〕偏得坤元之道　「偏」，底本、川本作「徧」，據滬本及漢唐地理書鈔遁甲開山圖改。

〔七〕出江河　「江」，底本作「北」，川本、滬本同，據漢唐地理書鈔遁甲開山圖改。

永壽　好畤舊縣，漢屬右扶風，在今縣東南四十三里奉天縣界。孟康曰：「時者，止也，神靈之所止也。」莽曰好邑，後漢省。晉元康中，復於舊縣東南一里置好畤縣。後魏隸扶風郡，周建德三年，省入漠西縣。隋開皇十八年，復改漠西爲好畤縣，大業二年省。唐武德二年，析醴泉縣復置好畤縣，治即舊香谷川也。天授二年，復隸稷州，大足元年還雍州。後唐同光中，隸鳳翔府，長興元年，還京兆府。宋乾德二年，并入乾州，金因之〔一〕。元季至正四年，又并入永壽縣。今縣廢，故治名好畤里。右扶風城，在縣東南四十里，今廢爲民田。南豳城，在縣境，魏時築，據山甚險絕。〔旁注〕宋史呂大防傳：爲永壽令，縣無井，遠汲於澗。大防行近境，得二泉，欲導而入縣，地勢高下，衆疑無成理。大防用考工水地置泉之法以準之，不旬日，果疏爲渠，民賴之，號曰呂公泉。

【校勘記】

〔一〕金因之　「金」，底本、川本、滬本作「今」。據金史地理志載，好畤縣，屬乾州。本書下文載元至正四年云云，則此「今」乃「金」字之誤，據改。

武功　東原，在縣東。其南與雍原相直，或曰通西原，皆謂雍原云。雍原，即縣西原。城所附者，古周原也。上武亭川東原，至興平縣界三十五里。下武亭川西原，至扶風縣東十一里。東河，在城東，不時水漲爲患。斜谷水。同宋志。漆水，在城東門外。康子武功志曰：漆水，今謬爲武水者也。自豳、岐之間，來縣北受浴水，南受漳水，入渭。鄭漁仲序地理略謂天下如指諸掌，而信漆由富平入渭之説。蓋括地志未審豳、岐涇、渭脈絡所在，富平在涇東，漆在涇西，安有岐梁之水，越涇而東〔二〕，再至富平，始入渭也？詩曰：自土沮、漆。漢書云：桼在漆縣〔二〕。今郿封里有漆村是也。漳水，即圍川水，本名雍水，一名白水。自扶風東門外受鳳泉水，至縣南，從漆水入渭。武亭水，北自好畤來，至城南合圍川水入渭。莫谷水，一名武水，自乾州界來入境，經縣南，合武亭水入渭。浴水，乾州西夾道水也。亦從豳西梁山來，意此或即沮水。〔旁注〕關西人讀浴若于，于、沮固易訛爾。漁仲亦以東自富平入渭，殊誤。良溝泉，在城北十里。永樂初，湧出，灌溉田園，民得其利，入武功河。竹橋。諸葛亮表云：臣遣虎步監孟琰據武功水東。司馬懿因水長，攻琰營，臣作竹橋，越水射之〔三〕。

【校勘記】

〔一〕越涇而東　「東」，底本作「來」，川本同，據滬本及萬曆武功縣志卷一改。

〔二〕漢書云　川本、滬本同。按今本漢書無「漦在漆縣」語。

〔三〕諸葛亮表云至越水射之　川本同，滬本「因水長」作「因渭水漲」。按此文出於水經渭水注。御覽卷七三引諸葛亮集曰：「臣先進孟琰據武功水東，司馬懿因水，以二十日出騎萬人，來攻琰營。臣作東橋，賊見橋垂成，便引兵退。」文字稍異。

邠州　豳谷，在州東北三十里舊三水縣，公劉立國處。涇水，在城北二里。自西北東流，入淳化縣界。芮水，出城西北，東入於涇。大雅公劉之詩曰：止旅迺密，芮鞫之即。即此處也。漆水，在州南二十里。水出舊漆縣西北，至岐山東入於渭。三水河，在縣東北三十里。舊爲三水縣治。洪龍河，水簾河，俱在城西。大峪河、南河俱在城東。四河泛漲，皆爲民害。黑水，在州西四十里。發源崇信縣，至邠入於涇。〔眉批〕公主川，在州東南。唐姜慶尚新平公主，賜第於此。

義渠城，按方輿勝覽云：即義渠王之國也。鶉觚城，漢縣，屬北地郡。後魏改爲宜禄，以宜禄川爲名，今爲宜禄遞運所。故豳州城，在州南。三水縣城，在州東五十里。公劉始居之地，西魏置恒州，尋廢。隋爲三水縣，屬北地郡。淺水廢縣，在宜禄廢縣北五里〔一〕，後魏縣。栒邑城，在廢三水縣東二十五里，漢縣。

【校勘記】

〔一〕在宜禄廢縣北五里 「北」，底本、川本無，滬本有。寰宇記卷三四宜禄縣：「廢淺水縣，在縣北五里。」滬本是，據補。

富平 荆山，舊志謂即城南掘陵原。今按此原即唐之獻陵，非山也。四夷郡縣圖記謂黄帝鑄鼎處，在今三原嵯峨山。蓋嵯峨即荆山，舊志以獻陵原爲荆山，誤。中山，在富平縣。漢武帝獲寶鼎於汾陰，薦之甘泉，鼎至中山，晏温，有黄雲蓋焉。或曰中山即涇陽冶水西、涇水東之山。　金粟山，在縣東北九十五里，與蒲城縣相連。有唐玄宗陵。　富平縣故城，在縣東北十里。　廣武城，在縣南十五里〔一〕。舊隸頻陽縣〔二〕，今并入本縣。

【校勘記】

〔一〕在縣南十五里　底本、川本「縣」下空一格。明統志卷三二廣武城：「在富平縣南十五里。」據補「南」字。滬本作「東北」，乃據清統志卷二二八改。

〔二〕舊隸頻陽縣　「頻」，底本、川本、滬本作「平」。魏書地形志馮翊郡頻陽縣：「有廣武城。」明統志卷三二廣武城：「舊隸頻陽縣。」此「平」乃「頻」字之誤，據改。

同官　同川，即禹貢漆水。自縣西境來，南流入耀州界。　同官川，在縣北五十里。即禹貢沮水之源，合慈馬諸川，經縣北子午嶺，合榆谷水，南流入耀州界。　雷平川，大石盤川。宋志。　小石盤川，東流合大石盤川，入洛川。　烏泥水。宋志。

潼關衛　黃河，在城北門下，東流入閿鄉縣界。　渭河，在城西，自華陰縣界入黃河。　洛河，在城西，自朝邑縣界入渭。〔旁注〕在城西北，春秋亦名洛，周顯王八年，魏築長城，自鄭濱洛是也〔一〕。自華陰縣洛河口入渭。　潼水，源出南山，經城中，東北入黃河。　風陵渡，在東門外，通蒲州。　金史完顏仲元傳：陝西一路最爲重地，潼關、禁坑及商州諸隘俱當預備。近日敵兵由禁坑出，遂失潼關。甘泉，舊誤在涇陽境，荆山，舊誤在富平境，秦嶺，舊誤在商州，終南，舊止稱在長安城南，龍首、少陵、杜陵、鳳原、黄山、畢原、石安、畢陌，舊皆析爲數處，鎬水、潏水、交河，舊不詳所在，今皆注之。

【校勘記】

〔一〕周顯王八年魏築長城自鄭濱洛是也　「周顯王八年」，底本、川本、滬本作「周恭王七年」。按周恭王時遠在共和之前，已無確切紀年。又，史記秦本紀：「孝公元年……魏築長城，自鄭濱洛以北。」則事當在周顯王八年。據改。

咸陽　文、武、成、康陵，按長安舊志云：西周之陵，並葬於咸陽原上。三輔故事：文、武、周公，皆葬於畢原。三禮圖云：先王葬其中，以左、右爲昭、穆。文王居中，武王爲昭居左，成王爲穆居右，康王爲昭居左，恭王爲穆居右，以下子孫，夾處東西葬。以今考之，武王陵在文王陵後，成、康陵在文王陵前左右，俗傳以爲背子抱孫，未知然否。愚按畢郢原，渭水自西南而來，至原循其陽而東至鹿臺，原盡而涇屬渭汭焉。蓋涇水自西北而來，至原循其陰而東會渭水焉。則文王葬處，以地勢言之，蓋東向渭、涇之處而葬也。以此叙葬，則昭、穆允合，後人不察，謂南面而葬，故論昭、穆不通，曲爲背子抱孫之説，謬矣。武陵在文之後，自爲一地，康陵在成之東，自爲一地，相去四里，合而一之，以附於昭、穆之説，則不通矣。文王廟坊曰丕顯，武王廟坊曰開天揚烈，成、康之廟俱毁，今存一間，周公、太公廟尚存。

寶雞〔一〕 磻溪釣石，在縣東南磻溪谷中。其石下細上巨〔二〕，俯臨溪中，故老相傳爲太公釣魚處，石上有兩膝所著迹。按太公釣臺有三：在河南新安城東，一石也，今去水數丈許矣；在陝西者二，一在咸陽城西，土屹然不崩；一在寶鷄磻溪谷中石也。

【校勘記】

〔一〕寶雞　川本、滬本同。按明統志卷三四、明史地理志載，縣屬鳳翔府。

〔二〕下細上巨　川本同，滬本作「上細下巨」。

郿〔一〕 史記：秦文公東獵汧、渭之會，卜居之，乃營邑焉。括地志云：在岐州郿縣東北十五里。按汧、渭之會，在寶鷄縣東三十里底店東，過此以東，則虢國地，去汧會渭處遠矣，秦邑當在底店所。平陽故城。史記：秦寧公二年，徙居平陽。注云：郿之平陽亭也。又云岐山縣有平陽鄉，鄉内有平陽聚。括地志亦云：平陽故城，在岐山縣西四十六里。今按郿縣五丈原西渭陽原上有平陽鎮，是城所也。其郿縣與岐山接壤，厥地昔屬岐山歟。

【校勘記】

〔一〕郿 川本、滬本同。按明統志卷三四、明史地理志載，縣屬鳳翔府。

咸陽 天漢牛斗城，按此城即始皇作都，跨渭者也。其城半在渭北，屬咸陽，半在渭南〔一〕，屬長安。史記云：端門四達，以則紫宮，渭水貫都，以象天漢；横橋南渡，以法牽牛。是也。今相其地，北原折爲大曲〔二〕，如箕形，東西寬衍，美腴無如此曲者，非始皇之力，其誰能爲此曲？有洞南面渭，北通涇，長二十餘里，此疑在始皇宫中，其爲此蓋以避倉卒之患。後世帝王多有爲地窟通宫禁以防患者，此之類耳。今人謂鍾離權所作。權，道士耳，其力焉能辨此？且亦奚以爲哉！ 六國宫室。史記：秦始皇既滅六國，寫放其宫室，作之咸陽北坂上，自雍門以東至涇、渭交處，殿屋複道周閣相屬。然各自爲區，雖一瓦一甓之造，亦如其式，各書國號，不相雷同。宫成，布其所得諸侯美人居之，如在其國，鍾鼓帷帳，不移而具。後世有得其宫殿遺瓦者，尚存楚國等字，瓦精美罕匹。 秦八徙：中潏保西垂；非子居犬丘；莊公復居犬丘；襄公居汧城；文公元年，居西垂宫，四年，徙汧、渭之會；寧公、武公居平陽；德公居雍城；獻公居櫟陽；孝公徙都咸陽。據通志。漢四遷，按漢有四遷，實則三都、四宫而五城焉。一曰南鄭，此始爲漢王時都也；二曰櫟陽，此還定三秦時都也；三曰長安，此滅楚後爲帝時都也；四曰甘泉，此漢帝四月避暑，至八月而還所也。五曰京兆府館，此獻帝播遷時居也。

唐三内：按雍録云：唐都城有三内，唐初京城、皇城、宫城皆因隋舊。曰太極宫者，即隋之大興宫也。至高宗時，於隋宫城東北，據龍首高處建大明宫，諸帝朝夕居之。及遇吉凶大事，則始終在於太極，高宗、玄宗每五一御太極，知太極尊於大明也。太極在西，故名西内；大明在東，故名東内；興慶在大明南，故名南内。此三内者，皆常更迭受朝，而興慶實離宫，大明則常朝之處，太極則猶周之豐宫云。

【校勘記】

〔一〕半在渭南　「南」，底本、川本作「北」。按本書上文載咸陽城跨渭水南北，已云「城半在渭北」，此當云「半在渭南」，滬本作「南」，是，據改。

〔二〕北原折爲大曲　「折」，底本、川本脱，據滬本補。

三水　石嶲山，在縣東十五里。三面石崖，河經其下，勢極峻絶，可以避兵。又東南五十里有石門山，〔旁注〕縣東六十里。勢極高峻，兩壁峙立如門，傳爲秦太子扶蘇賜死於此。其東北千峯萬壑，懸崖峭壁。西南有魏王樓，姚萇爲兄姚襄建，今故址存。四望俱石山，奇峭如屏障，然南下攢天嶺，坪名七里川，舊爲寧谷鎮驛，今廢。川之西即佛面坡，商輸貨財，亦山林之中逵。此山國朝設巡檢司守之，平時足以盤詰，有警可備緩急。東北分水嶺上築岸門，又爲石門重關，屏蔽東方。自石門折而北爲戴家山，又折而迤西爲中嶺，嶺下岫麓由官家洞亘延谷岫，隧道峻嶒，宋、金、元人多避兵焉。洞左里許即堡嶺寺，上有清流，下環巖石，形勢甚固。堡右緣岡而北，有兩女寨，距縣約七十里，地甚高聳，南望平衍廣闊，惟郊山五峯可齊。下有兩冢存焉，父老言扶蘇二女葬於斯。嘗考後秦魏武王姚襄立屯寨三百六十，日宴一屯，歲一週，堡嶺與此寨，各其一也。唐川，源最長，經分水嶺、延川一帶，岸底俱石，清甘不涸。中有後秦姚襄、姚泓故城，號八王城，水南注。雙槐堡，在縣西五十步，四壁懸崖，平地二頃餘，元李思齊據此，門基尚存。官家石洞，在縣東二〔旁注〕北三。十里。始見遡河而上四五十里，約有數十處，多寡不一。山高二三百丈，洞當崖中，上通山巔，以便薪也，下透重泉，以便汲也，杵臼粟窖，無所不備。間有廣衺之地，官爲廳治，民爲市集，所謂天險者是也。〔旁注〕宋、金人避兵於此。其山高三百尺，上有石室三百餘，内有石門、石坑、石窗。至正十九年造，有碑存焉。巖下有觀音湫，祈雨多應。元人有碑曰：至正辛卯，兵革漸至，官僚士庶，皆遁此洞，至癸卯，隱居一十三年。

職田鎮，在縣東北三十里。有城，周三里。唐廣德元年，吐蕃入寇，焚三輔州郡，三水被焚，始移縣治於職田鎮。歷四十餘年，至憲宗時，乃復移故治。半川府，在縣北十五里，唐時府兵之一。草堡一所，約五六頃，蓋屯兵之處。四面壁立，溪澗環之，南有線路，一夫當關可以莫開。又即古之隴川堡，隋大業時於此立縣。堡北臨河，傳爲四仙驛。周志〔一〕。三水河，在縣南。發源宜君縣競窩山，經半黄嶺、三水西，流四十里，入於涇。舊三水城，在縣東五里，址存。

【校勘記】

〔一〕周志　「周」，川本作「州」，滬本無此二字。乾隆三水縣志卷一記載隴川堡文同此，所引爲「舊志」。

午，南方也。漢書：王莽以皇后子孫瑞，通子午道，從杜陵直絶南山，經漢中。師古曰：子，北方也。午，南方也。言通南北道相當，故謂之子午耳。今京城直南山有谷通梁、漢道者，名子午谷。又宜州西界，慶州東界，有山名子午嶺，計南北直相當。此則北山是子，南山是午，共爲子午道。仲馮曰：史文自以從杜陵經漢中爲子午道耳，顔説非史意也。三秦記：長安近南山名秦嶺，谷名子午，一名樊川，一名御宿。太平御覽：漢書曰：太乙山，又爲終南山。五經要義：太乙山，在扶風武功縣。則終南、太乙不得爲一山明矣。蓋終南，南山之總名，太乙，山之别號。

隋於揚州立江都宫，太原立汾陽宫，岐州立仁壽宫。唐於太原立晉陽宫，同州立長春宫，岐州立九成宮。五陵，皆漢帝所葬，遷豪族居之，故曰五陵豪。五陵者，高帝長陵、惠帝安陵、景帝陽陵、武帝茂陵、昭帝平陵。此五陵者，皆在北，而文帝霸陵、宣帝杜陵二陵，皆在南，不在五陵之數。望春宮，在府城東一十里滻水西岸。隋文帝建，煬帝改曰長樂宮。大明宮，在禁苑東南，南北五里〔一〕，東西二里。貞觀八年，置永安宮，九年，改曰大明宮，以爲上皇清暑之所，未成而上皇寢疾。龍朔二年，改作蓬萊宮，制度宏壯於舊。門曰丹鳳，殿曰含元，移仗居之。大足元年，武后復改爲大明宮。興慶宮，在府城東南五里。武后大足元年，睿宗在藩，賜五王子宅，明皇始居之。開元二年，建宮，因坊名爲隆慶，後避帝之名〔二〕，改爲興慶。十四年，取永嘉、勝業地增廣之，謂之南内。玄宗自蜀回，居此宮。〔旁注〕老學庵筆記：長安民契券，至有云某處至花萼樓〔三〕，某處至含元殿者，蓋盡爲禾黍矣。而興慶池偶存十三，至今爲弔古之地。大安宮，在城西。太宗初居承乾殿，武德五年，高祖以秦王有克定天下功，特降殊禮，別建此宮以居之，號宏義宮。貞觀三年，太上皇徙居於此，改曰大安宮。翠微宮，在府城南八十里終南山上。唐武德八年建，名太和宮。貞觀十年廢。二十一年，太宗厭禁内煩熱，命將作大匠閻立德重葺〔四〕，改爲翠微宮。元和九年，廢爲翠微寺。麟趾殿，在長安城内。後周明帝集公卿有文學者八十人，於此刊校經史。大興殿，宮城之正殿也。隋開皇四年，宴突厥、高麗、吐谷渾使者於此。恭帝義寧元年十一月，即皇帝位於大興殿。唐西内之正殿也，隋名大興殿，武德元年，改爲太極殿，朔望視朝御焉。南有承天門，元正、冬至以受萬國朝貢。後有兩儀殿，則常日聽政之處。兩儀殿，在太極殿後。隋之中華殿，貞觀五年，改爲兩儀殿，常日聽政視事，蓋古之内朝。顯德殿，東宫正殿，太宗即位於此。近有麗正殿，開元初改爲集仙殿，十三年，改集賢殿。宣政殿，在大明宫。乾元元年，玄宗御宣政殿，授肅宗皇帝傳國受命寶符，後文宗即位宣政殿。金鑾殿，在宣政殿北。玄宗於此召見李白，論當世事，奏頌一篇。鬬鷄殿，在興慶宫。父老傳明皇乙酉生，喜鬬鷄，每清明節爲鬬鷄戲。及即位治鷄坊，索長安雄鷄千數養於鷄坊，選六軍兒童五百人教飼之，諸王外戚傾帑市鷄。賈昌爲五百小兒長，天子甚愛之，金銀之賜日至其家。延英殿，在宣政殿次東，宰相啓事之所。憲宗朝，李絳盛夏對延英，汗浹衣。絳欲趨出，帝曰：欲與卿講論天下事，方甚樂也，奈何欲去？勤政務本樓，在興慶宫西南隅。玄宗建，南向樓下臨通衢，每歲千秋節，酺飲於樓前。花萼相輝樓，在勤政樓西。時寧、薛諸王邸第相望，環於宫側，玄宗篤友愛，時登樓，聞諸王音樂，咸召登同榻飲宴。凌煙閣，在西内太極殿東〔五〕。貞觀十七年，太宗圖畫功臣二十四人之像於閣上，帝自爲讚辭，褚遂良題額。朝元閣，天寶七年，玄元皇帝見於朝元閣，改名降雲閣。曲江亭，在曲江池西南，唐時宴進士處。沉香亭，天寶三載，李白供奉翰林，禁中初種木芍藥，得四本紅、紫、淺紅、遍白者，移植興慶池東沉香亭。含春亭，唐宣宗召翰林學士令狐綯夜對含春亭，燭盡，以金蓮炬送歸院。禁苑〔六〕，隋曰大興苑，開元二年置。東西二十七里，南北三十三里，東接灞水，西據長安故城，南連京城，北枕渭水。芙蓉苑，在曲江池西南。即秦宜春苑地，唐人謂之南苑。杜甫詩：城上春雲覆苑牆。又云：芙蓉別殿謾焚香〔七〕。皆謂此。〔眉批〕太液亭，東内太液池亭也。穆宗初，侍講韋處厚入講毛詩、尚書，文宗命集尚書君臣事迹，圖寫於亭，朝夕觀望。杏園，在曲江池西，唐進士宴集於此。櫻桃園，東西蒲萄園，俱在禁苑之南。梨園，在荔枝園東，梨園子弟按諸曲處。西苑池，隋煬帝大業元年，築西苑，周二百里，其内爲池，周十餘里，爲三神山，儲水百餘尺，臺觀宫殿羅列山上。北有龍鱗渠，縈紆注池内，緣渠作十六院，門皆臨渠，每院四品夫人主之。宫樹秋冬已凋落，則剪綵爲華葉綴於枝條，色渝則易以新者，常如陽春。沼内則剪綵爲荷芰菱芡，車輿遊幸，則積水而布之。凝碧池，在禁苑。安禄山陷長安，引梨園子弟數百人大會凝碧池。樂工雷海青擲樂器西向大哭，爲賊所磔死。時王維拘菩提寺，賦詩曰：萬户傷心生野煙，百僚何日更朝天？秋槐葉落空宫裏，凝碧池頭奏管絃。九曲池，在興慶池西唐寧王山池院。引興慶池水西流，疏鑿屈曲，連環爲九曲，池上築土爲臺，疊石爲山，植奇石異木，珍禽怪獸，殿宇相連。王與宫人、賓客宴飲弋釣其中。魚藻池，在唐禁苑。德宗貞元十三年，詔浚引灞河天濠水漲之。穆宗以觀競渡。曲江池，在府城東南一十里。本秦之隑州，唐開元中疏鑿爲池。中和、上巳節，錫宴臣僚，會於山亭，備教坊樂，泛采鷁，唯宰相、三使、北省官、翰林學士登焉，傾動皇州以爲盛事。蓬萊池，在唐苑中。憲宗畋苑中〔八〕，嘗至其地。四海池，在唐西内。一在毬場亭之東，一在咸池殿之東，一在望雲亭之西，一在望雲亭之北。隆慶池，在府城東。唐武后之時，民家井溢，浸成大池數十頃，號隆慶池。相王五子列第於其北，望氣者言常鬱鬱有帝王氣。中宗神龍五年，幸池，宴寺臣以厭之。定昆池，見宋志。唐圜丘，按長安志：唐長安明德門東南一里有更衣殿基，又東南一里有圜丘，高一百二十尺，周回三百六十步，分三級，十二分野，俗呼爲壇家並郊臺。唐大社。長安志云：在含元門街西南，其門額乃晉王右軍所題，隋代重之以粉墨模書，唐朝移社壇在薦福寺北聖容院前。司天臺。地理志云：在長安外郭城内東南八里永寧坊。乾元二年，改太史監爲司天臺，高一百二十尺，前有太歲廟，臺雖摧崩，其址猶高五六十尺。龍尾道。賈氏談録：唐含元殿前龍尾道，凡詰曲曲轉，由丹鳳門北望，宛如龍尾，下垂於地焉。裴度宅，在靖安坊。唐實録云：度自興元請入朝，李逢吉之徒百計隳阻，有張權輿者上疏云：度名應圖讖，宅據岡原，不召而來，其旨可見。蓋以大興城東西横亘六岡，符易乾卦之數，度永樂里地，偶當第五岡，故權輿以爲詞。何將軍山林，今謂之塔坡。少陵原，樊川之北原，自司馬村起，至此而盡。其高三百尺，在北城之東，韋曲之西。山林久廢，上有寺，浮圖亦廢。杜甫有題何將軍山林詩。韋曲，在樊川，唐韋安石別業，林泉花竹，號爲勝境。杜曲，在府城南三十里，韋曲東十里。有南杜、北杜，杜固謂之南杜，杜曲謂之北杜。韋、杜二氏歷代顯仕，故唐人語曰：城南韋、杜，去天尺五。升庵集：甘泉宫有三：秦之甘泉宫，在渭南；隋之甘泉宫，在鄠；漢之甘泉宫，在馮翊雲陽縣。戰國策：范睢説秦王曰：大王之國，北有甘泉、谷口。秦二世造甘泉宫。雲陽宫記曰：谷口，去雲陽宫八十里〔九〕。流潦沸騰，飛泉灑激，兩岸峭壁，孤墅横盤，凜然凝沍。每入穴中，朱明盛暑，當晝暫暄，涼秋晚候，緼袍不暖，所謂寒門也。漢世以爲避暑之處。劉歆甘泉宫賦云：軼凌陰之地室〔一〇〕，過陽谷之秋城，回天門而鳳舉〔一一〕，躡黄帝之明庭，冠高山而爲居，乘崑崙而爲宫。

趙崡遊城南記：出安定門，過演武場，遊崇仁寺，本名崇聖，建自隋、唐，今爲秦邸香火院。締構丹碧，俗呼金勝寺。經堂前有唐大德壇法師塔銘，姜立祐撰，石幢尊勝神咒，張少悌書，皆殊絶。出永寧門，永寧門，西安之南門。西安城，本隋、唐而狹小之。記所謂安上、啓夏、含光諸門，皆亡其故處。今城四門，東曰長樂，西曰安定，南曰永寧，北曰安遠〔一二〕。自永寧門至薦福寺三里許，寺經廢徙，非唐創，有塔十五級。出寺南行，又三里許，爲興善寺。前據草場坡，所謂横岡之第五爻也。雍録、長安志諸書皆云隋宇文愷築大興城，以城中有六大坡象乾六爻，於九二置宫室，九三置百司，九五貴位不欲人居，置玄都觀、大興善寺以鎮之，觀當在寺西。寺東又有裴度宅，張權輿所謂宅據乾岡者。今觀與宅皆廢，獨寺存。寺有閣巍然，閣前有唐大德禪師碑額。出寺東南行，又三里許爲慈恩寺。據記云，張正中遊城南記。寺經廢毁殆盡，惟一塔儼然。

則今寺亦非唐創，而塔自宋熙寧火後不可登，萬曆甲辰，重加修飾，施梯始得至其顛，太乙〔一三〕、涇、渭，皆入目中。塔下四門，以石爲桄，桄上唐畫佛像精極，爲遊人刻名侵蝕，可恨。東西兩龕，褚遂良書聖教序記尚完好。按唐史：高宗御製並書慈恩寺碑，玄奘迎置寺中，導從以天竺法儀〔一四〕，其徒甚盛，上御安福門觀之。寺前小渠，曲江泉合黄渠水經鮑陂而西〔一五〕，聞二十年前尚有水，宗侯誼汜瑩在其北〔一六〕，引水作池，忌者塞其泉，竭矣。由寺東南行一里〔一七〕，即曲江西岸，江形委曲可指，皆蒔禾稼。江正北一阜，故樂遊原，今爲永興王府。瑩原下舊有青龍寺，今亦毁。江頭古冢隆起數處，疑非冢，當是唐宫殿基。杏園、芙蓉池皆在江西南，今不可考。又東南二里爲漢宣帝杜陵，陵下爲三趙村，村中小冢鱗比，疑皆帝從葬者。又東南五里爲張曲，由曲江達張曲〔一八〕，地漸高，望之，自東南一帶，迤邐過長安西南，皆所謂少陵原也。本鳳棲原，以宣帝葬許后，起少陵，遂曰少陵。少陵在司馬村東。其西皆秦王葬地，松柏森蔚，華表翁仲，數十里相望焉。行五里，原盡，得興教寺，據高原，俯樊川，玉案山天池寺在其南，韋趙三像院在其東，韋杜華嚴諸寺在其西，神禾原道安洞惠炬寺横亘其西南。遊塔院，觀三藏、慈恩、西明三塔。三藏銘，劉軻撰〔一九〕，慈恩銘，李宏度撰，俱建初書，西明銘，宋復撰書。吕大防所創玉峯軒，以玉案得名，當在寺後原半，今獨陳正舉所爲記，在殿壁間。下寺，渡潏水，尋道安洞，葬塔半傾，寺亦寥落。但至此西倚高崖，東眺樊南之景，舉目可盡。又東南行，過鄭家莊，抵南山普光寺。寺有二，一在山下，一在山上〔二〇〕。下寺金碧莊嚴，爲長安諸寺之冠。寺門内有蓮花池，大數畝，中作藏經閣，環以廊百楹。上寺距下寺五里，考寺直玉案山北，是故龍池寺。西北行，循神禾原〔二一〕，過惠炬寺，荒落特甚。下原經杜固，有水西北流，當是杜正倫所鑿，尚名鳳凰嘴。自此稍西行爲杜曲，又西北爲楊萬坡、夏侯村。上華嚴寺，寺西二塔，東一塔下，有杜順禪師像，西一塔，爲清涼國師妙覺塔，俱經重修。敗垣中有唐比丘圓滿斷碑書，雅有歐、褚法。又一僧房有唐儼尊者，塔額大字，又有夢英撰碑，何潤之書記。下寺，循原西行數里，有宗尉懷斛莊，又西二里，爲牛頭寺。寺地勝如華嚴〔二二〕，而莊嚴過之，亦秦邸香火院也。自寺西南行，過申店〔二三〕，渡潏水，西北望皇子陂大冢〔二四〕。其西爲畢原，下爲杜城，何氏山林、逍遥公讀書臺〔二五〕、岑嘉州諸莊，俱無所考。西南過神禾原十里，爲香積寺，樊川、御宿之水，交流其下，謂之交水，西合於灃〔二六〕，入於渭。寺塔中裂，院宇荒涼，寺前壁上有畢彦雄撰淨業禪師塔銘〔二七〕。渡交水，東南行十里，得胡村寺，原名寶際寺〔二八〕，壁間有進法師塔銘。又東南五里爲百塔寺，本信行禪師塔院，山畔唐裴行儉妻厙狄氏葬塔尚存，餘小塔，記所謂纍纍相比，謂之百塔者，今止存三五而已，殿前石幢經無可書。寺亦入秦邸，故莊嚴稍勝。東望普光，僅十五里，所謂南五臺者：曰觀音，曰靈應，曰文殊，曰普賢，曰現身。皆山峯卓立，樓殿出半天，在普光之西南，百塔之東南，而道塞多猛獸，不易至。每歲六月，奠禱雲集，秦邸人緣道設飲食以待之，乃可遊焉。循山西行，林中多柹、栗，其陰蔽日。又十五里爲子午鎮，直子午谷北，有日中之市，市多山珍，長安人往往就之，南望谷口，殊險。鎮西十五里爲董村寺，是翠微寺下院，寺在山上。又西十里爲觀音山，奇峭。又西十里爲豐谷，豐水爲八水之一，而谷口僅數十步，亂石夾水北流，殊非大浸，稍北合高觀水、交水始大耳。又西一里許爲高觀谷，谷水注一大石罅〔二九〕，曰高觀潭，濆沫如雷〔三〇〕。谷西爲草堂寺〔三一〕，秦姚興迎鳩摩羅什譯經於此，原名逍遥園，唐僧宗密居之，爲草堂寺。有鳩摩羅什葬舍利石塔〔三二〕，精殊甚，宋人作亭覆之，今尚在。旁有龍井，井與高觀潭通。殿後有圭峯定慧禪師碑，柳公權篆，裴休撰書。圭峯定慧禪師者，宗密也。壁間又有隋鄭州刺史李淵爲子世民祈願記〔三三〕。淵，唐高祖，世民，太宗也。又有章惇、蔡京題記，皆歷歷可讀。寺前揖紫閣峯，東觀音山，西圭峯，如屏環，而圭峯獨壁立，亦曰笄頭山，又曰雞頭。十六國春秋云：石生兵敗，潛雞頭山。是也。寺南一里，有寺曰長興，秦邸創。又西南三里有寺，曰子房莊，則僧大海創以譯經。子房，當是紫閣之訛也。東南一小峯，峯頂有寺，曰圭峯寺。四寺惟棲禪最古，而莊嚴不及長興。邵氏聞見後録：唐大明宮含元殿，乃龍首山之東麓，高於平地四十餘尺，南向五門。中曰丹鳳門，正向南山，氣勢若相高下，遺址屹然〔三四〕。自殿至門，南北四百餘步，東西五百步，爲大廷，殿後彌望盡耕爲田。太液池故迹尚數十頃，其中亦耕矣。

【校勘記】

〔一〕南北五里　「南北」，底本、川本、滬本作「之北」，據長安志卷六改。

〔二〕後避帝之名　「之」，底本、川本、滬本作「二」。按以避玄宗李隆基之名諱，改隆慶宮名爲興慶宮，此「二」當是「之」字之誤，據改。

〔三〕至有云某處至花萼樓　「云」，底本、川本作「至」，滬本作「自」，據老學庵筆記卷二改。

〔四〕閻立德　「德」，底本、川本、滬本作「本」，據元和志卷一、舊唐書閻立德傳改。

〔五〕在西内太極殿　底本、川本「在」上有「曲江亭」三字。長安志卷六西内：凝陰殿南，「有凌煙閣」。同書卷九唐京城：昇道坊，「西北隅龍華尼寺，寺東，侍中李日知宅，寺南，曲池」。則曲江與凌煙閣無關，此「曲江亭」三字乃衍文，據删。滬本作「閣之地」，蓋誤。

〔六〕禁苑　底本、川本、滬本作「北」，據長安志卷六改。

〔七〕芙蓉别殿謾焚香　「謾」，底本、川本作「漫」，據滬本及杜工部詩集卷一〇曲江對雨改。

〔八〕憲宗畋苑中　「憲」，底本作「寧」，川本同，據滬本及唐兩京城坊考卷一改。

〔九〕雲陽宫記曰谷口去雲陽宫八十里　「雲陽宫記」、「去」，底本、川本、滬本並作「雲陽記」、「在」，據長安志卷二〇引雲陽宫記補改。

〔一〇〕軼凌陰之地室　「凌陰」、「地室」，底本、川本作「陵陰」、「地寶」，據滬本及初學記卷二四引劉歆甘泉宫賦改。

〔一一〕鳳舉　底本、川本、滬本作「鳳攀」，據初學記卷二四引劉歆甘泉宫賦改。

〔一二〕北曰安遠　「安遠」，底本、川本、滬本作「遠安」，據嘉慶咸寧縣志卷四引趙慹遊城南記乙正。

〔一三〕太乙　底本、川本、滬本作「太山」，據嘉慶咸寧縣志卷四引趙崡遊城南記改。

〔一四〕導從以天竺法儀　「儀」，底本、川本作「議」，據滬本及嘉慶咸寧縣志卷四引趙崡遊城南記改。

〔一五〕鮑陂　「陂」，底本、川本、滬本作「陜」，據嘉慶咸寧縣志卷四引趙崡遊城南記改。

〔一六〕宗侯誼汜塋在其北　「誼汜」，底本、川本、滬本作「誼記」，據嘉慶咸寧縣志卷四引趙崡遊城南記改。

〔一七〕由寺東南行一里　「東南」，底本、川本、滬本作「東西」，據嘉慶咸寧縣志卷四引趙崡遊城南記改。

〔一八〕由曲江達張曲　「由」、「達」，底本、川本、滬本作「田」、「逵」，據嘉慶咸寧縣志卷四引趙崡遊城南記改。

〔一九〕劉軻撰　「劉軻」，底本、川本作「劉柯」，據滬本及嘉慶咸寧縣志卷四引趙崡遊城南記改。

〔二〇〕一在山下一在山上　底本、川本、滬本作「一在山上」，據嘉慶咸寧縣志卷四引趙崡遊城南記補。

〔二一〕循神禾原　「循」，底本、川本、滬本作「尋」，據嘉慶咸寧縣志卷四引趙崡遊城南記改。

〔二二〕寺地勝如華嚴　「地」，底本、川本、滬本作「池」，滬本眉批：「池，疑地字之訛。」嘉慶咸寧縣志卷四引趙崡遊城南記作「地」，據改。

〔二三〕申店　「申」，底本、川本、滬本作「甲」，據嘉慶咸寧縣志卷四引趙崡遊城南記改。

〔二四〕皇子陂　「陂」，底本、川本作「坡」，據滬本及嘉慶咸寧縣志卷四引趙崡遊城南記改。

〔二五〕逍遥公讀書臺　「臺」，底本、川本、滬本作「夢」，滬本眉批：「夢字疑誤，當是臺字。」嘉慶咸寧縣志卷四引趙崡遊城南記作「臺」，據改。

〔二六〕西合於灃　「灃」，底本、川本、滬本作「澧」，滬本眉批：「澧，當作灃。」嘉慶咸寧縣志卷四宋張禮遊城南記作「灃」，據改。

〔二七〕淨業禪師塔銘　「業」，底本、川本作「葉」，據滬本及石墨鐫華卷七遊城南記改。

〔二八〕寶際寺　「際」，底本、川本、滬本作「隆」，據石墨鐫華卷七遊城南記改。

〔二九〕谷水注一大石罅　「水」，底本、川本、滬本脱；「罅」，底本、川本作「滹」，據滬本及石墨鐫華卷七遊城南記補改。

〔三〇〕瀵沫如雷　「瀵」，底本、川本、滬本作「漬」，滬本眉批：「漬，疑瀵字之訛。」石墨鐫華卷七遊城南記作「瀵」，據改。

〔三一〕草堂寺　「草」，底本、川本、滬本作「卓」，據石墨鐫華卷七遊城南記改。下同。

〔三二〕有鳩摩羅什葬舍利石塔　「舍利」，底本、川本、滬本作「舍内」，據石墨鐫華卷七遊城南記改。

〔三三〕又有隋鄭州刺史李淵爲子世民祈願記　「記」，底本、川本、滬本脱，據石墨鐫華卷七遊城南記補。

〔三四〕遺址屹然　底本、川本、滬本同，邵氏聞見後録卷二五下有「可辨」二字。

臨潼　驪山之麓，温湯出焉，在縣之南。雍州圖曰：温湯，在新豐縣界温谷，即温泉也〔一〕。三秦記曰：驪山，初始皇砌石起宇，至漢武又加修飾。張衡賦序曰：余適驪山，觀温泉，浴神井，嘉洪澤之普施。今按泉有三所，其一處即皇堂石井，周武帝天和四年，大冢宰宇文護所造，隋文帝開皇三年，又修屋宇，列樹松柏千餘株。唐太宗貞觀十八年，詔左屯衛大將軍姜行本、將作少匠閻立德營建宫殿，御賜名湯泉宫，太宗因幸置碑。咸亨二年，名温泉宫，天寶六載，改爲華清宫。驪山上下，益治湯井爲池，臺殿環列山谷〔二〕，明皇歲幸焉。又築會昌羅城，是歲發馮翊、華陰等郡丁夫築會昌羅城。即於湯所置百司及公卿邸第。華清宫北向正北門外，有左右朝堂，門北相對有望仙橋，有左右講武殿。正門曰津陽門，門外有宏文館；東面曰開陽門，門外有宜春亭；西面曰望京門，門外近南有御交道上嶺〔三〕，通望京樓；南面曰昭陽門，今謂之山門，門外有登朝元閣路，本唐之御輦便道也。津陽門之東曰瑶光樓，即飛霜殿之北門。南有小湯，湯之西有梨園，其南曰飛霜殿，寢殿也。白少傅以長生殿爲寢殿〔四〕，非也。御湯九龍殿，在飛霜殿之南，亦名蓮花湯。明皇雜録云〔五〕：玄宗幸華清宫。新廣湯池，制作宏麗。安禄山於范陽以白玉石爲魚龍鳧雁，及石梁、石蓮花以獻，雕鐫巧妙，殆非人工。上大悦，令陳於湯中，石梁横亘湯上，而蓮花纔出水際。上因幸，解衣將入，而魚龍鳧雁皆奮鱗舉翼，狀若飛動。上甚恐，遽命撤之，而蓮花石至今猶存。又嘗於宫中置屋數十間，環甃以石，爲銀鏤漆船及白香木船，楫櫂皆飾以珠玉。又於湯中壘瑟瑟及沉香爲山〔六〕，以狀瀛洲、方丈。津陽門詩注曰：宫内除供奉兩湯池外，更有長湯十六所，每賜諸嬪御。其修廣與諸湯不侔，甃以文瑶密石，中央有玉蓮捧湯泉，噴以成池。又縫綴錦繡鳧雁，致於水中，上時泛銀鏤小舟以嬉游焉〔七〕。次西曰太子湯，又次西少陽湯，又次西尚食湯，又次西宜春湯，又次西長湯十六所，今唯太子、少陽二湯存焉。玉女殿，今名星辰湯，南有玉女殿，北有虚閣，閣下即湯泉，二玉石甕，湯所出也。七聖殿，在宮中，自神堯至睿宗昭成、肅明皇后皆立，衣衮衣，繞殿石榴，皆太真所植〔八〕，南有功德院，其間瑶壇羽帳皆在焉。順興影堂、果老藥室亦在禁中〔九〕。笋殿〔一〇〕，殿側有魏徵温泉堂碑，其石壁瑩徹，見人形影，宮中號玻璃碑。雙皂莢，在華殿北近西，或曰在驪山〔一一〕。臨崖玉女殿，西一帶兩角，其背相合，故名。重明閣，四聖殿北，臨高有重明閣，倚欄北瞰縣境，如在諸掌〔一二〕。閣下有方池，中植蓮荷，池東鑿井，每盛夏泉極甘冷，邑人汲之。四聖殿，在重明閣南，殿東有怪柏。長生殿，齋殿也，有事朝元閣，即齋沐浴於此殿。山城內多馴鹿〔一三〕，有流澗，號飲鹿泉。金沙洞、玉蘂峯〔一四〕，皆玄宗爲名，洞居殿之左，峯上有王母祠。集靈臺，在長生殿側，天寶元年新作，以祀神。朝元閣，天寶七載，玄元皇帝見於朝元閣，即改名降聖閣，而於其處立降聖觀。老君殿，在朝元閣南，斲白玉石爲老君像，制作精絶。鐘樓，在朝元閣之東。明珠殿，在長生殿之南近東。斜陽樓，在明珠殿之南。雜録：開元三年，玄宗建斜陽樓於驪山。百僚廳，在明珠殿之東近南。觀風樓，在宮之外東北隅，屬夾城而達於內，前臨馳道，周視山川。大曆中，魚朝恩毁之，以修章敬寺〔一五〕。鬬鷄殿，在觀風樓南。父老相傳明皇乙酉生而喜鬬鷄，每清明節爲鬬鷄戲。及即位，治鷄坊，索長安雄鷄千數養於鷄坊，選六軍兒童五百人教飼之，諸王外戚傾帑敗産市鷄。賈昌爲五百小兒長，天子甚愛之，金銀之賜日至其家。杜甫詩：鬬鷄初賜錦。舞馬臺，在鬬鷄殿北。明皇雜録：天寶中，嘗令教舞馬四百蹄，目之曰某家嬌〔一六〕。其曲謂之傾盃樂，奮頭鼓尾，無不應節。又施三重木牀，乘馬於上，抃轉如飛。按歌臺，在鬬鷄殿南，臨東繚牆。毬場，宜春亭之北門外曰毬場，其北曰小毬場。連理木，在朝元閣之南近西，兩槐並生，顛相連合。或云在驪山下玉女殿東。長恨歌曰：在地願爲連理木。是也。後因野火焚毁。飲鹿槽，在老君殿西南。丹霞泉，按舊志在驪山上母殿前，流入飲鹿槽以飲鶴鹿。羯鼓樓，在朝元閣近南繚牆之外。天寶遺事：明皇御華清宫羯鼓樓，打編涼州郡花古詞曰〔一七〕：羯鼓一聲，打開蜀道；霓裳一曲，舞破潼關。緑閣，在羯鼓樓東近北。翠陰亭，在緑閣東近南。禄山亂後，天子罕復遊幸，唐末遂皆棄廢，晉天福中，改爲靈泉觀，賜道士居之。刻驪山圖記：驪山温泉，自秦、漢、周、隋相繼崇飾，唐貞觀中，始營御湯，天寶六載，築羅城於湯所，置百司公卿邸第，治湯爲池沼，起臺殿環列山谷，因改温泉宫爲華清宫，明皇歲幸焉。殿曰九龍，以待上浴；曰飛霜，以奉御寢；曰長生，以備齋祀。其他殿閣樓觀不可勝數〔一八〕，披圖然後可盡焉。逮禄山之亂，天子遊幸益鮮，唐末遂廢〔一九〕。晉天福中，改曰靈泉觀，以賜道士。本朝因之，蓋百有餘年矣。府從事李彦博始諭邑宰王注刊故宫圖於石〔二〇〕，蓋欲後人知昔之全盛焉〔二一〕。時元祐三年中秋日也。武功游師雄景叔識。慶山，在縣東南三十五里。唐垂拱二年九月己巳，新豐縣露臺鄉大風雨，震電，有山湧出，初高六尺，漸至二百尺〔二二〕，有池周三百畝，池中有龍鳳之形，禾麥之異，武后以爲休應，名曰慶山，因改縣爲慶山縣。

初學記：五經要義云：終南山，長安南山也，一名太乙。漢書曰：太乙山，古文以爲終南山。潘岳關中記云：其山一名中南，言在天之中，居都之南，故曰中南。詩秦風亦曰：周之名山，中南山也。福地記云：其山東接驪山、太華〔二三〕，西連太白，至於隴山。北至長安城八十里，南入楚塞，連屬東西諸山，周回數百里，名曰福地。辛氏三秦記云：其山從長安向西可二百里，中有石室靈芝，常有一道士，不食五穀，自言太乙之精，齋潔乃得見之。而所居地名曰地胏，可避洪水，相傳云，山上有水神，人乘船行，追之不及，猶見有故漆船者，秦時四皓亦隱於此山。皇甫謐高士傳曰：四皓綺里季等共入商雒〔二四〕，隱地胏山，以待天下定。漢高祖徵之不至，乃深自匿終南山。崔鴻前秦録曰：王嘉不食五穀，清虚服氣，潛隱終南山獨庵廬而止。漢書：王莽下書曰：紫閣圖云：太乙臺〔二五〕，黄帝皆得仙而上天，張樂崑崙虔山之上，後世聖主得瑞者，張樂於秦終南山上〔二六〕。按漢書及西京雜記〔二七〕，昆明池，漢武帝元狩三年所穿也。初漢欲求身毒國，爲昆明夷所閉，昆明有滇池，方三百里，曰滇河。漢將伐昆明以通身毒，使謫卒伐棘上林，象滇河作昆明池，以習水戰，池周圍四十里。漢武帝平昆明夷，以其地爲益州郡，其滇水源深廣，末反淺狹，有似倒流，故曰滇河。潘岳關中記曰：昆明，漢武習水戰也，中有靈沼、神池，云堯時理水訖，停舟此池。蓋堯時已有汙池〔二八〕，漢代因而深廣耳。曹毗志怪云：漢武鑿昆明池極深，悉是灰墨，無復土，舉朝不解，以問東方朔。朔曰：臣愚不足以知之，可試問西域胡人。帝以朔不知，難以移問。至後漢明帝時，外國道人入來洛陽，時有憶方朔言者，乃試以武帝灰墨問之。胡人云：經云：天地大劫將盡，則劫燒，此劫燒之餘。乃知朔言有旨。池中有戈船、樓船各數百艘，樓船上建樓櫓〔二九〕，戈船上建戈矛，四角悉垂幡旄，旌葆麾蓋，照燭涯涘。又作二石人，東西相對，以像牽牛、織女。又刻石爲鯨魚，每雷雨，魚常鳴吼，鬐尾皆動。漢代祭以祈雨有驗，至昭帝幼沖，不復習戰，於中養魚，以給諸陵祠，餘付長安市，魚乃賤。三秦記：秦始皇作長池，張渭水，東西二百里，南北二十里，築土爲蓬萊山，刻石爲鯨魚，長二百丈。

【校勘記】

〔一〕即温泉也　「温泉」，底本、川本、滬本作「温湯」，據長安志卷一五引雍州圖改。

〔二〕益治湯井爲池臺殿環列山谷　「池臺」，底本、川本、滬本倒誤爲「臺池」，據長安志卷一五乙正。

〔三〕門外近南有御交道上嶺　「御交道」，底本、川本作「央道」，滬本作「夾道」，據長安志卷一五改。

〔四〕白少傅　「傅」，底本、川本、滬本作「傳」，據新唐書白居易傳改。

〔五〕明皇雜録　「雜」，底本、川本作「監」，據滬本及明皇雜録、長安志卷一五改。

〔六〕又於湯中壘瑟瑟及沉香爲山　「瑟瑟」，底本、川本、滬本作「琴瑟」，據明皇雜録卷下改。

〔七〕上時泛銀鏤小舟以嬉游焉　「銀」，底本、川本、滬本作「鈒」，據長安志卷一五改。

〔八〕皆太真所植　「太真」，底本、川本、滬本作「太宗」，據長安志卷一五改。

〔九〕順興影堂果老藥室亦在禁中　「順興影堂」，底本、川本作「頎興影堂」，滬本作「顧興影堂」；「果老藥室」，底本、川本、滬本作「果老築室」，據長安志卷一五改。

〔一〇〕箏殿　底本、川本、滬本作「箏殿」，據長安志卷一五改。

〔一一〕雙皂筴在華殿北近西或曰在驪山　川本、滬本同。按乾隆臨潼縣志卷九：雙皂筴，一在華清宮七聖殿西南隅，一在斜口南原。與本書記載不同。

〔一二〕如在諸掌　「諸」，川本同，滬本作「指」，蓋是。

〔一三〕即齋沐浴於此殿山城内多馴鹿　「殿」、「山」，底本作「山」、「也」，川本、滬本同，據長安志卷一五改。

〔一四〕玉蘂峯　「蘂」，底本、川本、滬本作「蒁」，據長安志卷一五改。

〔一五〕章敬寺　底本、川本作「章敬祠寺」，據滬本及乾隆臨潼縣志卷三删「祠」字。

〔一六〕目之曰某家嬌　川本、滬本同，明皇雜録補遺作「目爲某家寵，某家驕」。

〔一七〕打編涼州郡花古詞　「編」，川本同，滬本作「偏」，蓋是。

〔一八〕其他殿閣樓觀不可勝數　「數」，底本、川本、滬本作「記」，據乾隆臨潼縣志卷八引游師雄驪山圖記改。

〔一九〕唐末遂廢　「末」，底本、川本、滬本作「宋」，據長安志卷一五改。

〔二〇〕李彦博　「博」，底本、川本、滬本作「傳」，據乾隆臨潼縣志卷八引游師雄驪山圖記改。

〔二一〕蓋欲後人知昔之全盛焉　「昔」，底本、川本、滬本作「晋」，據乾隆臨潼縣志卷八引游師雄驪山圖記改。

〔二二〕漸至二百尺　「尺」，底本、川本、滬本作「丈」，據舊唐書五行志改。

〔二三〕其山東接驪山太華　「接」，底本、川本、滬本作「即」，據初學記卷五引福地記改。

〔二四〕商雒　「雒」，底本、川本、滬本作「雄」，據初學記卷五引高士傳改。

〔二五〕太乙臺　川本及初學記卷五同，滬本無「臺」字，同漢書王莽傳。

〔二六〕張樂於秦終南山上　川本及初學記卷五同，滬本「張樂」上有「當」字，同漢書王莽傳。

〔二七〕西京雜記　底本、川本「雜」下衍「俎」字，據滬本刪。又，滬本「雜記」下有「云」字。

〔二八〕汙池　「汙」，底本、川本作「沔」，滬本作「滇」，據長安志卷四改。

〔二九〕池中有戈船樓船各數百艘樓船上建樓櫓　「池中有戈船、樓船各數百艘，樓船」，底本、川本、滬本脱，據初學記卷七補。

鄠　漢宜春觀，在長安西鄠縣澇渼二水之旁，上林故地也。水經曰：澇水逕漢宜春觀合渼陂入渭。師古曰：觀在鄠縣。十道志曰：漢武帝所造也。合此數語者而求之，則宜春觀在漢城之西秦上林苑中〔一〕，而下杜之宜春〔二〕，自在漢城東南，其別甚明也。説者誤下杜之宜春宮爲鄠縣之宜春觀，失之矣。故師古於東方朔傳明辯之曰：在鄠縣者，自是宜春觀耳，在長安城西，豈得言東遊也。其説極爲允篤也。甘泉宮，在縣西南二十里，對甘泉谷〔三〕。本紀曰：始秦諸廟及章臺、上林皆在渭南〔四〕。已而更名爲極廟，道通酈山，作甘泉前殿，甬道自咸陽屬之。則甘泉前後必近上林，即鄠縣也。則秦之甘泉與隋之甘泉正同一地，安知隋宮不襲秦舊耶？今世所傳三輔黃圖漢制特詳，而其間有與正史不合者。甘泉有三，唯鄠之甘泉，則與湖縣俱在渭南，而鄠之與湖，中隔都城，不相附綴，則其説曉然矣。

【校勘記】

〔一〕漢城　「漢」，底本作「溪」，川本、滬本同，據康熙鄠縣志卷三改。下同。

〔二〕而下杜之宜春　「而」，底本、川本作「品」，據滬本及康熙鄠縣志卷三改。

〔三〕對甘泉谷　「對」，底本、川本、滬本作「豐」，據民國鄠縣志卷九引舊志改。

〔四〕始秦諸廟及章臺上林皆在渭南　「秦」，底本、川本、滬本作「皇」。史記秦始皇本紀：「秦初并天下，「諸廟及章臺、上林皆在渭南」。則作「皇」誤，民國鄠縣志卷九作「始皇」，引文與本書同，是，據改。

西安府志〔一〕：涇水源出安定郡岍頭山，流千餘里，俱高地，東至仲山谷，始平壤，可疏鑿以溉五縣地。秦始皇元年，韓欲疲秦，使無東伐〔二〕，乃使水工鄭國爲間於秦，鑿涇水，自仲山爲渠，並北山東注洛。中作而覺，欲殺之。國曰：始臣爲間，然渠成，亦秦萬世之利也。乃使卒爲之，注填閼之水，溉舃鹵之地四萬餘頃，收皆畝一鍾，由是秦益富饒。漢太始二年〔三〕，趙中大夫白公復奏穿渠，引涇水，首起谷口，尾入櫟陽，注渭中，袤二百里，溉田四千五百餘頃，民得其饒。宋名豐利渠，大觀中詔開石渠，疏涇水入渠者五尺，下與白渠會，溉七邑田五千九十餘頃，所謂洪堰者是也。元武宗至大元年，陝西行臺監察御史王琚建言於宋渠上〔四〕，更開石渠五十一丈，闊一丈，深五尺。自延祐元年興工，至五年渠成，堰水入渠。至正初，御史宋秉亮又於渠岸高處開通鹿巷，以便夫行〔五〕，廷議允可，遂發丁夫開鹿巷八十四處〔六〕，削平土壘四百五十餘步。陝西行省左丞相帖里帖木兒遣都事楊欽修治〔七〕，凡溉田四萬五千餘頃。醴泉、涇陽、三原、高陵、臨潼、櫟陽、雲陽、富平，咸被其利。至國朝，河底低深，渠道高仰，水不流通。成化間，巡撫陝西御史項忠上奏於朝，得允，遂起醴泉、涇陽、三原、高陵、臨潼、富平六縣蒙水利人户，仍舊迹疏通，於平地則度勢高卑穿渠，遇山石則聚火鎔鑠穿竇，不二年成，名曰廣惠渠，凡溉田八千二十二頃八十餘畝。又溉西安左前後三衛屯田二百八十九頃五十餘畝，每畝收穀三四鍾。白渠，在涇陽縣西北六十里。引涇水南行，至縣北五里立三限閘以分水，北曰太白渠，中曰中白渠，南曰南白渠。太白渠之下爲邢堰，邢堰之上，渠分爲二，北曰務高渠，南曰平皐渠。中白渠之下二十里爲彭城閘，渠分爲四，北曰中白渠，南曰中南渠，又南曰高望渠，又南曰禑南渠。中南渠之下，北分者曰析波渠，南分者曰昌連渠，獨南白渠無分。其分水以三限及彭城爲要地，北限入三原、櫟陽、雲陽，中限入高陵、三原、櫟陽，南限入涇陽，立斗門以均水，凡爲斗一百三十有五。宋太宗至道元年正月，度支判官梁鼎、陳堯叟言：舊史：鄭渠引涇水注洛三百餘里，溉田四萬頃〔八〕。白渠引涇注渭，長二百里，溉田四千五百頃。今所存不及二千頃。鄭渠難興功，請遣使視三白渠，修舊迹。詔大理丞皇甫選、光禄丞何亮乘傳經度〔九〕。二年四月，選等言鄭渠久廢，用功大，三白渠溉涇陽、櫟陽、高陵、雲陽、三原、富平六縣田三千八百五十餘頃，宜增築堤埭，繕治斗門，俾用水有準，就近開渠口，以通水道。歲令渠官，行視疏浚，嚴禁豪民，無令決渠盜水。詔總三白渠孫冕行之。神宗熙寧五年，涇陽令侯可議鑿小鄭渠引涇水，高與古鄭渠等。十一月十七日，都水丞周良孺言自石門北開二丈四尺，堰涇水入新渠〔一〇〕，可溉田二萬餘頃。開至臨涇就高入白渠，則水行二十五里，利益廣。開至三限口五十餘里，接雲陽，可溉田三萬餘頃，從之。彭華廣惠渠記：成化初，副都御史項公忠請自舊渠上並石山開鑿一里餘，就谷口上流引入渠，集涇陽、醴泉、三原、高陵、臨潼五縣民就役，穿小龍山、大龍山〔一一〕，役者咸篝燈以入，遇石剛頑輒以火焚水淬。功未就〔一二〕，項召還朝。戊子，項復西征過陝，命有司促功責成，及奏凱還，亟以成功紀於石〔一三〕，名其渠曰廣惠，而其渠實未通也。丙申，右都御史余公子俊又經略之，於大龍山鑿竅五以取明，疏其渠曲折淺狹者。逾年，余以兵部尚書召，又勿克就。訖其功者，副都御史阮公勤也。以辛丑二月興功，渠口有石卧水中，巨甚，乃堰水以西，鑿石四尺，水得深入。又竅小龍山，架板槽，閣泉流，且鑿疏，深者至五尺，淺者至三尺，廣可八尺。六月大雨，河溢壞堤，湧沙石壅渠〔一四〕。俟少間，即築堤堰水，疏渠鑿石，工愈勤。至十月，水冰，輟工。明年正月復作治，決去淤塞，遂引涇入渠。合渠中泉水，深八尺餘，下流入土渠，汪洋如河〔一五〕。

又下流至古所謂三限渠曰中限、南限、北限者〔一六〕，中限下至彭城閘，又分四渠〔一七〕，溉五縣田八千餘頃。初秦、漢時，涇河平淺，計古溝澮猶有存者，故引河作渠，直易易耳。年久河益深，水勢與渠口相懸，益就上流，然後能引水。而疏鑿非古渠，且多石，故其用力尤難，而成功尤可喜。

三輔黄圖：周明堂，明堂所以正四時、出教化、天子布政之宫也。黄帝曰合宫〔一八〕，堯曰衢室，舜曰總章，夏后曰世室，殷人曰陽館，周人曰明堂。先儒舊説，其制不同〔一九〕，或曰明堂，在國之陽。大戴禮云：明堂九室，一室有四户八牖，凡三十六户七十二牖，以茅蓋屋，上圓下方。援神契曰：明堂上圓下方，八窗四牖。考工記曰：明堂五室，稱九室者，取象陽數也。八牖者，陰數也，取象八風。三十六户牖，取六甲之爻，六六三十六也。上圓象天，下方法地，八窗即八牖也，四闥者，象四時四方也，五室者，象五行也。皆無明文，先儒以意釋之耳。禮記明堂位曰：朝諸侯于明堂之位，天子負斧扆南鄉而立。明堂也者，明諸侯之尊卑也，制禮作樂，頒度量而天下服，知明堂是布政之宫也。又孝經曰：宗祀文王於明堂，以配上帝。則周有明堂明矣。

【校勘記】

〔一〕西安府志　川本同，滬本作「西安府高陵志」。

〔二〕使無東伐　「無東」，底本、川本無，滬本有。史記河渠書：「韓聞秦之好興事，欲罷之，毋令東伐。」滬本是，據補。

〔三〕漢太始二年　「二」，底本、川本、滬本作「四」，據漢書溝洫志改。

〔四〕監察御史　「監」，底本、川本、滬本作「鑒」。按元史百官志載：陝西諸道行御史臺，察院，「監察御史二十員」。此「鑒」當爲「監」字之誤，據改。

〔五〕以便夫行　「夫」，底本、川本、滬本作「天」，據元史河渠志改。

〔六〕遂發丁夫開鹿巷八十四處　「丁」，底本、川本、滬本作「十」，滬本眉批：「十，疑丁之訛。」元史河渠志作「丁」，據改。

〔七〕帖里帖木兒　底本、川本、滬本作「帖里木兒」，據元史河渠志補「帖」字。

〔八〕溉田四萬頃　「萬」，底本、川本脱，據滬本及宋史河渠志補。

〔九〕詔大理丞皇甫選光禄丞何亮乘傳經度　「乘傳」，底本、川本、滬本作「采傳」，據宋史河渠志改。

〔一〇〕堰涇水入新渠　底本、川本、滬本作「堰新水入新築」，據玉海卷二二改。

〔一一〕穿小龍山大龍山　「大龍山」，底本、川本、滬本脱「龍山」二字，據宣統涇陽縣志卷一六引彭華重修廣惠渠記補。

〔一二〕功未就　「功」，底本、川本作「而」，據滬本及宣統涇陽縣志卷一六彭華重修廣惠渠記改。

〔一三〕亟以成功紀於石　「亟」，底本、川本、滬本作「丞」，據宣統涇陽縣志卷一六引彭華重修廣惠渠記改。

〔一四〕湧沙石壅渠　「沙」，底本、川本、滬本脱，據宣統涇陽縣志卷一六引彭華重修廣惠渠記補。

〔一五〕汪洋如河　底本「如」下「河」上衍「海」字，川本、滬本同，據宣統涇陽縣志卷一六引彭華重修廣惠渠記删。

〔一六〕又下流至古所謂三限渠曰中限南限北限者　「三」，底本、川本、滬本作「之」；「北限」，底本、川本、滬本脱，據宣統涇陽縣志卷一六引彭華重修廣惠渠記改補。

〔一七〕又分四渠　「四」，底本、川本、滬本作「西」，據宣統涇陽縣志卷一六引彭華重修廣惠渠記改。

〔一八〕合宫　「合」，底本、川本、滬本作「含」，據三輔黄圖卷五改。

〔一九〕先儒舊説其制不同　底本、川本、滬本作「先儒舊志，其説不同」，據三輔黄圖卷五改。

臨潼　本驪戎國。春秋時，晉獻公伐驪戎，其後秦滅之，爲驪邑。漢高帝七年，置新豐縣。唐武后改爲慶山縣，天授二年，於縣界泠口置鴻州，析慶山、渭南置鴻門縣，與慶山、高陵、櫟陽、渭南五縣隸焉。久視元年，廢州並鴻門縣。神龍元年，復改慶山爲新豐縣。開元後，玄宗每歲十月幸温湯，歲盡而歸，以縣去温泉稍遠，天寶四載，析新豐、萬年，於温泉宫置會昌縣於今治，以山名名之。六載，築會昌羅城。七載，省新豐，改會昌縣及山曰昭應。宋大中祥符八年，避玉清昭應宫名改曰臨潼，以水爲名。元大德間，以櫟陽省入。

金沙洞，在長生殿南。按舊志：山陰多黄金。萬曆二十五年，有百户段大金上疏，隨遣内史趙欽開采，經年所獲，不足夫匠人之費。後以供額不繼，分派地畝，至三十四年罷采，民始蘇。

清河，在縣北六十餘里。自荆山東下至黑策橋〔二〕，轉西南至櫟陽，復折而東至相橋，與漆沮合流，西南入於渭，是名交口。漆沮河，一名石川，中多圓石，故名。自耀州合流，歷斷原，東逕康橋〔二〕，南下至相橋，與清水合，至交口入渭。書蔡傳以爲至朝邑入渭者誤。舊唐書一行傳：上爲一行製碑文，親書於石，出内庫錢五十萬，起塔於銅人原。明皇幸温湯，過其塔前，又駐騎徘徊，令品官就塔前以告，更賜絹五十匹，以蒔塔前松柏焉。僧一行葬塔，在縣西南銅人原。明皇幸温湯，過其塔前，駐馬徘徊。按銅人原在霸陵東北十五里。薊子訓與父老摩挲銅狄，即此。舊唐書王璵傳：道士李國禎請於昭應縣南三十里山頂置天華上宫露臺〔三〕、大地婆父、三皇、道君、太古天皇、中古伏羲媧皇等祠堂，並置掃灑宫一百户。又於縣之東義扶谷故湫置龍堂，並許之。昭應縣令梁鎮表諫，乃止。

【校勘記】

〔一〕黑策橋　「策」，底本、川本、滬本作「市」，據乾隆西安府志卷六、乾隆臨潼縣志卷一改。

〔二〕東逕康橋　「逕」、「康」，底本、川本、滬本脱，據乾隆西安府志卷六補。

〔三〕李國禎　「禎」，底本、川本作「禎」，據滬本及兩唐書王璵傳改。

華州　州東南一十里爲少華山，東連太華山，峯稍低，故曰少華山。張衡西京賦云：綴以二華。謂太華、少華也。少華山中峯，一名少華峯，東爲獨秀峯，或曰玉女峯。東爲小敷峪，張潛記曰：天禧五年九月，少華前峯崩，覆壓居民，熙寧五年九月，再崩。元祐中，鄭縣小敷峪内山摧，頗傷民社。蓋入峪三里爲車轍崖，又二十里有玉女廟。廟之東有金壺峽，其神異，古今莫能探取之〔一〕。又十里爲蒼坪，又十里曰千崖，崖東有仙人洞，乃張三丰與華陽真人等所居。洞下有小泉，足汲以爲數人之用。東爲寧山，山下建浮屠。又東爲猛虎峪，南入十五里爲蟠龍山，或云潛龍山，兩山環列，甲於諸山。迤北近峪口之峯，古云阜頭峯，天禧五年，崩裂。有石子坡，今曰石灘，東西五里，南北十里，史稱民居六社，壓伏無存。鄰山之民言數年峯上有雲氣，遇風雨即隱隱有聲。是夜初昏，略無風雨，山上忽霧起，有聲漸大，地遂震，山裂。其下水出，其深無際，名曰移〔旁注〕或作夷。山潭。其崩山遺址名半截山，又曰復成山。其潭水匯爲數區，今曰蓮花池。石阜上有孫碧雲道庵，庵下山溪中有巨石虎窩〔二〕，世傳孫碧雲受張三丰仙人道術。太祖高皇帝賜衲衣茶果，成祖文皇帝召爲右正一提點武當山二敕，又有文皇帝御製詩，賜虚玄子孫碧雲，又景皇帝遣使召問，賜號虚玄子以歸。東爲白崖峪，峪路亦通蟠龍山寺。又東爲構峪，南二十里至乾喜鋪，又二十里至構嶺。又一十五里曰下陽川，民聚數百家，立爐燒銀、銅、錫砂石，立數百爐場，燒銀砂、銅砂、錫砂石。自下陽川又南一十五里至秦嶺，自構峪口東爲鳳谷山，山接秦嶺南來之脈〔三〕，突立一峯，左右兩山舒翼然。其山柏樹蓊鬱，遠眡於數十里之外。東爲三甲山，又東爲方山，接華陰境矣。自少華峯之西曰白石峪，又西爲潭峪，即白龍潭也。又西爲水峪，峪之麓有甘露寺，唐鄭谷有詩。西爲鄭南峯，〔旁注〕以後周所移鄭縣名。西爲太平峪，有五眼泉，一名海眼泉，引細流入於華州。又西爲飛來峯，又西爲小山。又西爲五龍山，山巖有風穴，風來能殺穀稼〔四〕，土人祀壓之。嘉靖乙卯地震後，又爲土人作祠。又西爲石堤峪，峪水流至良侯村之北，名五港河，合赤堤峪水入砂磵、石橋鋪河，以達於渭。其來甚遠〔五〕，南入峪裏曰五里泉、文豹石，又五里曰東岐溝，又五里曰楊家龕，又五里曰灰池，又六里爲千崖二岔，又二里爲東石門、西石門，又五里爲棗天石，又十里曰董家坪、瓦房底、秦嶺底。度秦嶺十里曰吳宮，饒材木，凡華之民多就取之。又五里曰黑龍潭峽，又五里合青岡坪〔六〕，坪之東南十五里抵金堆城。自青岡坪正南十里爲羽坪，又十里爲五勝溝，接洛南境。自石堤峪之西爲栲栳山，又西爲赤堤峪，入峪即有葫蘆潭。峪之南二十五里餘至秦嶺〔七〕，〔旁注〕自此山勢西南行數百里之外，又列終南屏嶂，以應曲江之匯而爲長安大都云。嶺之南曰桃坪。自赤堤峪之西南爲小師原〔八〕，又西爲柳村原，其北曰瓜坡，縈以泉，泉古瓜田之地也〔九〕。自瓜坡而西南升原曰平原，又升之南曰柰莊，又南之山曰金堆峪，金堆峪以達秦嶺之金堆城者。瓜坡之下西北曰車獨村，又西爲漁村川，沿川之徑，陟東麓曰上清宮，宮在函山之內，上有林阜，臨一泉，在宮之側，甘可給數百人之用。上清宮之南有古玄真觀，其西南稍稍見秦嶺一脈，而左爲三岔坪，右爲插劍石，下曰喬峪。喬峪水即下帶諸漫水流爲漁村川，而入於遇仙橋者也。喬峪之麓有白龍泉、黑龍泉，又下曰千頃漫，又下迤北有原名龍王嘴，西爲駱駝渠。又北曰大明寺，其原之下曰會東方村，有漢東方朔墓。其西曰赤水鎮，赤水遵川而南，曰聖山川。又西南曰新莊頭〔一〇〕，又南迤東曰高堂嶺。又南曰柿村，又南之山曰李峪。峪之西曰澗峪，南有向陽宫、飲馬槽。其北曰豐塔寺〔一一〕，又北爲江村原。原有二川水〔一二〕，秀若江南。澗峪之西曰牛耳峪，又西曰龍耳山，西爲箭峪。又西爲獨孤氏之坡，接渭南縣界〔一三〕。赤水鎮，在州西三十里渭南之界。西曰赤水河，南有倒獸山，土人建周處廟，東爲遇仙橋。水出自喬峪，北入於渭。橋之南，曰利俗渠。唐地理志：開元四年，詔引喬峪水爲利俗渠，支分溉田。又東爲三家店，又東爲石橋鋪。河水自石堤峪出，北入於渭。又東南曰劉家山，東有徐晃馬跑泉。又東爲西溪水，水受諸峪而成泓漾，溪初分流灌田，至縣沙澗諸村，則萬壑風煙，眺遊勝絶之所也。考唐書：昭宗光化元年六月己亥，帝在華州，幸西溪，觀競渡。天復元年十一月朔，汴軍陷同州〔一四〕，華州節度使韓建遣判官李巨川送款。甲寅，汴軍駐靈口。乙卯，朱全忠知帝出鳳翔，乃回兵攻華州，大軍駐赤水，全忠以親兵駐西溪，遂襲取韓建。今止一溪之細流耳。北二里許，土人稱杜基，蓋杜子美游春亭舊址也。又西南三里爲鄭縣址，此鄭縣乃秦所立者。按清類天文志紀：隋開皇三年，移治於故鄭城，四年，又移於廢華州城，唐武德四年，又自州城徙於州東一里，興元二年，仍移鄭城於城西三里，五代、宋、金、元咸爲倚郭邑，國朝幷入華州。大明一統志：鄭縣在華州城北，後周移於西南九里。今縣址俯渼溪，稱王氏村云。又東爲磨渠，土人行水磨於沿溪〔一五〕。下曰神臺宫，本隋普德宫，北爲鷄灣，又東爲姬氏雙渠塢。又東爲南溪水，與州城相直，水自太平峪五眼泉引入城内者，溪上有故芙蓉園址。又東爲城南東寨西寨，又東爲白龍渠，渠畔有孝感泉，在少華山之北。又東爲東溪水，水自小敷峪來，又有泉以益溪流，支分溉田，其北爲羅紋橋〔一六〕，南村萃千家，民以山楮搗作小山紙給用，然地隘民貧，日日爲人傭役焉。又東爲下石灘，又東爲騫家窑、孫家村。村北逶迤而下爲龍岡，岡北爲柳子坡、千頃水。東爲柳子鎮，民聚數千家，饒。州之柳子鎮有千家鐵匠，作刀、劍、剪、斧之用，天子、士大夫所共索以爲贈遺者，悉取於州官。州官問之該吏，該吏派之總甲，逐人派數，索以爲納官之物。及給賈之時，該吏、總甲私需大半，而民乃逃去三邊買賣，遺有孤嫠，典賣田土，以給官斂。於郡城之民，專事鍛冶爲刀劍，聞於四方，郡吏頻斂刀劍送客，遂偪鍛冶者客遊四方，遺女子以支門户。又東爲臺頭，華陰界。其下稱蓬村，村在渭水之浦，左連新店〔一七〕，一望坡田，居民多富，然渭水卒然暴漲，又稱不植矣。東以北曰渭水，自州南麓視之，環流如帶。古謂關中陸海，沃野千里，又史云渭水千畝竹者，咸以渭浦之勝言也。自渭水而西有萬里沙，又西曰鄭址，乃桓公友爲司徒之采地。西南有沈陽廢縣址，舊在渭水北涇陽地，漢安帝移於此，尋廢。西曰周泥村〔一八〕，有裴晉公祠，〔旁注〕故食邑地。西爲廣通倉址，隋文帝以長安倉廩尚虚，詔以西至蒲、陜，東至衛、汴，水次十三州，募丁運米於華州，置廣通倉以給長安。又西爲武城址，魏文侯三十八年，伐秦，敗我武下，得其將識。〔旁注〕識，將名〔一九〕；武下，魏地名。括地志云：故武城，一名武平城[二〇]，在華州鄭縣東十三里。又西有郭令公故里，遠裔尚多，其故宅有遺井，土人稱爲汾陽王井。又西爲羅紋橋水，開元四年，詔引小敷峪水爲羅紋渠，支分溉田，北下入渭。當雨潦時，爲害甚大，然水道苦於釀沙，水涸時，郡守遣官築堤去沙，比比稱難治之，余以爲治水者之不得人也。土人曰：此水下流不開大渠，則阻塞而不達於渭，然上流又每盜決河防，是以治此水者，須深其渠，上下俾之通流，斯無盜決之患矣。其要重治下流之渠，非有良牧任人，則此水何時而治也耶！西爲天鵝池水，亘東西二三十里，雨潦受水，漲溢爲患。南曰太平渠水，下流有沙河之水，郡守桑公溥相勢爲渠，以土官宜民有才力，命泄之於渭[二一]，迄今池地可耕，民甚德之。隆慶壬申，重開天鵝池水渠。西爲興德宮，在州北五里，唐昭宗爲朱全忠請遷都洛陽[二二]，館於是宮。州民夾道呼萬歲，上泣曰：勿呼萬歲，朕不復爲汝主矣！因謂侍臣曰：鄙語云：紇干山頭凍殺雀[二三]，何不飛去生處樂。朕今漂泊，不知竟落何所！因泣下沾襟，左右皆泣，莫能仰視。宮之南爲泥河，蓋州之北溪水也[二四]。水自太平渠來，以達於渭。北溪左右皆菜地也，其直甲於境內之田，亦有植葦於溪之旁者。西以北爲唐村，正德末年，獲麟，地瘠民貧，半習爲竹器。又西爲侯方，地稱沙浦，有桃、梨嘉種。又西爲紙坊，又西抵西安衛屯馬蓮寨，爲渭南東境。州城内有隆阜，建州者截阜百丈爲南城，即阜首以建州署。舊志載此爲棲雲樓故址[二五]。棲雲樓者，唐時昭宗幸華之行宮也，今左右臺址尚存。又云古昭慶院，有昭雲樓，假以駐蹕，後因建州治云。州之東闕織方紗，西闕磋鋼針，水莊作山紙，泥河治蔬菜。後周書武帝紀：保定二年，於同州開龍首渠，以廣灌溉。同州，即今華州。

【校勘記】

〔一〕古今莫能探取之　「探」，底本、川本、滬本作「採」，據隆慶華州志卷二改。

〔二〕庵下山溪中有巨石虎窩　「虎」，川本、滬本同，隆慶華州志卷二作「大」。

〔三〕山接秦嶺南來之脈　「南」，底本、川本作「而」，滬本作「西」，據隆慶華州志卷二改。

〔四〕風來能殺穀稼　「稼」，底本、川本、滬本作「往」，據隆慶華州志卷二改。

〔五〕其來甚遠　「來」，底本、川本、滬本作「峪」，據隆慶華州志卷二改。

〔六〕又五里合青岡坪　「合」，底本、川本作「含」，滬本作「曰含」，據隆慶華州志卷二改。

〔七〕峪之南二十五里餘至秦嶺　「餘至」，底本、川本、滬本作「至餘」，據隆慶華州志卷二乙正。

〔八〕小師原　「師」，底本、川本、滬本作「肺」，據隆慶華州志卷二改。

〔九〕泉古瓜田之地也　「古」，底本、川本、滬本作「右」，據隆慶華州志卷二改。

〔一〇〕新莊頭　川本、滬本同，隆慶華州志卷二作「新興頭」。

〔一一〕豐塔寺　川本、滬本同，隆慶華州志卷二作「豐山寺」。

〔一二〕原有二川水　「二川水」，底本、川本、滬本同，隆慶華州志卷二無「二」字。

〔一三〕接渭南縣界　「接」，底本、川本作「曰」，據滬本及華州鄉土志改。

〔一四〕汴軍陷同州　「軍」，底本、川本、滬本作「寧」，滬本眉批：「寧，疑軍字之訛。」據舊唐書昭宗紀、隆慶華州志卷二改。

〔一五〕土人行水磨於沿溪　「沿」，底本、川本、滬本作「沼」，據隆慶華州志卷二改。

〔一六〕羅紋橋　「紋」，底本、川本、滬本作「汶」，滬本眉批：「汶，當作紋。」本書下文及華州鄉土志作「紋」，據改。

〔一七〕新店　「店」，底本、川本、滬本作「居」，據隆慶華州志卷二改。

〔一八〕周泥村　川本、滬本同，隆慶華州志卷二作「周寧村」。

〔一九〕將名　底本、川本作「得名」，滬本作「人名」，據史記魏世家、隆慶華州志卷二改。

〔二〇〕武平城　底本「武」下衍「之」字，川本、滬本同，據括地志輯校卷一刪。

〔二一〕命泄之於渭　「泄」，底本脱，據川本、滬本及隆慶華州志卷二補。

〔二二〕遷都洛陽　「都」，底本、川本、滬本作「郡」，據舊唐書昭宗紀、華州鄉土志改。

〔二三〕紇干山頭凍殺雀　「干」，底本、川本作「於」，據滬本及通鑑卷二六四改。

〔二四〕北溪水　「溪」，底本、川本作「漢」，據滬本及隆慶華州志卷二改。

〔二五〕棲雲樓　「棲」，底本、川本作「齊」，據滬本及隆慶華州志卷二改。

華陰　華山。述征記曰：華山對河東首陽山，黃河流於二山之間〔一〕。嶽頂中曰：蓮花峯，太上山，明星玉女洞〔二〕，玉女洗頭盆，石馬，玉龜蹟，希夷庵，鎮岳宮，玉井蓮。嶽頂東峯：仙人掌，石月。〔旁注〕藏馬谷。嶽頂西峯：巨靈足。〔旁注〕車箱谷。嶽頂南峯：落雁峯，黑龍潭，五粒松，仰天池，全真峽〔三〕。嶽北中腹〔四〕：瀑布，石仙人洞，水簾洞，青柯坪。嶽頂東南：老君洞，太上泉，丹爐，菖蒲池，焦公巖，棋石，白鹿龕，三公石室棋。近嶽西北峯：毛女峯，雙鳳山，壺公石室，太極總仙洞，西玄洞，洞玄石室，肥遺穴，算場，蘆花池。近嶽東北峯：雲臺峯，試鑿穴，長春石室。嶽中名峯：上方，西玄門，西玄洞，極真洞天。中方，白雲峯，甕肚峯，駕鶴軒。故志混載近嶽峯：灝天峯，松檜峯，玉桂峯，玉秀峯，朝來山。嶽迤東曰王刀三洞、文仙谷，又東曰碧雲洞、碧雲溪、黃神谷、牛心谷、黃龍潭。嶽迤西曰仙谷、車箱潭、修羊公石榻，又西南曰桃谷、甕谷、竹谷、羅敷山、大敷谷，又西南曰華陽藪。後漢西嶽華山廟碑云：孝武皇帝修封禪之禮，巡省五嶽，立宮其下，宮曰集靈宮，殿曰存仙殿，門曰望仙門。漢書地理志：華陰有集靈宮，武帝起。水經注：敷北逕集靈宮。

【校勘記】

〔一〕黃河流於二山之間　「二」，底本、川本、滬本脱，據隆慶華州志卷三、華嶽志卷一引述征記補。

〔二〕明星玉女洞　底本、川本作「明皇玉女祠」，滬本作「明皇玉女洞」，滬本眉批：「皇，疑星字之訛。」隆慶華州志卷三作「星」，據改。

〔三〕全真峽　底本、川本作「金真人」，滬本作「全真人」，據隆慶華州志卷三改。

〔四〕嶽北中腹　「中腹」，底本、川本、滬本作「腹中」，據隆慶華州志卷三乙正。

潼關衛　秦立函谷關，漢武帝時徙關於新安，以後廢函谷，守潼關。今潼關東去百二十里〔一〕，爲函谷地。建安十六年，曹操破馬超於潼關。時關已改設〔二〕，不復守函谷矣。晉書：義熙十三年，王鎮惡大破姚泓將姚紹於潼關。隋大業七年，移於南北鎮城間坑獸檻谷〔三〕，去舊潼關四里餘。武后天授元年，移近黄河，立潼關。因關東一里有潼水，故名。杜氏通典曰：潼關，元名「衝關」，言河自龍門南流，衝激華山而東也。潼關南薄山，北阻河，中通一徑，車不得方軌，馬不得成列，一夫當關，億萬之衆，不可逾也。若南據秦谷關南之山。之隘，而襄、鄧之門户以塞，北嚴渡口之防，而晉陽之隙道難乘，是地非三秦之樞紐哉！禁坑，在城南三十里。宋常延信出爲潼關監軍，以關路嚴險，奏易道路，填禁坑，役工四十餘萬。綱目集覽云：潼關之左有谷，禁人往來，以榷徵税，名曰禁坑。女媧陵，在東門外三里，黄河北岸。唐天寶初，黄河中女媧墓，因大雨晦冥，失其所在。至乾元中，夜，瀕河人聞有風雷聲，曉，見其墓湧出。相傳曰風陵堆，即女媧墓也。衛城，依山勢曲折爲門六：東金陡，西懷遠，南上南、下南，北大北、小北。南北水關二〔四〕，有水門，圓空，凡三。城中山上有寨。

張光孝曰：關中爲天下根本，而華州尤關中要地。先哲建畫華州，攝五縣之地，南控山溪之敵，西負都會之雄，北峙朔方之藩，東守崤、函之險，所謂得人而任之，萬全以制勝者也。承平日久，不勤遠略，不計通勢，而以一方之便爲虞，洛南議分於商州，渭南議隸於西安府，遂使五縣制兵微意湮晦不存。且如下邽地寬民庶，自省入渭南，而税役多逋，吏不能制。今華州止領二縣，則南不能制山溪之寇，而西不能應繁難之衝，其何以爲長治久安之計哉！

嘉靖三十四年十二月十二日，晡時，覺地旋運，因而頭暈，天昏慘，及夜半，月益無光，地仄立，苑樹如數撲地。忽西南如數萬車，驚突如雷，自地出，民驚潰，起者、卧者皆失措，而垣屋無聲皆倒塌矣。忽又見西南天裂，閃閃有光，忽又合，合而地在在皆陷裂。裂而大者，水出火出，怪不可狀，人有墜於水穴而復出者，有墜於水穴之下，地復合，他日掘一丈餘得之者。原阜旋移，失其故處。計壘場者數萬人，有司以聞，頒帑金恤之。

國制：指揮使司，掌軍旅防禦之事。其建置，有指揮使、指揮同知、指揮僉事。凡世流襲替、優給優養，都指揮使達所隸都督府〔五〕，移兵部。每五歲一考選軍政，本府先甄其賢否，呈之藩臬，轉達撫、按，分别黜陟，選統衛事。一曰軍政掌印，練兵一，屯田一，曰軍政僉書。鎮撫掌刑獄，經歷典出納文移，知事佐之。千户所，正、副千户，掌印一，僉書一，俱曰管軍。千户不足，以百户代，或未能皆賢，嘗一人攝數印。其考選各衛，凡治軍之政，必聽於衛，衛下千户所，千户督百户，百户下總旗、小旗，率其伍卒以聽焉。所鎮撫無獄事，管軍〔六〕，百户缺，則代之。今西安前左後右四衛俱洪武中建，内各置經歷司、鎮撫司、千户所、百户所，官制如前。獨右護衛諸官，專掌儀從王邸，防禦非常，例不升遷。凡有征行，必聽命於朝廷。

潼關。郡縣志：古桃林塞也。左傳：晉使詹嘉處瑕，以守桃林之塞。注云：華陰縣東潼關。〔旁注〕舊唐書黄巢傳：潼關左有谷，可通行人，平時捉税〔七〕，禁人出入，謂之禁谷。及賊至，官軍但守潼關，不防禁谷，以爲谷既官禁，賊無得而逾也。尚讓、林言率前鋒由禁谷而入，夾攻潼關，官軍大潰。關西一里有潼水，因以名關。又云河在關内，南流衝激關山，因謂「衝關」。按：秦函谷關，在漢弘農縣，即靈寶西南十二里故關是也。今大路在北，本非襟束之要。漢武帝元鼎三年，楊僕爲樓船將軍。本宜陽人，恥居關外，請以家僮七百人徙關於新安，帝從之。即新安縣東一里函谷故關是也。初平二年，董卓脅獻帝西幸長安，出函谷關。自此以前，其關並在新安，至建安十六年，曹公破馬超於潼關，是中間徙於今所。通典云：國之巨防，史官闕載。今歷二處而至河、潼，上躋高隅，俯視洪流，盤紆峻極，實謂天險。河之北岸則風陵津，北至蒲關六十餘里。河山之險，邐迤相接，自此西望，川塗曠然，蓋神明之奥區，帝宅之户牖。黄巷坂，在虢州閿鄉縣西北二十五里〔八〕，即潼關路也。水經注：河水自潼關東北流，水側有長坂，謂之黄巷坂。東出，通謂之函谷關，岸高道隘，車不得方軌。魏武征韓遂〔九〕、馬超，連兵於此地，今河之西有曹公壘。潘岳西征賦：溯黄巷以濟潼。灌水注之，北流逕通谷，亦謂通谷水，東北注於河。述征記所謂潼谷水。書：放牛于桃林之野。注云：在華山東。山海經：夸父之山，其北林名曰桃林，廣圍三百里。三秦記：桃林塞，在長安東四百里。西京賦注：桃林，在閿鄉南谷中〔一〇〕。晉地道記：漢弘農函谷關有桃林。寰宇記：自陜州靈寶縣以西至潼關，皆是也。隋置桃林縣，唐更名靈寶縣，西南境即古桃林之野。三國志魏武帝紀：公自潼關北渡，循河爲甬道而南，賊退，拒渭口。左傳僖公三十二年：殽有二陵。注：此道在二殽之間南谷中，谷深委曲，兩山相嶔，故可以避風雨。古道由此，魏武帝西討巴、漢，惡其險而更開北山高道。春秋時秦、晉界，當在華州之東。竹書：威烈王十七年，魏文侯伐秦，至鄭，還築汾陰、郃陽。

【校勘記】

〔一〕今潼關東去百二十里　「東」，底本、川本、滬本作「相」，據隆慶華州志卷一改。

〔二〕時關已改設　「設」，底本、川本、滬本作「毁」，據隆慶華州志卷三改。

〔三〕南北鎮城　「鎮城」，川本、滬本同，同紀要卷五二、隆慶華州志卷一作「連城」。

〔四〕南北水關二　「水關」，底本、川本、滬本作「水門」，據嘉慶潼關縣志卷二改。

〔五〕都指揮使達所隸都督府　「達」，底本、川本作「連」，據滬本及明史職官志改。

〔六〕鎮撫無獄事管軍　川本、滬本同。明史職官志：「鎮撫無獄事，則管軍。」此蓋脱「則」字。

〔七〕平時捉税　「捉」，底本、川本、滬本作「促」，據舊唐書黄巢傳改。

〔八〕在虢州閿鄉縣西北二十五里　「閿」，底本、川本作「門」；「西北」，底本、川本、滬本脱，據滬本及元和志卷六改補。

〔九〕韓遂　「遂」，底本、川本、滬本作「逐」，據三國志魏書武帝紀改。

〔一〇〕閿鄉　「閿」，底本作「闕」，川本同，據滬本及文選西京賦李善注改。

華山：蓮花峯。昭文館記稱：蓮花峯上有三峯，上接三光，中有石池，二十八所，上應二十八宿。青松緑竹，叢生高岡，白雲翠靄，旋於幽阜，懷蘊金玉，蓄藏風雷。爲天帝之别宫，乃神仙之窟宅也。又云：一上四十里，卓立五千仞，上有明星、玉女之别館，金天王之正廟。二十八宿池，仰天池，八卦池，太乙池，俱在嶽頂中蓮花峯上。玉井，在蓮花峯旁，中生千葉白蓮，食之令人羽化。太上山。昭文館記稱：蓮花峯爲太上山，四面削成，高五千仞，迴巒四合，三峯崢嶸，上廣十里，鳥獸不居。老君洞，在頂之東南峯。太上泉，在老君洞次北〔一〕。菖蒲池，在太上泉之旁。細辛坪，在嶽頂西南隅，方圓三四畝，盡皆細辛。明星玉女祠，在頂之中峯龜背上，立祠堂，有玉女石室、玉女聖像及石馬。玉女洗頭盆，祠前有石臼五枚，臼中俱有水，號曰玉女洗頭盆。其水碧緑澄澈，旱不竭，雨不溢。玉女窗，在雲臺南峯，上有石門八丈餘，直上石窑如窗，望見南峯，明星、玉女之别館也。石龜躡，在頂中峯〔二〕，玉女祠在其上。其石如龜，東西八九步，南北二十餘丈〔三〕，兩頭壁立，其形如龜，前有石躡，猶如坼裂，闊可有五寸，其深不可測，以物投中，食頃猶聞其下聲，即古之簡於嶽府之所也。黑龍潭，在頂之南峯上，歲旱祈求必雨。宋崇寧二年，封顯潤侯。洞玄石室，在頂之西北峯上。其石室東西有二門，初入才容身側入，至石室中，周迴五六丈，東門上接雲霞，西門下臨池，中有石道君像，高三丈，戴三景抉辰之冠，石衣文如九色雜羅之文，像多古錢，其錢多脚，一頭多孔，一面有文，云大布、大篆。蘆花池，近嶽西北峯。後魏道士寇謙之棄其算籌，化爲葭菼，今名蘆花池是也。棋石，在嶽頂東南隅，別一孤峯，遥望有石，方如並榻，直若棋局。石仙人、瀑布、石仙洞、昭陽洞、正陽洞、西玄洞、水簾洞：石仙人，在嶽北面半腹中。登真隱訣云：嶽洞深三百里，中有瑶臺玉室，樹則蘇茅芳林，碧泉則石髓金精，遥望洞方圓可丈餘，鳥道絶通，人蹤罕到，時出異色雲氣。洞口上有丹石，間青石，似丹青，畫出仙人之狀，冠帔衣服，無不周備，高下大小如人形，號曰石仙人。上有瀑布，飛流直下一千餘丈，其石仙洞又稱爲水簾洞。其嶽有四洞，東曰昭陽，西曰西玄，南曰正陽，北曰水簾。肥蟦穴，在頂之西北峯上。山海經云：太華山，有蛇焉〔四〕，名肥蟦，六足四翼，見則天下大旱。巨靈掌、石月：巨靈掌在頂之東北峯上，石月在掌上。遁甲開山圖云：巨靈得玄元之道，與元氣一時而生，混沌之師，九元祖也。漢武帝觀仙掌於縣内，特立巨靈神祠焉。雲臺峯，在嶽東北。其山兩峯崢嶸，四面懸絶，上冠景雲，下通地脈，嶷然獨秀，有若雲臺。下有穴，昔有人入此穴，出東方山行〔五〕，云經黄河底，上聞流水之聲。松檜峯、朝來峯、玉柱峯、玉秀峯，此四峯上盡是青松檜柏，常有異色，雲氣隱隱，其峯聳翠孤巒，人迹希及。太極總仙洞，在嶽西北毛女峯之西，其下有車箱潭。三公山，在嶽之東南。三峯嶷然森秀，上象三台，故號三公。醴泉，在古庵直下。水微有酒香，爲國之瑞，屢招鳳飲，旁有玉女神祠。玉泉，在張超谷口。水色如漿，因置玉泉院。黄龍潭，在神谷口。祈雨感應，封廣潤侯。車箱潭，在仙谷裏十里，乃太極總仙洞直下。〔旁注〕其水出谷西北，流經縣十里長城橋東北，流至土落入於渭〔六〕。宋仁宗明道中，每歲遣使投金龍玉簡。宋徽宗崇寧二年，封豐潤侯。按水府記云：天下一十八處水府，華山車箱潭乃第七水府也，與東南海温江同，皆投金龍玉簡之處。

素靈宫，按太平廣記馬周傳：華山有素靈宫，乃總天洞府、十洲三島神仙之所也。極真洞天，按十大洞天記：第一王屋山，山有洞天，周迴一萬里；第四華山西玄洞，周迴三千里，名極真洞天。其洞中天地高大，日月星辰、風雲草木，與外無異，惟日停輪耀赫，朗接太空，乃長春之境，宫闕樓臺，盡是金玉七寶所成，旁生紫林芳花，玉髓金精。總仙洞天，按三十六小洞天記云：第一霍童山洞，周迴三千里，名蓬玄洞天；第三西嶽華山洞，周迴三百里，名總仙洞天。御道，在仙掌峯北，乃升嶽路也。漢武帝、唐玄宗曾遊此，因名之。今兩旁有石臼子，乃當時栽欄杆，用錦繡遮護危險。峯頂須由御道跨蒼龍，臨雲臺、天井，下有百尺幢，自頂至青柯坪二十里，青柯坪出谷口二十里。老君煉丹爐，在蒼龍嶺之東北峯上。老子見周之衰，西邁流沙，至函谷關，關令尹喜占其氣，知真人將過，果得老子。老子亦知其奇，爲著書上下篇，言道德之事。後隱華山頂之東南峯，有老君洞。毛女峯，在嶽之西。毛女字玉姜，秦始皇宫人，見國祚流亡，遂負琴入山之北峯上隱居，服松柏葉，飲泉水，體生緑毛，世人見之，稱毛女洞〔七〕。至今洞中有鼓琴之聲，道人嘗聞之。峯下有白石寺，久廢。修羊公石榻，在嶽之西北仙谷中。

石室有石榻，修羊公嘗卧於上，石榻盡穿陷，常不食。漢景帝問之曰：公有何能？公不答，即化石羊，其背有字云：修羊公，謝天子。後置石羊於通靈臺，羊又去，不知所之。裴君石室，在頂之西北峯上，即洞玄石室。昔清虚真人裴君入石室，精思至道，積一十三年，降五龍玄老之所。算場，在頂上，後魏道士寇謙之洞曉渾天儀，尤善玄象。曾定天元五紀，其算有差，後成公與真人佯狂而來，假爲貨客，誤觸算籌，其算乃合。謙之悔恨，獨居山林，遂隨真人去，棄其餘算籌，化爲葭菼，即蘆花池是也。衛叔卿博戲石，即棋石。漢武帝登嶽時，見一人羽衣鶴冠，乘雲車，駕白鹿而從天降。武帝驚問是誰？答曰：山中衛叔卿也。帝曰：若是山中人，乃朕臣也。忽失叔卿所在，帝甚悔恨，即遣使梁伯至山中推求叔卿不見，但得其子名度世。帝曰：汝父在何處？度世曰：臣父少好仙道，委家而去，入華山四十餘年矣。帝使梁伯、度世求之於華山絶頂上，望見其父與數仙博戲石上，但見紫霧鬱鬱，又見數童執幢節立其後。度世等望而百拜，叔卿曰：前爲太上所遣，欲誡帝爲窮黷事，而帝强梁自貴，而反欲臣我，不足與語，是以去耳。又誡度世曰：汝慎不得爲漢臣，亦不得爲帝語也。梁伯、度世於是拜辭而反。張超谷，在希夷峽西。後漢張楷，字公超，結廬此地，學者如市。又能爲五里霧，故稱張超霧市，每跨蹇驢入市，晚即攜壺荷鍤帶酒而歸。卧仙坪，張超谷内有一石室，張超真人蜕骨之所，爲樵木嬉戲於其間，有飛石自空來塞其穴，今稱爲卧仙坪。石羊城仙谷，在張超谷西，乃黄初平、初起兄弟二人得仙之地〔八〕。初平者，丹溪人，年少時家使牧羊，久而不歸。其兄初起尋覓四十年，後聞市中有一道士言人體咎如神，初起乃問之。道士曰：太華山中有一牧羊兒，姓黄，名初平，是卿之弟耶？初起拜謝，即隨道士入此谷中，見弟悲喜，語畢，問弟：羊今何在？初平曰：在山東耳。初起往視，但見石而還，與初平俱往視之。初平乃叱石曰：羊起。白石盡變爲羊數萬頭。初起叩頭曰：弟獨得仙，吾可學乎？曰：若有志，可得也。初起棄妻子，拜弟爲師，乃俱成仙。王維楨：按神仙傳，黄初平，丹溪人。其牧羊所在婺州金華山，不在華山，今志誤。叱石處四面寬廣，有似城壘，俗稱爲石羊城。文仙谷，吕真君隱居之所。真君來此，易姓姬，更名洞明，道號抱真子。居華山蓮花峯下文仙谷，結庵四十年，人無識者。紹興丙子秋前一日，作頌，囑付門人劉裕之，怡然卧化，裕之即藏遺骸於石室。後數載復來，題詩云：昔日曾居此，埋名四十春。紅塵多少客，誰是識予人？後云四公題。裕之尋所瘞尸處，惟見空棺。牛心谷，昔楊震隱遁居此，講授羣書，學者如雲，其谷多槐，稱楊震槐市。山巖間多五色鷟鳥，山上有靈天王聖迹，雪中觀之，惟顯天王披銀甲馳驟之狀。黄神谷，嶽之東，黄蘆子隱居之所。谷口有黄龍潭，旱則禱焉。宋封廣潤侯。崖上多治平、熙寧間遊人題名，元符中，有邵伯温同遊字，蓋宋時爲真君觀，朝使祈報多在此，址廢碑存。黄神谷，嶽之東，黄蘆子隱居之所。黄真人〔九〕，姓葛，名越，居此山，號兩嶽公。治病有千里而來求者，或寄與姓名，無不愈。禁虎狼不敢動，飛禽不敢飛，受術於赤松子。年過八十，力舉千斤，行及奔馬。時天旱，召潭中龍降大雨，一朝乘黃龍而去。藏馬谷、藏馬龕，在嶽東。漢武帝求仙於華山下，造集靈宫、存仙殿、望仙門，有神馬自華山出，帝令置内棧，馬不久留，令人尋之，見在此山谷中石龕下，故云藏馬谷，又曰藏馬龕。東北澗中石上，馬迹猶存。神土巖，在雲臺峯東北百步。周武帝時，有道士焦道廣獨居雲臺峯，避粒餐霞，常有三青鳥報未然之事。武帝親詣山庭，臨軒問道，因於谷口置雲臺觀。道廣欲構房廊，精思所感，石上湧出神土，用盡復生，於今尚然。仙油磧，在雲臺峯壁中，焦道廣每設齋醮，天降油於此。後弟子洪仙等見道廣乘一物如麟，往而不返，後此油不復見矣。避詔巖，在華山西南。險不可言。蓋自昔隱士藏真之所，焦道廣、賀元熙、陳希夷俱養静於此，故曰避詔巖。巖上有希夷手書「避詔巖」三字，墨迹尚新。試鑿穴，在雲臺北峯北面，可高百尺，其深不測。穴邊有一石，大小闊狹，狀如鑿出，乃希夷先生蜕骨之所。白雲峯，在嶽之東北。唐明皇妹金仙公主修行之所，名曰白雲宫。八仙洞、看嶽棚〔一〇〕、上竹園、下竹園、棗樹、栗子林、花圃、藥畦、磑碓，俱在焉。白雲洞側有焦真人石洞。白羊峯，在嶽之西北五里。層崖晃朗，洞室空濛，昔有人隱此峯，莫知名姓，常乘白羊往來塵世。後弟子余介琰俱登仙，以此號爲白羊仙人，有禁山籙、制虎豹狼熊符七十道行於世。焦公巖，在嶽東南。真人姓焦，字孝然，河東人。常餐白石，或分與客，其味如芋。後遭野火燒其庵，鄰峯人往視之，見然危坐火中，庵燒盡，然乃徐徐而起，衣服並無焦灼。數載，天忽大雪，人覓不見，忽於雪中單衾而臥，顏色赫然如盛夏之狀，山中人有遇之者。白鹿龕，在嶽之東，昇嶽路之右。乃魯女生置之，有飛泉滴流。女生乃山中得道之仙，在華山二百年，莫知所之。後忽有人嶽廟前見女生乘白鹿，從玉女十餘人，相别而去。王刁三洞，在嶽之東。仙人王遥，字伯遼，鄱陽人，有妻無子。治病無不愈，亦不祭祀，不用符水針，或有邪魅作祟，畫地爲獄，叩石呼之，見狐狸獸蛇之類，皆斬而焚之。有竹篋，令弟子錢哥以九節竹杖擔之，十餘年未嘗見開。後至此巖洞中，見有人刁自然，即開竹篋，取出五舌竹簧三枚，三人共鼓之。及遥辭去，刁自然云：卿當早來，不可久住塵寰，再期至此洞處。後王、刁、錢哥俱登仙。上洞，莫能到；中洞，有飛石遮之洞門；下洞，隱居者皆在其中。碧雲洞、碧雲溪，在嶽之東，乃鄭雲叟、羅隱之、翟士端、鄭隱四高士隱居之所。鄭遨，字雲叟，南燕人。高節不屈，棄妻子，聞華山五粒松凝脂千歲，能延年〔二〕，至此洞隱居。天成中，以拾遺詔，不起，賜號曰道遥先生。羅隱之，臨江軍新淦縣玉笥山玉梁觀道士。來居華山，一觴一詠，高情自適。天福中，賜號希夷先生。翟士端，字表正，齊人，博通九經。祥符中，真宗幸汾陰，禮詔不起，無疾而逝，七日支體猶温，火之有聲如雷，五色光耀。鄭隱，字明處，兖之奉符人。左臂有黑黶子如北斗狀，常居王刁三洞中，自冬涉春不出，人異之。祥符中，真宗祀后土還，駐驛驛下，賜號貞晦先生。壺公石室，在嶽之西北孤峯上。有石室，可容十餘人。有泉，東北入霧市谷東谷中，即後魏道士寇謙之算場，而谷中即修羊公石榻穿陷之所。壺公者，莫知姓名，常懸空壺於座上，日入之後，輒跳入壺中。費長房從之學，令居此石室中。有一方石，廣丈餘，壺公以茅繩繫之，懸於空中，令長房坐於石下，使諸蛇蟲競來齧繩，繩欲斷，而長房坐卧自若，終無懼。公至，撫之曰：子可教矣，賜子爲地上主者。令乘竹杖而歸，後至葛陂，投於陂中，竹化龍而去，後得役鬼魅之術。燕公石室，在三公山。燕濟，字子微，漢明帝時人。隱居石室，服蒼术、黄精，恒散髮，亦有練巾，惟月朔節乃著之。時復一琴一詠，常有黄白雲覆其上，後辭别交友，乘雲而去。長春石室，在雲臺山側。唐貞觀中，有道士杜懷謙居此石室，斷穀不食。好吹長笛，令人多買笛，至於室隅，一吹之，投於巖下，笛盡，更供息巖中，累月不動，自號長春先生。種藥坪，王暉真人常餌蒼术、黄精，有驅虎豹之術。每種黄精，即駕虎豹爲耕耘，常乘虎豹，具鞍轡之屬，竹杖策之，威儀如人乘騾馬之狀。嘗詠九字詩百餘言，人莫解其意。後乃升天不復見，名其地爲種藥坪。駕鶴軒，在中方半路，乃唐金仙公主乘鶴升天之處。西嶽廟，在張超谷口之北十八里官道北，對面三峯。上方白雲宫、中方太清宫、下方重臺宫，三宫皆在莎蘿坪東峯上〔一二〕，因羽人焦道廣建。唐天寶中，命右補闕、集賢學士衛包撰修三方記。西嶽真君廟，宋崇寧中，改爲崇寧萬壽觀。紹興中，改爲報恩廣孝觀。齊阜昌中，改爲迎祥觀。

【校勘記】

〔一〕在老君洞次北 「次」，底本、川本、滬本作「坎」，據華嶽志卷一改。

〔二〕在頂中峯 「峯」，底本、川本、滬本脱，據華嶽志卷一補。

〔三〕東西八九步南北二十餘丈 「東西」、「南北」，底本、川本、滬本並作「東南」、「西北」，據華嶽志卷一改。

〔四〕有蛇焉 「焉」，底本、川本作「馬」，據滬本及山海經西山經改。

〔五〕出東方山行 底本、川本、滬本作「東出方山行」，據華嶽志卷一改。

〔六〕流至土落入於渭 「渭」，底本、川本、滬本作「海」，據華嶽志卷一改。

〔七〕稱毛女洞 「稱」，川本、滬本同，華嶽志卷一作「有」。

〔八〕乃黄初平初起兄弟二人得仙之地 「初起」，底本、川本無「初」字，據滬本、本書下文補。

〔九〕黄真人 「真」，底本、川本、滬本作「楚」，據華嶽志卷一改。

〔一〇〕看嶽棚 「看」，底本、川本作「着」，據滬本及華嶽志卷一改。

〔一一〕能延年 底本、川本、滬本脱「延」字，據華嶽志卷一補。

〔一二〕莎蘿坪 「莎」、「坪」，底本、川本、滬本作「沙」、「立」，據華嶽志卷一改。

武功 太乙山，在縣東。漢書：古文以爲終南。 垂山，在縣東。漢書：古文以爲敦物。 太白山。三秦記曰：在縣南，〔旁注〕府勝略〔一〕：舊在武功縣南境。去長安二百里，不知高幾許。俗云武功太白，去天三百，山下軍行不得鳴鼓角，鳴鼓角則疾風暴雨兼至。周地圖記：太白山甚高，上常積雪無草木，半山有横雲如瀑布，則澍雨〔二〕。人常以爲候，語云：南山瀑布，非朝即暮。水經注曰：太白山南連武功山，於諸山最爲秀傑，冬夏積雪，望之皓然。三時原，在縣西南二十里，崇五十丈，西入扶風縣界。高望川，在縣東二十五里。渭水，自鳳翔府扶風縣來，入縣界。水經曰：渭水東經武功縣北。斜水。漢書：出衙領山，北至郿入渭。水經注曰：出縣西南衙領山，北歷斜谷，過五丈原東，原在縣西十餘里，水出武功縣，亦謂之武功水。諸葛亮表：遣虎步監孟琰據武功水東，司馬懿因水長〔三〕，出騎萬人，來攻琰營。亮作竹橋〔四〕，懿見橋垂成，便引兵退。後漢志引西征賦注曰：褒斜谷，在長安西南。南口褒，北口斜，長百七十里。其水南流。褒水。漢書：亦出衙領山，至南鄭入沔。武亭水，北自好時縣來，至縣南立節渡合渭水。雍水。十道志曰：俗名白水，亦曰圍川水，西自扶風縣界，東至縣合武亭水。莫谷水。水經注曰：莫谷水南經美陽縣，與中亭川水相合。舊圖經曰：自奉天縣界一十里流至縣東北合武亭水〔五〕。十道志曰：三時原莫谷水南經武功縣北。白渠，在縣南一十三里。西魏大統十三年置，入興平縣。隋志：有永豐渠、普濟渠。成周渠，注渭水，在縣境。五泉渠。十道志曰：西自岐州扶風縣界流入，渠經三時原上，東流經縣西南，去縣十二里〔六〕。隋文帝葬原上，因絶此水。又東合成國渠。六門堰。十道志曰：西魏文帝大統十三年，置六斗門節水，因名之。唐李頻爲武功令，有六門堰廢百五十年，時歲飢，頻發官倉庸民浚渠〔七〕，按故道引水溉田，穀以大稔。帝嘉之，擢侍御。

故斄城，在縣西南二十里。古有邰國，堯封后稷之地。廟記曰：武功本名邰，後改名斄城。闞駰十三州志曰〔八〕：「斄」，古文作「邰」，古今字異耳。後漢永平八年，自渭水南徙武功縣於故斄城。〔旁注〕本志：古斄城在縣南八里漆村東，今縣西南三十里亦有斄城者，前漢徙置之爾。 斄亭，在縣西南三十里，漢地理志載亭長事者也〔九〕，東漢徙縣古斄城而以名亭也，今屬扶風縣。 周城，在美陽城西北中水鄉，周太王所居邑也。詩曰：古公亶父，來朝走馬。率西水滸，至于岐下。又曰：周原膴膴，堇荼如飴。帝王世紀曰：周太王避狄，循漆水，逾梁山，徙邑於岐山之陽。今扶風美陽西北有岐陽城，舊周地也。 美陽故城，在縣西八里。漢書曰：美陽縣屬右扶風。注：周太王所邑，有高泉宮，秦宣太后所起，後魏太和十一年廢。 唐慶善宮，在縣南一十八里，仍有寺名慈德，蓋没後而遷者。神堯之舊第也，太宗降誕之所，南臨渭水。武德元年〔一〇〕，建武功宮，六年，改慶善宮。貞觀六年，太宗臨幸，宴羣臣，賦詩，後廢爲慈德寺。〔旁注〕貞觀六年九月，幸慶善宮，上所生宮也。宴從臣歡甚，賦詩，起居郎呂才被之管絃，命曰功成慶善樂，使童子八佾爲九功之舞。 隋文帝泰陵〔一一〕，在縣西南二十里三時原。一作秦寧陵。

【校勘記】

〔一〕府勝略　「勝」，底本、川本作「陽」，據滬本改。

〔二〕則澍雨　「雨」，底本、川本、滬本脱，據長安志卷一四引周地圖記補。

〔三〕司馬懿因水長　「長」，底本脱，川本、滬本同。水經渭水注：諸葛亮表云：「司馬懿因水長，攻琰營。」御覽卷七三引諸葛亮集：「司馬懿因水，以二十日出騎萬人，來攻琰營。」據補「長」字。

〔四〕竹橋　底本、川本、滬本作「車橋」，據水經渭水注改。

〔五〕武亭水　底本、川本作「武帝亭水」，據滬本及長安志卷一四删「帝」字。

〔六〕去縣十二里　底本、川本作「三縣十二里」，滬本作「三十二里」，據長安志卷一四改。

〔七〕庸民浚渠　「庸」，底本、川本、滬本作「廪」，據新唐書李頻傳改。

〔八〕闞駰十三州志曰　「闞」，底本、川本作「鬫」，滬本作「關」，據長安志卷一四改。

〔九〕漢地理志載亭長事者也　川本、滬本同。按斄亭亭長事，不見於漢書地理志，見於後漢書獨行王忳傳，此誤。

〔一〇〕武德元年　「德」，底本、川本、滬本作「帝」，據長安志卷一四改。

〔一一〕隋文帝泰陵　「泰」，底本、川本、滬本作「太」，據長安志卷一四、清統志卷二四七改。

臨潼　驪山，在縣東南二里。驪戎來居此山，故名。按土地記曰：即藍田山也，温湯出山下，其陽多寶玉，其陰多黄金。三秦記曰：始皇作閣道至驪山八十里，人行橋上，車行橋下，今石柱猶存，山上立祠，名曰靈臺。述征記曰：長安東則驪山，西則白鹿原，北望雲陽，悉見山阜之形，而恒若雲霧之中。天寶元年，更驪山曰會昌山，七載，又改曰昭應山。〔旁注〕水經曰：浮肺山〔一〕，蓋一山而異名耳。通志：藍田北山，山右肩爲東繡嶺，左肩爲西繡嶺。荔枝園在繡嶺下，梨園在荔枝園東，唐梨園弟子按法曲處。石甕寺在縣東南驪山繡嶺中。津陽門詩注曰：石室巖下有天然石，其形如甕，以貯山泉，故名。鴻門坂，在縣東十七里，漢舊大道北下坂口名也。關中記曰：鴻門在始皇陵北十里新豐縣。漢書：沛公會項羽處。北有鴻陂，南有阪口，故曰鴻門。續漢書郡國志：新豐縣東有鴻門亭〔二〕。又文帝登霸陵，指新豐路示慎夫人曰：此是北走邯鄲道也。又亭尉呵李廣處。續漢書郡國志：新豐縣東有鴻門亭。坑儒谷，在縣西南五里。〔旁注〕新志：二十里。秦始皇坑儒於驪山下，故名。漢書注：師古曰：今新豐縣溫湯之處，號愍儒鄉。唐天寶中改爲旌儒鄉，立廟，兵部侍郎雷至撰碑。溫湯西南三里有馬谷，谷之西岸有坑，古老相傳以爲秦坑儒處也。鳳皇原，在縣西南二十里。府志：東一十五里。新志同。後漢延光二年，鳳皇集新豐西亭界，即此原也，亦驪山之別麓。通志：驪山東麓。唐韋嗣立構別墅於驪山鳳皇原鸚鵡谷，有重崖洞壑，飛流瀑水。中宗臨幸，改爲清虛原幽棲谷。唐書曰：武德元年七月，新豐鸚鵡谷水清，世傳此水清，天下平。隋開皇初暫清尋濁，至是復清。新豐原，一名青原，在縣東南二十里。新志：起陰盤，至泠口，蜿蜒三十餘里。渭水，在縣北十里，西自萬年縣界來，東入渭南縣界。泠水，一作零。在縣東三十五里，〔旁注〕府志：四十里。新志同。來自渭南縣界，亦曰百丈水。水經注曰：泠水出肺浮山，歷陰槃〔三〕、新豐兩原之間，北流注於渭。傳今泠水經新豐原之右。戲水，在縣東二十七里。〔旁注〕通志：三十里。新志同。漢書曰：陳涉之將周章西入關，至戲，秦將章邯距破之。蘇林曰：在新豐東南三十里。師古曰：戲在新豐東，今有戲水驛。其水出藍田北界橫嶺，至此北流入渭。戲，許宜反。水經注曰：泠水出浮胏山，戲水出驪山鴻谷，鴻，一作馮。又北歷戲亭東，即周幽王死處。兩京道里記曰：戲水東西有店，南去昭應縣二十九里。樊玠曰：按渭南縣西南二十里亦有新豐原，陰槃在戲河西原上，水經注所云信不誣矣。今新豐鎮在本縣東北二十里，陰槃城在縣東北十里，名仍其舊，而地竟非也。交口河，在縣東北四十里，石川、清峪二水會於櫟陽東北下渡至此入渭，故名。東西斷岸有交口故城遺址，或云即李靖營。石川河，在縣東北八十里永豐鄉，通富平縣。河水溉田數千餘畝。白渠，在縣西北六十里，臨涇陽境，堰涇水入焉。初歲丁夫修築，灌溉田畝。清渠，在櫟陽西，耀州清冶谷水之下流也〔四〕。自三原、高陵界東入白渠。陰槃城河水，在縣東北一十四里，出縣北楊村社。魚池水，在秦始皇陵東北五里，周四里。水經注曰：泉出驪山，本導源北流，始皇葬於山北，水過而曲行，東注北轉，初造陵取土，其地汙深〔五〕，水積成池，謂之魚池。潼水，在縣西百餘步。源出驪山谷中，味獨甘美。温湯，在縣南一百五十步，驪山之西北。雍州圖曰：温湯，在新豐縣界温谷，即温泉也。漢武帝故事曰：驪山湯，初始皇砌石起宇，至漢武又加修飾焉。張衡賦序：余適驪山，觀温泉，浴神井，嘉洪澤之普施。十道志曰：今按泉有三所，其一處即皇堂石井，周武帝天和四年，大冢宰宇文護所造。隋文帝開皇三年，又修屋宇，列樹松柏千株。唐貞觀十八年，詔左屯衛大將軍姜行本、將作少匠閻立德營建宫殿，御賜名湯泉宫〔六〕，太宗因幸製碑，咸亨二年，名温泉宫。唐年小録曰：開元十年，置温泉宫。實録與元和郡縣圖志曰：開元十一年，初置温泉宫。天寶六年，改爲華清宫，驪山上下蓋治湯井爲池，臺殿環列山谷，明皇歲幸焉。又築會昌城，即於湯所置百司及公卿邸第。禄山亂後，天子罕復遊幸，唐末圮廢。晉天福中改爲靈泉觀，賜道士居之。

鴻門亭，在縣東七里。兩京道里記：在新豐，即漢高帝會項羽處。北有鴻陂，南有坂口，故曰鴻門。

曲郵亭，張良送漢高處。曲郵亭，在縣東七、南二里。漢高祖征黥布，張良送至此。步昌亭。三輔黄圖曰：成帝於霸陵北步昌亭起壽陵〔七〕，即武帝之廢陵也。驪戎故城，在縣東二十四里，殷、周時驪戎國城也。兩京道里記曰：在驪山上，城高一丈五尺，周四十里。幽王城，在縣東南戲水上。兩京道里記：在縣東北四十里。烽火樓，在驪山上第一峯，按史記：褒姒不好笑，幽王爲烽燧大鼓，與諸侯約，有寇至，舉火擊鼓爲信，則舉兵來援。王無故舉火擊鼓，諸侯悉至，至而無寇，褒姒乃大笑，幽王欲悦之，爲數舉烽火。其後犬戎來攻，幽王舉烽火徵兵，兵莫至，遂殺幽王於驪山下，虜褒姒。新豐故城，在縣東北十八里。漢書：高帝七年，置新豐縣。唐天寶四載，改新豐爲會昌縣，七載，復改昭應縣。應劭曰：太上皇思東歸，於是高祖改築城市街里以象豐〔八〕，徙豐民以實之，故號新豐。三輔舊事曰：太上皇不樂關中，思慕鄉里，高祖徙豐沛屠兒、酤酒、煮餅商人，立爲新豐。西京雜記曰：高祖既作新豐，並移舊社，街巷棟宇，物色如舊，士女老幼，相聚路首，各知其室。放犬羊雞鴨於通衢，亦競識其家〔九〕。匠人胡寬所爲也〔一〇〕，移者喜其似而憐之，故競加賞贈，月餘，致累百金。別本曰：太上皇徙長安，居深宮，悽愴不樂。高祖竊因左右問故，以平生所好，皆屠販少年，酤酒、賣餅、鬭雞、蹴踘以爲歡，今無此，故不樂。高祖乃築新豐，移諸故人實之，太上皇乃悦。故新豐多無賴，無衣冠子弟故也。高祖少時嘗祭枌榆之社，及移新豐，亦立焉。郡國縣道記曰：今縣東十三里，故新豐縣，西南四里新豐故城，即高帝爲太上皇所立。後漢靈帝末，徙安定郡陰盤縣寄治於此城，今亦謂之陰盤城。段熲封陰盤侯。枌榆社，張晏曰：枌，白榆〔一一〕，社在新豐東北十五里。別本曰：高祖少時嘗禱枌榆社，後置新豐，亦立此社焉。昌陵故城，漢成帝鴻嘉元年，以新豐戲鄉爲昌陵縣。師古曰：戲水之鄉。東渭橋。地理志云：去京東北五十里。三秦記曰：漢之東渭橋，高帝造以通櫟陽道。今在縣西北渭河上，〔旁注〕本志：止舟渡。或云縣東北十五里，水落柱顯，是其處也。周幽王陵，在縣東北二十五里戲河原上〔一二〕。秦始皇陵，在縣東一十五里。史記：始皇初即位，穿治酈山，及幷天下，送徒七十餘萬人穿三泉，下銅徐廣曰：一作錮〔一三〕。而致槨，宮觀百官奇器珍怪徙藏滿之〔一四〕，令匠作機弩矢，有所穿近者輒射之。以水銀爲百川江河大海，機相灌輸，上具天文，下具地理。以人魚膏爲燭，度不滅者久之。二世曰：「先帝後宮非有子者，出焉不宜。」皆令從死，死者甚衆。葬既已下，或言工匠爲機，藏皆知之，藏重恐泄。大事畢，已藏，閉中羨，下外羨門，盡閉工匠藏中，無復出者。樹草木以象山。關中記曰：秦始皇陵，在驪山之北，高數十丈，周六里，今在陰平縣界。此陵雖高大，不足以消六十萬人積年之功，其用功力或隱不見。驪山水泉本北流，陂障使東西流，又此土無石，於渭北諸山運取大石，故其歌曰：運石甘泉口，渭水爲不流。千人一唱，萬人相鉤。今陵下餘石大如藍土屋，其消功力皆此類也。兩京道里記曰：陵高一千二百四十尺，内院周五里，外院周十一里。項王營，在縣東十五里，謝聚關中記曰：在始皇陵北十餘里。魚池，在秦始皇陵東北五里，初造陵取土，其池汙深，水積成池，謂之魚池。

【校勘記】

〔一〕水經曰浮肺山　「浮肺」，底本作「泮鄉」，川本同，滬本作「注鄉」，眉批：「鄉山，疑當作注曰麗山。」按水經渭水注：「肺浮山，蓋麗山連麗而異名也。」長安志卷一五：驪山，「水經曰浮肺山，蓋驪山之麓而有異名，一作肺浮」。乾隆臨潼縣志卷一：驪山：「一名浮肺山。」則此「泮鄉」當爲「浮肺」之誤，據改，滬本誤。

〔二〕新豐縣東有鴻門亭　「鴻」，底本、川本、滬本作「龍」，據續漢書郡國志改。

〔三〕陰槃　「槃」，底本、川本、滬本作「盤」，據水經渭水注改。下「陰槃城」改同。

〔四〕耀州清冶谷水之下流也　「清」，底本、川本、滬本作「青」，據清統志卷二二七改。

〔五〕其地汙深　「汙」，底本、川本、滬本作「圩」，據本書下文魚池條及水經渭水注改。

〔六〕御賜名湯泉宫　「賜」，底本、川本作「湯」，據滬本及長安志卷一五改。

〔七〕成帝於霸陵北步昌亭起壽陵　「壽」，底本、川本、滬本作「昌」，據三輔黃圖卷六改。

〔八〕改築城市街里以象豐　「市」，川本、滬本同，漢書地理志顏師古注引應劭曰作「寺」。

〔九〕競識其家　「競」，底本、川本作「兢」，據滬本及西京雜記卷二改。下「競加賞贈」改同。

〔一〇〕胡寬　「胡」，底本、川本、滬本作「朝」，據西京雜記卷二改。

〔一一〕白榆　「白」，底本、川本、滬本作「曰」，據漢書郊祀志顏師古注改。

〔一二〕在縣東北二十五里戲河原上　底本「戲河」下衍「府」字，川本、滬本同。乾隆臨潼縣志卷三：「周幽王陵，在縣東北二十五里戲水原上。」據删。

〔一三〕一作錮　「錮」，底本、川本、滬本作「鋼」，據史記秦始皇本紀集解改。

〔一四〕宫觀百官奇器珍怪徙藏滿之　「官」，底本、川本、滬本作「姓」，據史記秦始皇本紀改。

鄠縣　終南山，在縣東南二十里。　鷄頭山，在縣東南三十里。十六國春秋曰：苻生不能守長安〔一〕，欲西上隴山，士卒散盡，遂入鷄頭山，尋爲追兵所害。　牛首山，在縣南二十三〔旁注〕五。里。南接終南山，在上林苑中。西京賦曰：繞黄山而款牛首。本志引三輔黄圖曰：甘泉宫有牛首山，南有萬層山，有小洞起於下，宛然若牛伏焉，左右兩泉，古傳爲牛乳，首東鎮清流，尾西盤胡嶺。其東有天齊廟，香火極盛，下爲金峯寺。　五牀山〔二〕，在縣境，漢書曰：鄠有五牀。　渭水，北去縣十七里。　豐水，經縣東二十八里，〔旁注〕通志：出南山。北流入渭。　玉水，北過上林苑入渭。　澇水，在縣西二里。説文曰：澇水出右扶風鄠〔三〕，北入渭。山海經曰：牛首之山，澇水出焉，西注於潏。李善注：文選曰：潦水即澇水也。漢書注：顔師古曰：潦水出鄠縣西南山潦谷，北流入於渭。〔旁注〕其水自山下經流二十里許，過縣城西爲津，又十餘里北入於渭。高觀谷水，在縣東南三十里，北流入長安縣界合豐水。〔旁注〕通志：出南山，北入豐水。太平谷水，在縣東南三十里，北流入長安縣界合豐水。十道志曰：太平谷水，一名林谷水，即清水水一作渠。之上流也，源亦出終南山。檀谷水，在縣南。十道志曰：長樂渠之上流也，源出縣南終南山檀谷。〔旁注〕通志：北入豐谷。甘谷水，在縣西南二十二里，北流入興平界合渭水。〔旁注〕本志云：在盩厔。府志：至甘河鎮入渭。唐書：高祖武德八年四月甲申，如鄠，獵於甘谷。耿谷水，在縣西南三十里，北流入興平界合渭水。扈陽谷水。十道志曰：一名扈水，又名馬腹陂水。水經注曰：扈水上承扈陽池。〔旁注〕王九思曰：今谷南有化羊谷水，蓋聲相近而誤。没猪泉，在縣東南二十里孫谷村〔四〕。圖經曰：按説文：猪，亦豬也，水所停曰豬。禹貢：大野既豬，彭蠡既豬〔五〕，滎波既豬。皆由水所停爾〔六〕。又曰：黑水、西河惟雍州；終南惇物，至于鳥鼠；原隰底績，至于豬野。今鄠縣實終南之隈〔七〕，没，汩没也，蓋泉澤即水所停爾。今旁有禹廟。渼陂，在縣西五〔旁注〕三。里，出終南山諸谷，〔旁注〕在縣西南十里丈八村。合朝一作胡。公泉爲陂。〔旁注〕胡公泉東北流，可溉田千頃不竭。説文曰：渼陂在京兆鄠縣，其周一十四里，西北流入澇水〔八〕。〔旁注〕唐寶曆二年，令尚食使收管，禁民無得采捕。文宗初，詔並還府縣。元末遊兵決水取魚，水去而陂落爲田，今爲民業云。

龍臺潭，在縣東北三十里。周二十五里，有唐馬祖壇在其中。十道志：上林有龍臺觀。上林賦曰：登龍臺，掩細柳。

八部澤，在縣東南一十八里，周五十里。滿地濼，在縣東北二十八里。周三里，即鎬水上源〔九〕，東北流入長安縣界馮席村。

甘亭，〔旁注〕即書所謂啓與有扈戰於甘之野是也。在縣西南五里。續漢書曰：在甘水之東長水鄉。漢有營校之地，胡騎所屯〔一〇〕。劉屈氂傳。

縣故城，在縣北一里。〔旁注〕城舊在縣南二里，隋大業十年，始徙今治。即漢鄠城也，周四里，縣枕終南山，豐鎬二水合流入渭，山水之勝甲於秦中。故班孟堅西都賦曰：商洛緣其隈〔一一〕，鄠杜濱其足。邵氏聞見後録：周之鎬京、豐宮、明堂、辟水，俱無復遺址，惟靈臺可辨，其崇才二十尺。

黃山宮。東方朔傳：武帝微行，西至黃山宮。在澇水入渭之下。

鍾官城，又名灌鍾城，在縣東北二十五里。〔旁注〕黃圖：鍾官在縣東北云云。秦始皇收天下兵器銷爲鐘鐻〔一二〕，此其處也。

周鄷宮，在縣東五里。在縣北豐水西，文王宮也。詩：既伐于崇，作邑于豐。左傳：康王有鄷宮之朝〔一三〕。注曰：其宮在今鄠縣。

秦萯陽宮，在縣西南二十三里。秦惠文王所起，漢宣帝甘露二年十二月，行幸萯陽宮。

隋太平宮，在縣東南三十里太平谷中。

隋甘泉宮，在縣西南二十二里，對甘泉谷。

周王季冢，在南山。

龍臺觀。上林賦：登龍臺，掩細柳。方輿記：在豐水西北近渭。

漢宜春觀，在縣西澇渼二水之間，漢武帝造。其在長安東南者爲宜春宮，與此不同。

【校勘記】

〔一〕苻生　「生」，底本脱，川本同，據滬本及長安志卷一五引十六國春秋補。

〔二〕五牀山　「牀」，底本、川本、滬本作「林」，據漢書郊祀志、長安志卷一五改。下同。

〔三〕右扶風　「右」，底本、川本、滬本脱，據説文水部補。

〔四〕孫谷村　「孫」，底本作「採」，川本、滬本同，據康熙鄠縣志卷二、圖書集成職方典卷四九三改。

〔五〕彭蠡既豬　「蠡」，底本脱，川本同，據滬本及尚書禹貢補。

〔六〕皆由水所停爾　「由」，底本、川本、滬本作「曰」，據長安志卷一五改。

〔七〕今鄠縣實終南之隈　「實」，底本、川本、滬本作「入」，據長安志卷一五改。

〔八〕説文曰至西北流入澇水　川本、滬本同。按説文無「渼」、「渼陂」。此誤。水經渭水注：「澇水際城北出合美陂水，水出宜春觀北，東北流注澇水。」楊守敬水經注疏云：「朱謀㙔美作渼。趙一清云：與美通，不必改也。」

〔九〕即鎬水上源　「鎬」，底本、川本、滬本作「高」，據長安志卷一五改。

〔一〇〕續漢書曰至胡騎所屯　川本、滬本同。按續漢書郡國志無「在甘水之東長水鄉」之文。漢書劉屈氂傳：「發長水及宣曲胡騎。」顔師古注：「宣曲，宫也，並胡騎所屯。今鄠縣東長水鄉即舊營校之地。」此「續漢書」爲「漢書」之誤。

〔一一〕商洛緣其隈　「洛」，底本、川本作「頟」，滬本作「嶺」，據文選西都賦改。

〔一二〕秦始皇收天下兵器銷爲鐘鐻　「鐘鐻」，底本作「鍾簴録」，川本作「鐘簴録」，滬本作「鐘簴」，據史記秦始皇本紀改。

〔一三〕康王有酆宮之朝　「康」，底本、川本、滬本作「唐」，據左傳昭公四年改。

藍田縣城，本名嶢柳城，以前對嶢山，其中多柳，因取爲名。〔旁注〕通鑑：晉桓温伐秦，苻健遣太子萇等帥衆五萬，軍於嶢柳以拒温〔一〕。劉裕伐秦至陜，沈田子等屯青泥，姚泓使給事黄門侍郎姚和都屯嶢柳〔二〕。水經注曰：泥水歷嶢柳城南，魏置青泥軍於城内，俗亦謂之青泥城。晉中興書曰：桓温伐苻健，遣京兆太守薛珍擊青泥城，破之，即其處也。城周八里，今縣城但止東南一隅而已，周三里餘八十步，凡三門。終南山，在縣南七十里。藍田山，在縣東南三十里。〔旁注〕周禮曰：玉之美者曰球，其次曰藍，縣出藍，故曰藍田。范子計然曰：玉英出藍田〔三〕，一名覆車山。郭緣生述征記：四山形如覆車之象，其山出玉，亦名玉山。後魏風土記曰：山巔方二里，下有神祠甚嚴，灞水之源出藍田谷西。又有尊盧氏冢，次北有女媧氏谷，則知此地是三皇舊居之所。蕢山，在縣東南二十五里。蕢，音蒯。倒虎山，一名玄象山，在覆車山東北。苻堅時，王子年始隱於東陽谷，後避石季龍之亂，徙於此。〔旁注〕隴西處士王嘉隱居倒虎山，在新豐縣南，詳見渭南，疑有誤。嶢山，在縣南二十里。七盤山，在縣南二十里。白鹿原，在縣西五里。〔旁注〕二里許，其頂平直如截，袤廣百五十里。其原接南山，西北入萬年縣界，抵滻水。晉書：苻雄與桓沖戰於白鹿原。晉中興書曰：桓温伐苻健，督護鄧遐等奮擊於白鹿原〔四〕。涼風原，一作風涼，在縣西南四十五里。南接石門山，北入萬年縣界。遁甲開山圖曰：驪山之西川有阜，名曰風涼原，亦雍州之福地，即魄山之陰也〔五〕。水經注曰：狗枷川水有二源，西川水出魄山之斫盤谷〔六〕，與苦谷二水合而東北流經涼風原〔七〕。 横嶺，在縣北三十五里。自臨潼驪山東入縣界，横接華州界。 桓公堆，在縣南二十餘里。晉書：桓温伐秦，苻健遣苻雄等拒温於愁思堆，後因名桓公堆。 綪坂，在縣東南。通典曰：七盤、十二綪，藍關之險路也。 傾谷，在縣東五十里。同谷在傾谷之西。 倒迴谷，在縣東南五十里。灞水上源出此谷，谷内有路通商州雒南縣界。 藍谷，在縣東南二十里。輞谷，在縣西南二十里。 採谷，在縣西南三十里，與輞谷並有細路通商州上洛縣。 石門谷，在縣西南四十里。唐昭宗乾寧二年，行莎城鎮，又次石門鎮之聖壽寺。 庫谷，在縣西南五十里，谷有關。 霸水，一作灞。古滋水也，亦名藍田谷水，即秦嶺水之下流也。東南自商州上洛縣界流入。〔旁注〕合藍田谷、岐谷、金谷、朝谷、白馬谷、傾谷、白牛谷諸水北入渭〔八〕。 漢書曰：霸水出藍田谷，北入渭。師古曰：滋水，秦穆公更名，以章霸功。 水經注曰：霸者，水上地名也，水出縣之藍田谷。圖經曰：其源出縣東南秦嶺倒迴谷，西北流九十里，出縣界，入萬年縣界鶱村，岸闊六十尺。十道志：霸水源出終南山金谷。 金谷水，出縣西南終南山之金谷。 水經注曰：水東北流注滻水，又北流歷藍田川，北注於霸。 劉谷水，一名泥水，出縣東南劉谷。 水經注曰：水出藍田山之東谷，俗謂之劉谷，西北與石門水合。 銅谷水，出縣東銅谷〔九〕。 水經注曰：石門谷東有銅谷水，合傾谷水西注泥水。白馬谷水，出縣東白馬谷，南流經縣南，又西北流入霸水。白牛谷水，出縣西北白牛谷，〔旁注〕合圍岐谷水。西南流入霸水。圍谷水，又岐谷水，出縣西南岐谷，南流入霸水。狗枷東川水〔一〇〕，出縣西南終南山。〔旁注〕合圍谷、岐谷、孟谷、大谷、雀谷、土門谷諸水爲一川西北流。水經注曰：上有狗枷堡，故名。又曰：狗枷東川水出南山之石門谷，次東有孟谷，次東有大谷，次東有雀谷，次東有土門谷，五水合而西北流，歷風涼原入萬年縣界。荆谷水，自白鹿原東流入萬年縣唐村界。〔旁注〕入滻水。輞谷水，出南山輞谷，北流入霸水。藍谷水，〔旁注〕在縣東二十里。自秦嶺西流經藍關、藍橋，過王順山下，出藍谷，西北流入霸水。傾谷水，〔旁注〕在縣東五十里。自秦嶺出，南流入霸水。採谷水，〔旁注〕在縣西南三十里。自秦嶺出，北流三十里入萬年縣界，入滻水。石門谷水，自秦嶺出，北流三十里入萬年縣界，入滻水。庫谷水，〔旁注〕在縣西南五十里。自南山出，北流入萬年縣界，合滻水。蓼子澗，在縣南三里。出南山，西北流合輞谷水，入霸水。

藍田關，在縣東南九十八里，即秦嶢關也。漢書曰：趙高遣將將兵距嶢關。應劭曰：嶢，音堯。嶢山之關〔一一〕。李奇曰：在上洛北，藍田南，武關之西。沛公引兵繞嶢關，逾蕢山，擊秦軍，大破之。後周明帝武成元年，徙青泥故城側，改曰青泥關。武帝建德三年，改爲藍田關，因縣爲名。隋煬帝大業元年，徙復舊所，即今關是。昆吾亭，在縣境西南。漢宣帝、霍皇后葬亭之東。藍田故城，在縣西三十里。白鹿故城，在縣西十五里。周玉山故城，在縣東二十五里。唐玉山故城，在縣東四十三里。寧民故城，在縣東南三十二里。思鄉城，一名柳城，在縣東南三十三里。舊説宋武帝入關，築城於此，南人思鄉，因名之。又以城旁多柳，故曰柳城。漢御羞苑、鼎湖宫，皆在縣境。唐萬泉宫，儀鳳三年建。萬金宫，在縣東四十五里。開耀三年，詔新造涼宫爲萬金宫。鷄谷，在縣東。其地宜粟。杜詩曰：盤剥白鷄谷口粟。即此。漢御羞苑，在縣西南。如淳曰：其土肥沃，多出御物可進者〔一二〕。鼎湖宫，在縣東玉山，有後秦鼎湖、萬金等宫。

【校勘記】

〔一〕苻健遣太子萇等帥衆五萬軍於嶢柳以拒温　「拒」，底本、川本、滬本作「桓」，據通鑑卷九九改。

〔二〕姚泓使給事黄門侍郎姚和都屯嶢柳　「泓」，底本、川本、滬本作「永」，據通鑑卷一一八改。

〔三〕玉英出藍田　「英」，底本、川本、滬本作「美」，據長安志卷一六改。

〔四〕督護鄧遐等奮擊於白鹿原　「遐」、「奮」，底本、川本、滬本作「遊」、「奪」，據長安志卷一六改。

〔五〕魄山　「魄」，底本、川本、滬本作「硯」，據長安志卷一六引遁甲開山圖改。下同。

〔六〕斫盤谷　「斫」，底本、川本、滬本作「研」，據水經渭水注改。

〔七〕苦谷二水　「苦」，底本、川本、滬本作「若」，據水經渭水注改。

〔八〕白牛谷　「白」，底本作「句」，川本同，滬本此文全缺，據長安志卷一六改。下文白牛谷水條改同。

〔九〕銅谷　「銅」，底本、川本、滬本作「鋼」，據長安志卷一六改。下同。

〔一〇〕狗枷東川水　「狗」，底本、川本作「拘」，據滬本及長安志卷一六改。下同。

〔一一〕嶢山之關　「關」，底本、川本作「間」，據滬本及漢書高帝紀顔師古注引應劭曰改。

〔一二〕多出御物可進者　「者」，底本、川本無，據滬本及漢書百官公卿表顔師古注引如淳曰補。

醴泉　九嵕山，在縣西四十〔旁注〕西北六十。府志：東北五十。里。漢書地理志曰：谷口縣九嵕山在西。四夷郡國縣道記曰〔一〕：九嵕山東連仲山，西當涇水出山之處，高六百五十丈，周十五里。〔旁注〕舊唐書薛頤傳：上表請爲道士，太宗爲置紫府觀於九嵕山。武將山，在縣西北五〔旁注〕三。十里。一作五將，一名憑山。承陽山，在縣西北七十里。〔旁注〕北六十。山下有石泉，〔旁注〕左右有水，今流入泔河。三輔黄圖所謂浪水。温宿嶺，在縣北。〔旁注〕東北。本志：東南。漢時温宿國人來朝内附，令居此地田牧，因以爲名。通志：即前漢末辛孟隱處。苻秦時，童謡所謂帝出五將久長得，亦此山也。宋長安志載之，長安縣諸志踵之，皆誤，合正之。仲山，在縣東北七十里。白渠，在縣東北七十里。洪口堰，在縣東北六十里。甘谷，在縣西八十里。涇水，自乾州永壽縣西北流入縣界，〔旁注〕東流入涇陽界。書禹貢曰：涇屬渭汭。屬，隸也，水北曰汭，言涇水注入渭。詩曰：涇以渭濁，湜湜其沚。漢書注：顔師古曰：涇水出安定涇陽笄頭山，東至陽陵入渭。水經注曰：涇水導源安定朝那縣西笄頭山，秦始皇巡地，西出笄頭山〔二〕，即是山也，蓋大隴之異名。北史曰：苻堅以關中水旱不時，議依鄭、白故事，發王侯以下及豪望富室僮隸三萬人〔三〕，開涇水上源，鑿山起堤，通渠引瀆以溉潟鹵之田〔四〕，百姓賴其利。泔河，〔旁注〕源出永壽縣界〔五〕，經乾州東北入。在縣東五十里。縣西北甘北鎮，至縣東北經甘渡入涇水〔六〕。

谷口城，在縣東北四十里，漢縣也。溝洫志曰：田於何所？池陽、谷口。即此城也。郊祀志：公孫卿言黃帝升仙於寒門。水經注曰：浮水出山之處，在九嵕山東，仲山之西，謂之谷口，即古寒門也。〔旁注〕漢鄭子真隱居於此。本志：七十里〔七〕。按雲陽縣谷池水所出，謂之谷口，未詳孰是。〔旁注〕府志：池陽谷水，在縣東七十里。

唐太宗昭陵，在縣西北六十〔旁注〕府志：東北四十。里九嵕山，白鹿、長樂、瑤臺三鄉界，古逢蒲村，下宮去陵一十八里，封内周一百二十里。陪葬諸王七，公主二十一，妃嬪八，宰相一十三，丞、郎三品五十三，功臣大將軍以下六十四，所乘六駿石像在陵後〔八〕。肅宗建陵，在縣東北一十八〔旁注〕北三十。里武將山，修文鄉劉村四十里，下宮去陵五里，陪葬功臣汾陽王郭子儀。

【校勘記】

〔一〕四夷郡國縣道記　「縣」，底本缺，川本同，據滬本及長安志卷一六補。

〔二〕西出笄頭山　「出」，底本、川本作「并」，滬本作「至」，據寰宇記卷六三、長安志卷一六引水經注改。

〔三〕發王侯以下及豪望富室僮隸三萬人　「王」，底本、川本、滬本作「五」，據晉書苻堅載記改。

〔四〕通渠引瀆以溉舄鹵之田　「瀆」，底本、川本作「續」，據滬本及晉書苻堅載記改。

〔五〕源出永壽縣界　底本、川本前別有「上流從乾州界經」七字，據滬本刪。

〔六〕東北經甘渡入涇水　底本、川本「東北經甘渡」下衍「合」字，據滬本及長安志卷一六刪。

〔七〕本志七十里　「里」，底本無，川本同，滬本作「府志：池陽谷水在縣東七十里」。又，紀要卷五三：谷口城，在醴泉縣東北七十里，「即古之寒門也」。據補「里」字，「七十」之前蓋脱「東北」二字。

〔八〕所乘六駿石像在陵後　「六」，底本、川本作「大」，據滬本及長安志卷一六改。

涇陽　石安原，在縣西南七里。崇二十丈，東西三十八里，南入咸陽縣界。崔鴻前秦録曰：苻健攻張琚於宜秋，還登石安原而嘆曰：美哉！斯原也。悵然有終焉之志。〔旁注〕府志：畢原綿亘二三百里，其北陲傍涇者，入縣境內可數十里，一名石安原，後趙石勒置石安縣。　長平坂，在縣西南五十里，俗名眭城坂。東方朔記曰：其地秦故獄處。　涇水，在縣西北。自池陽縣界來，東南入高陵縣界。〔旁注〕自縣西北仲山、九嵕山間出口〔一〕，迤邐東流入高陵界。　白渠，在縣西北六十里。堰涇水入焉，西自雲陽縣界來，東入高陵縣界。十道志曰：太白〔二〕、中白、南白謂之三白渠，渠上斗門四十八。元和郡縣圖志曰：太白渠，在縣東北十里；中白渠，首承太白渠，東流入高陵縣界；南白渠，首承中白渠，東南流，亦入高陵縣界。隋志有茂農渠，疑即此。　三限口，在縣東北，分南北三渠處。　焦穫澤，一名藪。在縣西北，亦名瓠口。爾雅十藪，周有焦穫。郭璞曰：今扶風池陽縣瓠中是也。詩曰：玁狁匪茹，整居焦穫。謂此也。史記：鄭國鑿涇水，自中山西抵瓠口爲渠〔三〕。水經注曰：涇水東南流經瓠口，鄭、白二渠出焉，凡溉田萬頃。 龍泉陂，在縣南三里。周六里，多蒲魚之利。 秦望夷宮，在縣東南八里。史記曰：秦二世夢白虎齧左驂馬，殺之。卜：涇水爲祟。二世乃齋望夷宮而欲祀之。 漢池陽宮，在縣西北八里。宣帝甘露二年，上自甘泉宿池陽宮。上登長平坂，詔單于入謁，蠻夷君長王侯數萬咸迎於渭橋下，夾道東西。上登渭橋，咸稱萬歲。長平觀，在縣東南九里。 洪池監，在縣西北五十里，掌三白渠。 迎冬驛，在廣吉鄉。十道志曰：舊池陽城，俗名迎冬城，後爲驛，今廢。

【校勘記】

〔一〕九嵕山 「九」，底本、川本、滬本脱，據紀要卷五三、清統志卷二二七補。

〔二〕太白 「太」，底本缺，川本同，據滬本及長安志卷一七引十道志補。

〔三〕中山 底本、川本、滬本作「仲山」，據史記河渠書改。

高陵 奉政原，在縣南一十一里。東西長三十里，南北闊三里。 鹿苑原，在縣西南三十里。東西長一十五里，南北闊一里。三輔黃圖曰：安陵有菓園，名鹿苑〔二〕。 涇水，西南來自涇陽縣界，合渭水。　渭水，在縣西南二十里。來自咸陽界，流入櫟陽界。　白渠，自涇陽縣界三限下中限爲一渠，流至縣界彭城南下分爲四渠〔二〕，並溉民田。唐寶曆元年，令劉仁師請更水道，渠成，名劉公渠、彭城堰。　中南渠，東西長三十五里。　禑南渠，東西長四十里。　中白渠，東西長三十里。四渠下流並入櫟陽縣界。

古縣城，一在縣西一里，後漢左馮翊自長安出治高陵；一在縣西南，魏黄初元年，改爲高陸縣治所。　唐龍躍宮，在縣西十四里。唐神堯舊宅，武德六年，以奉義宮建龍躍宮，德宗改爲修真觀，内有神堯真容〔三〕、仙井、靈柏。梁開平中廢。

【校勘記】

〔一〕安陵有菓園名鹿苑　「菓」，底本、川本、滬本作「梁」；「苑」，底本、川本作「原」，滬本作「苑」，據三輔黄圖卷六、長安志卷一七改。

〔二〕流至縣界彭城南下分爲四渠　「彭」，底本、川本作「鼓」，據滬本及長安志卷一七改。又「南」，底本、川本、滬本同，長安志作「兩」。

〔三〕神堯　底本、川本、滬本作「高祖」，據長安志卷一七改。

渭南　靈臺山，在縣東南三十五里。　倒獸山，一名玄象山，在縣東南三十七里。十六國春秋曰：王嘉，字子年，隱於東陽谷，鑿崖穴而居，弟子傳業者數百人，亦皆穴處〔一〕。石季龍兵亂，棄其徒衆至於長安，潛隱終南山，結庵廬而止，門人聞而復隨之，乃遷於倒獸山。廣鄉原，在縣東南十里。水經注曰：東陽水、西陽水並南出廣鄉原北垂。新豐原，一名青原，在縣西南二十里。水經注曰：泠水經陰槃〔二〕、新豐二原之間。按今泠水經此原之右〔三〕。渭水，〔旁注〕在縣北。西自臨潼縣界流入，去縣四里，東流入鄭縣界〔四〕。酋水，出縣西南石樓山。水經注曰：酋水出倒獸山，南總五水，單流北注，經秦步高宮東，歷新豐原東，而北經步壽宮西入渭〔五〕。東陽谷水，出縣東南廣鄉原北。〔旁注〕並注於渭。杜化谷水，出縣西南。〔旁注〕在縣西南十里。零谷水，出縣西，在縣西步高宮東，歷新豐原，又北經步壽宮復入渭〔六〕。漕渠，在縣北一里，來自臨潼縣界，東入鄭縣界，今涸。

鴻門亭，即漢高帝見項羽之處，大道北下坂口名。半日村。太平寰宇記曰：此村以山高蔽虧陽景，常照其一半。風門。三秦記曰：在新豐縣東南。兩阜相對，其所多風。縣故城，在縣城北。括地志曰：渭南故城，在縣治東南四里，西魏文帝大統十六年築。按縣故城疑苻堅所置渭南縣，括地志所引當是南新豐縣。秦步高宮，一名市邱城，在縣西南三十里。秦步壽宮〔七〕，在步高宮西。西魏孝武帝雲陵，在縣東二十里廣鄉原上，石人虎猶存。隋崇業宮，在縣東十五里，煬帝大業二年置。唐遊龍宮，在縣西一十一里。兩京道里記曰：唐開元二十五年，敕兩京行宫遠近不等，宜令將作大匠康誓與州縣均融修葺，取黑龍飲渭名之，今有遺址。

【校勘記】

〔一〕亦皆穴處 「皆」，底本、川本、滬本作「有」，據長安志卷一七引十六國春秋改。

〔二〕陰槃 底本、川本、滬本作「盤」，據水經渭水注改。

〔三〕經此原之右 「右」，底本、川本、滬本作「左右」，據長安志卷一七删「左」字。

〔四〕東流入鄭縣界 「鄭」，底本、川本、滬本作「鄭華」，據長安志卷一七删「華」字。

〔五〕經步壽宫西入渭 「步」，底本、川本作「萬」，據滬本及水經渭水注改。

〔六〕又北經步壽宫復入渭 「步」，底本、川本作「萬」，據滬本及長安志卷一七改。

〔七〕秦步壽宫 「步」，底本、川本作「萬」，據滬本及三輔黄圖卷一改。

蒲城 豐山，在縣西北三十里，一名蘇愚山。金粟山，在縣東北三十里。白堂山，在縣東北三十五里。金熾山，在縣西北二十里。堯山，一名浮山，在縣北二十里。舊圖經曰：昔堯時洪水爲災，諸山盡没，唯此山若浮，因以爲名。重山，在堯山前。舊圖經曰：以其與堯山有重疊之象，故名。洛谷水，在縣東〔旁注〕東北。五十里。由白水縣東南流一百里，入同州馮翊縣界注渭。白鹵泄渠，在縣南四十里。白鹵鹽池連東入沮水，闊五十尺，深二丈，蓋鹵水泛漲流注，故曰鹵渠。東鹵池，在縣南二十里。漢書：宣帝微時，常困於蓮勺鹵中。如淳曰：蓮勺有鹽池，縱廣十餘里，其鄉人名曰鹵中。服虔曰：鹵中，或曰澤中。孟康曰：蓮勺縣西北也。按漢蓮勺縣在此縣東南下邽縣界，今此謂鹵中，未詳。唐大曆十二年〔一〕，東池生瑞鹽，後敕禁斷，鹽不復生。西鹵池，在縣西〔旁注〕西南。四十里。近池時産硝，或偶爲鹽。

重泉故城，在縣南五十里。秦簡公置，漢因之，莽曰鋼泉，後漢復舊，後魏省。蒲城，在縣東三十里。西魏廢帝三年，改白水爲蒲城，縣以此名。故同州城，〔旁注〕在縣南五十里。即漢祋祤城。〔旁注〕馮翊。賈城，在縣西南一十八里，古之賈國。左傳：芮伯、梁伯、賈伯伐曲沃。是。

晉穆公寨，在沮水東岸，相去五里。晉太子虛糧寨，在縣東北六十五里沮水西岸。史記晉世家曰：晉穆侯七年，伐條，生太子仇。杜預曰：條，晉地。漢地理志褱德縣：禹貢北條荊山在南〔二〕。按今朝邑縣西南有懷德故城，即古條近焉。「虛糧」，史傳無聞。唐睿宗橋陵，在縣西北二十〔旁注〕北三十。里豐山宣化鄉積善村。陪葬太子三，公主三。玄宗泰陵，在縣東北三十里金粟山懷仁鄉散母村，下宮去陵五里，陪葬贈揚州大都督高力士。憲宗景陵，在縣東北一十三〔旁注〕三十。里金熾山豐陽鄉吳村。穆宗光陵，在縣北二十里堯山西案嶺〔三〕。圖經：在金熾山。陵廟記：在浮山。寧康鄉普濟、延興二村，下宮去陵五里。讓皇帝惠陵，在縣北一十五里胡村，玄宗兄寧王憲墓。

【校勘記】

〔一〕唐大曆十二年　「大曆」，底本、川本、滬本及長安志卷一七作「大德」。按唐無「大德」年號，因據乾隆蒲城縣志卷二改。又按舊唐書文宗紀：太和二年，度支奏：「京兆府奉先縣界鹵池側近百姓，取水柏柴燒灰煎鹽，每一石灰得鹽一十二斤一兩，亂法甚於鹹土，請行禁絕。今後犯者據灰計鹽，一如兩池鹽法條例科斷。從之。」當即其事，則作「太和二年」爲是。

〔二〕北條荆山在南　「北」，底本、川本作「比」，據滬本及漢書地理志引禹貢改。

〔三〕西案嶺　「案」，底本、川本作「崇」，據滬本及長安志卷一八改。

盩厔　終南山，去縣三十里。〔旁注〕在縣南。　沉嶺，在縣南五十里。漢後主延熙二十年〔一〕，大將軍姜維率衆出駱谷，經沉嶺。　底保谷，今名車谷，在縣西南三十五里。車谷東三里爲程登谷，亦名程谷。　韋谷，在縣西南五十里。　西駱谷，在縣西南三十里。谷南八十里爲十八盤，又南下十里至河底爲故駱谷關，又南通洋縣〔二〕。　駱谷東七里爲熨斗谷。熨斗谷東七里爲黑水谷，即芒谷水，見下。　田谷，在縣東三十五里。　洛谷，在縣南三十里，有道入洋州。　渭水，在縣北五里。自郿縣界來，流入興平縣界。　芒水。水經注曰：出南山芒谷，逕玉女房水側，山際有石室，世謂之玉女房，又北逕縣之竹圃〔三〕，中分爲二水。漢孺子詔曰：翟義作亂於東〔四〕，霍鴻負倚盩厔芒竹。顔師古曰：芒竹在盩厔南界，芒水之曲而多竹林也，即今司竹園是其地矣。芒，音亡。一水東北爲枝，一水北流注渭。即今洞室〔五〕，則知芒水色黑，故俗呼爲黑河，因以芒谷爲黑水谷。谷南三里爲仙遊潭，今呼爲黑龍潭，潭北爲玉女洞，今有羅漢洞，東側有馬融讀書石室，前有臺，方一畝，爲讀書臺。圖書曰：漢馬融所築。又南六十里爲金井，又南一百二十里爲秦嶺，又南六十里爲柴家關，又西一百五十里至洋縣界。

韓水，在縣北三十里。出終南山蒲澗，北流二十五里入渭。

沙河，在縣東二里，自終南山北流經縣界三十五里入渭。

曲河，在縣西五里。其水亂泉水合之北流入渭。

田谷河，在縣東南三十五里。出終南山下，北流入黑水河。水經注有田溪水。疑即此。

黑水河，在縣東二十里。出終南，北流入渭，其水黑色。

漆渠，在縣南五里。

韋谷水，正流西經鄠地〔六〕，東引支流爲韋谷渠。

韋谷渠，在縣西南三十五里，自南山流下至清化店〔七〕。太平寰宇記：漳水，在縣東北五里。疑是此。

靈軹渠，在縣界，漢武帝穿。即今界上鋪處，徑塞無迹〔八〕。

望仙澤，在縣東南三十七里，周一十里。雍州記曰：望仙澤，在盩厔縣東南。周地圖記曰：望仙宮南澤中，有石盤龍兩所，鱗甲動，有雲氣，聲如鳴鐘。水經注曰：槐里東漏水，又北歷葦圃西，亦謂之仙澤。元和郡縣圖志曰：中有龍尾堆。

終南故城。郡國記曰：即漢盩厔城也。〔旁注〕通志：在縣東三十里，舊縣東。

宜壽城，在縣西一

里。唐天寶初改盩厔曰宜壽，後復舊。司竹監。本志：在縣東十五里。穆天子傳曰：天子西征至元池，奏廣樂三日〔九〕，是曰樂池，乃植之竹，後廢爲民居，今□谷紅石洞有石盤龍，疑即此也。史記曰：渭川千畝竹。漢謂秦地有鄠、杜竹林〔一〇〕。晉地道記：司竹都尉，治鄠縣，其園周百里，以供國用。唐置監丞掌之。隋義寧元年，唐高祖起兵，其第三女平陽公主舉兵於司竹園，號「娘子軍」。舊唐書柴紹傳：時有胡賊何潘仁聚衆於司竹園〔一一〕，公主遣家僮馬三寶説之，攻鄠縣，陷之。漢書王莽傳注：師古曰：芒竹在盩厔南界，芒水之曲而多竹林〔一二〕，即今司竹園是其地。斑竹園，在縣東二十里。周數頃餘，隸秦府，其大如椽，其密如簣〔一三〕。葦園，在縣東南三十里，周二十頃。今廢。駱谷關，在縣西南一百二十里。唐武德七年，開駱谷道以通梁州，在今關北九里，貞觀四年徙於此。古駱谷道，漢、魏舊道也，南通蜀漢。魏略曰：少帝正始四年〔一四〕，曹爽伐蜀，諸軍入駱谷三百餘里，不得前，牛馬驢驘以轉運死略盡〔一五〕。魏志曰：少帝甘露三年〔一六〕，蜀將姜維出駱谷，圍長安，即此谷道也。後廢塞，唐武德七年復開，東北自鄠縣界，西南經縣西南入駱谷，出駱谷入洋州興勢縣界。秦長楊宮，在縣東南三十三里。水經注曰：漏水出南山赤谷，東北流經長楊宮東。本秦離宮，漢因之。近宮有長楊千株，故名。秋冬校獵〔一七〕，天子於上臨觀焉。射熊館，在長楊宮。漢成帝元延二年冬，行幸長楊校獵，揚雄從至射熊館，還，上長楊賦。漢五柞宮，在縣東南三十八里。漢書：武帝後元二年，幸盩厔，作五柞宮。隋宜壽宮，在縣東南三十三里。〔旁注〕府志：西南三十里。隋志又有文山〔一八〕、鳳凰等宮。仙遊宮，在縣南三十五里。舊圖經曰：隋文帝避暑於此，後廢爲寺。寺東有玉女洞，洞南有馬融讀書石室，室前有讀書臺。

【校勘記】

〔一〕延熙二十年　「熙」，底本、川本、滬本作「熹」，據三國志蜀書後主傳改。

〔二〕又南通洋縣　「洋」，底本、川本、滬本作「津」。按明盩厔縣南爲洋縣，無「津縣」，「津」當爲「洋」之誤，因據改。

〔三〕又北逕縣之竹圃　「圃」，底本、川本、滬本作「園」，據水經渭水注改。

〔四〕翟義　「義」，底本、川本、滬本作「儀」，據漢書翟義傳改。

〔五〕即今洞室　川本、滬本同。按此文與上下文不合，水經渭水注云芒水「亦名黑水」，是疑「即今洞室」爲「亦名黑水」之誤。

〔六〕正流西經鄠地　「鄠」，底本、川本作「郡」，據滬本及清統志卷二二七改。

〔七〕清化店　「清」，底本、川本作「青」，據滬本及長安志卷一八改。

〔八〕徑塞無迹　「徑塞」，底本、川本作「涇寨」，據滬本改。

〔九〕奏廣樂三日　「日」，底本、川本作「百」，據滬本及穆天子傳卷二改。

〔一〇〕漢謂秦地有鄠杜竹林　「漢」，底本、川本同，滬本作「漢書」。滬本是，見漢書地理志。

〔一一〕何潘仁　「潘」，底本作「溥」，川本、滬本同，據舊唐書柴紹傳改。

〔一二〕漢書王莽傳注至芒水之曲而多竹林　「芒竹」，底本作「司竹」，川本、滬本同；「曲」，底本、川本脱，滬本有；「而」，底本、川本作「西」，滬本無。漢書翟方進傳顏師古注：「芒竹在盩厔南界，芒水之曲而多竹林也。」據以改補，此「王莽傳」應作「翟方進傳」。

〔一三〕其密如簣　「密」，底本、川本作「蜜」，據滬本改。

〔一四〕少帝正始四年　川本、滬本同。按三國志魏書曹爽傳：「正始五年，爽乃西至長安，大發卒六七萬人，從駱谷入。」蜀書王平傳：延熙七年春，「魏大將軍曹爽率步騎十餘萬向漢川，前鋒已在駱谷。」蜀延熙七年當魏正始五年。此「四年」爲「五年」之誤。

〔一五〕牛馬驢羸以轉運死略盡　「羸」，底本、川本作「贏」，據滬本及長安志卷一八引魏略改。三國志魏書曹爽傳作「轉輸不能供，牛馬騾驢多死」。

〔一六〕少帝甘露三年　川本、滬本同。按三國志蜀書姜維傳：延熙二十年，姜維「復率數萬人出駱谷，徑至沈嶺」。長安「衆皆惶懼」。蜀延熙二十年當魏甘露二年。通鑑卷七七亦繫此事於甘露二年。此「三年」爲「二年」之誤。

〔一七〕秋冬校獵　「獵」，底本、川本作「緑」，據滬本改。

〔一八〕文山　底本、川本、滬本作「文安山」，據隋書地理志删「安」字。

奉天。〔旁注〕今乾州。唐書曰：建中元年五月，築奉天城。四年十月，德宗避難於奉天。初，術士桑道茂請城奉天爲王者之居，外象龜形，内分六街。德宗素神道茂言，遂命京兆尹嚴郢發衆數千與六軍士雜往城之。時屬盛夏而土功大起，人莫知其故，至播遷都彼，乃驗朱泚之亂〔一〕。　青梧觀。水經注曰：南山耿谷水北流與柳泉合〔二〕，東北經五柞西。長楊五柞二宮相去八里〔三〕，中有青梧觀。西京雜記曰：觀前有三梧桐樹〔四〕，下有石麒麟二枚，刊其脅爲文字〔五〕，是秦始皇驪山墓上物。　梁山，即禹貢所謂治梁及岐。又古公亶父逾梁山，至於岐下，及秦立梁山宮，皆此山也。按此山當在左馮翊夏陽縣。　莫谷水，在縣西北五里。自永壽縣麻亭嶺流經縣三十里，西南入武功縣界。　甘谷水，在縣東北二十里。自永壽縣温秀嶺流經縣東北四十里入醴泉縣界，合涇水。

漢好畤故城，在縣東北七里岑陽鄉。　唐好畤故城，在縣西北六里。　唐高宗乾陵，在縣西北五里梁山鄉丈八、青仁、埪子三村界。隨葬太子二，諸王三，公主四，諸臣八。上有述聖碑，武后御製，今仆，文缺。　僖宗靖陵，在縣東北一十五里岑陽鄉雞子堆，下宮去陵五里，與乾陵相接，隔豹谷。

【校勘記】

〔一〕乃驗朱泚之亂　「驗」，底本、川本、滬本作「有」，據長安志卷一九引舊唐書改。

〔二〕南山耿谷水北流與柳泉合　「水」，底本、川本、滬本脱，據水經渭水注補。

〔三〕長楊五柞二宮相去八里　「相去」，底本、川本作「之」，據滬本及水經渭水注改。

〔四〕三梧桐樹　「三」，底本、川本、滬本作「二」，據西京雜記卷三改。

〔五〕刊其脅爲文字　「脅」，底本、川本、滬本作「陽」，據西京雜記卷三改。

華原。〔旁注〕今耀州。　牛耳山，在縣北六十里。　風孔山，在縣東五里。　石門山，在縣西北八十里。　安君山，在縣東五里。　樹子山，在縣北四十里。　石皐山，在縣北四十里。把樓山，在縣北四十五里。　土門山，在縣東南四里。　水經注曰：宜君水東南出土門山西〔一〕。　三石山，在縣北六十八里。　玉女山，在縣西北六十里。　清水谷，在縣西三十五里石門鄉。十道志：一名鬼谷。　晉太康地記：扶風池陽縣有鬼谷先生所居。今按此地即池陽之境。又司馬彪曰鬼谷在嵩山，虞喜志林在隴關，裴秀雍州記在池陽，未知孰是。　其水自縣西北雲陽縣界來，經縣八十里，南流入三原縣界。　漆水，自縣東北同官縣界來〔二〕，經縣一十五里，南流入富平縣界合沮水，俗名石川水。　周太王去豳度漆，逾梁山，止岐下，故詩曰：自土沮漆。又曰：率西水滸，至于岐下。　書曰：導渭自鳥鼠同穴，東會于灃，又東會于涇，又東過漆、沮，入于河。　正義曰：漆水出扶風漆縣西。　山海經曰：涇、渭合流三百里，清濁不相雜，東合漆沮水，至漳津入于河〔三〕。　又曰：羭次之山〔四〕，漆水出焉，北流注于渭〔五〕。　水經注曰：渭水東過華陰縣北，洛水入焉。閼駰以爲漆沮之水〔六〕。沮水，自縣西北邠州界來，經縣九十五里，南流合漆水，入富平縣界石川河。澗谷河水，來自縣西北孝義鄉焦眥村，南流七十里，入三原縣界。濁谷河水，自縣西北孝義鄉大海村來，經縣四十五里，南流入三原縣界。

祋祤故城，在縣東北一里。漢步壽宮，在縣東北五里。漢宣帝神爵二年〔七〕，鳳凰集祋祤縣。鳳凰集處得玉寶，乃起步壽宮。按秦亦有步壽宮，名同而地異也。唐永安宮，長安二年置。

【校勘記】

〔一〕宜君水東南出土門山西　「西」，底本、川本脱，據滬本及水經沮水注補。

〔二〕自縣東北同官縣界來　「官」，底本、川本作「友」，據滬本及長安志卷一九改。

〔三〕山海經曰至至漳津入于河　川本、滬本同。按今本山海經無此文。疑誤。

〔四〕揄次之山　「揄」，底本、川本、滬本作「榆」，據山海經西山經改。

〔五〕北流注于渭　「注」，底本、川本、滬本作「至」，據山海經西山經改。

〔六〕閼駰　「閼」，底本、川本作「闕」，滬本作「闞」，據水經渭水注改。

〔七〕漢宣帝神爵二年　「宣」，底本、川本脱，據滬本補。

富平　荊山，在縣西南一十里。今名堀陵原。書曰：荊岐既旅。又曰：導岍及岐〔一〕，至于荊山。孔安國曰：荊在岐東，非荊州之荊也。方輿記：昔黃帝鑄鼎於此山。帝王世紀：禹鑄鼎於荊山，在馮翊懷德之地，今山下有荊渠。〔旁注〕左馮翊懷德縣南，即富平南堀陵原是也。雍陽略：按通志此原即唐之獻陵，非山也。四夷郡縣圖記謂黃帝鑄鼎處在今三原縣嵯峨山，蓋嵯峨即荊山，舊志以獻陵原爲荊山，誤。　壇山，在縣西北三十五里。　天乳山，在縣西北二十五里。〔旁注〕西三十里。　兩峯相對類乳形。　高陽峯，在縣西北三十五里。　羊蹄原，在縣東南三十里。　中華原，在縣南三十里。巔有華原，南頭有華陽鎮。　北虜原，在縣西北一十里。其下爲北虜川，今軍寨地，即張浚戰處。　八公塠，在縣東南二十五里。〔旁注〕東四十。府志：三十五里。　其塠兩畔各有一小谷象八字，中心有塠象公字，因以爲名。　北虜川，在縣東北五里。　薄臺川，在縣南五〔旁注〕八。里。　漆沮水，在縣西北四十五里，亦名石川水。自華原縣界來，經義亭、脾陽、豐潤三鄉〔二〕。石川河昔年至朝邑入渭，今至交口入渭。　澤多泉，在縣西一十三里永閏鄉溫泉村。東入薄臺川三十里，東南入漆沮河，溉民田。　鹽池澤，在縣東南二十五里，周二十里。　鄭國渠，在縣南二十里。自涇陽縣東流本縣。　史記曰：秦既有事山東，欲兼并諸侯，諸侯益懼。韓惠王聞秦之好興利，欲罷之，毋令東伐，乃使水工鄭國閒說秦，令鑿涇水自中山西邸瓠口爲渠〔三〕，並北山東注洛徐廣曰：出馮翊懷德縣。　三百餘里，欲以溉田。中作而覺，秦欲殺鄭國。鄭國曰：始臣爲閒，然渠成亦秦之利也。韓延數年之命，爲秦開萬世之利也。王以爲然，卒使就渠。渠就，用注填閼之水，溉澤鹵之地四萬餘頃，收皆畝一鍾。於是關中爲沃野，無凶年，秦以富强，卒幷諸侯，因命曰鄭國渠。

北白渠，亦名大白渠，在縣南二十里。漢書：武帝太始二年，趙中大夫白公復穿渠，引涇水，首起谷口，尾入櫟陽，師古曰：谷口，即今雲陽縣治谷是。注渭中，袤二百里，溉田四千五百餘頃，因名曰白渠。民得其饒，歌之曰：田於何所？池陽、谷口。鄭國在前，白渠起後。舉臿爲雲，決渠爲雨，涇水一石，其泥數斗。且溉且糞，長我禾黍。衣食京師，億萬之口。按白渠西自三原縣界來流經縣，溉脾陽、大澤、豐潤三鄉民田四十里，有斗門一十五所，其水東入漆沮河。唐永徽六年，雍州長史長孫祥奏言：往日鄭白渠溉田四萬餘頃，今爲富商大賈競造碾磑，止溉一萬許頃。於是高宗令分檢渠上碾磑，皆毀撤之。未幾，所毀皆復。廣德二年，尚書工部侍郎李栖筠復陳其弊，代宗亦命拆去私碾磑七十餘所。歲餘，栖筠出常州，私制如初。至大曆中，水利所及六千二百餘頃。元和郡縣圖志曰：白渠首起谷口，尾入櫟陽，溉田四千五百餘頃。後周書賀蘭祥傳：太祖以涇、渭溉漕之處渠堰廢毀，乃命祥修造富平堰，開渠引水東注於洛，民獲其利。

偃武渠，在縣西北四十五里義林鄉。來自華原縣界，流經縣，溉民田八里。

白馬渠，在縣西北四十里義林鄉信義村。引漆沮河水溉民田一十五里。分爲小白馬渠。

長澤渠，在縣西北三十里義林鄉西陽村，引漆沮河水溉民田一十五里。

高望渠，在縣西北二十五里義林鄉閆村〔四〕，引漆沮河水溉民田三里。　文昌渠，在縣西北一十七里永閏鄉，自義林鄉引漆沮河水溉民田一十里。　石水渠，在縣西北二〔旁注〕三。十五里，引漆沮河水溉民田一十里。　永濟渠，在縣西北二十五里，引漆沮河水溉民田一十二里。府志。　陽渠，〔旁注〕陽九〔五〕。在縣西南二十八里，引漆沮河水溉民田一十五里。　直城渠，在縣西南二十里，引漆沮河水溉民田二十里。　龍門堰，在縣西南二十里。　石川堰，在縣南二十里。　常平堰，在縣東南二十五里。　懷德故城，在縣西一十五里。〔旁注〕西南五里。　漢書曰：懷德縣，屬左馮翊。禹貢北條荆山在南，下有强梁原。洛水東南入渭，雍州寖。

直市城，在縣西南一十五里。〔旁注〕東北六十里。事見漢宮室街陌下〔六〕。　雨金堡，在縣東南三十里。東有雨金泊。史記：秦獻公十八年，雨金櫟陽。後因名堡，按其地古櫟陽縣界。　西魏文帝永陵〔七〕，在縣東南三十里中華原上。　後周文帝成陵，在鳳凰山南。山陵考：西魏文帝陵〔八〕，在縣東三十里。　後周文帝成陵〔九〕，在縣北十五里，舊有廟。　唐中宗定陵，在縣西北一十五里龍泉山陵廟記：在縣東北一十三里屏風山。　周文鄉郭門村，下宮去陵五里，陪葬太子一，公主五。　代宗元陵，在縣西北三十五〔旁注〕二十五。里檀山永閏鄉管村，下宮去陵五里。　順宗豐陵，在縣東北三十五〔旁注〕三十。里金甕山通關鄉修善、義周、公孫三村，下宮去陵五里。　文帝章陵，在縣西北二十八里天乳山永閏鄉洪波，下宮去陵三里。　懿宗簡陵，在縣西北四十里〔旁

注〕東北九十五里。紫金山會善、永閏兩鄉范村〔一〇〕，下宮去陵七里。

【校勘記】

〔一〕導岍及岐　「岍」，底本、川本作「研」，據滬本及尚書禹貢改。

〔二〕義亭脾陽豐潤三鄉　「三」，底本、川本作「二」，據滬本及長安志卷一九改。

〔三〕中山　底本作「山中」，川本、滬本同，據史記河渠書乙正。

〔四〕閆村　「閆」，底本、川本、滬本作「閻」，據長安志卷一九改。

〔五〕陽九　川本同，滬本作「一名陽九渠」。

〔六〕漢宮室街陌　「室」，底本、川本、滬本作「雲」，據長安志卷一九改。

〔七〕西魏文帝永陵　底本、川本、滬本作「西魏孝文帝永陵」。按北史魏文帝紀：「夏四月庚辰，葬於永陵，上謚曰文皇帝。」則「孝」字衍，據刪。

〔八〕西魏文帝陵　「文帝陵」，底本、川本作「武帝陵城」，滬本作「武帝陵」。按西魏無「武帝」，嘉靖耀州志卷二：「富平縣東三十里有後魏孝武帝陵、西魏文帝陵。」是「武帝陵城」爲「文帝陵」之誤，因據改。

〔九〕後周文帝成陵　「文」，底本、川本作「武」，據滬本及周書文帝紀、元和志卷一改。

〔一〇〕永閏兩鄉　「閏兩」，底本、川本、滬本作「闕西」，據長安志卷一九改。

三原　嶻嶭山，在縣西北六十里。　堯門山，在縣西北三十二里。　天齊原，在縣西北二十里。連巀嶭山，上有天齊祠。

清水谷河，自縣西北華原縣界來，經縣西南入白渠，東溉民田。清谷水，在縣治北門外，又名清河渠。其水自耀州界來，至縣北十五里許出谷口，西南與治谷水合，經縣北門外，東流至臨潼縣界。今渭上流有六渠，堰水溉民田。舊志謂經縣西南入白渠，東流溉民田，今河視渠深三丈餘，勢不能復，恐久則上流亦不能作堰，堰廢水下，此河必有通舟楫之日。今縣西門外堰水入渠，古迹尚存。

濁谷河，在縣北清谷水之東。亦自耀州界來，東流溉民田。濁谷河自縣西北華原縣界來，經縣西一十五里谷口，有大堰，其水東流溉民田。

六輔渠。漢書：元鼎六年，兒寬爲左内史，奏請穿六輔渠，師古曰：在鄭國渠之裏。以益溉鄭國旁高卬之田。師古曰：素不得鄭國之灌溉者也。圖經曰：此則於鄭國渠上流南岸更開六道小渠[一]，以輔助溉灌耳。今雲陽、三原兩縣界，此渠尚存，鄉人名六渠，亦號輔渠。王恕介庵曰：鄭國即白渠，今白渠上流南岸無六渠，而南岸之説恐誤。惟清峪水上流有六渠，灌溉田地一千八百四十六畝，蓋即兒寬所穿六輔渠也。

中白渠、北白渠，兩渠水自正西雲陽縣界來，經縣通流過富平縣界，溉民田。兩白渠下，斗門二十八[二]。北白渠四，中白渠二十四。白渠自涇陽界來，穿城流注東南。介庵云：今止有白渠而無鄭國渠，蓋白渠即鄭國渠之故道也。

黃白城，在縣西南一十五里。後漢李傕亂，獻帝幸長安，三輔饑歉，欲徙帝於池陽黃白城。通志：在城稍北，西接今城，東北臨清河。府志：縣東北一十里。本志同。

永安故城，亦名洪賓栅，在縣北十五里。後魏北雍州城也。周地圖記曰：孝明孝昌三年，蕭寶寅逆亂關右，毛洪賓立義栅捍賊。莊帝永安元年，於此置北雍州，洪賓爲刺史。孝武永熙元年，徙北雍州於宜州，仍於城中置永安縣，今在富平縣界。秦曲梁宫，在黄白城内。唐永康陵，在縣西北十八里，葬太祖景皇帝。本志：北四十里清河鄉。唐高祖獻陵，在縣東一十八〔旁注〕東北四十三。里龍池〔旁注〕浮陽。鄉唐朱村，下宫去陵五里。陪葬諸王一十六，公主一，功臣六。　敬宗莊陵，在縣西〔旁注〕東。北五〔旁注〕三十。里太平〔旁注〕浮陽。鄉胡村，下宫去陵八里。　武宗端陵，在縣東一十〔旁注〕東北三十。里神泉鄉騰張村，下宫去陵四里。　鬼谷，按十道志云：晉太康地記：扶風池陽縣有鬼谷先生所居，今三原縣即古池陽縣也。虞喜志林亦云在隴關，裴秀雍州記亦云在池陽，而司馬彪乃云鬼谷在嵩山〔三〕。

【校勘記】

〔一〕此則於鄭國渠上流南岸更開六道小渠　「更」、「六」，底本、川本、滬本作「東」、「大」，據長安志卷二〇改。

〔二〕斗門二十八　「門」，底本、川本、滬本作「白」，據長安志卷二〇改。

〔三〕鬼谷在嵩山　「在嵩山」，底本、川本、滬本脱，據長安志卷一九補。

同官　文王山，在縣西四〔旁注〕六。十里，有文王廟。本志：北二十里即郡尉張光戍守地〔一〕。馬欄山，在縣北。三泉山，在縣東南三十二里。白馬山，在西北。女迴山，在縣境北三十里。其山横遮無路，忽道從峽谷出。世傳秦兵追姜女迴，其山忽轉移，追兵迷路〔二〕，姜故得免。同官川水，在縣北五十里。自坊州宜君縣界來，經縣南流入華原縣界。水經注曰：同官水出殺栩城東北，西南流經同官川，謂之同官水。即禹貢沮水之原〔三〕，今慈馬諸川經縣北子午嶺，受榆谷水〔四〕，南流與漆水合。雄同川，在縣東四十里，西南與同官川水合流入華原縣界。雷平川水，在縣西北五十里，入同官川水。烏泥川水〔五〕，在縣東二十五里，入蒲城縣界。漢井泉水，在縣東北三十里，南合入烏泥川水。大石盤川水，在縣東北五十里馬欄山北，東流入坊州宜君縣界。

【校勘記】

〔一〕即郡尉張光戍守地　「郡」，底本、川本、滬本作「都」，據紀要卷五四改。

〔二〕世傳秦兵追姜女迴其山忽轉移追兵迷路　兩「追」字，底本、川本、滬本作「進」；「迷」，底本、川本作「道」，滬本作「迷」，並據乾隆同官縣志卷一改。

〔三〕即禹貢沮水之原　「沮」，底本、川本、滬本作「汜」，據乾隆同官縣志卷一改。

〔四〕今慈馬諸川經縣北子午嶺受榆谷水　「慈」、「受」，底本、川本、滬本並作「藍」、「至」，據乾隆同官縣志卷一改。

〔五〕烏泥川水　「烏」，底本、川本作「鳥」，據滬本及長安志卷二〇改。下同。

櫟陽。〔旁注〕元省入臨潼。　渭河，西自高陵縣界東入縣界，流入下邽。　石川河，亦曰沮河，在縣東三十里。自華原〔一〕、富平兩縣來，入縣界合渭水。水經注曰：沮水東經萬年故城。十三州志：萬年縣南有涇、渭，北有小河，謂此水也。　五丈河，在縣西南。今涸。　清渠，在縣西耀州界，青冶谷水下流也。自三原、高陵縣界來，入白渠，至縣界合渭水。　五渠，其水自洪門分入高陵縣北，下並入渭水：中白渠，從北第一，斗門七。析波渠，第二，斗門二。中南渠，第三，斗門七。高望渠，第四，斗門二。禑南渠，第五，在北原之南，斗門一。　煮鹽澤，在縣南十五里。澤多鹽鹵，苻秦時於此煮鹽，周二十里。今在縣北。　清泉陂，在縣西南十里。今涸。

畦時，在縣東北三十里。史記：秦獻公時，櫟陽雨金。自以得金瑞，故於此作畦時櫟陽，以祀白帝。晉灼曰：形如種韭畦，時各一土封。今名雨金里。　古縣城，在縣北。　粟邑鎮，在縣東北三十四里，石川河東。　漢師得宫，在縣界。　漢太上皇陵，在縣東北二十五里。郡國縣道記曰：〔旁注〕黄圖同。高帝葬太上皇於櫟陽北原，其陵在東者太上皇，在西者昭靈后也。因置萬年縣於櫟陽大城内，以爲奉陵邑〔二〕。

【校勘記】

〔一〕華原　「華」，底本、川本、滬本作「美」，據長安志卷一七改。

〔二〕因置萬年縣於櫟陽大城内以爲奉陵邑　「大」，底本、川本脱；「奉」，底本、川本作「秦」，據滬本及三輔黄圖卷六改。

乾祐。〔旁注〕元廢，今鎮安縣。　長陵山，在縣東七十五里。通志：鎮安縣東北八十里。　考山，在縣北七十里，鎮安縣北一百五十里。　蘊水，〔旁注〕温水河。在縣西南七里。〔旁注〕鎮安縣西北一百里〔二〕。　出考山，下流入泎河。　泎水，在縣東五里。出萬年縣界秦嶺，下流入金州洵陽縣界。　洵河，在縣西南一百里。〔旁注〕鎮安縣東北一百里〔三〕。　出萬年、長安兩縣界秦嶺下，南流經縣入金州洵陽縣。

【校勘記】

〔二〕鎮安縣西北一百里　川本同，滬本此句下注：「一云九十里。」

〔三〕鎮安縣東北一百里　川本同，滬本此句下注：「一云七十里。」

好畤。　梁山，在縣境。南八十里，始皇建宫。史記：始皇幸梁山宫〔一〕，見丞相車騎衆。即此。　嵯山，在縣東。漢書顔師古注：嵯，丘毁反。　明月山，在縣西北一十六里，與鳳翔扶風縣分界。　石門山，在縣西一十五里美川鄉。　武亭水，在縣城東門外九十步。自麟遊縣界來，經縣四十里，流入武功縣。莫谷水，在縣西二十五里。來自永壽縣界，經縣流入武功縣界。

【校勘記】

〔一〕始皇幸梁山宮　「幸」，底本、川本、滬本作「造」，據史記秦始皇本紀改。

雲陽。元省入涇陽，在涇陽縣西北二十里。　嵯峨山，一名巀嶭山，在縣東北十里。〔旁注〕邠州志：淳化縣東南五十里。東西二十五里，南北二十里。漢書：巀嶭山，在池陽縣北。師古曰：俗呼嵯峨山是也。音截齧。雲陽宮記曰：東有慈峨山，蓋又名慈峨。四夷郡縣圖記曰：山頂有雲氣即雨，人以爲候，昔黃帝鑄鼎於此山。　仲山，在縣西北四十里。〔旁注〕府志：涇陽縣西北隅。似誤。邠州志：淳化縣東南二十五里。史記：漢武帝獲寶鼎於汾陰，迎鼎至甘泉，從行，上薦之。至中山，晏温，有黃雲蓋焉〔二〕。徐廣云：關中有中山，非冀州者也。〔旁注〕周高祖紀：乙丑，獵於九嵕，丁卯，獵於仲山〔三〕。靜帝大象二年四月壬午，幸中山祈雨，至咸陽宮，雨降。雲陽宮記曰：宮南三十里有仲山，未詳古之何山。　甘泉山，一名石鼓原，俗云磨石嶺，在縣西北九十里，〔旁注〕邠州志：淳化縣東北九十里。周六十里。關中記曰：甘泉宮，在甘泉山上。〔旁注〕戰國策：蘇秦説秦王曰：大王之國，北有甘泉、谷口。漢書：單于烽火通於甘泉。即此山也。又有甘水經縣。十道志曰：

甘泉水出石鼓西原。車箱坂，在縣西北一十八里。〔旁注〕府志：涇陽西北六十八里。邠州志：淳化縣西北五十八里。縈紆曲折，單軌纔通，上坂即平原宏敞，樓觀相屬，即趨甘泉宮道也。涇水，在縣西北二十五里。水經注曰：涇水東流歷峽，謂之涇峽。冶谷河水，自縣西北淳化縣界來，經縣嵯峨、武康、青龍等鄉，溉民田。雲陽宮記曰：冶谷去雲陽宮八十里，封禪書所謂谷口是也。其山出鐵，有冶鑄之利，因以爲名。入谷便洪潦沸騰，飛泉激射，兩岸皆峭壁孤竪，横盤坑谷，凛然凝深，常如八九月中，朱明盛暑，當晝暫暄，涼秋晚候，緼袍不暖，所謂寒門者也。又曰：入冶谷二十里有百里槐樹，樹北有泉，名金泉，谷中有毛原監〔三〕。

林光宮〔四〕。黄圖：林光宮，二世所造，從廣各五里〔五〕，在雲陽縣界。漢書注：服虔曰：甘泉，一名林光。師古曰：秦之林光宮，胡亥所造，漢又於其旁起甘泉宮。武帝常以五月避暑於此，八月乃還。紫殿，在林光宮。三輔黄圖曰：漢武帝起紫殿，雕文刻鏤黼黻〔六〕，以玉飾之。成帝永始四年，行幸甘泉，郊泰畤，神光降於紫殿。萬靈明庭，在林光宮。漢書曰：黄帝立雍畤，祀上帝，宿三月，鬼臾區號大鴻冢是也〔七〕。通靈臺。漢武帝内傳曰：鉤弋夫人既殯，尸香聞十餘里，帝哀悼，疑非常人，乃起通靈臺於甘泉，常有一青鳥集臺上往來〔八〕。五龍谷水。水經注曰：五龍水出雲陽宮西南。鄭泉，在縣西四十里。〔旁注〕涇陽縣西北七十里。雲陽宮記曰：漢鄭朴，字子真，隱於谷口，高節不屈，耕於巖石之下，名震京師，時人因子真所居，名爲鄭泉。鄭國渠、大白渠，自西南四十里涇陽縣界來，經縣入三原縣界，溉民田。六輔渠。流金泊，在縣東北一十里〔九〕。漢故縣城，在縣西北六十里。梨園鎮，在金龜鄉。王褒雲陽宮記曰：車箱坂下有梨園，漢武築之。地大一頃，樹數百株，青翠繁密，望之如車蓋，因名之。唐李克用以并師討邠、岐，駐軍梨園寨。〔旁注〕昭帝乾寧二年，制削奪王行瑜官爵，以李克用爲招討使討之，駐軍梨園寨，敗邠寧軍於梨園北，行瑜走入邠州。宋淳化四年，建爲淳化縣，以雲陽金龜、平泉、古鼎三鄉，仍析山後甘延、温豐、威遠三鄉屬焉。漢雲陽宮，在縣西北八十里，今在淳化縣界。涇路神祠，在甘泉山下。漢書：雲陽縣有休屠、金人及涇路神祠三所，越巫貼鄹祠三所〔一〇〕。孟康曰：貼，音辜磔之辜。鄹，音穰〔一一〕。屠，音除。音義曰：匈奴祭天處，本雲陽甘泉山下，秦奪其地，後徙休屠右地。郊祀志：涇路神祠，祭休屠王也。唐德宗崇陵，在縣北一十五里。陵廟記：在縣東北三十里。〔旁注〕涇陽縣西北四十里嵯峨山。嵯峨鄉化青，下宮去陵五里。宣宗貞陵，在縣西北四十里陵廟記：在縣西十五里。〔旁注〕涇陽縣西北六十里仲山。小王山谷口鄉鄧村，下宮去陵十里。漢棠梨宮〔一二〕，在甘泉苑垣外，雲陽南三十里。竹宮，甘泉祠宮也，以竹爲宮，天子居中。漢舊儀云：竹宮去壇三里。

【校勘記】

〔一〕晏温有黄雲蓋焉　「晏」，底本、川本、滬本作「妟」，據史記武帝本紀改。按史記封禪書「晏温」作「曣晶」。

〔二〕周高祖紀至獵於仲山　川本、滬本同。按今本北史周高祖紀無此文。疑誤。

〔三〕横盤坑谷至谷中有毛原監　底本、川本、滬本錯簡於下文通靈臺條「常有一青鳥集臺上往來」下，據長安志卷二〇乙正。

〔四〕林光宮　底本繫於本條「在雲陽縣界」下，川本同，據滬本乙正。

〔五〕從廣各五里　「各」，底本、川本、滬本作「谷」，據三輔黄圖卷一改。

〔六〕雕文刻鏤黼黻　「鏤」，底本、川本、滬本作「續」，據三輔黄圖卷二改。

〔七〕漢書曰至鬼臾區號大鴻冢是也　川本、滬本同。按漢書郊祀志：「黄帝郊雍上帝，宿三月，鬼臾區號大鴻，死葬雍，故鴻冢是也。」此處疑有脱誤。

〔八〕常有一青鳥集臺上往來　「上」，底本、川本、滬本脱，據長安志卷二〇補。

〔九〕流金泊在縣東北一十里　底本、川本、滬本脱，據長安志卷二〇補。

〔一〇〕越巫貼鄜祠三所　「貼鄜祠」，底本、川本、滬本作「貼礫鄜祠」，據漢書地理志删「礫」字。

〔一一〕貼音辜礫之辜鄜音穰　「礫之辜」，底本、川本、滬本脱；「穰」，底本、川本、滬本作「襄」，據漢書地理志顔師古注引孟康曰補改。

〔一二〕漢棠梨宫　「梨」，底本、川本作「黎」，滬本作「棠」，據三輔黄圖卷三改。

美原。〔旁注〕元省入，富平縣東北六十里。　頻山，在縣北一十八里。　石疊山，在縣北一十五里。　萬斛山，在縣東北二十里。　金粟山，在縣北一十五里。　玉鏡山，在縣西北一十里。明月山，在縣西北二十里。玉女山，在縣西三十五里。大石谷澗，在縣北一十五里。小石谷澗，在縣北一十里。勾谷澗，在縣西北一十五里。三泉谷澗，在縣西北三十里。梁丘澗，在縣西四十五里。頻陽故城，在縣西南五里。秦厲公置。應劭曰：在頻水之陽。

三輔黃圖序〔一〕：易曰：上古穴居而野處，後世聖人易之以宮室，上棟下宇，以待風雨，蓋取諸大壯。三代盛時，未聞宮室過制。秦穆公居西秦，以境地多良材，始大宮觀。戎使由余適秦〔二〕，穆公示以宮觀。由余曰：使鬼爲之，則勞神矣；使人爲之，則苦人矣。是則穆公時，秦之宮室已壯大矣。惠文王初都咸陽，取岐、雍巨材，新作宮室，南臨渭，北逾涇，至於離宮三百，復起阿房，未成而亡。始皇并滅六國，憑藉富强，益爲驕侈，殫天下財力以事營繕。項羽入關，燒宮闕，三月火不滅。漢高祖有天下，始都長安，實曰西京，欲其子孫長安都於此也。長安，本秦之鄉名焉，高祖作都〔三〕。至孝武皇帝，承文、景菲薄之餘，恃邦國阜繁之資，土木之役，倍秦越舊，斤斧之聲，畚鍤之勞〔四〕，歲月不息，蓋騁其邪心以誇天下也。昔孔子作春秋，築一臺，新一門，必書於經，謹其廢農時奪民力也。今裒采秦、漢以來宮殿、門闕、樓觀、池苑在關輔者著於篇，曰三輔黃圖云，東都不與焉。

三輔沿革：禹貢九州，舜置十二牧，雍其一也。古豐、鎬之地，平王東遷，以岐、豐之地賜秦襄公。事至孝公，始都咸陽。咸陽在九嵕山、渭水北，山水俱在南，故名咸陽〔五〕。秦并天下，置内史以領關中。項籍滅秦，分其地爲三：以章邯爲雍王，都廢丘；司馬欣爲塞王〔六〕，都櫟陽；董翳爲翟王，都高奴。謂之三秦。漢高祖入關，定三秦，元年，更爲渭南郡，九年，罷郡，復爲内史。五年，高帝在洛陽，婁敬説曰：夫秦地被山帶河，四塞以爲固，卒然有急，百萬之衆可立具。因秦之故資，甚美膏腴之地，此所謂天府〔七〕。陛下入關而都之，山東雖亂，秦之故地可全而有也。又田肯賀高帝曰：陛下治秦中，秦形勢之國，帶河阻山，持戟百萬，秦得百二焉。地勢便利，其以下兵於諸侯，猶居高屋之上建瓴水也。自是漢始都之。景帝分置左右内史，此爲右内史。武帝太初元年，改内史爲京兆尹，與左馮翊、右扶風謂之三輔，其理俱在長安古城中〔八〕。

三輔治所：京兆，故城南尚冠里。馮翊，在故城内太上皇廟西南〔九〕。扶風，在夕陰街北〔一〇〕。三輔者，謂主爵中尉及左右内史。漢武帝改曰京兆尹、左馮翊、右扶風，共治長安城中，是爲三輔。三輔郡皆有都尉如諸郡。京輔都尉治華陰，左輔都尉治高陵，右輔都尉治郿。王莽分長安城旁六鄉，置帥各一人，分三輔爲六尉郡。渭城、安陵以西，北至栒邑、義渠十縣，屬京尉大夫，府居故長安寺。高陵以北十縣，屬師尉大夫，府居故廷尉府。新豐以東至湖十縣，屬翊尉大夫，府居城東。霸陵、杜陵以東至藍田〔一一〕，西至武功、郁夷十縣，屬光尉大夫，府居城南。茂陵、槐里以西至汧十縣〔一二〕，屬扶尉大夫，府居城西。長陵、池陽以北至雲陽、祋祤十縣，屬列尉大夫，府居城北。後漢光武之後，扶風出治槐里，馮翊出治高陵。

咸陽故城：自秦孝公至始皇帝、胡亥，並都此城。按孝公十二年，作咸陽，築冀闕，徙都之。

〔旁注〕咸陽後幷於長安，故太史公曰：長安，故咸陽也。元鼎三年〔一三〕，復別爲渭城，今長安西北渭水陽有故城。西京賦：秦里其朔〔一四〕，實爲咸陽。括地志：咸陽故城亦名渭城，在雍州咸陽縣東十五里，京城北四十五里，即秦徙都者。今咸陽縣，古之杜郵〔一五〕。

始皇二十六年，徙天下高貲富豪於咸陽十二萬户。諸廟及臺苑皆在渭南。秦每破諸侯，徹其宮室，作之咸陽北坂上。南臨渭，自雍門以東至涇、渭，殿屋複道周閣相屬，所得諸侯美人鐘鼓以充之〔一六〕。二十七年，作信宮渭南，已而更命信宮爲極廟，象天極。自極廟道通驪山，作甘泉前殿，築甬道，自咸陽屬之。始皇窮極奢侈，築咸陽宮，因北陵營殿，端門四達，以則紫宮〔一七〕，象帝居。引渭水灌都，以象天漢；橫橋南渡，以法牽牛。橋廣六丈，南北二百八十步，六十八間，八百五十柱，二百一十二梁。橋之南北堤，激立石柱〔一八〕。咸陽北至九嵕、甘泉，南至鄠、杜，東至河，西至汧、渭之交〔一九〕，東西八百里，南北四百里，離宮別館，相望聯屬。木衣綈繡，土被朱紫，宮人不移，樂不改懸，窮年忘歸，猶不能遍。

宮：阿房宮，亦曰阿城。惠文王造，宮未成而亡。始皇廣其宮，規恢三百餘里，閣道通驪山八十餘里〔二〇〕。表南山之顛以爲闕，絡樊川以爲池。作阿房前殿，以木蘭爲梁，以磁石爲門，庭中可受十萬人。車行酒，騎行炙，千人唱，萬人和。收天下兵聚之咸陽，銷以爲鐘鐻，高三丈，鐘小者，皆千石也。銷鋒鏑以爲金人十二，以弱天下之人，立於宫門，坐高三丈，銘其後曰：皇帝二十六年，初兼天下，改諸侯爲郡縣，一法律，同度量。大人來見臨洮，其大五丈，足迹六尺。銘，李斯篆，蒙恬書。董卓悉椎破銅人、銅臺以爲小錢，餘二人魏明帝欲徙詣洛陽，載至霸城，重不可致，便留之。馳道，案秦本紀，始皇二十七年，治馳道。注曰：馳道，天子道也。蔡邕曰：馳道，天子所行道也，今之中道然。漢書賈山傳曰：秦爲馳道於天下，東窮燕、齊，南極吴、楚，江湖之上，濱海之觀畢至。道廣五十步，三丈而樹，厚築其外，隱以金椎，樹以青松。漢令，諸侯有制，得行馳道中者行旁道，無得行中央三丈。不如令，没入其車馬。

長安九市：〔旁注〕已下二卷，漢宫之前；下接一卷，都城十二門。廟記云：長安市有九，各方二百六十六步，六市在道西，三市在道東。凡四里爲一市。致九州之人，在突門。夾横橋大道，市樓皆重屋。又曰：旗亭樓，在杜門大道南〔二一〕。又有當市樓，有令署，以察商賈貨財買賣貿易之事，三輔都尉掌之。直市，在富平津西南二十五里，即秦文公造。物無二價，故以直市爲名。張衡西京賦云：郭開九市，通闤帶闠。旗亭五重〔二二〕，俯察百隧。是也。又案郡國志：長安大俠萬子夏居柳市〔二三〕，司馬季主卜於東市，鼂錯朝服斬東市。西市，在醴泉坊。

長安八街九陌：有香室街、夕陰街、尚冠前街。三輔舊事云：長安城八街九陌。漢書：劉屈氂妻梟首華陽街，京兆尹張敞走馬章臺街〔二四〕，陳湯斬郅支王，首縣稾街〔二五〕。張衡西京賦云：參塗夷庭，街衢相經，廛里端直，甍宇齊平。是也。

長安城中閭里：長安閭里一百六十，室居櫛比，門巷修直，有宣明、建陽、昌陰、尚冠、修城、黄棘、北焕、南平等里。漢書：萬石君石奮徙家長安戚里。宣帝在民間時，常在尚冠里。劉向列女傳：節女，長安大昌里人也〔二六〕。

漢長安故城：高祖七年，修長安宮城，自櫟陽徙居之，本秦離宮。初置長安城，本狹小，至惠帝更築之。按惠帝元年正月，初城長安城。三年春，發長安六百里内男女十四萬六千人，三十日罷。六月，發徒隸二萬人常役。至五年，復發十四萬五千人，三十日罷。九月，城成，高三丈五尺，下闊一丈五尺，上闊九尺，雉高三坂，周回六十五里。城南爲南斗形，北爲北斗形，至今人呼漢京城爲斗城是也。漢舊儀曰：長安城中，經緯各長三十二里十八步，地九百七十三頃，八街、九陌、三宮、九府、三廟、十二門、九市、十六橋。地皆黑壤，今赤如火，堅如石。父老傳云，盡鑿龍首山土爲城，水泉深二十餘丈。樹宜槐與榆，松柏茂盛焉。城下有池，周繞廣三丈，深二丈，石橋各六丈，與街相直〔二七〕。

都城十二門：長安城東出南頭第一門曰霸城門，民見門色青，名曰青城門，或曰青門。〔旁注〕後周書武帝紀：建德六年五月，青城門無故自崩。宣帝紀：大象元年三月庚申，至自東巡，帝親擐甲胄，入自青門。門外舊出佳瓜，廣陵人召平爲秦東陵侯，秦破〔二八〕，爲布衣，種瓜青門外〔二九〕，瓜美，故時人謂之

「東陵瓜」。廟記曰：霸城門亦曰青綺門。漢書：王莽天鳳三年，霸城門災，莽更霸城門曰仁壽門無疆亭〔三〇〕。長安城東出第二門曰清明門，一曰藉田門，以門内有藉田倉，一曰凱門。漢書：平帝元始四年，大風吹屋瓦且盡〔三一〕。即此門也。漢宫殿疏曰：第二門名城東門。長安城東出北頭第一門曰宣平門，民間所謂東都門。漢書：元帝建昭元年，有白蛾羣飛蔽日，從東都門至枳道〔三二〕。又疏廣太傅、受少傅上疏乞骸骨歸，公卿大夫爲設祖道，供張東都門外，即此門也。其郭門亦曰東郭〔三三〕，即逢萌挂冠處也。莽更名曰春王門正月亭。東都門至外郭門十三里。長安城南出東頭第一門曰覆盎門，一號杜門。廟記曰：覆盎門與洛門相去十三里二百一十步，門外有魯般輸所造橋，工巧絶世。長樂宫在城中，近東直杜門，其南有下杜城。漢書集注曰：故杜陵之下聚落也〔三四〕，故曰下杜門〔三五〕。又曰端門，北對長樂宫。漢書：戾太子斫覆盎門出奔湖。莽更名曰永清門長茂亭。長安城南出第二門曰安門，亦曰鼎路門，北對武庫。莽更名曰光禮門顯樂亭。長安城南出第三門曰西安門，北對未央宫，亦曰便門，即平門也。古平、便同字。武帝建元二年初，作便門橋，跨渡渭水上以趨茂陵〔三六〕，〔旁注〕建元三年初，作便門橋。服虔曰：在長安西北，茂陵東。蓋秦世已有中橋，亦自可趨興平而迂回難達，故於城之西面南來第一門外對門創橋，以便西往，故此門一名便門，而此橋遂名便橋，亦曰便門橋也。其道易直。三輔決録曰：長安城西門曰便門〔三七〕，橋北與門對。莽更名曰信平門誠正亭。長安城西出南頭第一門曰章城門。三輔舊事曰：章門亦曰光華門，又曰便門。漢書：成帝元延元年，章城門牡自亡。莽更名曰萬秋門億年亭。長安城西出第二門曰直城門，亦曰故龍樓門，莽更名曰直道門端路亭。門上有銅龍。長安城西出北頭第一門曰雍門，本名西城門。其水北入有函里，民呼曰函里門〔三八〕。莽更名曰章義門著義亭。長安城北出東頭第一門曰洛城門，又曰高門。漢宮殿疏曰：高門，長安北門也，又名鸛雀臺門，外有漢武承露盤，在臺上。長安城北出第二門曰廚城門。長安廚在門内，因爲門名。莽更名曰建子門廣世亭。長安城北出西頭第一門曰横門〔三九〕。漢書：虒上小女陳持弓走入横城門。即此門也。門外有橋，曰横橋。〔旁注〕樂府琅邪王歌辭：長安十二門，光門最妍雅。渭水從壟來，浮游渭橋下。漢城門皆有候，門候，主候時、謹啓閉也。三輔決録曰：長安城，面三門，四面十二門，皆通達九逵，以相經緯，衢路平正，可並列車軌。十二門三塗洞闢，隱以金椎，周以林木，左右出入爲往來之徑，行者升降有上下之别。班固西都賦云：披三條之廣路，立十二之通門。又張衡西京賦：城郭之制，則旁開三門，參塗夷庭，方軌十二，街衢相經。是也。

【校勘記】

〔一〕三輔黄圖序　「序」，底本、川本作「引」，據滬本及三輔黄圖序改。

〔二〕戎使由余適秦　「戎」，底本、川本作「或」；「適」，底本、川本作「通」，並據滬本及三輔黄圖序改。

〔三〕高祖 「祖」，底本、川本作「都」，據滬本及三輔黄圖序改。

〔四〕畚鍤之勞 「鍤」，底本、川本作「插」，據滬本及三輔黄圖序改。

〔五〕咸陽在九嵕山渭水北山水俱在南故名咸陽 川本、滬本及三輔黄圖卷一同。按長安志卷一三引三秦記：「咸陽，秦所都，在九嵕山南、渭水北，山水俱陽，故名咸陽。」是此文有脱誤。

〔六〕司馬欣爲塞王 「塞」，底本、川本作「寨」，據滬本及三輔黄圖卷一改。

〔七〕甚美膏腴之地此所謂天府 「膏腴之地，此所謂天府」，底本、川本脱，據滬本及三輔黄圖卷一補。

〔八〕其理俱在長安古城中 「理」，底本、川本作「輔」，據滬本及三輔黄圖卷一改。

〔九〕在故城内太上皇廟西南 「西」，底本、川本作「兩」，據滬本及三輔黄圖卷一改。

〔一〇〕夕陰街 「夕」，底本、川本作「少」，據滬本及三輔黄圖卷一改。

〔一一〕杜陵 「杜」，底本、川本作「北」，據滬本及三輔黄圖卷一改。

〔一二〕茂陵槐里以西至汧十縣 「汧」，底本、川本作「沂」，據滬本及三輔黄圖卷一改。

〔一三〕元鼎三年 「鼎」，底本、川本作「龍」，滬本無此文，據漢書地理志、水經渭水注改。

〔一四〕秦里其朔 「朔」，底本作「河」，川本同，據文選西京賦改。滬本無此文。

〔一五〕古之杜鄠 「古」，底本作「方」，川本同，據括地志輯校卷一改。滬本無此文。

〔一六〕所得諸侯美人鐘鼓以充之 「鼓」，底本、川本作「故」，據滬本及三輔黄圖卷一改。

〔一七〕以則紫宫 「則」，底本、川本、滬本作「制」，據三輔黄圖卷一改。

〔一八〕激立石柱 「激」，底本、川本、滬本作「繳」，據三輔黄圖卷一改。

〔一九〕西至浐渭之交　「浐」，底本、川本、滬本作「沂」，據三輔黄圖卷一改。

〔二〇〕閣道通驪山八十餘里　「閣」，底本、川本作「開」，據滬本及三輔黄圖卷一改。

〔二一〕在杜門大道南　「杜」，底本、川本、滬本作「北」，據三輔黄圖卷二改。

〔二二〕旗亭五重　「五重」，底本作「重立」，川本、滬本同，據文選張衡西京賦改。

〔二三〕萬子夏　「萬」，底本、川本作「黄」，據滬本及漢書萬章傳改。

〔二四〕章臺街　「街」，底本、川本作「樹」，據滬本及三輔黄圖卷二改。

〔二五〕槀街　底本、川本作「臺樹」，滬本及三輔黄圖卷二作「藁街」，據漢書陳湯傳改。

〔二六〕長安大昌里人也　底本、川本此下衍「三輔黄圖」四字，據滬本删。

〔二七〕與街相直　「街」，底本、川本作「樹」，據滬本及三輔黄圖卷一改。

〔二八〕秦破　「秦」，底本、川本、滬本作「城」，據三輔黄圖卷一改。

〔二九〕種瓜青門外　「青門」，底本、川本、滬本作「東門」，據三輔黄圖卷一改。又，漢書蕭何傳作「種瓜長安城東」。

〔三〇〕莽更霸城門曰仁壽門無疆亭　「莽更」，底本、川本、滬本作「左史」，據三輔黄圖卷一改。

〔三一〕大風　底本、川本、滬本及三輔黄圖卷一作「東風」，據漢書平帝紀改。

〔三二〕元帝建昭元年至從東都門至枳道　「元帝」、「建昭」、「枳道」，底本、川本、滬本及三輔黄圖卷一並作「成帝」、「建始」、「軹道」，據漢書元帝紀改。

〔三三〕東郭　「郭」，底本、川本、滬本作「都」，據玉海卷一六九改。

〔三四〕故杜陵之下聚落也　「之」，底本、川本作「陵」，據滬本及三輔黄圖卷一改。

〔三五〕下杜門　「杜」，底本、川本脱，據滬本及水經渭水注補。

〔三六〕茂陵　「茂」，底本、川本、滬本脱，據漢書武帝紀顔師古注補。

〔三七〕便門　底本、川本作「便橋」，據滬本及三輔黄圖卷一改。

〔三八〕其水北入有函里民呼曰函里門　兩「函」字，底本、川本作「亟」，據滬本及三輔黄圖卷一改。

〔三九〕長安城北出西頭第一門曰横門　滬本「横」下别有「一作光」三字，底本、川本無。按漢書成帝紀：「虒上小女陳持弓聞大水至，走入横城門。」顔師古注引如淳曰：「横音光。」則應作「音光」。

長樂宫，本秦之興樂宫也。高皇帝始居櫟陽，七年，長樂宫成，徙居長安城。三輔舊事、宫殿疏皆曰：興樂宫，秦始皇造，漢修飾之，周迴二十里。前殿東西四十九丈七尺，兩杼中三十五丈，深十二丈。長樂宫有鴻臺，有臨華殿，有温室殿，有長定〔一〕、長秋、永壽、永寧四殿。高帝居此宫，後太后常居之，孝惠至平帝，皆居未央宫。漢書：宣帝元康四年，神爵五采以萬數集長樂宫。五鳳三年，鸞鳳集長樂宫東闕中樹上。王莽改長樂宫爲常樂室〔二〕。在長安中近東直杜門。

未央宫。漢書：高帝七年，蕭何造未央宫，立東闕、北闕。闕，門觀也，中央闕然爲道也。門闕，天子號令賞罰所由出也。未央宫殿雖南向，而上書奏事謁見之徒，皆在北闕，是則以北闕爲正門，而又有東闕東門，至於西南兩面，無門闕矣。蓋蕭何立未央宫，以厭勝之術，理或然乎？前殿，武庫，藏兵器之處。太倉，廪粟所在，一百三十楹，在長安城外東南。上見其壯麗太甚〔三〕，怒曰：天下匈匈勞苦數歲，成敗未可知，是何治宫室過度也？何對曰：以天下未定，故可因以就宫室。且天子以四海爲家，非令壯麗，無以重威，且無令後世有以加也。上悦，自櫟陽徙居焉。未央宫周回二十八里，前殿東西五十丈，深十五丈，高三十五丈。前殿曰路寢，見諸侯羣臣處也〔四〕。營未央宫，因龍首山以制前殿。山長六十里，頭入渭水，尾達樊川。秦時有黑龍從南山出飲渭水，其行道因成土山。疏山爲臺殿，不假版築，高出長安城。西京賦所謂疏龍首以抗前殿，此也。至孝武，以木蘭爲棼橑，木蘭，香木。棼橑，棟椽。文杏爲梁柱，杏木之有文者。金鋪玉户，金鋪，扉上有金華，中作獸及龍蛇，鋪首以銜環也。玉户，以玉飾户也。華榱璧璫，雕楹玉碣，楹，柱也。碣，柱下石也。重軒鏤檻，青瑣丹墀，青瑣，竹窻也〔五〕。丹墀，殿階也。左碱右平，右乘車上，故使之平，左以人上，故爲之階。平、碱，階級也。黄金爲璧帶，間以和氏珍玉，風至其聲玲瓏然也。未央宫有宣室、麒麟、金華、承明、武臺、鉤弋等殿，又有殿閣三十二，有壽成、萬歲、廣明、椒房、清涼、永延、玉堂、壽安、平就、宣德、東明、飛雨、鳳凰、通光、曲臺、白虎等殿。廟記曰：未央宫有增成、昭陽殿。漢宫闕疏曰：未央宫有麒麟閣、天禄閣，有金馬門、青鎖門，玄武、蒼龍二闕〔六〕，朱鳥堂、畫堂、甲觀、非常室。又有鉤盾署、弄田。三輔決録曰：未央宫有延年殿、合歡殿、回車殿〔七〕。又漢宫閣記云：未央宫有宣明、長年、温室、昆德四殿，又有玉堂、增盤閣。三輔舊事云：武帝於未央宫起高門、武臺殿。漢武故事云：神明殿在未央宫。王莽改未央宫曰壽成室，前殿曰王路堂〔八〕。又有漸臺、織室、凌室〔九〕，皆在未央宫。

建章宫，武帝太初元年，柏梁殿災。粤巫勇之曰〔一〇〕：粤俗有火災，即復起大屋以厭勝之。帝於是作建章宫，度爲千門萬户，宫在未央宫西，長安城外。帝於未央宫營造日廣，以城中爲小，乃於宫西跨城池作飛閣，通建章宫，構輦道以上下。輦道爲閣道，可以乘輦而行。宫之正門曰閶闔，以象天門。高二十五丈，亦曰璧門。左鳳闕，闕上有金鳳，高丈餘。高二十五丈。右神明臺，言臺高可以居神明。門内北起别風闕，在閶闔門内，以其出宫垣識風從何處來，以爲闕名也。高五十丈，對峙井幹樓，高五十丈，輦道相屬焉，連閣皆有罘罳。連閣，曲閣也。以覆重刻垣墉屏翳之處，畫以雲氣鳥獸，其形罘罳然。前殿下視未央，其西則廣，中殿受萬人。三輔舊事云：建章周圍三十里，東起别風闕，高二十五丈，乘高以望遠。又於宫門北起圓闕，高二十五丈，上有銅鳳凰，赤眉賊壞之。西京賦云：圓闕聳以造天，若雙碣之相望。是也。廟記云：建章宫北門，高二十五丈，建章北闕門也。又有鳳凰闕，漢武帝造，高七丈五尺，鳳凰闕亦名别風闕〔一一〕。又云嶕嶢闕，在圓闕門内二百步。繁欽建章鳳闕賦序云〔一二〕：秦、漢規模，廓然泯毁，惟建章鳳闕聳然獨存，雖非象魏之制，亦一代之巨觀。古歌云：長安城西有雙闕，上有雙銅雀，一鳴五穀成，再鳴五穀熟。按銅雀即銅鳳凰也。楊震關輔古語云：長安民俗謂鳳凰闕爲貞女樓。司馬相如賦：豫章貞女樹，長千仞，大連抱，冬夏常青，未嘗凋落，若有貞節，故以爲名。漢書曰：建章宫南有玉堂，璧門三層，臺高三十丈，玉堂内殿十二門，階陛皆玉爲之。鑄銅鳳，高五尺，飾黄金，棲屋上〔一三〕，下有轉樞，向風若翔，椽首薄以璧玉，因曰璧門。建章有駘蕩、馺娑、枍詣、天梁、奇寶、鼓簧等宫，又有玉堂、神明堂，疏圃、鳴鑾、奇華、銅柱、函德二十六殿，太液池、唐中池。

桂宫，漢武帝造，周回十餘里。漢書曰：桂宫有紫房複道，通未央宫。關輔記云：桂宫在未央北，中有明光殿、土山，複道從宫中西上城，至建章神明臺蓬萊山。三秦記：未央宫漸臺西有桂宫，中有明光殿，皆金玉珠璣爲簾箔。西京雜記：武帝爲七寶牀、雜寶桉〔一四〕、廁寶屏風、列寶帳，設於桂宫，時人謂之四寶宫。北宫，在長安城中，近桂宫，俱在未央宫北，周回十里。高帝時制度草創，孝武增修之，中有前殿，廣五十步，珠簾玉户如桂宫。漢書：孝惠皇后廢處北宫。又孝成皇后退居北宫。甘泉宫，一曰雲陽宫。史記：秦始皇二十七年，作甘泉宫及前殿，築甬道，築垣牆如街巷〔一五〕。自咸陽屬之。關輔記曰：林光宫，一曰甘泉宫，秦所造，在今池陽縣西甘泉山，宫以山爲名，周匝十餘里。漢武帝建元中增廣之，周十九里。去長安三百里，望見長安城，黄帝以來圜丘祭天處。漢志：雲陽縣有休屠、金人、徑路神祠三所〔一六〕。音義云：匈奴祭天處，本雲陽甘泉山下，秦奪其地，徙休屠右地。郊祀志云：徑路神祠，祭休屠王處〔一七〕。遁甲開山圖云：雲陽先生之墟也，武帝造赤闕於南以象方色〔一八〕，於甘泉宫更置前殿。始造宫室，有芝生甘泉殿邊房中。漢舊儀云：芝有九莖，芝金色〔一九〕，緑葉朱實，夜有光，乃作芝房之歌。帝又起紫殿，雕文刻鏤黼蔽，以玉飾之。成帝永始四年，行幸甘泉，郊泰畤，神光降於紫殿。今按甘泉谷北岸有槐樹，人謂玉樹，根幹盤峙，二三百年木也。楊震關輔古語云：耆老相傳，咸以爲此樹即揚雄甘泉賦所謂玉樹青葱也。甘泉有高光宮，又有林光宮，有長定宮、竹宮、通天臺、通靈臺。武帝作迎風館於甘泉山，後加露寒、儲胥二館，皆在雲陽。甘泉中西廂起彷徨觀，築甘泉苑。建元中作石闕、封巒、鳷鵲觀於苑垣內。宮南有昆明池，苑南有棠梨宮。漢未央、長樂、甘泉宮四面皆有公車，公車，主受章疏之處。〔旁注〕漢書：未央殿雖南向，而上書奏事謁見皆詣北闕，公車司馬亦在北焉，是則以北闕爲正門，而又有東闕東門，至於西南兩面無門闕矣。蓋蕭何初作宮以厭勝之術，理或然也。司馬門。師古曰：凡言司馬者，宮垣之内，兵衛所在，四面皆有司馬，司馬主武事，故總謂宮之外門爲「司馬」。按漢宮衛令，諸出入殿門、公車司馬門者皆下，不如令，罰金四兩。王莽改公車司馬門曰王路四門，分命諫大夫四人，受章疏以通下情。百官表：衛尉屬官有公車司馬令丞。公車司馬，掌殿司馬門，夜徼宮中。天下上事，及闕下凡所徵召，皆總領之，今秩六百石。

長樂、未央、建章、北宮、甘泉宮中宮室臺殿：鴻臺，秦始皇二十七年築，高四十丈，上起觀宇。漢書：惠帝四年，長樂宮鴻臺災。臨華殿，在長樂宮前殿後，武帝建。漢書：成帝永始四年，長樂宮臨華殿災。温室殿，按漢宮闕疏：在長樂宮。又漢宮閣記：在未央宮。長信宮，漢太后常居之。漢書：成帝母王太后居長信宮。后宮在西，秋之象也。秋主信，故宮殿皆以長信、長秋爲名。又永壽、永寧殿，皆后所處也。右長樂宮。〔旁注〕三輔黄圖曰：從路門至周廟門，有長信宮在其中〔二〇〕。東闕。漢書：五鳳三年，鸞鳳集長樂宮東闕中樹上。西闕。劉屈氂傳：太子敺四市人至長樂宮西闕下，逢丞相軍，合戰〔二一〕。

宣室、温室、清涼，皆在未央宮殿北。宣明、廣明，皆在未央殿東。昆德、玉堂，皆在未央殿西。宣室，未央前殿正室也。淮南子曰：武王殺紂於宣室。漢取舊名也。漢書：文帝受釐宣室，夜半前席賈生問鬼神之事。〔旁注〕武帝爲竇太后置酒宣室，東方朔曰：宣室者，先帝之正處也，非法度之故不得入焉。刑法志：宣帝幸宣室，齋居而决事。又王莽地皇四年，城中少年朱弟、張魚等燒宮，莽避火宣室前殿，火輒隨之。温室殿，武帝建，冬處之温暖也。西京雜記曰：温室以椒塗壁，被之文繡，香桂爲柱，設火齊屏風，鴻羽帳，規地以罽賓氍毹。漢書：京房奏考功課吏法，上令公卿朝臣會議温室。又孔光爲尚書令，歸休，與兄弟妻子燕居，語終不及朝省政事。或問温室省中樹何木，光不應。清涼殿，夏居之則清涼也，亦曰延清室。漢書曰：清室則中夏含霜〔二二〕。即此也。董偃常卧延清之室〔二三〕，以畫石爲牀，文如錦，紫琉璃帳，以紫玉爲盤，如屈龍，皆用雜寶飾之。麒麟殿，在未央宮。漢書：哀帝燕董賢父子於麒麟殿，視賢曰：吾欲法堯禪舜，何如？王閎曰：天下乃高皇帝天下，非陛下之天下也。陛下奉承宗廟，當傳之無窮，安可妄有所授！天子無戲言。上默然不悦。金華殿，在未央宮。漢書：成帝初方向學，召鄭寬中、張禹説尚書、論語於金華殿中。承明殿，在未央宮。漢書：武帝謂嚴助曰：君厭承明之廬。又成帝鴻嘉二年，雉飛集承明殿屋。班固西都賦云〔二四〕：內有承明著作之庭。即此也。蘭臺，在未央宮。漢書百官表：御史中丞在殿中蘭臺，迭掌圖籍秘書〔二五〕。掖庭殿〔二六〕，在天子左右如肘掖。椒房殿，在未央宮。以椒和泥塗，取其溫而芬芳也。武帝時後宮八區，有昭陽、飛翔、增成、合歡、蘭林、披香、鳳凰、鴛鸞等殿〔二七〕。後增修安處、常寧、茝若、椒風、發越、蕙草等殿，爲十四位。成帝趙皇后居昭陽殿，有女弟爲婕妤，貴傾後宮。昭陽舍蘭房椒壁〔二八〕，其中庭彤朱，而庭上髹漆，切皆銅沓，切，門限也。黃金塗，白玉階，壁帶往往爲黃金釭，函藍田璧，明珠翠羽飾之，自後宮未嘗有焉。班婕妤居增成舍。後宮八區，增成第三區也。哀帝時，董賢女弟爲昭儀，居舍號曰椒風。高門殿。漢書：汲黯請見高門。注曰：未央宮高門殿也。又哀帝時，鮑宣諫曰：陛下擢臣巖穴，誠冀有益毫毛，豈欲臣美食大官，重高門之地。白虎殿，在未央宮。漢書：成帝建始四年夏，召直言之士詣白虎殿對策。玉堂殿，在未央宮。漢書揚雄傳：歷金門，上玉堂。非常室。漢書：成帝綏和二年，鄭通里人王褒，絳衣小冠，帶劍入北司馬門殿東門，上前殿，至非常室中。殿上室名。織室，在未央宮。又有東西織室，織作文繡郊廟之服，有令史。凌室，藏冰之所也，在未央宮。周官：凌人職掌藏冰，凡祭祀飲食則供冰〔二九〕。漢書：惠帝四年，織室、凌室災。暴室，主掖庭織作染練之署，謂之暴室，取暴曬爲名耳，有嗇夫官屬。弄田，在未央宮。弄田者，燕遊之田，天子所戲弄耳。漢書昭帝紀：始元元年，上耕於鉤盾弄田〔三〇〕。應劭注云：帝時年九歲，未能親耕帝籍，鉤盾官宦者近署，故往試耕爲戲弄。成帝建始三年，小女陳持弓年九歲，闌入尚方掖門，至未央殿鉤盾禁中。内謁者署，在未央宫，屬少府。續漢書云：掌宫中步帳褻物。丁孚漢官云〔三一〕：令秩千石。端門。漢書：文帝初入未央宫，有謁者十人持戟衛端門。師古曰：端門，殿之正門。金馬門，宦者署。武帝時得大宛馬，以銅鑄像，立於署門，因以爲名。〔旁注〕門也，門東有銅馬，故名。武帝時，相馬者東門京作銅馬法獻之〔三二〕，立馬於魯班門外，更名魯班門爲金馬門。東方朔、主父偃、嚴安、徐樂皆待詔金馬門，即此。路軨廐，在未央宫中，掌宫中輿馬，亦曰未央廐。漢書：武帝時期，門郎上官桀遷爲未央廐令。右未央宫。長秋門。漢書：戾太子使舍人持節夜入未央宫殿長秋門。龍樓門。漢書：成帝爲太子，出龍樓門，不敢絶馳道，西至直城門〔三三〕，得絶乃度，遂入作室門。上遲之〔三四〕，問其故，以狀對。上大悦，著令得絶馳道。駘蕩宫，春時景物駘蕩滿宫中也。馺娑宫，馺娑，馬行疾貌。馬行迅疾，一日之間遍宫中，言宫之大也。枍詣宫，枍詣，木名。天梁宫，梁木至於天，言宫之高也。四宫皆在建章宫。奇華殿，在建章宫旁，四海夷狄器服珍寶，火浣布、切玉刀，巨象、大雀、師子、宫馬充塞其中〔三五〕。鼓簧宫。漢宫闕疏云：在建章宫西北。神明臺。漢書曰：建章有神明臺。廟記曰：武帝造，祭仙人處，高五丈，上有承露盤，有銅仙人舒掌捧銅盤玉杯，以承雲表之露，以露和玉屑服之，以求仙道。長安記：仙人掌大七圍，以銅爲之，魏文帝徙銅盤折，聲聞數十里〔三六〕。右建章宮。

紫房複道。漢書孔光傳：成帝母太皇太后自居長樂宮，帝祖母定陶傅太后在國邸，詔問當何居？光不欲令后與帝旦夕相近，即議以爲定陶傅太后宜改築宮。大司空何武曰：可居北宮。上從武言。北宮有紫房複道通未央宮，傅太后從複道朝夕至帝所。

壽宮，北宮有神仙宮、壽宮，張羽旗，設供具，以禮神君。神君來則肅然風生，帷帳皆動。右北宮。

明光宮，武帝太初四年起，在長樂宮後，南與長樂宮相連屬。漢書：成都侯商嘗疾，欲避暑，從上借明光宮。王莽始建國元年，改明光宮爲安定館，安定太后居之。

太子宮、甲觀。太子宮有甲觀、畫堂。漢書曰：孝成皇帝，元帝太子也，母曰王皇后。元帝在太子宮生甲觀畫堂。注曰：甲者，甲乙丙丁之次。元后傳曰：見於丙殿，此其例也。畫堂，謂宮殿中彩畫之堂。右明光宮、太子宮。

長定宮，在林光宮。三輔決録：后從帝行幸於甘泉宮，居長定宮。孝成許皇后廢處昭臺宮，歲餘徙長定宮。

竹宮，甘泉祠宮也，以竹爲宮，天子居中。漢舊儀云：竹宮去壇三里。

棠梨宮〔三七〕，在甘泉苑垣外雲陽南三十里。右甘泉宮。

鉤弋宮，孝武鉤弋夫人有寵，生昭帝，妊娠十四月。上曰：聞昔堯十四月而生，今鉤弋亦然。乃命所生門曰堯母門，所居宮曰鉤弋宮〔三八〕。王褒雲陽宮記曰〔三九〕：鉤弋夫人從至甘泉而卒，葬雲陽。武帝思之，起通靈臺於甘泉宮，有一青鳥，集臺上往來，至宣帝時乃不至。漢武故事曰：鉤弋宮，在直門之南。

長門宮，離宮，在長安城東。孝武陳皇后得幸，頗妬，居長門宫。永信宫，哀帝尊恭皇太后曰帝太太后，稱永信宫。中安宫，哀帝尊恭皇后曰帝太后〔四〇〕，稱中安宫。養德宫，趙王如意年幼，未能就外傅，戚姬養之，趙王内傅趙媪傅之，號其室曰養德宫。儲元宫，在長安城西。漢書外戚傳：信都太后與信都王俱居儲元宫。宣曲宫，在昆明池西。孝宣帝曉音律，常於此度曲，因以爲名。昭臺宫，在上林苑中。孝宣霍皇后廢處昭臺宫，後十二歲，徙雲林館，乃自殺。犬臺宫，在上林苑中，長安西二十八里。漢書：江充召見犬臺宫。扶荔宫，在上林苑中。武帝元鼎六年，破南越，起扶荔宫，宫以荔枝得名。以植所得奇草異木：菖蒲百本，山薑十本，甘蕉十二本〔四一〕，留求子十本，桂百本，蜜香、指甲花百本，龍眼、荔枝、檳榔、橄欖、千歲子、甘橘皆百餘本。上木〔四二〕，南北異宜，歲時多枯瘁。荔枝自交趾移植百株於庭，無一生者，連年猶移植不息，後數年，偶一株稍茂，終無華實，帝亦珍惜之。一旦萎死，守吏坐誅者數十人，遂不復蒔矣。其實則歲貢焉，郵傳者疲斃於道，極爲生民之患。至後漢安帝時，交趾郡守極陳其弊，遂罷其貢。承華殿，在上林苑。漢武帝内傳：七月七日，上於承華殿齋，忽有一青鳥從西方來集殿前。上問東方朔，朔曰：此西王母欲來也。有頃，王母至。葡萄宫，在上林苑西〔四三〕。哀帝元壽二年〔四四〕，單于來朝，以太歲厭勝所，舍之葡萄宫。宜春宫，本秦之離宫，在長安城東南杜縣東，近下杜。五柞宫，離宫也，在扶風盩厔。宫中有五柞樹，因以爲名。五柞皆連抱上枝，覆蔭數畝〔四五〕。集靈宫、集仙宫、存仙殿、存神殿、望仙臺、望仙觀，俱在華陰縣界，皆武帝宮觀名也。華山記及三輔舊事云：昔有太元真人茅盈内記：始皇三十一年，九月庚子，盈曾祖父濛於華山乘雲駕龍，白日升天。武帝即其地造宮殿，歲時祈禱焉。漢書云：華陰縣有集靈宮。鼎湖宮，在湖城縣界。一説在藍田，有亭。昔黄帝采首山銅以鑄鼎，鼎成，有龍下，迎帝仙去，小臣攀龍髯而上者七十二人。漢武帝於此建宮。思子宮，武帝痛戾太子無辜被殺，作思子宮，爲歸來望思之臺於湖。黄山宮，在興平縣西三十里。武帝微行西至黄山宮，即此。步壽宮，在耀州東北一里。宣帝神爵二年，鳳凰集祋祤縣，鳳凰集處得玉寶，乃起步壽宮。按秦亦有步壽宮，與此名同地異。池陽宮，在池陽南〔四六〕，上原之坂有長平坂〔四七〕，去長安五十里。萬歲宮，在汾陰，武帝造。宣帝元康四年，幸萬歲宮。梁山宮，在好畤界。古公逾梁山，邑於岐下，及秦立梁山宮，皆此山下也。史記：始皇三十五年〔四八〕，幸梁山宮。回中宮。史記：秦始皇二十七年，巡隴西、北地，出笄頭，過回中。漢書：文帝十四年，匈奴入蕭關，殺都尉，燒回中宮，候騎至雍。武帝元狩四年，幸雍，通回中道，遂北出蕭關〔四九〕。又有三良宮相近。首山宮，武帝元封元年，封禪後，夢高祖坐明堂朝羣臣，於是祀高祖於明堂以配天，還作首山宮，以爲高靈館。明光宮，武帝求仙，起明光宮。發燕、趙美女二千人充之，率取二十以下，十五以上，年滿三十者出嫁之，掖庭令總其籍。時有死出者，隨補之。右諸離宮之見史傳者。龍淵宮。漢書：元光三年，救決河〔五〇〕，起龍淵宮。

服虔曰：宮在長安西，作銅飛龍，故以爲宮名。漢畿内千里，並京兆治之，内外宮館一百四十五所。班固西都賦云：前乘秦嶺[五一]，後越九嵕，東薄河、華，西涉岐、雍，宮館所歷[五二]，百有餘區。秦離宮二三百[五三]，漢武帝修治之。

【校勘記】

〔一〕長定　底本、川本、滬本作「信宮」，據三輔黄圖校證卷二改。

〔二〕王莽改長樂宮爲常樂室　「常」，底本、川本、滬本作「長」，據漢書王莽傳中、三輔黄圖卷二改。

〔三〕上見其壯麗太甚　「太」，底本、川本、滬本作「也」，據三輔黄圖卷二改。

〔四〕見諸侯羣臣處也　「處」，底本、川本作「羣」，據滬本及三輔黄圖卷二改。

〔五〕竹窻也　「窻」，底本、川本、滬本作「忽」，據三輔黄圖卷二改。

〔六〕玄武蒼龍二闕　「蒼」，底本、川本作「倉」，據滬本及三輔黄圖卷二改。

〔七〕回車殿　「回」，底本、川本作「四」，據滬本及三輔黄圖校證卷二改。

〔八〕王路堂　「王」，底本作「玉」，川本、滬本同，據三輔黄圖校證卷二改。

〔九〕淩室　底本、川本作「淩雲」，據滬本及三輔黄圖卷二改。

〔一〇〕粤巫勇之曰　「巫」，底本、川本作「人」，據滬本及三輔黄圖卷二改。

〔一一〕鳳凰闕亦名别風闕　「鳳凰闕」，底本、川本作「鳳凰閣」，據滬本及三輔黄圖校證卷二改。

〔一二〕繁欽建章鳳闕賦序云　「繁」，底本、川本作「樊」；「鳳闕賦」，底本、川本、滬本脱，據三輔黄圖校證卷二改補。

〔一三〕棲屋上 「棲」，底本作「樓」，川本同，據滬本及三輔黄圖卷二改。

〔一四〕雜寶桉 「桉」，底本、川本、滬本脱，據西京雜記卷二、三輔黄圖卷二補。

〔一五〕築垣牆如街巷 「如」，底本作「於」，川本同，據滬本及三輔黄圖卷二改。

〔一六〕雲陽縣有休屠金人徑路神祠三所 「三」，底本、川本作「之」，據滬本及漢書地理志改。

〔一七〕郊祀志云徑路神祠祭休屠王處 「路」，底本、川本作「陽」，據滬本、本書上文及漢書地理志改。又，今本漢書郊祀志無此文，疑誤。

〔一八〕武帝造赤闕於南以象方色 「闕」，底本、川本、滬本脱，據三輔黄圖校證卷二補。

〔一九〕芝金色 「芝」，底本、川本、滬本脱，據三輔黄圖卷二補。

〔二〇〕三輔黄圖曰從路門至周廟門有長信宫在其中 川本同，滬本無。按今本三輔黄圖無此文，「路門」、「周廟門」亦不見他書，疑有脱誤。

〔二一〕太子歐四市人至長樂宫西闕下逢丞相軍合戰 「歐」、「西」，底本、川本作「駈」、「於」，據漢書劉屈氂傳改。滬本無此文。

〔二二〕漢書曰清室則中夏含霜 川本、滬本同。按此語出文選曹植七啓，非「漢書曰」。

〔二三〕董偃常卧延清之室 「卧」，底本、川本作「以」，據滬本及三輔黄圖卷三改。

〔二四〕西都賦 底本「賦」下有「序」字，川本、滬本同。按文選西都賦：「又有承明、金馬，著作之庭。」即本書下文所載，非西都賦序文，則此「序」乃衍字，據删。

〔二五〕圖籍秘書 「秘」，底本、川本、滬本作「秩」，據漢書百官公卿表上改。

〔二六〕掖庭殿　「殿」，底本、川本、滬本作「宮」，據三輔黄圖卷三改。

〔二七〕鴛鸞等殿　「鸞」，底本、川本、滬本作「鴦」，據三輔黄圖校證卷三改。

〔二八〕昭陽舍蘭房椒壁　「舍」，底本、川本作「含」，據滬本及三輔黄圖卷三改。

〔二九〕凡祭祀飲食則供冰　「飲」，底本、川本、滬本作「餘」，據三輔黄圖卷三改。

〔三〇〕上耕於鉤盾弄田　「盾」，底本、川本、滬本作「屬」，據漢書昭帝紀改。

〔三一〕丁孚漢官　「孚」，底本、川本作「字」，據滬本及三輔黄圖卷三改。

〔三二〕相馬者東門京作銅馬法獻之　「法」，底本、川本作「位」，滬本作「像」，據漢書公孫弘傳顔師古注引如淳曰改。

〔三三〕西至直城門　「西」，底本、川本、滬本作「而」，據漢書成帝紀改。

〔三四〕上遲之　「之」，底本、川本、滬本作「遲」，據漢書成帝紀改。

〔三五〕巨象大雀師子宮馬充塞其中　「宮」，川本、滬本同，三輔黄圖校證卷三：「宮馬，疑宛馬之誤。」

〔三六〕聲聞數十里　「聞」，底本、川本脱，據滬本及三輔黄圖卷三補。

〔三七〕棠梨宮　「梨」，底本、川本、滬本作「黎」，據三輔黄圖卷三改。

〔三八〕乃命所生門曰堯母門所居宮曰鉤弋宮　上「門」字、上「宮」字，底本、川本、滬本脱，據三輔黄圖卷三補。

〔三九〕雲陽宮記　「宮」，底本、川本、滬本脱，據三輔黄圖校證卷三補。

〔四〇〕稱永信宮中安宮哀帝尊恭皇后曰帝太后　底本、川本脱，據滬本及三輔黄圖卷三補。

〔四一〕甘蔗十二本　底本、川本脱，據滬本及三輔黄圖卷三補。

〔四二〕上木　「上」，底本、川本、滬本作「土」，據三輔黄圖卷三改。

〔四三〕在上林苑西 「西」，底本、川本作「中」，據滬本及三輔黄圖卷三改。

〔四四〕元壽二年 「二」，底本、川本、滬本作「三」，據漢書匈奴傳改。

〔四五〕覆蔭數畝 川本、滬本同。滬本此句下别有「武帝後元二年二月，行幸盩厔五柞宫」十五字，見於漢書武帝紀，爲底本、川本及三輔黄圖卷三所無。

〔四六〕池陽 「陽」，底本、川本作「原」，據滬本及三輔黄圖卷三改。

〔四七〕上原之坂有長平坂 「平」，底本、川本、滬本作「年」，據漢書宣帝紀改。

〔四八〕始皇三十五年 「五」，底本、川本、滬本作「三」，據史記秦始皇本紀改。

〔四九〕遂北出蕭關 「北」，底本、川本作「以」，據滬本及漢書郊祀志、三輔黄圖卷三改。

〔五〇〕救決河 「救」，底本、川本作「敕」，據滬本及漢書武帝紀改。

〔五一〕前乘秦嶺 「乘」，底本、川本作「來」，據滬本及文選西都賦、三輔黄圖卷三改。

〔五二〕宫館所歷 「館」，底本、川本作「觀」，據滬本及文選西都賦、三輔黄圖卷三改。

〔五三〕秦離宫二三百 「宫」，底本脱，川本同，據滬本及三輔黄圖卷三補。又，三輔黄圖無「二」字。

苑囿：漢上林苑，在府城南。即秦之舊苑也。漢書云：武帝建元三年，開上林苑，東南至藍田宜春、鼎湖、御宿、昆吾，旁南山而西，至長楊、五柞，北繞黄山，瀕渭水而東，周袤三百里。離宫七十所，皆容千乘萬騎。漢宫殿疏云：方三百四十里。漢舊儀云：上林苑方三百里，苑中養百獸，天子秋冬射獵取之。帝初修上林苑，羣臣遠方各獻名果異卉三千餘種植其中，亦有製爲美名以表奇異。苑中有昆明觀，武帝置。又有繭觀、平樂觀、遠望觀、燕昇觀、觀象觀、便門觀、白鹿觀、三爵觀、陽祿觀、陰德觀、鼎郊觀、樛木觀、椒唐觀、魚鳥觀、元華觀、走馬觀、柘觀、上蘭觀、郎池觀、當路觀，皆在上林苑。又舊儀曰：上林有令有尉，禽獸簿記其名數。又有上林詔獄，主治苑中禽獸、宫館之事，屬水衡。又上林苑中有大池〔一〕、市郭、宫殿、魚臺、犬臺、獸圈。

繭館，在上林苑。漢書元后傳：春幸繭館，率皇后、列侯夫人桑。

茂陵富民袁廣漢藏鏹巨萬，家僮八九百人，於北邙山下築園〔二〕，東西四里，南北五里，激流水注其中。構石爲山，高十餘丈，連延數里。養白鸚鵡、紫鴛鴦、犛牛〔三〕、青兕，奇獸珍禽〔四〕，委積其間。積沙爲洲嶼，激水爲波濤，致江鷗、海鶴孕雛産鷇，延漫林池，奇樹異草，靡不培植。屋皆徘徊連屬，重閣修廊，行之移晷，不能徧也。廣漢後有罪，誅，没入爲官園，鳥獸草木皆移上林苑中。

甘泉苑，武帝置。緣山谷行，至雲陽三百八十一里，西入扶風，凡周回五百四十里。苑中起宫殿臺閣百餘所，有仙人觀、石闕觀、封巒觀、鳷鵲觀。

御宿苑，在長安城南御宿川中。漢武帝爲離宫别館，禁禦人不得入。往來遊觀，止宿其中，故曰御宿。三秦記云：御宿園出栗，十五枚一勝。大梨如五勝，落地則破。其取梨，先以布囊承之，號曰含消，此園梨也。

思賢苑。西京雜記曰：孝文帝爲太子立思賢苑，以招賓客。苑中有堂隍六所〔五〕，客館皆廣廡高軒，屏風幃褥甚麗。

博望苑，武帝立子據爲太子〔六〕，開博望苑以通賓客。在長安城南杜門外五里，有遺址。

西郊

苑，漢西郊有苑囿，林麓藪澤連亘，繚以周垣四百餘里，離宮別館三百餘所。樂遊苑，在杜陵西北，宣帝神爵三年起。又關中記曰：宣帝立廟於曲江之北，號樂遊。按其處則今之所呼樂遊廟是，在杜縣東。晉灼曰：史記云：葬二世杜南宜春苑中〔七〕，師古曰：宜春下苑即今京城東南隅曲江是。又貢禹傳謂省宜春下苑以與貧民，即此。宜春下苑，在京城東南隅。元帝紀注：東南隅曲池是。三十六苑。漢儀注：太僕牧師諸苑三十六所，分布北邊、西邊，以郎爲苑監，宦官奴婢三萬人，養馬三十萬匹。養鳥獸者，通名爲苑，故謂牧馬處爲苑。梨園。雲陽宮記曰：雲陽車箱坂下有梨園一頃，梨數百株，青翠繁密，望之如車蓋。

池沼：漢昆明池，武帝元狩三年穿〔八〕，在長安西南，周回四十里〔九〕。〔旁注〕府城西南三十里。西南夷傳曰：天子遣使求身毒國市竹〔一〇〕，而爲昆明所閉，天子欲伐之。昆明國有滇池〔一一〕，方三百里，故作池以象之，以習水戰，因名曰昆明池。漢書曰：元狩三年，減隴西、北地、上郡戍卒之半及吏弄法者，謫之穿此池。食貨志曰：時越欲與漢用船戰逐，乃大修昆明池。三輔舊事曰：昆明池地三百三十二頃，中有戈船各數十，樓船百艘，船上建戈矛，四角悉垂幡旄葆麾，蓋照燭涯涘。圖曰：上林苑有昆明池，周匝四十里。廟記曰：池中復作豫章大船，可載萬人，上建宮室，因欲游戲，養魚以給諸陵祭祀，餘付長安廚。三輔故事又曰：池中有豫章臺及石鯨，刻石爲鯨魚，長三丈，每至雷雨，常鳴吼，鬣尾皆動。一説甘泉宮南有昆明池，池中有靈波殿，皆以桂爲殿柱〔一二〕，風來自香。又曰：池中有龍首船，常令宮女泛舟池中，張鳳蓋，建華旗，作櫂歌，雜以鼓吹，帝御豫章觀臨觀焉。關輔古語曰：昆明池中有二石人，立牽牛、織女於池之東西，以象天河。張衡西京賦曰：昆明、靈沼，黑水玄阯〔一三〕，牽牛立其右，織女居其左。今有石父石婆神祠在廢池，疑此是也。武帝初穿池得黑土，帝問東方朔，東方朔曰：西域胡人知。乃問胡人，胡人曰：劫燒之餘灰也。至秦姚興時竭。唐德宗貞元十三年，命京兆尹韓皋充使浚之，追尋漢制，引交河、渭水合流入池。鎬池，在昆明池北，即周之故都也。廟記曰：長安城西有鎬池，在昆明池北，周匝二十二里，溉地三十二頃。史記：秦始皇帝三十六年，使者從關東夜至華陰縣平舒道，有人持璧遮使者曰：爲吾遺鎬池君。因言曰：今年祖龍死。使者問其故，忽不見，置其璧去。使者奉璧具以聞。始皇默然良久，曰：山鬼不過知一歲事也。退言曰：祖龍者，人之先也。使御府視璧，乃二十八年渡江所沉璧也。滄池，在長安城中。舊圖云：未央宮有滄池，言池水蒼色也。太液池，在長安故城西，建章宮北，未央宮西南。太液者，言其津潤所及廣也。關輔記云：建章宮北有池，以象北海，刻石爲鯨魚，長三丈。漢書曰：建章宮北治大池，名曰太液池，中起三山，以象蓬萊、瀛洲、方丈，刻金石爲魚龍、奇禽、異獸之屬。廟記曰：建章宮北池名太液，周回十頃，有采蓮女鳴鶴之舟。三輔舊事云：日出暘谷，浴於咸池，至虞淵即暮，此池之象也〔一四〕。昭帝始元元年春，黃鵠下建章宮太液池。成帝常以秋日與趙飛燕戲於太液池〔一五〕，以沙棠木爲舟，以雲母飾於鷁首，一名雲舟。又刻大桐木爲虬龍〔一六〕，雕飾如真，夾雲舟而行。以紫桂爲柂枻〔一七〕，及觀雲棹水，玩擷菱蕖〔一八〕。帝每憂輕蕩以驚飛燕，命佽飛之士以金鎖纜雲舟於波上〔一九〕。每輕風時至，飛燕殆欲隨風入水，帝以翠纓結飛燕之裾〔二〇〕。今太液池有避風臺，即飛燕結裾之處。

唐中池，周迴十二里，在建章宮太液池南。　百子池，在建章宮西。西京雜記曰：漢時，宮中常以七月七日臨百子池，作于闐樂。　十池，上林苑有初池、麋池、牛首池、蒯池、積草池、東陂池、西陂池、當路池、大壹池〔二一〕、郎池。牛首池，在上林苑中西頭。〔旁注〕司馬相如上林賦曰：濯鷁牛首。郭璞注曰：牛首池，在豐水西北〔二二〕，近灃河、積草池。西京雜記：池中有南越王所獻珊瑚樹，高一丈二尺，一本三柯，名曰烽火樹，夜有光景，常欻然。　蒯池，生蒯草以織席。　西陂池、郎池，皆在古城南上林苑中。陂、郎，二水名，因爲池。　積草池，中有珊瑚樹，高一丈二尺，一本三柯，上有四百六十二條，南越王趙佗所獻，號爲烽火樹，至夜光景常煥然〔二三〕。　少府佽飛外池。　漢儀注：佽飛具繒繳以射鳧雁，給祭祀，故有池。元帝紀。　秦酒池，在長安故城中。廟記曰：長樂宮中有魚池、酒池，池上有肉炙樹，秦始皇造。漢武行舟於池中，酒池北起臺，天子於上觀牛飲者三千人。又曰：武帝作，以夸羌胡，飲以鐵杯，重不能舉，皆抵牛飲。西征賦云：酒池鑒於商辛，追覆車而不寤〔二四〕。影蛾池，在建章宮。武帝鑿池以玩月，其旁起望鵠臺以眺月，影入池中，使宮人乘舟弄月影，名影蛾池，亦曰眺蟾臺〔二五〕。　琳池，昭帝始元元年穿〔二六〕，廣千步，池南起桂臺。　鶴池，在長安城西。盤池，在西北，並廢。冰池，在長安西。舊圖云：西有彪池，亦名聖女泉。蓋冰、彪聲相近而訛也。

臺榭：漢靈臺，在長安西北八里。漢始曰清臺，本爲候者觀陰陽天文之變，更名曰靈臺。郭延生述征記曰：長安宮南有靈臺，高十五仞，上有渾儀，張衡所製。又有相風銅烏，遇風乃動。有銅表，高八尺，長一丈三尺，廣尺二寸，題曰：太初四年造。柏梁臺，武帝元鼎二年起，在未央宮北闕內。三輔舊事云：以香柏爲梁也。帝嘗置酒其上，詔羣臣和詩，能七言詩者乃得上。太初中，臺災。漸臺，在未央宮太液池中，高十丈。漸，浸也，言爲池水所漸。又一説，漸，星名，法星以爲臺名。〔旁注〕師古曰：未央殿西南有滄池〔二七〕，池中有漸臺。未央宮有滄池，池中有漸臺，王莽死於此。神明臺，見建章宮。通天臺，武帝元封二年，作甘泉通天臺。漢舊儀云：通天者，言此臺高通於天也。漢武故事：築通天臺於甘泉，去地百餘丈，望雲雨悉在其下，望見長安城。武帝時，祭泰乙，上通天臺，舞八歲童女三百人，祠祀招仙人。祭泰乙，云令人升通天臺，以候天神，天神既下祭所，若大流星，乃舉烽火而就竹宮望拜。上有承露盤，仙人掌擎玉杯，以承雲表之露。元鳳間自毀，椽桷皆化爲龍鳳，從風雨飛去。西京賦云：通天訬以竦峙〔二八〕，徑百常而莖擢。上辯華以交紛〔二九〕，下刻峭其若削。亦曰候神臺，又曰望仙臺，以候神明、望神仙也。涼風臺，在長安故城西，建章宮北。關輔記曰：建章宮北作涼風臺，積木爲樓〔三〇〕。長樂宮，有魚池臺、酒池臺，秦始皇造。又有著室臺、鬬雞臺、走狗臺、壇臺、漢韓信射臺。又未央有果臺、東西山二臺。未央宮有釣臺〔三一〕、通靈臺、望鵠臺、眺蟾臺、桂臺、商臺、避風臺。並見池沼門。長楊榭，在長楊宮，秋冬較獵其下，命武士搏取禽獸，天子登此以觀焉。臺上有木曰榭。

漢辟雍，在長安西北七里。漢書：河間獻王來朝，獻雅樂，武帝對之三雍宮。即此。禮樂志曰：成帝時，犍爲郡水濱得古磬十六枚〔三二〕，劉向説帝宜興辟雍焉。明堂，在長安西南七里。漢書曰：武帝初即位，嚮儒術，以文學爲本，議立明堂於城南，以朝諸侯。應劭注曰：漢武帝造明堂，王莽修飾令大。圜丘〔三三〕，在昆明故渠南，高二丈，周回百二十步〔三四〕。太學，在長安西北七里。王莽作宰衡時，建弟子舍萬區，起市郭上林苑中。三輔舊事云：漢太學中有市有獄。

【校勘記】

〔一〕大池　川本、滬本同，三輔黄圖卷四作「六池」。

〔二〕北邙山　「邙」，底本、川本、滬本脱，據西京雜記卷三補。

〔三〕犀牛　川本、滬本同，西京雜記卷三作「牦牛」，三輔黄圖卷四作「氂牛」。

〔四〕奇獸珍禽　「奇」，底本、川本作「等」，滬本作「異」，據西京雜記卷三、三輔黄圖卷四改。

〔五〕堂隍　「隍」，底本、川本、滬本作「室」，據西京雜記卷三改。

〔六〕武帝立子據爲太子　「立子據」，底本、川本、滬本脱，據三輔黄圖卷四補。

〔七〕葬二世杜南宜春苑中　「杜」，底本、川本作「社」，據滬本及史記秦始皇本紀改。

〔八〕元狩三年　「三」，底本、川本、滬本作「四」。漢書武帝紀：元狩三年，「發謫吏穿昆明池」。據改。

〔九〕周回四十里　「四」，底本、川本、滬本脱，據漢書武帝紀顔師古注引臣瓚曰改。

〔一〇〕天子遣使求身毒國市竹　「遣」，底本、川本、滬本作「使」，據三輔黄圖卷四改。「市」，川本同，滬本作「布」，三輔黄圖校證卷四：「市，疑布字之誤。」

〔一一〕昆明國　「國」，底本、川本作「固」，據滬本及三輔黄圖卷四改。

〔一二〕皆以桂爲殿柱　「柱」，底本、川本作「桂」，據滬本及三輔黄圖卷四改。

〔一三〕黑水玄阯　「玄阯」，底本、川本、滬本作「元址」，據文選西京賦改。

〔一四〕此池之象也　「之象」，底本、川本、滬本作「象之」，據三輔黄圖卷四乙正。

〔一五〕成帝常以秋日與趙飛燕戲於太液池　「與」，底本、川本作「爲」，據滬本及三輔黄圖卷四改。

〔一六〕又刻大桐木爲虬龍　「大桐」，底本、川本作「木柟」，據滬本及三輔黄圖卷四改。

〔一七〕夾雲舟而行以紫桂爲柁枻　「夾」、「桂」，底本、川本作「來」、「柱」，據滬本及三輔黄圖卷四改。

〔一八〕及觀雲棹水玩擷菱蕖　「水」、「菱蕖」，底本、川本作「之」、「芰蕖」，據滬本及三輔黄圖校證卷四改。

〔一九〕命佽飛之士以金鎖纜雲舟於波上　「佽飛」，底本、川本作「飲水」，據滬本及三輔黄圖卷四改。

〔二〇〕帝以翠纓結飛燕之裾　「纓結」，底本、川本、滬本作「縷絡」，據三輔黄圖校證卷四改。下「結裾」改同。

〔二一〕大壹池　「大壹」，底本、川本作「大臺」，滬本作「犬臺」，據初學記卷七改。

〔二二〕豐水　底本、川本作「豊水」，據滬本改。

〔二三〕至夜光景常焕然　「光」，底本、川本、滬本脱，據三輔黄圖卷四補。

〔二四〕酒池鑒於商辛追覆車而不寤　「鑒」、「寤」，底本、川本、滬本作「監」、「悟」，據文選潘岳西征賦改。

〔二五〕以眺月至亦曰眺蟾臺　底本、川本脱，據滬本及三輔黄圖卷四補。「臺」，滬本作「宫」，據三輔黄圖改。

〔二六〕始元元年　「始元」，底本、川本、滬本作「元始」，按漢昭帝年號爲始元，此倒誤，據以乙正。

〔二七〕滄池　底本、川本、滬本同，漢書鄧通傳顔師古注作「蒼池」。

〔二八〕通天訬以竦峙　「訬以」，底本、川本、滬本作「眇而」，據文選張衡西京賦改。

〔二九〕辮華　「辮」，底本、川本、滬本作「瓣」，據文選張衡西京賦改。

〔三〇〕積木爲樓　「木」，底本、川本、滬本作「水」，據長安志卷三改。

〔三一〕釣臺　底本、川本、滬本作「鈎弋臺」，據三輔黄圖校證卷五改。

〔三二〕成帝時犍爲郡水濱得古磬十六枚　「時」，底本、川本脱；「犍」，底本、川本作「揵」，據滬本及三輔黄圖卷五補改。

〔三三〕圜丘　「圜」，底本、川本、滬本作「圓」，據三輔黄圖卷五改。

〔三四〕周回百二十步　「回」，底本、川本作「四」，據滬本及三輔黄圖卷五改。

宗廟〔一〕：漢立四廟，祖宗廟異處，不序昭穆。　太上皇廟，在長安故城中，香室街南，馮翊府北〔二〕。關輔記曰：在酒池北。高祖廟，在長安故城中。關輔記曰：秦廟中鐘四枚，皆在漢高祖廟中。三輔舊事云：高廟鐘重十二萬斤。漢舊儀云：高祖廟鐘十枚，各受十石，撞之聲聞百里。漢書：文帝時，盜取高廟玉環。故事云：光武至長安，以宗廟燒蕩爲墟，乃徙都洛陽。取十廟合於高廟，作十二室。太常卿一人，別治長安，主知高廟事。高廟有便殿，凡言便殿、便室、便坐者，皆非正大之處，所以就便安也。高園，於陵上作之，既有正寢，以象平生正殿路寢也。又立便殿於寢側，以象休息閒宴之處也。孝惠更於渭北建高帝廟，謂之原廟。惠帝廟，在高帝廟後。文帝廟，號顧成廟。景帝廟，號德陽宮。景帝中四年，造德陽宮。蓋帝自作之，諱不言廟，故號爲宮。武帝廟，號龍淵宮〔三〕，今長安西茂陵東有其處，作銅飛龍，故以冠名〔四〕。昭帝廟，號徘徊。宣帝廟，號樂遊。在杜陵西北。神爵三年，立廟於曲池之北，號樂遊，其處則今呼樂遊園是也。元帝廟，號長壽。成帝廟，號陽池。太上皇有寢廟園、原廟，昭靈后、武哀王、昭哀后皆有園，孝惠皇帝有寢廟園，孝文太后、孝昭太后皆有寢園，衛思后、皇祖悼考皆有廟園。廟曰奉明。元、成之世，祖宗廟在郡國者六十八，合百六十七所。京師自高祖至宣帝，與太上皇、悼皇考各自居陵旁立廟，並爲百七十六。又園中各有寢便殿，日祭於寢，月祭於殿，時祭於便殿。寢日四上食，廟歲二十五祠，便殿四歲祠。又月一遊衣冠。四時祭宗廟，用太牢，列侯皆獻酎金以助祭。諸侯王及列侯，歲時詣京師，侍祠助祭。

南北郊〔五〕：天郊，在長安城南。地郊，在長安城北。所屬掌治壇墠郊宫歲時供張，以奉郊祀。武帝定郊祀之事，祠太乙於甘泉圜丘，取象天形，就陽位也；祀后土於汾陰澤中方丘〔六〕，取象地形，就陰位也。至成帝徙泰畤、后土於京師，始祀上帝於長安南郊，祀后土於長安北郊。

社稷〔七〕：漢初，除秦社稷，立漢社稷。其後又立官社，配以夏禹，而不立官稷〔八〕。至平帝元始三年，始立官稷於官社之後。

觀：豫章觀，武帝造，在昆明池中，亦曰昆明觀。又一説曰：上林苑中有昆明池觀，蓋武帝所置。桓譚新論云：元帝被疾，遠求方士。漢中送道士王仲都，詔問所能，對曰：能忍寒。乃以隆冬盛寒日，令袒載駟馬於上林昆明池上〔九〕，環以冰，而御駟者厚衣狐裘寒戰〔一〇〕，而仲都無變色，卧於池上，曛然自若。即此。飛廉觀，在上林，武帝元封二年作。飛廉，神禽，能致風氣者，身如鹿，頭似雀，有角而蛇尾，文如豹〔一一〕。武帝命以銅鑄置觀上，因以爲名。班固漢武故事曰：公孫卿言神人見於東萊山，欲見天子。上於是幸緱氏，登東萊，留數日，無所見，惟見大人迹。上怒，卿懼誅，乃因衛青白上云：仙人可見，而上往遽，以故不相值。今陛下可爲觀於緱氏，則神人可致。且仙人好樓居，不極高顯，神終不降也。於是上於長安作飛廉觀，高四十丈，於甘泉作延壽觀，亦如之。後漢明帝永平五年，至長安，迎取飛廉並銅馬，置之西門外〔一二〕，爲平樂觀。董卓悉銷以爲錢。屬玉觀，在右扶風〔一三〕。屬玉，水鳥，似鵁鶄，以名觀也。宣帝甘露二年，行幸萯陽宮屬玉觀。青梧觀，在五柞宮之西。下有石麒麟二枚，刊其脅爲文字〔一四〕，是秦始皇驪山墓上物也。頭高一丈三尺〔一五〕，東邊者前左脚折處有赤如血，父老謂其有神云。射熊觀，在長楊宮。石闕觀〔一六〕、封巒觀。雲陽宮記云：宮東北有石門山，岡巒糾紛，干霄秀出，有石巖容數百人，上起甘泉觀。甘泉賦云：封巒、石闕，施靡乎延屬〔一七〕。白楊觀，在昆明池東。長平觀，在池陽宮，臨涇水。龍臺觀，在豐水西北，近渭。涿沐觀〔一八〕，在上林苑。細柳觀，在長安西北。三輔舊事云：漢文帝遣將軍周亞夫屯細柳，今呼古徼是也。仙人觀、霸昌觀、蘭池觀、安臺觀、淪沮觀，在城外。又有禁觀、董賢觀、蒼龍觀、當市觀、旗亭樓、馬伯騫樓，在城內。麒麟、朱鳥、龍興、含章，皆館名。

【校勘記】

〔一〕宗廟　底本、川本脱，據滬本及三輔黄圖卷五補。

〔二〕馮翊府北　「馮翊」，底本、川本作「鴻翔」，據滬本及三輔黄圖卷五改。

〔三〕號龍淵宮　「宮」，底本、川本、滬本脱，據三輔黄圖校證卷五補。

〔四〕故以冠名　「冠」，底本、川本脱，據滬本及三輔黄圖卷五補。

〔五〕南北郊　底本、川本脱，據滬本及三輔黄圖卷五補。

〔六〕汾陰　底本、川本脱，據滬本及三輔黄圖卷五補。

〔七〕社稷　底本、川本脱，據滬本及三輔黄圖卷五補。

〔八〕而不立官稷　「立」，底本、川本脱，據滬本及三輔黄圖卷五補。

〔九〕上林　底本、川本脱，據滬本及三輔黄圖卷五補。

〔一〇〕而御駟者厚衣狐裘寒戰　「衣」，底本、川本作「之」，據滬本及三輔黄圖卷五改。

〔一一〕文如豹　「文如」，底本、川本作「如文」，據滬本及三輔黄圖卷五乙正。

〔一二〕置之西門外　「之」，底本、川本作「上」，據滬本及三輔黄圖卷五改。

〔一三〕右扶風　「右」，底本、川本、滬本脱，據三輔黄圖卷五補。

〔一四〕刊其脅爲文字　「爲」，底本、川本、滬本脱，據三輔黄圖校證卷五補。

〔一五〕頭高一丈三尺　「三」，底本、川本作「二」，據滬本及三輔黄圖卷五改。

〔一六〕石闕觀　川本、滬本及文選司馬相如上林賦、三輔黄圖卷五同。按漢書司馬相如傳：「蹷石闕，歷封巒，過雉鵲，望露寒。」顔師古注引張揖曰：「此四觀武帝建元中作，在雲陽甘泉宫外。」

〔一七〕施靡乎延屬　「施靡」，底本、川本、滬本及三輔黄圖卷五作「弭迤」，據文選揚雄甘泉賦改。

〔一八〕涿沐觀　「沐」，底本、川本、滬本作「木」，據三輔黄圖卷五改。

閣：石渠閣，蕭何造。其下有礲石爲渠以導水〔一〕，若今御溝，因爲閣名。所藏入關所得秦之圖籍〔二〕，至成帝，又於此藏秘書焉。三輔故事云：在未央殿北。〔旁注〕甘露中，五經諸儒雜論於石渠閣。天禄閣，在未央宫殿北，藏典籍之所。漢宫殿疏云：天禄、麒麟閣，蕭何造以藏秘書、處賢才也。劉向於成帝之末，校書天禄閣〔三〕。麒麟閣，在未央宮。廟記云：蕭何造。漢書：宣帝思股肱之美，乃圖霍光等十一人於麒麟閣。張晏曰：武帝獲麒麟時作。三秦記云：未央宮有堯閣。廟記云：未央宮有白虎閣、屬車閣。

署：虎威、章溝，皆署名。漢有長水、中壘、屯騎、虎賁、越騎、步兵、射聲，胡騎八營，宿衛王宮，周廬直宿處。

庫：武庫，在未央宮，蕭何造以藏兵器。靈金内府，太上皇微時，佩一刀，長三尺，上有銘字難識，傳云殷高宗伐鬼方時作也。高祖佩之斬白蛇〔四〕，及定天下〔五〕，藏於寶庫。守藏者見白氣如雲出户，狀若龍蛇。吕后改庫曰靈金藏，惠帝即位，以此庫貯禁兵器，名曰靈金内府。

倉：太倉，蕭何造，在長安城外東南。〔旁注〕在禁苑西北，距中渭橋，與長安故城相接，四面俱十三里，亦隸苑中。文、景節儉，太倉之粟紅腐而不可食。細柳倉、嘉倉，在長安西，渭水北。古徼西有細柳倉，城東有嘉倉。

廄：未央大廄，在長安故城中。漢官儀曰〔六〕：未央宮六廄。長樂、承華等廄，令皆秩六百石。翠華廄〔七〕、大輅廄、果馬廄、軛梁廄、騎馬廄、大宛廄、胡河廄、騊駼廄，皆在長安城外。霸昌、觀馬廄，在長安城外。都廄，天子車馬所在。中廄，皇后車馬所在。

圈：漢獸圈九，彘圈一，在未央宮中。郡國志曰：虎圈，在通化門東二十五里。文帝問上林尉，及馮媛當熊，皆此處。獸圈上有樓觀。

橋：橫橋。三輔舊事云：秦造橫橋，漢承秦制，廣六丈三百八十步，置都水令以掌之，號爲石柱橋。漢末董卓燒之。渭橋，在長安北三里，跨渭水爲橋，秦始皇造。渭橋重不能勝〔八〕，乃刻石作力士孟賁等像祭之〔九〕，乃可動，今石人在〔一〇〕。霸橋，在長安東，跨水作橋。漢人送客至此橋，折柳贈別。王莽時霸橋災，數千人以水沃救不滅，更霸橋爲長存橋。便門橋，武帝建元三年〔一一〕，初作此橋。在便門外，跨渭水，通茂陵。長安城西門曰便門，此橋與門對直，因號便橋。
飲馬橋，在宣平城門外。

章臺街，建章臺下街也。張敞罷朝，走馬章臺街。華陽街。漢書：劉屈氂妻子梟首華陽街。藁街。漢書陳湯傳：斬郅支，首懸之藁街。柳市。漢宫闕疏〔一二〕：細柳倉有柳市。郡國志：長安大俠萬子夏居柳市〔一三〕。東市。漢書：鼂錯衣朝衣斬東市。槐市，漢元始間，太學中列槐數百行，諸生朔望會市，各持其土物及經書買賣議論。尚冠里。漢書：宣帝爲曾孫時，舍長安尚冠里。潘岳西征賦：尚冠、修成、黄棘、宣明，建陽、昌陰，北焕、南平。李善注：皆里名。蠻夷邸。師古曰：若今鴻臚客館。三輔黄圖曰：邸在長安城内藁街〔一四〕。

【校勘記】

〔一〕其下有礲石爲渠以導水　「礲」，底本、川本、滬本作「隴」，據三輔黄圖卷六改。

〔二〕所藏入關所得秦之圖籍　「之」，底本、川本作「王」，據滬本及三輔黄圖卷六改。

〔三〕校書天禄閣　「校」，底本、川本作「較」，據滬本及三輔黄圖卷六改。

〔四〕高祖佩之斬白蛇　「佩」，底本、川本、滬本作「以」，據三輔黄圖卷六改。

〔五〕及定天下　「天」，底本、川本脱，據滬本及三輔黄圖卷六補。

〔六〕漢官儀　「官」，底本、川本作「宫」，據滬本及三輔黄圖卷六改。

〔七〕翠華廐　川本同，滬本此上有「金廐」二字，同太平御覽卷一九一引三輔黄圖。

〔八〕渭橋重不能勝　底本、川本脱，據滬本及三輔黄圖卷六補。

〔九〕乃刻石作力士孟賁等像祭之　「乃」、「祭之」，底本、川本脱，據滬本及三輔黄圖卷六補。

〔一〇〕乃可動今石人在　底本、川本脱，據滬本及三輔黄圖卷六補。

〔一一〕建元三年　「三」，底本、川本、滬本作「二」，據漢書武帝紀改。

〔一二〕漢宫闕疏　「疏」，底本、川本、滬本作「號」，據漢書游俠傳顔師古注改。

〔一三〕郡國志長安大俠萬子夏居柳市　川本、滬本同。按漢書游俠傳：「萬章字子夏，長安人也。……章在城西柳市。」萬章即萬子夏。此云「郡國志」爲「漢書游俠傳」之誤。

〔一四〕蠻夷邸至邸在長安城内藁街　兩「邸」字，底本、川本、滬本並作「邱」，據三輔黄圖卷六改。

初學記：按水經注及山海經注：河源出崑崙之墟，山海經曰：崑崙山縱横萬里，高萬一千里，去嵩山五萬里，有青河、白河、赤河、黑河環其墟，有白水出其東北陬，屈向東南流，爲中國河。河百里一小曲，千里一大曲，發源及入中國，大率常然。東流潛行地下，至規期山北流，分爲兩源，一出葱嶺，一出于闐。其河復合，東注蒲昌海，復潛行地下，南出積石山，西南流，又東迴入塞，過敦煌、酒泉、張掖郡〔一〕，南與洮河合，過安定、北地郡。北流過朔方郡西，又南流過五原郡南，又東流過雲中、西河郡東，又南流過上郡、河東郡西，而出龍門，汾水從東於此入河。河東，即龍門所在。至華陰潼關，與渭水合。又東迴過砥柱，砥柱，山名。河水分流，包山而過，山見水中若柱然。今陝州東河北、陝縣三縣界〔二〕。及洛陽，孟津所在也。至鞏縣與洛水合，成皋與濟水合，濟水，出河北，至王屋山而南〔三〕，截河渡，正對成皋。又東北流過武德，與沁水合，至黎陽、信都，信都，今冀州，絳水所在。絳水亦曰漬水，一曰漳水也。鉅鹿之北，遂分爲九河。鉅鹿，今邢州，大陸所在。大陸，澤名。九河，一曰徒駭，二曰太史，三曰馬頰，四曰覆釜，五曰胡蘇，六曰簡，七曰潔，八曰鉤盤，九曰鬲津。又合爲一河而入海。齊桓公塞九河以廣田居，故館陶、貝丘、廣川、信都、東光、河間以東城池，九河舊迹有存。漢代河決金堤，南北多罹其害，議者常欲求九河故迹而穿之，未知其所。是以班固云：自兹距漢已亡其八枝也。河之故瀆，自沙丘堰而分〔四〕，屯氏河出焉。故尚書稱導河積石，至于龍門，今絳州龍門縣界。南至于華陰，北至于砥柱〔五〕，東至于孟津，在洛北，都道所湊，古今以爲津。東過洛汭，至于大伾，洛汭，今鞏縣，在河、洛合流之所也。大伾山，今汜水縣，即故成臯也，山再成曰伾。北過洚水，至于大陸〔六〕。洚水，今冀州信都；大陸，澤名，今邢州鉅鹿。又北播爲九河，同爲逆河入於海是也。同，合也，九河又合爲一，名爲逆河，逆，迎也，言海口有朝夕潮以迎河水。初禹自黎陽東北界，分河爲二渠以引水，一南出會漯川，今河所流也，今河，滑州以東是舊漯水。一出貝丘，即九河之上河，王莽時廢塞，故俗謂之王莽河。史記河渠、溝洫志並云：河之爲菑害中國尤甚。禹導河自積石，歷龍門，又釃二渠以引河。如淳注：二渠，一出貝丘，一則漯川，王莽時河遂塞，但用漯耳。隋煬帝於衛縣，今衛州衛縣。因淇水之入河，淇水亦曰清水。立淇門以通河，東北行，得禹九河之故道，隋人謂之御河。周官：雍州，其浸渭、洛，與涇水爲關中三川。周幽王時，三川震，是也。涇、渭、灞、滻、澇、潏、灃、滈爲八水。案水經注及山海經注：渭水出隴西首陽縣鳥鼠同穴山，東北過狄道縣南〔七〕，上邽縣北，陳倉縣南，武功縣北，槐里縣南，與澇灃二水合。東至高陵，與涇水合，又與漆沮水合，經秦、漢之都至潼津入河。書稱導渭自鳥鼠同穴，東會于灃，又東會于涇，又東過漆沮，入于河，是也。三輔舊事云：初秦都渭北，渭南作長樂宫，橋通二宫間，表河以爲秦東門，表汧以爲秦西門，二門相去八百里。渭水貫都，以象天河；横橋南渡，以象牽牛。漢都渭南，開北闕以臨渭，渭北則陵廟所在〔八〕。周官：雍州，其川涇汭。關中記曰：涇與渭、洛爲關中三川，與渭、灞、滻、澇、潏、灃、滈爲關中八水。案辛氏三秦記及山海經注：涇水出安定朝那縣西幵頭山，淮南子云：涇水出薄洛山。高誘注云：薄洛山，一名幵頭山。東南經新平扶風至京兆高陵縣而入渭，與渭水合流三百里，清濁不相雜。東合漆沮水，至潼津入於河。書稱導渭自鳥鼠同穴，又東會于涇。又曰：涇屬渭汭。並是也。孔安國注：屬，音燭，逮也。水北曰汭，言治涇水入於渭。史記曰：鄭國閒説秦，令鑿涇溉田，因名鄭渠。漢武時，趙中大夫白公奏穿渠引涇水，首起谷口，尾入櫟陽，注渭中二百里，溉田四千五百頃，因名白渠。人得其饒，歌之曰：田於何所？池陽〔九〕、谷口。鄭國在前，白渠起後。舉插爲雲，決渠爲雨，涇水一石，其泥數斗。且溉且糞，長我禾黍。衣食京師，億萬之口。

【校勘記】

〔一〕過敦煌酒泉張掖郡　「過」，底本、川本、滬本脱，據初學記卷六補。

〔二〕今陝州東河北陝縣三縣界　川本、初學記卷六同，滬本作「今陝州東四十里黄河中」。

〔三〕至王屋山而南　「而」，底本、川本、滬本作「西」，據初學記卷六改。

〔四〕自沙丘堰而分　「而」，底本、川本、滬本作「南」，據初學記卷六改。

〔五〕北至于砥柱　「北」，川本同，滬本作「東」。按初學記卷六作「北」，尚書禹貢作「東」，作「東」者是。

〔六〕至于大陸　「于」，底本、川本脱，據滬本及尚書禹貢補。

〔七〕東北過狄道縣南　「狄」，底本、川本作「秋」，據滬本及初學記卷六改。

〔八〕渭北則陵廟所在　「渭」，底本、川本、滬本作「之」，據初學記卷六改。

〔九〕池陽　「池」，底本、川本、滬本作「櫟」，據漢書溝洫志改。

三輔黄圖補：百子池，戚夫人侍兒賈佩蘭，後出爲扶風人段儒妻。説在宫内時見戚夫人侍高祖，嘗以趙王如意爲言，高祖思之半日不言，嘆息悽愴，使夫人擊筑，高祖歌大風以和之。七月七日，臨百子池，作于闐樂二闋，以五色縷相羈，謂之相連愛。八月四日，出雕房北户竹下圍棋，勝者終年有福，負者終年疾病，取絲縷就北斗星辰求長命乃免。正月上辰，出池邊盥濯，食蓬餌以祓妖邪。三月上巳，張樂於池上。琳池，昭帝始元元年穿〔一〕，廣千步。池南起桂臺以望遠，東引太液之水。池中植分枝荷，一莖四葉，狀如駢蓋，日照則葉低蔭根莖，若葵之衛足，名曰低光荷。實如玄珠，可以飾佩，花葉難萎，芬馥之氣徹十餘里，食之令人口氣常香，益脈治病。帝命以文梓爲船，木蘭爲柂，刻飛燕翔鷁，飾於船首，隨風輕漾，畢景忘歸，起商臺於池上。劉向於成帝之末，校書天禄閣，專精覃思。夜有老人著黄衣，植青藜杖，叩閣而進。見向暗中獨坐誦書，老父乃吹杖端，煙然，因以見向，授五行洪範之文〔二〕。恐詞説繁廣忘之，乃裂裳及紳以記其言，至曙而去。請問姓名，云我是太乙之精，天帝聞卯金之子有博學者，下而觀焉。乃出懷中竹牒，有天文、地圖之書，曰：余略授子焉。至子歆，從授其術，向亦不悟此人焉。

陵墓：高祖長陵，在渭水北，去長安城三十五里。長陵山東西廣一百二十丈〔三〕，高十三丈。長陵城，周七里百八十步，因爲殿垣，門四出，及便殿掖庭諸官寺皆在中。吕后陵，在高祖陵東。按史記外戚世家：高后合葬長陵。注云：漢帝后同塋，則爲合葬，不合陵也。惠帝安陵，去長陵十里，在長安城北三十五里。安陵有果園、鹿苑云。文帝霸陵，在長安城東七十里，因山爲藏，不復起墳，就其水名，因以爲陵號。景帝陽陵，在長安城東北四十五里。按景帝五年，作陽陵，起邑陽陵山，方百二十步，高十丈。武帝茂陵，在長安西北八十里。建元二年初置茂陵邑，本槐里縣之茂鄉，故曰茂陵，周回三里。三輔舊事云：武帝於槐里茂鄉徙户一萬六千置茂陵，高一十四丈一百步。茂陵園有白鶴觀〔四〕。昭帝平陵，在長安西北七十里，去茂陵十里。宣帝杜陵，在長安城南。元帝渭陵，在長安城北五十六里。成帝延陵，在扶風，去長安六十二里。王莽時，遣使壞渭陵、延陵園門罘罳，曰：毋使民復思也。又以墨色洿其周垣。哀帝義陵，在扶風渭城西北原上，去長安四十六里。平帝康陵，在長安北六十里興平原口。文帝母薄姬南陵，在霸陵南，故曰南陵。昭帝母趙婕好雲陵，在雲陽甘泉宫南，今人呼爲女陵。李夫人墓，東西五十步，南北六十步，高八丈，在茂陵西北一里。俗名英陵，亦云集仙臺。

雜録：繭館。漢宫闕疏云：上林苑有繭館，蓋蠶繭之所也〔五〕。蠶室，行腐刑之所也。司馬遷下蠶室。鐘室，在長樂宫。高祖縛韓信，置鐘室中。作室，上方工作之所。長安御溝，謂之楊溝，謂植高楊於其上也。掖門，在兩旁，如人臂腋也。

【校勘記】

〔一〕始元元年　「始元」，底本、川本、滬本作「元始」。按漢昭帝年號爲始元，此倒誤，據乙正。

〔二〕授五行洪範之文　「行」，底本、川本、滬本作「經」，據三輔黃圖卷六改。

〔三〕長陵山東西廣一百二十丈　「長陵」，底本、川本脱，滬本有；「丈」，底本、川本、滬本作「步」，據三輔黃圖卷六補改。

〔四〕白鶴觀　「白」，底本、川本、滬本脱，據三輔黃圖卷六補。

〔五〕繭館漢宮闕疏云上林苑有繭館蓋蠶繭之所也　底本、川本無，據滬本及三輔黃圖卷六補。

華嶽觀，漢武帝修建。至宋祥符中，因四高士而復興。鹿圈觀〔一〕，原在竹谷嶺西。宋大觀中，因道士仇潤之請額，修建於華山之下。拱極觀，宋宣和中，修建於嶽前社。太平興國觀〔二〕，原在闕谷内。紹興中，因道士焦虛請額，修建於華山之下。王母觀，原在大羅峯下。古有廟。至唐貞觀中，修建於華山之下。仙宮觀，唐金仙公主所居之宮。乘鶴之後，敕修爲仙宮觀。休糧院，宋太平興國中，太宗召休糧道者赴闕，賜經一藏，及還山賜詩，號巖靜大師〔三〕，有休糧詩三百章傳於世。巨靈神祠，漢武帝修建。拜嶽壇，漢武帝拜祀之所。至唐太宗修爲鎮嶽靈仙寺。後名勝會院，或名昭慶寺。今昭光寺。宣澤亭，宋真宗拜嶽壇也。在太華驛側。大中祥符四年，真宗拜嶽之所，仍賜名爲宣澤亭。有御製碑存焉。

物産：千葉白蓮，生玉井中，食之令人羽化。菖蒲，生太上泉，其葉細如劍脊，其根每寸九節，服之令人强健，延年益壽。細辛，嶽頂西南隅，方圓三、四畝，盡皆細辛〔四〕，服之令人身體生香。古記所稱草似帛似布，今人所稱西嶽布是也。紫柏，嶽頂東北峯上有紫柏，葉際碧露，以五月五日油囊接之，食者可作地仙。五粒松，嶽頂西南峯上有五粒松，平如偃蓋，旁有青蘿，長百尺，下生茯苓，俱如人形，時生琥珀，服之遐舉，夜可書字。蒼术。黄精。無憂樹，在陳希夷先生庵旁。

圖：自谷口陟二里許，有雲根石，再上三里，兩山相夾，中僅容人，爲五里關。關上即桃林坪。張超谷。希夷峽。洞天坪，即莎蘿坪。其東絶巘處爲上方峯，突面攀鎖，險不可視。青柯坪，在十八盤上。羅立諸峯，屏環渭水，南面水簾瀑布飛揚，太華勝概已得其大都焉〔五〕。乃坪始爲三峯麓耳〔六〕，有青柯公署、名山蔭秀坊、西嶽祠、廖陽洞、太虚庵。今上欽賜道藏經。自谷口至此，稱二十里。青柯坪西有峯插天，名曰北斗坪，蓋四毛女拜斗得仙之地也。青柯坪東上三里許，兩山合而中有隙，鑿石横木，循磴而上，不可下視，視則神摇，足慄慄勿能止。至巔，忽昭昭明透，如出井中見天日，則千尺㠉頂也。㠉上不一里即百尺峽〔七〕。峽如㠉而縮，險與㠉等。已過㠉〔八〕，則於峽且易之矣〔九〕。老君犁溝，在峽上五里許〔一〇〕。有山如礪，不可以足。中有溝，宛如犁闢然，亦鑿石牽挽而上，險不過㠉、峽，視若甚焉，以㠉、峽陰而

溝陽也，此亦以形相肖，故名。　蒼龍嶺三峯，四面皆壁立，忽有嶺如刃，南高北下，遠望如龍脊然。左右深塹，不敢旁睨，循級登進，蓋不知幾千萬丈也。倘非嶺，則三峯允升無自，天其生之，以俟人者。　鎮嶽宮，在三峯中央，有玉井。井生千葉白蓮，今並有。按井深數十丈，蓮豈種可得，或山靈瑞氣有感而自生耶？　華嶽惟南峯最高。南峯兒女兩峯，兩峯兒女諸峯。自青柯坪至南峯頂，稱二十里。　賀老避靜室，在南峯之背，危崖斷壑之中，以棧道橫穿，淩風而度，懸崖中鐫「全真巖」三字，各大仞許〔一一〕。　東峯：石樓。　仙人掌，東峯下仙掌形，自懸望之，五指分明，其爲掌形無疑。然至峯下，實石崖空懸〔一二〕，赤光燦爛耳。　東峯：朝陽峯。　棋石、棋坪、棋仙橋。　東峯南下，忽一峯突兀深壑中，爲下棋石，蓋衛叔卿與羣仙博地也。　東峯左襟下爲玉女峯〔一三〕。　昔有人見玉女乘白馬入山中，故爲立祠。　洗頭盆。　石龜躡。　西峯：石樓。　水簾洞。　石仙人。　瀑布泉。　蓮花峯〔一四〕，峯頂有巨靈足、摘星石，各以其形得名。

【校勘記】

〔一一〕鹿圈觀　「圈」，底本作「園」，川本、滬本同，據康熙增刻萬曆華嶽全集卷二、圖書集成職方典卷五〇七改。

〔一二〕太平興國觀　「平」，底本作「桌」，川本、滬本同，據康熙增刻萬曆華嶽全集卷二、光緒華嶽志卷一改。

〔一三〕巖靜大師　「大」，川本同，滬本作「禪」。

〔一四〕盡皆細辛　「盡皆」，川本同，滬本作「盡是」。

〔五〕太華勝概已得其大都焉　「已」，底本作「也」，川本、滬本同，據康熙增刻萬曆華嶽全集卷一、光緒華嶽志卷一改。

〔六〕乃坪始爲三峯麓耳　「乃」，川本同，滬本作「過」；「麓」，底本作「鹿」，川本、滬本同，據康熙增刻萬曆華嶽全集卷一改。

〔七〕即百尺峽　「即」，底本無，據川本、滬本補。

〔八〕已過幢　「幢」，底本作「潼」，川本、滬本同，據本書上下文及康熙增刻萬曆華嶽全集卷一改。

〔九〕則於峽且易之矣　「之」，底本作「易」，川本、滬本同，據康熙增刻萬曆華嶽全集卷一改。

〔一〇〕老君犁溝在峽上五里許　底本脱「老君犁溝在」五字，川本、滬本同，據康熙增刻萬曆華嶽全集卷一圖説列目、雍正陝西通志卷八、乾隆同州府志卷二補。

〔一一〕各大仞許　「各」，底本作「谷」，川本同，據滬本及康熙增刻萬曆華嶽全集卷一改。

〔一二〕實石崖空懸　「空」，底本作「容」，川本、滬本同，據康熙增刻萬曆華嶽全集卷一、光緒華嶽志卷一改。

〔一三〕東峯左襟下　「左」，底本作「在」，川本、滬本同，據康熙增刻萬曆華嶽全集卷一、光緒華嶽志卷一改。

〔一四〕蓮花峯　「花」，底本作「女」，川本、滬本同，據康熙增刻萬曆華嶽全集卷一、雍正陝西通志卷八、乾隆同州府志卷二改。

華陰　西嶽華山。虞書：八月，西巡狩，至于西岳。周職方氏：豫州，其山鎮曰華山。

黄河自龍門南下，經縣東北葫蘆灘、寺南至潼關，折而東注。寺南即渭亂河處。水經注謂歷船司空，與渭水會者也。潼關，杜氏亦曰「衝關」。

縣東南四十里曰禁坑。今曰禁谷。俗作峪〔一〕。以其盜關者必由之途，禁人往來，榷其徵税，有水逕下通落入潼水〔二〕。

其西十里曰松果之山，有佛頭崖，雲覆其巔輒雨。三十里抵縣界，爲襄、鄧便道。水經注：有灌水出松果之上〔三〕。即今潼谷水。北流，經衛城蝎子山入河〔四〕。古稱潼亭、潼津，皆因此。

甕谷，在太華山西。谷口環抱如甕，爲商、洛經道，道險惡〔五〕。入谷十里爲吴王墓。四十里至甕嶺。東轉爲華陽川，即古華陽藪也，吕氏春秋九藪之一〔六〕。七十里至秦山界。

敷水之西，相傳爲竇建德城。水經注以爲周武王之告平城，所未詳也。以其延亘横縣外南境者，曰秦嶺，屬華、洛分界，西接華州，東抵潼關，懸崖疊嶂，高不可攀，通行人者皆曲徑耳。實終南一脈，通志稱天下之大阻。

縣西四十里，接華州，有渭水焉。横縣北境，與朝邑分壤〔七〕，委蛇至寺南，東北入河。春秋之渭汭。吕忱云：汭者，水相入也。水會即船司空所在矣。利舟楫，通商賈。隋開皇中，以渭水多沙，詔宇文愷鑿渠〔八〕，引自大興城，東至潼關三百餘里，名廣通渠。唐天寶間，韋堅亦開，自苑西引入渭水，爲渭津關、漕渠。又置永豐臨渭二倉，皆稱漕運之利。今但西受涇、灃、滻、灞等諸水〔九〕，下流每泛溢，則邑受其害獨劇。

又縣之東北境，由朝邑通渡而經渭北者〔一〇〕，曰洛水。闞駰以爲漆沮之水焉，至葫蘆灘入渭。成化中，乃崩入河，俗曰三河口是也。其水無利，亦無甚害。

長城。水經注：沙渠水西北入長城，城自華山北達於河〔一一〕。華嶽銘曰：秦、晉爭其祠，立城建其左〔一二〕。

是也。城廢，當在今嶽廟東。魏長城，周顯王七年，魏築長城，自鄭濱洛。平陽封宫，秦武公九年，伐彭戲氏，至華山下，居平陽封宫。平舒城，在縣西十里。水經：側枕渭濱，半破淪水，南面通衢。即獻璧處〔一三〕。定城。述征記：定城去潼關三十里，夾道各一城。西征記曰：城因原土〔一四〕，今沙渠之東官道南有址，俗謂康王城，與定城官道北適相對，或所云因原土者乎？意此當爲河淪耳。雲臺觀〔一五〕，觀在縣南八里。後因爲羽士焦道廣建，陳希夷居之。玉泉院，在縣南華山麓。宋皇祐中，爲陳摶建〔一六〕，有石卧像、山蓀亭。西嶽廟，舊在黃神谷口，去縣東三里〔一七〕。廟自漢武帝始，唐增雄麗。今制灝靈正殿六楹，寢殿四楹，兩翼司房八十餘間，階下鐘鼓樓各一，中竹檻二，池二。泓前爲金城門，門外神荼殿〔一八〕、祭器所。西向列鬱壘殿、易服亭。東向列左宰牲所，右致齋所。又前爲欞星門，其外左碑亭，右香亭，碑樓七，門内五，門外二。又前臺門五，臺上有樓連珠，亦五，宏敞瑰瑋〔一九〕，可以眺指三峯。最後魚池一大泓，近創修藏經閣〔二〇〕，摶基甫就〔二一〕，周圍蕭牆凡三百七十四丈。廟外樹兩楔綽，南對又有亭，用以備樂，蓋真稱巍然宇内矣。漢永和中，弘農太守、常山元氏張勳爲西嶽華山作石闕二〔二二〕，高二丈二尺，今廢。唐天寶中，玄宗有御書西嶽碑銘，石最穹然〔二三〕。黃巢入關焚，止存二字。其它金石法書〔二四〕，乙卯之震，泐裂太甚。又爲修廟無知者所燬〔二五〕，僅有顔魯公紀遊數字在碑側耳，可爲好古者一慨。漢太尉楊震墓〔二六〕，在縣三十里潼亭〔二七〕。本傳：改葬華陰潼亭。全唐詩話：裴晉公征淮西，題名爲華嶽門之闕門。廟中碑刻：後周華嶽碑，天和二年，萬紐、于瑾文，趙文淵八分書。其陰爲唐華嶽精享昭應之碑，咸廙文，劉升八分書。末行有興元二年月日。其東側面有詩及題名，西側面顏真卿大字題名。唐述聖頌碑，達奚珣序，呂向撰頌並書楷。其陰天寶元年韓擇木八分書。兩側面唐人題名，皆篆及八分書。宋石幢，程琳書。宋拱極觀記，靖康元年，薛公度文，紹興九年重刻。李衛公上西嶽書〔二八〕，成化壬辰刻。洪武三年，正祀典封號詔。東碑亭，金城門外，嘉靖四十年敕諭。西碑亭，欞星門外，太祖高皇帝夢遊西嶽文。洪武二十五年，遣禮部主事廖亮、道士劉居海祭文。二十八年，遣神樂觀道士劉克容、國子監生名闕。祭文。三十五年，遣道士曾惟新、陳宏道祭文。天順元年，遣禮科給事中張璿祭文。成化二十年，遣禮部左侍郎耿裕祭文。正德元年，遣大理寺左少卿張鸞祭文。嘉靖十七年，遣華陰縣知縣唐寅祭文。四十年，遣巡撫陝西等處地方、都察院右僉都御史裴紳祭文。四十三年，遣巡撫陝西等處、右副都御史陳其學祭文。隆慶元年，遣寧晉伯劉斌祭文。二年，遣巡撫陝西等處地方、都察院右副都御史張祉忠祭文。六年，遣巡撫陝西等處地方、兵部右侍郎，兼都察院右僉都御史曹金祭文。萬曆三十二年，遣巡撫陝西等處地方、都察院右副都御史顧其志祭文。崇禎元年，遣前軍都督府管府事、太子太保、清平伯吳遵周祭文。萬曆三十七年，遣御馬監太監白忠建醮文。洪武二年，敕祀西征記臣王玉，望祀於華陰。　以上碑，惟唐寅一道在門上，餘俱在殿前。

史記注：華、嶽本一山，當河水過而行，河神巨靈手蕩脚蹋，開而爲兩，今脚迹在東首陽下〔二九〕，手掌在華山，今呼仙掌，河流二山之間。　魏書元燮傳：除華州刺史，表曰：謹惟州治李潤堡，雖是少梁舊地，晉、芮錫壤，然胡夷内附，遂爲戎落。城非舊邑先代之名〔三〇〕，爰自國初，護羌小戍。及改鎮立郡，依岳立州，因籍倉府，未刊名實。竊見馮翊古城，羌、魏兩民之交，許、洛水陸之際，先漢之左輔，皇魏之右翼，形勝名都〔三一〕，實惟西蕃奥府。今州之所在，豈惟非舊，至乃居岡飲澗，井谷穢雜，升降勞苦〔三二〕，往還數里。譐諮明昏，有虧禮教。未若馮翊，面華、渭，包原澤，井淺池平，樵牧饒廣。采材華陰，陸運七十；伐木龍門，順流而下。陪削舊雉，功省力易，人各爲己，不以爲勞。詔曰：一勞永逸，便可聽移。

【校勘記】

〔一〕谷作峪　川本同，滬本作「谷作峪」，當是。

〔二〕有水逕下通落入潼水　「落」，川本及康熙補刻萬曆華陰縣志卷二同，滬本作「谷」。

〔三〕有灌水出松果之上　「上」，川本、滬本同，楊守敬水經注疏河水作「山」，並云朱謀㙔水經注箋「山」訛作「上」。

〔四〕經衛城蝎子山入河　「蝎」，底本作「蠍」，川本同，據滬本及康熙補刻萬曆華陰縣志卷二改。

〔五〕道險惡　「道」，底本作「之」，川本、滬本同。康熙補刻萬曆華陰縣志卷二山川：甕谷，爲商、洛徑道，道險惡。同治陝西南山谷口考引通志云：甕谷環抱如甕，爲商、洛徑道，道險，舊有防兵。圖書集成職方典卷四九五、光緒華嶽志卷一同。據改。

〔六〕即古華陽藪也呂氏春秋九藪之一　「華陽藪」，川本、滬本及本書前文同，呂氏春秋有始作「陽華藪」。

〔七〕與朝邑分壤　「壤」，底本作「北」，川本同，滬本作「水」，據康熙補刻萬曆華陰縣志卷二、圖書集成職方典卷四九五改。

〔八〕宇文愷　「愷」，底本作「塏」，川本同，滬本作「㨟」，據隋書宇文愷傳改。

〔九〕西受涇灃滻灞等諸水　「滻」，底本作「涯」，川本同，據滬本及康熙補刻萬曆華陰縣志卷二改。

〔一〇〕由朝邑通渡而經渭北者　「經」，底本作「涇」，川本、滬本同，據康熙補刻萬曆華陰縣志卷二改。

〔一一〕長城至城自華山北達於河　兩「長城」，底本並作「長安城」，川本、滬本同。「達」，底本作「逕」，川本、滬本同。按此據朱謀㙔水經注箋，清全祖望、戴震已指明其誤，據改「長安城」爲「長城」；改「逕」爲「達」，見楊守敬水經注疏渭水。

〔一二〕立城建其左　「立」，底本作「長」，川本作「去」，據滬本及水經渭水注改。

〔一三〕水經至即獻璧處　「水經」，川本、滬本同，據朱謀㙔水經注箋渭水此應作「水經注」。又「南面通衢」下，水經注箋作「昔秦始皇之將亡也，江神素車白馬，道華山下，返璧於華陰平舒道，曰：爲遺鎬池君。使者致之，乃二十八年渡江所沈璧也，即江神返璧處也」。此「即獻璧處」疑有脱誤。

〔一四〕城因原土　「土」，川本、滬本同，王先謙合校水經注、楊守敬水經注疏渭水均作「立」。

〔一五〕雲臺觀　「雲」，底本作「靈」，川本、滬本同，據本書前文雲臺峯條及康熙增刻萬曆華嶽全集卷一、康熙補刻萬曆華陰縣志卷二改。

〔一六〕陳摶　「摶」，底本作「搏」，川本同，據滬本及宋史陳摶傳改。

〔一七〕去縣東三里　「去」，川本、滬本同，康熙增刻萬曆華嶽全集卷一作「今」。「三里」，川本、滬本同，明統志卷三二作「五里」。

〔一八〕神荼殿　「荼」，底本作「茶」，川本同，據滬本及康熙補刻萬曆華陰縣志卷三改。

〔一九〕宏敞瑰瑋　「敞」，底本作「廠」，川本同；「瑋」，底本作「璋」，川本同，據滬本及康熙補刻萬曆華陰縣志卷三改。

〔二〇〕近創修藏經閣　「創」，底本作「刼」，川本同，據滬本及康熙補刻萬曆華陰縣志卷三改。

〔二一〕摶基甫就　「摶」，底本作「愽」，據川本、滬本改。

〔二二〕石闕二　「石」，底本作「右」，川本同，據滬本及康熙補刻萬曆華陰縣志卷三改。

〔二三〕石最穹然　「石」，底本作「右」，川本同，據滬本及康熙補刻萬曆華陰縣志卷三改。

〔二四〕其它金石法書　「法」，底本作「注」，川本、滬本同，據康熙補刻萬曆華陰縣志卷三改。

〔二五〕又爲修廟無知者所燬　「燬」，底本作「煆」，川本同，據滬本改。

〔二六〕楊震墓　「墓」，底本作「基」，據川本、滬本改。

〔二七〕在縣三十里潼亭　「在縣三十里」，川本、滬本同，明統志卷三二作「縣東二十五里」。

〔二八〕李衛公上西嶽書　「公」，底本脱，川本、滬本同，據本書下文及舊唐書李靖傳、雍正陝西通志卷九三補。

〔二九〕今脚迹在東首陽下　底本「今」上衍「雨」字，川本同，據滬本及史記封禪書正義引括地志删。

〔三〇〕城非舊邑先代之名　「先」，底本作「三」，川本、滬本同，據魏書安定王傳改。

〔三一〕形勝名都　「形」，底本作「刑」，據川本、滬本及魏書安定王傳改。

〔三二〕升降勞苦　「勞苦」，川本、滬本同，魏書安定王傳作「劬勞」。

同州　鐵鐮山〔一〕，即古許原，在州北二十五里。一名長虹嶺。西盡州境，絶於洛東，經朝邑，絶於河，延袤八十餘里。後魏高歡自蒲津入寇，涉洛軍許原西，即此。渭水，源出臨洮府渭源縣。自渭南縣來，經州南境，衡流而東，逕朝邑，至華陰入河。洛水，源出北地。入保安會諸水，經安塞至甘泉，環縣之洛南〔二〕，流經鄜州、洛川、中部，合沮水，又經宜君、白水、澄城、蒲城縣境，達於州，繞州西而南而東，至於朝邑，從渭入河。周威烈王十八年，秦塹洛，即此。沙苑，在州南洛、渭之間，亦曰沙海、沙澤〔三〕。其中坌起者，曰沙阜。東跨朝邑，西至渭南，南連華州，廣八十里，袤三之二。其沙隨風流徙，不可耕植。自隋、唐至宋，作牧地，置監養馬。天聖後，陝西用兵，假地爲營田，未幾復歸。大觀元年，以尚書省議，給地牧馬，罷監。三年，復置。國初爲郭駙馬草地。隆慶間，有司議加賦，百姓控於朝，得免。居民茭牧其中。近多樹果蓏，佳於他産。苑故多泉，惟九龍泉最著。泉在州城南八里，九穴同流，州所由得名也。其流鍾而爲池，名九龍池。臨晉城，即今州治。史記：厲共公滅大荔而築者。周末，秦、晉數會於臨晉，後立馮翊郡，亦曰馮翊城。王城。左傳：晉陰飴甥會秦伯于王城。注：王城後改武鄉縣，在臨晉縣東。隋改武鄉爲馮翊縣。州城東三里許有故城，疑即其地。而今儒學東爲馮翊廢縣，則五代時治邑也。應亭，襄王五年〔四〕，魏王來朝應亭。魏世家作臨晉，或即臨晉地。又有元里。左傳：晉伐秦，築元里〔五〕。有杜平。史記：秦孝公與魏惠王會杜平。注：皆在同州澄城縣界。〔旁注〕入澄城〔六〕。洛陰。史記：魏文侯攻秦，築洛陰。注：在同州西。長城。史記：魏築長城，自鄭濱洛，而北以擯秦。今自沙苑至白水、澄城，往往有故址。萬壽殿，西魏文帝幸華州〔七〕，起萬壽殿於沙苑北，今湮。天成宫，西魏太師宇文泰故居〔八〕。泰以同州扼關、河之要，即專政〔九〕，猶時居州。後孝閔帝受魏禪，改同州宫。明帝有幸同州故宫詩。至宣帝大象二年，改天成宫。沙苑城，在州南十二里。沿洛南岸，東入朝邑縣境，南至渭水，城廣八十里。内有鴻鸖池、李公池，今皆没於沙。隋置羊牧。唐置沙苑監，牧馬兼供牛羊。宋初置牧龍坊，已復改沙苑監。今坊、城俱湮，惟故址存焉。興德宫。唐書：在馮翊縣南三十二里。高祖將趨長安所憩〔一〇〕。按昭宗東遷，駐興德宫。在華州北五里，今不可考。乾坑，在州西四十里。唐李元諒敗李懷光於乾坑〔一一〕。李克用自河中屯乾坑，敗黄揆於沙苑，今名界溝。同家窪。杜甫詩：「少留同家窪。」夢弼注〔一二〕：即同州同谷窪。臨沮廢縣，唐武德中，析馮翊縣置，今不知處。

【校勘記】

〔一〕鐵鐮山 「鐮」，底本作「簾」，川本同，據滬本及嘉靖陝西通志卷二、天啓同州志卷一改。

〔二〕環縣之洛南 「洛」，川本、滬本及天啓同州志卷一同，雍正陝西通志卷八、乾隆同州府志卷二並作「西」，疑是。

〔三〕亦曰沙海沙澤 「沙海」，底本漫漶，據川本、滬本及天啓同州志卷一補。

〔四〕應亭襄王五年 「應」，底本作「歷」，川本同，據滬本及史記秦本紀、天啓同州志卷二改。又，「亭」下「襄」上，史記秦本紀有「秦昭」二字。

〔五〕晉伐秦築元里 川本、滬本同。按左傳無此文，事見史記魏世家、史記六國年表。

〔六〕入澄城 底本旁注於上文「又有元里」之「里」字旁，川本同，據滬本改移。

〔七〕西魏文帝幸華州 「華州」，底本作「華山」，川本同，據滬本及北史西魏文帝紀改。

〔八〕宇文泰 「泰」，底本作「春」，川本、滬本同，據周書文帝紀、北史周本紀、紀要卷五四改。下文「泰以同州扼關、河之要」之「泰」，諸本作「秦」，同改。

〔九〕即專政 「即」，川本、滬本及天啓同州志卷二同，康熙陝西通志卷二七、圖書集成職方典卷五一三、清統志卷二四四皆作「既」。

〔一〇〕高祖將趨長安所憩 「憩」，底本作「總」，川本、滬本同，據天啓同州志卷二、康熙陝西通志卷二七、圖書集成職方典卷五一三改。又，新唐書地理志、元和志卷二作「次」。

〔一一〕李元諒 「諒」，底本作「亮」，川本、滬本同，據舊唐書李元諒傳、新唐書韓游瓌傳、天啓同州志卷二改。

〔一二〕夢弼注 「弼」，底本作「粥」，川本、滬本同，據宋蔡夢弼杜工部草堂詩箋改。

朝邑　有華原，繞縣西而北，以絶於河，古河堧也。一曰朝坂，邑得名以此。　黄河，自郃陽入縣東境〔一〕，而南至大慶關，東濱蒲州城，故曰蒲津。禹貢所謂西河也。至萬曆二十六年，忽越關而西，至今猶未已，没民田數千百頃。又南至趙渡鎮，東受洛水，又南至金龍渡，受渭水，復至於華陰，肘運而東〔二〕，以出潼關。關中三大水，俱會朝邑縣南，世稱三河口〔三〕。曹操西征，與馬超戰河、渭之交。禹貢：雍州，自龍門、西河，會于渭汭。周頃王四年〔四〕，秦、晉戰於河曲，皆此地。　縣西北三十里有苦泉，水味鹹，以飲羊，肥美。諺曰：「苦泉羊，洛水漿。」隋置羊牧。唐永徽中，以同州苦泉牧地賜貧民。今皆爲田，資泉以溉之。其南有小鹽池。唐書所謂小池有鹽者也。今不恒有，有亦微。　縣城西北隅有長春宫。後周保定五年，宇文護築。歷隋、唐，皆爲勝地。太宗嘗出鎮，後爲安慶緒所焚。　南十里有新市鎮。宋真宗祀汾陰所經，至今不改。鎮有藏春塢，在饒益寺中，故貯唐、宋以來名賢石刻。金新市監〔五〕，趙抃作記。今多不存。　又南有芮鄉。括地志：朝邑縣南三十里，有南芮鄉、北芮鄉，皆古芮伯國。　又西南有懷德，秦邑也。漢高祖還定三秦，賜周勃食邑懷德。括地志：懷德故城在朝邑縣西南。城今湮。　北十里有通靈陂，唐姜師度溉田處。　又北二十里爲元戈平章干社寨〔六〕。　又三十里爲金涔浴堡〔七〕。三面懸絶，有險可據。　縣東三十里有大慶關。戰國時爲臨晉關。唐爲蒲關，又爲蒲津。至宋更今名。關故在河西，萬曆間，河西徙，關反居河之東矣。秦昭襄時，初作河橋。唐開元中，更作蒲津橋，施鐵牛，兩岸各四，以維浮橋。今西岸牛盡曳於河。又有石谷城，見魏書〔八〕。關官，見隋書，皆湮。創業起居注：庚午，南過永豐倉。是夜宿於臨晉濼、渭合流之處。洛作濼〔九〕。

【校勘記】

〔一〕黄河自郃陽入縣東境　「郃」，底本作「邵」，川本同，據滬本及水經河水注改。

〔二〕肘運而東　「肘」，底本作「時」，川本同，滬本作「轉」，據明統志卷三二、天啓同州志卷一、康熙朝邑縣後志卷一改。

〔三〕世稱三河口　「口」，底本作「曰」，川本同，滬本作「云」，據本書下文及天啓同州志卷一、康熙重刻萬曆續朝邑縣志卷一改。

〔四〕周頃王四年　「頃」，底本作「項」，川本同，據滬本及史記晉世家改。

〔五〕金新市監　「新」，底本脱，川本、滬本同，據正德朝邑縣志卷一、康熙重刻萬曆朝邑縣志卷一補。

〔六〕干社寨　「干社」，底本作「千杜」，川本、滬本同，據嘉靖陝西通志卷一三、康熙重刻萬曆續朝邑縣志卷一、天啓同州志卷二改。正德朝邑縣志卷二作「甘社」。

〔七〕又三十里爲金滂浴堡　「浴」，川本、滬本同，金史地理志、雍正陝西通志卷一七、清統志卷二四三俱作「谷」。

〔八〕又有石谷城見魏書　「魏」，底本作「晉」，川本、滬本及天啓同州志卷二同。按晉書地理志無石谷城，魏書地形志五泉縣下有石谷城，康熙朝邑後志卷二、清統志卷二四四均云：石谷城，見魏書。據改。

〔九〕洛作灤　川本、滬本同，疑爲「灤作洛」之訛。

郃陽〔一〕　北枕韓之方山、梁山，去縣四十里而遥。縣之南有乳羅山，東南有飛浮山〔二〕，在河之中，以河水消長爲隱見。金史有非山，而無可考，豈即此山耶？　梁山，在縣西北四十里。逶迤最遠，望之如屋梁。詩云：奕奕梁山〔三〕。公羊傳云：河上之山〔四〕。穀梁傳云：梁山，晉望也〔五〕。上有石室，有羅漢洞，有泉曰天井，曰龍泉。有東、西峪，洽河〔六〕、橋頭河二水出焉。乳羅山，在縣南三十里，形若乳蛇。　河自韓城入縣，東南注朝邑。水經注云：又經郃陽城東〔七〕。而縣之水出梁山西谷者，即金水〔八〕，即古洽水，縣所取名焉。詩云：在洽之陽。是也。由縣而西南，而東入朝邑。漢永平間流絶，故去水加邑。後復流，人寶之，呼金水云。出梁山東峪者，曰百良河，曰橋頭河，皆東南流入河。出方山者，曰大浴河，西南入於澄城外。又有瀵水。水經注：河之瀵水三，近在郃縣城中外，亦非今治城也。今瀵水有五：爲王村，爲鯉，爲東里〔九〕，爲渤池，爲夏陽，皆瀕河。平地湧出，大幾如輪，其深不測，其流清洌，民資灌溉焉。去河僅數武，清洌迥異，勢湧出地尺許，民資灌溉。　縣南〔旁注〕二十里。有莘國〔一〇〕。世本：莘，姒姓〔一一〕，夏禹之後，即散宜生等求有莘美女獻紂者。括地志曰：古㜸國城〔一二〕，在河西縣南二十里。其夏陽村爲莘野。孟子：伊尹耕於有莘之野。詩所咏大邦，謂此。　又東爲夏陽故城。一統志云：城内有太姒墓。此夏陽乃唐析郃陽置河西縣，已而更名者。縣志誤。其郃陽故城，在今縣東四十里。魏文侯伐秦，至鄭還，築合陽。漢置郃陽縣。水經注：城南有瀵水。水南有文母廟。萬曆間，掘得漢縣令曹全碑。又西有韓州故城。唐武德中，析河西、郃陽、韓城所置，尋廢。今俗名西韓城。又有羈馬城〔一三〕。左傳：秦伐晉，取羈馬。有刳首。左傳：晉敗秦師于令狐，至于刳首。有宫城故縣。後魏太平真君七年置，在今縣東三十里宫城村。縣東北曰梁園。梁，嬴姓，與秦同祖，伯爵。周襄王十一年，秦滅梁。縣西有劉仲城。仲，漢高帝兄〔一四〕，初封代王，後以棄國，降郃陽侯，居此。其西北曰漢武登仙宫，今湮。水經注：徐水出梁山，東南流，經漢武帝登仙宫東，東南流逕劉仲城北。飛浮山，有子夏石室。水經注：所謂有二石室〔一五〕，臨側河崖，即子夏廟室也，今入於河矣。其昔人避難所營，有東蒙、青雲、甘浴、虎山、護難，雜見縣境，皆有險可據。又有李潤堡，曾立郡改州。晉、魏之季，率用重臣鎮守，而今不得其地。

【校勘記】

〔一〕郃陽　「郃」，底本作「部」，川本同，據滬本及天啓同州志卷一、乾隆郃陽縣全志卷一改。

〔二〕東南有飛浮山　「南」，底本脱，川本同，據滬本及天啓同州志卷一、乾隆郃陽縣全志卷一補。

〔三〕奕奕梁山　「奕奕」，底本作「⿱亦土⿱亦土」，川本同，據滬本及詩經大雅韓奕、嘉靖郃陽縣志卷上改。

〔四〕河上之山　「上」，底本作「陽」，川本、滬本及嘉靖郃陽縣志卷上同，據公羊傳成公五年改。

〔五〕穀梁傳云梁山晉望也　川本、滬本同。按語本爾雅釋山，非出穀梁傳。

〔六〕洽河　「洽」，底本作「泠」，川本、滬本作「冷」。按順治重修郃陽縣志卷一：「有東、西峪，洽河、橋頭河二水出焉。」同書：「洽河，縣西北三十里，即金水河。」「橋頭河，縣北十五里，源出梁山之東峪。」乾隆郃陽縣全志卷一：「有東、西谷，金、徐二水出焉。」同書：「橋頭水，即徐水也。」又，康熙陝西通志卷三：「洽水，在郃陽縣西北三十里，即金水河。」是金水即洽水，本書下文記洽水，即此。則「泠」爲「洽」之誤，據改。

〔七〕水經注云又經郃陽城東　「水經注」，底本作「水經」，川本、滬本同。按此據朱謀㙔水經注箋，清全祖望、趙一清、戴震指出其誤，今改「水經」爲「水經注」，見楊守敬水經注疏。「郃」，底本作「洽」，川本、滬本同，據水經河水注改。

〔八〕即金水　「即」，川本、滬本同，嘉靖郃陽縣志卷上作「曰」，當是。

〔九〕東里　「里」，川本、滬本及天啓同州志卷一、紀要卷五四同，嘉靖陝西通志卷二、順治郃陽縣志卷一、康熙陝西通志卷三、圖書集成職方典卷五一三、乾隆同州志卷二、乾隆郃陽縣全志卷一俱作「鯉」。

〔一〇〕莘國　「莘」，底本作「華」，川本同，據滬本及明統志卷三二、天啓同州志卷二改。

〔一一〕世本莘姒姓　「莘」，底本作「華」，川本同，據滬本及史記周本紀正義引世本改。

〔一二〕古㜪國城　「城」，底本脱，川本、滬本同，據括地志輯校卷一、天啓同州志卷二補。

〔一三〕覊馬城　「覊」，底本作「霸」，據川本、滬本及明統志卷三二改。下「覊馬」改同。

〔一四〕仲漢高帝兄　「仲」，底本作「城」，川本同，據滬本及史記高祖本紀、天啓同州志卷二改。

〔一五〕水經注所謂有二石室　「水經注」，底本作「水經」，川本、滬本同。按此據朱謀㙔水經注箋，清全祖望、趙一清、戴震指出其誤，今改「水經」爲「水經注」，見楊守敬水經注疏。「二」，底本作「三」，川本、滬本同，據水經河水注改。

澄城之山皆在縣北〔一〕，最東曰武帝山，西曰社公山〔二〕，又西曰將軍山，在縣北六十里，上有白起廟，下有社田村〔三〕，相傳爲起食邑〔四〕。其麓有三泉，合之可斗水，足爲民利。又西曰界頭山，以在澄城、洛川之間。又西曰壺梯山、石樓山、石門山，前有風伯祠。以上之山皆以形似名。又西有麻林陂山。洛水，自白水入縣西北隅，而南受玉泉〔五〕，又南受長寧河〔六〕，蓋雲門、紅羅二谷水所會也。又南受縣西河，則甘泉、隋公泉、澄泉、洗腸泉、搠鎗泉諸水所會。而東南有撲地河，則郃之大洛水而異名者〔七〕。自東北而南而西，又受龍泉，以同歸於洛，入蒲城境。縣西南二十五里有北徵城。左傳：秦伐晉，取北徵。漢置徵縣。今名避難堡。西有長寧廢縣，在長寧河之南。唐初析置。西北有三門廢縣〔八〕。後魏太平真君七年置，今故址皆存。又有王官城。左傳：秦伐晉，取王官。按史，王官在河東，此城當非春秋之王官也。縣北二十五里大賢村，有魏鄭公莊，唐太宗賜魏徵者，子孫世居焉。又北有親鄰寨。元陝西平章李思齊命將築〔九〕，以屯守者。又東北有隋文帝避暑宮，後改爲治平寺。寺右相傳爲文帝莊。縣南有伏龍府，唐置兵之所，肅宗時，太原王榮爲伏龍府折衝。魏書有杏城，今失其處。

【校勘記】

〔一〕澄城之山皆在縣北　川本及天啓同州志卷一同，滬本作「澄城縣山在縣北」。

〔二〕西曰社公山　「社」，底本作「木」，川本、滬本作「杜」，據嘉靖陝西通志卷二、天啓同州志卷一、乾隆澄城縣志卷四改。

〔三〕下有社田村　「社」，底本作「杜」，川本、滬本同，據天啓同州志卷一、康熙陝西通志卷三、乾隆澄城縣志卷四改。

〔四〕相傳爲起食邑　「爲起」，底本脱，川本、滬本同，據天啓同州志卷一、康熙陝西通志卷三、乾隆澄城縣志卷四補。

〔五〕玉泉　「玉」，底本作「王」，川本、滬本同，據天啓同州志卷一、順治澄城縣志卷一、康熙陝西通志卷一一改。

〔六〕長寧河　「寧」，底本作「軍」，川本、滬本同，據天啓同州志卷一、順治澄城縣志卷一、雍正陝西通志卷一二改。

〔七〕大洛水　「洛」，川本、滬本同。嘉靖陝西通志卷二作「谷」，天啓同州志卷一、順治澄城縣志卷一作「浴」，雍正陝西通志卷一二、乾隆澄城縣志卷四作「峪」。按「洛」疑爲「浴」字之訛。

〔八〕三門廢縣　「縣」，底本脱，川本、滬本同，據天啓同州志卷二、康熙陝西通志卷二七、乾隆澄城縣志卷二補。

〔九〕李思齊　「齊」，底本作「賢」，川本、滬本同，據嘉靖陝西通志卷一二、紀要卷五四改。

白水　四望皆山，其東北六十里曰黃龍山。山東西横亘，蜿蜒似龍，而土色黄，因名。倉帝陵在其下。西北曰秦山〔一〕，去縣五十里。即洛水所由入。東連黄麓，西接岐、岍。其山蹊通鄜、延、環、慶，有所謂暗門者，最險隘。嘉靖中，以虜警築堡〔二〕，置馬蓮灘巡檢司，以扼險要。隋書：白水有馬蘭山〔三〕，今載在同官，豈割裂而去，抑蓮即蘭之訛耶？東南曰五龍山。山石碎若金粟，亦名金粟山。南曰蕘山，二山皆跨蒲城。西曰大神山〔四〕。川曰白水。源出同官，即烏泥水也。由縣西而來，自高注下，色白如噴雪〔五〕，故名，河因以名。縣之北受白石水，南受龍門溝水，又南受虎頭溝水，折而東自五龍山陰入洛。又有鐵牛河，〔旁注〕在洛北三十里〔六〕。以河有鐵牛鎮水也。繞縣北，東流至鳳凰溝，入洛之側，自宜君來縣北，而東入澄城境。

縣東北六十里有彭衙故城。左傳：晉及秦師戰於彭衙。路史：衙，音魚，如吾〔七〕。穆公子采地。後子孫因以爲氏。光武初，大司徒鄧禹渡汾陰河〔八〕，入夏陽。更始中郎將、左輔都尉公乘歙〔九〕，引其衆十萬〔一〇〕，與左馮翊兵拒禹於衙〔一一〕，禹擊破之。永初五年，詔上郡徙衙，避羌寇。史記：秦獻公葬衙，出子亦葬衙〔一二〕。又二十里曰陽武村。村西有利鄉〔一三〕，一曰利鄉亭，今名史官村。史記：蒼頡居陽武，葬衙之利鄉亭南。即此〔一四〕。縣西北八十里有粟邑廢縣。或曰即天雨粟處。又有彭戲。春秋：秦伐彭戲氏〔一五〕。又有汪城。春秋：晉伐秦，取汪及彭衙。路史：白水有汪城〔一六〕。後漢書有姚谷。注：在白水。今皆失所在。

【校勘記】

〔一〕秦山 「秦」，底本作「泰」，川本同，據滬本及天啓同州志卷一、紀要卷五四改。

〔二〕以虜警築堡 「警」，底本作「驚」，川本同，據滬本及天啓同州志卷一改。

〔三〕白水有馬蘭山 「白水」，底本作「泉」，川本同，據滬本及隋書地理志改。

〔四〕大神山 「大」，川本、滬本及嘉靖陝西通志卷二、天啓同州志卷一、乾隆白水縣志卷一、清統志卷二四三同，紀要卷五四、康熙陝西通志卷三作「太」。

〔五〕色白如噴雪 「雪」，底本作「雲」，川本、滬本同，天啓同州志卷一、康熙陝西通志卷三、清統志卷二四三皆爲「雪」，據改。

〔六〕在洛北三十里 川本、滬本同。紀要卷五四白水縣：「鐵牛水，在縣北三十里。」清統志卷二四三同。疑此「洛」爲「縣」字之誤。

〔七〕路史衙音魚如吾 「音魚」，底本脱，川本、滬本同，據路史國名紀乙補。

〔八〕大司徒鄧禹渡汾陰河 「河」，底本脱，川本、滬本同，據後漢書鄧禹傳補。

〔九〕更始中郎將左輔都尉公乘歙 「將」，底本作「揭」，川本、滬本同；「乘歙」，底本作「來欲」，川本、滬本同，並據後漢書鄧禹傳改。

〔一〇〕引其衆十萬 「衆」，底本作「泉」，川本、滬本同，據後漢書鄧禹傳改。

〔一一〕與左馮翊兵拒禹於衙 「於」，底本作「之」，川本、滬本同，據後漢書鄧禹傳改。

〔一二〕光武初至出子亦葬衙 底本錯簡於下文「今名史官村」之下，川本同，據滬本及紀要卷五四、乾隆白水縣志卷一乙正。

〔一三〕村西有利鄉　「西」，底本脱，川本、滬本同，據天啓同州志卷二補。

〔一四〕史記蒼頡居陽武葬衙之利鄉亭南即此　底本錯簡於上文「出子亦葬衙」之下，據滬本及天啓同州府志卷二、雍正陝西通志卷七三、乾隆白水縣志卷二乙正。

〔一五〕春秋秦伐彭戲氏　川本、滬本同。按春秋經傳皆無秦伐彭戲氏記載。史記秦本紀：「武公元年，伐彭戲氏。」此「春秋」當作「史記」。

〔一六〕白水　「白」，底本作「曰」，川本同，據滬本及路史國名紀改。

朝邑　周爲芮國，爲王畿内卿士。平王末，方夏往往有戎，而大荔戎入據縣東，號最彊，自稱王，築城而居，是曰王城。春秋時，晉彊西有西河，秦有岐、豐之地，蠶食而東，穆公滅芮。周貞王八年，厲共公伐大荔，取王城，築高壘以臨晉國，號爲臨晉。晉衰，三家分晉，爲魏所有，於此築城，又築臨晉元里。久之，假寵獻地，復入於秦，始皇爲内史地。漢爲臨晉縣。晉爲馮翊郡治。後魏分置南五泉縣。西魏爲朝邑縣，以據朝坂得名。〔旁注〕縣西北曰朝坂，偏北曰大荔城。唐武德中，析爲河濱縣，已而河西縣隸河中府。大曆中復爲朝邑。河自龍門而南，繞於邑左。史稱龍門、西河，即此。逕洿谷鎮〔一〕，注金水。舊溉田，今廢。逕趙渡鎮，注洛水。逕金龍渡，注渭水。三水匯東南一巨浸也，世稱三河口，謂此。先自洛水入渭。成化中崩於河。河之害十倍於前。隆慶己巳，浸縣東門。萬曆戊寅，浸太陽諸聚落。己卯，又自大慶關潰出，瀕而西而南，一望淼然，喬家灘業三徙，鶉居露食，雨陽村浸其半，救駕莊僅存。今萬曆甲申，即三河口亦殫爲河，又一變也。　洛水，源出延安子午谷，逕鄜州、洛川〔二〕、中部，過白水、蒲城、同州，至邑之趙渡鎮，入於河。世以洛爲沮水者誤〔三〕。漆沮在耀之瀕陽。語具雍録。　縣西北隅爲長春宮。十道志曰：周武帝保定五年，宇文護築。隋置殿其上。唐高祖起義，自河東引兵，而西濟河至朝邑，舍於長春宮，休甲養士，仍資永豐倉爲用，後嘗命太宗鎮此。李懷光據此宮，馬燧百計攻之不能下，曰：三面懸絶，不可攻也。　西南十五里爲沙苑城，唐置監牧馬。　東南爲望仙觀，漢武帝築。　縣東三十里爲大慶關。故蒲津關，今隸潼關衛。故有蒲津橋。秦昭襄時，初作河橋。秦后子奔晉，造舟於河。　鐵牛，自唐開元始，對峙河隅，以維浮橋。丞相張説有贊。今崩於河。　關故有城，戰國時爲臨晉關。後魏大丞相高歡遣大都督厙狄温，築城於蒲津西岸，久圮。嘉靖辛丑，虜大入太原，諜報欲下平陽，浮河而西。巡撫都御史路公迎，檄西安同知朱光霽作城。今關浸於河，城復隍，而僥益，經乙卯地震之變，蕩爲瓦礫矣。　縣北十里，爲唐同州刺史姜師度通靈陂，故溉田百餘頃，久廢。頃有建水利者，鋭意恢復，僉謂河口下而岸益高，即有搏激之智〔四〕，無以施其巧。議格，遂寢。　古迹無遺址，而於史有足據者，後漢郡國志曰：臨晉有河水祠；有芮鄉；有大荔王城，後改武鄉，在縣東。有臨晉元里。在唐有西海祠、河水祠〔五〕，或云今太陽社〔六〕。它皆不知何所矣。按史記：魏文侯十六年，伐秦，築臨晉元里。襄王四年，與秦武王會臨晉。哀王元年，與秦會臨晉〔七〕。其後又會臨晉者亡慮六七。晉獻公與繆公盟王城。晉文公會繆公於王城。陰飴甥與秦伯盟於王城，後改爲武鄉。魏惠王十七年，與秦戰元里〔八〕。

漢莊熊羆言〔九〕：臨晉民願穿洛，溉重泉以東萬餘頃〔一〇〕，使斥鹵畝入一鍾，發卒萬餘人穿渠，引洛至商顏下，乃止。

正德戊寅，邑人張某言：太陽諸里，浸於河者幾萬畝，乞議捐稅。都御史鄭公視狀，知縣王道曰〔一一〕：如民言，所圮田宜從輕額。都御史許焉，得以糧折布。

嘉靖乙卯，十二月十二日子夜，大震，聲如轟雷，勢如簸蕩，一時廬落盡圮〔一二〕，死者無慮數萬，卑濕之處，地裂泉出，高丈餘，因而井竭，洛、渭可涉。泉出有魚，有炭，有積薪，水温可浴。一晝夜動二十餘次。大樹忽仆忽起，人人自危，面無生氣。方是時，彊者倡資抄略，幾大變，兵道徐公貢元馳至省城會方略，以誅殺定之。天子出大使，祭告賑恤。

韓邦靖曰：關中南有崤、函之固，北有蕭、榆之塞，西阻棧道，東據黄河，古稱四塞之地，故曰秦得百二焉。然河自夏陽而北〔一三〕，兩岸山嶺峻複，不可以師。夏陽而南，經朝邑，至潼關凡百里，率平曠易渡。漢高祖往來關中，嘗由臨晉。而七國謀反，亦由此出兵。是朝邑者，關中之隙道也。故一方不戒，三險俱失矣。

【校勘記】

〔一〕洿谷鎮　「洿谷」，底本作「跨谷」，川本、滬本同，據康熙朝邑縣後志卷二、雍正陝西通志卷一二改。

〔二〕洛川　「川」，底本作「州」，川本、滬本同，據康熙重刻萬曆續朝邑縣志卷一、圖書集成職方典卷四九四改。

〔三〕世以洛爲沮水者誤　「洛」，底本作「浴」，川本、滬本同，據雍録卷六、正德朝邑縣志卷一、圖書集成職方典卷四九四改。

〔四〕即有搏激之智　「搏」，底本作「博」，據川本、滬本及康熙重刻萬曆續朝邑縣志卷一改。

〔五〕河水祠　「水」，川本、滬本及正德朝邑縣志卷一同，新唐書地理志作「瀆」。

〔六〕太陽社　「社」，底本作「杜」，川本、滬本同，據康熙重刻萬曆續朝邑縣志卷一改。

〔七〕按史記至哀王元年與秦會臨晉　川本、滬本同。按史記六國年表所載各國國君世次年數頗多舛誤，致與所記大事不合。詳見楊寬戰國史相關考證。

〔八〕與秦戰元里　「元里」，底本作「元克里」，川本作「克里」，滬本同，據史記魏世家删「克」字。

〔九〕莊熊羆　川本、滬本及史記河渠書、正德朝邑縣志卷二同，漢書溝洫志作「嚴熊」。

〔一〇〕溉重泉以東萬餘頃　「頃」，底本作「畝」，川本、滬本同，據史記河渠書、漢書溝洫志改。

〔一一〕知縣王道曰　「王道曰」，底本作「□道白」，川本、滬本同。正德朝邑縣志卷二雜記第七云：正德戊寅，朝邑民張某言：朝邑太陽諸里，民田圮於河幾萬餘畝，乞議處田税，巡撫都御史鄭公移縣視狀，知縣陵川王君請曰：誠如民某言，所圮田税宜從輕額，都御史可其議，於是田以糧折布量者凡若干畝。同書卷尾並有正德己卯九月吉旦知朝邑縣事山西陵川王道所作朝邑縣志跋。又，乾隆朝邑志卷三縣尹丞尉簿史考下亦云，王道，字純甫，陵川人。則「□道白」當爲「王道曰」之訛，據改。

〔一二〕一時廬落盡圮　「落」，底本作「洛」，川本同，據滬本改。

〔一三〕然河自夏陽而北　「而」，底本作「西」，川本、滬本同，據正德朝邑縣志卷二雜記及下文語意改。

韓城　縣東北六十里有龍門山。禹導河積石，至於龍門，即禹甸之梁山。〔旁注〕左傳：梁山崩，壅河三日不流〔一〕。爾雅：梁山，晉望也。穀梁爲韓鎮咏於詩，而今不以梁名，蓋山之崴嵬蹇嵼，峪峪相聯者，不止於龍門。其他著名者，縣西五里有大象山，與龍門山接，亦産石炭。而南有馬頭山〔二〕，有巍山，有方山。而北有横山〔三〕，有鳳凰山。有鏵鎡山，一曰安國嶺。又有天鵝頭〔四〕、猿山、牡丹山、三峽山、八郎山、五峙山、朱砂嶺、晨道嶺者，皆在縣西北。而極西曰麻線嶺，去縣百二十里，皆梁之支山也。邑志稱，麻線嶺草木暢茂，禽獸繁殖，不獨産麻也。成化中，又開餉道於此。　河自宜川縣至龍門，南下入郃陽境。龍門一曰禹門，以禹所闢也。兩山夾河，懸崖千仞，水自高而瀉，若門然，門之成也。山海經謂應龍相之，故曰龍門〔五〕。三秦記謂：水陸不通，魚鱉莫上，唯龍得升焉。　水經注有暢谷水，東南流，逕夏陽縣西北，東南注於河。又有崌谷水〔六〕、陶渠水、徐水，皆謂出西北梁山，而東南流以入河。今縣志皆不載，載濾水，源出麻線嶺，東南流，受離、峪、泏、澗、澌、潦、澮七水，至東少梁入河。芝水，源出方山，東南流，受潗、遂、沉三水，過司馬嶺入河。盤水，源出朱砂嶺，南流受煖水，東入於河。縣南芝川鎮，北有夏陽縣故城，即魏文侯所城少梁之地也。秦惠文王八年，魏入於秦，秦更名夏陽。漢爲夏陽縣。韓信自夏陽以木罌渡軍，取安邑，武帝自夏陽東幸汾陰，皆此。稍東南爲韓原〔七〕。左傳：秦、晉戰于韓原。路史：一曰宗丘。西北有華池，有高門。水經注：陶水又南逕高門原之南〔八〕，疑當作西。有層阜，秀出雲表。又南逕華池，去高門三里，方三百六十步，在夏陽城西北四里許〔九〕。縣池之北三十五里有籍姑〔一〇〕。史記：威烈王五十一年，秦城籍姑〔一一〕。後魏書有黑水城。十三里有胡家寨〔一二〕，元末胡總戎屯兵處，國師至，久之方下。

州之名同，始西魏，以城南九龍泉九源同流。故舊志謂取澧水攸同者誤。按春秋地圖謂即古郿國，則其來又逾遠矣。周爲畿內地，有洛川，有芮國。平王末，大荔戎來據洛川，築王城。時郃陽爲梁，有羈馬；澄城爲北徵，有王官；白水爲彭戲，爲彭衙；〔旁注〕晉伐秦，取汪及彭衙，諸史同之。白水，有汪城。韓城爲韓，有韓原、少梁、籍姑。春秋皆屬晉。後秦强，自岐、豐蠶食，而東伐大荔，取王城，築高壘以臨晉國，曰臨晉。韓原之役，晉以河西地予秦。至三家分晉，爲魏所有，復築臨晉。久之，假寵獻地，復歸於秦。始皇爲內史地。楚昭王司馬欣〔一三〕，屬塞。漢高帝二年，更名河上郡，九年罷，復爲內史。景帝時，始置臨晉，於梁置郃陽，北徵置徵，彭戲置衙、粟邑，韓置夏陽，諸縣皆隸左內史。後改左內史爲左馮翊，治長安。新莽更臨晉爲監晉，諸縣亦多更名。光武初復舊，省徵爲重泉地。建安初，分東數縣爲左馮翊郡，治臨晉。晉因之，領臨晉、下邽、重泉、頻陽、粟邑、蓮勺、郃陽、夏陽八縣。歷南北朝，至後魏太和中，廢郡置華州，治李潤堡，領華山、澄城、白水三郡。以郃陽、夏陽，又分夏陽置敷西及華陰、鄭五縣，屬華山郡。析臨晉置南五泉，與澄城、五泉、三門、宮城五縣，屬澄城郡。以白水、姚谷、南白水三縣，屬白水郡。景明初，仍還州馮翊舊治。至西魏，以西雍爲華州，而改華爲同州，立武鄉縣，改南五泉爲朝邑。隋大業初，改武鄉爲馮翊郡，領馮翊、韓城、郃陽、朝邑、澄城、蒲城、下邽、白水八縣。唐初復爲同州，立同州道，置府，已改羽林軍，尋廢。又析馮翊置臨沮，析朝邑置河濱，析郃陽置河西，析澄城置長寧縣。又徙置西韓州，以韓城、河西、郃陽屬，尋皆省，惟河西不廢。天寶中，更州爲馮翊郡。乾元初，仍爲同州。更河西曰夏陽，朝邑曰河西，俱隸河中府，尋仍來屬。復置朝邑，又析其地並割河東地，置河西縣。上元二年，華州置鎮國軍〔一四〕，同州隸焉。興元初，以同州爲奉翊軍節度，領同、晉、慈、隰四州，尋罷，復置河中節度使，領河中府、同、絳、虢、陝四州。乾寧二年，升同州爲匡國軍節度〔一五〕。五代梁改忠武軍，以京兆之同官、奉先來屬。以郃陽、澄城、韓城屬河中府。唐復改匡國軍，還奉先，以美原來屬。已又以同官、美原改屬耀州，以郃陽、韓城、澄城來屬。周改定國軍，隸永興路，省夏陽爲鎮，入郃陽。金因之，改定國曰安國，隸京兆府，升韓城爲楨州，以郃陽屬。元爲同州，隸安西路，省馮翊縣，廢楨州，已再立，尋復爲韓城縣。皇明州縣皆仍元，隸西安府。

同在昔盛時，南踐二華，西踞下邽、頻陽〔一六〕，北至於同官、姚谷〔一七〕，其幅員廣矣。代降而削，今財得强半耳。

【校勘記】

〔一〕左傳梁山崩壅河三日不流　川本、滬本同。按語本穀梁傳成公五年：「梁山崩，壅遏河三日不流。」非出左傳。

〔二〕而南有馬頭山　「而」，川本、滬本同，天啓同州志卷一作「西」。

〔三〕而北有横山　「而」，川本、滬本同，天啓同州志卷一作「西」。

〔四〕天鷷頭　「鷷頭」，底本作「蹲頸」，川本同，滬本作「蹲嶺」，據天啓同州志卷二、雍正陝西通志卷一二、乾隆韓城縣志卷一改。

〔五〕山海經謂應龍相之故曰龍門　川本、滬本同。按今本山海經無此文，疑誤。

〔六〕崌谷水　「谷」，底本作「峪」，川本同，據滬本及水經河水注改。

〔七〕稍東南爲韓原　「南」，底本作「東」，據川本、滬本及天啓同州志卷二改。

〔八〕陶水又南逕高門原之南　「陶水」，底本作「河水」，川本、滬本同。按此據朱謀㙔水經注箋，清趙一清、戴震指出其誤，今改「河水」爲「陶水」，見楊守敬水經注疏。又，底本「南」上有「河」字，川本同，據滬本及水經河水注删。

〔九〕在夏陽城西北四里許　「陽」，底本作「侯」，川本同，據滬本及水經河水注改。

〔一〇〕縣池之北三十里有籍姑　「池」，川本、滬本同，天啓同州志卷二作「治」。

〔一一〕史記威烈王五十一年秦城籍姑　「威烈王五十一年」，川本、滬本同。按周威烈王僅二十四年，史記六國年表：秦靈公十年，「城籍姑」。秦本紀作十三年，梁玉繩史記志疑：「『三』字衍。」秦靈公十年當周威烈王十一年，疑「五十一年」之「五」字衍。

〔一二〕十三里有胡家寨　川本、滬本同，天啓同州志卷二、康熙陝西通志卷二七「十」上皆有「縣東北」三字。

〔一三〕楚昭王司馬欣　「昭」，川本、滬本同，天啓同州志卷一作「羽」。按史記項羽本紀：「立司馬欣爲塞王。」「昭王」、「羽王」說均誤。

〔一四〕上元二年華州置鎮國軍　「二年華」，底本漫漶，據川本、滬本及天啓同州志卷一補。

〔一五〕升同州爲匡國軍節度　「國軍節度」，底本漫漶，據川本、滬本及天啓同州志卷一補。

〔一六〕西踞下邽頻陽　「西」，底本作「而」，川本、滬本同，據天啓同州志卷一改。

〔一七〕北至於同官姚谷　「同」，底本作「周」，川本、滬本同，據天啓同州志卷一改。

水利。秦鄭國渠，漢龍首渠。在魏則有臨晉陂，青龍元年，司馬懿所築，引洛溉舄鹵之地數千頃。在後周則保定中，復開龍首渠，以廣灌溉，又以注渭渠堰廢毁，命大將軍賀蘭祥修富平堰〔一〕，開渠引水，東注於洛，其利復普。唐則武德中，治中雲得臣自龍門引河，溉田六千餘頃。永徽中，雍州長史長孫祥、太尉長孫無忌皆言浚鄭白渠，至同州檢渠上碾磑，皆毁之。開元中，刺史姜師度派洛灌朝邑、河西二縣，閼河以灌通靈陂〔二〕，收棄地二千餘頃爲上田。貞元中，堰郃陽洿谷水爲陽班湫，以溉田。今皆廢不存。惟韓城之滮水，由白馬潭而下至土門口，堤爲五堰，溉田四十餘頃。芝川溉田若干頃。郃陽之瀵水溉田若干頃。

稽之往牒，同州受兵獨多者。河自龍門而南，至於華陰，皆平曠可渡，北接上郡，虜騎得闌入，竊嘗臆記其大最。自秦築臨晉，渡河東伐，及與晉戰韓原、河曲、少梁者數十年。漢韓信自夏陽渡，擊魏王豹。後漢鄧禹渡汾陰，入夏陽。曹操與馬超戰河曲。晉建興初，劉曜進軍屯粟邑，陷馮翊。氐人齊萬年反，屯梁山。後魏孝昌初，賊將息阿非圍白水，關右咫尺不通。蕭寶寅反，攻圍華州。西魏大統中，高歡自蒲津入寇，由許原西渡洛，戰於沙苑，明年復寇龍門。唐高祖起義，亦渡龍門，據長春，由馮翊而西。廣德中，党項羌兩寇同州，戰澄城。貞元初，李懷光遣將據長春。中和二年，黃巢遣朱温下馮翊。金婁宿自韓城來。元太宗由龍門渡。我朝正德中，妖賊自洛州犯白水，偪澄城。近年鄜、延間，大盜三苛我韓郃〔三〕。則同州信戎馬之會，而諸邑皆隙道要地，朝邑其最也。昔宇文以重兵鎮同州。唐以太宗鎮長春。宋於州設觀察院節度使臣〔四〕，而鎮李潤。治澄城者，歷歷可考，蓋皆知所重哉！

同之支縣朝以州析，其地同，當秦、晉之衝，其憂患同。自河伯西徙〔五〕，更苦虛賦。惟人善治生，積及爲商〔六〕，差强州耳。郃土厚而腴，鮮蹄轂之驛騷〔七〕，故賦入不煩敲扑。杜牧記徵尉廳謂：土田枯鹵，氣乏秀潤〔八〕。誠有之，然不盡鹵，第有廣土，無上農，又與白水皆苦水脈，泥銅，井浚數百尺，或千尺，不及泉。民多掘窖，儲雨雪爲飲食，鑿壤室而居，半同甌脱。善逋賦，棘則鋌而走險，白水更瘠貧多盜。惟韓號樂土，急公終事，然書算鶩飛詭，胥役假威速以厲民者〔九〕，所在而是。非仁明長吏，民未有不病於繇賦者矣。

國初行里甲，十年一事，銀力二差，歲可三千餘金。中即不無觭重，然肩九年息，且得以財貨、五穀賃傭，或時貰，不爲厲。二百年餘，有司或奉行不善，於是更以一切之政，曰條鞭，總計一州糧税差役之數，而約百姓丁産以賦之。此楊炎兩税法，雖其利害甲乙互持〔一〇〕，然意非病民也。州自萬曆二十二年奉令，其始議也，虞難乎上，不遑恤下，二差徵銀至九千三百四十八兩七錢有奇，視前倍重，且盡徵銀，五穀、財貨無所售，民用困踣，有逋賦矣。飛灑影射，丁地之蠹竇難防；黍豢升委，錢穀之瑣數難晰。即撓首持籌，未易得詳，況蚩蚩瞑瞑者乎！謂宜會計一切，惟正加賦。若閏月與二、三年一派者亦減算，總約軍民寄莊丁地而歲賦之，每畝丁銀若干，軍民丁一銀若干，期於數相符。人易知，一成而不易。賦粟止於合，銀止於釐，即有調外加徵，首報丁地，姑藉記以俟審編，毋輒更而售其姦。

【校勘記】

〔一〕富平堰　「堰」，底本缺字，據川本、滬本及周書賀蘭祥傳補。

〔二〕刺史姜師度派洛灌朝邑河西二縣閼河以灌通靈陂 「朝邑」，底本作「馮翊」，川本同；「閼」，底本作「開」，川本同，並據滬本及紀要卷五四、雍正陝西通志卷四〇改。

〔三〕大盜三苛我韓鄙 「苛」，川本同，滬本作「薄」。

〔四〕宋於州設觀察院節度使臣 「觀察院」，川本、滬本同，天啓同州志卷二作「觀察」。

〔五〕自河伯西徙 「西」，底本作「而」，川本同，據滬本及天啓同州志卷五改。

〔六〕積及爲商 「及」，川本同，滬本作「財」。

〔七〕鮮蹄轂之驛騷 「鮮蹄」，川本、滬本同，天啓同州志卷五作「尠蹏」。

〔八〕杜牧記徵尉廳謂土田枯鹵氣乏秀潤 川本、滬本同。按語出樊川文集卷一〇同州澄城縣户工倉尉廳壁記：「兼之土田枯鹵，樹植不茂，無秀潤氣象。」

〔九〕胥役假威速以厲民者 「威」，川本、滬本及天啓同州志卷五作「戚」。

〔一〇〕雖其利害甲乙互持 「互」，底本作「直」，川本、滬本同，據天啓同州志卷五改。

澄城 武帝山，在縣東北七十里。上有漢武帝廟。 將軍山，在縣北六十里。上有秦武安君白起廟〔一〕。山下迤南有村曰社田〔二〕，相傳爲起食邑。 洛河，在縣西二十里。自耀州同官歷白水、蒲城界入縣境，流經同州、朝邑入渭。 韓五泉。朝邑志云：今徑入河。 長寧河，在縣西北四十里。即雲門、紅羅二谷水所會，西南入於洛。 大谷河，在縣東二十里。爲郃陽縣分界，至同州入於洛。 撲地河〔三〕，在縣東二十里。俗訛爲薄底河。 宋李忠襄公知同州，密爲恢復記〔四〕，志不就，遂奔夏國，曾經於此。雲門谷，在縣西北五十里〔五〕。紅羅谷，在縣西北七十里。金沙谷，在縣西三里。澗南百餘步，晉時高僧佛圖澄，永嘉四年入中國，棲息於此。其下有洗腸泉，相傳爲澄公開脅浴腸之地〔六〕，迄今油膩如星，浮在水面，每旱，禱雨輒應。避暑宫〔七〕，在縣東北五十里。乃隋文帝所建，林木交加，河流盤曲，一方之奇觀也。水環宫後，岸善崩，碑刻沉没，無可考。後改爲治平寺。長寧城，在長寧河之南。唐武德初，析置長寧縣。貞觀中省。嘉靖二十五年邊警，知縣徐效賢築堡三〔八〕：曰遵義堡〔九〕，即寺頭鎮。東南四十里。曰長潤堡，即摇頭鎮。西二十里。曰太平堡，即王莊鎮。西北三十里。詩經考異〔一〇〕：韓侯出祖，宿於屠。毛氏曰：屠，地名。不言所在。潏水李氏以爲同州鄜谷。今按説文又有左馮翊鄜陽亭。同都切。馮翊，即同州也。潏水之言信矣。

【校勘記】

〔一〕秦武安君　「秦」，底本作「奉」，據川本、滬本及順治澄城縣志卷一改。

〔二〕社田　「社」，底本漫漶，據川本、滬本及乾隆澄城縣志卷四補。

〔三〕撲地河　「撲」，底本作「樸」，據川本、滬本及順治澄城縣志卷一改。

〔四〕密爲恢復記　川本、滬本同。乾隆澄城縣志卷四臨高原下引宋名臣言行録，李忠襄公顯忠初仕金，知同州，以計執金撒離喝，密圖南歸，後由漢村經臨高原奔夏。據此「記」疑爲「計」之誤。

〔五〕在縣西北五十里　「五十里」，川本、滬本同，明統志卷五四作「七十里」。

〔六〕相傳爲澄公開脅浴腸之地　「腸」，底本作「場」，川本同，據滬本及順治澄城縣志卷一改。

〔七〕避暑宫　「暑」，底本作「署」，據川本、滬本及順治澄城縣志卷一改。

〔八〕徐效賢　「效」，底本作「尚」，川本、滬本同，據雍正陝西通志卷一七、乾隆澄城縣志卷三改。

〔九〕遵義堡　「遵」，底本作「蓮」，川本同，滬本作「運」，據順治澄城縣志卷一、雍正陝西通志卷一七改。

〔一〇〕詩經考異　「詩」，底本作「許」，川本同，據滬本改。

韓城　韓初武王之子所封。後晉大夫武子萬食采韓原〔一〕，乃爲邑，既而更名少梁。魏文侯六年，城少梁。惠王十七年，秦取魏少梁〔二〕。秦惠王十一年，更少梁曰夏陽。今郃陽亦有夏陽。唐乾元元年，改河西縣爲夏陽者是也。與此名同地異。漢因之。隋開皇十八年，更夏陽曰韓城縣。濾水，出麻羨嶺，縣西一百三十餘里。東流過石門，離水自南入焉。又東過景封，峪水自北入焉。又東北過土嶺，洫水自西北入焉。又東出土門，過邑城沄轉而南〔三〕，澗水自西入焉。又南過陳村，漱水自西入焉。又南過馬頭山，潦水自西入焉〔四〕。又南過少梁，澮水自西入焉。又南同芝水入於大河。芝水，源出縣西四十里方山〔五〕。東南流，諸山水自西南來會焉。逾高家陂，滐水自北來入焉。又東過鏵薛，滋水自西南來入焉。又東過吕莊，沇水自西北來入焉〔六〕。又東過芝川，同濾水入於大河。龍門渡，唐高祖義師至龍門，户曹任瓌請自梁山濟河，至韓城，逼郃陽。少梁渡，周顯王十七年，秦與魏戰少梁，虜其太子。秦惠文十年，魏入少梁於秦。十一年，更名夏陽。韓信擊魏王豹〔七〕，爲疑兵，陳船欲渡臨晉，而伏兵從夏陽以木罌渡軍，襲安邑。今人見郃有夏陽，多以爲信渡處，不知漢時郃無夏陽，唐乾元始有之。後信千餘歲〔八〕，安得稱信渡耶？龍門，在縣東北。廣八十步，袤九里三分。兩崖斷壁〔九〕，狀盡斧鑿。高者千仞，卑者數十百仞。龍門有洲若陵〔一〇〕，陵咸礫石。人云：治梁爲門之屑也〔一一〕。古城，一在薛封東麓，元至元二年，徙縣之址；一在芝川鎮北，魏少梁故城址；一在馬林莊北，秦、晉界城之址。界城東北隅爲韓原，秦敗晉師處。水經注〔一二〕：韓有高門原。太史公自序亦云：父祖皆葬高門〔一三〕。高門，今尚以名里。在縣西南二十里。西有層阜，秀出雲表。水經注以西爲南，訛矣。

關中號四塞，而韓之梁山則四塞中間道之一也。往虜薄宜川，則朱砂嶺懼；虜薄洛川，則麻羡嶺懼。二嶺僻溪，堤防素疏〔一四〕。陰平之虞，不可不周。且嶺之南北，物産民俗，咫尺頓殊，山川藪垢，不逞時鶩，亦居常之宜檢察云。

【校勘記】

〔一〕後晉大夫武子萬食采韓原　「晉大夫武子萬食采」八字，底本漫漶，據川本、滬本及萬曆韓城縣志卷二補。按史記韓世家正義引括地志云：「古今地名云韓武子食菜於韓原故城也。」「菜」通「采」。

〔二〕魏文侯六年城少梁惠王十七年秦取魏少梁　「惠王十七年」五字，底本漫漶，據川本、滬本及史記魏世家補。按史記六國年表所載各國國君世次年數頗多舛誤，致與所記大事不合。詳見楊寬戰國史相關考證。

〔三〕過邑城沄轉而南　「沄」，川本、萬曆韓城縣志卷二同，滬本作「流」，雍正陝西通志卷一二、乾隆韓城縣志卷一、清統志卷二四三作「西」。

〔四〕潦水自西入焉　「潦」，底本作「潦」，川本同，據滬本及萬曆韓城縣志卷二改。

〔五〕縣西四十里　底本錯簡於下文「東南」之下，川本同，據滬本及萬曆韓城縣志卷二、圖書集成職方典卷四九五、雍正陝西通志卷一二、清統志卷二四三乙正。又，圖書集成、雍正陝西通志並作「在縣西二十三里」，清統志作「在縣西二十里」。

〔六〕沆水自西北來入焉　「沆」，底本作「流」，川本、滬本同，據萬曆韓城縣志卷二、圖書集成職方典卷四九五、雍正陝西通志卷一二改。

〔七〕韓信擊魏王豹　「魏」，底本作「惠」，川本、滬本同，據史記淮陰侯列傳、漢書韓信傳改。

〔八〕後信千餘歲　「千餘歲」，底本作「千歲餘」，川本同，據滬本及萬曆韓城縣志卷二乙正。

〔九〕袤九里三分兩崖斷壁　「三分兩崖」四字，底本漫漶，據川本、滬本及萬曆韓城縣志卷二補。

〔一〇〕龍門有洲若陵　「洲」，底本作「州」，川本同，據滬本及萬曆韓城縣志卷六改。

〔一一〕陵咸磔石人云治梁爲門之屑也　「陵咸磔石人云」六字，底本漫漶，據川本、滬本及萬曆韓城縣志卷六補。

〔一二〕水經注　底本作「水經」，川本、滬本同。按此據朱謀㙔水經注箋，清趙一清、戴震指出其誤，見楊守敬水經注疏洛水。今改「水經」爲「水經注」。下同。

〔一三〕父祖皆葬高門 「祖」，底本作「子」，川本、滬本同，據史記太史公自序、萬曆韓城縣志卷六改。

〔一四〕堤防素疏 「素」，底本作「意」，川本、滬本同，據萬曆韓城縣志卷二改。

三水 文翔鳳曰：豳風、豳雅、豳頌，無道及其山川者，止有「篤公劉」之一篇，可據以考其故國之所在，予嘗按地絡而詳徵之。今縣即公劉之所立國於豳谷者也。豳之地有巘、有岡、有原、有隰、有泉、有澗。其土爲原，其水入地百尋而爲澗，故城邑在澗，以依水也。郊里在原，以宣居也。無他山，止有石門擢立，是所謂陟則在巘者也〔一〕。所謂「于胥斯原」「復降在原」者〔二〕，蓋豳地皆廣原，惟漙原爲廣平之沃壤，當爲敝里之半川耳。半川者，原隰之間與！百泉者，諸澗之泉，不啻以千百計。皇澗者，即敝邑所稱唐川者之訛也。澗在漙原北，澗大，故稱皇。故人可以夾而居之。過澗者，即敝邑所稱炭泉者之訛也〔三〕。澗起自漙原，自北而西而南，側而過其境，故稱過。澗小，故人止可以遡而居之。文與可丹淵集所稱三泉之炭泉是也。禹貢：雍州，原隰底績。蔡注云：廣平曰原，下濕曰隰。詩曰：度其隰原。即指此。鄭氏曰：其地在豳。蓋豳之地，一原一隰錯。隰，即其澗之田也。南岡者，即敝邑之所稱翠屏，下垂於水口之磯頭者與。京，即敝邑之所謂雜阜也。師，即敝邑之澗，視皇、過爲更大。易曰：地中有水，師。此地中，非如孟子「水由地中行」之中，謂入地深也。關中土厚而水深，至寒門、甘泉以北，而後可見。秦川、豐、鎬、涇、渭之間，尚不知其所以深也。故原之井所以深者，或以數百尺，此所謂土厚而水深。京山而師水，故曰京師之野，於京斯依，而其隰可以收流泉之利，其原可以行徹田之法。度其夕陽者，蓋邠州以西，自涇川以至於汭外者與〔四〕。寧、古密須爲北豳，邠、古新平、永壽、古漆縣爲南豳，奚以知其建國，不在南、北之豳也。諸境無所謂可陟之巘，而敝邑則有石門。漢武於此立石闕觀，則獨聳峻於甘泉之左，爲豳地之鎮。其東則耀之漆、沮矣。漆縣之漆、沮不可辨，而陶復陶穴，則豳地固有之。然或敝邑之鑿石爲洞，稱官家者與！官家者，帝王之稱也，蓋古公之舊。陶穴者，蓋言土陶復蓋宫，石可復而穿，實爲貴者之棲與。蓋避戎狄之難而爲之，非了無室家，以等於齊民也。

【校勘記】

〔一〕是所謂陟則在巘者也　「陟」，底本作「涉」，川本、滬本同，據詩經大雅公劉改。下「諸境無所謂可陟之巘」之「陟」改同。

〔二〕于胥斯原　「胥」，底本作「溥」，川本作「晉」，據滬本及詩經大雅公劉改。

〔三〕即敝邑所稱炭泉者之訛也　「稱炭泉者」四字，底本漫漶，據川本、滬本及康熙陝西通志卷三二補。

〔四〕涇川　「川」，底本脱，川本同，據滬本補。

同官　晉元康六年〔一〕，盧水胡反〔二〕，北地太守死之，都尉張光避戍馬蘭山〔三〕，賊圍百日不解。梁王肜遣司馬索靖將兵救光，光得還長安。　永嘉三年，平陽劉芒蕩自稱漢後〔四〕，誘羌戎，僭帝號，據馬蘭山。　後趙石弘時，北羌四角王薄句大等擾北地，與石斌相持。　石韜等率騎掎句大之後，與斌夾攻，破之。　句大奔馬蘭山〔五〕。

【校勘記】

〔一〕晉元康六年　「元康」，底本作「永平」，川本、滬本及嘉靖耀州志卷一〇同。晉書惠帝紀永平元年下載：「三月壬辰，大赦，改元。」廿二史考異卷一八云：「以諸志、傳參考之，蓋改永平爲元康也。」晉書斠注卷四同。通鑑卷八二、紀要卷五四、清統志卷二四三作「元康」。據改。

〔二〕盧水胡反　「胡反」，底本作「湖友」，川本同，滬本作「湖反」，據通鑑卷八二改。

〔三〕馬蘭山　「蘭」，底本作「欄」，川本、滬本同，據晉書張光傳、嘉靖耀州志卷一〇改。

〔四〕平陽劉芒蕩自稱漢後　「芒」，底本作「芑」，川本同，滬本作「芭」，據晉書懷帝紀、嘉靖耀州志卷一〇改。

〔五〕馬蘭山　「蘭」，底本作「欄」，川本、滬本同，據晉書石弘載記、嘉靖耀州志卷一〇改。

白水　洛抵黃龍山麓，東折陝南紀岡，南走觸石怒沸〔一〕，過阿門村，距縣三十里，又東循五龍山陰，轉南入蒲。　按洛即古沮水，漢書謂西洛水是。　白石河，在縣西三十里。　水色特白，故以專名縣，南入漆。漆從同官東曲，回趨南折，東至臨川，距縣五里，東南入洛。禹貢謂漆、沮既從。今尚可指示云。謂漆即洛，非。謂漆、沮俱耀州，尤非。蓋耀水經南入渭，不得謂至朝邑東南，方入渭也。

史記秦本紀：繆公使百里傒將兵送夷吾〔二〕。夷吾謂曰：誠得立，請割晉之河西八城與秦。既立，背約不與。及韓之戰，虜晉君以歸，乃獻河西地。是時，秦地東至河。其後秦數易君，晉復强奪秦河西地〔三〕。正義曰：前八城。孝公元年，下令曰：三晉攻奪我河西地〔四〕。獻公欲東伐，復繆公之故地，於是出兵東圍陜城〔五〕。十二年，東地渡洛。惠王六年，魏納陰晉。正義：華陰縣〔六〕。八年，魏納河西地。正義：今同、丹二州〔七〕。十年，魏納上郡十五縣。正義：今鄜、綏等州，盡河西濱洛之地矣〔八〕。魏世家：襄王五年，予秦河西地。正義：自華州北至同州〔九〕。賈生過秦論曰〔一〇〕：秦人拱手而取西河之外。

【校勘記】

〔一〕觸石怒沸　「怒」，底本作「怨」，川本同，據滬本改。

〔二〕繆公使百里傒將兵送夷吾　「繆」，底本作「璆」，川本同；「傒」，底本作「撫」，川本同，據滬本及史記秦本紀改。下「繆公」改同。

〔三〕河西地　「河西」，底本作「西河」，川本同，據滬本及史記秦本紀乙正。

〔四〕三晉攻奪我河西地　「河」，底本脱，川本、滬本同，據史記秦本紀補。

〔五〕於是出兵東圍陝城　「城」，底本作「地」，川本同，據滬本及史記秦本紀改。

〔六〕正義華陰縣　「正義」，川本、滬本同。按史記秦本紀，惠文君六年，魏納陰晉，陰晉更名寧秦。集解引徐廣曰：「今之華陰也。」則「正義」當作「集解」。

〔七〕正義今同丹二州　「丹」，底本作「州」，川本同，滬本作「華」，據史記秦本紀正義改。

〔八〕正義今鄜綏等州盡河西濱洛之地　「綏」，底本作「紹」，川本、滬本同，據史記秦本紀正義改。「等州盡河」，底本漫漶，據川本、滬本及史記秦本紀補。

〔九〕正義自華州北至同州　「至同州」，底本漫漶，據川本、滬本及史記魏世家補。

〔一〇〕賈生過秦論曰　「賈生」，底本漫漶，據川本、滬本補。

耀州　東五里爲五臺山。五山對峙，頂平如臺。終南有南五臺，故此號北五臺山。有唐真人孫思邈隱居石洞。洞南三里，山自東而西者，爲東乳山，落星原〔一〕。自西而南而東者，爲西乳山。兩山蜿蜒，類乳形，合抱州城。漆沮水環合山下，從山隙中出，故名。鸛鵲谷，俗名曰岔口。長安志以此爲土門，誤矣。出谷口即富平境。五臺山東爲磬玉山，在州東五里〔二〕，山出青石。唐天寶中取爲磬。其後郊廟樂，遂廢泗濱磬。白居易有詩譏之。今東山石扣之皆鏗鏗有聲，然取磬處不知何所矣。又東爲將軍山，有王翦祠。又東爲寶鑑山〔三〕。州西北十八里爲牛耳山。以兩山東西分〔四〕，類牛耳。又北六十里爲上木門、中木門、下木門。山坂相去各三里，今無門。又西北十里爲天活堡〔五〕。四面皆石崖峻絶，其上有薪水可守。金陝西行省李興嘗立寨於此〔六〕。又北二十五里爲桃兒堡。其地險阻，比天活堡尤大，薪水亦便。又東爲箭穿崖。崖有孔，相傳後周明帝嘗爲宣州刺史，與諸將較射中孔，中後，因名其崖箭穿堡。西爲張果老崖，上有果老墳。堡東北三里爲大私鹽堡、小私鹽堡。又北爲長條嶺，延亘三十餘里，牽仄徑僅容人行〔七〕。又北爲横嶺。金平涼判官楊達夫爲元兵所執，遇害於此〔八〕。又東爲小三石山〔九〕。又東爲摩天嶺，其高二十里。又東爲鴻鴟嶺。又東爲太子石〔一〇〕，以東入宜君境。天活堡東十里爲三石山。州北八十里，三峯突兀，號大三石。山麓有泉。又東南爲石嘴山。又東爲神水嶺。又東爲九龍寨，上有九泉。又東南爲唐家堡。東五里爲笠子山。又東南爲石臯山。俱州西北四十里。樹子山、耙樓山，以南接同官武王山。州西北七十里爲大唐山。後魏文帝陵、延昌公主墓在其下。析而東者爲金圭山〔一一〕。又折而東南爲鳳翼山，以西入淳化境。金圭山北爲棋盤嶺。又北爲秦王殿，乃姚萇起兵所居。南三十里入淳化境。殿東北爲箭幹山。又北爲魏王樓，樓即萇之兄姚襄建，今故址存。四望俱石山，峙峭如屏嶂然。晉書：襄招集北地戎夏〔一二〕，歸附者五萬餘户。是時北地正徙泥陽。後襄與苻堅戰死三原〔一三〕。萇僭號，時追謚魏武王。三木門與天桃諸堡及九龍寨，皆其故迹也。樓東爲錐子山。又東爲太子堡，堡與太子石，皆後周明帝遊獵地也。樓東北十里爲照金山。山西北爲七里川〔一四〕，即古寧谷鎮地，故有寧谷驛。又西北爲分水嶺，嶺築岸門，爲石門重關。又西北爲石門山，州西北八十里。山雄勝，最爲西北要害，今屬三水。升庵集：蒼頡冢，方輿勝覽有數處，當以關中馮翊今耀州者爲是〔一五〕。按皇覽云：有蒼頡冢，在利陽亭南〔一六〕，高六丈。又聞人牟準作衛覬碑〔一七〕，文云：蒼頡冢碑，大篆書，在馮翊利陽亭南道旁，覬金針八分書也〔一八〕。國朝置巡檢司〔一九〕，築石門關城。

【校勘記】

〔一〕爲東乳山落星原　川本、滬本及嘉靖耀州志卷二同。雍正陝西通志卷一三，東乳山，亦名落星原。清統志卷二二七西安府引州志云：「五臺山石洞南二里，有山自東而西者爲東乳山，亦名落星原。」據此，「落星原」上當脱「亦名」兩字。

〔二〕在州東五里　「在」，底本脱，川本同，據滬本及康熙陝西通志卷三補。

〔三〕寶鑑山　「鑑」，底本作「鉛」，川本、滬本同，據嘉靖耀州志卷二、圖書集成職方典卷四九五、雍正陝西通志卷一三改。明統志卷三二、紀要卷五四、嘉靖陝西通志卷二俱作「鑑山」。

〔四〕以兩山東西分　「兩」，底本作「南」，川本、滬本同，據嘉靖耀州志卷二、紀要卷五四、圖書集成職方典卷四九五改。

〔五〕天活堡　「活」，底本作「治」，川本同，滬本作「治」，據嘉靖耀州志卷二、紀要卷五四、康熙陝西通志卷一七改。下同。

〔六〕金陝西行省李興嘗立寨於此　「金」，底本作「今」，川本、滬本同，據嘉靖耀州志卷二、圖書集成職方典卷五一四、雍正陝西通志卷一七改。

〔七〕率仄徑僅容人行　「仄」，底本作「其」，川本、滬本同，據嘉靖耀州志卷二、圖書集成職方典卷四九五改。

〔八〕遇害於此　底本漫漶，據川本、滬本及嘉靖耀州志卷二補。

〔九〕小三石山　「三」，底本脱，川本、滬本同，據嘉靖耀州志卷二、圖書集成職方典卷四九五、雍正陝西通志卷一三補。

〔一〇〕東爲太子石　底本漫漶，據川本、滬本及嘉靖耀州志卷二補。

〔一一〕金圭山　「圭」，底本作「玉」，川本、滬本同，據嘉靖耀州志卷二、圖書集成職方典卷四九五、雍正陝西通志卷一三改。下同。

〔一二〕襄招集北地戎夏　「招」，底本作「昭」，川本同；「北」，底本作「此」，川本同，據滬本及晉書姚襄載記改。下文「北地」改同。

〔一三〕後襄與苻堅戰死三原　「與」，底本作「興」，川本同，據滬本及晉書姚襄載記、嘉靖耀州志卷二改。

〔一四〕七里川　「川」，底本作「州」，川本、滬本同，據嘉靖耀州志卷二、雍正陝西通志卷一三、乾隆西安府志卷一〇改。

〔一五〕當以關中馮翊今耀州者爲是　「今」，底本作「令」，川本同，據滬本及升庵全集卷七八改。

〔一六〕在利陽亭南　「在」，底本作「石」，川本同，據滬本及升庵全集卷七八、孫馮翼輯皇覽改。

〔一七〕又聞人牟準作衛覬碑　「衛覬碑」，底本漫漶，川本作「衜覬硯」，滬本同，據升庵全集卷七八、丹鉛總録卷二改。

〔一八〕顗金針八分書也　「顗」，底本作「巔」，川本同，滬本作「額」，據升庵全集卷七八、丹鉛總録卷二改。

〔一九〕國朝置巡檢司　「國朝置巡檢」，底本漫漶，據川本、滬本及嘉靖耀州志卷二補。

同官　西北有虎踞山。北有金山。縣西北城附此二山。金山下有濟衆泉。虎山巖下有石泉，流引縣治中〔一〕。西城濟陽寨下，濟陽、永寧二寨，蓋州所倚者。又有泉流溺城中，名方泉，味甘冽，宜酒。城東有龍蟠山，與虎山對。北三十里爲馬蘭山。晉元康六年〔二〕，盧水胡反〔三〕，北地都尉張光守此〔四〕。北三十里爲西高山。西高山東爲女迴山。北四十里。以孟姜負夫骸，迴經其下，故名。又東爲神水峽，峽東、西二路：一通延綏、榆林；一通寧夏、甘肅。通榆林路石山峻削，道從石峽中行，其險阻並於石門。國朝置金鎖關巡檢司，修關城。城北十里爲北高山。北四十里。以北入宜君境〔五〕。上有哭泉，相傳姜女道渴，哭而湧泉出，故名。縣西六十里爲文王山。又西爲武王山，與耀州耙樓山接。縣西南爲白馬山，西四十八里。南入州境。縣南二十里爲飛仙山，又南爲鳳凰原，又南爲兔窩嶺，稍南爲金牛嶺。縣東南三十里爲三泉山，與耀州將軍山接。又東爲鰲背山，與富平明月山接。黄堡鎮，在縣南四十里。一名黄堡寨，前代守禦地也。

【校勘記】

〔一〕流引縣治中　「流」，底本作「疏」，川本、滬本同，據嘉靖耀州志卷二、雍正陝西通志卷一三、乾隆同官縣志卷一改。

〔二〕晉元康六年　「元康」，底本作「永平」，川本、滬本同，據通鑑卷八二、廿二史考異卷一八改，參見本書上文同官縣校勘記〔二〕。

〔三〕盧水胡反　「胡」，底本作「故」，川本、滬本同，據通鑑卷八二改。

〔四〕北地都尉張光守此　「北」，底本作「此」，川本、滬本同；「張」，底本脱，川本、滬本同，據晉書張光傳、通鑑卷八二、嘉靖耀州志卷一〇改補。

〔五〕以北入宜君境　「以北」，底本作「以此」，川本同，滬本作「從此」，據嘉靖耀州志卷二、圖書集成職方典卷四九五改。又，嘉靖耀州志卷二，該句繫於下文「哭而湧泉出，故名」之下，蓋是。

富平　西南二十里爲荆山，今名掘陵原〔一〕。禹貢：荆、岐既旅。又曰：導岍及岐，至于荆山。今山下有荆渠，近渠即彊梁原，原下〔二〕，洛水出焉。東五里有鹹泉，又東有白馬泉〔三〕，又東南有鹽池澤〔四〕。近鹹泉、鹹澤處，皆可煮鹽。土人利私販，即嚴禁不止。南三十里爲中華原〔五〕，中華郡以是得名。東南二十五里府志：東四十里〔六〕。爲八公塠，塠兩旁各有小谷〔七〕，象八字，中有塠，象公字，一名八公原。即賀師範與金人戰地。西北一十里爲北陸原。西北二十五里爲天乳山，有唐章陵。西北三十里爲壇山，有唐元陵。西北三十五里爲錦屏山，有錦屏水，旁爲高陽峯。西北四十里爲紫金山。東北九十里。西北五十里爲虎頭山。東北九十五里〔八〕。有唐簡陵。北三十里爲龍泉山，五泉湧出，下有唐定陵。北四十里爲月窟山。又東爲金甕山〔九〕，有唐豐陵。東北二十五里爲浮山。東北七十里爲土門山，山溪如門。杜甫詩：北上唯土門〔一〇〕。即此。東北八十五里爲明月山，與同官鰲背山接。下有勾谷澗〔一一〕，及土門、美原二縣，故址在焉。又南爲頻山，〔旁注〕北八十里〔一二〕。山南有頻陽故城、王翦故宅。又東爲大石谷澗、小石谷澗，二澗即頻水源也〔一三〕。又東北爲金粟山。又東爲萬斛山。又東爲石疊山〔一四〕。以東入蒲城境。

【校勘記】

〔一〕掘陵原　「掘」，底本作「握」，川本、滬本及嘉靖耀州志卷二同，據括地志輯校卷一、長安志卷一九、萬曆富平縣志卷二、康熙陝西通志卷二改。

〔二〕原下　「原」，底本作「之」，川本同，據滬本及嘉靖耀州志卷二改。

〔三〕又東有白馬泉　「泉」，底本漫漶，據川本、滬本及嘉靖耀州志卷二補。

〔四〕又東南有鹽池澤　「又東南」，底本漫漶，據川本、滬本及嘉靖耀州志卷二補。

〔五〕南三十里爲中華原　「南三十里」，底本漫漶，據川本、滬本及嘉靖耀州志卷二補。

〔六〕府志東四十里　「里」，底本脱，川本同，據滬本補。

〔七〕塠兩旁各有小谷　「旁」，川本、滬本同，寰宇記卷三一、長安志卷一九、嘉靖耀州志卷二並作「畔」。

〔八〕東北九十五里　「里」，底本脱，川本同，據滬本補。

〔九〕又東爲金甕山　「金甕山」，川本、滬本及明統志卷三二、嘉靖陝西通志卷二、嘉靖耀州志卷二同，元和志卷一、新唐書地理志、寰宇記卷三一俱作「甕金山」。

〔一〇〕北上唯土門　「北」，底本作「此」，川本、滬本同，據杜甫三川觀水漲二十韻、明統志卷三二、嘉靖耀州志卷二改。又「門」，川本、滬本及明統志卷三二、嘉靖耀州志卷二同，杜甫三川觀水漲二十韻作「山」。

〔一一〕勾谷澗　「勾」，底本作「勺」，川本、滬本同，據嘉靖耀州志卷二、雍正陝西通志卷九、乾隆西安府志卷八改。

〔一二〕北八十里　「里」，底本脱，川本同，據滬本補。

〔一三〕二澗即頻水源也　「澗」，底本作「山」，川本、滬本同，據嘉靖耀州志卷二、乾隆富平縣志卷一改。

〔一四〕石疊山　「疊」，底本作「壘」，川本、滬本同，據嘉靖耀州志卷二、雍正陝西通志卷九、乾隆西安府志卷四改。

耀州　水惟漆、沮最大，漆、沮上源同官，下委富平。故耀州、同官、富平諸水，皆會於漆、沮。其不入漆、沮者，同官唯烏泥與大小石盤，耀州唯濁谷水耳。漆水與烏泥水、大石盤水、小石盤水，皆出同官縣。東北一十五里曰烏泥川〔一〕，出車挽溝，合漢井泉水，東入蒲城境。東北三十里有大石盤水〔二〕，合小石盤水，循馬欄山北，東流入宜君境。東北五十里出雍家原者〔三〕，〔旁注〕北高山。爲漆水。漆水至縣城頻山下神水里，受銅官川水，苻秦時設銅官護軍因此〔四〕。又南受雄同川水〔五〕，又西南受雷平川水，又西南入州境，尹師澗水入焉。澗在五臺山北五里，自澗過城東，經五臺山至乳山下，合沮水。〔眉批〕漆水〔六〕，自東北同官縣界來，至城南三里，合沮水入富平縣界石川河。　沮水，自宜君東北界來，一出銀兒坪，一出太子石，俱西南至楊秀川，合名爲宜君水〔七〕。又南過鄭川，受鄭川水。又過唐家店，受大峪河。又南過耙樓山，受紙房河。又南過姚谷川，受姚谷河。又南受石嘴河，又南受府西河，又南入同官境，爲梁寨河。又南受同家河，又南受吕村河，又西南受沙羅水，又南至蘇家店，復入州境，爲堰頭河。又南至胡思泉，始名沮水。過錦陽川，經州城西，循西乳山，受梁家泉，東會漆水。〔眉批〕沮水，自西北邠州界來，南流合漆水〔八〕。漆、沮合流出鸛鵲谷，入富平境，又通名爲石川河。又東南過北陸原，受北陸川水，又南受薄臺川水，又南受温泉水與澤多泉水。温泉冬不冰，魚大者滿尺。又西南經科子頭，合澗谷河。澗谷河，出州西北孝義鄉焦砦村。水清見石子，俗名見底河。東南過牛村，名申家河。又東南名魚池河，又東南至三原境，名趙氏河。至科子頭與石川河會，南流至臨潼東北相橋合清谷水。清谷水，〔旁注〕在州西三十五里。一名清河。出州西北石門山麓，南至小丘，合環河。環河自大唐山經金圭車蓋二山〔九〕，東南與清谷水合，南流經三原，東至相橋入石川河〔一〇〕。〔眉批〕清谷水〔一一〕，在州西三十五里。一名鬼谷水。自西北淳化縣石門鄉來，南流入三原界。　濁谷水，〔旁注〕在州西北四十里。出州西北甲池堡南馬鞍口，南流二十里，爲寶泉河。又南爲涼泉河，又南至三原樓底，曰樓底河。又東過張村，分數渠灌田，至唐村無復河道矣。〔眉批〕濁谷水〔一二〕，自州西北孝義鄉，東南流四十五里，入三原縣界。三谷水，在州境，皆流石峽中。石上往往有鑿孔，深廣尺許。問之，皆古時碾磑迹也。今皆空谷，無人煙矣。

喬世寧曰：關中言漆、沮者多異，唯耀州之漆、沮入渭，在豐、涇之下，正與禹貢合。詩言：自土沮漆〔一三〕。在豐、涇之上，非禹貢所嘗指矣。此別爲一漆、沮也。若洛水亦名漆沮，則以漆沮東合洛水耳。故自孔安國、班固以後，皆云洛即漆沮是也。至以鄭白二渠爲漆、沮者，蓋徒見二渠入石川河。石川既名漆沮，遂以二渠爲漆、沮，大誤矣。余覽諸地志，率多牴牾，惟雍録辨雍地四漆、沮，證據甚明，余故采其説著論焉。

諸河渠：漆沮水，俱經同官，終縣境，無灌溉利。漆水至州城東南，始見有漆水渠、退灘渠，二渠俱成化時知州鄧真開，溉州城東南負郭田。沮水至州境爲堰頭河處，始有煙霧渠。又南爲甘家中渠，嘉靖中，知州李廷寶開。又南爲甘家渠。又南至楊家莊，爲通城渠，入城中，灌官私園田，蓋金、元故渠。永樂初，州判華子範復開。成化中，知州鄧真再修。又南至陰家村，爲水磨渠。又南至城西北，爲越城渠。以上爲耀州渠，皆在漆、沮旁。若澗谷、清谷、濁谷，以河道狹，無田，故無渠。然近河處亦有平田，俗名曰河灣地。此爲水田，最易顧惜小費而捐大利，何哉？豈所謂慮始者難與！自越城渠南，至西乳山，有堰武渠、小白馬渠、中渠、大白馬渠，皆引梁家泉水，灌富平嶺南横水田。大白馬渠過乳山南，又兼引石川河水，又南爲富平河東官渠。又南至横水，爲永興渠。又東南至索村，爲石水渠。又南至西吕村，爲永壽渠。又東至十八坊，爲長澤渠。又東至韓家溝，爲永濟渠〔一四〕。又東南至奥家窑，爲文昌渠。又東南爲文昌渠〔一五〕。又東南爲高望渠。以上皆縣西北。自高望南爲陽九渠，又南爲直城渠，二渠在縣西南。自河東渠以下〔一六〕，又皆引石川水。惟縣北二渠自薄臺川來者，一爲順陽渠，一爲順城渠，俱引温泉與澤多泉水。美原亦有順陽渠，在明月山下，然實無水，每天雨，山上水暴至，引以灌田，其水膏泥如糞壤，收皆畝一鍾〔一七〕。王翦請美田，即此地。鄭國渠與北白渠，考長安志，皆經富平南二十里。今二渠水不來，渠道亦湮淤久矣。頃父老言：有三尺嶺，在萬斛山北〔一八〕，洛水之南，鑿嶺引洛水，灌田最便。往知縣楊時泰將議工〔一九〕，會升去，不果。

【校勘記】

〔一〕烏泥川　「烏」，底本作「馬」，川本、滬本同，據嘉靖耀州志卷二、乾隆西安府志卷八改。

〔二〕東北三十里有大石盤水　「北三十」，底本漫漶，據川本、滬本及嘉靖耀州志卷二補。

〔三〕東北五十里出雍家原者　「五十里出」，底本漫漶，據川本、滬本及嘉靖耀州志卷二補。

〔四〕苻秦時設銅官護軍因此　底本「苻」下衍「縣城頻山下」五字，川本、滬本同。嘉靖耀州志卷二：「漆水至神水里，受銅官川水，苻秦時設銅官護軍因此。」據删。

〔五〕雄同川水　「川」，底本作「州」，川本、滬本同，據長安志卷二〇、嘉靖耀州志卷二、乾隆西安府志卷八改。

〔六〕漆水　川本同，滬本「漆水」之上有「一云」二字。

〔七〕合名爲宜君水　「合名」，川本及嘉靖耀州志卷二同，滬本作「今名」，雍正陝西通志卷一三、清統志卷二二七作「合流」。

〔八〕南流合漆水　「南流」，底本作「西流」，川本同，據滬本及長安志卷一九改。

〔九〕金圭車蓋二山　「金圭車蓋」，底本漫漶，據川本、滬本及嘉靖耀州志卷二補。

〔一〇〕石川河　「川」，底本作「州」，川本、滬本同，據嘉靖耀州志卷二、圖書集成職方典卷四九五、乾隆西安府志卷八改。

〔一一〕清谷水　川本同，滬本「清」上有「一云」二字。

〔一二〕濁谷水　川本同，滬本「濁」上有「一云」二字。

〔一三〕詩言自土沮漆　「沮漆」，底本作「漆沮」，川本同，據滬本及詩經大雅緜、嘉靖耀州志卷二乙正。

〔一四〕永濟渠　「永」，底本作「水」，川本、滬本同，據嘉靖陝西通志卷三六、嘉靖耀州志卷二改。

〔一五〕又東南爲文昌渠　川本、滬本同，滬本眉批：「『又東南爲文昌渠』七字疑衍。」按嘉靖耀州志卷二「又東南至奧家窑，爲文昌渠」下亦無此文，當爲重出。

〔一六〕自河東渠以下　「渠」，底本脱，川本、滬本同，據嘉靖耀州志卷二補。

〔一七〕收皆畝一鍾　「收」，底本作「水」，川本、滬本同，據嘉靖耀州志卷二改。

〔一八〕在萬斛山北　「在」，底本作「皆」，川本、滬本同，據嘉靖耀州志卷二改。

〔一九〕往知縣楊時泰將議工　「往」，底本缺字，川本同，滬本無，據嘉靖耀州志卷二補。

富平　秦厲公於頻山之陽，美原西南五里，置頻陽縣。漢置懷德縣。後漢省懷德入頻陽〔一〕。晉於今縣西北十里許〔二〕，即懷德故城，改爲富平縣；又於頻山南置頻陽縣。苻秦於頻陽置土門軍，美原西北十里。即今土門坊。景明中，罷頻陽置土門縣。後魏時，徙北地郡於泥陽東南通川〔三〕。舊志云〔四〕：通川在東南五十里。蓋今流曲里地，即以泥陽入富平。西魏大統間，徙富平於今縣西南三里石川河之陽，即石婆婆原。南十里强梁原，爲中華郡城，二石人卓立〔五〕，傳即郡門，人以是稱石婆婆原。後周閔帝於縣置中華郡，以在中華原右，故名。領富平縣，建德間罷之。隋省土門縣入華原。唐貞觀又置土門，尋於故址置美原縣，美原鎮，在縣五十五里〔六〕。並富平縣，皆隸於州。天授則宜州。大足則雍州。開元間，徙富平於義亭城〔七〕，故其里曰義鄰。即今舊縣地。舊縣在今治東北十里〔八〕。貞元時，改爲赤縣，旋升州。天祐名鼎州。貞明名裕州。宋則富平、美原並建。金省富平入美原。元復富平縣，至元元年〔九〕，省美原入之。其時守者爲張思道。脱列宿據縣城，思道恢復，遂依窑橋險居，今治所也。明興，徐達兵至關中。思道遁去，民歸之，即以爲縣，屬耀州。

元魏孝文帝陵，當作西魏文帝。孝文帝長陵在洛陽〔一〇〕。魏書曰：初，帝孝於文明太后，乃於永固陵東北里餘，豫營壽宫〔一一〕，遂有終焉瞻望之志。及遷洛陽，乃自表瀍西以爲山園之所〔一二〕，而方山虚宫號曰「萬年堂」

云〔一三〕。不在富平明矣。在縣東南三十里中華原上，延昌公主陪葬焉。後周太祖成陵，在鳳凰山南。宋太祖初建廟於陵前，趙孚碑紀其事。長安志、耀志載後周文帝者誤也〔一四〕。長安志、雍大記又載後魏孝武帝陵，在富平東南二十五里，今陵在渭南縣廣原，此訛傳耳。學宫内有唐臨淮郡王李光弼神道碑，顔真卿撰文。其書行草，姓名剥落，不知何人。唐輔國大將軍義陽郡王苻璘神道碑，柳公權書。

【校勘記】

〔一〕後漢省懷德入頻陽　「入」，底本作「置」，川本、滬本同，據嘉靖耀州志卷一、萬曆富平縣志卷一、康熙陝西通志卷四改。「頻」，底本作「平」，川本同，據滬本及續漢書郡國志、萬曆富平縣志卷一改。下同。

〔二〕晉於今縣西北十里許　「於」，底本作「之」，川本同，滬本作「因之」，據萬曆富平縣志卷一、乾隆富平縣志卷一改。「今」，底本作「令」，川本同，據滬本及萬曆富平縣志卷一改。

〔三〕後魏時徙北地郡於泥陽東南通川　「川」，底本缺，川本作「州」，滬本同，據本書下文及嘉靖耀州志卷一、萬曆富平縣志卷二改。

〔四〕舊志云　底本漫漶，據川本、滬本及萬曆富平縣志卷一補。

〔五〕二石人卓立　「二」，底本作「上」，川本、滬本同，據萬曆富平縣志卷一、康熙陝西通志卷二七改。

〔六〕尋於故址置美原縣美原鎮在縣五十五里　「址」，底本作「坵」，川本同，據滬本及萬曆富平縣志卷二改。「美原鎮，在縣五十五里」，底本錯簡於「故址」之下，川本、滬本同，據萬曆富平縣志卷二乙正。

〔七〕徙富平於義亭城　「徙」，底本作「從」，川本同，據滬本及寰宇記卷三一、萬曆富平縣志卷二改。

〔八〕舊縣在今治東北十里　底本錯簡於上文「義鄰」之下，川本、滬本同，據萬曆富平縣志卷二乙正。

〔九〕至元元年　「元年」，底本作「二年」，川本、滬本同，據元史地理志、萬曆富平縣志卷二改。

〔一〇〕孝文帝長陵在洛陽　底本「長」上衍「尋」字，川本同，據滬本删。

〔一一〕豫營壽宮　「豫」，底本脱，川本、滬本同，據魏書文成文明皇后馮氏傳補。

〔一二〕乃自表瀍西以爲山園之所　「瀍」，底本作「渡」，川本、滬本同；「以」，底本作「北」，川本、滬本同；「園」，底本作「陵」，川本、滬本同，並據魏書文成文明皇后馮氏傳改。

〔一三〕而方山虛宮號曰萬年堂云　「云」，底本作「之」，川本、滬本同，據魏書文成文明皇后馮氏傳改。

〔一四〕長安志耀志載後周文帝者誤也　「耀志載後周」五字，底本漫漶，據川本、滬本及萬曆富平縣志卷二補。

涇陽　本漢池陽縣，苻秦於縣東南置涇陽縣，即今治。縣沿革，據舊志云云，考之他傳記多不合。有謂在周已有涇陽者。詩：「侵鎬及方，至于涇陽。」是也。然周時玁狁率自朔方入。朔方今之寧夏，而平涼縣在古爲涇陽，相聯屬，詩應指此。史記：秦昭王封弟顯爲高陵君，悝爲涇陽君〔一〕，所指乃今涇陽。而杜氏通典亦云：涇陽本秦舊縣。則縣斷自秦始，謂創自苻秦者誤也。舊志謂本池陽縣，建立今縣西北二十八里所〔二〕。今按其地有故縣村，似矣。第三原縣志及他書皆謂三原古池陽也，縣東北有故址存。而建忠驛，洪武初猶名曰池陽，又非無所據者。乃十道志又謂，今涇陽東北境，廣吉鄉内有迎冬驛，本池陽縣城〔三〕。長安志三輔圖復於沈陽縣下注曰〔四〕：今涇陽縣；池陽縣注曰：今三原縣。按沈陽圖似指今故縣村也。説蓋相踳駁不可曉。以意度之，涇陽本秦縣，設立故縣村。漢改爲池陽，已而移之迎冬城，又移之三原東北，所遺地遼遠，故苻秦於今縣處復設涇陽，而長安志圖故縣村爲沈陽也。遠在趙宋時，或傳寫之訛耳，然不敢臆定矣。雲陽縣，在古以甘泉、石門諸山爲西北隅。趙宋間，先割其半建淳化縣，後始以入涇陽，是所入非古雲陽也。嵯峨山，在縣北四十里。一名巀嶭山〔五〕，一名慈峨山。東抵清谷，西抵冶谷〔六〕，亘二十里。上有三峯，最東者曰鉢盂臺，其巔有雲起輒雨，中曰大臺〔七〕，有仰天池。在西者有穴，曰石窟，深五、六里，風自内出。雲陽舊志云：昔壬辰大亂，盗起爲患，有千餘人匿此中免。再西猶有二峯，則漸低小矣。山西北麓入淳化界，東北麓入三原界。或以昔黄帝鑄鼎於此山。按當在河南閿鄉縣〔八〕。畢原，縣南原也。西自武功縣來，東訖於高陵，在涇、渭間，綿亘二三百里。其北陲傍涇者、入縣境内者，可數十里，一名咸陽原，又名石安原。昔石勒置石安縣以此。從原北下，有數坂，直縣稍西，最平者古長平坂也。漢東方朔從武帝幸甘泉，至長平坂，上見蟲怪，而知其爲秦獄〔九〕，其坂即此。坂上爲漢長平觀。新莽時，長平觀西岸崩壅，涇水不流，毁而北行者，此也。觀東則秦望夷宫，二世爲閻樂所殺宫也〔一〇〕，今皆無址。涇河，流自淳化來，當縣西北仲山、嵕山間〔一一〕，出口落平壤，而東南奔逾縣入高陵，以在縣南，故以名縣。渡凡五：最西北者曰狄道渡，通乾州；沿流而東曰臨涇渡，通醴泉；又東則古睢城渡也，在長平坂下，漢、唐時，咸陽通津，故有橋，漢武帝祀甘泉，至涇橋，有女子浴於涇水，乳長七尺，即此處；又東曰花池渡，通長安；又東曰宋村渡，通臨潼，則在縣東南隅。其河出口處曰瓠口，一名洪口，一名洪門。昔鄭國自仲山西邸瓠口〔一二〕，鑿渠溉田，即此。舊志之亦曰谷口〔一三〕，以西有故谷口縣也。冶谷河，亦西北自淳化來，當仲山東，嵯峨山西麓〔一四〕，下出谷口。而稍南即直東至辛管匯後，與清谷河合。其出谷處曰谷口，又名寒門，以入谷皆飛泉峭壁，凛然有寒意也。漢鄭子真嘗隱居於此。谷東爲車箱坂，故傳爲漢武帝幸甘泉道，然紆曲多石，恐未是。清谷河，北自耀州三原來，從嵯峨山東麓出谷南流〔一五〕，前泊清涼原，乃折而西，爲靖川。唐衛公李靖故居所也。又西至大石里，折而南，至辛管匯後〔一六〕，地名謝家村，與冶水合〔一七〕，合而復經三原入渭。焦穫澤，舊志以瓠口當之，以詩有「整居焦穫」及郭璞釋爾雅，焦穫即池陽瓠中爲據。按朱晦庵訓焦穫爲兩地，且詩所言涇陽乃平涼，其焦穫不應在此。況地在仲、嵕深處，安有侵人之兵，而迂回入此整居者，諸説恐皆誤。雲陽縣有二：一在文川仙法村，今亡；一在縣北三十里，今雲陽鎮也。鎮東有故城址，蓋其初置甘泉山前，在淳化縣，後徙仙法村，再徙今處。鼎州城，唐天授間，折雲陽縣置，尋廢。在今長街鎮，鎮在雲陽西北十里。

【校勘記】

〔一〕史記秦昭王封弟顯爲高陵君悝爲涇陽君　「昭王」，底本作「始皇」，川本、滬本同；「悝」，底本作「理」，川本、滬本同，並據史記穰侯列傳、范雎列傳、雍大記卷二改。

〔二〕建立今縣西北二十八里所　「立」，川本同，滬本作「在」。

〔三〕本池陽縣城　川本、滬本同，長安志卷一七引十道志、康熙陝西通志卷二七「本」下皆有「舊」字，當是。

〔四〕長安志三輔圖復於沈陽縣下注曰　「沈」，底本作「泥」，川本、滬本同，據長安志長安志圖卷上漢三輔圖改。

〔五〕巀嶭山　「嶭」，底本作「薛」，川本、滬本同，據明統志卷三二、嘉靖涇陽縣志卷一、紀要卷五三改。

〔六〕西抵冶谷　「冶」，底本作「治」，據川本、滬本及圖書集成職方典卷四九三改。

〔七〕大臺　「大」，底本作「太」，川本、滬本同，據康熙陝西通志卷三、圖書集成職方典卷四九三、宣統涇陽縣志卷一改。

〔八〕河南閿鄉縣　「河」，底本作「何」，據川本、滬本改。

〔九〕秦獄　「獄」，底本作「嶽」，川本、滬本同，據長安志卷一七、雍勝略卷一二、康熙陝西通志卷二七改。

〔一〇〕閻樂　「閻」，底本作「閭」，川本、滬本同，據史記秦始皇本紀改。

〔一一〕嵕山　「嵕」，底本作「嵏」，川本、滬本同，據雍正陝西通志卷九、宣統涇陽縣志卷一、關中水道記卷二改。

〔一二〕昔鄭國自仲山西邸瓠口　「自」，底本作「有」，據川本、滬本及漢書溝洫志改。

〔一三〕舊志之亦曰谷口　「之」，川本、滬本同，疑「云」字之訛，或爲衍字。

〔一四〕嵯峨山　「嵯」，底本脱，川本、滬本同，據本書上文及長安志卷二〇、雍正陝西通志卷九、乾隆西安府志卷七補。

〔一五〕嵯峨山　「嵯」，底本脱，川本、滬本同，據本書上文及乾隆西安府志卷七、宣統涇陽縣志卷一補。

〔一六〕辛管匯　「辛」，底本作「新」，川本同，據滬本、本書上文及雍正陝西通志卷九、乾隆西安府志卷七改。

〔一七〕冶水　「冶」，底本作「治」，據川本、滬本改。又，雍正陝西通志卷九、乾隆西安府志卷七作「冶谷水」。

醴泉　唐太宗昭陵〔一〕，在九嵕山。按唐書：貞觀十年六月己卯，皇后崩。十一月庚寅，葬文德皇后於昭陵〔二〕。十一年二月丁巳，營九嵕山爲陵，賜功臣、密戚陪塋地及秘器。則是陵未營而后先葬。陵之營，因后也。陵置穴山之西南，深七十五丈。邑志言丈，通考言尺，爲玄宫。傍巖架梁爲棧道，懸絶百仞，循山二百三十步，始達玄宫門。高宗奉遺命，以玉匣深貯王右軍墨迹以殉葬〔三〕。陵有獻屋，有後殿，有下宫。山巔亦有遊殿，今俱廢。唯陵北猶存石屋三楹，六駿列於左右。及貞觀中，擒服諸蕃君長頡利等十四人，肖像琢石，列之北司馬門内，今形皆不完。其垣牆、重門、甬路諸舊迹尚存。下宫，在九嵕山之右腋，後遭野火焚毁。貞元十四年，欲復置，山高無水泉，苦於供役。廷臣集議移置瑶臺寺側，去陵一十八里。今廢。肅宗建陵，在縣北三十里武將山。陪葬功臣一，汾陽王郭子儀。

温韜傳：韜在華原七年，唐諸陵在其境内者，悉發掘之，取其所藏金寶。而昭陵最固，韜從埏道下，見宫室制度閎麗，不異人間，中爲正寢，東西廂列石牀，牀上石函中爲鐵匣〔四〕，悉藏前代圖書，鍾、王筆迹，紙墨如新，取之，遂傳人間，惟乾陵風雨不可發〔五〕。唐書渾瑊傳：德宗在奉天。靈武節度使杜希全、鹽州刺史戴休顔、夏州刺史時常春〔六〕，合兵六千人赴難。將至，上議其所向，宰相盧杞、白志貞以漠谷路爲便〔七〕。瑊曰：漠谷險隘，必爲賊所邀。不若取乾陵北過〔八〕，附柏城守固而行〔九〕，便取城東北鷄子堆下營〔一〇〕，與城中掎角相應，且分賊勢，朱泚必不更於陵寢往來。杞曰：漠谷路近，若慮逆賊邀擊，即出兵應接，若取乾陵路，恐驚陵寢。瑊曰：今朱泚圍城，斬伐柏城，以夜繼晝，驚動已多。今城中危急，佇望救軍，唯希全等率先赴難〔一一〕，安危是賴，所繫非輕，制置不宜蹉跌。但令希全等於鷄子堆下營，固守善地，此賊可以計破也。杞等曰：陛下以順討逆，不可自驚陵寢。白志貞從而贊之，上從杞議。希全等進至漠谷，果爲賊軍邀擊，奪據水口，乘高以大弩、巨石，左右夾擊，殺傷頗甚。城中出兵應援，亦爲賊挫鋭而退。希全等各歸本鎮，賊攻城愈急。鷄子堆，在城東北十五里。舊子城，周五里。羅城，周十里有奇。後子城崩塌，今城即羅城也。唐書：建中初，方士桑道茂言：國家不出三年有厄會〔一二〕，奉天有王氣，宜高垣堞，爲王者居，使可容萬乘者。德宗素驗其數，詔京兆尹嚴郢發衆數千及神策兵城之。盛暑趨功〔一三〕，人莫知其故。及朱泚反，德宗幸奉天，乃驗。宋廷佐記：乾陵正南，兩峯對峙，上表雙闕，曰朱雀門，内列石器，首華表二，次飛龍馬二，朱雀二，馬十四，仗劍者二十人〔一四〕。次二碑，東碑無文，間刻前人題名；西碑文曰述聖記，后自製也。碑刻四方如局，俗曰七節碑，今仆矣〔一五〕。次雙闕，陵之内城門也。大獅二，南向左右列諸蕃酋像〔一六〕，左之數二十有八，右之數三十〔一七〕，仆立相半，背有刻，皆剥落不可讀〔一八〕。論者謂高宗之葬，諸蕃酋來助者甚衆〔一九〕，武后不知太宗之餘威遺烈〔二〇〕，乃欲張大其事，刻之以誇耀後世是也。復北行，抵後山下，並麓而西曰白虎門，北曰玄武，東曰青龍，皆表雙闕，樹石器。

【校勘記】

〔一〕唐太宗昭陵　底本漫漶，據川本、滬本及元和志卷一補。

〔二〕葬文德皇后於昭陵　「於」，底本作「子」，川本同，據滬本及舊唐書太宗紀改。

〔三〕以玉匣深貯王右軍墨迹以殉葬　川本同，滬本「王右軍」下有「蘭亭」二字。

〔四〕牀上石函中爲鐵匣　「石」，底本作「右」，川本、滬本同，據新五代史温韜傳改。

〔五〕惟乾陵風雨不可發　「發」，底本作「廢」，川本、滬本同，據新五代史温韜傳改。

〔六〕鹽州刺史戴休顔夏州刺史時常春　「戴」，底本作「載」，川本同，據滬本及舊唐書渾瑊傳改。「時常春」，底本、川本、滬本作「常春」，據舊唐書渾瑊傳中華書局點校本校勘記〔六〕補。

〔七〕漢谷　「漢」，底本作「漢」，川本、滬本同，據舊唐書渾瑊傳改。下同。

〔八〕不若取乾陵北過　「不」，底本脱，川本、滬本同，據舊唐書渾瑊傳補。

〔九〕附柏城守固而行　「柏」，底本作「使」，川本、滬本同，據舊唐書渾瑊傳改。又，「守固」，川本、滬本同，舊唐書渾瑊傳無此二字。

〔一〇〕取城東北鷄子堆下營　「營」，底本脱，川本、滬本同，據本書下文及舊唐書渾瑊傳補。

〔一一〕唯希全等率先赴難　「率」，底本作「車」，川本、滬本同，據舊唐書渾瑊傳改。

〔一二〕國家不出三年有厄會　「三」，底本作「六大」，川本作「大」，滬本作「六」，據新唐書桑道茂傳改。

〔一三〕盛暑趨功　川本、滬本同，新唐書桑道茂傳「盛」上有「時」字。

〔一四〕仗劍者二十人　「仗」，底本作「伏」，川本、滬本同；「二十人」，底本作「二十八人」，川本、滬本同，並據嘉靖乾州志卷一宋廷佐遊乾陵記、雍正乾州新志卷五宋廷佐遊乾陵記改。

〔一五〕今仆矣　「仆」，底本作「撲」，川本同，據滬本及嘉靖乾州志卷一宋廷佐遊乾陵記改。下「仆立相半」同改。

〔一六〕南向左右列諸蕃酋像　「南向」，底本漫漶，據川本、滬本及嘉靖乾州志卷一宋廷佐遊乾陵記補。

〔一七〕左之數二十有八右之數三十　「左」與「右」，底本互調，川本、滬本同，據嘉靖乾州志卷一宋廷佐遊乾陵記、雍正乾州新志卷五宋廷佐遊乾陵記乙正。

〔一八〕背有刻皆剥落不可讀　「有刻皆剥」，底本漫漶，據川本、滬本及嘉靖乾州志卷一宋廷佐遊乾陵記補。

〔一九〕諸蕃酋來助者甚衆　川本、滬本及雍正乾州新志卷五同，嘉靖乾州志卷一宋廷佐遊乾陵記「助」下「者」上有「祭」字，當是。

〔二〇〕武后不知太宗之餘威遺烈　「威」，底本作「風」，川本、滬本同，據嘉靖乾州志卷一宋廷佐遊乾陵記、雍正乾州新志卷五宋廷佐遊乾陵記改。

興平　帝王世紀並世本曰：懿王自鎬徙都犬丘〔一〕。宋衷注云：犬丘一名廢丘，今槐里是也。或曰周赧王都之，曰廢丘，亦曰舒丘。史記：秦之先，大駱生非子，居犬丘，善養馬，馬蕃孳息。孝王封之，爲附庸之國。項羽入關，封章邯爲雍王，都廢丘。漢高祖還定三秦，命將軍樊噲引水灌城，遂滅章邯。三年，改爲槐里，世謂之大槐里〔二〕。武帝置茂陵縣，徙山東豪傑大姓居之，以實關中。昭帝徙治平陵縣，屬右扶風。今縣東二十里有平陵城基〔三〕。桓帝封左中郎將皇甫嵩爲侯國。魏黄初元年，改爲始平〔四〕。北有始平原，故名。晉太始中〔五〕，始置始平郡，領槐里、始平、武功、鄠縣、蒯城五縣〔六〕。秦苻堅徙始平於茂陵故城。後魏太武太平真君七年，以始平郡、縣入右扶風。孝莊帝永安元年，又徙縣於今治東北一十五里。恭帝元年，又徙於今治東北二十里。後周宣帝大象二年，復徙於今治東南十里文學城。隋開皇三年，隸京兆郡。大業九年，徙於今治。唐天授隸稷州〔七〕。大足元年〔八〕，還雍州。景龍四年，金城公主降吐蕃贊普。中宗送至縣，因改爲金城，徙於馬嵬故城〔九〕。至德初，置興平軍，二載，改爲興平縣。興平故無白渠，所謂白渠者，成國渠也，乃魏尚書左僕射衛臻征蜀所開也。其瀆上承汧水於陳倉東，東逕郿及武功、槐里縣北。渠左有安定梁嚴塚，碑碣尚存。逕漢武帝茂陵、南陵之南，故渠又北分爲二渠，東逕虎圈南，而東入灞水，北合渭，今無水。是成國當六朝時已無水，並無白渠之號也。又按唐李石記〔一〇〕：咸通十三年，京兆府奏修六門堰畢，其渠合韋川〔一一〕、莫谷、香谷、武安四水，溉武功、興平、咸陽、高陵等田，俗號爲白渠，言其利與鄭白二渠相埒也。是白渠自爲白渠，不過借其名，以美成國渠之利亦如白渠耳。非成國即白渠也。故池陽谷口之歌，歌白渠，非歌成國也。初時或假借之詞，流傳既久，乃儼然命爲白渠矣。至署邑之傳舍，亦曰白渠驛。唐以後不知何時，水復湮塞，今無可究矣。土俗相傳，縣之北舊有白渠水，指成國之號爲白渠者，非爲別有湧泉也。愚氓不察溝洫之由，愈傳愈訛，乃曰其地有白渠泉。誤矣。

【校勘記】

〔一〕犬丘 「犬」，底本作「大」，川本同，據滬本及史記周本紀、長安志卷一四改。下同。

〔二〕世謂之大槐里 「謂」，底本作「渭」，據川本、滬本改。

〔三〕有平陵城基 「基」，底本作「墓」，川本同，據滬本改。

〔四〕改爲始平 「始」，底本作「治」，據川本、滬本及元和志卷二改。

〔五〕晉太始中 「始」，底本作「康」，川本、滬本同，據晉書地理志、長安志卷一四改。

〔六〕鄠縣蒯城 「鄠」，底本作「鄢」，川本同，據滬本及晉書地理志改。「蒯」，底本作「蒯」，川本、滬本同，據晉書地理志、長安志卷一四改。

〔七〕稷州　「稷」，底本作「魏」，川本、滬本同，據舊唐書地理志、長安志卷一四改。

〔八〕大足元年　「足」，底本作「定」，川本、滬本同，據舊唐書地理志、長安志卷一四改。「元年」，底本漫漶，據川本、滬本及舊唐書地理志補。

〔九〕徙於馬嵬故城　底本漫漶，據川本、滬本及順治興平縣志卷一補。

〔一〇〕又按唐李石記　「李」，底本脱，川本、滬本同，據長安志卷一四、乾隆興平縣志卷一、清統志卷二二九補。

〔一一〕韋川　「川」，底本作「州」，川本、滬本同，據長安志卷一四、嘉靖陝西通志卷三八、順治興平縣志卷一白渠辯改。

盩厔　扈國。書曰：大戰于甘。注云：甘，地名，有扈氏國之南郊也，在扶風鄠縣〔一〕。今甘水坊、甘河鎮即其地也。縣東六十五里屬盩厔。終南故城，在縣東三十里。元史：世祖至元七年，省終南縣入盩厔。　終南鎮。舊志曰：清平鎮〔二〕。郡國記曰：即漢盩厔城也。宜壽廢縣，因隋有宜壽宫，故唐天寶改盩厔爲宜壽縣〔三〕，後復舊。在縣西一里，疑即古城。　在城驛，東至鄠縣七十里，南至終南山櫻桃驛四十五里；櫻桃驛至三交驛五十五里；三交驛至林闕驛四十五里；林闕驛至洋州真符縣大望驛七十五里。出長安志。今俱廢。　古樓觀。内傳云：本尹喜居之，有草樓焉〔四〕。後人創立道宫，名曰樓觀。周康王時，尹喜爲大夫，嘗於此結草爲樓，觀望星氣，見紫雲西邁，求爲函關令，遇老子，迎歸是第〔五〕，説道德五千言授之。穆王西巡，爲召幽逸之人，置爲道士〔六〕，相承居之。唐武德中，改名宗聖觀。宋端拱三年，改順天興國觀。元中統元年，改宗聖宫。紫雲樓，即尹喜結草爲樓處。唐開元五年重建。説經臺，樓觀南有臺，老子於此説道德經，授尹喜。又曰昇天臺〔七〕。唐書：高祖武德七年，十月癸酉，幸終南山。丙子，謁樓觀老子祠。舊唐書禮儀志：玄宗夢京師城南山趾有天尊之像，求得之於盩厔樓觀之側。

【校勘記】

〔一〕鄠縣　「鄠」，底本作「鄠」，川本同，據滬本及尚書甘誓孔穎達疏、長安志卷一五改。下同。

〔二〕清平鎮　「鎮」，底本漫漶，據川本、滬本及嘉靖陝西通志卷一三補。

〔三〕故唐天寶改盩厔爲宜壽縣　「厔爲宜」，底本漫漶，據川本、滬本及新唐書地理志補。

〔四〕有草樓焉　「樓」，底本作「植」，川本、滬本同，據初學記卷二五引關令内傳、初學記卷二三引樓觀本記、萬曆陝西通志卷一七改。

〔五〕迎歸是第　「是」，川本及康熙盩厔縣志卷三同，滬本作「私」。

〔六〕置爲道士　「士」，川本、滬本及初學記卷二三引樓觀本記、雍勝略卷一一同，元和志卷二、長安志卷一八作「院」。

〔七〕昇天臺 「昇」，底本作「得」，川本、滬本同，據康熙陝西通志卷二七、康熙盩厔縣志卷三、清統志卷二三九改。

邠州 涇河，發源岍頭山，經州城北，東入涇陽縣界。 漆、沮，按禹貢：雍州，漆、沮既從。蔡氏曰：漆水，寰宇記：自耀州同官縣東北界來，經華原縣，合沮水。沮出北地郡直路西境。今宜君縣。寰宇記：沮水，出坊州昇平縣〔一〕，至朝邑縣東南入渭。孔氏傳曰：在涇水之東。水經注：洛水，鬬駟以爲漆沮之水〔二〕。史記正義括地志云〔三〕：洛水源出慶州洛源縣。此同名漆沮〔四〕，非古公所渡者也。按詩：自土沮、漆。言公劉來居杜與沮、漆之地。又按十三州志：漆水出漆縣西北，至岐山東，入於渭。後漢志〔五〕：漆縣故邠州新平縣也。山海經云：羭次之山，漆水出焉。詩：率西水滸。鄭康成曰：循西水涯，沮、漆水側也。周紀云：古公去邠，渡漆、沮。徐廣曰：水在杜陽岐山下〔六〕。顔氏曰：水在新平。當以詩傳爲正。今武功縣北，邠州之南，東流入於渭者是。 芮水，出城西，東入於涇。大雅曰：止旅乃密，芮鞫之即。 洪龍河，在州西，即過澗。 南河，在州東，即皇澗。 黑水河，在州西四十里。發源崇信縣，至邠入於涇。 古公城，在州南山上，與州城相連。 義渠城，古義渠王之國也。在宜禄鎮北〔七〕。 鶉觚城，在州西八十里。 淺水故城，在宜禄北五里。 畫墁録：涇州東長武城，控扼要害之地。唐太宗親征薛舉，嘗駐焉〔八〕。門樓十二間，御榻在其下〔九〕。或云：柱上有太宗題字尚在也。北阻涇水，即高墌二城，樓堞並完〔一〇〕。

【校勘記】

〔一〕沮水出坊州昇平縣　「昇」，底本作「界」，川本、滬本同，據寰宇記卷三五、嘉靖邠州誌卷一改。

〔二〕闞駰以爲漆沮之水　「闞」，底本作「闕」，川本同，據滬本及水經渭水注改。

〔三〕史記正義括地志云　「括」，底本作「按」，川本、滬本同，據史記封禪書正義引括地志、詩地理考卷三引括地志改。

〔四〕此同名漆沮　「此」，底本作「北」，川本、滬本同，據詩地理考卷三、嘉靖邠州誌卷一改。

〔五〕後漢志　川本、滬本同。按後漢書耿弇傳李賢注：漆縣「故城在今豳州新平縣也。」此云「後漢志」當爲「後漢書」。

〔六〕水在杜陽岐山下　「岐」，底本脱，川本、滬本同，據史記周本紀集解引徐廣曰補。

〔七〕宜禄鎮　「禄」，底本作「緑」，川本、滬本同，據嘉靖陝西通志卷一三、嘉靖邠州誌卷一改。下「宜禄」改同。

〔八〕嘗駐焉　「焉」，川本、滬本同，畫墁録作「蹕」。

〔九〕御榻在其下　「下」，底本作「上」，川本、滬本同，據畫墁録改。

〔一〇〕樓堞並完　「並」，川本、滬本同，畫墁録作「堅」。

淳化　嵯峨，本名巀嶭山，在縣東南五十里。西南屬涇陽，東南屬三原，西北屬淳化。雲陽宮記曰：東有慈峨山〔一〕。四夷郡縣記曰：山頂有雲起即雨，人以爲候。昔黃帝鑄鼎於此山。漢書雲陽縣有荆山〔二〕。山海經曰：其陰多鐵。仲山，在嵯峨西，即鄭國鑿渠引涇水之處。史記云云。通志云云。甘泉山，在縣西北五十里，一名石鼓原云云。石門山，在縣北六十里。括地志云：堯門山俗名石門〔三〕。故老云：堯鑿山爲門，因名之。史記：秦獻公二十一年〔四〕，與晉戰於石門即此。五鳳山，在縣西三十五里。五峯如鳳，即五龍谷也。涇河，在縣西三十里。自邠州界來，洪口堰出涇陽縣，東南入高陵縣界。淳化河，在縣東。自石門山出，東流入涇陽縣界。冶谷水〔五〕，即縣河水。出流至三原謝家村，與清谷水合。雲陽宮記云云，即鄭子真隱處。今冶谷鎮屬本縣〔六〕。五龍谷水，在縣西四十里。水經注曰：五龍水，出雲陽宮西南。甘泉水，出石鼓西原。合宮，在甘泉山下。黃帝以來祭天處。萬靈明庭〔七〕。林光宮。漢書注：服虔曰：甘泉一名林光。師古曰：秦之林光宮，胡亥所造。漢又於其旁起甘泉宮。又郊祀志：震電災林光宮門。孟康曰：甘泉一名林光。師古曰：林光，秦離宮名也。漢又於其旁起甘泉宮，非一名也。關中記曰：林光宮，一曰甘泉宮。秦起，在今池陽縣西北，故甘泉縣甘泉山上，周回十餘里〔八〕。漢武建元中增廣之，周回十九里一百二十步〔九〕，有宮十二，臺十一。長定宮，宣帝許皇后、成帝許皇后，並居長定宮。師古曰：三輔黃圖林光宮有長定宮〔一〇〕。甘泉宮。漢書曰：甘泉，山名。應劭曰：甘泉，在馮翊雲陽縣。

文帝三年五月，上幸甘泉。師古曰：甘泉在雲陽，本秦林光宫。晉灼曰：雲陽甘泉，黄帝以來祭天圜丘處也。武帝常以五月避暑，八月乃還。漢書又曰：齊人少翁言：「上即欲與神通，宫室被服非象神，神物不至。」〔一一〕乃作甘泉宫，中爲臺，畫天地泰一諸鬼神〔一二〕，而置祭具，以致天神。揚雄傳：甘泉宫，本秦之林光宫，而武帝復增通天、高光、迎風宫。關中記曰：林光宫，一曰甘泉宫，秦所造，在今池陽縣西北，故雲陽縣甘泉山上，周回十餘里，有銅人二枚在門外。三輔黄圖曰：甘泉宫，漢武帝建元中增廣之，周回十九里，中有牛首山。漢官儀注曰：甘泉通天宫〔一三〕，去長安三百里，望見長安城，黄帝以來圜丘祭天處。遁甲開山圖曰：雲陽先生之墟也，中有神書鐵券玉石之記。十道志曰：今按甘泉谷北有古槐樹〔一四〕，在故宫之南。雲陽宫記曰：甘泉宫北有槐樹，今謂之玉樹，根幹盤峙，二三百年木也。耆舊相傳〔一五〕，咸以爲此樹即揚雄甘泉賦所謂玉樹青葱者也。三輔故事曰：北至甘泉、九嵕，南至長楊、五柞，連緜四百餘里〔一六〕。三輔黄圖云：緣山谷行，至雲陽三百八十里，入右扶風，周回五百四十里。此通都城内外言。前殿。漢宫儀注曰〔一七〕：武帝於甘泉宫更置前殿，始廣諸宫室。有芝生甘泉殿邊房中。漢舊儀曰：芝有九莖，金色緑葉朱實〔一八〕，夜有光，乃作芝房之歌。紫殿。三輔黄圖曰：漢武帝起紫殿云云，神光降於紫殿。西京雜記曰：成帝設雲帳云云，世謂三雲殿〔一九〕。通天臺。史記：公孫卿曰云云，始廣諸宫室。夏，有芝生殿房内中。徐廣曰：通天臺在甘泉。

漢書曰：武帝元封二年，作甘泉通天臺。師古曰：言此臺高，上通於天。漢舊儀曰：通天臺高三十丈，望雲雨悉在其下，去長安三百里，望見長安城。武帝云云，竹宮望拜。漢儀注：上有承露云云。亦曰候神臺。益壽館、延壽館，一作觀。竹宮。漢書曰：武帝用事甘泉云云，望拜。師古曰：漢舊儀云：竹宮去壇三里。高光宮，在甘泉宮内。洪厓宮、旁皇觀、儲胥觀、弩阹宮、棠梨宮、師得宮。漢書注：師古曰：棠梨宮，在甘泉苑垣外。雲陽東南三十里。師得宮，在櫟陽界〔二〇〕。其餘皆甘泉苑垣内之宮觀。石闕觀、封巒觀、鳷鵲觀〔二一〕、露寒觀，四觀，武帝建元中作，在雲陽甘泉宮外。仙人觀。三輔黄圖：在甘泉苑。迎風觀。三輔黄圖：武帝作迎風觀云云，棠梨宮〔二二〕。壽宮〔二三〕。漢書曰：武帝病瘉〔二四〕，起幸甘泉，置壽宮。又置壽宮北宮，張羽旗，設供具，以祀神君。臣瓚曰：壽宮，奉神之宮也。通靈臺。漢武帝内傳曰：鉤弋夫人既殯，香聞十餘里。帝哀悼，疑其非常人也，乃起通靈臺於甘泉宮。有一青鳥集臺上往來，至宣帝乃止。鉤弋夫人雲陵。師古曰：在甘泉宮南，今俗呼女陵。李夫人墓，東西五十步，南北六十步，高八丈。三輔黄圖：在茂陵西北一里，俗名英陵。亦云集仙臺者，非是。漢書：鉤弋趙婕妤，昭帝母也。三秦記曰：鉤弋夫人居甘泉宮，三年不反，死遂葬之，名曰思合墓。昭帝即位，追尊爲皇太后，發兵二萬人起雲陵，邑三千户爲皇陵縣。又漢武故事曰：鉤弋宮，在直門之南。漢古縣城。通志：在縣西北六十里。有遺瓦，城基在焉。一名甘泉縣，與在延安者同名。一曰雲陽縣，蓋即甘泉宮明廷，朝諸侯邸也。雲陵故城。一統志：在縣北二十里。徑路神祠云云，休屠已降，而爲渾邪王所殺〔二五〕。武帝嘉其向己，遂並與金像以尊之。既而祠諸甘泉，又取休屠王列之典祀，而名之以爲徑路神也。車箱坂。金史：淳化有車箱坂。元和志曰：當其登山，必自車箱坂而上。坂在雲陽西北三十八里，縈紆曲折云云。梨園鎮，即今縣治。通志：在金龜鄉云云〔二六〕。雲陽廢縣。雲陽舊志：在池陽縣西北三十里仙法村〔二七〕，古漢縣之墟。後別置今雲陽鎮。一統志：在涇陽縣西北七十里。漢昭帝置，唐廢，指雲陵城也。寰宇校勘云：按前漢地理志，雲陽縣非昭帝置，後漢亦不省。今記誤以雲陵爲雲陽也。三水故縣。一統志：在淳化縣西一百三十里〔二八〕。西漢末，三水人盧芳居此〔二九〕，吳漢擊之不克，即此縣也。元并入淳化縣。今考太平寰宇記，三水，漢舊縣，屬安定郡，故城在今平涼府涇州境內。本良原縣，以閤川水得名。漢書：屬國都尉治，有鹽官。雜海云：盧芳據安定，稱西平王。吳漢攻之不克。安定，即涇州。新莽更廣延亭。晉改置西川縣，屬安定郡。後魏復置三水縣，屬新平郡。西魏大統十四年，移於今邠州西北十五里白馬堡，一曰白土。隋開皇三年，移於新平故郡城，屬北地郡。隋煬帝大業初，移於隴川堡下〔三〇〕，屬豳州。後人以羅川谷有三水，襲故名。唐代宗大曆初，爲吐蕃焚，縣移堡上。憲宗元和復移下之。元至正七年，移淳化縣治於三水。十八年，復淳化治。并三水於淳化。皇明成化十四年，分建三水縣。永安故城。通志：姚萇宫也。在小杜村西北，有故城。迤南即杜寨義栅所也[三一]，亦名洪賓栅。魏孝明帝孝昌三年，蕭寶寅逆亂關右，毛遐、鴻賓立義栅捍賊。孝莊帝永安元年，於此置北雍州，以鴻賓爲刺史。孝武帝永熙元年，徙北雍州於宜州，仍於栅置永安鎮。秦王殿，在縣北五十里白堡地方。箭幹山西，有寒山仙迹。迤東即魏王樓，入耀州境。魏王樓，即姚萇兄襄建者。今其下亦有本縣地土[三二]，以入耀州，不録。長安志：姚萇殿入華原縣，其地本縣境内[三三]，遺瓦殿基存焉。上有御池泉，即古鳳遊鄉也。晉太元九年[三四]，苻堅將姚萇背堅，起兵北地，自立爲王，國號秦。秦王殿蓋始於此。南三十里有萇按軍廠云。

【校勘記】

〔一〕慈峨山　「峨」，底本作「鵝」，川本、滬本同，按本書前文及寰宇記卷三一、雍勝略卷一四、圖書集成職方典卷四九五、乾隆西安府志卷三、乾隆淳化縣志卷四所引雲陽宫記俱作「峨」，據改。

〔二〕漢書雲陽縣有荊山　「雲陽縣」，底本作「雲縣陽」，川本同；「荊山」，底本脱「山」，川本同，並據滬本及續漢書郡國志改補。

〔三〕堯門山　「堯」，底本作「虎」，川本、滬本同，據本書下文及史記秦本紀正義引括地志改。

〔四〕秦獻公二十一年　「二十一」，底本作「二十二」，川本、滬本同，據史記秦本紀改。

〔五〕冶谷水　「冶」，底本作「治」，據川本、滬本及明統志卷三二改。

〔六〕冶谷鎮　「冶」，底本作「治」，據川本、滬本及雍正陝西通志卷一六、關中水道記卷三改。

〔七〕萬靈明庭　「庭」，底本作「殿」，川本同，據滬本及漢書郊祀志改。

〔八〕周回十餘里　「回」，底本作「四」，川本、滬本同，長安志卷四、隆慶淳化縣志卷四、乾隆淳化縣志卷一一引關中記並作「回」，據改。下同。

〔九〕一百二十步　「二」，底本作「二」，川本、滬本同，據長安志卷四、乾隆淳化縣志卷一一改。

〔一〇〕三輔黄圖　「黄」，底本作「皇」，川本同，據滬本及漢書外戚孝成許皇后傳顔師古注、三輔黄圖卷三改。下同。

〔一一〕齊人少翁言至神物不至　底本「少翁」上衍「李」字，末「神」字，底本脱，川本、滬本同，據漢書郊祀志删補。

〔一二〕畫天地泰一諸鬼神　「泰」，底本作「秦」，據川本、滬本及漢書郊祀志改。

〔一三〕漢官儀注曰甘泉通天宫　「官」，底本作「宫」，川本、滬本同，據長安志卷四、乾隆淳化縣志卷一一改。又「通天宫」，川本、滬本及隆慶淳化縣志卷四同，長安志卷四作「通天臺」。

〔一四〕今按甘泉谷北有古槐樹　「今」，底本作「余」，川本、滬本同，長安志卷四引十道志作「今」，隆慶淳化縣志卷四同，據改。又，本書前文及長安志、乾隆淳化縣志「北」下有「岸」字。

〔一五〕者舊相傳　「者」，底本作「嘗」，川本同，據滬本及長安志卷四、隆慶淳化縣志卷四改。

〔一六〕南至長楊五柞連緜四百餘里　「楊」，底本作「陽」，川本同，據滬本及三輔故事、長安志卷四、隆慶淳化縣志卷四改。「緜」，底本作「縣」，據川本、滬本及三輔故事改。

〔一七〕漢宫儀注曰　「漢宫儀注」，川本、滬本及隆慶淳化縣志卷四同，寰宇記卷三一作「漢舊儀」，長安志卷四作「漢官儀注」，三輔黄圖校證卷三云：當作「漢舊儀」，長安志誤。

〔一八〕金色緑葉朱實　「朱」，底本作「殊」，川本、滬本同，據本書前文及漢舊儀補遺、三輔黄圖卷二改。

〔一九〕成帝設雲帳云云世謂三雲殿　「成」，底本作「武」，川本、滬本及長安志卷四、隆慶淳化縣志卷四同，據西京雜記卷一改。「世謂」，底本脱，川本、滬本同，據西京雜記補。

〔二〇〕在櫟陽界　「櫟」，底本作「雲」，川本、滬本同，據漢書揚雄傳顏師古注改。

〔二一〕石闕觀封巒觀鳷鵲觀　川本、滬本及文選司馬相如上林賦、三輔黄圖卷五同。按漢書司馬相如傳「闕」作「闗」，「鳷」作「雉」。

〔二二〕迎風觀至棠梨宫　川本、滬本同。三輔黄圖卷二甘泉宫：「武帝作迎風館於甘泉山，「宫南有昆明池，苑南有棠梨宫。」此「棠梨宫」上疑有脱文。

〔二三〕壽宫　底本作「延壽宫」，川本、滬本同，據漢書郊祀志、長安志卷四删「延」字。下同。

〔二四〕武帝病痟　「痟」，底本作「瘖」，川本、滬本同，據漢書郊祀志、長安志卷四改。

〔二五〕而爲渾邪王所殺　「王」，底本作「之」，川本、滬本同，據漢書武帝紀、隆慶淳化縣志卷四改。

〔二六〕金龜鄉　「鄉」，底本作「瑯」，川本同，據滬本及長安志卷二〇、嘉靖陝西通志卷一一改。

〔二七〕仙法村　「法」，底本作「杜」，川本、滬本同，據隆慶淳化縣志卷四、圖書集成職方典卷五一四改。

〔二八〕在淳化縣西一百三十里　「一」，底本作「二」，川本、滬本同，據明統志卷三二、嘉靖陝西通志卷一二改。

〔二九〕盧芳居此　「居」，川本、滬本同，明統志卷三二、嘉靖陝西通志卷一三、隆慶淳化縣志卷四作「據」。

〔三〇〕隴川堡　「川」，底本作「州」，川本、滬本同，據隆慶淳化縣志卷四、清統志卷二四八改。

〔三一〕杜寨義栅　「寨」，底本作「寒」，據川本、滬本及嘉靖陝西通志卷一二、隆慶淳化縣志卷四改。

〔三二〕今其下亦有本縣地土 「下」，底本作「縣」，川本、滬本同，據隆慶淳化縣志卷四改。

〔三三〕其地本縣境内 川本、滬本同，長安志卷一九、隆慶淳化縣志卷四「地」下「本」上有「在」字，蓋是。

〔三四〕太元九年 底本作「寧康九年」，川本、隆慶淳化縣志卷四同，滬本作「升平元年」，據晉書武帝紀、通鑑卷一〇五改。

鄠 渭水，逕縣北，入西磑汶家村，出横渠、潼關寨，凡七十餘里。餘水多發源南山，注於渭。西界岐，曰斜谷河。曰清水，逕馬鞍山，循紅崖〔一〕，東北流二十里入渭。曰磨渠河。曰乾溝河〔二〕，曰五谷水：磨石谷、井索谷、萬户谷、桐谷、駱谷，五谷皆會，旱則絶焉，故名乾溝河。曰赤谷河，源出太白湫，一名瀑布泉。出谷分三派：逕河底注渭者，曰洪溝河；由教坊注渭者〔三〕，曰教坊河；由清湫注渭者〔四〕，曰清湫河。曰黑谷水。曰山河。曰湯谷河，湯谷者，鳳泉湯也，爲隋、唐勝迹，觱沸者若湯，臭聞硫黄〔五〕，浴之愈疾，今名温泉。南有魚洞云云。谷水，出碌碡崖，逕鐘吕坪，出谷口，循立坂，北流二十五里注渭。曰大振谷水，宋儒張子遺迹，俗稱曰仙人峽水。出燕子窩，北流二十里至睡佛寺，與韋谷水合流，名兩谷河。北流二十里至太白廟入渭。韋谷者，即俗訛爲泥谷者也。源發掃箒嶺北〔六〕，合大振谷水入渭，東界盩厔。成國渠，在縣東九里。見漢志：首受渭，東北至上林，入蒙籠渠。如淳注溝洫，則云在陳倉。故雍大記引水經注，此渠上承汧水於陳倉東，東過鄠及武功、槐里，至六門堰，與昇原渠合。魏青龍中，司馬懿溉田給軍，屬衛臻穿之。大統後至貞觀、咸通間，屢加修治，皆稷州、咸陽地。即漢書所云，至上林入蒙籠渠者也。其經流蓋遠而就縣境，當是渭北通濟渠。成化時，又循迹開之耳。

斜谷者，與褒同谷，在縣西南三十里。入谷口二百二十里抵鳳縣，西出連雲棧，復一百五十里〔七〕，出谷口，抵褒城，長四百七十里。兩巖高峻，谷道水南北分流。漢志：斜水出衙嶺北〔八〕，至郿入渭。褒水亦出衙嶺，至南鄭入沔。蓋褒、斜同谷，而衙嶺乃其分水處。是二谷阻衙嶺而相首尾也。雍、梁有事，爲出入咽喉，與祁山、大散、子午、駱谷並稱要地。舊設關尉，不知何時移至置寶鷄之方寨。今土人猶稱曰斜谷關。

秦王嶺，在縣東十里許〔九〕，稍西曰小秦王嶺。表石曰東西嶺堠。舊傳唐太宗居藩時，屯牧於此。又或爲秦文公營邑處，無據。按晉書載記：苻健據關中〔一〇〕，嘗稱大單于、秦王，又稱天王。傳至登，破姚萇馬頭原，後敗，屯於郿。萇竟滅登，自稱大單于、萬年秦王。郿固二秦戰場也〔一一〕。嶺蓋以此得名者。今清湫堡南，亦曰馬頭原。

郚亭，漢置郚縣地。後漢徙縣古郚城，而以爲亭也。故范史王忳傳載亭長事焉。郡國志：郿有郚亭。是也。有古郚城，城有后稷、姜原祠，在渭水南。東北距古郚城四十里，爲今武功縣。故武功亦收郚亭。桓譚謂郚在漆縣，而世紀以爲秦出公徙都平陽之地，未是。平陽，在縣治西北，徙自寧公，非出公也。秦有封嶺，有武公墓，與雍同城〔一二〕。至漢猶然。郊祀志所謂雍大雨，壞平陽宮垣。是也。又有隝〔一三〕，馬融卧此，吹長笛焉。遺址蕪没，無有存者。而欲尋平陽疆域所至，曷可得也。

諸城址：渭北有郿城，漢置郿縣，隋改郿城郡，南距治十五里。渭南有斜城，周武帝築，置雲州。唐改郇州，北距治十四里。縣東有鳳泉城，隋末析置，唐屬郇州，貞觀中省，西距治五十里。又東有柿林城，元初置，屬郿州，尋廢，西距治四十里。又縣治南四十里曰碗子城，在達磨洞。東五里曰呂布城，在乾溝。二十五里曰歹王城，至正十四年，元將歹驢築。在清湫，尚有塚，俗稱蠻王塚，半齧於教坊河〔一四〕。東北十五里曰白起城，在青遠庵下〔一五〕，俱相傳者然。郿塢，在城北。漢末董卓封郿侯時築此。高厚七丈，如長安城，號「小長安」。徙金銀寶貨實之，積穀爲三十年儲。自云：事成，雄據天下；不成，守此足以畢老，又號「萬歲塢」。塢東有壇，從廣二丈，高六尺，則卓授其孫女白印綬處也。又置陰獄，鎖械劉範、崔烈，並夷滅諸袁〔一六〕，皆在此。未幾，故世號郿塢爲「藏金窟」。今冢墓獄壇皆失所在。惟後漢書注稱郿塢舊基一里一百步〔一七〕，高一丈。五丈原，東距治三十里，即渭水南原也。膏腴可田〔一八〕。漢忠武侯亮據此駐師，與司馬懿對壘相持。北屬岐山〔一九〕。邸閣，在斜谷口。蓋亮欲大舉伐魏〔二〇〕，而使其子喬與諸將子弟用流馬傳運谷中，故先治邸閣於此。後人因仿迹作閣，命曰懷賢。東北有積石原，亦亮與懿會戰處。州郡考：郿有大小積石原。是也。安仁宫，隋離宫也。唐太宗幸其地。鳳泉宫，亦隋之離宫。高玄二宗臨幸焉〔二一〕。宋大儒張子厚故居，在大振谷西，距縣治五十里。井田渠，在横渠鎮南。先生與其門人買田畫井處〔二二〕。渠凡二：東渠導派大振谷、箭瓦溝，凡四水合流；西渠導派湯谷〔二三〕、華巖泉，亦四水合流，北逕村寨各十里許〔二四〕，交匯祠後，又三里注渭〔二五〕。深闊五尺，今爲居民所侵。

【校勘記】

〔一〕紅崖　「紅」，底本作「江」，川本同，據滬本及順治郿志卷一改。

〔二〕乾溝河　「溝」，底本作「清」，川本、滬本同，據順治郿志卷一、圖書集成職方典卷五二三改。

〔三〕由教坊注渭者　「由」，底本作「曰」，川本同，據滬本及順治郿志卷一改。

〔四〕由清湫注渭者　「由」，底本作「曰」，川本同，據滬本及順治郿志卷一改。

〔五〕臭聞硫黄　「聞」，底本作「閘」，川本同，據滬本及順治郿志卷一改。

〔六〕掃箒嶺　「掃箒」，底本作「帚州」，川本、滬本同，據順治郿志卷一、圖書集成職方典卷五二三改。

〔七〕復一百五十里　「一」，底本作「二」，川本、滬本同，據順治郿志卷一、雍正陝西通志卷一〇改。

〔八〕斜水出衙嶺北　「衙嶺」，川本、滬本及順治郿志卷一同，漢書地理志、紀要卷五四作「衙嶺山」。

〔九〕在縣東十里許　「東」，底本脱，川本同，據滬本及順治郿志卷一補。

〔一〇〕苻健據關中　「健」，底本作「徙」，川本、滬本同，據晉書苻健載記改。

〔一一〕郿固二秦戰場也　「固」，底本作「同」，川本、滬本同，據順治郿志卷一、雍正陝西通志卷一〇改。

〔一二〕秦有封嶺有武公墓與雍同城　川本、滬本同，順治郿志卷一「嶺」作「宫」，「城」作「域」。

〔一三〕又有隖　「隖」，底本作「鄔」，川本同，據滬本改。又，魏書地形志武都郡平陽下有郿塢，宣統郿縣志卷七作「平陽塢」。按「塢」、「隖」同。

〔一四〕教坊河　「河」，底本作「阿」，據川本、滬本及順治郿志卷一改。

〔一五〕青遠庵　「遠」，底本作「蓮」，川本、滬本同，據順治郿志卷一、康熙陝西通志卷二七改。

〔一六〕並夷滅諸袁　「滅」，底本作「減」，川本、滬本同。按三國志魏書董卓傳裴松之注引英雄記曰：「袁氏門生故吏，改殯諸袁死於郿者。」則「減」爲「滅」之誤，據改。

〔一七〕惟後漢書注稱郿塢舊基一里一百步　「基」，底本作「墓」，川本同，據滬本及後漢書董卓傳李賢注、順治郿志卷一改。按李賢注云：「塢舊基高一丈，周迴一里一百步。」則此脱「周迴」二字。

〔一八〕膏腴可田　「膏」，底本作「高」，據川本、滬本及順治郿志卷一改。

〔一九〕北屬岐山　「北」，底本作「者」，川本同，據滬本改。

〔二〇〕蓋亮欲大舉伐魏　「欲」，底本作「卻」，據川本、滬本及順治郿志卷一改。

〔二一〕高玄二宗臨幸焉　「二」，底本作「上」，川本同，據滬本及順治郿志卷一改。

〔二二〕先生與其門人買田畫井處　川本、滬本同。宣統郿縣志卷二引張焜井田渠碑記云：「先人子厚先生仕宋神宗朝，慨然欲復井田，行三代之制，爲制事新法所礙，退而買田分井，疏東、西分渠，期驗試於一鄉。」據此，「先生」之上疑有脱文。

〔二三〕湯谷　「湯」，底本作「陽」，川本同，據滬本及順治郿志卷一改。

〔二四〕北逕村寨各十里許　「逕」，底本作「連」，川本、滬本同；「各」，底本作「谷」，川本、滬本同，並據順治郿志卷

一、清統志卷二三五改。

〔二五〕交匯祠後又三里注渭　川本、滬本及順治鄜志卷一同，清統志卷二三五作：「交匯横渠祠後，又北流三里入渭。」

商州　竹書紀年：晉烈公三年〔一〕，楚人伐我南鄙，至於上洛。史記：帝相徙都商丘。謂商之上洛縣，今商丘有上洛鎮，乃古縣名。按志有商洛鎮，在州東九十里。史記六國表：秦孝公十一年，城商塞。張儀傳：儀説楚懷王絶齊，請獻商於之地六百里〔二〕。商至内鄉六百里，今内鄉七於鋪是也。丹水縣西南有密陽鄉，古商密之地。史記：楚懷王三十年〔三〕，秦昭王遺懷王書，願會武關，乃詐命一將軍伏兵武關，號爲秦王。至則閉關執懷王以歸。武關。應劭曰〔四〕：秦之南關也，通南陽郡。左傳哀公四年：左司馬使謂陰地之命大夫士蔑曰〔五〕：晉、楚有盟〔六〕，好惡同之。不然，將通於少習以聽命。京相璠曰：楚通上洛阨道也。漢高帝下析、酈，攻武關。又曰：武關在析縣西一百七十里弘農界〔七〕。史記：楚襄王元年，秦出武關，取析十五城。　州東五里曰石佛灣。又十里，言又自東西南北起，後仿此。曰東原。上有紅崖冶，其地産銅，有錢官〔八〕。又五里曰爬樓山，爲州東鎮，水口所出，以山形瓣分，故名。其旁曰蓮花池，曰肇峪，曰大小亢，産煤。曰石門，兩石並立如門〔九〕，中穿溪水。

韓洄傳〔一〇〕：洄爲户部侍郎，言：江、淮七監，歲鑄錢四萬五千緡輸京師〔一一〕，工用運轉〔一二〕，每緡度二千，是本倍於子。今商州紅崖冶産銅，而洛源監久廢〔一三〕，請鑿山取銅，即治舊監〔一四〕，置十爐鑄之〔一五〕，歲得錢七萬二千緡，度費每緡九百，則可浮本矣。江、淮七監〔一六〕，請皆罷。從之〔一七〕。又三十里曰洛源，古有洛源監錢官〔一八〕。其陽有銅佛龕，曰會峪，會峪水出焉。又四十里有石龍洞。洞有數凸，如龍首形。水自龍口浸出，禱雨有應。又十里曰老君峪。北有路通洛南、函谷關。谷口有老君廟。曰商山，形如商字。盛弘之荆州記曰〔一九〕：商州上洛縣有商山。其地險阻，林壑深邃，四皓隱焉。班孟堅西都賦所謂商、洛緣其隈〔二〇〕。高士傳曰：地肺山即此。其地皆商山之枝而秀者也。又十里曰金盆灣、百頃灣、月潭。水多圓少，缺如月形。丹水由此入洵，逕三庯。其源出自息邪澗。水經注：丹水東南注歷少習〔二一〕，出武關。中宗景龍間〔二二〕，言山南可引丹水通漕至商州〔二三〕，自商鑱山出石門〔二四〕，抵藍田，可通輓道〔二五〕。中宗以湜充使，開大昌關〔二六〕，役徒數萬。今潭上有石，亦可當錘，鑿其旁亦可泄水。商顔渠碑，在仙娥峯西巖洞，碑高三尺，唐中宗建。字隸書，徑尺餘。山嶺有梁路，今隨地高下行水。撫治陳公議，去石通舟楫，以升任去，未舉。東曰龍駒寨，在州南一百四十里。又一百里曰三角池。山南有關，河水出焉。曰青池山，水南出資谷，合丹水。青池本一山也，有分水嶺，南水入丹，東水入洛〔二七〕。州西三里曰榷平原。自漢以來有是名，疑通關市之處。金鷄原，其下爲鹿迹村、四皓塚。又八里曰仙娥峯。其麓有西巖洞，古稱棲真之地。洞深邃，天成。唐敕賜崇明禪院。闌檻下臨丹水，與桐相接〔二八〕，極其壯麗，至宋猶存。王禹偁、王宗元、裴大亮，皆有西巖泛溪之會，集五縣令同登舟賦詩，略去崖岸，風致可想見。逾丹水曰馬蘭峪。又十里曰野人峪，林谷深僻，秦末人避難〔二九〕，稱爲野人。晉董景道隱於此〔三〇〕，衣木葉，食樹果，人多效。又十里曰麻澗。山曰熊耳，兩峯高插如熊耳。禹貢：至于太華、熊耳，導洛自熊耳〔三一〕。山堂考索：洛水出弘農上洛冢嶺山，東北至鞏縣，入於河。地產爁炭。宋雍方賢爁炭碑曰：余受檄檢踏爁炭，自黄砂嶺並山東行〔三二〕，經白谷〔三三〕、白女，越大小亢，抵鬱隸、石門諸谷而還，西陟熊耳，乃獲焉。由是商之民始用給爨〔三四〕，阜民鼓鑄，歲省費直千萬，山澤之利，以佐國用，可勝計哉！紹聖丁丑題。鷄頭山，其山夕照掩映，多紫氣，巖壑聳峻，遠視如蹲，近視如翔，爲州西奇觀，故以「鷄頭」名。其陰曰大悲巖，熊耳兩峯之一。巖下有大悲閣。巖前五十里曰良餘山，亦曰秦望山，乳水出焉，亦曰楚水，出楚山軍嶺。水曰七渡，曰五峪。其北曰黑龍峪。漢高入秦〔三五〕，二路出兵自麻澗。府志：在州西九十里。自麻澗六十里曰秦嶺。秦嶺，天下之大阻也。三秦記：嶺東起商、洛，西盡汧、隴，東西八百里，嶺根水北流入渭，號爲「八百秦川」。韓文公南遷，經此嶺。上有昌黎祠，澗曰息邪。入峪有湘子洞，丹水出焉。丹水南有丹崖山，山悉赤壁霞舉，若紅雲秀天，二岫更爲殊觀矣。丹水自月潭南合銀花水入均〔三六〕。丹水又逕南鄉縣東北〔三七〕。又東南有南鄉郡，漢建安中〔三八〕，割南陽右壤爲南鄉郡〔三九〕。晉封宣帝孫暢爲順陽王，因立爲順陽郡。興寧末，太守王靡之改築今城。城北半據在水中〔四〇〕，左右夾澗深長〔四一〕，及春夏水漲，望若孤洲矣〔四二〕。兩縣之間，歷於中之北，所謂商於者也〔四三〕。

州東二十里曰高車山。高車駟馬以迎四皓，古有四皓廟。曰文屏山，相連曰龜山。其山之級〔四四〕，首西尾東，隆負若龜，俯南秦川。楚山，楚水出焉，與丹水、乳水合流，逕鷄籠。又三十里曰劉嶺，嶺危峻，萬木森羅。唐太素結廬於此〔四五〕，開凝碧池，築清心亭，今兩峯間池迹尚存。太素曾與謝自然遊於其上。嶺西南曰陽亭聚，古有陽亭縣。有平陽水，出安武山〔四六〕。其水曰闞柎色河〔四七〕，合甲水入漢。又南二十里曰高匾，曰鬼門，兩石相夾，中通行路，崖高萬仞，極爲險阻。

東南曰天柱〔四八〕，方峻陟絶，上平坦可畤〔四九〕，有仰天池。其最峻曰鶻嶺。又西南一百里曰花水河〔五〇〕，其水清洌見底。漢水，興晉、旬陽二縣分界〔五一〕，西北出雲蓋山。花水河歷表傳溝〔五二〕，合乾祐河，入於均，又東合甲水。其溢有雲蓋寺，賈島隱此處。表德溝、兩河入洵水，興晉、旬陽二縣分界〔五三〕，又東合甲水。甲水出秦嶺山，東南流，逕金井城南，又東逕上庸郡北，與闞柎水合，水出上洛陽亭縣北青泥西山，南逕陽亭聚西，俗謂之平陽水。南合豐鄉川水，水出弘農豐鄉東山，〔旁注〕燕子岔。西南流，逕豐鄉古城，又西南合闞柎水，又南入上津，注甲水，達漢江〔五四〕。甲水又東南逕魏興郡之興晉縣南〔五五〕。晉武帝太康中立。甲水逕豐陽東雙峯、高八店合銀花〔五六〕，東流達於林關〔五七〕，合甲水。 州北三里戴雲峯，其山欲雨先雲〔五八〕，崒嵂高出，望之若旗。俗謂之掤刀山〔五九〕，蓋州之主山也。即智亭山，四皓廬山，以其有避世之智，故名。其下有大雲寺、翠巖閣。寺東曰少峪泉，西曰西平泉，前代合爲普濟渠，通入城市，可疏穢導湮，甚便於飲。又二十里曰黄砂嶺。嶺上有馬跑泉，合普濟渠入城。又三十里曰安山，山下有安山驛。 州白泉村〔六〇〕，曰大荆，曰紫榆澗，清池水出焉。曰大黄川、小黄川，春秋時盜跖巢穴。又八十里曰玄扈水。洛水上流，今名黑潭子。黄帝時，有鳳銜圖至此，帝拜受之。河圖玉版云：倉頡爲帝南巡，登陽虚之山，臨玄扈之水。靈龜負書，丹甲青文，以授之。曰讙舉山，曰玄扈山，曰陽虚山，曰獲輿山，曰龍餘山，曰蟲尾山，曰鹿蹄山，曰冢嶺山，曰竹山，凡九山。玄扈之水，出於玄扈之山。蓋山水兼受其名。又歷青池山旁，東合武里水，水出武里山，東北注之洛。洛水又東，門水出焉，爾雅所謂洛别爲波也。洛水北有尸山、尸水〔六一〕。又東要水入焉〔六二〕，南出三要山西北洗馬河，逕拒陽城西〔六三〕，今洛南縣。東北流入於洛。洛水又東與獲輿川水合，水南出獲輿山，俗謂之備水也。東北逕獲輿川，世名爲却川，北有墨山，繪綵奮發，黝焉若墨，俗謂之墨洞，水北注於洛〔六四〕，東北至盧氏、永寧，西入溪，北入峭谷，乃浸大矣。至宜陽昌谷南〔六五〕，入西宜，又其西汪洋入大宋川，乃滋大矣。至洛陽瀍、穀城也，皆以次入洛，是洛始大。考異：山經謂丹水出冢嶺山〔六六〕，又曰洛水出冢嶺山。禹貢亦曰導洛自熊耳〔六七〕。丹水實出秦嶺息邪澗，逕熊耳山。康節詩云，西者隔丹水是也。水經注曰：讙舉之山，洛水出焉，東與丹水合。水出西北竹山〔六八〕。夫丹水入江，洛水入河，固自不同矣〔六九〕，豈代更時異，而水有變遷耶！禹貢正義曰：四瀆，河爲大，故先言河。漢入於江，故先言漢。商州，江、河之交也。秦嶺西水入於河，東水入於江。熊耳山北水入於河，南水入於江。青池山南水入於江，東水入於河。繒關，在州南二百里。左傳〔七〇〕：楚人既克夷虎，乃謀北方。左司馬眅〔七一〕、申公壽餘〔七二〕、葉公諸梁致蔡於負函，致方城之外於繒關〔七三〕。蠻王砦，即蠻州古城，蠻子之國。左傳哀公四年：單浮餘圍蠻氏，蠻潰〔七四〕。子赤奔晉陰地。嶢關，在州西一百六十里。沛公圍宛〔七五〕，至丹水，攻胡陽，攻析、酈，皆降。攻武關，入秦，引兵繞嶢關〔七六〕，逾蕢山擊秦軍，至藍田，入咸陽。析城。左傳昭公十八年：許遷於析，實白羽。史記：楚襄王元年，秦取析一十五城。見上。三户城，漢祖入關，王陵起兵丹水以歸漢，此城疑陵所築也。丹水縣故城有密陽鄉，古商密之地，楚申息之師所戍也〔七七〕。春秋之三户矣。杜預曰〔七八〕：縣北有三户亭。酇城〔七九〕，永嘉中，丹水浸没。永和中，徙治南鄉故城。陳仲録郗公路碑〔八〇〕：商州自漢、唐相繼都關中，實爲東南要路，地連嶢、蕢，號稱險阻。貞元中，刺史李西華始迴山取途，自藍田至内鄉七百里，謂之匾路，行旅便之。時有仙娥、商於、桃花、青雲、層峯諸驛。近多衝崩，至僅容單騎。山泉郗子撫治兹土，尤急於此〔八一〕。咸治有法〔八二〕，一時行者豁如，名爲郗公路。元史朶爾直班傳：至正間，爲陝西行臺御史大夫，督諸軍復商州。金、商義兵以獸皮爲矢房，狀如瓠〔八三〕，號「毛葫蘆軍」〔八四〕，甚精鋭，列其功以聞，賜敕書褒奬。金州由興元、鳳翔達奉元〔八五〕，道里回遠，乃開義谷，創置七驛，路近以便。

【校勘記】

〔一〕晉烈公三年　「公」，底本空缺，川本、滬本同，據古本竹書紀年、水經丹水注補。

〔二〕請獻商於之地六百里　「於」，底本作「于」，川本同，據滬本及史記張儀列傳改。

〔三〕楚懷王三十年　「三十」，底本作「十三」，川本、滬本同，據史記楚世家乙正。

〔四〕應劭　「劭」，底本作「邵」，據川本、滬本及史記秦始皇本紀集解改。

〔五〕左司馬使謂陰地之命大夫士蔑曰　「左」，底本作「右」，川本、滬本同；「謂」，底本作「爲」，川本、滬本同；「大夫」，底本脱，川本、滬本同，並據左傳哀公四年改補。

〔六〕晉楚有盟　「有」，底本脱，川本、滬本同，據左傳哀公四年補。

〔七〕武關在析縣西一百七十里　「西」，底本脱，川本、滬本同，據水經丹水注補。

〔八〕有錢官　「錢」，底本作「銕」，川本、滬本同，據紀要卷五四、圖書集成職方典卷五一二改。

〔九〕兩石並立如門　「兩」，底本作「雨」，據川本、滬本改。

〔一〇〕韓洄傳　「洄」，底本作「泗」，川本、滬本同，據新舊唐書韓洄傳改。下同。

〔一一〕歲鑄錢四萬五千緡　「鑄」，底本作「轉」，川本、滬本同，據新唐書韓洄傳改。

〔一二〕工用運轉　底本作「二用轉輸」，川本、滬本同，據新唐書韓洄傳改。

〔一三〕而洛源監久廢　「源」，底本作「原」，川本、滬本同，據本書下文及新唐書韓洄傳改。「久」，底本作「又」，川本、滬本同，據新唐書韓洄傳改。

〔一四〕即治舊監　「治」、「監」，底本作「治」、「鑄」，川本、滬本同，據新唐書韓洄傳改。

〔一五〕置十爐鑄之　「置」，底本脱，川本、滬本同，據新唐書韓洄傳補。

〔一六〕江淮七監　「七」，底本作「九」，川本、滬本同，據本書上文及新唐書韓洄傳改。

〔一七〕從之　「從」，底本作「徙」，川本、滬本同，據新唐書韓洄傳改。

〔一八〕古有洛源監錢官　「錢」，底本作「銕」，川本、滬本同，據新舊唐書韓洄傳文意改。

〔一九〕盛弘之荆州記　「州」，底本作「川」，川本、滬本同，據盛弘之荆州記卷二、太平御覽卷四三改。

〔二〇〕所謂商洛緣其隈　「隈」，底本作「隅」，據川本、滬本及文選班固西都賦改。

〔二一〕丹水東南注歷少習　「東南注歷少習」，川本同，滬本作「東南流歷少習」，水經丹水注作「東南流注歷少習」。

〔二二〕中宗景龍間　「景龍」，底本作「武德」，川本、滬本同，據新唐書崔湜傳改。

〔二三〕言山南可引丹水通漕至商州　「引」，底本作「由」，川本、滬本同，據新唐書崔湜傳改。

〔二四〕自商鑱山出石門　「商」，底本脱，川本、滬本同，據新唐書崔湜傳補。又，「鑱」，底本作「巉」，川本、滬本同，據新唐書崔湜傳改。

〔二五〕抵藍田可通輓道　「道」，底本脱，川本、滬本同，據新唐書崔湜傳補。又，新唐書崔湜傳「藍」上有「北」字。

〔二六〕大昌關　「關」，底本作「倉」，川本、滬本同，據新唐書崔湜傳改。

〔二七〕東水入洛　「洛」，底本作「浴」，川本同，據滬本改。

〔二八〕與桐相接　「桐」，川本、滬本同，滬本眉批：「桐，疑洞之訛。」當是。

〔二九〕秦末人避難　「末」，底本作「宋」，川本、滬本同，據大明一統名勝志卷三、康熙陝西通志卷三、圖書集成職方典卷四九四改。

〔三〇〕晉董景道隱於此　「董」，底本作「華」，川本、滬本同，據晉書董景道傳改。

〔三一〕導洛自熊耳　「自」，底本作「如」，川本同，據滬本及尚書禹貢改。

〔三二〕黄砂嶺　「砂」，川本、滬本同，康熙續修商志卷一〇、雍正陝西通志卷一二、乾隆直隸商州志卷二作「沙」。

〔三三〕白谷　「白」，底本作「北」，川本、滬本同，康熙續修商志卷一〇宋雍方賢爁炭碑作「白」，雍正陝西通志卷一二、乾隆直隸商州志卷二各引爁炭碑均作「白」，據改。

〔三四〕由是商之民始用給爨　川本、滬本同，康熙續修商志卷一〇宋雍方賢爁炭碑「商」下有「於」字。

〔三五〕漢高入秦　川本、滬本同，圖書集成職方典卷四九四「高」下有「祖」字。

〔三六〕丹水自月潭南合銀花水入均　「均」，底本作「汋」，川本、滬本同。按此據朱謀㙔水經注箋，清趙一清改「汋」爲「沟」，全祖望、戴震改作「均」，見楊守敬水經注疏丹水，今據改。

〔三七〕丹水又逕南鄉縣東北　「縣東北」，底本作「者」，川本同，據滬本及水經丹水注改。

〔三八〕漢建安中　「安」，底本作「業」，川本同，據滬本及水經丹水注改。

〔三九〕割南陽右壤爲南鄉郡　「陽」，底本作「鄉」，川本、滬本同；「右」，底本作「石」，川本、滬本同；「南鄉郡」，底本作「城」，川本、滬本同，並據水經丹水注改。

〔四〇〕城北半據在水中　「城」，底本作「之」，川本同，據滬本及水經丹水注改。

〔四一〕夾澗深長　底本作「夾溪溪深長」，川本同。按「夾溪」據朱謀㙔水經注箋曰宋本作「澗」，清全祖望、趙一清、戴震改「溪」爲「澗」，見楊守敬水經注疏丹水，據滬本及水經注疏改。

〔四二〕及春夏水漲望若孤洲矣　「及」，底本脱，川本、滬本同，據水經丹水注補。「洲」，底本作「州」，川本同，據滬本及水經丹水注改。

〔四三〕商於　「於」，底本作「于」，據川本、滬本及史記楚世家改。

〔四四〕其山之級　「之」，川本、滬本同，大明一統名勝志卷三作「三」。

〔四五〕唐太素結廬於此　川本同，滬本及雍勝略卷一〇「太」上有「高」字，蓋是。

〔四六〕出安武山　「出」，底本作「曰」，川本同，據滬本及雍正陝西通志卷一二、乾隆直隸商州志卷二改。

〔四七〕闞柎色河　「柎」，底本作「樹」，川本、滬本同，據水經沔水注、雍正陝西通志卷一二改。下「闞柎水」改同。

〔四八〕東南曰天柱　「柱」，底本作「桂」，據川本、滬本及紀要卷五四改。

〔四九〕方峻陟絶上平坦可時　「陟」，川本、滬本同，疑「陡」字之訛。「時」，川本、滬本同，疑「耕」字之訛。

〔五〇〕又西南一百里曰花水河　「一百里」，川本、滬本同，大明一統名勝志卷三引山陽志作「一里」。

〔五一〕漢水興晉旬陽二縣分界　「興晉旬陽」，底本作「與晉珣」，川本及大明一統名勝志卷三引水經注同，滬本作「晉珣二縣分界」。水經沔水注：「漢水又東，左得育溪，興晉、旬陽二縣分界於是谷。」據改「與晉珣」爲「興晉旬陽」，又此「漢水」下當有脱文。

〔五二〕表傳溝　「傳」，川本、滬本同，滬本眉批：「傳，當作德。」按本書下文作「表德溝」，當是。

〔五三〕興晉旬陽二縣分界　底本作「晉珣二水分界」，川本及大明一統名勝志卷三引水經注同，滬本作「晉珣二縣分界」。水經沔水注：「漢水又東，左得育溪，興晉、旬陽二縣分界於是谷。漢水又東，合甲水口。」據改。

〔五四〕達漢江　「漢」，底本作「溪」，川本、滬本同，據水經沔水注改。

〔五五〕甲水又東南逕魏興郡之興晉縣南　「逕」，底本作「注」，川本、滬本同，據水經沔水注改。「興晉縣南」，底本作「興陽南」，川本、滬本同，按此據朱謀㙔水經注箋，清趙一清、全祖望、戴震已指其誤，改作「興晉」，並增「縣」字，見楊守敬水經注疏，據改。

〔五六〕甲水逕豐陽東雙峯高八店合銀花　「逕」，底本脱，川本同，據滬本補。

〔五七〕東流達於林關　「關」，底本作「間」，川本、滬本同，據康熙山陽初志卷二、雍正陝西通志卷一二改。

〔五八〕其山欲雨先雲　「其山欲雨先」五字，底本漫漶，據川本、滬本補。

〔五九〕搠刀山　「刀」，底本作「力」，川本、滬本同，據大明一統名勝志卷三、紀要卷五四、雍正陝西縣志卷一二改。

〔六〇〕州白泉村　川本同，滬本作「州□白泉村」，清統志卷二四六商州山川清池水下引州志云：「又泉水在州北七十里，源出泉村集，逕馬角輞峪，至上板橋合荆水。」據此疑爲「州北曰泉村」之訛。

〔六一〕北有尸山尸水　「尸山尸水」，底本作「發户山發户水」，川本、滬本同。按此據朱謀㙔水經注箋，清全祖望、戴震、趙一清已指其誤，今改「户」爲「尸」，並删「發」字，見楊守敬水經注疏洛水。

〔六二〕又東要水入焉　「要水」，底本作「之要水」，川本同，滬本作「三要水」，據水經洛水注删「之」字。

〔六三〕逕拒陽城西　「西」，底本作「南」，川本、滬本同，據水經洛水注改。

〔六四〕水北注於洛　「北」，底本作「以」，川本同，據滬本及水經洛水注改。

〔六五〕至宜陽昌谷南　「昌谷南」，底本漫漶，據川本、滬本及紀要卷四八補。

〔六六〕山經謂丹水出冢嶺山　「出」，底本脱，川本同，據滬本補。按今本山海經無此句，文見漢書地理志、水經丹水注。

〔六七〕導洛自熊耳　「自」，底本作「如」，川本同，據滬本及尚書禹貢改。

〔六八〕水經注曰讙舉之山洛水出焉東與丹水合水出西北竹山　「水經注」，底本作「水經」，川本、滬本同，據水經洛水注補「注」字。「水出」，底本脱「水」字，川本同，據滬本及水經洛水注補。

〔六九〕固自不同矣　「固」，底本作「因」，據川本、滬本改。

〔七〇〕左傳　「左」，底本作「在」，據川本、滬本改。

〔七一〕左司馬眅　「眅」，底本脱，川本、滬本同，據左傳哀公四年補。

〔七二〕申公壽餘　「申」，底本作「甲」，川本同，據滬本及左傳哀公四年改。

〔七三〕致方城之外於繒關　「城」，底本作「域」，川本、滬本同；「關」，底本作「門」，川本、滬本同，並據左傳哀公四年改。

〔七四〕蠻潰　川本、滬本同，左傳哀公四年「潰」上有「氏」字。

〔七五〕沛公圍宛　「宛」，底本作「苑」，川本、滬本同，據史記高祖本紀、漢書高帝紀改。

〔七六〕嶢關　「嶢」，底本作「繞」，據川本、滬本及漢書高帝紀改。

〔七七〕楚申息之師所戍也　「息」，底本作「恖」，川本同，據滬本及水經丹水注改。

〔七八〕杜預　「預」，底本作「宇」，川本作「宇」，據滬本及左傳哀公四年杜預注改。

〔七九〕鄻城　「鄻」，底本作「鄭」，川本同，據滬本及水經丹水注改。

〔八〇〕陳仲録郗公路碑　「陳仲録」，川本、滬本同，康熙續修商志卷一〇、乾隆直隸商州志卷一三俱作「陳仲」。

〔八一〕山泉郗子撫治兹土尤急於此　「兹」，底本作「蒞」，川本同，滬本作「莅」，據康熙續修商志卷一〇、乾隆直隸商州志卷一三改。又，兩志「土」下「尤」上有「百廢一新」四字。

〔八二〕咸治有法　「咸」，底本作「修」，川本、滬本同，據康熙續修商志卷一〇、乾隆直隸商州志卷一三改。

〔八三〕狀如瓠　「狀」，底本脱，川本、滬本同，據元史朶爾直班傳補。

〔八四〕號毛葫蘆軍　底本「軍」上衍「將」字，據川本、滬本及元史朶爾直班傳删。

〔八五〕金州由興元鳳翔達奉元　「金」，底本作「商」，川本、滬本同；「達」，底本脱，川本、滬本同，並據元史朶爾直班傳改補。

雒南　秦山，在縣西北一百里。其源起於秦州，故名。重峯疊翠，四時可玩。逶迤自西抵北而東。熊耳山，爲洛南之界，即洛水發源處。書堂山，在縣北二十里。山有二洞，世傳張良辭漢，從赤松子遊，隱於此。黄龍山，在縣北九十里。山頂有礦洞，極爲民害。嘉靖八年，主簿童誠法填塞，至今民賴以安。茶山，在縣東三十里，舊産茶。缺半葉〔一〕。沙河川，在縣東南五十里。水經：鹿池至茶山入洛〔二〕。故縣川，在縣東南四十里，古上洛縣址也。石門，在縣北十里，地名左路。山石有孔如門，上源麻坪，河水經流石門中，下入於洛。石門水乾，人可出入。

【校勘記】

〔一〕缺半葉　川本同，滬本無。

〔二〕水經鹿池至茶山入洛　川本、滬本同。按今本水經無此文。雍正陝西通志卷一二引西安府志云：沙河在洛南縣東十五里，源出鹿池，在縣東二十里，俗傳昔時月夜見羣鹿飲此，故名。又引縣志曰：其水北流經茶臼山入洛。清統志卷二四六略同。

商南　青山，在縣東南四十里，道通荆、襄。　張家河口，在縣東南八十里。濟扶川之要路，商賈舟楫咸經於此。　石馬寨，在縣西二十五里，古石馬驛。　千丈寨，在縣西七十里。世傳秦王屯軍於此。　石巖寨，在縣西南一百二十里。　其山壁立萬仞，諸峯回圍可通〔一〕，惟一徑僅容一人。其田平原一二頃，豐腴異常，穫每頃養數十口，蓋可避世者之地〔二〕。　漢王城，在縣東十里。人傳光武屯軍於此。　望軍樓，在縣東十五里。里有墩臺遺址，世傳沛公入關於此望軍。　梳洗樓〔三〕，在縣南九十里〔四〕。疊山累石如樓形，下臨兩河，可通舟楫達漢江。

【校勘記】

〔一〕諸峯回圍可通　「回圍」，底本作「四回」，川本同，滬本作「四面」，據嘉靖商略商南縣集卷上改。

〔二〕穫每頃養數十口蓋可避世者之地　「穫」，底本作「獲」，據川本、滬本及嘉靖商略商南縣集卷上改。「每頃養數十口」，底本脱，川本、滬本同，據嘉靖商略商南縣集卷上補。

〔三〕梳洗樓　「樓」，底本作「縣」，川本同，據滬本及嘉靖商略商南縣集卷上改。

〔四〕在縣南九十里　「縣」，底本脱，據川本、滬本及嘉靖商略商南縣集卷上補。

山陽　天臺山，在縣東南八十里，上有圓覺寺。　鶻嶺，在縣東南六十里。宋時爲關，有兵守之。縣東南一巨鎮。　殺虎嶺，在縣西九十里。山高路險，綿亘二十餘里。縣西南一巨鎮。　高碥，在縣北五十里。鑿石如門，險塞可守。　豐河，在縣城南。源自碾子岔，西流入合河。　花水河，在縣南一百里。源自白崖兒，東流入漢。　箭河，在縣東南一百一十里，流入甲河。　合河，在縣西南一百里。以衆水所會〔一〕，故名。　僧道關，在縣東南八十里鶻嶺下。宋時，鑾王圍楊文廣於柳溝，設此關以拒之，以絶糧道。闕悉以僧道兵拒之，因名其關，石門尚存。宋紹興中，立爲金人界，在嶺上。　宜娘寨，在縣東南一百里。相傳宜娘援兵結寨於此，以解柳溝之圍〔二〕。

【校勘記】

〔一〕以衆水所會　「衆」，底本作「泉」，川本、滬本同，據嘉靖陝西通志卷二改。

〔二〕以解柳溝之圍　「溝」，底本作「州」，川本、滬本同，據本書上文及康熙陝西通志卷二七改。

鎮安　石瓮嶺，在縣東八十里，路通馬鹿坪。　高橋馬嶺，在縣東一百二十里，接山陽界。　雲蓋嶺，在縣西四十里，下有雲蓋寺。　花水河，在縣東南九十里。　西朱峪，在縣東一百五十里。　舊縣關，即今舊縣治，今改在巡檢司〔一〕。　紅崖關，在縣東南九十里。　清銅關〔二〕，在縣南八十里，接藍田界。　西王峪，在縣西八十里，接咸寧縣九里灣鋪界。　廢乾祐縣，在縣北八十里。　宋史：寇準知永興軍，得天書於乾祐山中。即此。　建安縣，在縣北七十里，即野猪坪。魏略：建安初，關中百姓流入荆州者十萬餘家。十三年，魏武盡得荆州之地，分南郡以北立襄陽郡，又分南陽西界立南鄉郡，分上洛地立豐陽縣。隋志：上洛郡統縣五：上洛、商洛、洛南、豐陽、上津。注：豐陽，後周復置〔三〕，開皇初，并南陽縣入。有洵水。今洵水在鎮安縣境內。

【校勘記】

〔一〕今改在巡檢司　「在」，川本、滬本同，疑「爲」字之訛。

〔二〕清銅關　「清」，底本作「漬」，川本同，據滬本及嘉靖陝西通志卷二改。

〔三〕後周復置　「復」，川本、滬本同，隋書地理志無「復」字。

坑冶一段乾字四十二葉〔一〕。

漢書王莽傳：命明威侯王級曰〔二〕：繞霤之固〔三〕，南當荆楚。服虔曰：繞霤，隘險之道。師古曰：謂之繞霤者，言四面塞阸〔四〕，其道屈曲，溪谷之水，回繞而霤也。其處即今商州界七盤、十二繞是也。通鑑：唐代宗廣德元年，郭子儀恐吐蕃逼乘輿，留軍七盤。杜佑曰：今謂之七盤、十二縪。德宗建中四年，尚可孤自武關入援，軍於七盤。金史完顏合達傳：北兵道饒峯關〔五〕，由金州而東。於是兩省軍入鄧州〔六〕，留楊沃衍軍守閿鄉〔七〕。沃衍尋被旨取洛南路入商州，屯豐陽川備上津〔八〕，與恒山公武仙相掎角〔九〕。合達復留禦侮中郎將完顏陳和尚於閿鄉南十五里〔一〇〕，乃行。陳和尚亦隨而往。沃衍軍八千及商州之木瓜平，一日夜馳三百里入桃花堡〔一一〕，知北兵由豐陽而東，亦東還，會大軍於鎮平。恒山公仙以萬人駐胡陵關〔一二〕，至是亦由荆子口、順陽來會。十二月朔，俱至鄧。元史順帝紀：至正十七年二月壬子，賊犯七盤、藍田，命察罕帖木兒以軍會答兒麻亦兒守陝州、潼關。二十三年六月己亥，擴廓帖木兒部將歹驢等駐兵藍田、七盤〔一三〕。舊唐書韓洄傳〔一四〕：轉户部侍郎、判度支。洄上言：商州有紅崖冶〔一五〕，出銅益多，又有洛源監，久廢不理。請增工鑿山以取銅，興洛源故監，置十爐鑄之。金史朮甲脱魯灰傳〔一六〕：正大七年，元兵攻藍關〔一七〕，至八渡倉退〔一八〕。舉朝皆賀，以爲無事〔一九〕。脱魯灰獨言曰：潼關險隘，兵精足用。然商、洛以南瀕於宋境，大山重複，宋人不知守，國家亦不能逾宋境屯戍。敵兵若由散關入興元，下金、房，繞出襄、漢，北入鄧鄙，則大事去矣〔二〇〕。宜與宋人釋怨，諭以輔車之勢，唇亡齒寒，彼必見從。據其險要以備，不然必敗。

【校勘記】

〔一〕坑冶一段乾字四十二葉　川本同，滬本作「商州」。

〔二〕命明威侯王級曰　「明」，底本作「名」，川本同；「曰」，底本作「田」，川本同，並據滬本及漢書王莽傳改。

〔三〕繞霤之固　「固」，底本作「圖」，川本作「國」，據滬本及漢書王莽傳改。

〔四〕言四面塞阸　「塞阸」，底本作「泥塞」，川本同，據滬本及漢書王莽傳顔師古注改。

〔五〕饒峯關　「饒」，底本作「繞」，川本同，據滬本及金史完顔合達傳改。

〔六〕於是兩省軍入鄧州　「兩」，底本作「西」，川本、滬本同，據金史完顔合達傳改。

〔七〕留楊沃衍軍守閿鄉　「閿鄉」，底本作「閿卿」，川本作「門卿」，據滬本及金史完顔合達傳改。下同。

〔八〕屯豐陽川備上津　「川」，底本作「州」，川本、滬本同，據金史完顔合達傳改。

〔九〕與恒山公武仙相掎角　「掎」，底本作「椅」，川本同，據滬本及金史完顔合達傳改。

〔一〇〕合達復留禦侮中郎將完顔陳和尚於閿鄉南十五里　「郎」，底本脱，川本、滬本同，據金史完顔合達傳補。

〔一一〕一日夜馳三百里入桃花堡　「里」，底本脱，川本、滬本同，據金史完顔合達傳補。

〔一二〕會大軍於鎮平恒山公仙以萬人駐胡陵關　「軍」，底本作「兵」，川本同，據滬本及金史完顔合達傳改。「恒」，底本作「垣」，川本、滬本同，據本書上文及金史完顔合達傳改。

〔一三〕擴廓帖木兒部將歹驢等駐兵藍田七盤　「部」，底本作「即」，川本、滬本同，據元史順帝紀改。

〔一四〕舊唐書韓洄傳　「洄」，底本作「泗」，川本、滬本同，據舊唐書韓洄傳改。

〔一五〕洄上言商州有紅崖冶　「洄」，底本脱，川本、滬本同，據舊唐書韓洄傳補。「冶」，底本作「治」，據川本、滬本及舊唐書韓洄傳改。

〔一六〕金史朮甲脱魯灰傳　「朮」，底本作「本」，川本同，滬本作「木」，據金史朮甲脱魯灰傳改。

〔一七〕元兵攻藍關　「攻」，底本作「改」，川本同，據滬本及金史朮甲脱魯灰傳改。

〔一八〕至八渡倉退　「渡」，底本作「法」，川本、滬本同；「退」，底本作「遇」，川本同，滬本作「而」，並據金史朮甲脱魯灰傳改。

〔一九〕以爲無事　「無事」，底本漫漶，據川本、滬本及金史朮甲脱魯灰傳補。

〔二〇〕大事去矣　「去」，底本作「乏」，川本、滬本同，據金史朮甲脱魯灰傳改。

秦繆公襲鄭〔一〕，蹇叔哭送其子，謂晉人禦師必於殽。殽有二陵：南陵，夏后臯之墓也；北陵，文王之所避風雨也。必死是間。元和志曰：自東崤至西崤，長三十五里。東崤長阪數里，峻阜絶澗，車不得方軌。西崤全是石坂十二里，險不異東崤。此二崤在函谷關之東〔二〕。春秋時，其地未爲秦有，戰國時，秦地愈大，東侵諸夏，而函谷之險，遂爲秦之阨塞〔三〕。六國合從，仰關攻秦，秦開關迎敵，六國之師逡巡而不敢進。按秦函谷關在陝州靈寶縣南十里〔四〕，漢之弘農縣也。路在谷中，深險如函，其中少通行路。東西四十里，絶崖壁立〔五〕，巖柏陰翳，谷中常不見日。關去長安四百里，日入則閉，鷄鳴則開。齊孟嘗君客能爲鷄鳴，而出此關是也。東至漢楊僕所移新函谷關三百八十里〔六〕。此新關在河南府新安縣，而秦關之在靈寶者遂廢。西至唐所設潼關一百里。唐潼關，在華州華陰縣東北太華山之北。山在華陰縣南八里。關西一里有潼水，因以名關。黄河自龍門南流，阸於華山，轉流而東，渭水自西而東〔七〕，於此入河。西去長安尚二百里，亦天下之至險也。九域志：京兆府至東京一千二百五十里〔八〕。河南府洛陽西至陝州二百八十六里，陝州西至華州二百八十里，華州西至京兆府二百五十里，計古長安至今開封只一千一百五十里，而秦函谷關、漢函谷關、唐潼關跨涉三郡，首尾八百里。

漢王從杜南入蝕中〔九〕。如淳曰：蝕，入漢中道川谷名。程泰之雍録謂蝕中之名，書皆不載。以地望求之，關中南面皆礙南山，不可直達。其有微徑可達漢中者，惟子午關。子午關在長安正南。其次向西則有駱谷關。關之又西則褒、斜也。此之蝕中，若非駱谷關即是子午。方回謂：漢紀下文張良辭歸韓，漢王送之褒中。張良傳：初漢王之國，良送至褒中。漢王送良，良送漢王，兩説不同。然必自斜谷度終南，入褒谷，以至漢中無疑也。斜水，出武功縣衙嶺山，北至郿入渭。褒水亦出衙嶺，至南鄭入沔。終南山横亘長安、南鄭之間，而東西數千里，亦曰太白山，亦曰淳物。若衙嶺者，又褒谷、斜谷、南谷，分水之嶺也。漢王之往復必由此矣。其曰杜南者，周之岐山，在今之鳳翔府，亦曰周原，亦曰杜陽山，在岐山之陽。九域志謂：地屬杜陽。地形險阻〔一〇〕，原田肥美。有杜水，南入渭。大雅緜詩〔一一〕：自土沮漆〔一二〕。「土」又作「杜」〔一三〕。自漢右扶風有杜陽縣。其子午道〔一四〕，則王莽傳可考。褒、斜漕東南粟帛〔一五〕，張湯主議〔一六〕，河渠書、溝洫志可詳。今按興元志：褒谷在褒城縣北，北口曰斜，南口曰褒，同爲一谷。自褒谷至鳳州一百三十里，始通斜谷。兩山高峻，中間谷道，穴山架木以行。張良送高祖至褒中，曹操出斜谷，軍遮要〔一七〕，諸葛亮由斜谷取郿，皆此道。入谷五里許，阻山，鑿之六丈，路乃通，號石門。又云興元爲巴、蜀衿喉，今之金州、洋州、均州、房州皆漢中地。文州、鳳州又其藩籬。曹操爭南鄭，諸葛亮侵魏，鍾會伐蜀，藺欽破魏師，元英攻蕭懿，渾瑊討朱泚，高崇文征劉闢，王建伐岐，孟昶寇周，女直遁歸陝服，楊政出師武休，皆於褒、斜。紹興以來，自褒口南北設武休關，東捧子關〔一八〕，西石頂原關，而褒口有四路：一由太白峽出谷口，路差狹而頗平；一過隔芽合水潭，出斜谷，路比太白峽稍闊；一自長柳徑白雲松嶺，出谷口，唐孫樵所記新開文川古道，皆已榛蕪；一出鳳州超散關〔一九〕，師行多出於此，取武休關以爲險阻。若大散關者，在鳳州，至府四百二十里，即漢王及韓信出兵襲雍之地〔二〇〕，曹操擊張魯出此，諸葛亮圍陳倉出此，宇文泰伐梁武陵王紀出此，唐明皇幸蜀出此，郭崇韜〔二一〕、王全斌出此。又有陰平橋頭，屬今文州，鄧艾自此鑿山通道，行無人之境七百餘里，趣涪出劍閣西百里〔二二〕，遂至綿竹〔二三〕。此路今屬西蕃化外。若子午谷者，在長安鄠縣〔二四〕，由洋州至興元七百六十里。蜀魏延請於諸葛亮，欲假精兵五千從褒中〔二五〕，循秦嶺而東，當子午而北，不過十日，可至長安，而公從斜谷來，一舉而咸陽以西可定。亮以此爲危計不用，後乃有祁山〔二六〕、箕谷之敗。唐明皇驛致生荔枝，自涪陵入達州，由子午谷凡三百里。紹興以來，南北兵出入並不由此路。若浴谷者〔二七〕，在長安盩厔縣，由洋州至興元五百二十里。鍾會伐蜀分兵出斜谷，亦出駱谷。高崇文伐蜀，出斜谷，以李元奕出駱谷。唐德宗自盩厔入駱谷。僖宗避寇，由鳳翔趨駱谷。又有漢中之西城縣，爲今金州。魏、晉間之魏興郡，至興元府五百里。蕭何爲漢漕蜀漢粟，下漢水，自今之金州至襄陽。紹興初，女直自商州入金州，犯興元，吴玠守饒風關〔二八〕，力戰失利。劉子羽棄漢中，玠由興州河池繞出虜後〔二九〕，清漢中之野〔三〇〕，虜遂由斜谷以遁〔三一〕。又米倉山在南鄭縣南一百九里，南連大巴山，有路通蜀。或云蕭何追韓信於此〔三二〕，亦未可曉。秦都咸陽〔三三〕，漢、唐都長安，皆面終南山。其至漢中路不一，具書於此。漢王出入，乃褒谷、斜谷，今鳳州府陳倉路也。棧道。師古曰：棧即閣也，今謂之閣道。劉禹錫山南西道新修驛路記云：我之提封踞右扶風〔三四〕，觸劍閣千一百里，自散關抵褒城，次舍十有五〔三五〕，自褒而南，逾利州至於劍門〔三六〕，次舍十有七〔三七〕。道途次舍可見於此〔三八〕。又云：棧閣盤虚〔三九〕，下臨谽谺〔四〇〕。層崖峭絶〔四一〕，枘木亘鐵〔四二〕。因而廣之，限以鉤欄。狹徑深隉〔四三〕，首尾相接〔四四〕。從而拓之〔四五〕，方駕從容。棧閣之制亦可想也〔四六〕。孫樵新路記〔四七〕：入扶風東皋門十舉步〔四八〕，折而南，平行二十里，下念濟坂〔四九〕。下折而西〔五〇〕，行十里渡渭，又十里至郿。自此閣路不一，上下嶺谷中有臨洮關〔五一〕，南爲河池〔五二〕，汾陽王私田百餘里〔五三〕，以息馬至萬蹄，所謂文川古道，晉武平吴時所開〔五四〕。出長柳店至褒城縣，與斜谷舊路合〔五五〕。大抵漢中雖是平川，東北入長安〔五六〕，西南出劍門，皆有棧閣之險〔五七〕。唯今洋州子午谷南北與長安正對，王莽所開〔五八〕，唐明皇荔枝路，信爲險絶〔五九〕。雖金人紹興後，魏蜀亦不出此路也〔六〇〕。

【校勘記】

〔一〕秦繆公襲鄭　川本同，滬本「秦」上有「潼關」兩字，滬本眉批：「潼關應跳行寫。」

〔二〕此二崤在函谷關之東　「之東」，底本漫漶，據川本、滬本補。

〔三〕遂爲秦之阸塞　「秦」，底本漫漶，據川本、滬本補。

〔四〕在陜州靈寶縣南十里　「靈」，底本作「雲」，川本同；「南」，底本脱，川本同，並據滬本及紀要卷四八改補。

〔五〕絶崖壁立　「壁」，底本作「避」，據川本、滬本及紀要卷五二改。

〔六〕東至漢楊僕所移新函谷關三百八十里　「楊」，底本作「陽」，川本、滬本同，據漢書楊僕傳、元和志卷五改。

〔七〕渭水自西而東　「自西」，底本漫漶，據川本、滬本及水經河水注補。

〔八〕京兆府至東京一千二百五十里　「府至」，底本漫漶，據川本、滬本及新定九域志卷三補。

〔九〕漢王從杜南入蝕中　川本同，滬本「漢」上有「長安」二字。

〔一〇〕地形險阻　「形」，底本作「刑」，據川本、滬本及新定九域志卷三改。

〔一一〕大雅緜詩　「緜」，底本作「綿」，川本同，據滬本及詩經大雅緜改。

〔一二〕自土沮漆　「沮漆」，底本作「漆沮」，川本同，據滬本及詩經大雅緜乙正。

〔一三〕土又作杜 「土」，底本脱，川本、滬本同，據漢書地理志補。

〔一四〕子午道 「午」，底本脱，據川本、滬本及紀要卷五三補。

〔一五〕褒斜漕東南粟帛 「帛」，底本作「白」，川本同，據滬本改。

〔一六〕張湯主議 「湯」，底本作「陽」，川本、滬本同，據史記河渠書、漢書溝洫志改。

〔一七〕軍遮要 「軍」，底本作「運」，據川本、滬本及三國志魏書武帝紀改。

〔一八〕搼子關 「搼」，底本缺筆，川本同，據滬本補。

〔一九〕一出鳳州超散關 「超」，川本、滬本同，疑爲「趨」之訛。

〔二〇〕韓信 「韓」，底本作「諱」，據川本、滬本改。

〔二一〕郭崇韜 「崇」，底本作「索」，川本、滬本同，據新舊五代史郭崇韜傳改。

〔二二〕趣涪出劍閣西百里 「趣」，底本作「超」，川本、滬本同，據三國志魏書鄧艾傳改。「西」，底本作「四」，川本同，據滬本及三國志魏書鄧艾傳改。

〔二三〕綿竹 「綿」，底本作「錦」，川本同，據滬本及三國志魏書鄧艾傳改。

〔二四〕在長安鄠縣 「鄠」，底本作「鄠」，川本同，據滬本改。

〔二五〕欲假精兵五千從褒中 「從」，底本作「徙」，川本同，據滬本及三國志蜀書魏延傳裴松之注引魏略改。

〔二六〕祁山 「祁」，底本作「祈」，川本同，據滬本改。

〔二七〕若浴谷者 「浴」，川本、滬本同，據本書下文，疑爲「駱」字之訛。

〔二八〕犯興元吳玠守饒風關 底本漫漶，據川本、滬本及雍大記卷一〇、紀要卷五六補。

〔二九〕玠由興州河池繞出虜後　「池」，底本作「地」，川本、滬本同，據雍大記卷一〇、紀要卷五六改。「繞出虜後」，底本漫漶，據川本、滬本補。

〔三〇〕清漢中之野　底本漫漶，據川本、滬本補。

〔三一〕虜遂由斜谷以遁　「虜遂由」，底本漫漶，據川本、滬本補。

〔三二〕或云蕭何追韓信於此　「或云蕭」，底本漫漶，據川本、滬本補。

〔三三〕秦都咸陽　「陽」，底本漫漶，據川本、滬本補。

〔三四〕我之提封踞右扶風　「之提封踞右」，底本漫漶，據川本、滬本及全唐文卷六〇六劉禹錫山南西道新修驛路記補。

〔三五〕次舍十有五　「次」，底本作「水」，川本、滬本同，據全唐文卷六〇六劉禹錫文、劉禹錫集箋證卷八改。

〔三六〕逾利州至於劍門　「利州至於劍門」，底本漫漶，川本作「利州至劍閣」，滬本同，據全唐文卷六〇六劉禹錫文、劉禹錫集箋證卷八補改。

〔三七〕次舍十有七　底本漫漶，川本作「十有七」，滬本同，據全唐文卷六〇六劉禹錫文、劉禹錫集箋證卷八補。

〔三八〕道途次舍可見於此　「道途次舍可見」，底本漫漶，據川本、滬本及萬曆太史升庵全集卷七八補。

〔三九〕又云棧閣盤虚　「盤」，底本作「臨」，川本、滬本同，據全唐文卷六〇六劉禹錫文、劉禹錫集箋證卷八改。

〔四〇〕下臨谽谺　「谽谺」，底本作「颱谺」，川本、滬本同，據全唐文卷六〇六劉禹錫文改。劉禹錫集箋證卷八作「㰤呀」。

〔四一〕層崖峭絶　「崖」，底本作「巒」，川本同，據滬本及全唐文卷六〇六劉禹錫文、劉禹錫集箋證卷八改。

〔四二〕枘木亘鐵　底本漫漶，川本作「柄木魚鐵」，滬本作「枘木魚鐵」，據全唐文卷六〇六劉禹錫文、劉禹錫集箋證卷八改。

〔四三〕因而廣之限以鉤欄狹徑深陘　底本漫漶，據川本、滬本及全唐文卷六〇六劉禹錫文、劉禹錫集箋證卷八補。

〔四四〕首尾相接　「首」，川本、滬本同，全唐文卷六〇六劉禹錫文、劉禹錫集箋證卷八作「銜」。

〔四五〕從而拓之　「從」，底本作「徙」，川本同，據滬本及全唐文卷六〇六劉禹錫文、劉禹錫集箋證卷八改。「拓」，滬本作「招」。

〔四六〕方駕從容棧閣之制亦可想也　「駕從容棧閣之制亦可想也」，底本漫漶，據川本、滬本及全唐文卷六〇六劉禹錫文、萬曆太史升庵全集卷七八補。

〔四七〕孫樵新路記　底本漫漶，據川本、滬本及全唐文卷七九四孫樵興元新路記、宋蜀刻本孫可之文集卷四補。

〔四八〕入扶風東臯門十舉步　底本漫漶，川本作「自扶風東高門十步」，滬本作「自扶風東臯門十步」，據孫樵興元新路記、孫可之文集卷四補改。

〔四九〕折而南平行二十里下念濟坂　底本漫漶，川本作「折而南，平行之十里，下合濟坂」，滬本同，據孫樵興元新路記、孫可之文集卷四補改。

〔五〇〕下折而西　「下折而」，底本漫漶，據川本、滬本及孫樵興元新路記、孫可之文集卷四補。

〔五一〕自此閣路不一上下嶺谷中有臨洮關　底本漫漶，據川本、滬本補。

〔五二〕南爲河池　「南爲」，底本漫漶，據川本、滬本及孫樵興元新路記、孫可之文集卷四補。「池」，底本作「地」，川本、滬本同，據孫樵興元新路記、孫可之文集卷四改。

〔五三〕汾陽王私田百餘里　底本「百」下「餘」上另有「畝」字，川本、滬本同，據孫樵興元新路記、孫可之文集卷四删。「里」，底本漫漶，據川本、滬本及孫樵興元新路記補。

〔五四〕以息馬至萬蹄所謂文川古道晉武平吳時所開　底本漫漶，據川本、滬本及孫樵興元新路記、孫可之文集卷四補。

〔五五〕與斜谷舊路合　底本漫漶，據川本、滬本及孫樵興元新路記、孫可之文集卷四補。

〔五六〕大抵漢中雖是平川東北入長安　底本漫漶，據川本、滬本及萬曆太史升庵全集卷七八補。

〔五七〕皆有棧閣之險　「之險」，底本漫漶，據川本、滬本補。萬曆太史升庵全集卷七八作「之路」。

〔五八〕唯今洋州子午谷南北與長安正對王莽所開　底本漫漶，據川本、滬本及萬曆太史升庵全集卷七八補。

〔五九〕唐明皇荔枝路信爲險絶　川本、滬本同，萬曆太史升庵全集卷七八「路」下「信」上有「老杜云：百馬死山谷，至今耆舊悲」。

〔六〇〕雖金人紹興後魏蜀亦不出此路也　底本漫漶，據川本、滬本補。

寧遠　西十里曰山丹河，即山丹峪也。其峪有石洞，洞有石佛。其河自岷州流逕灘閣川，東北流入於渭。其水行筏。　二十五里曰廣吳河〔一〕。其河一自漳縣，一自冷落山，流至廣吳山下，入於渭。其水行筏。　北城下曰渭河。其河西自隴西縣，流經縣北，東流入伏羌境。　西北□十曰桃花河〔二〕。其源發自通渭，流經縣北，亦入於渭。　南峪河。見上。　東十五里曰定邊故城。　三十里曰落門聚故城〔三〕。　渭水南曰新興縣故城。水經〔四〕。　廣吳、納泥。俱見上。

對河北曰寧遠故城。境内有城武縣故址。今不知其處。

【校勘記】

〔一〕二十五里曰廣吳河　川本、滬本同，嘉靖陝西通志卷四、康熙寧遠縣志卷三「二」上有「縣西」二字。

〔二〕西北□十曰桃花河　川本同，滬本作「西北□十里曰桃花河」。萬曆寧遠縣志卷五：「桃花山，在縣北二十里。中有溪流，又名桃花硤，發源通渭縣界。」康熙寧遠縣志卷一作縣北二十五里，乾隆甘肅通志卷五同。據此疑爲「西北二十里曰桃花河」之訛。

〔三〕三十里曰落門聚故城　川本、滬本同，康熙寧遠縣志卷一「三」上有「縣東」二字。

〔四〕水經　川本、滬本同，當爲「水經注」，見楊守敬水經注疏渭水。

伏羌　大像山。　朱圉山〔一〕。見下。　西二十五里曰麥朵山〔二〕。若麥朵然。旁有橋曰渭上橋、渭中橋、渭下橋。其水觸石排山，每漲多洶。故自崖設棧，因旋過澗，行者便之。既廢，今建橋三。其路則秦、隴之通衢。　石鼓山。見上。　南八十里曰石臼山，見唐書，即石鼓山之支山也。其山平而秀，云昔有人采藥就此臼舂之。其臼無意履之則響，有意履之却無聲。　北五里曰緹羣山。後漢書云：在冀縣〔三〕。故老云：在縣北五里。高而平，巒峯疊翠，勢若旗鼓。二山拖藍擁翠，壁立萬仞，盤踞千里，苞蘿鞏固。昔漢將通西域，以緹騎三千憩此，故名。其山有禮鼠，有甘遂，有延胡索，有海金沙，有薊。　東十五里曰興國山。其下有大水峪，水灌田，東南流入於渭。　西十五里曰馬務山。其下爲馬務峪，水南流入於渭。　西北六十里曰半博山。其旁爲玉部峪，峪水湧流，東南入於渭。　北一里曰渭河。自寧遠流經縣北，東流入秦州之圓川。其水可溉可碓。故沿岸有稻，而又有澤瀉，有銀晶石，有三稜。其河行筏。　永寧河。見上。　六十里曰樂門河，俗稱洛門河。其水自南山發源，至樂門，北流入於渭。　東南四十里曰天水郡故城，又曰漢陽郡故城。　南八步許曰冀縣故城。　西三十里曰夷賓縣故城〔四〕。本志又云黃瓜即今永新鋪，云黃瓜縣者非。　永寧。見上。　西南□十里曰鹽泉縣故城〔五〕。在縣西二十里。又云當亭即今之鹽泉鋪，與夷賓皆莫詳其識。

【校勘記】

〔一〕朱圉山　「圉」，底本作「圍」，川本同，據滬本及明統志卷三五、紀要卷五九改。

〔二〕麥朵山　「朵」，川本、滬本同。康熙補訂天啓鞏昌府志卷五、圖書集成職方典卷五五八、乾隆甘肅通志卷五、清統志卷二五五皆作「垛」。

〔三〕在冀縣　「冀」，底本作「翼」，川本同，據滬本及續漢書郡國志改。

〔四〕夷賓縣故城　「賓」，底本作「寅」，川本、滬本同，據新唐書地理志、乾隆伏羌縣志卷一改。下同。又，康熙陝西通志卷二七、圖書集成職方典卷五六三皆作「彝賓」。

〔五〕西南□十里曰鹽泉縣故城　「□十里」，川本、滬本同。清統志卷二五五，鹽泉廢縣下引縣志云，縣西二十里有鹽泉鋪，即故鹽泉縣。又云，府志唐於伏羌縣西南故平襄城置鹽泉縣，誤。紀要卷五九，平襄城，在伏羌縣西南三十里。據此，所缺疑爲「三」字。

漳　缺一張，四十〔一〕。　北五里曰藥部山。其山高大，爲漳之雄鎮。有路與郡通，山亦與郡連。一曰藥鋪山。　七十里曰西傾山〔二〕。其山博大，不下數千里，跨隴、蜀，界番、漢，俯洮、岷，蓋西北之祖山也，而郡中諸山多其支阜，洮水出焉。其東與煙波山連。　西北四十里曰煙波山，馬鹿之支山也，馬龍河水出焉。其南與三岔峪連。　南三十里曰漳河。　西三十五里曰龍馬河。

【校勘記】

〔一〕四十　川本同，滬本作「四十一」。

〔二〕七十里曰西傾山　川本、滬本同，嘉靖陝西通志卷二、康熙補訂天啓鞏昌府志卷五「七」上有「西北」兩字。

西和　豐臺山。見下。　南三十里曰横嶺山。其山引花園，俯麻園。其園連十八盤山。其下有横嶺水。　一百里曰仇池山。見上〔一〕。是山北拱和州，東瞰成州，東南指徽州。　西百里曰通靈山。見上。　北七十里曰祁山。方輿勝覽云：在長道縣南十里。餘見上。　岷山、空洞山〔二〕、横水、鹽官水、鹽井。俱見下。　南百里曰仇池郡故城。見下。　西五里曰臨洮縣故城。唐宣宗時築。　西七十里曰潭水郡故城。魏置郡，隋爲縣。宋初大潭復爲縣，屬岷州〔三〕。　西南三里曰西和縣故城。即宋李安撫所建。　東北六十里曰長道縣故城。見上。　曰南北岈。見上。　六十里曰西縣故城。即鹽官鎮城。　西縣南曰隗囂連城。

【校勘記】

〔一〕一百里曰仇池山見上　底本「見」下衍「山」字，據川本、滬本删。

〔二〕空洞山　川本、滬本同，明統志卷三五、紀要卷五八、康熙補訂天啓鞏昌府志卷五、康熙陝西通志卷三、乾隆西和縣志卷一皆作「崆峒山」。

〔三〕宋初大潭復爲縣屬岷州　川本、滬本同。按「宋初」之下疑有脱字，明統志卷三五大潭廢縣下云，西魏置潭水郡。隋爲潭水縣。宋初改大潭縣。熙寧中屬岷州，後兵廢。嘉靖陝西通志卷一三同。

成　東四十里曰方山。其山方。晉武都氐屠飛、啖鐵等據此〔一〕。　七十里曰兑山。有栗亭廢縣。　東南七里曰鳳凰臺，與鳳凰山對。其臺孤高峻絶，云即蕭史、弄玉吹簫處。　十里曰鳳凰山。云漢時鳳鳴其上〔二〕。　有獅子洞，其下有鳳村。　溪中有二石如闕。　山半有迸璣泉〔三〕，有龍神廟。其山拱天池，俯草堂。哥舒翰有題名，杜甫有詩。　南十里曰雞峯山。有雷洞，當龍硤南山半。宋紹興初，金人南侵，樞密都承旨郭執中集兵駐此〔四〕。虜遣使説執中，執中斬其使。西南十五里雞頭山。史記：黄帝至崆峒，登雞頭山。後趙河東王石生兵敗〔五〕，匿於雞頭山。注，在上禄縣東。　百□里曰鐵堂山〔六〕。方輿勝覽云：在天水東五里。有石笋，長者至丈。杜甫有詩。西二十里曰泥功山。唐貞元五年，於此權置行州〔七〕，今基存。有泥功廟，其石像天成工巧多奇。唐趙鴻、杜甫皆有詩。　有漢武都太守李公摩崖頌〔八〕。　曰天井山。其上有白龍潭，有漢耿勳摩崖碑〔九〕。　百里曰仇池山。山勢盤翔，四面壁立斗絶，云云。其上平地方二十餘里，故稱百頃。有豐水泉，煮土成鹽，其鹽赤。其山與西和縣連，上禄舊基在焉。寰宇記。許靖於仇池〔一〇〕，樹下有碑，靖一覽無遺。杜甫有詩。　有飛龍峽，自仇池四十里入峽。餘見上。　北十里曰黑谷山。峻嶺茂林，淩跨數郡，餘見上。與秦州近。　東河，南河，西北六十里曰六漢水。俱見上。　曰天水。其水發源〔一一〕，逕栗亭故縣東南，經徽州境入於嘉陵江。　洛谷水。見上。　萬丈潭。十九泉。〔旁注〕無里數。見上。　東七十里曰栗亭縣故城。見上。　西北百里曰上禄縣故址。百二十里曰漢陽郡故址。　西百二十里曰同谷縣故城。水經注：歷城在西縣，去仇池百二十里〔一二〕。杜佑曰：在同谷郡西七里。去仇池九十里。宋白曰：晉置仇池郡於歷城。今成州。　北二百二十里曰天水縣故城。

【校勘記】

〔一〕晉武都氐屠飛啖鐵等據此　「屠」，底本作「楊」，川本、滬本同，據晉書姚興載記、通鑑卷一〇九改。

〔二〕云漢時鳳鳴其上　「鳴」，川本、滬本及雍大記卷一〇同，方輿勝覽卷七〇、嘉靖陝西通志卷四、明統志卷三五、雍勝略卷一九、乾隆成縣新志卷一皆作「棲」。

〔三〕迸璣泉　「迸」，底本作「送」，據川本、滬本及明統志卷三五改。「璣」，底本作「機」，川本、滬本同，據方輿勝覽卷七〇、嘉靖陝西通志卷四、明統志卷三五改。

〔四〕樞密都承旨郭執中集兵駐此　「都」，底本脱，川本、滬本同，據嘉靖陝西通志卷四、雍大記卷一〇、乾隆成縣新志卷一補。

〔五〕後趙河東王石生兵敗　「王」，底本作「三」，川本、滬本同；「石」，底本脱，川本、滬本同，並據晉書石勒載記改補。

〔六〕百□里曰鐵堂山　「百□里」，川本同，滬本作「□百□里」。乾隆甘肅通志卷六：「鐵堂山，在秦州西北七十里。」乾隆直隸秦州新志卷一作「西七十里」。

〔七〕於此權置行州　「此」，底本作「是」，川本、滬本同，據元和志卷二二、雍大記卷一〇、圖書集成職方典卷五六三改。

〔八〕有漢武都太守李公摩崖頌　川本、滬本同。明統志卷三五：「天井山，在成縣西二十里。有漢耿勳摩崖碑。魚竅峽，在成縣西二十里。有東漢武都太守李翕摩崖頌。」萬曆陝西通志卷六同。乾隆成縣新志卷三：「摩崖碑，在魚竅峽中天井山下，漢太守李翕開天井魚道，有政績，民摩崖作頌。稍東又有漢耿勳碑。」據此，「有」字之上當有脱文。

〔九〕有漢耿勳摩崖碑　「勳」，底本作「弇」，川本、滬本作「翕」，據明統志卷三五、雍大記卷一〇、萬曆陝西通志卷六改。

〔一〇〕許靖於仇池　「於」，川本、滬本同，大明一統名勝志卷九引英雄記作「過」，當是。

〔一一〕曰天水其水發源　川本、滬本同。按「其水發源」處疑有脱字。

〔一二〕水經注歷城在西縣去仇池百二十里　「注」，底本脱，川本、滬本同；「百」，底本脱，川本、滬本同，並據水經漾水注、紀要卷五九補。

清水　東四十里曰亭樂山，即古秦亭山〔一〕。　七十里曰盤嶺山。其山嶺盤行，有盤嶺鎮，有盤嶺古關，有巡司。即大隴山之支，下有關，即古大震關，今設巡檢司〔二〕。　九十里〔旁注〕一百二十里〔三〕。曰隴山。俗名關山〔四〕，以有故關也。磅礴三百餘里，跨汧、渭間。東爲汧，西爲隴，此山若限焉者。而清水則度隴第一程也。邑中及隴以西山水，多隴之支。即古大隴山，一名隴坻。綱目云〔五〕：隴山乃天水之大坂也。南連秦嶺，北抵黄河，東西百八十里，巖障高險，不通車轍。其坂九回，上者七十里乃登焉。　西二十里曰牛頭山。即西南諸水入河處。三國姜維大戰於牛頭山。　北四十里曰卧牛山。即冶坊縣故址。　東南五十里曰段谷水。出段谷山。〔旁注〕本志：東三十里，即今大石峽。入於白沙川，逕縣北，會牛頭、清水入於渭。　八十里曰草川水。出隴山會湯峪水逕縣北，入於牛頭、清水。　北一里曰牛首水。出牛首山，逕縣西南，流入於渭。　三十里曰黄門水。出六盤山，逕縣北，入於牛頭、清水。縣西曰清水縣。見上。東北三十里曰冶坊縣故城。西二十里曰邽州故城。四十里曰上邽縣故城。傍渭水有綿諸道，有秦嶺縣，有隆隴縣，有南田縣。皆莫詳其處。

【校勘記】

〔一〕東四十里曰亭樂山即古秦亭山　底本爲旁注，川本同，據滬本及康熙清水縣志卷二改移。

〔二〕即大隴山之支下有關即古大震關今設巡檢司　底本爲旁注，川本同，據滬本及紀要卷五二、清統志卷二七五改移。

〔三〕一百二十里　「里」，底本脱，川本同，據滬本補。

〔四〕俗名關山　「關」，底本作「開」，川本同，據滬本及紀要卷五九改。

〔五〕綱目云　「云」，底本作「之」，川本同，據滬本改。

禮　缺一張。〔旁注〕六十四。　西二百里曰岷峨山。　北三十里曰九泉山。見下。　西南百里曰麒麟山。其形如麟，其山自蜀循江而至。　二百五十里曰岳平山。　東北四十里曰鎮鳳山。有九堆，宋關師道隨李永琪同屯駐於上。　五十里爲石甕溝。溝有石甕二，深百丈，名大鑿池。有路逕寧遠。　東一里曰長道河。見下。　曰崖城河。其水出湫山〔二〕，合小河〔三〕，經縣東入於長道。西三十里曰紅崖河。其水出於莫遮攔山，會洮河、小峪子河，經紅崖，南流入於長道。百二十里曰岷江。見下。北二十五里曰平泉河。其水出固城野猪山，經平泉川，南流入於長道。東四里曰文州故城。三十里曰天嘉縣故址，曰長道縣故城。西二十里曰漢陽縣故城。西南百五十里曰大潭縣故城。

【校勘記】

〔一〕其水出湫山　「湫山」，川本、滬本同，紀要卷五九、康熙補訂天啓鞏昌府志卷六、乾隆甘肅通志卷六、清統志卷二七四並作「聖湫山」。

〔二〕合小河　「小」，底本作「山」，川本、滬本同，據乾隆直隸秦州新志卷二、乾隆禮縣志略卷七改。

文　唐德宗時，因文縣上城地平，移城於東四里〔一〕。國朝洪武末，城文縣千户所城於上城東一里。成化庚寅，城文縣於所城東一里。成化甲午，知縣陳義拓城，〔旁注〕三百餘步。於東爲縣，西爲所。周三里。東三里曰金珠山。見上。二十五里曰鄧至山。其山爲礬窟。西南十五里有白馬峪，白馬水出焉。城西曰素嶺山。其山高峻，積雪至夏不消，黑水出焉。元和志云：扶州尚安縣北。今名露骨山。有哈喃砦，有扶州故城。龍頭山。見上。西北二里曰美里山。云即古美里。其上有美里城。俗呼天牢山。百三十里曰天魏山。故長松縣山也。二百五十餘里曰白太山。其山峯高谷深，春夏積雪如鋪。其松坪直接於蕃。北五十里曰八盤山。八十里曰鐵窟山。其巔有泉湧，冬亦不竭。土人資沃焉。西北七十里爲銀峪。舊出銀礦，今無。東北九十里爲長平峪。百七十里爲大盤峪，爲麻關峪。其上有鄧艾、姜維遺迹。縣東曰白水。出自故松州赤磨嶺，東北流入於白馬水。曰東維水。出曲水縣卯維谷〔二〕。寰宇記。水經作維谷〔三〕。東南流入於白水。南二十里曰白馬水。出長松縣西南，北注白水。水經〔四〕。又云出曲水縣西南曾敬山。寰宇記。曰黑水。其水出素嶺〔五〕。又云出羌中西南，經黑水城，西南入於白水。所城内曰陰平故道，曰曲水故縣。漢置道。魏置縣。唐亦爲文州治。在南白二江之曲〔六〕。今爲千户所。縣城西曰文州故治。後周置治陰平郡。隋州、郡俱廢。唐復置，移於東四里，即今所城是也。西四十九里曰盧北郡故城。西魏置，隋初廢。百里曰長松縣故城。百六十里曰扶州故城。魏置鄧州，後改寧州。唐爲扶州。

【校勘記】

〔一〕移城於東四里　「東」，底本作「西」，川本、滬本同，據元和志卷二二、明統志卷三五、紀要卷五九改。

〔二〕出曲水縣卯維谷　「卯」，川本、滬本及明統志卷三五同，寰宇記卷一三四作「邛」。

〔三〕水經作維谷　「水經」，川本、滬本同。當爲「水經注」，見水經漾水注、寰宇記卷一三四。

〔四〕水經　川本、滬本同。當爲「水經注」，見水經漾水注、明統志卷三五。

〔五〕其水出素嶺　「素」，底本作「秦」，川本、滬本同，據元和志卷二三、明統志卷三五、紀要卷五九改。

〔六〕在南白二江之曲　「白」，底本作「曰」，據川本、滬本及明統志卷三五改。

洮州衛〔一〕　東隴山。　黑松嶺。見下。　南十里曰石門山〔二〕。其上兩山對峙如門，中有水北流。山南即古疊州之境，今生番居之。　北十五里曰石嶺山。其山聳拔，無草木。南河水出焉。　西北五里曰玉笋山。其山峭拔，有石如笋。餘見下。　二百五十里曰西傾山。見下。　西三百里曰朶的河。見下。　七百里曰納憐河。見下。　九百里曰黄河。其河入境，乃南逕朶咂族，北注歸德州。　千里曰沙河。其河出番地八狼川，西北流經沙剌族，入於黄河。　南河，洮河。俱見下。　衛城，周、隋、唐、宋皆城於故洮州。國朝洪武己未，曹國公李景隆始創是城於洮河東北、隴山南，倚山之半，蓋即洮陽郡。又曰臨州。即保順軍節度〔三〕。元爲元帥府城也。南有合川郡故城，一曰疊州故城。又有樂川郡，有芬州，有安化、和同、常芬三縣。而又有丹嶺、恒香二縣〔四〕，今羌皆雜居之。　西南七十里曰臨潭縣故城，一曰美相縣故城。　境内有枹罕故城。

【校勘記】

〔一〕洮州衛　「衛」，底本作「衙」，據川本、滬本及明統志卷三七、康熙洮州衛志卷一改。

〔二〕南十里曰石門山　「十」，底本空缺，川本、滬本同，據康熙增訂天啓鞏昌府志卷五、康熙洮州衛志卷一補。

〔三〕即保順軍節度　「軍」，底本作「寧」，據川本、滬本及紀要卷六〇改。

〔四〕而又有丹嶺恒香二縣　「恒」，底本作「垣」，川本、滬本同，據新唐書地理志、紀要卷六〇改。

靖虜衛　烏蘭山、雪山、韋靜山。俱見下。　東七十里曰屈吳山。　北五里曰黃河。其河入境，東北注好水川。　西南百里曰會川故城。見下。　一百三十里曰祖厲縣故城，又曰烏蘭縣故城。

西固城千户所〔一〕。　西十里曰武都山。　山高而峻，跨階、文，距洮、岷，爲一方之具瞻。以有大澤，故曰都，而與岷、嶓並稱焉。　南一里曰白水江。　其江出番境，其水色白。　東七里曰西河江〔二〕。　其江出分水嶺，經所東，入於白水。　東二百里曰福津縣故城。　唐地理志：隴之安戎，本大震，大中六年，防禦使薛逵徙築，更名安戎。　會之會寧、烏蘭，秦之大震。　宋慶曆二年，秦州築東、西關成。　初，守臣韓琦以州之東西民居軍營，皆附城，因請築外，凡一十里。　通典：魏氏據中原，有州十二。　西自隴西、今郡是。　南安、今隴西郡隴西縣。　祁山、今同谷郡長道縣東十里。　漢陽，今天水郡。　重兵以備蜀。

【校勘記】

〔一〕西固城千户所　川本、滬本同。按明史地理志，屬岷州衛。

〔二〕東七里曰西河江　「西」，底本作「兩」，川本、滬本同，據康熙鞏昌府志卷五、圖書集成職方典卷五五八改。

德順州。宋慶曆三年，以渭州籠干城置德順軍，領一城、五寨。元祐八年，置隴竿縣。金皇統二年，升爲州。大定二十二年，升隆德、治平二寨、水洛一城各爲縣以來屬。元仍爲德順州。至元七年，并治平、水洛入隴竿縣，領縣二，隸鞏昌路便宜總帥府。本朝未立。隴竿縣。見上。

金洋州，元本屬興元路，自戊戌年，有雷、李二將挈民户歸附，令遷至成州，自行金洋州事，本朝未立。

幽王十年，由餘八國及綿諸、緄戎、翟、豲之戎來歸〔一〕。歸秦襄公也。桓王十四年，秦武公伐邽戎、冀戎。秦始皇二十七年，始皇巡隴西，登雞頭山。括地志：山在成州上禄縣東北二十里。

高后六年，匈奴寇狄道，攻阿陽。阿陽屬天水。漢武帝元鼎六年冬十月〔二〕，逾隴西，登空桐山〔三〕。韋昭曰：在隴右。索隱曰：雞頭道在隴西。一曰：空桐山之别名。括地志：笄頭山，一名崆峒山。唐地理志：空桐在岷州溢樂縣西〔四〕。岷州，漢臨洮縣地。今成縣有雞頭山，原州有笄頭山，未詳孰是？注云：南至於江，則在成縣矣〔五〕。

更始元年秋，成紀隗崔、隗義，上邽楊廣，冀周宗，推崔兄子囂起兵應漢，攻平襄，殺莽大尹李育。平襄縣，在今伏羌縣西北。

建武二年，漢中王嘉與李寶〔六〕，從武都擊侯丹，不利，還軍河池、下辨，復與延岑戰於散關。六年，隗囂反，使王元據隴坻。八年春，來歙將兵經回中，襲略陽，斬囂將金梁。囂使王元拒隴坻，牛邯拒瓦亭，自帥兵圍略陽，行巡守番須口，王孟塞雞頭道，囂奔西城。西城，縣名，屬漢陽郡，一名始昌城，在今秦州上邽縣西南。據地理志，西縣本屬隴西郡，後乃改屬漢陽。西城者，西縣城也。以西城爲縣名，誤矣。永平十七年〔七〕，方改天水爲漢陽。使吳漢、岑彭圍西城。冬十月，岑彭壅谷水灌西城，城未没者丈餘。王元、行巡將蜀救兵卒至，漢軍大驚。元等決圍殊死戰，遂得入城，迎囂歸冀。十一年，公孫述使王元與環安拒河池〔八〕。來歙與蓋延等進攻元、安，大破之，遂克下辨。冬十月，馬成等破河池，遂平武都。章和元年，羌、胡叛，以隴西太守張紆爲校尉〔九〕，將萬人屯臨羌。秋，護羌校尉張紆擊羌，斬其帥迷吾。其子迷唐據大小榆谷以叛。永元五年，護羌校尉貫友攻迷唐於大小榆谷〔一〇〕，走之。九年秋，燒當羌迷唐寇隴西，殺大夏長。大夏縣屬隴西郡。遣行征西軍將劉尚等擊破之。永初二年，諸羌擊敗車騎將軍鄧騭軍於冀西。鄧騭使任尚等與滇零等戰於平襄。尚敗績。三年春，鐘羌攻没臨洮縣〔一一〕，執隴西南部都尉。前書：隴西南部都尉治臨洮。臨洮即今洮、岷二州地。五年春，詔隴西徙襄武。元初二年，護羌校尉龐參與左馮翊司馬鈞擊零昌。參至勇士東，引退。虞詡攻羌衆於赤亭，大破之。赤亭故城，在今渭州襄武縣東南，有赤亭水。延光三年，還隴西郡於狄道。永和五年〔一二〕，且凍羌寇武都，燒隴關。漢安二年，護羌校尉趙沖及漢陽太守張貢擊燒當羌於參䜌〔一三〕，破之。趙沖擊燒當羌於阿陽〔一四〕，破之。建安十八年秋七月，馬超帥羌、胡擊隴上諸郡縣，陷冀城。涼州參軍楊阜與趙昂、尹奉〔一五〕、李俊謀討超。時阜外兄天水姜叙爲撫夷將軍，擁兵屯歷城。歷城在西縣〔一六〕，去仇池一百二十里，後改爲建安城。杜佑曰：歷城，在今同谷郡西七里，去仇池九十里。宋白曰：晉置仇池郡於歷城。今爲成州。九月，阜與撫夷將軍姜叙進兵，入鹵城。在西縣、冀城之間。昂、奉據祁山，以討超。水經注：祁山，在嶓冢之西七十里〔一七〕。超襲歷城。十九年春，馬超益兵還圍祁山。夏侯淵襲韓遂於顯親。屬漢陽郡。顯親故城，在今成紀縣東。因擊長離羌〔一八〕。

建興六年春，漢丞相亮攻祁山，天水、南安、安定皆應漢。亮使太守馬謖與魏右將軍張郃戰於街亭。續漢志：漢陽略陽縣有街泉亭。前漢之街泉縣也，省入略陽。杜佑曰：街泉亭在隴縣。亮拔西縣。十二月，亮引兵出散關。九年春，丞相亮伐魏，圍祁山。魏司馬懿留兵守上邽，帥衆救祁山。亮逆懿於上邽，郭淮等徼亮，亮破之，遇懿於上邽。懿依險，兵不得交，亮引還。懿遣張郃追亮於木門。郃中流矢死。木門去今天水軍天水縣十里。延熙十年〔一九〕，姜維與雍州刺史郭淮、護軍夏侯霸戰於洮西。十六年〔二〇〕，姜維將兵出石營，圍狄道。石營在董亭西南，維蓋自武都出石營也。魏陳泰進至落門，維引兵退。十七年〔二一〕，維自狄道拔河關、臨洮。二縣屬隴西郡。十八年〔二二〕，魏陳泰進高城嶺。首陽縣，嶺有城。狄道城解，泰還屯上邽〔二三〕。十九年秋〔二四〕，姜維復帥衆出祁山，乃從董亭趨南安。水經注：董亭在南安郡西南，谷水歷其下，東北注於渭。鄧艾據武城山拒之。水經注：渭水東逕武城縣西，武城川水入焉。蓋以山名縣也。維與艾爭險，不克，夜趨上邽。艾與戰於段谷，維敗績。水經注：上邽之南有段溪水〔二五〕，水出西南馬門溪，東北流合藉水。杜佑曰：秦州上邽有段谷水。炎興元年，魏伐漢。征西將軍鄧艾帥兵自狄道趨甘松。雍州刺史諸葛緒帥兵自祁山趨武街。甘松，縣名，在扶州。又云：甘松山，在洮水西。武街，即同谷縣。絶維歸路。漢廖化援維於沓中。鄧艾進攻維營，維引兵還。天水太守王頎〔二六〕、隴西太守牽弘等，追戰於彊川口〔二七〕。維敗走。彊川出陰平西北强山。又曰：彊川口，在彊臺山南〔二八〕。彊臺山，即臨洮之西傾山。從橋頭至陰平〔二九〕，入劍閣以拒會。鄧艾進至陰平，遂入蜀。

晉元康六年，略陽氐楊茂搜據仇池。初，略陽清水氐楊駒始居仇池。至其孫千萬附魏，封爲百頃王。千萬孫飛龍浸强盛，徙居略陽。以其甥令狐茂搜爲子，茂搜避亂，帥部落還保仇池，自號輔國將軍〔三〇〕、右賢王。關中人士避亂者多依之。永嘉五年，南陽王模表其世子保鎮上邽〔三一〕。六年，秦州刺史裴苞據險以拒涼，張寔擊破之，苞奔桑凶塢。冬，南安赤亭羌姚弋仲自稱護羌校尉，東徙榆眉。

建武元年冬〔三二〕，楊難敵號左賢王，屯下辨，楊堅頭號右賢王，屯河池。太興二年，上邽大饑。張春奉晉王保之安南祁山。張寔遣兵救之〔三三〕；陳安退保緜諸，保歸上邽。屠各路松多附晉王保。趙主曜自將擊之。三年春，路松多奔隴城。水經注：隴山西南，降隴城北，有松多川。曜攻陳倉，拔陰密〔三四〕。晉王保懼，遷於桑城。桑城，在洮水西。永昌元年，休屠王石武以桑城降趙。太寧元年，趙主曜自將圍隴城，遣兵圍上邽。安出戰，輒敗。右軍將軍劉幹攻平襄，克之。安留其將楊伯支等守隴城，自帥精騎突圍〔三五〕，奔陝中。陝中，在隴城南，陝與陿同。曜遣將呼延青人追之，獲安於澗曲，殺之。曜自隴上西擊涼州，遣將軍劉咸攻韓璞於冀城，呼延晏攻護軍陰鑒於桑壁，曜自將戎卒營河上〔三六〕。成都李雄遣李玲、李稚出白水〔三七〕，李壽、李玝出陰平〔三八〕，擊楊難當。難當拒之，斷下辨，玲、稚俱被殺。永和五年，楊初襲趙西城，拔之。西城即隗囂奔處。咸安元年，秦州牧、西縣侯雅及姚萇等〔三九〕，帥師伐仇池，與楊纂戰於鷔峽。在仇池縣北。纂敗績。秦益州刺史王統攻隴西鮮卑乞伏司繁，司繁拒統於苑川。苑川。水經注：在天水勇士縣界。寧康元年，秦以司繁鎮勇士川。太元十年，乞伏國仁自稱秦州大都督、大將軍、秦州牧，置安固、漢陽、天水、略陽、甘松、白馬、苑川等十二郡，築勇士城都之。水經注：苑川水出勇士縣之子城南山，北逕牧師苑，故漢牧苑之地也。有東西二苑城，其城相去七里。西城即乞伏國仁所都。楊定徙治歷城，置儲於百頃，自稱龍驤將軍、仇池公。十一年，秦姚碩德自稱征西將軍，屯冀城，以應兄萇，以兄孫詳爲安遠將軍，據隴城，從孫訓爲安西將軍，據赤亭。秦南安王登與萇戰於胡奴阜，在上邽西。大破之。萇走保上邽，登稱帝於南安。十四年，後秦主萇以從弟常戍隴城，邢奴戍冀城，姚詳戍略陽，楊定攻隴、冀〔四〇〕，克之，斬常，執邢奴。詳棄略陽，奔陰密。十五年，越質詰歸據平襄，叛乾歸。十七年，休官權千成據顯親，自稱秦州牧。顯親縣，漢屬漢陽郡〔四一〕。晉改顯新〔四二〕，屬天水。二十年〔四三〕，西秦王乾歸遣乞伏益州討姜乳〔四四〕，至大寒嶺。在上邽西。乳逆擊，大破之。隆安元年，涼王光遣將竇苟伐禿髮烏孤〔四五〕，戰於街亭，涼兵敗績。武都氐屠飛〔四六〕、啖鐵等據方山以叛秦。四年，西秦王乾歸還都苑川。後秦隴西公碩德將兵伐西秦，入南安峽。南安峽，在隴城縣界。乾歸使慕兀屯伯陽〔四七〕。水經注〔四八〕：伯陽，天水郡縣名。隋更名秦嶺。唐并入清水。義熙六年，夏王勃勃寇隴右〔四九〕，破白崖堡，遂趨清水。九域志：清水縣在秦州東，有白沙鎮，縣西又有白石堡。七年，河南王乾歸攻秦略陽太守姚龍於柏陽〔五〇〕，即伯陽。克之。十一年，西秦以王孟保爲略陽太守，鎮赤水。十二年，氐王楊盛攻秦祁山，拔之，追逼秦州。秦後將軍姚平救祁山。盛引兵退，平與上邽守將姚嵩追之。夏王勃勃帥師襲上邽，克之〔五一〕。嵩與盛戰於竹嶺〔五二〕，敗死。水經注：藉水歷當亭川，又東南流與竹嶺水合，水自南山竹嶺，東北入藉水。藉水東北入上邽縣。西秦王熾磐使秦州刺史王松壽鎮馬頭，以逼上邽。丁度曰：嶓冢山在古上邽縣，西有神馬山。

宋元嘉三年〔五三〕，隴西辛澹據南漒城，逐秦將吉毗。七年，魏將古弼擊夏主於鶉觚原〔五四〕。夏大潰，夏主中重創，單騎走保上邽。八年，夏主攻南安。秦王暮末輿櫬出降〔五五〕。十八年，詔龍驤將軍裴方明等，討氐王楊難當。十九年，難當遣將苻弘祖守蘭皋。階州將利縣有蘭皋鎮。武興有蘭皋戍〔五六〕，去仇池二百里。方明與弘祖戰於濁水，大破之，追至赤亭，又破之。二十年，胡崇之與魏戰於濁水，被執。楊文德屯葭蘆城。將軍姜道盛與楊文德合兵攻濁水戍〔五七〕，魏皮豹子、河間公救之〔五八〕，道盛死之。二十三年，魏金城邊冏、天水梁會，與秦、益雜民萬餘户據上邽東城反〔五九〕，攻逼西城。刺史封敕文拒卻之。魏主遣安豐公閭根赴上邽，會棄東城走。略陽王元達聚衆屯松多川〔六〇〕，敕文討平之。水經注：松多水出隴山〔六一〕，西南流，逕降隴城北，又西南注秦水〔六二〕。

昇明元年，氐帥楊文度遣其弟文弘襲魏仇池，陷之。魏征西將軍皮歡喜入建安。建安即歷城，去仇池一百二十里。文弘棄城走〔六三〕。歡喜拔葭蘆，殺文度。魏以楊廣香爲陰平公，戍葭蘆。

齊建元三年，文弘遣楊後起據白水。建武四年，魏都督李崇襲武都。羣氐皆棄楊靈珍散歸，崇進據赤土。魏志：武階郡有赤土縣。

梁天監五年，吕苟兒帥衆十餘萬屯孤山，圍逼秦州。孤山當在上邽左右。魏元麗進擊，大破之。行秦州事李韶襲孤山，獲其父母妻子，苟兒詣麗降。普通五年〔六四〕，莫折念生遣其都督楊伯年攻仇鳩、河池。二戍也。河池即今河池縣，有河池水。仇鳩與河池相近。莫折念生遣都督竇雙攻魏盤頭。郡名。長舉縣。六年，莫折天生屯黑水，魏岐州刺史崔延伯擊天生於黑水，大破之，追奔至小隴。天生遂塞隴道。七年，天水民吕伯度據顯親，以拒莫折念生。中大通二年，万俟道洛出水洛城，爾朱天光擒之。大同元年，魏渭州刺史可朱渾道元帥所部渡烏蘭津〔六五〕。大寶二年，節度使楊乾運拔南陰平。胡氏曰：南陰平，今之文州。即文縣。

隋義寧元年，岷山羌酋鍾利俗擁衆歸金城薛舉。臨洮郡有岷山。西突厥闕度設據會寧川，自稱闕可汗。薛舉自稱秦帝，將兵圍天水，克之，遂自金城徙都之。舉遣仁越將兵趨劍口，至河池郡，太守蕭瑀拒之。

唐開元二年，薛納與吐蕃戰於武街，大破之。武街驛在渭州西界〔六六〕。廣德元年秋，吐蕃入大震關，〔旁注〕在隴州之西，秦州之東。陷岷、秦、成、渭等州〔六七〕，盡取河西、隴右之地。唐自武德以來，開拓邊境，地連西域，皆置都督、府、州、縣。開元中，置朔方、隴右、河西、安西、北庭諸節度使以統之，歲發山東丁壯爲戍卒，繒帛爲軍資，開屯田，供糗糧，設監牧，畜馬牛，軍城戍邏，萬里相望。及安禄山反，邊兵精鋭者皆徵發入援，謂之行營，所留兵單弱，胡虜稍蠶食之，數年間，西北數十州相繼淪没，自鳳翔以西，邠州以北，皆爲左衽矣。建中四年春正月，隴右節度使張鎰與吐蕃尚結贊盟於清水。貞元十六年，靈州破吐蕃於烏蘭〔六八〕。地理志：會州烏蘭縣有烏蘭關〔六九〕。大中二年〔七〇〕，鳳翔節度使崔珙奏破吐蕃，克清水。清水先隷秦州，詔以本州未復，權隷鳳翔。清水即秦仲所封。九域志：清水，秦州東九十里〔七一〕。宋白曰：長興中，移清水縣於上邽鎮。九域志云：清水，長興所移也。五年，吐蕃恐熱入朝，求爲河渭節度使，不許，復歸落門川，聚〔七二〕。咸通四年，置天雄軍於秦州，以成、河、渭三州隷焉。

後梁乾化元年，城西縣〔七三〕，號安遠軍。岐王使劉知俊擊蜀，知俊與王宗侃戰於清泥嶺。在長舉縣西北五十里。懸崖萬仞，上多雲雨，行者多逢泥濘。蜀兵敗績，宗侃收散兵走保安遠軍。即西縣，在興州西百里。後唐同光三年，蜀節度使王承休、副使安重霸謀擊唐軍。承休乃買文、扶州路以歸，遂自扶、文而南。後晉開運元年，蜀人攻階州。秦州兵救階州，出黃階嶺，敗蜀兵於西平。

宋雍熙二年，李繼遷誘都巡檢使曹光實於葭蘆川，殺之。熙寧二年，夏主上表請納安遠、塞門二砦，以乞綏州，不果與。五年，升古渭砦爲安遠軍〔七四〕，以根本隴右，以通遠軍隸熙河路〔七五〕。時置熙河路，然河、洮、岷三州猶未能復也。六年，岷、宕、洮、疊州皆以其城降王韶。七年，包順敗鬼章於多移谷。种諤敗鬼章於鐵城〔七六〕。州東八十里。元豐四年，种諤遣曲珍率兵通黑水安定堡，與夏人遇，大敗之。六年，薛義敗夏人於葭蘆西嶺。七年，夏人寇定西城〔七七〕。主將秦貴敗之。元符二年，初城會州，以西安城北六砦隸之。崇寧三年，秦鳳招納司言〔七八〕：階州生番納土，得邦、潘、疊三州。升通遠軍爲鞏州。

紹興元年，金烏魯折合自階、成出散關寇和尚原。時關、隴六路盡陷於金，所餘階、成、岷、鳳、洮五州〔七九〕，及鳳翔之和尚原，隴州之方山原而已。二年，王彥敗劉豫將郭振於白石鎮，復秦州。三年，劉子羽之師潰於饒風關〔八〇〕。吴玠走西縣。十一年，吴璘復秦州。金將屯劉家圈。璘以疊陣法更迭戰，士殊死鬭。金人大敗，死者萬人。胡盞走保臘家城。臘家城在秦州東北九十里。城存。璘圍而攻之，城垂破，詔班師。時璘拔秦州，其勢方張。詔至，璘即自臘家城還河池，楊政還鞏。三十一年，金人扼大散關，吴璘等敗之，金人犯黃牛堡，制置使王剛中跨一馬，馳二百里，告援於璘。璘大驚，即馳至殺金坪，駐青野原，調兵分道而進，授以方略，以援黃牛。又遣別將彭青夜劫橋頭砦，破之。三十二年，吳璘復大散關〔八一〕。開禧二年，吳曦焚河池，退保青野原，金人入大散關。三年，孫忠鋭復大散關。金人復陷大散關。李好義襲秦州，圍皂郊堡，與金术虎高琪戰〔八二〕，敗績。嘉定元年，金人來歸大散關。十年，金阿鄰入湫池堡、天水軍，遂據大散關。十一年，金人焚大散關。金阿鄰入皂郊堡。金人焚湫池堡。王逸帥四川忠義人復皂郊，追金阿鄰，斬之，進攻秦州，至赤谷口而潰。金人入成州及河池縣，復侵大散關。十三年，夏人圍金鞏州，且來趣兵。王仕信帥師發宕昌，四川宣撫司統制質俊、李實帥師發下城，安丙命諸將分道進兵〔八三〕，沔州都統張威出天水〔八四〕，利州都統程信出長道，興元都統陳立出大散關，統制田冒出子午谷〔八五〕，金州都統陳昱出上津。質俊等克來遠鎮，敗金人於定邊城。王仕信克鹽川鎮。程信引兵會夏人於鞏州，攻城不克，遂趨秦州。夏人自安遠砦退師。信復邀夏人共攻秦州，不從，遂自伏羌城引兵還。紹定四年，蒙古分兵入大散關。

【校勘記】

〔一〕翟豲之戎　「豲」，底本作「豬」，川本同，據滬本及史記匈奴列傳改。

〔二〕元鼎六年冬十月　「六」，川本、滬本同，漢書武帝紀作「五」，通鑑卷二〇作「四」。

〔三〕登空桐山　「空桐」，川本、滬本及史記武帝本紀同，漢書武帝紀作「空同」，通鑑卷二〇作「崆峒」。

〔四〕空桐在岷州溢樂縣西　「空桐」，川本、滬本同，新唐書地理志作「崆峒」。

〔五〕則在成縣矣　「成」，底本作「城」，據川本、滬本及明統志卷三五改。

〔六〕漢中王嘉與李寶　「與」，底本作「興」，據川本、滬本及通鑑卷二〇改。

〔七〕永平十七年　「平」，底本作「和」，川本、滬本同，據通鑑卷四二改。

〔八〕公孫述使王元與環安拒河池　「與」，底本作「興」，川本同，據滬本及通鑑卷四二改。

〔九〕隴西太守張紆　「紆」，底本作「行」，川本同，據滬本及通鑑卷四七改。

〔一〇〕護羌校尉　「尉」，底本脱，川本、滬本同，據通鑑卷四八補。

〔一一〕鍾羌攻没臨洮縣　「鍾」，底本作「種」，川本、滬本同，據通鑑卷四九改。

〔一二〕永和五年　「永和」，底本作「陽嘉」，川本、滬本同，據通鑑卷五二改。

〔一三〕參䜌　「䜌」，底本作「巒」，川本、滬本同，據通鑑卷五二改。

〔一四〕阿陽　「阿」，底本作「河」，據川本、滬本及通鑑卷五二改。

〔一五〕尹奉　底本脱，川本、滬本同，據滬本眉批及通鑑卷六六補。

〔一六〕西縣　底本作「縣西」，川本、滬本同，據水經漾水注、通鑑卷六六乙正。

〔一七〕在嶓冢之西七十里　「之西」，底本脱，川本同，滬本空缺，據水經漾水注、通鑑卷六六補。

〔一八〕因擊長離羌　「離」，底本脱，川本同，據滬本及通鑑卷六七補。

〔一九〕延熙十年　底本作「二十五年」，川本同，據滬本及三國志蜀書姜維傳改。

〔二〇〕十六年　底本作「二十六年」，川本同，據滬本及三國志蜀書姜維傳改。

〔二一〕十七年　「十七」，底本缺字，川本同，據滬本及三國志蜀書姜維傳補。

〔二二二〕十八年　「十八」，底本缺字，川本同，據滬本及三國志蜀書姜維傳補。

〔二二三〕泰還屯上邽　「泰」，底本作「維」，川本、滬本同，據三國志魏書陳泰傳、通鑑卷七六改。

〔二二四〕十九年秋　「十九」，底本缺字，川本同，據滬本及三國志魏書姜維傳補。

〔二二五〕上邽之南有段溪水　「有」，底本脫，川本、滬本同，據水經渭水注、通鑑卷七七補。

〔二二六〕天水太守王頎　「太守」，底本脫，川本同，據滬本及通鑑卷七八補。

〔二二七〕追戰於彊川口　「彊」，底本作「疆」，川本同，據滬本及三國志魏書鄧艾傳改。下同。

〔二二八〕在嵹臺山南　「南」，底本脫，川本、滬本同，據通鑑卷七八補。

〔二二九〕從橋頭至陰平　「頭」，底本脫，川本同，據滬本及三國志魏書鄧艾傳、通鑑卷七八補。

〔二三〇〕自號輔國將軍　「輔國」，底本倒誤爲「國輔」，川本、滬本同，據通鑑卷八二乙正。

〔二三一〕南陽王模表其世子保鎮上邽　「陽」，底本作「楊」，川本同；「保」，底本作「孫」，川本同，並據滬本及通鑑卷八七改。

〔二三二〕建武元年　「建」，底本作「廷」，川本同，據滬本及通鑑卷九〇改。

〔二三三〕張寔遣兵救之　「寔」，底本作「實」，川本、滬本同，據通鑑卷九一改。

〔二三四〕拔陰密　「密」，底本作「平」，川本、滬本同，據通鑑卷九一改。

〔二三五〕自帥精騎突圍　「自」，底本脫，川本、滬本同，據通鑑卷九二補。

〔二三六〕曜自將戎卒營河上　「曜」，底本脫，川本、滬本同，據通鑑卷九二補。

〔二三七〕成都李雄遣李琀李稚出白水　「都李雄」，底本脫，川本同，據滬本及通鑑卷九二補。「琀」，底本作「瑲」，川本同，據滬本及通鑑卷九二改。下同。

〔三八〕李玕　「玕」，底本作「玗」，川本同，據滬本及通鑑卷九二改。

〔三九〕西縣侯雅　「西縣」，底本脱，川本、滬本同，據通鑑卷一〇三補。

〔四〇〕楊定攻隴冀　「攻」，底本作「攷」，據川本、滬本及通鑑卷一〇七改。

〔四一〕漢屬漢陽郡　「漢陽郡」，底本作「漢陽縣」，川本作「漢陽」，滬本同，據續漢書郡國志、通鑑卷一〇八改。

〔四二〕晉改顯新　「新」，底本作「親」，滬本同，據川本及晉書地理志、通鑑卷一〇八改。

〔四三〕二十年　底本「年」上衍「四」字，據川本、滬本及通鑑卷一〇八删。

〔四四〕西秦王乾歸遣乞伏益州討姜乳　「遣」，底本脱，川本同，據滬本及通鑑卷一〇八補。

〔四五〕竇苟　「竇」，底本作「寶」，據川本、滬本及通鑑卷一〇九改。

〔四六〕屠飛　「屠」，底本作「楊」，川本、滬本同，據晉書姚興載記、通鑑卷一〇九改。

〔四七〕乾歸使慕兀屯伯陽　「兀」，底本作「元」，據川本、滬本及通鑑卷一一一改。「伯陽」，川本、滬本同，通鑑卷一一一作「柏陽」。

〔四八〕水經注　「注」，底本脱，川本同，據滬本及水經渭水注、通鑑卷一一一補。

〔四九〕夏王勃勃寇隴右　「王」，底本脱，川本、滬本同，據通鑑卷一一五補。

〔五〇〕柏陽　川本、滬本同，通鑑卷一一六作「柏陽堡」。

〔五一〕秦後將軍姚平救祁山至克之　底本作「秦後將軍姚平救祁山，守將姚嵩追之。夏王勃勃帥師襲上邽，克之。盛引兵退，平與嵩追之」，川本、滬本同，據滬本眉批及通鑑卷一一七改補。

〔五二〕嵩與盛戰於竹嶺　「盛」，底本作「裕」，川本、滬本同，據滬本眉批及通鑑卷一一七改。

〔五三〕宋元嘉三年　「三」，底本作「二」，川本、滬本同，據通鑑卷一二〇改。

〔五四〕古弼　川本、滬本同，通鑑卷一二一作「丘眷」。

〔五五〕秦王暮末輿櫬出降　「末」，底本作「未」，川本同，據滬本及通鑑卷一二二改。「櫬」，底本作「襯」，據川本、滬本及通鑑卷一二二改。

〔五六〕武興有蘭皋戍　「有」，底本脱，川本、滬本同，據通鑑卷一二四補。

〔五七〕濁水戍　「戍」，底本脱，川本、滬本同，據通鑑卷一二四補。

〔五八〕河間公救之　「間」，底本作「澗」，據川本、滬本及通鑑卷一二四改。

〔五九〕與秦益雜民萬餘户據上邽東城反　「户」，底本脱，川本、滬本同，據通鑑卷一二四補。

〔六〇〕王元達　「元」，底本作「九」，川本、滬本同，據通鑑卷一二四改。

〔六一〕松多水出隴山　「水」，底本作「川」，川本、滬本同；「出」，底本作「在」，川本、滬本同，並據水經渭水注、通鑑卷一二四改。

〔六二〕逕降龍城北又西南注秦水　「城」，底本作「縣」，川本、滬本同；「北又西」，底本脱，川本、滬本同，並據水經渭水注、通鑑卷一二四改補。

〔六三〕文弘棄城走　「棄」，底本作「去」，川本、滬本同，據通鑑卷一三四改。

〔六四〕普通五年　「通」，底本作「明」，川本、滬本同，據通鑑卷一五〇改。

〔六五〕魏渭州刺史可朱渾道元帥所部渡烏蘭津　「州」，底本作「川」，川本、滬本同；「渡」，底本作「度」，川本、滬本同，並據通鑑卷一五七改。

〔六六〕武街驛在渭州西界　「州」，底本作「水」，川本、滬本同，據通鑑卷二一一改。

〔六七〕陷岷秦成渭等州　川本、滬本同，通鑑卷二二三「陷」下「岷」上有「蘭廓河鄯洮」五字。

〔六八〕靈州破吐蕃於烏蘭　川本、滬本同，通鑑卷二三五「蘭」下有「橋」字。

〔六九〕地理志會州烏蘭縣有烏蘭關　川本、滬本同，通鑑卷二三五「關」下有「橋當在關外黄河上」八字。

〔七〇〕大中二年　「二」，底本作「元」，川本、滬本同，據通鑑卷二四八改。

〔七一〕秦州東九十里　「東」，底本脱，川本同，據滬本及九域志卷三補。

〔七二〕復歸落門川聚　川本、滬本同。新唐書吐蕃傳作「復趨落門川，收散卒」，通鑑卷二四九作「復歸落門川，聚其舊衆」。

〔七三〕城西縣　川本、滬本同，通鑑卷二六八「城」上有「步軍都指揮使王崇綰」九字。

〔七四〕五年升古渭砦爲安遠軍　「安遠軍」，川本、滬本及宋史地理志同。續資治通鑑長編卷二三三云，熙寧五年辛巳，詔以古渭寨爲通遠軍，以王韶兼知軍。續通鑑卷六九、康熙補訂天啓鞏川府志卷三皆作「通遠軍」。據九域志卷三，安遠軍置於天禧二年，非熙寧中所置。拟當從長編作「通遠軍」。

〔七五〕以通遠軍隸熙河路　「熙」，底本作「西」，據川本、滬本及宋史地理志改。

〔七六〕种諤敗鬼章於鐵城　「种」，底本作「神」，川本同，據滬本及宋史种諤傳改。下同。

〔七七〕夏人寇定西城　「城」，底本作「域」，川本、滬本同，據續資治通鑑長編卷三四八、續通鑑卷七八改。

〔七八〕秦鳳招納司言　「秦鳳」，川本、滬本同，皇宋十朝綱要卷一六「鳳」下有「路」字，是。

〔七九〕所餘階成岷鳳洮五州　「所」，底本作「口」，川本同，滬本作「止」，據本書下文階州紹興六年夏六月條及康熙補訂天啓鞏昌府志卷三改。

〔八〇〕饒風關　「風」，底本作「鳳」，川本同，據滬本及宋史吴玠傳、康熙補訂天啓鞏昌府志卷三改。續宋編年資治通鑑卷三、續通鑑卷一〇九作「但」，是。

〔八一〕三十二年吴璘復大散關　「三二」，底本脱，川本、滬本同。續資治通鑑綱目卷一五紹興三十二年條：「吴璘復大散關，分兵守和尚原，金人走寶鷄。」據補。

〔八二〕與金术虎高琪戰　「金」，底本脱，川本同，據滬本及金史术虎高琪傳補。

〔八三〕安丙　「丙」，底本作「内」，據川本、滬本及續宋編年資治通鑑卷一五改。

〔八四〕天水　「天」，底本作「尺」，川本、滬本同，據宋史張威傳、續宋編年資治通鑑卷一五改。

〔八五〕統制田冐　「冐」，底本作「冒」，川本同，滬本作「冒」，據宋史寧宗紀、續宋編年資治通鑑卷一五、續通鑑卷一六一改。又，宋史寧宗紀、續宋編年資治通鑑、續通鑑「統制」之上均有「興元」二字。

平涼府

春秋爲朝那故地。秦屬北地郡。漢析置安定郡，治高平。晉徙治臨涇。後魏於潘原縣爲武門州〔一〕，屬太平郡〔二〕。後周屬原州。隋爲安定郡，治安定縣；又析置平涼郡，治平高〔三〕。唐爲原州平涼郡都督府。廣德元年，没吐蕃後置行原州於靈臺之百里城〔四〕。貞元十九年，徙置平涼。元和三年，又徙治臨涇。大中三年，收復關、隴，歸治平高〔五〕。廣明後，復没吐蕃，又僑治臨涇。元和中，以原州平涼縣置行渭州，後陷於吐蕃。中和四年，復置渭州。

崆峒山，在平涼縣西三十里。其最高者爲翠屏山。上有圓石如珠，一名垂珠峯。又有香爐臺，山南有皂鶴洞，中有皂鶴，每見必主兵革。東巖別峯之陰，有廣成子洞。西峯之東，有仙人弈臺，有琉璃泉。山麓有問道宫，黄帝問道於廣成子，蓋在此也。莊子曰：黄帝立爲天子十九年，聞廣成子在於崆峒之上，故往見之。寰宇記曰：赫連定畋於涼州，登可藍山，望統萬城，泣曰：先帝若以朕承大業，豈有今日事〔六〕！俄而有羣狐鳴於定旁，命射之，竟不得一。乃嘆曰：此亦怪事也。

暖泉，在府城北。其水湧出，四時温熱。魚鳥菰蒲，宛若江南勝境。

【校勘記】

〔一〕後魏於潘原縣爲武門州　「武門州」，川本作「武州」，滬本及雍大記卷四、雍勝略卷一八、康熙陝西通志卷四同。清統志卷二六潘原廢縣：漢置陰盤縣，在今陝西邠州長武縣，屬安定郡。後魏移置於此，兼置平原郡。唐天寶元年，改曰潘原。後屢有改廢。中和四年，武州僑置於此，復立爲縣。元初并縣入平涼。紀要卷六八同。據此，本句疑有脱誤。

〔二〕屬太平郡　川本、滬本及雍大記卷四、雍勝略卷一八、康熙陝西通志卷四同。按魏書地形志，原州領有高平郡。而隋書地理志謂「後魏置太平郡」。楊守敬隋書地理志考證於後魏置高平郡下云：隋書地理志高平「各本並誤作太平，今訂」。似「太」當作「高」。本書下文鎮原下「後魏置高平鎮，後爲太平郡」之「太」字亦似當作「高」。

〔三〕又析置平涼郡治平高　「平高」，底本作「高平」，川本、滬本及雍大記卷四、雍勝略卷一八同，據隋書地理志、楊守敬隋書地理志考證乙正。

〔四〕後置行原州於靈臺之百里城　「後」，底本作「復」，川本同，據滬本及新唐書地理志、雍勝略卷一八改。

〔五〕大中三年收復關隴歸治平高　底本作「大中三年收復置關隴驛治高平」，川本、滬本及雍勝略卷一八同，據新唐書地理志刪改。

〔六〕豈有今日事　「事」，川本、滬本及明統志卷三五同，寰宇記卷一五一作「乎」。

鎮原　秦爲北地郡地。漢爲高平、臨涇、彭陽地，屬安定郡。後魏置高平鎮，後爲太平郡，兼置原州。隋初郡廢，大業初州廢，爲平高縣〔一〕。屬平涼郡。唐初爲原州。國朝洪武中，改爲鎮原縣，屬慶陽府。尋改隸平涼府。　雍録曰：蕭關，在原州高平縣東南三十里。漢文帝時匈奴入蕭關〔二〕，即此也。神龍三年，於隋他樓縣置蕭關縣〔三〕，特取古關名之，非漢蕭關地也。按通志於平涼縣載蕭關，而瓦亭砦下注云：即古蕭關。一統志云：在鎮原縣西北一百四十里。雍録曰：在原州高平縣東南三十里。及考地志沿革，平涼爲秦北地郡。漢析置安定郡，治高平。晉徙置臨涇。隋安定郡治安定縣，又析置平涼郡，治平高〔四〕。而鎮原之地，又云元魏置高平鎮，後爲高平郡。唐大中三年，收復關、隴，以平涼郡歸治平高縣〔五〕，則古之平涼徙治不一，而今之平涼縣，漢與後周俱爲朝那縣，並無高平之文。其云蕭關在鎮原者近之。但一統志謂在鎮原西北，而雍録謂在高平東南，是高平古治，尚在鎮原西北一百七十里之地也。

【校勘記】

〔一〕大業初州廢爲平高縣　「平高」，底本作「高平」，川本、滬本同，據隋書地理志、嘉靖平涼府志卷一〇乙正。

〔二〕漢文帝時匈奴入蕭關　「匈」，底本作「白」，川本同，據滬本及漢書匈奴傳、雍録卷六改。

〔三〕於隋他樓縣置蕭關縣　「於隋」，底本作「隋於」，川本、滬本同，據雍録卷六乙正。

〔四〕又析置平涼郡治平高　「平高」，底本作「高平」，川本、滬本同，據隋書地理志、楊守敬隋書地理志考證、紀要卷五八乙正。

〔五〕以平涼郡歸治平高縣　「平高」，底本作「高平」，川本、滬本同，據新唐書地理志乙正。

鞏昌府

唐天水郡，屬隴右道；武都、河池、成州、下辨屬山南西道。寶應初，陷於吐蕃，咸通收復。宋以南境階、成、河池等隸利州路，後又置五軍，隴西爲通遠軍，天水爲雄武軍。紹興中，置便宜宣撫處置等使，南境皆聽節制。富平之敗，五路盡陷於金。九年，和議成，歸秦、隴地。十年，背盟，後陷。金置熙河路，北境郡邑皆隸之，惟階、成、鳳、和、陰平尚屬宋，隸利州。元改鞏昌路。禹貢：九山刊旅。史記：西傾、嶓冢。索隱：九山古分爲三條。馬融以岍即隴山。爲北條，西傾爲中條，嶓冢爲南條。鄭康成分爲四列：岍爲陰列，西傾次陰列，嶓冢爲次陽列，岷山正陽列。陳氏云〔一〕：西傾之列，渭水所經，嶓冢之列，漢水所經。

【校勘記】

〔一〕陳氏云　「云」，底本無，川本同，據滬本補。

隴西　秦爲隴西縣。漢改襄武。後漢爲貆道縣〔二〕。蜀、魏互爭，魏每於其地宿兵以拒蜀。

縣西北十里曰三品石山，俗名安家山。其山自岷嶺蜿蜒而來，止於郡之乾隅。其上寬平可耕。山腹有三巨石，參列如品字，故名。西、渭二河交會其前，郡之主山也。麓有岐路，西南通洮、岷，西北通臨洮。南五里曰鎖峪山〔三〕。其下爲烽火臺。有馮將軍遺壘。又八十里曰翠屏山。峭拔聳翠，五峯錯立。自郡城望之如畫。西秦乞伏國仁襲鮮卑三部於山曲。北一里曰河浦坡。在渭之陽，安、會、蘭、靜、河西之通衢也。西二十里赤亭山〔三〕。山色正赤，有堡甚險，可守保。赤亭羌姚弋仲居處，赤亭水出焉。石門山，在城西南八十里。其山羣峯擁翠，兩峯相對若門。翠峯山，在城西南六十里，有黑池。又西九十里曰蓮峯山。俗名馬鹿山。其山五峯分立，曰西五臺。大臺之佛殿覆以鐵瓦。其四臺俱有佛刹，總爲圓明寺。怪石林立，蘂草芬芳，松柏蓊鬱，溪流縈繞，侒佛覽勝者，其途如市，一方之勝境也。其旁有老君山，有貨郎洞。壁崖線道，可以避亂。多橡栗，多蕨，多巖泉。下有二仙洞，有獅子崖，武城水出焉。又十里曰露骨山。界洮、岷。其峯峻絶，盛暑積雪不消，其絶巘可以俯瞰臨、鞏。其右有首陽山，即夷、齊采薇處。有廟，有古冢。渭河，在府北一里。源出鳥鼠山，東過渭源縣，經府城北，其初出才濫觴，納南山諸流，至此遂大。自隴遡寧伏至秦清資澆漑，轉磑磨者四百里，民賴之。南河，出府南三十里荆谷。北流，經烽火臺入渭。長城，在府北境一百里烏龍溝北。山有遺迹，驀山越澗，其上獨黑，若烏龍蜿蜒。俗名長城嶺。西起臨洮，經郡北，至遼東，延袤萬餘里。

安定　東五里曰鳳凰山，亦名照城山。起自馬苑。西二里曰西巖山。亦起自馬苑，與鳳

【校勘記】

〔一〕獂道縣　「獂」，底本作「狟」，川本、滬本同，據續漢書郡國志、明統志卷三五改。

〔二〕鎖峪山　「鎖」，底本作「鑽」，川本、滬本同，據康熙重訂天啓鞏昌府志卷五、清統志卷二五五改。

〔三〕西二十里赤亭山　川本同，滬本「里」下有「曰」字，當是。

凰兩山對峙，蜿蜒數百里。若排闥然。有路焉〔一〕，逕大原以抵於西涼。蓋邑中諸山之綱紀也。南一里曰南安山。其山自洮、岷蜿蜒數百里，至縣之陽而止，通府城路。西八十里曰胡麻山。亦曰胡麻嶺。其山自臨洮起伏至此，甘河水出焉〔二〕。北百里曰北巒山〔三〕。自黄河南，紛峙若蜂窩然〔四〕，至縣北。舊爲莫氏進馬賜牧地。今屬肅府。其山巒嶂層出，北自黄河，羣然而集，若亂峯然。永樂間，龍馬出焉。山氓莫氏獻於朝，遂蒙賜其處爲莫氏牧地云。通西縣故城，在縣南四十里。宋西市貿馬之所。北七十里曰平西城故址。百十里曰定西縣故城。四十里曰巉口關，路通甘肅。東南七十里曰温泉山。其山峻拔，温泉水出焉。

【校勘記】

〔一〕有路焉　「焉」，底本作「馬」，川本同，據滬本改。

〔二〕甘河水出焉　「甘」，底本作「西」，川本、滬本同，據康熙補訂天啓鞏昌府志卷五、乾隆甘肅通志卷五、清統志卷二五五改。

〔三〕北巒山　川本、滬本同，嘉靖陝西通志卷四作「北亂山」，紀要卷五九同，康熙安定縣志卷一作「百巒山」。

〔四〕紛峙若蜂窩然　「峙」，底本作「然」，川本、滬本同，據康熙補訂天啓鞏昌府志卷五改。

會寧　西二里曰牧馬原山。來自隴西北嶺。其上平廣，可耕者周八百里。北五里曰雪山。自賀蘭山分枝，經靖虜衛至縣北。極高峻，西距河，北接沙漠。盛暑積雪不消，隔限華、夷，爲一方雄鎮。北三百里曰紅水嶺。水草甘茂，地周百里，可樵可牧。今爲土達十家侵占。十字川，在縣東北八十里，地頗腴。古城川，在縣南二十五里。有宋時古城。南河，在縣南二里。其河自保川諸澗中流出，有二水：一逕珍稟山、麋岔、鹿岔、松岔，至南峪；一逕白草岔、紅嶺岔，至瓦岔，其流俱漸大，俱經式虎山，苦水從東注之，過縣西北，抵靖虜入黃河。東北百二十里曰十字河。其源出自隆德之隱山谷中，入十字川，爲乾溝河，至乾溝驛，合大河，入黃河。北百八十里曰祖厲河。自安定縣來，北與祖厲水合，入黃河。北二百七十里曰黃河。西北自金城來，經古會州，納諸水，勢洶湧，限二虜，爲萬年之險。

通渭　照城山，在縣西北二〔旁注〕北一。里，俗呼筆架山。其山五〔旁注〕三。峯崒嵂，〔旁注〕昂然。綿亘三百餘里，縣之主山。蘭家峽，在縣東南八十里。縣河經於此。有二十四渡，水冬冰夏漲。中川，在縣東十五里。兩山環抱，川平如掌。有中川水〔二〕，南流入於渭。西河，在縣西二里。其河自華川至此，而南流入於渭。北河，在縣東五里。出第二岔，會南河入於渭。南河，在縣北七十里。南流入於渭。東七十五里曰雞川縣故城。南百有五里曰安遠縣故城。有二城，俗呼爲雙城。西八十里曰城川縣故城。境内有甘松縣故城，今莫詳其處。

【校勘記】

〔一〕中川水　「水」，底本脱，川本、滬本同，據萬曆重修通渭縣志卷一、康熙補訂天啓鞏昌府志卷五、康熙陝西通志卷三補。

寧遠　南十五里曰老君山。〔旁注〕有石洞、湫池。又有棋盤山、仙人洞。其山雄偉廣大，自岷州迤邐而來，有仙人洞。西南二十里曰廣吳山。其山來自岷州，廣吳水出焉。

伏羌　西南三里曰大像山。其巔有大佛石像，高百尺，上覆以樓。宋嘉祐間所鑿。樓今廢。其後山平可耕，右爲隗囂歇涼臺，左爲河峪。西二十五里曰麥垛山。與朱圉連，若麥垛。秦、隴通衢，渭水經焉。暴漲則扼行旅，今沿崖設棧，行者便之。木梅川，在縣西二十〔旁注〕北十五。里。其川倚朱圉，臨渭水。有觀音院。落門河，在縣西五十里。出南山，經落門入渭。即來歙破隗純處。俗稱小落門。

西和　東二里曰豐臺山。其山起草關，止黑峪，黑峪水經其下。東南二里曰岷山。〔旁注〕元和志云：在縣南一里。九域志曰：山無樹木。其西有夫女堆，洮水經其下。七十五里曰蘭山〔一〕，單水出焉，其流注漢江。　西北二〔旁注〕三。里曰空同山〔二〕，〔旁注〕其上有空洞。是曰西空同。杜工部詩所謂「崆峒小麥熟〔三〕，且願休王師」者也。　南二里曰橫水，出橫嶺山下，經長道，至天嘉入白水江。　北九十里曰鹽官水。出嶓冢山，西南流，經長道故縣，入白水江。　曰鹽井。漢志曰：隴西有鹽官。唐名鹽官鎮。其井水與岸齊，其鹽甘而有味。國朝洪武初，僉竈丁五十名煎輸縣官。〔旁注〕歲煎鹽，縣司運納焉。歲額官鹽一十三萬千九百零。　東北九十里曰西漢水。其水亦出嶓冢山，與馬池水合，入白水。其旁有諸葛軍壘。　諸葛堡，在縣西北七十里長道鎮。漢水繞其下，中突起一小山，若臺，武侯伐魏時出兵處也。　仇池故城，在西和之南〔四〕，成縣之北，相去各百里。古爲白馬氐楊茂搜所居。〔旁注〕自山之上屬長道，下屬成州同谷。其山四面斗絶，稜角外向，自成城郭、樓櫓之狀。上者羊腸盤道三十六回，隘處可以當關。上有地百頃〔五〕，有十九泉。其土可煮成鹽，奇花異草，豐泉茂林。蓋天下之名阻，隴右之勝境也。後楊難敵築城其上。今城廢址存。

【校勘記】

〔一〕七十五里曰蘭山　「曰蘭山」，底本作「蘭」，川本同，據滬本補。

〔二〕空同山　川本同，滬本作「空洞」。明統志卷三五、康熙補訂天啓鞏昌府志卷五、康熙西和縣志卷二、清統志卷二五五皆作「崆峒山」。下「西空同」之「空同」同。

〔三〕崆峒小麥熟 「崆峒」，底本作「空同」，川本、滬本同，據杜甫送高三十五書記改。

〔四〕西和 「和」，底本作「河」，川本、滬本同，據嘉靖陝西通志卷一三、雍勝略卷一九、康熙補訂天啓鞏昌府志卷六改。

〔五〕上有地百頃 「地」，川本、滬本同，紀要卷五九、康熙補訂天啓鞏昌府志卷六、康熙陝西通志卷二七、圖書集成職方典卷五六三並作「田」。

秦州 東四十里曰龜山。山周五里，中突起如龜背，其麓爲社樹坪。南臨渭水，渡用筏。右濱清水。或疑即邽山，當上邽縣故城，邽訛爲龜耳。且與邽山相近，理或然也。水經注云〔一〕：上邽，天水郡舊治也。今與邽山密邇。 六十里曰小隴山。其山長而高，雖不及大隴，而聳拔似之。俗稱丁鏵嶺。清水出焉。〔旁注〕秦水俗稱北村河。與大隴山連，直至寶雞。 八十五〔旁注〕一百一十。里曰吳砦山。有吳鎮，入南山采木者之路。有木廠，有客店。官莊鎮在其東。 隗囂連城，在秦州北郭外里許鳳凰山上。城凡三，相連甚險。 杜工部草堂，村曰子美村，即古北枝村。有東柯河，北流入於渭。 南又十里曰麥積山〔二〕。其山三面壁立，其高入雲。頭大根縮，形如積麥。巖間有上七佛、中七佛、下七佛，皆鑿巖而列，棧道盤旋而上。有千佛堂、萬佛堂。極高處曰牛兒堂，皆鑿洞居之。牛兒堂洞門僅三尺〔三〕，中有大碑六〔四〕，皆高丈餘。有大木一，長三丈，不知何自入，人以爲神。蓋天水第一佳境也。其南有香積山，永川水出焉。其北有鵰巢峪〔五〕。其上有隗囂避暑宮，南五十里界兩當。〔旁注〕此條次序、里數皆與郡記不合，今兩存之〔六〕。改龍山〔七〕，下有街子口，即古上邽縣，故址猶存。有改龍寺。又三十里曰燕子山。有燕子關。其地多油松，多材木。有木耳，有笋，多蜜蠟。黨水出焉，東流入嘉陵江。東北二百里抵胡店〔八〕，有防守官。又五十里界寶雞。又一百五十里有秦嶺山。其山長而秀，周數百里。東聯鳳翔〔九〕，南界漢中。又三百二十里有金門山。其山秀峭如畫，直接鳳郡。自小隴南望五峯如吳嶽。有棧道通鳳縣。翠屏山，在州南二里。其麓爲石馬坪〔一〇〕，即漢將軍李廣墓。其右三里曰武峯山。其上有古南山寺。杜子美秦州雜詩所謂「山頭南郭寺，水號北流泉」者也。泉今訛爲南山靈湫。又南三〔旁注〕六。十里曰瓦子岔山。自大門鎮界成縣，自鐵衣峽抵黃渚關，界徽州。其東南二十五里曰雲臺山，其上有雲臺觀，其下有稍子站、茶引所。又十〔旁注〕五十。里爲白鼠峽。〔旁注〕蠟。又二十里曰大小山。高橋巡檢司在焉。又三十里爲火鑽峽。有鎮，有批驗所，界徽州。迤南少西曰黑谷山。其山峻巔喬林，連跨數縣。有黑谷關。宋紹興初，郡守程俊置，以防秦、鞏，其路要衝。七十五里曰半坡山，連關子嶺。九十里曰刑馬山。多林木，路可行車。迤南爲固城山，藉水出焉。有蒿坪，多當歸〔一一〕。又六十里經小落門，界寧遠，曰壽山。其上有隗囂連城〔一二〕，遺址猶存。舊有寺，今廢。杜子美詩：「秦州城北寺，傳是隗囂宮」

者也。　三十里曰卦山。即伏羲畫卦處。〔旁注〕成紀之北約三十里曰三陽川。其西北隅有伏羲畫卦臺。山中斷，忽突出一小山，上有羲皇廟，渭流其下，龍馬山在其北。渭河中有分心石，卦臺有遺迹。北爲三陽川，其里爲番八、番九、番十。南爲新陽川，其里爲漢四、漢六、漢十。蓋昔金、宋所分。今存其名，地界秦安。　天靖山，在州西北一里。其上有玉泉，因建玉泉觀。西巖有李杜祠。嚚宮之西，鳳山之東，有砦焉，吳璘守秦處也，遺壘猶存。　東南二十里曰剪子嶺與關子嶺。嶺與兩山聯若關，豈古所謂秦州關歟？　又四十里爲槐樹嶺，界伏羌。　天水湖，在州西南七里。其水冬夏平滿，不溢不涸。　四十里曰漾水。漢之源也，故稱其地曰漢源。　南門外曰藉水。藉河，俗作夕河。　其水自刑馬山發源，經鐵爐口、夕陽川，關子水注之，赤峪口注之。至州南，合來峪水，至沙隴東，橫河水注之，至峽口入渭〔一三〕。　渭水，逕州北二十五里。其水西自伏羌連圓川入州境，逕三陽川、南河、峽口，受藉水，至社樹坪，清水注之，出胡店至於寶雞。　伏羲陵，在州北四十里。世傳三陽寨媧牛堡有伏羲陵〔一四〕。　秦文公墓，在麥積山下秦嶺。史記：秦文公、寧公皆葬於西山。今隴西西縣，蓋此地也。山陵考。　東五十里曰秦水，出小隴之西。曰清水，出小隴之東，俱入渭。　街亭，在州東南七十里。今名街子口。　漢馬謖與張郃戰失利處。　天水古郡，在州東南一里。　秦時古城。

【校勘記】

〔一〕水經注云　「注」，底本脱，川本、滬本同，據水經渭水注補。

〔二〕南又十里曰麥積山　「南又十里」，川本、滬本同，雍勝略卷一九、康熙補訂天啓鞏昌府志卷五均作「東南八十里」，疑是。

〔三〕牛兒堂洞門僅三尺　「兒」，底本脱，川本、滬本同，據康熙陝西通志卷二七、圖書集成職方典卷五六四補。

〔四〕中有大碑六　「六」，底本作「亦」，川本、滬本同，據康熙補訂天啓鞏昌府志卷五、康熙陝西通志卷二七、圖書集成職方典卷五六四改。

〔五〕其北有鵰巢峪　「巢」，川本、滬本及雍大記卷一〇、康熙補訂天啓鞏昌府志卷五同，明統志卷三五、嘉靖陝西通志卷四、萬曆陝西通志卷六、雍勝略卷一九、紀要卷五九、圖書集成職方典卷五五八、乾隆甘肅通志卷六、乾隆直隸秦州新志卷二、清統志卷二七四皆作「窠」。

〔六〕此條次序里數皆與郡記不合今兩存之　底本注於上文「南又十里曰麥積山」旁，川本同，據滬本改移。

〔七〕改龍山　川本同，滬本作「□□□□曰改龍山」。康熙補訂天啓鞏昌府志卷五云，改龍山，在東南一百里。乾隆甘肅通志卷六、清統志卷二七四同。康熙陝西通志卷三作「在州南五十里」，圖書集成職方典卷五五八同，乾隆直隸秦州新志作「在州東南七十里」。

〔八〕東北二百里抵胡店　「里」，底本脱，川本同，據滬本及康熙補訂天啓鞏昌府志卷五補。

〔九〕東聯鳳翔　「翔」，底本作「境」，川本、滬本同，據康熙補訂天啓鞏昌府志卷五、圖書集成職方典卷五五八改。

〔一〇〕石馬坪　「坪」，底本作「平」，川本、滬本同，據康熙補訂天啓鞏昌府志卷五、圖書集成職方典卷五五八、乾隆直隸秦州新志卷二改。

〔一一〕多當歸　「歸」，底本作「路」，據川本、滬本及乾隆直隸秦州新志卷二改。

〔一二〕其上有隗囂連城　「連」，底本脱，川本、滬本同，據圖書集成職方典卷五六四、乾隆甘肅通志卷六、乾隆直隸秦州新志卷二補。

〔一三〕闟子水注之赤峪口注之至州南合來峪水至沙隴東横河水注之至峽口入渭　川本、滬本同。康熙補訂天啓鞏昌府志卷五作「闟子水注之，至州南合赤峪水，至沙隴東，横河水至硤口三十里入渭。」乾隆直隸秦州新志卷二作「闟子水注之，東流又受横河水，至州南又合赤峪水，過沙隴至硤口入渭。」據此，「赤峪口注之」疑爲衍文。「合來峪水」之「來」字似爲「赤」字之訛。

〔一四〕伏羲陵　「羲」，底本作「希」，川本同，據滬本及明統志卷三五改。

秦安　東里許曰九龍山。其山磅礴百里，爲縣主山。有九龍廟，有湫，有路通隴州。宋時南爲軍，屬宋，北爲砦，屬金，而秦分矣。故屬宋者稱漢，今秦州里有漢四、漢六。屬金者稱番，今秦里有番八、番九。南二里曰長山。其山長八十里，迤邐而來，經社樹坪，至縣東南而止，亦曰三陽山，西連三陽川。吳璘曾破金人於其曲。西北四十里曰神山嶺。其嶺自陽兀川低昂至閉門關。草木芬蔚，宜畜牧。有路達通渭。東北十五里曰青龍山。其山崒嵂高出，若在雲際。有路達靈夏。隴河，在縣西五十步。其源出新陽崖，會西北山谷諸水，經縣西，東南入於渭。東河，在縣東二里。

其水源自瀑中嶺〔一〕，東會西溝、龍泉，經縣西南入隴河。

【校勘記】

〔一〕其水源自瀑中嶺　「瀑」，底本脱，川本、滬本同，據嘉靖秦安志卷二、乾隆直隸秦州新志卷二補。

清水　東三十里曰亭樂山。〔旁注〕記無。有秦亭遺迹，即非子始封處。或以爲隴州秦城者，非是〔一〕。今爲白沙鋪。　又二十里曰盤龍山。即大隴之支阜，形若盤龍。上有關曰大震，即土番闌入處。　又二十里曰關山，即隴坻。其山磅礴三百餘里，巖岫重疊，層層遞高。其阪十八迴，上下七十里至頂〔二〕。西下則夷，隴西之高可知。　西二十里曰牛頭山。下有牛頭河，即西南諸水之會。姜維大戰牛頭山，即此。　北三里曰集翅山。下有上邽古城。〔旁注〕本志兩出。趙壯侯姜將軍之墓在焉〔三〕。西南十五里曰上邽山。下有上邽城基。　東南三十里曰邽山。〔旁注〕記無。即上邽所得名者。〔旁注〕濛水出焉。　光武伐隗囂，數上隴，駐兵於此。上邽，今清水縣。秦武公逐邽戎置縣。　西南三十五里曰小隴山。　清秦二水所分處。俗謂之坂坡峽。綿延百里，至縣西而止。　南道河，在縣東三里。　出南道峽。〔旁注〕南道峽，在縣東南四里。漢時有南道，通略陽。三國時，諸葛出兵祁山，由此道逆戰司馬懿，遇於上邽東。懿依險，兵不得交。亮退，懿保鹵城。　西流入牛頭河。　光武敗隗囂於南道，即此。段谷水，出段谷山。入牛頭河。西郭外一里曰清水。即小隴山所分者。唐建中四年，隴右節度使與吐蕃盟於清水處。又七十里曰牛頭河。衆水之會也。恭門古城〔四〕，在縣北七十里。秦所築，以備匈奴者。秦亭，〔旁注〕記無。在縣東三十里亭樂山。上有秦亭遺迹。縣西二十五里曰猫兒谷水。即古楊廉川西谷水〔五〕。由黑水經西城，入牛頭河。七十里曰牛頭河。自盤龍山發源，西南流入於渭河。

【校勘記】

〔一〕或以爲隴州秦城者非是　底本爲旁注，川本同，滬本注於「有秦亭遺迹」之下，據康熙補訂天啓鞏昌府志卷五乙正。「城」，底本作「亭」，川本、滬本同，據康熙補訂天啓鞏昌府志卷五、清統志卷二三六改。

〔二〕其阪十八迴上下七十里至頂　「十八」，底本倒誤爲「八十」，據川本、滬本及康熙補訂天啓鞏昌府志卷五乙正。「下」，底本作「者」，川本、滬本同，據康熙補訂天啓鞏昌府志卷五改。

〔三〕趙壯侯姜將軍之墓在焉　「壯」，底本作「北」，川本同，據滬本及康熙補訂天啓鞏昌府志卷五、康熙清水縣志卷二改。

〔四〕恭門古城　「恭」，川本、滬本同，康熙陝西通志卷二七、圖書集成職方典卷五六三、乾隆甘肅通志卷二三、乾隆清水縣志卷二皆作「弓」。

〔五〕楊廉川　「楊」，底本作「陽」，川本、滬本同，據水經漾水注改。

禮　紅土山，在縣東二里。來自寧遠，過西固，落一峯於縣東。上有坪可容萬馬。隗囂戰敗，攜妻子從嶓冢山入鐵堂峽，至長道，抵漢陽，棲於此。　南十里曰翠峯山。峯巒峻絶，端秀如人拱立。　西一百六十里曰莫遮攔山。高出諸山之上，積雪四時不消。　北五里曰高亭山。上有泉，泉出霧即雨。　又二十五里曰九泉山。麓有九泉，旱不竭，潦不溢，民咸取給。　長道河，出嶓冢山西，平地湧泉成河，經長道川，合西和河，至縣東，合𡋣城河〔一〕，西流經漢陽，入白水爲江口。　又三里曰岷江。出岷峨山麓，南流入白水。　大潭廢縣，在縣南八十里。魏置潭水郡。宋改爲大潭縣。今爲鎮。

階州　漢建武十一年冬十月〔一〕，參狼諸羌寇武都。隴西太守馬援擊卻之。　寧康元年冬十一月，秦以王統爲南秦州刺史，鎮仇池。未幾，又移治武都。　唐咸通四年，置天雄軍於秦州，以左金吾將軍王彦實爲天雄軍節度觀察使〔二〕，以成、階、西、禮與隴、渭隸焉〔三〕。　宋紹興元年夏六月，張浚表吴玠爲陝西諸路都統制，時關、隴六路盡陷於金，所餘階、成、岷、鳳、洮五州

【校勘記】

〔一〕合𡋣城河　「𡋣」，底本作「厓」，川本、滬本同，據嘉靖陝西通志卷四、紀要卷五九、乾隆直隸秦州新志卷二改。

及鳳翔之和尚原、方山原而已。九年春二月，詔階、成等州悉聽吳玠節制。國朝成化四年，置岷、洮兵備。正德十五年八月，西固番侵掠階、成。總制尚書王瓊遣鎮守劉文帥師問罪，破其八族，受降而還。嘉靖十三年正月，佪賊馬興糾衆千餘人，據階州鐵爐山以叛，殺千户王靈鳳。萬曆三年夏四月，番乩力啞犯階州，執守備范延武。四年春三月，分守參議劉伯燮、副總兵孫國臣興師問罪，得乩力啞，誅之。崇禎九年冬十二月，流賊闖將李自成、過天星、混天星、蝎子塊等，合數千犯階州，階營守備張國祐以城降。

仙靈山，在州治前。上有堡城，相傳丁平章所置。舊城山，在北峪河西。上有古城遺迹，相傳古州治也。萬壽山，西門外。巋然獨出，大江、北峪合流旋繞其下。夕陽登眺，平蕪桃柳，牛羊在野，差有可觀。米倉山，昔曹操貯米於此，孔明破之。今北路隘口也，宜防之。太石山，在平落驛北十五里。東路隘口也，宜防之。鐵爐山，在州北二百五十里。嘉靖中，馬興所據爲亂處。武都山，在縣西七十里。界西固。上有天池，一方之巨鎮。魚貫崖，在州東一百里。魏鄧艾鑿山入蜀處。仙人峽，在州東二百里，險阻難攻。北三百里曰青石崖，誅馬興處。平草埡，在州北三十里。永樂間，四天王金剛奴爲亂之處。耿岔峪，一名解柏峪。在江南岸五里，有民堡。透防峪，在州東七十里。有古城。響崖，在州東五十里。白龍江經流其下，翻浪如銀，震蕩山谷。萬像洞，在州東三十里白龍江南。其洞深遠幽窅，莫知底止。石迹皆水紋浪縠，如獸如人，千形萬狀，故以萬象名之。　南三十里曰露骨山。其南有萬像仙洞。　白龍江，在州治南。發源於岷之分水嶺，合西固河，經州城之南，合文縣玉壘關、陰江〔四〕，至四川之昭化，入嘉陵江。　犀牛江，在州北二百四十里大石山下，東流入嘉陵江。水色白，即晦夜猶如月色也。其上有犀牛廟。　北峪河，在州西二里。發源於南平，合流於赤砂，水勢洶湧，時衝決爲害，築堤捍之。　乳水，在州南三十里。出石谷，入白龍江。　熊池，在州北一百七十里。有上、下池，即龍湫也。　兩水，在州西三十里。出糧子峪，南入白龍江。

階州地本氐羌，民風樸魯，勁直鄙野。尚鬼重巫，不用醫藥，耕不糞田，女無紡織，樵采煎鹽，倚以爲生。停棺纍纍，代代相因。婚娶論財，不辨姓族，爭忿輕生，動輒自盡。傭工多用婦女，街市貿遷，大半巾幗，孀而多貲者，開門贅夫，名曰承管。至於金廠龍窩，鑛徒眈視，囉哩佪賊，占籍肆竊，當事者宜亟爲之計也。四面環山，地皆磽磧。十日不雨則旱，又十日不雨則逃。民不務本業，采柴熬鹽，鑄鏵煮礬，甚且入廠盜鑛，計日見效，聊資糊口，冬夏蔽體，皆仰給布商。一切土物椒果，山高路險，舟車不通，資銀甚艱。民間衣食不給，且倚西、禮小販爲命。計窮民錙銖，窮軍薄餉，盡爲布商與兩縣麥豆易去〔五〕。

東八十里曰紫水。水色赤黑相間，出福津溝，南入於白水。有紫泥，有雄黃。　南一里曰白水。出番界，東流逕州城南，入於嘉陵江。　三十里曰羌水、乳水。北流入於白水。　西一里曰北峪河。南流入於白水。三十里曰兩水。南流入於白水。八十里曰沮水。南流入於白水。北曰大石河。二百里曰平落河。東流入犀牛江。又四十里江。見上。

府志：露骨山，在南三十里。其南有萬像洞。花石峽，在州北一里。其石青質黑文，作松柏、人物、木石、溪橋之狀，可爲屏。東一百二十里曰猫兒崖。魏鄧艾懸度入蜀處。近更名魚貫崖。又三十里有蛇倒退崖，最爲險阨。又東二百里有仙人峽。其勢險惡，易據難攻，姦人之資也。其北一百八十里爲望賊關，東路咽喉，宜設防守。

【校勘記】

〔一〕漢建武十二年冬十月　「冬十月」，川本、滬本同，通鑑卷四三作「十二月」。

〔二〕以左金吾將軍王彦實爲天雄軍節度觀察使　「左金吾」，川本、滬本同，通鑑卷二五〇「左」上有「前」字。「彦」，川本、滬本同，通鑑卷二五〇作「晏」。

〔三〕以成階西禮與隴渭隸焉　川本、滬本同，通鑑卷二五〇作「以成河渭三州隸之」。

〔四〕陰江　川本、滬本同，萬曆階州志卷二「陰」字上有「合」字，蓋是。

〔五〕盡爲布商與兩縣麥豆易去　「麥豆」，底本脱，川本、滬本同，據萬曆階州志卷三補。

文　西北二里曰天牢山。山勢平衍，有古城，相傳以爲古羑里城。紂囚文王處。東二十里曰金珠山。唐武德元年，移州於陰平白馬水，東接金珠山，即此。白水，源出故松州赤磨嶺。經所城東北，今名清水江。所西曰黑水。出羌中，南經所城外〔一〕，入白水江。西北一百里曰天池。瀦西南諸水，周二百里不見畔岸。西七十里曰五渡河。行者經此，凡五渡，俗呼爲五土河。華陽國志：姜維求沓中種麥。按沓中，即古松州，去文州三百里。

【校勘記】

〔一〕南經所城外　「南經」，底本作「經南」，據川本、滬本及水經漾水注、乾隆甘肅通志卷六乙正。

徽州　南四十里曰青泥山，又名青泥嶺。五代李廷珪拒周兵，不克，退保此嶺。唐道襲爲山南西道節度使，會李茂貞寇蜀〔二〕，道襲據此，以死守之。茂貞自是不復窺山南矣〔二〕。又杜工部由同谷入蜀經此，有詩。西北四十里曰方山。其山方。晉武都氐屠飛〔三〕、啖鐵等，隴西太守姚河略等，俱據此。北四十里曰積草嶺。杜工部入蜀經此，有詩。河池，在州東，蓋泉也。郡曰河池，以此得名。南五十里曰白水江。又二十里曰嘉陵江。〔旁注〕本志：州東南五十里。其源出大散關之西，經流兩河口，由虞關通白水江，入州境，始通於蜀。永寧河，州東四十里。發源自秦州，經永寧故城東，入嘉陵江。宋雷簡夫新開白水路記云：至和二年冬，利州路轉運使、主客郎中李虞卿，以蜀道青泥嶺舊路高峻，請開白水路。自鳳州河池驛至長舉驛，五十里有半，以便公私之行。州界隴、蜀之間，寒燠得中，物産略備。又爲水陸通道，商賈輻輳，故四民樂業，百務俱興，稱樂土。近自人情趨便，旅不出途，川、漢之貨，經東出陽平，抵鳳、沔，西出罝口，過臨、鞏。白水江遂無篙工之迹。

【校勘記】

〔一〕山南西道節度使會李茂貞寇蜀　「會」，底本錯簡於「節」字上，川本、滬本同，據嘉靖徽郡志卷一、康熙補訂天啓鞏昌府志卷五乙正。

〔二〕茂貞自是不復窺山南矣　「復」，滬本同，川本及嘉靖徽郡志卷一作「敢」。

〔三〕武都氐屠飛　底本「氐」下衍「羌」字，川本、滬本同；「屠」，底本作「楊」，川本、滬本及嘉靖徽郡志卷一同，據晉書姚興載記、通鑑卷一〇九删改。

兩當　東十五里曰鸑鷟山。兩峯聳秀，一名南岐，一名來儀。世傳鳴岐之鳳出於此，故西岐曰鳳翔。南岐爲鳳縣。其南有登真洞。又六十五里曰天門山。懸崖有大石門，一開一闔，故名。天池山，有二：在縣西北十五〔旁注〕東四十。里，曰西天池；在縣東北二十〔旁注〕東十五。里，曰東天池。山頂各有池，祈雨有應。東北九十里曰申家山。山多銀礦，舊有防守，今廢。東四十里曰魚洞。每三月則魚出其中〔一〕。迤南有故道山〔二〕，路通漢中。漢高祖襲章邯，出故道，即此。山下有故道川〔三〕，兩當河出此〔四〕，經縣東，入嘉陵江。嘉陵江，源出寶雞縣大散關，經鳳縣西流入境，南流入白水江。東河，來自秦州，南經龍峽，入嘉陵江。南河，一名下邳水，會東河，經龍峽，入白水江。南四十里曰十九泉。杜子美詩：常懷十九泉。即此。通鑑：晉惠帝元康六年〔五〕，初，略陽清水氐楊駒始居仇池。仇池方百頃，其旁平地二十餘里，四面斗絶而高，爲羊腸蟠道三十六回而上。注：仇池，漢書地理志所謂天池大澤，在武都郡武都縣西。水經注所謂瞿塘者也〔六〕。賢曰：仇池山，在今成州上禄縣南。三秦記曰：仇池山，在倉、洛二谷之間，常爲水所衝激，故下石而上土，形似覆壺。仇池記曰：仇池百頃，周回四千九十步。天形四方，壁立千仞，自然樓櫓卻敵，分置調均，竦起數丈，有逾人力。東西二門。盤道下至上凡有七里。上則岡阜低昂，泉流交灌，煮土成鹽〔七〕。

【校勘記】

〔一〕每三月則魚出其中　川本、滬本同，康熙補訂天啓鞏昌府志卷五、康熙陝西通志卷三〇、康熙兩當縣志卷一「每」下「三」上有「歲」字，蓋是。

〔二〕迤南有故道山　「有」，底本作「山」，川本同，據滬本及康熙兩當縣志卷一、乾隆甘肅通志卷六改。

〔三〕山下有故道川　「川」，底本作「由」，據川本、滬本及康熙陝西通志卷三、道光兩當縣新志卷二改。

〔四〕兩當河出此　川本、滬本同。水經漾水注：「兩當水出陳倉縣之大散嶺，西南流入故道川，謂之故道水。」圖書集成職方典卷五五八：故道山，「下有故道川，即兩當水。」乾隆兩當縣志卷一：故道河，「即兩當水」。道光兩當縣新志卷二同，與此記異。

〔五〕晉惠帝元康六年　「元康」，底本作「永熙」，川本、滬本同，據通鑑卷八二改。

〔六〕水經注所謂瞿塘者也　「塘」，川本、滬本及通鑑卷八二引水經注同，水經漾水注、華陽國志漢中志、紀要卷五九作「堆」。

〔七〕通鑑至煮土成鹽　川本、滬本同，滬本眉批：「當附入成縣。」

徽州　漢武置河池縣，屬武都郡。王莽更爲樂平亭。後漢復爲河池縣，後陷於氐、羌。後魏置廣化郡及縣。開皇初，郡廢，仁壽初，改縣爲河池縣〔一〕。南齊割西和縣白石峪地隸河池。西魏置落叢郡，又置歸真郡，其屬有長舉、鳴水二縣。隋初，置河池縣，隸山南路。唐、宋因之〔二〕。中興後，隸利州西路。乾道中，興元帥兼領之，又置防禦使。紹興初，川陝宣撫司治此。元置南鳳州，至元初，改爲徽州。國朝因之。兑山，在廢栗亭縣境。堯分命和仲，宅西曰昧谷。鄭康成曰：西者隴西之西。今人謂之兑山。

方山，在州西北四十里。晉武都氐屠飛、啖鐵等〔三〕，隴西太守姚河略等，俱據此。殺金坪，在州南七十里。宋吴璘大敗金人於此。和尚原，在殺金坪南。左溪水。文獻通考云：在長舉縣。鳳溪水。隋志云：在長舉縣。涪水，按玉海地理志釋：發源青泥嶺。太白池，在州東二十里。周五十畝，衆山環繞。宋元豐間，禱雨有應，封顯應侯。今涸。廣化廢縣。栗亭廢縣，在西北三十里。長舉廢縣，在南七十里。鳴水廢縣，在南一百里。黑水廢縣，在南一百一十里。青野原，在州南六十里。曹友聞與元太子闊端戰敗，死此。

徽，輻輳之地，水陸之衢也。往者頗稱繁華，大抵久則人情樂便，而近來川蜀之貨，欲東者皆自陽平關出鳳翔，欲西者皆自罝口出臨、鞏。登白水江而來徽者，才十之二、三耳。昔花馬池之鹽，由徽入蜀者，全蜀食鹽皆爲之仰給。今蜀中有井鹽，而鹽利又阻矣。市井蕭條，民無生理，殆不可以前日之徽視徽也。後梁乾化元年，岐王劉知俊擊蜀，與王宗侃戰於青泥嶺，蜀兵敗績。唐柳宗元興州江運記曰：御史大夫嚴公開〔四〕，自長舉北至於青泥山，又西抵於成州，過栗亭川，逾寶井堡。崖谷峻隘，十里百折，負重而上，若蹈利刃，盛秋水潦，窮冬雨雪，深泥積水，相輔爲害，顛蹄騰藉，血流棧道。糗糧芻藁，填谷委山，牛馬羣畜，相藉物故。餫夫畢力，守卒延頸。若是者綿三百里而餘。自長舉而西，可以導江而下，二百里而至。乃出軍府之幣，以備器用，即山僦功。由是轉巨石，仆大木〔五〕，焚以炎火，沃以食醯，摧其堅剛，化爲灰燼，畚鍤之下，易甚朽壤，乃闢乃墾，乃宣乃理，隨山之曲直，以休人力，順地之高下，以殺湍悍。厥功既成，咸如其素。於是決去壅土，疏導江濤，萬夫呼抃，莫不如志。雷騰雲奔，百里一瞬，既會既遠，淡爲安流，烝徒謳歌，枕卧而至，成人無虞，專力待寇。吕柟新修巡茶察院行臺記〔六〕。郡記。

鐵山。見上。　青泥山。見下。　木皮嶺，云云。　路極險阻。　杜工部自同谷逕栗亭入郡界，歷兩當房村，度此嶺，由白水峽而入蜀。　方山。見上。　北三十里曰紫金山。　其下有水，逕漢中〔七〕，爲山河堰。　北七十里曰馬鞍山。　其山如鞍。　北有紫金洞，其洞深數十丈，其大如斗，有風自洞中出，草木皆偃，燭引之，始可入。　西風刺面，其聲如雷。　九十里曰大小山。　其山有沙如鹽。　南六十里曰仙人關。　其上爲殺金嶺。　其關周二十里，軍壘百餘處，今遺迹存。吳玠傳。　北七十里曰泥陽水。　水發自秦州天水川，東南流逕泥陽鎮，入栗亭水、嘉陵江。　北七十里曰同谷縣故城。　河池、長舉、栗亭、永寧。俱見上。

【校勘記】

〔一〕仁壽初改縣爲河池縣　「河池」，底本作「思安」，川本、滬本及嘉靖徽郡志卷一同。隋書地理志河池郡河池下云：後魏曰廣化，並置廣化郡。開皇初郡廢，仁壽初縣改名焉。又，後魏置思安縣，大業初省入。則「思安」當爲「河池」之訛，據改。

〔二〕隋初置河池縣隸山南路唐宋因之　川本、滬本及嘉靖徽郡志卷一同。明統志卷三五徽州下云：後魏置廣化郡及縣。隋初郡廢，以縣屬鳳州，仁壽初復名河池。唐、宋因之。此處文字當有脱誤。

〔三〕武都氐屠飛啖鐵　底本「氐」下衍「羌」字，川本、滬本同；「屠」，底本作「楊」，川本、滬本同，據晉書姚興載記、通鑑卷一〇九删改。「啖」，底本作「炎」，川本同，據滬本及晉書姚興載記、通鑑卷一〇九改。

〔四〕唐柳宗元興州江運記曰御史大夫嚴公開　底本錯簡爲「唐柳宗元御史大夫嚴公開興江運記曰」，川本、滬本同，據柳河東集卷二六、新唐書地理志、嘉靖徽郡志卷八改補。

〔五〕仆大木　「仆」，底本作「朴」，川本同，據滬本及柳河東集卷二六改。

〔六〕吕椨新修巡茶察院行臺記　川本、滬本同，嘉靖徽郡志卷八載有吕椨新修巡茶察院行臺記文，此處疑有脱文。

〔七〕逕漢中　「漢」，底本作「溪」，據川本、滬本及明統志卷三五改。

兩當　分水嶺、鸑鷟山。俱見上。　南五十里曰天門山。其山起自沮縣，至此峯巒壁立，險不能登。其上有岫如門。　百六十里曰陽山〔一〕。其山連沮縣，貞洪水出焉。　西北十五里曰天池山。其巔有池，旱澇不涸不溢。　東關外曰固道河。其水出秦州三谷，流經峽口、大壩，南流入於嘉陵。　三十里曰紅崖河。其水出秦嶺野牛關。流經縣東紅崖下，入於嘉陵。　西郭外曰河池河〔二〕。其水出縣西簸箕灣，南流入於故道。　南五十里曰嘉陵江，一名大散水。其水出大散關嘉陵谷，南北流經縣南〔三〕，連徽州，入於白水。　南五里曰礬谷水。其谷有礬，其色皂。其水出礬中，流經故道川，入於嘉陵。　縣西北曰故道縣故址。似是縣基。

【校勘記】

〔一〕百六十里曰陽山　川本、滬本同。乾隆兩當縣志卷一：「大陽山，南一百里。小陽山，南一百里。」道光兩當縣新志卷二：「大陽山，南一百里。」此「六十」二字蓋衍。

〔一〕河池河　川本、滬本同，乾隆兩當縣志卷一、道光兩當縣新志卷二並作「河池溝水」，此「河池」下蓋脫「溝」字。

〔三〕南北流經縣南　川本、滬本同。紀要卷五六鳳縣：大散水，「出大散關，流經縣西南，入於嘉陵江。」同書卷五九兩當縣：嘉陵江，「自鳳縣流入，又西南入徽州境。」此「北」蓋爲衍字。

清水　弓門堡城，在縣北七十里。秦昭王所築。宋太平興國中築砦。哲宗時，改爲寨。即今恭門鎮。〔旁注〕在赤縣川東坡上。白起鎮西羌，即此地。有白起祠及碑文〔一〕。漢上邽縣城，在縣北原上。高帝二年，騎都尉靳歙等略地隴上，拔隴西，定六縣，置阿陽縣。文帝更置上邽縣，趙充國居焉。赤眉兵燹，改河南。唐武德初，建充國祠於故城。元至正間，廢爲寺。今寺亦廢。上邽郡城，在西郭邽山之麓。光武進幸上邽，隗囂使田弇、李育保上邽。三國司馬懿保鹵城，晉南陽王保建都上邽。金、元清水，皆此地也。西城縣城，在縣西十五里，牛頭山前。東漢時爲始昌。隗囂築爲西縣。楊廣守西城，中郎將來歙伐隗囂，取略陽。光武親征囂，竇融率五郡兵，從帝進軍上隴，囂率妻子奔西城，吳漢引兵圍之。三國諸葛亮拔西縣。唐置邽州，更名下邽，皆此地。後廢。宋冶坊縣城，在縣北四十里卧牛山下。太平興國中，建爲砦。元時省入。白石城〔二〕，在縣西北四十里。即白塘城。後魏所築。開寶間置堡，隸床穰砦。今廢。舊城，在縣北三十里。開寶間建堡。元大元城，在縣北六十里。平章段偉建。白沙鎮，在縣東三十里。即古秦亭山。晉義熙六年，夏王勃勃東攻白沙，即此地。銀冶監，在縣西三十里小泉硤内。宋開寶初，置銀冶於清水。太平興國三年，升爲監，隸秦州。

【校勘記】

〔一〕白起鎮西羌即此地有白起祠及碑文　底本錯注於上文「弓門堡城」旁，川本同，據滬本及康熙清水縣志卷九乙正。

〔二〕白石城　「白」，底本作「石」，川本同，據滬本及康熙清水縣志卷九、乾隆直隸秦州新志卷二改。

伏羌　古爲冀戎所居。秦武公伐冀戎，始置冀縣。莽篡漢，更曰冀治。後漢明帝永平十七年，置漢陽郡。魏、晉復爲冀城縣。後魏改爲當亭縣。後周改爲黄瓜縣。隋大業初，仍爲冀城縣。唐武德三年，更伏羌縣，屬天水郡。是年，并渭州永寧置伏州，尋廢州，析置鹽泉縣。貞觀元年，更名夷賓。天寶後，陷於吐蕃。宋祥符七年，曹瑋破之。酋長上波于獻地〔一〕，置伏羌砦，屬清水縣。熙寧三年，爲伏羌城，屬秦州。金復爲砦。元至元十三年，升砦爲縣，屬鞏昌路。國朝因之，屬鞏昌府。

通鑑：鄧艾自陰平行無人之地七百餘里，鑿山通道，造作橋閣。注：今隆慶府陰平縣北六十里有馬閣山，峻峭崚嶒，極爲艱險。鄧艾軍行至此，路不得通，乃懸車束馬，造作棧閣，始通江油，因名馬閣。又自文州青塘嶺至龍州百五十里〔二〕，自北而南者，右肩不得易所負，謂之左擔路，亦艾伐蜀路也。據鍾會傳：艾自漢德陽亭入江油左擔道，則德陽亭蓋當馬閣山之路〔三〕。後漢書順帝紀：趙沖擊燒當羌於阿陽，破之。注：阿陽縣屬漢陽郡，今秦州〔四〕。金史張中彥傳：正隆營汴京新宮，中彥采運關中材木。青峯山巨木最多，而高深阻絕，唐、宋以來不能致。中彥使構崖駕壑，起長橋十數里，以車運木，若行平地，開六盤山、水洛之路，遂通汴梁。完顏綱傳：綱次臨江被詔，進至水洛，訪得吳曦族人端，署爲水洛城巡檢使，遣持詔間行諭曦〔五〕。完顏阿鄰傳：興定元年，遷元帥右都監，出秦州伐宋，宋統制吳筠守皂角一作郊。堡，城三重，據山之巔〔六〕。阿鄰分兵絕其汲路，克其外城，再克其次城。宋兵縱火而出，阿鄰以騎兵邀之，遣步卒襲其後，宋兵敗，生獲吳筠及將校二百人，馬數百匹，糧萬石。復敗宋兵於裴家莊六谷中。又敗之於寒山嶺、龍門關、大石渡。復敗之於稍子嶺。烏古論長壽傳：長壽由鹽川鎮進兵，宋人守戍者走保馬頭山，合諸部族兵來拒。長壽擊敗之，復破其援兵四千於荔川寨，即趨宕昌縣，破宋兵二千於八斜谷，拔宕昌縣，進攻西和州，敗其州兵〔七〕。明日〔八〕，木波兵三千與宋兵合，依川爲陣，長壽奮擊，宋兵入保城，堅壁不復出，長壽乃還。术虎高琪傳〔九〕：改同知臨洮府事，備鞏州諸鎮。宋兵萬餘自鞏州轆轤嶺入。高琪奮擊破之。宋安丙遣李孝義，率步騎二萬攻秦州〔一〇〕，先以萬人圍皂角堡，高琪赴之。宋兵列陣山谷，以武車爲左右翼，伏弩其下，來逆戰。既合，宋兵陽卻。高琪軍見宋兵伏不得前，退整陣，宋兵復來。

凡五戰，宋兵益堅，不可以得志。高琪分騎爲二，出者戰則止者俟，止者出則戰者還，還者復出以更。久之，遣蒲察桃思刺潛兵上山，自山馳下合擊，大破宋兵，斬首四千級。孝義乃解圍去。宋兵三千致馬連寨以窺湫池〔一一〕，遣夾谷福壽擊走之，斬七百餘級。完顔訛可傳：元兵謀取宋武休關。未幾，鳳翔破，睿宗分騎兵三萬入散關，攻破鳳州，徑過華陽，屠洋州，攻武休關。開生山，截焦崖，出武休東南，遂圍興元。興元軍民散走，死於沙窩者數十萬。分軍而西，西軍由別路入沔州，取大安軍路開魚鼈山，撤屋爲筏，渡嘉陵江入關堡，並江趨葭萌，略地至西水縣而還。東軍止屯興元、洋州之間，遂趨饒峯。宋人棄關不守，元兵乃得入。白撒傳〔一二〕：出鞏州鹽川〔一三〕，遇宋兵於皂郊堡，敗之。又遇宋兵於天水軍，掩擊，宋兵大潰。復敗宋兵，至雞公山，遂拔西和州。遣合扎都統完顔習涅阿不〔一四〕，率軍趨成州，宋帥羅參政〔一五〕、統制李大亨棄城遁，克之。河池縣守將楊九鼎亦焚縣舍走保清野原〔一六〕。統制高千據黑谷關〔一七〕，甚固，遣兵襲之，千遁去，因夷其險而還。破虎頭關，敗宋兵於七盤子、雞冠關〔一八〕。褒城縣官民焚城遁，因取其城〔一九〕。興元府提刑趙希昔率官民遁，遂取興元。

【校勘記】

〔一〕酋長上波于獻地　「于」，底本作「下」，川本、滬本同，據雍大記卷六改，續通鑑卷二作「吐蕃尚巴約獻伏羌縣地」。又，雍大記「酋」字上有「宋建隆中」四字，續通鑑繫於建隆四年，此處有脱誤。

〔二〕又自文州青塘嶺至龍州　「青」，底本作「清」；「龍」，底本作「隴」，據川本、滬本及通鑑卷七八胡三省注改。

〔三〕通鑑至馬閣山之路　川本、滬本同，滬本眉批：「附入文縣。」當是。

〔四〕後漢書順帝紀至注阿陽縣屬漢陽郡今秦州　兩「阿陽」，底本作「河陽」；「漢陽」，底本作「天水」，川本、滬本同，據中華書局點校本後漢書順帝紀、續漢書郡國志改。滬本眉批：「附入秦州。」當是。

〔五〕遣持詔間行諭曦　「間行」，底本脱，川本、滬本同，據金史完顏綱傳補。

〔六〕據山之巔　「巔」，底本作「鎮」，川本同，據滬本及金史完顏阿鄰傳改。

〔七〕敗其州兵　川本、滬本同，金史烏古論長壽傳「敗」上有「先」字。

〔八〕明日　「日」，底本作「目」，川本同，據滬本及金史烏古論長壽傳改。

〔九〕术虎高琪傳　「术」，底本作「木」，據川本、滬本及金史术虎高琪傳改。

〔一〇〕率步騎二萬攻秦州　「二」，川本、滬本同，金史术虎高琪傳作「三」。

〔一一〕致馬連寨　「致」，底本作「攻」，川本、滬本同，據金史术虎高琪傳改。

〔一二〕白撒傳　「撒」，底本作「撤」，據川本、滬本及金史白撒傳改。

〔一三〕出鞏州鹽川　「川」，川本、滬本作「井」。金史白撒傳作「川」，中華書局點校本校勘記〔六〕云：「『川』原作『井』。按本書卷二六地理志，臨洮路鞏州定西縣『鎮一，鹽川』。今據改。」

〔一四〕遣合扎都統完顏習涅阿不　「扎」，底本作「孔」，川本同，據滬本及金史白撒傳改。

〔一五〕宋帥羅參政　「帥」，底本作「師」，據川本、滬本及金史白撒傳改。

〔一六〕清野原 「清」，底本作「青」，川本、滬本同，據金史白撒傳改。

〔一七〕高千 「千」，底本作「干」，川本同，據滬本及金史白撒傳改。下「千」改同。

〔一八〕雞冠關 「冠」，底本作「寇」，川本同，據滬本及金史白撒傳改。

〔一九〕官民焚城遁因取其城 「民」，底本作「兵」，川本、滬本同，據金史白撒傳改。「因」，底本作「固」，據川本、滬本及金史白撒傳改。

通渭 屏風山，在縣南二里。上有東嶽廟，舊名廟山。山陰鑿有空洞，延袤數百丈，可藏蓄，備不虞，不知所從來。白晝非持炬入，不見。發雲山，在縣西南二里。上有清涼寺、玉皇閣、太白祠。衙頭山，在縣南十五里。上有元總帥汪世顯行臺，女牆猶存，謂之汪家衙。十八盤山，在縣南五十里。峻險十八曲。秦仙山〔一〕，在縣東五十里。俗名神仙嶺。其山有石峯高峻。下有仙洞。洞前有獨木橋，人鮮過者。唐秦系避亂客南安，遷石峯穴居，日采藥自給，注老子，號南安高士。後人因目以仙云，今洞、橋俱廢。尖岡山，在縣西六十里。高出諸山，雖盛暑雪積。有孫真人冢。斗底山，在縣東八十里。其形如斗，多怪石。煉銅坪，在縣南六十里。宋、元人煉銅於此山。有煤。靈湫池，在縣西北十五里中林山太白神祠下。懸石如臼，水從中出，滿而不溢，取水禱雨有應，因名。閉門關、石遠門關〔二〕、華川關，三關，古關也，遺址尚存。錦雞山，在縣南七十里。其山有石如錦雞。其下爲錦雞硤，俗傳五夜雞鳴，聲聞十里。

【校勘記】

〔一〕秦仙山　「仙」，底本作「仲」，據川本、滬本及萬曆重修通渭縣志卷一改。

〔二〕石遠門關　川本、滬本及萬曆重修通渭縣志卷一同，紀要卷五九、康熙補訂天啓鞏昌府志卷一五、圖書集成職方典卷五五九、清統志卷二五六作「石門關」。

秦安　宋爲秦砦、成紀縣地。隴城砦，即唐縣，有瓦亭山、街亭泉。蜀將馬謖敗處。時亦有隴城縣，然在州東三十里。雞川砦地，屬秦鳳路。秦州天水郡雄武軍節度。紹興十三年，割秦州之半與金，而州與砦爲二矣。紹興間，陝西五路俱陷於金。九年，和議成，歸我陝西地。十年，背盟，地又陷，時秦州猶屬宋，秦砦已屬金。故屬宋者稱漢，屬金者稱番。金爲秦安城。後爲縣、皇統間置縣，即秦砦。隴城縣、有大隴山〔一〕、瓦亭。雞川縣地，屬熙秦路。元爲秦安縣。至正七年，并雞川、隴城入焉。屬秦州，鞏昌都總帥府。

東百步曰九龍山。其山九峯，躑躅如龍。東自隴，西自秦，〔旁注〕以山脊中起，去縣四十里爲高峯。磅礴百里，爲縣主山。其上有九龍湫，其湫亦有九。有九龍廟，旱則禱雨。其中有路焉，逕隴縣、隴州以達於省〔二〕。　東北三十里爲十八盤山。　南二里曰長山。東自隴城南山，延亘百餘里，至社樹坪，迤邐而西，至縣東南，翩然而集，亦曰三陽山。〔旁注〕宋吳璘戰金統軍胡盞於其曲。其山連秦州之三陽川。有路焉，逕秦州以達於蜀。迤西爲印臺，即縣川衆水水口。爲五峯山。其峯五曲，俯隴河。爲新陽崖。其崖蒼秀壁立，連新陽川。即秦州之沿河城川。西二里曰汭山〔三〕。其山夕照掩映，巖壑迴翔，遠視之如汐，近視之如蓋，故又名寶蓋山。有路焉，逕伏羌以達於郡。北三十里曰陽兀山。西北四十里曰神仙山。其山自陽兀川，以至閉門關，沿嶺低昂，約六十里，故亦曰神仙嶺。其上草木薈蔚，岡巒遼廓，居民雖少，然其地宜畜牧。有路焉，逕通渭以達於郡。西北六十里曰八龍山。其山八阜，迴合如龍。迤東爲業鹽坡。七十里。其坡居人，掘土煮鹽以充食，而鹽亦不廣。東北二十里曰青龍山。其山當縣之北，崒嵂高出，望之若負。俯鎖峽，帶隴水。山原細路，徑行如棧。其路逕靜寧、固原，以達於寧夏。東九十里曰南山。其山當隴城之南。水經亦曰南山〔四〕。又曰盤龍山。其山盤迴如龍，不下數百里。聯大隴，連三陽。其上爲西番平，其平下瞰隴城。東九十五里曰大隴山，亦曰隴山，亦曰隴坂，亦曰龍坻。後漢書曰：漢陽有大坂。是已。三秦記曰：其坂九迴〔五〕，不知高幾許，欲上者七日乃越。高處可容百餘家，清水四注下。郭仲產秦州記曰：隴山東西百八十里〔六〕。登山嶺，東望秦川四五百里〔七〕，極目泯然。山東人行役升此而顧瞻者，莫不悲思。故歌曰〔八〕：「隴頭流水，分離四下。念我行役，飄然曠野。登高遠望〔九〕，涕零雙墮。」去隴城東百里，即大隴極高處。雍州之西，隴爲大。東至汧，北至涇，西至秦，延亘百八十里。隴城，隴之首也，故又曰隴首山。然東爲汧，西爲隴，東爲雍州，西爲涼州，故古今以隴爲關焉。其山當隴城之北。有女媧廟，廟建於漢以前。媧皇，成紀人也，故隴得而祀焉。今廟存而祀廢矣。迤西爲七星峯。去縣七十里。其峯纍纍然如墳。迤南爲野戰坡。九十里。漢來歙襲隗囂，與囂戰處。迤北爲卧馬關。百四十里。其關通水洛。孔坡，百五十里〔一〇〕。是山也，舊屬天水郡，後屬略陽郡，今三之二屬隴州。東百里曰高妙山。其山聯大隴，倚略陽。隴支山衆矣，此其一也。迤西爲丹麻峪，故丹麻驛也。驛址猶存。東百二十里曰斷山。其山當略陽南北之衝，截然中起，不與衆山連屬。望其勢若斷，俯斷山鎮，隴水逕焉。其下爲連合川，云川連而山斷。連治坊，地屬清水。有路焉，逕隴州以達於省。缺一頁，以記補之在後。水經注新陽崖，今謂之滴水崖。南去隴水入渭處十里許。瓦亭川、黑城水、洛川、略陽川、蒲池、女媧祠、石門峽，名皆與古同，而略陽南北山溪谷泉峽，名皆與古殊，豈用武之地，數遭兵燹，多失其故歟！然龍尾溪今謂之龍尾溝，顯親峽今謂之顯石峽，又有不盡失者。故夷水川其即元川〔一一〕，東陽川其即陽兀川，太華谷水其即東川水，新陽下城其即沿河城也，亦以歲久失其故名爾。考之圖志，詢之故老，新陽崖水源出隴山〔一二〕，流經瓦亭南，瓦亭水入焉。瓦亭水源亦出於隴山，流經瓦亭北、隆德縣、靜寧州、威戎峽、人當川，俱屬靜寧。莊浪水入焉。莊浪水源亦出於隴山，流經底店、陽三川、亦屬靜寧。顯親縣故城，略陽水出焉。城即今徐家城。略陽水源亦出於隴山，流經三甸川、斷山、隴城縣故城、東家川〔一三〕，水洛水入焉。水洛水源亦出於隴山，流經林家峽、水洛縣故城，統謂之瓦亭水。流經石門峽，謂之石門水〔一四〕。自石門而入顯石峽、玉鍾峽、陽兀川、夷水與東陽水會處。鎖峽，經縣城西，西南流而入新陽崖，出三陽川，屬秦州。入於渭。然四水皆出隴山，故古今稱隴河云，此四大水大略也。名雖與古殊，其流一也。復贅此者，欲復有考焉爾。

胡纘宗曰：是山也，東曰岍山、岍水，西曰隴山、隴水，其實一也。今隴州，古汧州也，在隴之東。今隴城，古隴縣也，在隴之西。縣去隴甚近，故以隴名縣。水經縣北，故以隴陽名其地。然則是河其爲隴河也明矣，俗傳爲胡盧河者，誤耳。帶縣川者曰秦川，蓋隴水也。流及秦矣。其川倚九龍，揖三陽，負青龍，水奔騰其間，凡五曲。城西水東有龍神廟，爲城西渡。迤南爲下川。新陽水自鎖峽南流，東川水自臘家城西流，至縣合流，逕單于山〔旁注〕夕山南。入於佛耳峽。迤東南爲行嘉村。迤西爲河西川。迤北爲鹹水溝，爲鎖峽，爲鎖峽渡。東九十里曰略陽川，亦隴水也。其川負大隴，望盤龍，控水洛。其地坦平。東爲涼州古城，西爲略陽道古城。隴水帶二城之北，南流，故古今稱其地爲隴陽。迤南爲大城川，爲馬駱川，其地平坦，亦如略陽。迤西南爲賈河。迤東爲連合川　西北三十里曰陽兀川。其川控鎖峽，帶黑龍，枕陽極，略隴水。其水則吞竹林，納八龍，邀元川，引馬頰〔一五〕，東南流入於隴〔一六〕。有陽兀渡。迤東卧龍堡。南爲古城，半爲河所崩〔一七〕。或曰即阿陽廢縣城，不可考矣。北亦爲古城。俗稱萬家城，半在仙嶺之麓。或曰呰城也。

東二里曰東川。其川邀九龍，擎三陽，稱負廓焉。其水瀑中嶺〔一八〕，納第七溝，吞龍泉，西流於縣南，入於隴。舊自東南逕入隴〔一九〕，近則自東繞北始入隴。有臘家城。一統志稱納甲城。俗稱乾磓城，皆非。按金史：正隆間，宋人攻秦州臘家城，克之。即此。迤東北爲賈川。去縣十五里。其川負九龍。迤南爲海池。池水瑩澈，冬夏不涸。西北四十里曰元川。其川襟陽極，障八龍，揖馬頰。其水吞冀峽，西流入於陽兀。東北四十里曰符川。其川障陽極，赴青龍。迤北爲錦帶峽，爲顯石峽。迤東北爲玉鐘峽。其峽有石，如玉如鐘，相傳玉已爲人竊去，遺鐘形猶嵌於峽，而鐘蠡注水，四時泠泠然。其水受石門，〔旁注〕即水經所謂石門〔二〇〕。達陽兀，蓋隴水也。西北百三十里曰吳川。其川倚仙岔，控通渭。去通渭十里。迤南爲大藍岔，爲小藍岔。其水出禪牧山，苑馬寺地。流經川西，注閉門關。東九十里曰卧龍川。其川衷盤龍，障百頃。其水出南山，北流入於略陽。東百三十里曰后川〔二一〕。其川面斷山，背野稷。迤東爲木合嶺。迤西爲照坡溝，去縣百四十里。爲野稷山。大隴之支也。其水出大隴，南流入於略陽。東百三十五里曰三甸川。其川銜斷山〔二二〕，略南山。迤北爲龍尾溝。〔旁注〕百二十里。其水受鄧川，西流入於略陽。東百四十里曰鄧川，亦名蚶頭川。半屬清水。其川連張川，地屬清水。聯三甸。其水注略陽。西北九十里曰蓼中川。其川負坷塿，截仙嶺。其水受閉門關，縈迴而注於神泊。西北七十里曰雞川。其川倚八龍，帶斗底。岔名，屬通渭。有雞川城。宋爲砦。其水受海子。迤南爲神川，爲儼闇川，爲冀峽，雞川水注焉。有躔移關。古關也，今廢。 西北七十里曰神泊川。其川負六曼，坷嶁支山也。帶坷嶁。其水受蓼中，注安遠，川名，屬伏羌。逕伏羌，入於渭。 北百五、四十里曰海子川。其川環阜山〔二三〕，望仙嶺，有水焉，淵然如海，環海十餘畝，其草芃芃然，其流湯湯然，不萎不涸。故其地種穫、畜牧，獨饒於他州。其水注牛駱。 西北三十里曰牛駱川。其川踵仙嶺，聯馬駱。山川名。迤東爲紅羅山，爲剪金岔。仙嶺支山也。迤北爲馬駱里。其水受鎖龍，山名，屬通渭。東注雞川，西注關川。〔旁注〕缺一頁。百里曰關川〔二四〕，即閉門關也。其水踞仙嶺，指坷嶁。有古關。其水受吳川，注蓼中。

古迹。 漢涼州隴縣、街亭〔二五〕，後漢涼州刺史治隴城縣〔二六〕，今其城遺址存，人稱爲大城。晉略陽郡、唐略陽道、文州，今其城存，人稱爲新城、舊城。 漢顯親縣，今其城存，人稱爲徐家城。 漢阿陽縣古城。詳水經〔二七〕：其城當在隴城北山之東。今莫詳其處。 宋秦砦，即今縣治。 宋臘家城，今其城存，人稱爲乾磑城。一統志以爲納甲城，非。 宋隴城砦。今爲鎮。 宋牧馬砦。 宋雞川砦，元雞川縣，今其城存。 故丹馬驛、閉門關、卧馬關、躔移關、馬頰關、大遠城、洗馬城、萬家城，自丹馬以下，皆逸其世代與名。今莫得而考列也。補前缺。 迤南有古城二：或以爲涼州城，或以爲略陽城，或以爲隴城，蓋去隴不甚遠，多以爲隴城，然莫能詳矣。

西五十步曰隴河，亦曰新陽河。其河出新陽崖，西流至新陽下城南，與新陽崖水合，即隴水也。東北出隴山，其水西流隴右，逕瓦亭。瓦亭水亦出隴山，又西南合爲一水，謂之瓦亭川。

又西南與黑水合，水南出懸鏡峽，入瓦亭川，世謂之鹿角口。又南逕阿陽縣故城東，其水又南與燕無水合，水發東山，西注瓦亭水。瓦亭水又東南與受渠水會，水出大隴山，又西南歷僵人峽，又西南與略陽川水合，水出隴山香谷西，西流，其水又西歷蒲池郊，又西南入略陽川。又西逕略陽道故城北，其水自城北注川，一水二川。又西南得水洛口，水源東導隴山，西逕水洛亭，西南流，又得犢奴水口，水出隴山，西逕犢奴川，又西逕水洛亭南，南逕石門峽，謂之石門水，西南注略陽川。又西北流入瓦亭水，又西南出顯親峽，石宕水注之，水出北山，山上有女媧祠。其水南流，注瓦亭水，又西南逕顯親縣故城東南，又東南合安夷川口，水源東出歷夷水川，與東陽川水會，謂之取陽交〔二八〕。夷水又西逕顯親縣南，西注瓦亭水。瓦亭水又東南得大華谷水，又東得六谷水〔二九〕，皆出近溪湍峽，注瓦亭水。又東南出新陽峽，崖岫壁立，水出其間，謂之新陽崖水。又東南流於渭。此識其大者，然亦概其源流矣。又補。東七十里曰蓮華川。其川阨石門，帶水洛。有蓮花古城，即顯親縣，今爲蓮花鎮。有蓮花臺。迤東爲顯石峽。有阿陽縣故城。在顯石峽上流。迤西北爲徹車原，去縣八十里。俯人當川。地屬靜寧。其水受水洛，聯瓦亭，水名，屬平涼。南流入於隴。百二十里曰石坂川。其川揖高妙，吞顯石。其水出大隴，南流入於略陽。又云新陽、瓦亭、水洛、略陽諸水，皆於蓮華西南，合流而入縣川，達之一川、四水。東八十里曰隴城縣故城。又十里曰涼州故城。俗稱爲大城。又十里曰隴縣故城。曰略陽縣故城。又十里曰略陽道故城。東北五十里曰顯親縣故城。通鑑云：隴城東北五十里，今爲蓮花城。百三十里曰阿陽縣故城。

【校勘記】

〔一〕大隴山　「大」，底本作「九」，川本、滬本同，據金史地理志、嘉靖秦安志卷一改。

〔二〕隴州　底本脱「隴」字，川本、滬本同，據嘉靖秦安志卷二補。

〔三〕汐山　「汐」，川本、滬本同，嘉靖秦安志卷二、雍勝略卷一九、康熙陝西通志卷三、乾隆直隸秦州新志卷二、清統志卷二七四皆作「夕」。

〔四〕水經亦曰南山　「水經」，川本、滬本及嘉靖秦安志卷二同。按當爲「水經注」，見水經渭水注。

〔五〕其坂九迴　「迴」，底本作「曲」，川本同，據滬本及續漢書郡國志劉昭注改。

〔六〕隴山東西百八十里　「百」，底本作「北」，川本同，據滬本及續漢書郡國志劉昭注改。

〔七〕登山嶺東望秦川四五百里　「山」，底本脱，川本、滬本同；「川」，底本作「州」，川本、滬本同，據續漢書郡國志劉昭注、嘉靖秦安志卷二補改。「五」，底本脱，川本同，據滬本及續漢書郡國志劉昭注補。

〔八〕故歌曰　「故」，底本脱，川本同，據滬本及續漢書郡國志劉昭注補。

〔九〕登高遠望　「遠望」，底本作「望遠」，川本同，據滬本及續漢書郡國志劉昭注乙正。

〔一〇〕孔坡百五十里　底本脱，川本、滬本同，據嘉靖秦安志卷二補。

〔一一〕故夷水川其即元川　下「川」字，底本作「州」，川本同，據滬本及嘉靖秦安志卷二改。

〔一二〕源出隴山　「出」，底本作「其」，據川本、滬本及嘉靖秦安志卷二改。

〔一三〕東家川　「東」，底本作「東」，川本、滬本同，據嘉靖秦安志卷二改。

〔一四〕石門水　「水」，底本作「口」，川本、滬本同，據水經渭水注改。

〔一五〕引馬頰　「頰」，底本作「峽」，川本同，據滬本及嘉靖秦安志卷二改。

〔一六〕東南流入於隴　「南」，底本作「西」，據川本、滬本及嘉靖秦安志卷二改。

〔一七〕半爲河所崩　「崩」，底本作「廟」，川本、滬本同，據嘉靖秦安志卷二改。

〔一八〕其水瀑中嶺　川本、滬本及嘉靖秦安志卷二同，乾隆直隸秦州新志卷二「水」下有「原」字，蓋是。

〔一九〕舊自東南逕入隴　「自」，底本作「有」，川本、滬本同，據嘉靖秦安志卷二改。

〔二〇〕即水經所謂石門　「水經」，川本、滬本及嘉靖秦安志卷二同。按當爲水經注，見水經渭水注。

〔二一〕東百三十里曰后川　「百」，底本作「北」，川本同，據滬本及嘉靖秦安志卷二改。

〔二二〕其川衝斷山　「川」，底本作「山」，川本同，據滬本及嘉靖秦安志卷二改。

〔二三〕其川環阜山　「阜」，川本、滬本同，嘉靖秦安志卷二作「皐」。

〔二四〕百里曰闕川　川本同，滬本「百里」下注「一作西北四百里」，嘉靖秦安志卷二「百里」上有「西北」二字。

〔二五〕街亭　川本、滬本同。漢書地理志：天水郡領有街泉、隴縣，屬涼州刺史部。此「亭」爲「泉」字之誤。

〔二六〕隴城縣　川本、滬本同。續漢書郡國志：隴縣，涼州「刺史治」。寰宇記卷一五〇：隴城縣，本漢隴縣，「魏黄初中改爲隴城」。此應作隴縣才合。

〔二七〕水經　川本、滬本同。按當作水經注，見水經渭水注。

〔二八〕謂之取陽交　「交」，底本作「處」，川本同，據滬本及水經渭水注改。

〔二九〕六谷水 「谷」，底本作「合」，川本、滬本同。按此據朱謀㙔水經注箋，清趙一清已指其誤，今改「合」爲「谷」，見楊守敬水經注疏渭水。

唐書元載傳：載嘗爲西州刺史，知河西、隴右之要害，指畫於上前曰：「今國家西境極於潘源。吐蕃防戍在摧沙堡，而原州界其間。原州當西塞之口，接隴山之固，草肥水甘，舊壘存焉。吐蕃比毁其垣墉，棄之不居。其西則監牧故地，皆有長濠巨塹，重複深固〔一〕。原州雖早霜，黍稷不藝，而有平涼附其東〔二〕，獨耕一縣，可以足食。請移京西軍戍原州，乘間築之，貯粟一年。戎人夏牧，多在青海，羽書覆至，已逾月矣。今運築並作，不二旬可畢。移子儀大軍居涇〔三〕，以爲根本，分兵守石門、木峽、隴山之關。北抵於河，皆連山峻嶺，寇不可越。稍置鳴沙縣、豐安軍爲之羽翼，北帶靈武五城爲之形勢。然後舉隴右之地，以至安西，是謂斷西戎之脛，朝廷可安枕矣。」兼圖其地形以獻。載密使人逾隴山，入原州，量井泉，計徒庸，車乘畚鍤之器皆具〔四〕，爲田神功所沮，不果立。

張鎰傳：鎰以中書侍郎爲鳳翔隴右節度使，與吐蕃相尚結贊等盟於清水。以涇州西至彈箏峽西口，隴州西至清水縣，鳳州西至同谷縣，暨劍南西山、大渡河東，爲漢界。蕃國守鎮在蘭、渭、原、會〔五〕，西至臨洮，又東至成州，抵劍南西界磨些諸蠻、大渡水西南，爲蕃界。其黄河以北，從故新泉軍直北至大磧，南至賀蘭山駱駝嶺爲界，中間悉爲閒田。

張茂宗傳：國家自貞觀中至於麟德，國馬四十萬匹在河、隴間。開元中尚有二十七萬，牛羊雜畜〔六〕，不啻百萬，置八使四十八監，占隴右、金城、平涼、天水四郡，幅員千里，自長安至隴右，置七馬坊，爲會計都領。岐、隴間善水草及腴田〔七〕，皆屬七馬坊。至德以後〔八〕，西戎陷隴右，國馬盡散，監牧使與七馬坊名額盡廢，其地利因歸於閑廄使。寶應中，鳳翔節度使請以監牧賦給貧民爲業，土著相承，十數年矣。又有別敕賜諸寺觀凡千餘頃。及茂宗掌閑廄，與中尉吐突承璀善〔九〕，遂恃恩舉舊事〔一〇〕，並以監牧地租歸閑廄司。

王承元傳：承元爲鳳翔節度使。鳳翔西北界接涇原，無山谷之險，吐蕃由是徑入内地爲寇。承元於要衝築壘，分兵千人守之，賜名臨汧城。

杜希全傳：德宗自梁州還，遷太子少師、檢校右僕射，兼靈州大都督、御史大夫、受降定遠城天德軍靈鹽豐夏等州節度支度營田觀察押蕃落等使，尋兼本管及夏綏節度都統。希全以鹽州地當要害，自貞元三年西蕃劫盟之後，州城陷虜，自是塞外無堡障，靈武勢隔，西通鄜坊，甚爲邊患，奏請築城，朝議是之。詔曰：鹽州地當衝要，遠介朔陲，東達銀、夏，西援靈武，密邇延、慶，保扞王畿。乃者城池失守，制備無據，千里亭鄣，烽燧不接，三隅要害，役戍其勤。若非興集師徒，繕修壁壘，設攻守之具，務耕戰之方，則封内多虞，諸華屢警，由中及外，皆靡寧居。深惟永圖，豈忘終食。宜令左右神策及朔方河中絳邠寧慶兵馬副元帥渾瑊，朔方靈鹽豐夏綏銀節度都統杜希全，邠寧節度使張獻甫，神策行營節度使邢君牙，銀夏節度使韓潭，鄜坊節度使王栖曜，振武節度使范希朝，各於所部簡練將士，令三萬五千人同赴鹽州〔一一〕。神策將軍張昌宜權知鹽州事，應板築雜役，取六千人充。其鹽州防秋將士，率三年滿更代。凡役六千人，二旬而畢。時將版築，仍詔涇原、劍南、山南諸軍深討吐蕃以牽制之，由是版築之時，虜不犯塞。城畢，中外稱賀。由是靈武、銀夏、河西稍安，虜不敢深入。

楊朝晟傳：朝晟爲邠州刺史，奏：「方渠、合道、木波，皆賊路也，請城其地以備之。」詔問：「須兵幾何？」朝晟奏曰：「臣部下兵自可集事，不煩外助。」復問：「前築鹽州，凡興師七萬，今何其易也？」朝晟曰：「鹽州之役，咸集諸軍，番戎盡知之。今臣境迫虜，若大興兵，即番戎來寇，來寇則戰，戰則無暇城矣。今請密發軍士，不十日至塞下，未旬而功畢，番人始知，已無奈何。」上從之。已事，還至馬嶺，吐蕃始來，數日而退。初，軍次方渠，無水，師旅囂然。遽有青蛇乘高而下，視其迹，水隨而流，朝晟命築防環之，遂爲渟泉。軍人仰飲以足，圖其事上聞，詔置祠焉。

李吉甫傳：元和九年，請於經略故城置宥州，六胡州以在靈、鹽界，開元中廢六州。曰：「國家舊置宥州，以寬宥爲名，領諸降户。天寶末，宥州寄理於經略軍，蓋以地居其中，可以總統蕃部，北以應接天德，南援夏州。今經略遥隸靈武，又不置軍鎮，非舊制也。」憲宗從其奏，復置宥州，詔曰：「天寶中宥州寄理於經略軍，寶應以來，因循遂廢。由是昆夷屢擾，党項靡依，蕃部之人，撫懷莫及。朕方弘遠略，思復舊規，宜於經略軍置宥州，仍爲上州，於郭下置延思縣，爲上縣，屬夏、綏、銀觀察使。」

劉昌傳：昌爲涇州刺史，充四鎮、北庭行營，兼涇原節度支度營田等使。昌躬率士衆，力耕三年，軍食豐羨，名聞闕下〔一二〕。復築連雲堡，受詔城平涼，以扼彈箏峽口。昌命徒庀事，旬餘而畢〔一三〕。又於平涼西别築胡谷堡，名曰彰信。平涼當四會之衝，居北地之要，分兵援戍，遏其要衝，遂以保寧邊鄙。

新唐書郝玼傳：貞元中，爲臨涇鎮將，説節度使馬璘曰：「臨涇扼洛口，其川饒衍，利畜牧。其西走戎道，曠數百里皆流沙，無水草，願城之。」〔一四〕璘不聽。及段佑代節度，玼復説之，請於朝，詔城臨涇，爲行原州，以玼爲刺史。

宋史李繼和傳：鎮戎軍爲涇、原、儀、渭北面扞蔽，又爲環、慶、原、渭、儀、秦熟户所依，正當回鶻、西凉、六合、吐蕃、咩逋、賤遇、馬臧、梁家諸族之路。自置軍已來，克張邊備，方於至道中所葺，今已數倍。誠能常用步騎五千守之，涇、原、渭州苟有緩急，會於此軍，并力戰守，則賊必不敢過此軍；而緣邊民户不廢耕織，熟户老幼有所歸宿。此軍苟廢，則過此新城，止皆廢壘。

有數路來寇：若自隴山下南去，則由三百堡入儀州制勝關；自瓦亭路南去，則由彈箏峽入渭州安國鎮；自清石嶺東南去，則由小盧、大盧、潘谷入潘原縣；若至潘原而西則入渭州，東則入涇州；若自東石嶺東公主泉南去，則由東山砦故彭陽城西並入原州；其餘細路不可盡數。如以五千步騎〔一五〕，令四州各爲備禦，不相會合，則兵勢分而力不足以禦矣。故置此城以扼要路。即令自靈、環、慶、鄜、延、石、隰、麟、府等州以外河曲之地〔一六〕，皆屬於賊，若更攻陷靈州，西取回鶻，則吐蕃震懼，皆爲吞噬，西北邊民，將受驅劫。若以可借之地，甘受賊攻，便思委棄，以爲良策，是則有盡之地，不能供無已之求也。

陳興傳：鎮戎軍去渭州瓦亭砦七十餘里，中有二堡，請留兵三百人戍之。

宋琪傳：党項、吐蕃風俗相類，其帳族有生户、熟户，接連漢界，入州城者謂之熟户；居深山僻遠，橫過寇略者謂之生户。其俗多有世讎，不相來往，遇有戰鬬，則同惡相濟，傳箭相率，其從如流。雖各有鞍甲，而無魁首統攝，並皆散漫山川，居常不以爲患。党項界東自河西銀、夏，西至靈、鹽，南距鄜、延，北連豐、會。厥土多荒隙，是前漢呼韓邪所處河南之地，幅員千里。從銀、夏至青、白兩池，地惟沙磧，俗謂平夏；拓拔，蓋番姓也。自鄜、延以北，多土山柏林，謂之南山；野利，蓋羌族之號也。從延州入平夏有三路：一、東北自豐林縣葦子驛至延川縣〔一七〕，接綏州，入夏州界；一、正北從金明縣入蕃界，至盧關四五百里，方入平夏州南界〔一八〕；一、西北歷萬安鎮經永安城，出洪門至宥州四五百里，是夏州西境〔一九〕。我師如入夏州之境，宜先招致接界熟户，使爲鄉導，其强壯有馬者，令去官軍三五十里踏白先行。緣此三路，土山柏林，溪谷相接，而復隘陿不得成列，躡此鄉導，可使步卒多持弓弩槍鋸隨之，以三二千人登山偵邏，俟見坦途寧靜，可傳號勾馬遵路而行，我皆嚴備，保無虞也。

高防傳：建隆二年，出知秦州。州西北夕陽鎮，連山谷多大木，夏人利之。防議建採造務，闢地數百里，築堡要地。自渭而北，夏人有之；自渭而南，秦州有之。募卒三百，歲獲木萬章。

范祥傳：祥權陝西轉運副使。古渭砦距秦州三百里〔二〇〕，道經啞兒峽，邊城數請城之，朝廷以饋餉之艱不許。祥權領州事，驟請修築，未報，輒自興役〔二一〕。蕃部驚擾，青唐族羌攻破廣吳嶺堡，圍啞兒峽砦，官軍戰死者千餘人。

范育傳：育知熙州時，議棄質孤、勝如兩堡，育爭之曰：「熙河以蘭州爲要塞，此兩堡者蘭州之蔽也。棄之則蘭州危，蘭州危，則熙河有腰膂之憂矣。」又請城李諾平、汝遮川，曰：「此趙充國屯田古榆塞之地也。」〔二二〕不報。

范仲淹傳：爲環慶路經略安撫、緣邊招討使〔二三〕。慶之西北馬鋪砦，當後橋川口，在賊腹中。仲淹欲城之，度賊必爭，密遣子純祐與蕃將趙明先據其地，引兵隨之。諸將不知所向，行至柔遠，始號令之，版築皆具，旬日而城成，即大順城是也。賊覺，以騎三萬來戰，佯北，仲淹戒勿追，已而果有伏。大順既城，而白豹、金湯皆不敢犯，環慶自此寇益少。

劉滬傳：康定中，爲渭州瓦亭砦監押，生氐〔二四〕。西南去略陽二百里〔二五〕，中有城曰水洛，川平土沃，又有水輪、銀、銅之利，環城數萬帳，漢民之逋逃者歸之，教其百工商賈，自成完國。曹瑋在秦州，嘗經營不能得。滬進城章川，收善田數百頃，以益屯兵，密使人説城主鐸廝那令内附〔二六〕。

章楶傳：楶知渭州。上言城胡蘆河川，據形勝以偪夏。乃陰具板築守戰之備，帥四路師出胡蘆河川，築二城於石門峽江口好水河之陰。二旬有二日成，賜名平夏城、靈平砦〔二七〕。

馬仲甫傳：仲甫知秦州。古渭介青唐之南，夏人在其北，中通一徑，小警則路絶。仲甫得篳栗城故址，自雞川砦築堡，北抵南谷，環數百里爲内地，詔賜名甘谷堡。

游師雄傳：師雄爲陝西轉運判官。夏人侵涇原，復入熙河，師雄言：「蘭州距賊一舍，通遠不百里，非有重山複嶺之阻。宜於定西、通渭之間建汝遮〔二八〕、納迷、結珠三栅，及護耕七堡〔二九〕，以固藩籬，此無窮之利也。」詔付范育，皆如初議。

宋史鄭文寶傳：朝廷議城古威州，遣内侍馮從順訪於文寶，文寶言：威州在清遠軍西北八十里，樂山之西。唐大中時，靈武朱叔明收長樂州，邠寧張君緒收六關，即其地也。故壘未圮，水甘土沃，有良木薪秸之利。約葫蘆、臨洮二河，壓明沙、蕭關兩戍，東控五原，北固峽口，足以襟帶西涼，咽喉靈武，城之便〔三〇〕。然環州至伯魚，伯魚抵青岡，青岡拒清遠皆兩舍〔三一〕，而清遠當羣山之口，扼塞門之要，舄車野宿，行旅頓絶。威州隔城東隅〔三二〕，堅石盤互，不可浚池。城中舊乏井脈，又飛鳥泉去城尚千餘步，一旦緣邊警急，賊引平夏勝兵三千，據清遠之衝，憑高守險，數百人守環州甜水谷〔三三〕、獨家原，傳箭野貍十族，脅從山中熟户，党項孰敢不從。又分千騎守磧北清遠軍之口，即自環至靈七百里之地，非國家所有，豈威州可禦哉？請先建伯魚、青岡、清遠三城，爲頓師歸重之地。古人有言：「金城湯池，非粟不能守。」俟二年間，秦民息肩，臣請建營田積粟實邊之策，修五原故城，專三池鹽利，以金帛啖党項酋豪子弟，使爲朝廷用。不唯安朔方，制豎子〔三四〕，至於經營安西，綏復河湟，此其漸也。詔從其議。文寶至賀蘭山下，見唐室營田舊制，建議興復，可得秔稻萬餘斛，減歲運之費。清遠據積石嶺，在旱海中，去靈、環皆三四百里，素無水泉。文寶發民負水數百里外，留屯數千人，又募民以榆槐雜樹及猫狗鴉鳥至者，厚給其直。地舄鹵，樹皆立枯〔三五〕。西民甚苦其役，而城之不能守，卒爲山水所壞。又令寧、慶州爲水磑，亦爲山水漂去。

孫長卿傳：知慶州。州據險高，患無水，蓋嘗疏引澗谷汲城中，未幾復絶。長卿鑿百井，皆及泉。泥陽有羅川、馬嶺，上構危棧，下臨不測之淵，過者惴恐。長卿訪得唐故道，闢爲通塗。

徐禧傳：种諤西討，得銀、夏、宥三州而不能守。延帥沈括欲盡城橫山，瞰平夏，城永樂。

詔禧與内侍李舜舉往相其事，令括總兵以從〔三六〕，李稷主饋餉。禧言：「銀州雖據明堂川、無定河之會，而故城東南已爲河水所吞，其西北又阻天塹，實不如永樂之形勢險阨。竊惟銀、夏、宥三州，陷没百年，一日興復，於邊將事功，實爲俊偉，軍鋒士氣，固已百倍；但建州之始，煩費不貲。若選擇要會，建置堡栅，名雖非州，實有其地，舊來疆塞，乃在腹心。已與沈括議築砦堡各六〔三七〕。砦之大者周九百步，小者五百步；堡之大者二百步，小者百步，用工二十三萬。」遂城永樂，十四日而成。夏人悉衆來攻，官軍不利，遂受圍。水砦爲夏人所據，掘井不及泉，士卒渴死者大半，城遂陷。

种世衡傳：簽書鄜州判官事。建言延安東北二百里有故寬州，請因其廢壘而興之，以當寇衝，右可固延安之勢，左可致河東之粟，北可圖銀、夏之舊。朝廷從之，命董其役。夏人屢出爭，世衡且戰且城之。然處險無泉，議不可守。鑿地百五十尺，始至於石，石工辭不可穿〔三八〕，世衡命屑石一畚酬百錢，卒得泉。城成，賜名青澗城。又開營田二千頃，募商賈，貸以本錢，使通貨，贏其利，城遂富實。

任福傳：康定二年春，朝廷欲發涇原、鄜延兩路兵西討〔三九〕，詔福詣涇原計事。會安撫副使韓琦行邊趨涇原，聞元昊謀寇渭州〔四〇〕，琦亟趨鎮戎軍，盡出其兵，又募敢勇得萬八千人，使福將之。以耿傅參軍事〔四一〕，涇原路駐泊都監桑懌爲先鋒，鈐轄朱觀〔四二〕、都監武英、涇州都監王珪各以所部從福節制。琦戒福等并兵，自懷遠城趨得勝砦，至羊牧隆城，出敵之後。諸砦相距纔四十里，道近糧餉便，度勢未可戰，則據險設伏，待其歸邀擊之。福引輕騎數千，趨懷遠城捺龍川，遇鎮戎軍西路巡檢常鼎、劉肅，與敵戰於張家堡南，斬首數百。夏人棄馬羊槖駝佯北，懌引騎趨之，福踵其後。諜傳敵兵少，福等頗易之。薄暮，與懌合軍屯好水川，觀、英屯龍落川，相距隔山五里，約翌日會兵川口。路既遠，芻餉不繼，士馬乏食已三日。追奔至籠竿城北，遇夏軍，循川行，出六盤山下，距羊牧隆城五里結陣，諸將方知墮敵計，勢不可留，遂前格戰。賊縱鐵騎突之，福等皆戰死。

孫路傳：司馬光將棄河、湟，召問，路挾輿地圖示光曰：「自通遠至熙州纔通一徑，熙之北已接夏境，今自北關辟土百八十里，瀕大河，城蘭州，然後可以扞蔽。若捐以予敵，一道危矣。」光幡然曰：「賴以訪君，不然幾誤國事。」議遂止。

穆衍傳：元祐初，大臣議棄熙、蘭，衍與孫路論〔四三〕，以爲「蘭棄則熙危，熙棄則關中震。唐自失河、湟，西邊一有不順，則警及京都。今二百餘年，非先帝英武，孰能克復。若一旦委之，恐後患益前，悔將無及矣。」〔四四〕議遂止。

姚雄傳：知河州，築安鄉關，夾河立堡，以護浮梁，通湟水漕運，商旅負販入湟者，始絡繹於道。

何灌傳：知岷州，引邈川水溉閒田千頃，湟人號廣利渠。徙河州，復守岷，提舉熙河蘭湟弓箭手。入言：「漢金城、湟中穀斛八錢，今西寧、湟、廓即其地也，漢、唐故渠尚可考。若先葺渠引水，使田不病旱，則人樂應募，而射士之額足矣。」從之。甫半歲，得善田二萬六千頃，募士七千四百人，爲他路最。

苗授傳：城蘭州，遇賊數萬於女遮谷，登山逆戰，敗退伏壘中，半夜遁去。授逾天都山，焚南牟，屯没煙〔四五〕，凡師行百日，轉鬬千里，始入塞。

【校勘記】

〔一〕重複深固　「複」，底本作「復」，川本同，據滬本及舊唐書元載傳改。

〔二〕而有平凉附其東　「附」，底本作「州」，川本、滬本同，據舊唐書元載傳改。

〔三〕移子儀大軍居涇　「子」，底本作「於」，川本同，據滬本及舊唐書元載傳改。

〔四〕車乘畚鍤之器皆具　「乘」，底本脱，川本同，據滬本及舊唐書元載傳補。

〔五〕蕃國守鎮在蘭渭原會　「蕃國守鎮在」，底本脱，川本、滬本同，據舊唐書張鎰傳補。

〔六〕牛羊雜畜　川本、滬本同，舊唐書張茂宗傳「牛羊」前有「雜以」二字。

〔七〕岐隴間善水草及腴田　「腴」，底本脱，川本、滬本同，據舊唐書張茂宗傳補。

〔八〕至德以後　底本作「至麟德以後」，川本、滬本同。中華書局點校本舊唐書張茂宗傳作「至德以後」，校勘記〔八〕

云：「各本原作『至麟德以後』，按麟德以後，隴右猶未陷，今據新書卷一四八張孝忠傳删『麟』字。」

〔九〕與中尉吐突承璀善　「與」，底本脱，川本同，據滬本及舊唐書張茂宗傳補。

〔一〇〕恃恩舉舊事　底本作「特舉恩舊事」，川本同，滬本作「遂舉恩舊事」，據舊唐書張茂宗傳改。

〔一一〕令三萬五千人同赴鹽州　「令」，底本作「合」，川本、滬本同，據舊唐書杜希全傳改。

〔一二〕名聞闕下　「闕」，底本作「闕」，川本、滬本同，據舊唐書劉昌傳改。

〔一三〕旬餘而畢　「旬」，底本作「甸」，據川本、滬本及舊唐書劉昌傳改。

〔一四〕願城之　「願」，底本作「請」，川本同，據滬本及新唐書郝玼傳改。

〔一五〕五千步騎　「千」，底本作「十」，川本、滬本同，據宋史李繼和傳改。

〔一六〕即令自靈環慶鄜延石隰麟府等州以外河曲之地　「令」，底本作「今」，川本、滬本同，據宋史李繼和傳改。

〔一七〕延川縣　「川」，底本作「州」，川本、滬本同，據宋史宋琪傳改。

〔一八〕方入平夏州南界　川本、滬本同，中華書局點校本宋史宋琪傳校勘記〔八〕云：「長編卷三五作『方入平夏，是夏州南界』，疑是。」

〔一九〕是夏州西境　「州」，底本作「出」，據川本、滬本及宋史宋琪傳改。下同。

〔二〇〕古渭砦　底本作「右渭州」，川本同，滬本作「古渭州」。宋史范祥傳作「古渭砦」，宋史地理志同，據改。

〔二一〕輒自興役　「輒」，底本作「輙」，據川本、滬本及宋史范祥傳改。

〔二二〕此趙充國屯田古榆塞之地也　「充」，底本作「光」，川本同，據滬本及宋史范育傳改。

〔二三〕緣邊招討使　「討」，底本作「計」，川本、滬本同，據宋史范仲淹傳改。

〔二四〕爲渭州瓦亭砦監押生氏　川本、滬本同。按此處當有脱誤。宋史劉滬傳：「康定中，爲渭州瓦亭砦監押，權靜邊砦，擊破党留等族，斬一驍將，獲馬牛橐駝萬計……又破穆寧生氏。」

〔二五〕略陽　「略」，底本作「洛」，川本、滬本同。中華書局點校本宋史劉滬傳校勘記〔九〕：「原作『洛陽』，據東都事略卷六一本傳、長編卷一四四改。」

〔二六〕密使人説城主鐸廝那令内附　「令」，底本脱，川本、滬本同，據宋史劉滬傳補。

〔二七〕賜名平夏城靈平砦　底本「賜名」下衍「下」字，川本、滬本同，據宋史章楶傳删。

〔二八〕汝遮　「汝」，底本作「安」，川本、滬本同。中華書局點校本宋史游師雄傳校勘記〔四〕云：「原作『安遮』，據本書卷四八六夏國傳、張舜民畫墁集補遺游師雄墓誌銘改。參考本書卷八七地理志。」

〔二九〕及護耕七堡　「護」，底本作「獲」，川本、滬本同，據宋史游師雄傳改。「七堡」，底本作「七聖」，川本、滬本同。中華書局點校本宋史游師雄傳校勘記〔五〕云：「原作『七聖』，據同上書同卷同篇改。」

〔三〇〕城之便　「城」，底本脱，川本、滬本同，據宋史鄭文寶傳補。

〔三一〕青岡拒清遠　「拒」，底本作「抵」，川本、滬本同，據宋史鄭文寶傳改。

〔三二〕威州隔城東隅　「隔」，底本作「陽」，據川本、滬本及宋史鄭文寶傳改。

〔三三〕環州　「州」，底本作「川」，川本、滬本同，據宋史鄭文寶傳改。

〔三四〕制豎子　「豎」，底本作「竪」，川本、滬本同，據宋史鄭文寶傳改。

〔三五〕樹皆立枯　「枯」，底本作「拓」，川本同，據滬本及宋史鄭文寶傳改。

〔三六〕令括總兵以從　「令」，底本作「今」，川本同，據滬本及宋史徐禧傳改。

〔三七〕已與沈括議築砦堡各六　川本、滬本同。中華書局點校本宋史徐禧傳「砦」下有「堡」字，校勘記〔一〕云：「『堡』字原脱，據下文和長編卷三二八補。」

〔三八〕石工辭不可穿　「石」，底本脱，川本、滬本同，據宋史种世衡傳補。

〔三九〕鄜延　「鄜」，底本作「鄽」，據川本、滬本及宋史任福傳改。

〔四〇〕元昊　「昊」，底本作「炅」，川本同，據滬本及宋史任福傳改。

〔四一〕耿傅　「傅」，底本作「傳」，川本、滬本同，據宋史任福傳改。

〔四二〕鈐轄朱觀　「鈐」，底本作「鈴」，據川本、滬本及宋史任福傳改。

〔四三〕衍與孫路論　川本、滬本同，宋史穆衍傳「論」下有「疆事」二字。

〔四四〕悔將無及矣　「矣」，底本脱，川本、滬本同，據宋史穆衍傳補。

〔四五〕屯没煙　底本屯下有「湮」字，據川本、滬本及宋史苗授傳删。

靖虜衛　西魏置會州。後周移州治鳴沙城〔一〕。唐置西會州。金爲會州〔二〕，尋改爲西寧州。元移會州西南，空其地河上。國初以殘虜遠遁，地非要衝，止於迭烈孫置巡檢司，統戍兵防河凍而已。正統間，虜迫近地，入掠無常，始築城設衛，並列乾鹽、打剌、平灘等堡。領千户所四：左、右、前、後。　唐、宋會寧故址。　鞏記：五千户所。　鞏昌府北六百里。　城周六里有奇〔三〕。

東接原州，西界金、蘭，南屏鞏、衛，北倚松、蘆，誠臨、鞏之北門，而寧、固之右臂，稱重地云。

通志：有會州驛，在城内，本唐之會州。本朝洪武初廢。正統二年，胡寇阿台入犯甘、寧，虜騎自迭烈孫渡河，剽掠内郡，時鎮守都督鄭銘、都御史陳鎰奏設兵衛控制，因會州舊址置靖虜衛，隸陝西都司。領千户所五。東鞏原、夏〔四〕，西接金城，南蔽鞏、臨，北扼松、賀，隴右之北門，而寧、固之右臂。舊志云：東接海剌都，西抵虎豹口，面山背水，地勢險阻，當關中西北屏藩。〔眉批〕其人驍勇善戰，虜中號爲捨兒軍，常避之。蓋於虜比鄰而居，亦其勢然也。河北腴地，鞫爲甌脱之場，而轉餉惟資内地。兵糧道、參將、游擊駐劄。會州驛，今廢。

黄河過會州，入韋靜山。石峽險窄〔五〕，自上垂流直下，高數十丈。韋靜山，在衛北五里。其山石峽險阨，有飛泉，高數十丈。烏蘭山，在衛城西南一百二十里。唐有烏蘭縣以此名。雪山，在衛城北一百二十里。山勢高峻，積雪四時不消。多禽獸，有虎。山後有虜帳。〔眉批〕屈吴山，在衛東七十里。其山茂林修竹，多獐鹿狐兔，居人獵取。界會、靜之間。祖厲河，在衛城西南一百三十里。北流經祖厲城，入河水。黄河，在城北一里。河北即虜境。河水，在祖厲城西，與祖厲水合。唐史云：有河池，因雨生鹽。〔眉批〕城内舊苦水鹽不可食。近來守臣引黄河入城，軍民利賴。新疆既建，號稱腹裏。又人性驍勇，虜憚威名，加以城池險固，水足田開，昔稱險塞，今爲樂土矣。獨套虜東犯，無牆，安、會操所當議復。黄河堰，在衛城北。唐開元中刺史安敬忠築，以捍河流，經衛北，東注好水川〔六〕。境内無他水，惟前所鳳川、右所亂馬川、後所白草原、左所紅崖川。烏蘭關，在烏蘭山上。本漢祖厲縣，後周置烏蘭關，今廢〔七〕。會寧關，在衛境。舊名顛耳。宋元符初，賜名通會，尋改今名。迭烈遜堡，在衛城北九十里。本朝置巡檢司。每歲冬增戍兵。虎豹口，在衛城西四十里。有兵戍守。祖厲城，在衛城西南一百三十里。漢縣〔八〕，屬安定郡。後漢屬武威郡。前涼廢。唐置烏蘭縣於此。宋廢。安西城，在衛。舊名汝遮城〔九〕。宋紹聖初進築，賜今名。會川城〔一〇〕，在衛城西南一百里。宋元符初置，即金帥郭斌死節處。唐書王佖傳：先是，吐蕃欲成烏蘭橋於河壖〔一一〕，先貯材木，朔方節度使每遣人投之河流，終莫能成。至是，蕃人知佖貪而無謀，先厚遺之，然後并役成橋，仍築月城圍守之〔一二〕。自是朔方禦寇不暇。

【校勘記】

〔一〕後周移州治鳴沙城　「城」，底本作「州」，川本、滬本同，據寰宇記卷三七、明統志卷三七、紀要卷六二改。

〔二〕金爲會州　底本脫，川本同，據滬本及康熙補訂天啓鞏昌府志卷四、隴右稀見方志三種甘肅鞏昌府會寧縣鄉土志補。

〔三〕城周六里有奇　底本「六」下衍「百」字，川本同，據滬本及紀要卷六二删。

〔四〕東鞏原夏　「鞏」，川本同，滬本作「控」。

〔五〕石峽險窄　「窄」，底本脫，川本、滬本同，嘉靖陝西通志卷四、康熙陝西通志卷三有「窄」字，據補。大明一統名勝志卷一二、乾隆甘肅通志卷五作「隘」。

〔六〕經衛北東注好水川　川本同，滬本繫於下文「左所紅崖川」之下。

〔七〕本漢祖厲縣後周置烏蘭關今廢　底本錯簡於下文會寧關條後，川本、滬本同，據嘉靖陝西通志卷四、萬曆陝西通志卷六、康熙補訂天啓鞏昌府志卷一五、康熙靖遠衛志卷一乙正。

〔八〕漢縣　底本錯簡於下文「後漢屬武威郡」下，川本、滬本同，據漢書地理志、明統志卷三七、萬曆陝西通志卷二〇、紀要卷六二乙正。

〔九〕舊名汝遮城　「城」，川本缺，滬本無，萬曆陝西通志卷二〇、康熙靖遠衛志卷一作「砦」。

〔一〇〕會川城　「川」，底本作「州」，川本、滬本同，據明統志卷三七、萬曆陝西通志卷二〇、紀要卷六二、康熙靖遠衛志卷一改。

〔一一〕吐蕃欲成烏蘭橋於河壖　「成」，底本作「戍」，川本、滬本同，據舊唐書王佖傳改。新唐書王佖傳爲「作」。

〔一二〕仍築月城圍守之　「圍」，底本作「固」，川本、滬本同，據舊唐書王佖傳改。

陝西行都指揮使司

領衛十二，守禦千户所三、二〔二〕，隸中軍都督府，屬西寧道。城周一十二里二百五十七步。

甘州、山丹，漢張掖；肅州，漢酒泉；永昌、涼州、鎮番、莊浪，漢武威；西寧，漢破羌縣，屬金城。洪武五年，宋國公馮勝平定河西。二十四年盡革元制，設甘州左、右、中、前、後五衛指揮使司。二十六年，始於此置陝西行都指揮使司，領甘州五衛及肅州、山丹、永昌、涼州、鎮番、莊浪、西寧一十二衛，高臺、鎮夷、古浪三所，並赤斤蒙古、沙州、哈密、安定、罕東、曲先、苦峪六羌胡羈縻衛所〔三〕。其甘州左、右、中、前、後五衛附郭。洪武二十四年，立甘肅衛，二十五年罷。尋分置甘州左、右、中、前、後、中中六衛。二十八年，分封肅王府於此，設左、中二護衛。三十二年，移肅府於蘭州，護衛隨之，仍裁革前、後、中中三衛。永樂二年，復設甘州前、後二衛，並左、右、中共五衛，各領左、右、中、前、後五千户所。〔眉批〕土風壯猛，便習兵事。晉載記。土人穴居野處，采獵爲生。圖册。新志云：大抵河西之俗，在昔混於夷虜，土屋居處，湩飲肉食，牧畜爲業，弓馬是尚，好善緣，輕施捨。自入皇明，更化維新，衛所行伍，率多華夏之民，賴雪消之水爲灌溉，雖雨澤少降，而旱澇可免，勤力畎畝，好學尚禮。故地雖邊境，俗同内郡。

通志：甘泉驛，城内〔三〕。甘泉遞運所，在南關，隸左衛〔四〕。東樂驛、東樂遞運所，俱在城東七十里，隸右衛。小沙河驛，在城西三十里。沙河遞運所，在城西六十里。沙河驛，在城西七十里，俱隸中衛。仁壽驛、仁壽遞運所，在城東四十里，隸前衛。撫夷驛、撫夷遞運所，俱在城西一百五里，隸後衛。

會典：甘肅，即漢河西四郡也。國初下河西，棄敦煌，盡嘉峪關爲界〔五〕。由莊浪迤南三百餘里，爲湟中地〔六〕，今置西寧衛；由涼州迤北二百餘里，爲姑臧地，今置鎮番衛；又設甘州等五衛於張掖，肅州衛於酒泉，蘭州衛於金城，皆屯兵拒守。全鎮之地幾二千里〔七〕，惟一線通道。西遮西域，南蔽羌、戎，北扞胡虜，稱孤懸重鎮云。自虜款以來，常假道掠番人，攻瓦剌，穿塞出入，防禦稱難矣。

【校勘記】

〔一〕守禦千户所三二　「二」，川本、滬本同。按本書下文云：陝西行都指揮使司，領甘州五衛及肅州、山丹、永昌、涼州、鎮番、莊浪、西寧一十二衛，高臺、鎮夷、古浪三所。「三所」正與此「三」合，「二」字蓋衍誤。

〔二〕並赤斤蒙古沙州哈密安定罕東曲先苦峪六羌胡羈縻衛所　川本、滬本同。按明史西域傳，苦峪爲城，明時曾遷沙州衛、哈密衛於此。

〔三〕甘泉驛城内　川本同，滬本及寰宇通志卷一〇一「城」上有「在」字，蓋是。

〔四〕隸左衛　「左」，底本作「在」，據川本、滬本改。

〔五〕盡嘉峪關爲界　「盡」，川本、滬本同，明會典卷一三〇作「畫」。

〔六〕爲湟中地　「湟」，底本作「湼」，川本同，據滬本及明會典卷一三〇改。

〔七〕全鎮之地幾二千里　「全」，底本作「金」，川本同，據滬本及明會典卷一三〇改。

甘州左衛　係土人答應。　右城驛〔一〕。

甘州右衛

甘州中衛

甘州前衛　土人。　仁壽驛。

甘州後衛　俱附郭。元爲甘肅路，至元二十八年立行省。本朝未立。　撫、按、户部、鈔關、分巡、兵備、管糧、同知、行太僕寺、茶馬司、總兵、參游、都司駐劄。　馬蹄山，在都司城南一百里。巖石間有神馬足迹。　甘浚山，在都司城西南八十里。山下有泉，其味甘冽。　人祖山，在都司城東北四十里。其山不毛。　蓼泉，在衛西九十里。沮渠蒙遜與西涼交戰之處〔二〕。　草湖泉，在張掖河西岸，數十處生蘆草，可收以飼戰馬〔三〕。　合黎山，在都司城西北四十里。禹貢：導弱水，至于合黎。即此。　祁連山，在都司城西南一百里。山甚峻廣。本名天山，匈奴呼天爲祁連，因名。山上草木茂美，冬温夏涼，宜牧放。山下有石井，四時不竭。後失此，歌曰：「奪我祁連山，使我六畜不蕃息。」居延海，在都司城西北。地理志：渡張掖河西北行，至合黎山硤口，傍河東壖曲屈東北行千五百里，有居延海。是也。張掖河，在都司城西一十里。源出擺通川，經祁連山西，出合黎北，名合黎水，又名鮮水，流入亦集乃界。弱水，在甘州衛城西，環合黎山，東北入東莎界〔四〕。禹貢：導弱水，至于合黎，餘波入于流沙。按西域傳，弱水在條支，自長安西行萬二千里，又百餘日方至其地，疑別有所謂弱水也。人祖山口，在都司城東北四十五里。又城西南有大磁窑、小磁窑、甘峻山凡三口〔五〕。通遠口，在都司城南八十里。祁連山中城，周三里〔六〕。以下諸口，俱南通番境：順化口，在衛南九十里南山。宣政口、陽化口、和寧口，俱在衛南一百里。有堡城。大慕化口，在衛南一百二十里。洪水口，在衛南一百五十里。大磁窑山口、小磁窑山口，俱在衛西南七十里。甘浚山口，在衛西南甘浚山。人祖山口，在衛東北四十里。觀音山口，在衛東北六十里。皆有戍守。沙河堡，在都司城西，又西有甘浚、高臺，南有小滿，東南有黑城，共五堡，屬甘州左衛。長樂堡，在都司城西北，又城南有大滿、順化〔七〕，西北有平源，共四堡。屬甘州右衛。鎮平堡，在都司城東南，又城南有小慕化，西有撫夷，西北有平川、胭脂，共五堡，屬甘州中衛。柳樹堡，在都司城西北，又東南有古城、洪水東共三堡〔八〕，屬甘州前衛。板橋堡，在都司城西北。屬甘州後衛。俱有軍屯守。居延城，在甘州衛城東北。本匈奴地。漢置縣，武帝使路博德於此築遮虜障。居延澤，旁有池，產白鹽。樂涫縣，在衛西二百里。漢置。前涼改爲建康郡。唐爲軍。今名駱駝城，立高臺所。觻得縣，漢書「觻」作「鱳」。又作轢德。在郡西九十一里。懷城縣，北涼與西涼交戰之處。張掖縣，基址不存。

後漢書和帝紀：大將軍竇憲遣左校尉耿夔出居延塞，圍北單于於金微山，大破之。

【校勘記】

〔一〕右城驛　「右」，川本、滬本同，滬本眉批：「右，疑古字之訛。」

〔二〕沮渠蒙遜與西涼交戰之處　「遜」，底本作「遊」，川本同，據滬本及紀要卷六三改。

〔三〕可收以飼戰馬　川本、滬本及嘉靖陝西通志卷四同，康熙陝西通志卷三「可收」下有「百萬」二字。

〔四〕東北入東莎界　「莎」，底本作「菏」，據川本、滬本及明統志卷三七改。

〔五〕又城西南有大磁窑小磁窑甘峻山凡三口　「小磁窑」，底本脱，川本、滬本同，據明統志卷三七、紀要卷六三補。又「甘峻山」之「峻」，本書下文或作「浚」。

〔六〕周三里　「里」，底本缺，川本同，據滬本補。

〔七〕又城南有大滿順化　「又」，底本作「有」，川本同，據滬本及明統志卷三七、紀要卷六三改。

〔八〕柳樹堡在都司城西北又東南有古城洪水東共三堡　川本、滬本及明統志卷三七同。紀要卷六三，柳樹堡：在甘肅鎮西北。又東南有古城、洪水、東樂三堡，嘉靖邊政考甘州山丹圖卷四、嘉靖廣輿圖卷三、順治丁酉重刻萬曆甘鎮志皆有洪水、東樂兩堡，未見「洪水東堡」。「洪水東共」四字疑爲「洪水東樂」之訛。

肅州衛　元爲肅州路。本朝未立。　在都司城西五百一十里〔一〕。　輿考：領鎮夷所。一統志：鎮夷自隸都司。　城周四里八十步。　洪武二十八年開設，領左、右、中、前、後、中右、中中七千户所。　通志：酒泉驛、酒泉遞運所，俱在城東關。　臨水驛，在城東三十里。　臨水遞運所，在城東六十里。　河清驛、河清遞運所，俱在城東八十里。　分守、兵備及參將駐劄。　紅山，在衛東南一百六十里。與觀音山相連。　觀音山，在衛東南一百八十里。與雪山相連。　祁連山，在衛南一百五十里。一名雪山。自涼州連亘至此，皆曰祁連，即天山也。寒水石山，在衛南一百五十里。與紅山相連。　硫黄山，在衛南一百五十里。與寒水石山相連。　文殊山，在衛西南五里。此山古人多鑿洞穿穴。　崆峒山，在衛城東南六十里。　舊屬福禄縣。史記：黄帝披山通道，西至於崆峒。謂此。　嘉峪山，在衛城西七十里。一名玉石山。　黑山，在衛城北沙漠中。望之若墨，故曰黑山。　崑崙山，在衛城西南二百五十里。　南與甘州山連。其巔峻極，經夏積雪不消，世謂之雪山。　涼張駿時，酒泉太守馬岌言，周穆王見王母於此，宜立王母祠。駿從之。　清水河，在衛城北五、四十里。下流會討來河。　沙河，在衛城東四十里。源出雪山，下流入討來河。討來河，在衛城北一百里。源出雪山，〔旁注〕祁連。下流三百里入黑河。黑水，源出衛城西北一十五里。地志云〔二〕：黑水出張掖縣雞山。白水，源出衛城西南二十里，下流與黑水、紅水合。金河。高居誨使于闐記云：甘州西五百里至肅州，渡金河，西百里出天門關〔三〕。是也。紅水，在衛城東南三十里。源出衛南山谷中，下流與黑水、白水合。嘉峪關，在衛城西六十〔旁注〕西北七十。里。關外即古沙漠地。其在西南〔四〕，又有文殊山、硫黃山，東南有寒水石山、紅山、觀音山，凡五口，本衛分兵防守。永寧堡，在衛城東，又城南有永安、永清〔五〕，東南有永定、鹽池，共五堡，俱有軍屯守。亦集乃城，在衛東北五百里。南至甘州一千五百里。晉爲西海郡居延縣地。夏國立威福軍。元立亦集乃路總管府〔六〕，領西寧、山丹二州，今廢。曲尤城，在衛境西。胭脂城，在衛境北。〔旁注〕西〔七〕。白城子，在衛城東北一百二十里。元志云：在黑水河之西。又瓜州北亦有白城子〔八〕。會水舊縣，在衛北。即衆羌水會張掖河處。福禄舊縣，按漢書：呼蠶水出南羌中，東北至會水入羌谷。隋書：福禄有祁連山、崆峒山〔九〕、崑崙山，有石渠。酒泉舊縣，本福禄縣。唐初更名。西五十里有興聖皇帝祠。六、七十里有洞庭山，出金。有崑崙山。瓜州城，在衛城西五百二十六里。漢爲敦煌郡地。晉分置晉昌郡。後魏屬常樂、會稽二郡。隋屬敦煌郡。唐置瓜州。後陷於吐蕃。宋時爲西夏所據。元徙居民於肅州，但名存而已。漢書地理志：敦煌中部都尉，治步廣，候官。杜林以爲古瓜州地，生美瓜。莽曰敦德。師古曰：即春秋左傳所云「允姓之戎居於瓜州」者也。其地今猶出大瓜，長者狐入瓜中食之，首尾不出。元史世祖紀：至元二十九年九月，徙瓜州民於甘州白龍堆〔一〇〕。郡國記：敦煌正西關外有白龍堆沙〔一一〕。在玉門關外。東倚三危，北望蒲昌，是爲西極匈奴要路。玉門關，在故瓜州西北一十八里。漢霍去病破走月支，開玉門關。宜禾城，在故瓜州西北界。漢宜禾都尉治此。晉爲縣，苻堅時，徙江、淮之人萬餘户於此〔一二〕。後魏明帝時，僑置會稽郡。晉昌廢縣，在故瓜州北。本漢冥安縣。隋改常樂縣。唐改曰晉昌。方輿勝覽：伊吾故城，在晉昌縣北〔一三〕。廣至廢縣，在故瓜州西北一百餘里。漢置。晉後廢。

【校勘記】

〔一〕在都司城西五百一十里　「在」，底本作「左」，川本同，據滬本及明統志卷三七改。

〔二〕地志云　底本作「地里志云」，川本、雍勝略卷二四同，滬本作「地理志云」，明統志卷三七、嘉靖陝西通志卷四、順治重刻萬曆肅鎮志卷一、乾隆甘肅通志卷六作「地志云」，紀要輿圖要覽卷三作「古志云」。據此，删「里」字。

〔三〕天門關　「門」，底本脱，川本、滬本同，據新五代史四夷附録第三補。

〔四〕其在西南　「在」，川本、滬本同，明統志卷三七作「城」，紀要卷六三作「衛」，蓋是。

〔五〕永清　「清」，底本作「青」，川本、滬本同，據明統志卷三七、紀要卷六三、嘉靖廣輿圖卷二改。

〔六〕元立亦集乃路總管府　「乃」，底本作「及」，據川本、滬本、本書上文及元史地理志改。

〔七〕西　川本同，滬本「西」上有「一作」二字。

〔八〕又瓜州北亦有白城子　「北」，底本作「者」，川本同，滬本無此字，據明統志卷三七改。

〔九〕崆峒山　「山」，底本脱，川本同，據滬本及隋書地理志補。

〔一〇〕元史世祖紀至甘州白龍堆　川本、滬本同。按元史世祖紀：至元二十九年九月，「沙州、瓜州民徙甘州」。無「白龍堆」三字。

〔一一〕郡國記敦煌正西關外有白龍堆沙　「記」，底本作「志」，川本、滬本同。「西」，底本作「安」，川本、滬本同。按寰宇記卷一五三：「白龍堆，按皇甫謐郡國記云，敦煌正西關外有白龍堆。」明統志卷三七：「白龍堆。郡國記：敦煌正西關外有白龍堆沙。」雍大記卷一〇同，並據改。

〔一二〕苻堅時徙江淮之人萬餘户於此　「江淮」，川本、滬本同，明統志卷三七、康熙陝西通志卷二七皆作「江漢」。

〔一三〕方輿勝覽伊吾故城在晉昌縣北　「方輿勝覽」，川本作「方輿」，滬本無。按此文見聖朝混一方輿勝覽下卷甘肅等處行中書省瓜州下。

沙州衛　元立沙州路總管府，瓜州屬焉。本朝未立。瓜州，本朝未立。漢列河西郡，通道玉門障塞，出長城外數千里是也。東至沙州一百二十里，東南至瓜州二百五十里，去長安五千六百里。自關渡流沙，西一千里至鄯善。又自關渡流沙，北行二千三百里至車師。隋煬帝巡狩河西，至玉門關，置伊吾、且末等郡〔一〕。唐爲玉門縣。沙州城，在衛城西八百餘里。漢初爲月支〔二〕、匈奴境，武帝置敦煌郡。前涼張軌置商州，其後涼武昭王都此。後魏爲敦煌郡。隋初廢郡，置瓜州。唐改沙州。後張義潮、曹義金相繼有其地。宋時西夏據之。元置沙州路。本朝初置沙州衛，以首領困即來爲都督治之〔三〕。正統中，徙其衆於内地，但名存而已。通志：洪武初，置沙州衛，授吐蕃爲官。又封其酋長爲哈密忠順王，以羈縻之。今没於吐蕃。　鳴沙山，在沙州城南七里。一名沙角山。峯崿危峻，沙如乾糖〔四〕。天氣清朗時沙鳴，聞於城内。其沙或隨人足而墮，經宿復還山上，即禹貢所謂「流沙」也。宋玉招魂：西方之害，流沙千里。　三危山，在沙州城東南三十里。其山三峯峭絶，因名。舜竄三苗於三危，禹貢：導黑水，至于三危。皆此。　羊膊山，又名石沙木。　北塞山，在沙州境。漢武帝時，天馬朝發京師，夕至敦煌北塞山下，即此。　龍勒山，在沙州城東一百二十里。漢龍勒縣因此名。　玄泉，在龍勒山。漢李廣利伐大宛還，士卒渴甚，拔刀刺山，飛泉湧出。　渥洼水〔五〕，在沙州境。漢元鼎四年，天馬生渥洼水中。　壽昌廢縣，在沙州城西南一百五十里。本漢龍勒縣地。後魏置。　陽關，在廢壽昌西六里。

本朝未立。　元立亦集乃路總管府，領山丹、西寧二州。本朝未立。　山丹州、西寧州，並屬亦集乃路。本朝未立。

【校勘記】

〔一〕置伊吾且末等郡　「末」，底本作「米」，川本同，據滬本及隋書地理志改。

〔二〕月支　「月」，底本作「川」，川本同，據滬本及明統志卷三七、紀要卷六四改。

〔三〕以首領困即來爲都督治之　「困」，底本作「因」，川本、滬本同，據明統志卷三七、萬曆陝西通志卷二〇、紀要卷六四改。

〔四〕沙如乾糖　「糖」，川本、滬本同，寰宇記卷一五三作「糒」，雍大記卷一〇作「糠」。

〔五〕渥洼水　「水」，底本作「山」，川本、滬本同，據漢書武帝紀、明統志卷三七、紀要卷六四改。

山丹衛　在都司城東北一百二十里。輿考：領高臺所。城周七里二百九步。洪武二十四年設，領左、右、中、前、後五千户所。石峽口山，在衛東八十里。兩峯相對，下有石井。祁連山，在衛南一百五十里。連亘甘、肅、涼諸衛境〔一〕。詳見甘州。山丹河，在衛西。源出祁連山，西流入張掖河。守備駐劄。副總兵駐高臺所。山丹驛，在南關〔二〕。新河驛，在城東四十里。石硤口驛，〔旁注〕俱土人。在城東八十里。通志：三處各有遞運所。石人石馬關，在城北一百五十里。焉支山，在衛城東南一百二十〔旁注〕五十。里。一名删丹山。漢霍去病將萬騎涉狐奴水，過焉支山，即此。後匈奴失此山，歌曰：「失我焉支山，使我婦女無顏色。」唐哥舒翰建神祠於山麓。紅鹽池，在衛城北五百里。池産紅鹽。白鹽池，在居延澤之旁。產白鹽。紅寺山口，在衛城北二十五里。其在衛南百餘里又有靜寧山、和寧山、無虞山、寧番山，凡四口，皆有戍守。新河堡，在衛城東。又城東南有永興、暖泉、大黃山，西南有洪水三、洪水店，共六堡，俱有軍屯守。元立永昌路，改西涼府爲州屬焉。本朝未立。西涼州，本朝未立。

【校勘記】

〔一〕連亘甘肅涼諸衛境　「亘」，底本脱，川本同，據滬本及嘉靖陝西通志卷四補。

〔二〕在南關　「在」，底本脱，川本同，據滬本及順治重刻萬曆肅鎮志卷五補。

永昌衛　在都司城東南三百一十里。洪武三年設，領左、右、中、前、後五千户所。城周七里二百三十步。南山，在衛南二十里。雪山，在衛南一百八十里。古爲天山。其山與涼州南山連絡。水磨川，在衛西二十里。一名雲川。源出自鸞鳥山、平羌〔一〕、腦兒都山口，以水勢急流，能激轉水磨，故名。游擊、守備駐劄。白鹽池、青鹽池，俱在衛東北。硝池，在衛北二百八十里。真景驛，在城東三十里。水泉兒驛。〔旁注〕俱土人。通志：有真景遞運所，同處。水磨川關，在衛城西二十里。又城西有白石崖山，西南有平羌山、腦兒都山、鸞鳥山，南有一顆樹山，東南有土魯干山、長城山，凡七口。本衛分兵防守。　水關二處：一在城西南山口；一在城東南山口。　樂善堡，在衛城東，又城西有水磨川堡，俱有軍屯守。

【校勘記】

〔一〕平羌　川本及嘉靖陝西通志卷四、紀要卷六三同，滬本「羌」下有「山」字。據本書下文，蓋是。

涼州衛　在都司城東南五百里。　輿考：　轄大浪所〔一〕。　城周十五里。　洪武三年，平定陝西。元永昌路僉事院涼國公搭搭，領所部北遁死，子南木哥挈所部還涼州歸。五年，宋國公馮勝率兵至甘肅，涼州境內空虛。九年，開設涼州衛指揮使司，領左、右、中、前、後五千户所。　青巖山，在舊姑臧縣界〔二〕。下有湫，甚廣。人觸之，風雹立至。　第五山，在舊姑臧縣界。有清泉茂林，懸崖石室。自昔爲隱士所居。　青山，在衛東二百五十里。　松山，在衛東三百一十里。　白嶺山，在衛西南。　車輪山〔三〕，在衛西南九十里。山頂高峻，有路盤曲如輪，故名。　浚稽山，在舊武威郡北。漢武帝太初二年，遣浚稽將軍趙破奴將二萬騎擊匈奴至此，故名。　臧南山，在衛西南一百二十里。　西山，在衛西二十里。　分守、兵備、管糧府同副總兵駐劄。　沙河，在衛東北五十里。源出自洪水泉，至三岔河合而爲一，流入鎮蕃衛界。紅水泉，在衛東五十里。武威驛、柔遠驛，在城西九十里。懷安驛，在城西五十里。靖邊驛，在城東八十里。大河驛，〔旁注〕俱土人。在城東四十里。舊有靖邊、武威二遞運所，革。通志：四處各有遞運所。又有武威遞運所，在城西十里；雙塔遞運所，在城東一百二十里。天梯山，在衛城南八十里。山路崎嶇如梯。白亭海，在衛東北境。衛西南五澗谷水流入此海，以水色潔白，故名。一名小闊端海子。豬野澤，在衛城東北。禹貢：至于豬野〔四〕。即此。一名休屠澤。雜木口關，在衛城東三十里〔五〕。金塔寺山口，在衛南三十里。黄羊川山口，在衛南一百里。土彌干川山口，在衛南一百里。南有俺公山〔六〕，南有倘哥兒山、東山、乾溝山，東南有黄羊川、下古城等口。本衛分兵防守。懷安堡，在衛城西，又城北有舊永昌，東有雜木口、靖邊，共四堡，俱有軍屯守。紅水塞，在衛城東北。暖泉塞，在衛城東。永昌城，在衛北三十里。元置永昌路，後添設永昌宣慰司，今置永昌堡。周二里三百四十四步。姑臧廢縣，在衛城東北二里。漢縣，爲武威郡治。晉、隋因之。唐爲涼州治。

【校勘記】

〔一〕大浪所　「大」，川本、滬本同，嘉靖邊政考卷四涼州衛轄有古浪所。「大」疑「古」字之訛。

〔二〕青巖山在舊姑臧縣界　「青」，底本作「省」，川本、滬本同，據明統志卷三七、紀要輿圖要覽卷三改。「姑」，底本作「故」，據川本、滬本及明統志卷三七改。

〔三〕車輪山　「車」，底本缺，川本、滬本同，據嘉靖陝西通志卷四、雍勝略卷二四、順治丁酉重刊涼鎮志卷一補。

〔四〕至于豬野　「豬野」，底本作「瀦海」，川本同，滬本作「瀦野」，據尚書禹貢改。

〔五〕雜木口關在衛城東三十里　底本「三十里」下衍「又城西」三字，川本同，據滬本及嘉靖陝西通志卷四、明統志卷三七、紀要卷六三删。

〔六〕南有俺公山　「南」，川本、滬本同，明統志卷三七、紀要卷六三作「西南」。

鎮蕃衛　在都司城東五百五十里。洪武二十九年開設，領左、中二千户所。正統十年增設右千户所，共三千户所。城周六里二分二十三步。參將、守備駐劄。蘇武山，在衛東南三十里。俗傳漢蘇武牧羝處。阿剌鶻山，在衛南三十里。東接蘇武山。黑山，在衛西南六十里。來伏山，在衛西北八十里。亦不剌山，在衛北二百八十里。紅崖子，在衛西南七十里。小河，在衛南十五里。源出自涼州五澗谷。新中沙白鹽池，在衛東五十里。周圍二里。三壩白鹽池，在衛南三十里。周圍三里。鴛鴦白鹽池、小白鹽池，俱在衛西二百二十里。寧邊驛，在城西。黑山驛，在城西南六十里。三岔驛，〔旁注〕俱土人。在城西南一百五十里。通志：二處各有遞運所。重興鋪關，在衛西南九十里。黑山關，在衛西南六十里。本衛分軍戍守。西樂堡，在衛城西。又城東有東安堡，俱有軍屯守。護衛堡，有二，俱在衛城西南。舊屬甘州中護衛。

莊浪衛　在都司城南九百四十里。洪武五年，宋國公馮勝統兵下河西，其縣已空。九年調蘭州衛官軍守禦。十年，因舊縣址築城，設莊浪衛指揮使司，領左、右、中、前、後五千户所。城周四里一百二十步。兵備、參將駐劄。東山，在衛東一里。小松山，在衛東一百里。與大松山相連。大松山，在衛東一百二十里。山多大松，居人采之，以資器用。駱駝山，在衛南一百三十里。蘿蔔山，在衛西一百三十里。與雪山相距。馬牙山，在衛北八十里。石佛山，在衛東北三十里。烏稍嶺，在衛北一百三十五里。路通甘肅。雖盛夏，風起飛雪瀰漫，寒氣砭骨。黑川，在衛東一百里。莊浪河，在衛西一百八十步。源出分水嶺，引之以溉田，東流入黄河。紅城子驛，在城南七十里。在城驛，在城内〔一〕。通志作莊浪驛。沙井兒驛，在城南一百九十里。岔口驛，在城北八十里。大通河驛，在城西一百二十里。苦水灣驛，在城南一百二十里。武勝驛，在城北四十里。大通山口驛，在城南三十里。鎮羌驛，在城北一百二里。通志：在城及八處各有遞運所。又有通遠驛及遞運所，在城西五十里。分水嶺，在衛城西一百五十里。嶺嶠有泉分流，南爲莊浪河，北爲古浪河。大通河，在衛城西南一百二十里。源出祁連山擺通川。應理州堡，在衛城東，又城東有泗水，西有西大通，南有紅城子，共四堡，俱有軍屯守。　黑城子，在衛城南二十五里。

【校勘記】

〔一〕在城内　「在」，底本無，川本同，據滬本補。

西寧衛　在都司城東南一千三百五十五里。〔旁注〕通志。　古湟中地。　輿考：領碾伯所。　城周八里五十六丈四尺五寸。　本唐之鄯州，爲隴右節度府治。　本朝洪武十九年，長興侯耿炳文下河西收集散亡，築城，置西寧衛指揮使司。　宣德八年，又改設軍民指揮使司，領左、右、中、前、後五千户所。　又於碾伯設右千户所，共六千户所。　撫臺、兵備與參將、苑馬寺駐劄。　參將一員，駐碾伯所。　西寧茶馬司，在城内。　老鴉城驛，在城東老鴉城。一百七十里。　古鄯馬驛，在城東南古鄯城。二百七十里。　在城驛，在城内〔一〕。　巴州馬驛，在城東南上川口城内。二百二十三里。　嘉順驛，在城東碾伯城。一百三十里。　冰溝驛〔二〕，在城東冰溝城。二百二十里。　平戎驛，在城東平戎城。七十里。　舊有西寧遞運所，革。又有老鴉城、嘉順、平戎、冰溝四遞運所，俱與驛同處。嘉靖三十八年革。　峽口山，在衛城東三十里。地極險阻，爲湟、鄯往來咽喉地。漢時名湟陿。唐人嘗修閣道。宋築省章城，控制要害。又名綏遠關。　積石山，在衛境廢龍支縣之南。志云，即禹貢導河之所，非也。詳見河州。〔眉批〕後漢書桓帝紀：燒何羌數寇張掖〔三〕，護羌校尉段熲追擊於積石〔四〕，大破之。注：積石山，在鄯州。熱水山，在衛城西南五百里。山南出煖水，流入青海。北出冷泉，即西寧河源。西海，在衛城西五、三百餘里。海方數百里，有魚無鱗，背負黑點。漢平帝時，王莽秉政，風卑禾羌獻西海之地，置西海郡。莽敗，郡廢。一名卑禾羌海，俗呼青海。蘇木連河，在衛城北山之陰。按漢書，湟水出金城郡臨羌縣西北，東至允吾入河〔五〕。水經曰：金城東允吾縣北，即湟水之源。又輿地綱目〔六〕：湟水經卑禾羌海。疑即此水也。西寧河，在衛城北百步。源出熱水山，北流五里，逕伯顏川，至西寧與那孩川合〔七〕，又東南五百里入黃河。浩亹水，在衛西北。一名閤門水〔八〕。源出塞外，東至允吾界，入湟水。宗水，在衛西境。來自青海，繞衛境入於湟水。水之南有宗谷口。石峽口，在衛城東七十里。其在衛西，又有乩鐵溝山、伯顏川山、西番溝山〔九〕。季彥才山口，在衛東南七十里。觀音堂山口，在衛東南八十里。黑松林山口，在衛東南九十里。可可打班城山口〔一〇〕，在衛東南一百四十里。康經溝山口，在衛西南十里。雙山溝口，在衛西五十里。剌撒兒山口，在衛西七十里。伯顏川山口，在衛西北五十里。乩鐵溝山口，在衛西北六十里。那孩川山口，在衛北五十里。哈牙山口，在衛北七十里。車卜魯川山口，在衛北九十里。撒兒山口，在衛東北一百四十五里。西番溝山口，在衛東北一百六十里。大硤口河南關、大硤口河北關，俱在衛東九十里。石嘴兒關，在衛東一百五十里。在衛西有伯顏川山、西番溝山〔二〕，在衛南有那海川山、可可打班山，在衛北有軍卜魯川山〔三〕、黑松林山、撒兒山，總八口，皆有戍守。伯顏川堡，在衛城西，又城東有石硤、平戎，東南有巴州，北有車卜魯川，共五堡，俱有軍戍守。大通城，在衛城東北。舊名達南。地形險要，控扼夏境。宋崇寧中，收復湟、鄯，乃築塞拒守，名曰大通，又名米川城。西寧廢州，在衛城西南。宋置州，今廢。自城西至南轉東，約八里餘乃西寧州古城。

【校勘記】

〔一〕在城内 「在」，底本無，川本同，據滬本補。

〔二〕冰溝驛 「冰」，底本作「水」，據川本、滬本及寰宇通志卷一〇一改。

〔三〕燒何羌數寇張掖 「何」，底本作「當」，「寇」，底本作「冠」，川本、滬本同，據後漢書桓帝紀改。

〔四〕段熲 「熲」，底本作「頴」，滬本作「顥」，據川本及後漢書桓帝紀改。

〔五〕臨羌縣西北東至允吾入河 底本錯簡於下文「又輿地綱目」之上，川本同，據滬本及漢書地理志、明統志卷三七乙正。

〔六〕又輿地綱目 「輿」，底本作「與」，據川本、滬本及明統志卷三七改。

〔七〕那孩川 「那」，底本作「即」，川本同，據滬本及寰宇通志卷一〇一、嘉靖陝西通志卷四改。

〔八〕閤門水　「閤」，底本作「閣」，川本同，據滬本及明統志卷三七、紀要卷六四改。

〔九〕伯顔川山西番溝山　「川山西番溝山」，底本脱，川本、滬本同，據寰宇通志卷一〇一、明統志卷三七、紀要卷六四補。

〔一〇〕可可打班城山口　「可可」，底本作「哥」，川本、滬本同，據本書下文及明統志卷三七、嘉靖陝西通志卷四、紀要卷六四改。「班」，底本作「斑」，川本同，據本書下文、滬本及明統志卷三七、紀要卷六四改。又，本書下文及明統志、紀要皆無「城」字。

〔一一〕在衛西有伯顔川山西番溝山　「在衛西有伯顔」，底本脱，川本、滬本同，據明統志卷三七、紀要卷六四補。

〔一二〕軍卜魯川山　「軍」，川本、滬本及紀要卷六四同，本書上下文及寰宇通志卷一〇一、明統志卷三七、嘉靖陝西通志卷四、清統志卷二六九引行都司志作「車」。

鎮夷守禦千户所　在都司城西北三百里。城周四里。地屬甘州後衛。洪武二十九年，都指揮馬溥始於黑河之北築城堡，爲西北哨馬營。三十年，就馬營展築，開設鎮夷守禦千户所。三十三年，裁革。永樂改元，總兵官都督宋晟奏復置，後爲黑河水衝決。天順八年，鎮守太監蒙泰建議移於今治。鎮遠驛，〔旁注〕土人。在城内〔一〕。通志：有深溝驛、深溝遞運所，俱在城南十八里。鹽池驛、鹽池遞運所，俱在城西四十里。合黎山，在所東北三十里。詳甘州〔三〕。黑山，在所東北二十里。與合黎山相接。詳肅州。居延海，在所東北一千二百里沙磧之外。見甘州。鹽池，在所西四十里。池產白鹽，其利甚溥。河西一帶至金城，人皆資食。居延城，即居延縣也。黑河，在所城西四里。即古張掖河。其水經城西南，出石峽口，流入居延海。

古浪守禦千户所　在都司城東南六百四十里。城周二百七十五步。地屬莊浪衛。正統三年，巡撫都御史羅亨信奏設古浪守禦千户所，東南郭設把隘關寨，隸陝西行都司。古浪河。暖泉橋水，在城南。通泉橋水，在城西北。黑松林驛，在城南三十里。通志：有古浪驛、遞運所，俱在城內。又有永寧遞運所，在城南三十里。安遠遞運所，在城南六十里。

高臺守禦千户所　在都司城西一百六十里。地名高臺站，屬甘州中衛。正統中，張掖布衣劉寬建言〔三〕，景泰七年，始設守禦千户所，隸陝西行都司。城周四里八分。黑泉驛、黑泉遞運所，俱在城西六十里。祁連山，在所西四十里。詳甘州。榆木山，在所南四十里。白城山，在所西南八十里。合黎山，在所北十里。至羌谷三百里。張掖河水出其谷。餘見甘州。破煙墩口，在所西北二十五里。雙尖山口，在所西北五十里。冰窖山口，在所西北一百二十里。石關口，在所北十里。鶯窩山口，在所北十五里。掃箒溝口〔四〕，在所北二十里。紅山口，在所東北二十里。揚旗口關〔五〕，在所西南一百二十里。黑河，在所北二百步。即張掖河。

晉時，張軌據西河，爲前涼。呂光繼之，爲後涼，今甘州衛是。李暠遷酒泉，又遷沙州，爲西涼。酒泉，今肅州衛，沙州去肅州八百里，今没於狄〔六〕。沮渠蒙遜據張掖，爲北涼，今鎮番衛是。禿髮烏孤據姑臧，爲南涼，今西寧衛是。

通志：祖宗朝設立河西疆域，西抵沙州、哈密，北爲胡虜，南爲吐蕃。其後捐沙州及哈密之地於蕃，而設關於肅州嘉峪之地，已非舊矣。邇年以來，吐蕃之人，方物之貢嘗通，乃歸至甘肅之境，輒居而不行。今州所居番人，盈城遍野。考之春秋謹華夷之辨，無乃其不然乎！即至德無不覆載，今番人居内，疆域雖與我同，而政教實不加焉，亦非覆載之意。竊謂保釐大臣，宜有道以處之，安其父兄，養其窮獨，教其子弟，以吾仁義之道，而日漸磨之。初未知學，則以聖祖教民文誘之，選其俊秀，俾入學校〔七〕。其文行稍可取者，則科第以進之，其餘可耕戰者，則官以率之，稽其勤惰，而賞罰加焉。如是十年之久，必安居樂業，文武之材，將輩出其間，而吾中國亦且富强，雖沙州、哈密之地，皆以漸而分布居之可矣。按沙州，即古敦煌地。其人材自古爲盛，光照簡編。今何獨不然，作新之以復古，以安疆，亦在乎人耳。不然聽其自如，爲苟安之計，吾知冰炭同器，不濡則然，非惟中國不寧，彼亦豈能安耶！

【校勘記】

〔一〕在城内　底本作「城内」，川本同，據滬本及寰宇通志卷一〇一補「在」字。

〔二〕詳甘州　底本作「詳甘州川」，據川本、滬本删「川」字。

〔三〕張掖布衣劉寬建言　川本、滬本同，順治丁酉重刻萬曆甘鎮志「言」下有「於鎮城西一百六十里設所」。

〔四〕掃箒溝口　「箒」，底本作「帚」，川本、滬本同，據嘉靖陝西通志卷四、順治丁酉重刻萬曆甘鎮志改。

〔五〕揚旗口關　「揚」，川本、滬本同，嘉靖邊政考卷四、嘉靖全陝政要卷四作「楊」。

〔六〕今没於狄　「没」，底本作「設」，川本同，據滬本改。

〔七〕俾入學校　「校」，底本作「較」，川本同，據滬本改。

榆林衛　城周一十三里三百一十步。在迤北八百里。都御史、總兵鎮守。在西安北一千五百里。遠際龍、沙，四無襟帶，營堡相望，烽堠連接。東枕高山，西横大水，南接岡陵，北横朔漠。本志。〔眉批〕通志：列在靖虜衛前，尚敦樸，習弓馬，好戰鬬，勤耕事。其人驍勇善戰，虜中號爲捨兒軍，常避之。蓋於虜比鄰而居，亦其勢然也。河北腴地鞠爲歐脱之場，而轉餉惟資内地。

榆林驛，在城内〔一〕。漢書：枚乘説吴王曰〔二〕：秦北備榆中之關。唐志：勝州榆林縣，東有榆林關。秦始皇西北逐戎人，自榆中並河以東，屬之陰山。秦屬雲中、九原二郡。史記云：秦卻匈奴，樹榆爲塞〔三〕。所謂榆溪塞，即此。漢爲雲中郡之沙南，五原郡之南輿縣地〔四〕。晉爲九原、雲中二縣地〔五〕。隋初置勝州〔六〕，煬帝置榆林郡。唐屬麟州新秦郡地。元爲米脂縣地〔七〕。皇明洪武初，平定陝西，分撥綏德衛千户劉寵屯治。正統中，北虜屢入河套爲患，特敕右府都督王禎鎮守延綏等處，始建議築榆林城，及沿邊砦、堡、墩、臺，以控制之，遂爲鎮邊重地。成化七年，都御史王鋭建置榆林衛。八年，都御史余子俊於舊城北增築城垣，置榆林衛指揮使司，隸陝西都司。堡兒山，在衛東二里。紅山，在衛北八里。山皆紅石，地近沙漠，稍東因築紅山墩。黑山，在衛南十里。俗名黑土圪𨂿。其北水甘草茂，北虜内侵，必駐此，以便水草。成化中，巡撫余子俊率軍士築砦堡，植柳萬餘株，屯兵養馬，以遏侵軼，虜不敢近。紅石硤山，在衛北十里紅山墩左硤中。有水自沙漠來，水從石流下，斗落數千仞。扇馬溝河，在衛東南二十里。三岔川河，在衛南十里。大川河，在衛西半里。芹菜溝，在衛西。源自沙漠來。兩岸水際産芹菜。虜常出没至此。

【校勘記】

〔一〕在城内　底本作「城内」，川本同，據滬本補「在」字。

〔二〕枚乘　「乘」，底本作「粟」，川本同，據滬本及漢書枚乘傳改。

〔三〕史記云秦卻匈奴樹榆爲塞　川本、滬本同。按此不載於史記。漢書韓安國傳：蒙恬爲秦侵胡，累石爲城，「樹榆爲塞」。則此「史記」應作「漢書」。

〔四〕南興縣　「興」，底本作「輿」，川本、滬本同，漢書地理志亦作「輿」。按水經河水注於雲中郡北輿縣下曰：五原有南輿，「故此加北。」則縣名南輿，作「興」乃誤，據改。

〔五〕晉爲九原雲中二縣地　「晉」，底本脱，川本同，據滬本及雍勝略卷二三補。
〔六〕隋初置勝州　「初」，底本作「幼」，川本同，據滬本及雍勝略卷二三改。
〔七〕元爲米脂縣地　底本錯簡於本書上文「五原郡之南輿縣地」之下，川本同，據滬本及雍勝略卷二三乙正。

河套。　牛心山，在黄羊城東。　海子山，在石瑶川城東。　駱駝山，與古路墩相近。　沙嶺，在連城東。　卯孩水〔一〕，在黄河西南涯。　鴛鴦湖，與佛堂寺溝相近〔二〕。　呃把湖，與鴛鴦湖相近。　北海子，水南流經響水堡之東。　佛堂寺溝在狄青牢之西。　紅鹽池，在蓮花城東南。　長鹽池，在蓮花城西。

宥州寧朔郡，本漢三封縣之地。自河曲、靈夏有蕃戎部落，後周武帝立朔州以統之。唐高宗時，置魯州、麗州、含州、塞州、依州、契州〔三〕，以唐人爲刺史，謂之六胡州。武后時，並爲匡、長二州。中宗置蘭池都督府，分六州爲縣。玄宗時，復置魯州、麗州、契州、塞州〔四〕。後復置匡、長二州。又置宥州及延恩等縣。至天寶中，改寧朔郡，復寄理於經略軍。以地形居中，可總統蕃部地，以應接天德，南爲夏州之援〔五〕。憲宗時，復置宥州於長澤縣，隸夏綏銀節度使，兼管神策軍。宋李繼捧納國，復爲王土。自夏州廢毁，因陷趙德明。　紫河，隋築長城起於紫河，即此地。後世謂之紫河汊。地産良馬，今在黄河套。　唐龍鎮，在勝州之境。地居險峻。宋景祐中，爲夏人所幷。今此鎮廢入河套。

【校勘記】

〔一〕卯孩水　「卯」，底本作「卬」，川本、滬本同，據嘉靖陝西通志卷一〇、嘉靖邊政考卷一及卷三、萬曆延綏鎮志卷六改。

〔二〕佛堂寺溝　「寺」，底本脱，川本、滬本同，據本書下文及嘉靖陝西通志卷一、嘉靖邊政考卷三、萬曆延綏鎮志卷六補。

〔三〕契州　「契」，底本作「梨」，川本、滬本同，據新唐書地理志、元和志卷四改。

〔四〕玄宗時復置魯州麗州契州塞州　「契州」，底本脱，川本、滬本同，據新唐書地理志、紀要卷六一補。

〔五〕夏州　「州」，底本脱，川本同，據滬本及元和志卷四、嘉靖陝西通志卷一三補。

塞外。　天山，伊吾郡有天山。高十五里，廣六十里。冬夏積雪不消。一名雪山。匈奴過之，皆下馬拜。漢遣貳師將軍李廣利將三萬騎出酒泉，擊右賢王於天山，得虜萬騎而還，即此地也。　葱嶺山，西域三十六國，而限以葱嶺。其河兩源：一出葱嶺，一出于闐〔二〕，在南山下，與葱嶺河合。水經：葱嶺高千里，行十二日，可至其頂。　交河，河水分流繞城，故號交河。去京九千三百里。城北三源：一源出東北五里；一源出正北六里；一源出西北五里，去城百步。

三河合流，又分流城之四圍，故曰交河。漢戊己校尉所理。蒲類海〔二〕，一名鹽澤，去玉門、陽關三百餘里，廣袤三百里。其水冬夏不增減，一名婆惜海。漢班超將兵，擊伊吾於蒲類海，是也。水經云：河水一源出于闐國南山下，水北流與葱嶺河合，又東注於蒲昌海。即蒲類也。隋開皇中，西羌内附，詔宇文攸持節安輯，置蒲昌、鹽澤二郡，以安降附。

【校勘記】

〔一〕一出于闐　「闐」，底本作「闕」，據川本、滬本及漢書西域傳、水經河水注改。

〔二〕蒲類海　「類」，底本作「頪」，川本、滬本及嘉靖陝西通志卷四同，據後漢書竇融傳李賢注、班超傳改。下同。

延綏鎮

在周爲玁狁。春秋爲白翟地。戰國時屬趙。秦始皇三十二年，命蒙恬略河南，拓榆中地千里，〔旁注〕按水經，河水又東過榆中縣北〔一〕，注引地理志曰：金城郡之屬縣也。徐廣史記音義曰〔二〕：榆中在金城。則今之榆林，非古榆中。屬上郡。漢廣長榆爲雲中郡，及五原郡之南輿縣地，而榆谿之水出焉，〔旁注〕水經注：灕水又東北逕榆城東〔三〕，榆城谿水注之。亦非此。所謂榆谿舊塞是也。東漢因之。晉爲九原、雲中二縣地，屬并州新興郡。隋初置勝州，煬帝初，州廢，置榆林郡，統縣三，曰：榆林、富昌、金河。有榆林宫。東爲榆林關。唐武德中，没於梁師都。師都平，復置勝州榆林郡，領縣二，曰：榆林、河濱。宋没於趙德明，爲夏境。金、元爲米脂縣地。明洪武初，定陝西，分綏德衛千户劉寵屯治。正統中，套虜駸駸爲患，特敕都督王禎鎮守延綏城。鎮舊治綏德而外，棄米脂魚河地幾三百里。成化七年，都御史王鋭置榆林衛。九年，巡撫都御史余子俊創議，乃城榆林堡，屹然稱巨鎮焉。邊牆起自黄甫川，抵雙山十二營堡，爲東路神木道，領葭州，暨府谷、神木、吴堡三縣；起常樂，抵清平十堡爲中路榆林道，領綏德州米脂、清澗二縣〔四〕；起龍州，抵鹽場十五營堡，爲西路靖邊道，領保安、安定、安塞三縣，轄衛四、城堡三十六；横截河套之口，内復塹山堙谷，是曰夾道。東抵偏關，西接寧夏，綿亘千八百里，而延綏鎮之名自此始。

鎮城，東至常樂堡四十里，至偏關五百里，又東至京師二千一百里，南至歸德堡四十里，至陝西省城一千三百五十里，西至保寧堡三十里，至寧夏一千里，又西至固原一千三百七十里，北至邊牆八里。城周一十三里三百一十四步。〔旁注〕北五里爲紅山，上有款貢城。其山兩崖爲紅石峽〔五〕。

保寧堡，東至鎮城三十里，至波羅堡四十里，南至歸德堡四十里，北至大邊一里。舊古梁城，城周二里一百四十步。　歸德堡，東至常樂堡八十里〔六〕，西至響水堡四十里，南至魚河堡四十里，北至鎮城四十里。唐党項州，貞觀五年僑治銀川境，疑此。城周二里六十七步。　魚河堡，東至榆林石佛堂界六十里，西至響水堡四十里，南至米脂縣九十里，北至歸德堡四十里。漢圁陰地。城周三里三百步。〔旁注〕境南爲銀州關。本漢銀州地。榆溪、無定二水之所交也。又五十里爲碎金鎮，宋與夏人互市處。　鎮川堡，南至米脂縣三十里，北至魚河堡五十里，至鎮城一百三十五里。城周一里三分。〔旁注〕境南有嗣武城山，宋人城此〔七〕，四面石巖〔八〕，高皆百丈。舊爲囉兀城〔九〕。而宋之永樂城在其東北。

響水堡，東至歸德堡四十里，西至波羅堡四十里，南至綏德州一百二十里，北至大邊七十里。漢圁陰地。城周三里二百一十步。　波羅堡，〔旁注〕有懷德關。東至響水堡四十里，西至懷遠堡四十里，南至綏德州二百五十里，北至大邊十三里。城周二里二百七十步。　已下四堡，皆漢白土縣地〔一〇〕：　懷遠堡，東至波羅堡四十里，西至威武堡四十里，南至安塞縣三百里，北至大邊二十里，城周二里一十七步；　威武堡，〔旁注〕有威武關。東至懷遠堡四十里，西至清平堡四十里，南至安塞縣三百里，北至大邊四里，城周二百八十步；　清平堡，東至威武堡四十里，西至龍州城三十里，南至延安衛屯七十里，北至大邊十五里，城周三百八十四步。　常樂堡，南至葭州一百四十里，北至大邊半里，東至雙山堡四十里，西至鎮城三十里，漢榆谿地，城周三里五十步。　雙山堡，東至建安堡四十里，西至常樂堡四十里，南至葭州五十里，北至大邊十里。漢真鄉縣地。城周三里九十步。〔旁注〕境南十里，周之真鄉縣。　以上中路。

建安堡，〔旁注〕古開光縣，在開荒川堡西〔一一〕。　東至高家堡四十里，西至雙山堡五十里，南至黃河一百五十里，北至大邊五里。漢圁陽縣地。城周二里一百七十二步。高家堡，南至葭州一百六十里，北至大邊三里，東至柏林堡四十里，西至建安堡四十里。唐豐州地。宋飛鴉川。元彌川巡檢司。城周三里二十九步。〔旁注〕東五里，唐開元中所置幽陵都督府。柏林堡，東至大柏油堡二十里，西至高家堡四十里，南至黄河一百二十里，北至大邊二里。唐勝州地。城周二里一十二步。大柏油堡，南至黄河一百二十里，北至大邊三里，東至神木堡三十里，西至柏林堡二十里。唐麟州地。城周二里九十二步。神木堡，東至永興堡四十里，西至大柏油堡四十里，南至黄河一百二十里〔一二〕，北至大邊四十里。漢五原、新秦。魏朔州。隋豐州。後周爲銀、勝二州。唐麟州地。宋移治吴兒堡，改鎮西軍，後爲神木寨。元置雲州。本朝爲神木縣，後因爲堡。城周五百七十步。〔旁注〕五原故城在其南。漢之光禄塞也。元之雲州故城在其東。唐之麟州故城及連谷城在其北。今淪入於套矣。銀城廢縣又在其南四十里。魏之石城，隋改爲銀城〔一三〕。古之新秦縣及唐之靜寇塞〔一四〕，與惠寧、鎮川二堡皆在其境焉。永興堡，東至鎮羌堡三十七里，西至神木堡五十里，南至黄河九十里，北至大邊一十三里。隋連谷縣。唐麟州。宋爲黑城兒。城周二里二十五步。鎮羌堡，南至府谷縣八十里，北至大邊十里，東至孤山堡四十里，西至永興堡四十里。隋連谷縣地。唐麟州〔一五〕。城周二里二百二十九步。孤山堡，東至木瓜園堡四十里，西至鎮羌堡四十里，南至府谷縣四十里，北至大邊一十五里。唐勝州地。後爲孤圪塔馬營〔一六〕。城周三里三十四步。〔旁注〕境内有芭州城〔一七〕。木瓜園堡，東至清水營三十里，西至孤山堡四十里，南至府谷縣五十里，北至大邊四十里。唐勝州地。城周三里九十步。清水營，東至黃甫川一十五里，西至木瓜園堡三十里，南至府谷縣八十里，北至大邊二十里。唐勝州地。宋屬府州路。元爲巴州〔一八〕。城周三里一十八步。黃甫川堡，東至黃河三十里，西至清水營十五里，南至府谷縣九十五里，北至大邊二十里。唐勝州。宋府州地。城周三里二百七十四步。以上東路。

龍州城〔一九〕，東至清平堡三十五里，西至鎮靖堡四十里，南至延安府三百里，北至大邊五里。漢爲龍州。宋夏州石堡寨，爲范仲淹哨馬營。城周二里三百一十六步。〔旁注〕境内有龍城關〔二〇〕。鎮靖堡，東至龍州城四十里，西至靖邊營八十里，南至延安府三百里，北至大邊二里。宋夏州地，後爲白灘兒。城周四里三分。〔旁注〕境之南有盧關嶺，延水出焉。邊外七十餘里有古城，名城川。有神水灘〔二一〕，水如趵突，冬夏淵渟。鎮虜堡，南至延安府三百里，北至大邊半里，東至鎮靖堡四十里，西至靖邊營四十里。宋夏州地。城周三百七丈。靖邊營，東至鎮虜堡四十里，西至寧塞堡四十五里，南至延安府三百二十里，北至大邊一里。宋夏州兀喇城、保安軍，范仲淹即其東西築哨馬營。城周八里。〔旁注〕有太白山、范老關。寧塞堡〔二二〕，東至靖邊營四十里，西至把都河二十四里，南至保安縣一百四十里，北至大邊二里。宋夏州地。城周四里三分。〔旁注〕有蓮花山、順寧川〔二三〕，昔范文正公立寨存焉。把都河堡，東至寧塞營三十四里，西至永濟堡三十里，南至保安縣一百二十里，北至大邊二十里。宋夏州地。城周三里一百八十步。柳樹澗堡，東至寧塞營四十里，西至舊安邊四十里，南至永濟堡三十里，北至大邊一里。宋夏州地。城周三里七分。新安邊營，東至永濟堡三十里，西至新興堡七十里，南至慶陽府五百里，北至舊安邊六十里。宋夏州深河兒地。城周四里三十五步。舊安邊營，東至柳樹澗四十里，西至磚井堡五十里，南至新安邊六十里，北至大邊一里。宋鹽州地。城周四里三分。新興堡，東至新安邊七十里，西至石澇池堡四十里，南至走馬城一百里，北至磚井堡八十里。宋夏州地。舊有東西海螺二城，此爲東海螺。城周一里一百四十六步。磚井堡，東至舊安邊四十里，西至定邊營五十里，南至新興堡一百里，北至大邊一里。宋鹽州地。城周三里二百五十步。〔旁注〕有黄羊嶺、鍋大嶺。有鐵脚城，夏人築。塞外東北五十里有恒都城，漢用兵之地。有黄花城，古戍也。石澇池堡，東至新興堡四十里，西至三山堡六十里，南至慶陽府三百里，北至定邊營一百里。宋鹽池地。城周三里一百八十四步。三山堡，東至石澇池六十里，西至花馬池一百五十里，南至饒陽堡七十里，北至定邊營九十里。宋鹽池地。城周二里二百四十步。定邊營，東至磚井堡五十里，西至花馬池六十里，南至石澇池一百里，北至大邊五十步。漢北地郡地。後魏大興郡。西魏改五原郡，兼置西安州，以近鹽，改鹽州。隋初廢，煬帝置鹽川郡。唐初爲梁師都所陷。武德元年，收復鹽州，更五原郡，設都督府。貞元二年，没吐蕃。九年，復城之，領縣二，曰：五原、白池。宋咸平中，陷於夏。本朝正統二年，置定邊營。城周四里一百七十五步。鹽場堡，東至定邊營二十里，西至花馬池二十里，北至大邊五十里。城周二里三分。〔旁注〕有大鹽池〔二四〕，周圍三里。中有井，引水溉畦。一昔視之，若積雪。堡之西，入寧夏境。饒陽水堡，東至沙家掌五十里，西至寧夏蒙城一百二十里，南至紅德城九十里，北至三山堡四十里。宋夏州地。饒陽水頭，古蕭關。城周二里三十步。以上西路。

驛遞：榆林驛，在鎮城。南四十里歸德驛。又南四十里魚河驛。又南爲米脂縣之銀川驛。　鎮之境，三面距河，自東勝州，從塞外，經君子濟，折而西南，入黄甫川，乃到灰溝營、唐家會，於此渡而逕行〔二五〕，極偏關也。又過府谷縣、葭州、綏德州之南，圁水注之，又南會奢延水，得延水關，是唐之蘆子也。故以河水爲經流，圁水爲支流，而不及延水者，其流在清澗也。若三山水別出於環縣者，則入於寧夏矣。　水經注：河水過圁陽東南，諸次之水入焉。今不可知其處。　山海經曰：諸次之水東逕榆林塞，自溪西去，悉榆柳之藪矣〔二六〕。王恢云〔二七〕：樹榆爲塞，蘇林以爲榆中在上郡，非也。按始皇本紀，西北逐匈奴〔二八〕，自榆中並河以東，屬之陰山。然榆中在金城東五十許里，陰山在朔方東。以此推之，不得在上郡。漢書音義，蘇林爲失也。　譚志曰：常樂獐河水又西注之，而其源則自塞外葫蘆海也。會漳河而南〔二九〕，流入紅石硤，水匝隍塹，於城之西，遂爲西河。芹河之水自塞外來，入之。又南有三岔川。圁水，出清平堡外白城兒，東流合夏河兒，入波羅塞，東過威武堡，東西二河水俱從塞外而來會焉。又東過懷遠堡，苦水川出其東，南陬同圁水，而東爲無定河。又東至魚河城，與榆林水合，又南過綏德城，又東南入於黄河。

黄甫川水，出塞外牛武城，南流經堡東，入黄河。

河套，東接山西偏頭關，西至寧夏鎮，相距二千里而遥，南則限以邊牆，北濱黄河，遠者八九百里、六七百里，近者亦二三百里。惟黄甫川之南，焦家坪及孃孃灘、羊圈渡口爲最近〔三〇〕。其地東北有大山，而河流其中，濱河之地，往往有城郭，皆漢縣也。

秦爲新秦中。漢爲朔方郡，領縣十。晉因之。後爲夏赫連所據。周爲蕃戎落，置朔州以統之。隋置勝州榆林郡。唐以降突厥置六州，曰：魯、麗、含、塞、依、契〔三一〕，謂之六胡州。唐末，拓跋思恭鎮是州，討黄巢有功，賜姓李，遂有銀、夏、綏、宥、靜五州之地。唐志：靈、鹽、夏、勝、豐州，並今河套地。中受降城，南直朔方，今之寧夏鎮也。西受降城，南直靈武，今之靈州也。東受降城，南直榆中，今之延綏鎮也。明初爲東勝州，今套中之所謂白城子、黑城者是也。

【校勘記】

〔一〕河水又東過榆中縣北　「過」，底本作「週」，據川本、滬本及水經河水注改。「北」，底本脱，川本同，據滬本及水經河水注補。

〔二〕徐廣　「徐」，底本作「除」，據川本、滬本及水經河水注改。

〔三〕灘水　「灘」，底本作「灘」，川本、滬本同，據水經河水注改。

〔四〕綏德州　「州」，底本作「川」，川本同，據滬本及萬曆延綏鎮志卷一、康熙延綏鎮志卷一改。

〔五〕北五里爲紅山上有款貢城其山兩崖爲紅石峽　「城」，底本作「臺」，川本、滬本同；「山」，底本作「西」，川本、滬本同，並據康熙延綏鎮志卷一、清統志卷二三九改。又本段底本錯簡於本書上文「至陝西省城一千三百五十里」旁，川本同，據滬本及萬曆延綏鎮志卷二、康熙延綏鎮志卷一乙正。

〔六〕東至常樂堡八十里　「八」，底本作「六」，川本同，據滬本及康熙延綏鎮志卷一改。

〔七〕宋人城此　「此」，底本作「北」，川本、滬本同，據萬曆延綏鎮志卷二、康熙延綏鎮志卷一改。

〔八〕四面石巖　「面」，底本作「里」，川本同，據滬本及萬曆延綏鎮志卷二、康熙延綏鎮志卷一改。

〔九〕囉兀城　「兀」，底本作「九」，川本、滬本同，據萬曆延綏鎮志卷二、康熙延綏鎮志卷一改。

〔一〇〕已下四堡皆漢白土縣地　川本、滬本同。按康熙延綏鎮志卷一載，屬漢白土縣地四堡爲：波羅堡、懷遠堡、威武堡、清平堡。則本句當移至上文「波羅堡，東至響水堡四十里」之上。

〔一一〕開荒川堡　「川」，底本脱，據川本、滬本及嘉靖邊政考卷二、萬曆延綏鎮志卷二、康熙延綏鎮志卷一補。

〔一二〕南至黄河一百二十里　「一」，底本作「二」，據川本、滬本及康熙延綏鎮志卷一改。

〔一三〕銀城　「城」，底本作「也」，川本同，據滬本及隋書地理志、萬曆延綏鎮志卷二改。康熙延綏鎮志卷一僅作「銀」，無「城」字，當脱。

〔一四〕靜寇塞 「寇」，底本作「冠」，川本同，據滬本及萬曆延綏鎮志卷二、康熙延綏鎮志卷一改。

〔一五〕麟州 「麟」，底本脱，川本同，據滬本及萬曆延綏鎮志卷一、康熙延綏鎮志卷一補。

〔一六〕孤圪塔馬營 「孤」，底本作「抓」，川本同，據滬本及萬曆延綏鎮志卷一、康熙延綏鎮志卷一改。

〔一七〕境内有芭州城 「境内」，底本脱，川本同，據滬本及萬曆延綏鎮志卷一、康熙延綏鎮志卷一補。

〔一八〕元爲巴州 「巴」，川本、滬本同，萬曆延綏鎮志卷一、康熙延綏鎮志卷一作「芭」，蓋是。

〔一九〕龍州城 「城」，底本作「堡」，川本同，據滬本及萬曆延綏鎮志卷一、康熙延綏鎮志卷一改。

〔二〇〕境内有龍城關 「境内」，底本無，川本同，據滬本及康熙延綏鎮志卷一補。

〔二一〕神水灘 「水」，川本、滬本及紀要卷六一同，滬本眉批及康熙延綏鎮志卷一作「木」。

〔二二〕寧塞堡 「塞」，底本作「寨」，川本同，據滬本及萬曆延綏鎮志卷二、康熙延綏鎮志卷一改。

〔二三〕順寧川 「川」，底本作「州」，川本同，據滬本及康熙延綏鎮志卷一改。

〔二四〕有大鹽池 川本同，滬本「有」上另有「境内」二字。

〔二五〕於此渡而逕行 「渡」，底本作「波」，據川本、滬本及康熙延綏鎮志卷一改。

〔二六〕悉榆柳之藪矣 「柳」，底本作「林」，川本、滬本同，此據朱謀㙔水經注箋。楊守敬水經注疏河水云：通鑑卷三胡三省注引水經注作「柳」，趙一清、戴震及永樂大典本均作「柳」，據改。

〔二七〕王恢 底本作「三陜」，川本同，據滬本及水經河水注改。

〔二八〕匈奴 「匈」，底本作「勾」，川本同，據滬本及水經河水注改。

〔二九〕漳河 「漳」，川本、滬本同，康熙延綏鎮志卷一作「獐」。

〔三〇〕羊圈渡口　川本、滬本及萬曆延綏鎮志卷六、康熙延綏鎮志卷一同，嘉靖陝西通志卷一〇、紀要卷六一作「羊圈子渡口」。

〔三一〕曰魯麗含塞依契　「含」，底本作「舍」，川本同，據滬本及新唐書地理志、萬曆延綏鎮志卷六改。

臨洮府

按史記，秦始皇遣蒙恬發兵三十萬築長城，起自臨洮。長城在府城北。府界有三足城，吐谷渾所築。又有安羌城，本溢機堡，宋宣和中賜名安羌。馬援引兵擊破先零羌於臨洮。通典云：秦置天下爲四十郡，其地則西臨洮。玉海：熙寧五年十月，王韶取洮河，遂以洮、岷通遠軍爲熙河路。唐哥舒翰傳：攻破吐蕃洪濟、大莫門等城，收黃河九曲，以其地置洮陽郡。

狄道　鎖林峽，在府南六十里。崖上有古篆，曰「史家灣」，洮水所經，諸峯聳峭〔一〕，兩崖懸絶。山逼峽隘，林木鬱森，故曰鎖林。石井峽，在府東一百二十里〔二〕。有泉，四時不竭。固關城，在府北三十里佛兒崖。今廢，址存。吕布城，在府西二里洮水之東。相傳吕布所築。通谷堡，在府東三十五里。一名寸金城。舊址存。

【校勘記】

〔二〕諸峯聳峭　「諸峯」，底本脱，川本、滬本同，據明統志卷三六、雍大記卷一〇補。

〔三〕在府東一百二十里　川本、滬本同，明統志卷三六、雍勝略卷二〇、康熙陝西通志皆作「在府城北一百二十里」。

渭源　隋書豆盧勣傳：鳥鼠山，俗呼爲高武隴，其下渭水所出。其山絶壁千尋〔一〕，由來乏水，諸羌苦之。勣馬足所踐，忽飛泉湧出。百姓因號其泉爲玉漿泉。青雀山，在縣西南三十里。五竹山，即青雀山之支，與露骨山相連。有五色細竹叢生，盛夏積雪不消。平頂山，在縣南七十里。其山高且平，昔人嘗避兵於此。露骨山，與平頂山相連。宋王韶開熙河，穿此山爲徑，通奇兵，而木征降。今故道存焉。白樺嶺，在縣南九十里。路通岷州。先年生番由之入寇。今則熟番乘冬，雜以無籍，劫掠樵采，爲山民害。議者宜置捍云。

【校勘記】

〔一〕其山絶壁千尋　「壁」，底本作「璧」，據川本、滬本及隋書豆盧勣傳改。

蘭州　古峯山，在州西二里。林泉之勝，爲州奇觀。山後有隋薛舉墓。米哈山，在州北二百餘里。即大小松山，扒里扒沙山之北。胡人謂肉爲「米哈」，言此山多禽獸，可資肉食也。

今復其地入新疆。北虜犯鎮番、涼州、莊浪、中衛、靖虜、蘭州等衛地方〔一〕，必由此而後視各鎮虛實，以爲抄掠之趨避也。　夜雨巖，在臯蘭山後，有泉自石竇流出。夜深籟靜，泉溜潺湲，聽之如雨，一方田畝資以灌溉。俗名後五泉。　煤洞，在州西四十里。　皇坡，在州南柳溝山下。有磁窑。　浩亹河，在州西北。源出塞外，又名閤門河。經敦煌、酒泉等郡，東流浩亹縣南，又東至允吾縣，入湟水。又東北入鄭津，與澗水合。按此河與今不同，恐陵谷變遷，圖經所載承舊也。且金縣浩亹河水，源出馬寒山，以山形如門，故云。此非浩亹河也。　瓦川會城，在州西南二百里。元昊所築。　小晉興城，在州西九十里。乃湟水所經焉。　武始城，在州西一百里。即西秦乞伏國仁所都。後赫連定滅之。　苑川城，即質孤堡，廢縣舊基。　石龜城，在州北黃河之濱。有石如龜，伏城垣下。俗傳夏禹決故道處。　金城郡故城，在州西五十里。按水經注：河水過金城郡南。當在黃河北，今莊浪衛之南境也。　候馬亭，在州西北十五里。漢武帝聞大宛有天馬，遣李廣利伐之，遣使於此候馬，因名。按水經注，候馬亭，當在今莊浪衛境。　臨河驛，在州西北二里黃河岸。唐岑參有詩。　安西縣城，在天都山。　蘭泉縣，在州境。隋曰五泉。宋曰蘭泉，爲蘭州治。今廢。　王保保城，有二：一在蘭州東崗坡，一在金城關北〔二〕。　定火城，在州黃河北四十五里。　納米鎮，在州東。　金明昌置〔三〕。　鐵冶，在榆谷。去州六十里。舊時民冶遺址。　元昊臺，在州西十五里。有級十數重。故老相傳元昊攻阿干駐兵於此〔四〕。定遠故城，在州東四十里。

【校勘記】

〔一〕蘭州　底本脱「州」字，川本、滬本同，據乾隆甘肅通志卷五、乾隆皋蘭縣志卷一七補。

〔二〕在金城關北　底本作「在金城南關北」，據川本、滬本及萬曆臨洮府志卷四删「南」字。

〔三〕金明昌置　川本、滬本同。萬曆臨洮府志卷四「明昌」下有「間」字，此蓋脱。

〔四〕阿干　「干」，底本作「于」，川本同，據滬本及萬曆臨洮府志卷四、康熙陝西通志卷二七、康熙蘭州志卷一改。

金　小龕峽，在縣南二十里。兩山相對，形勢巉巖。自南抵北約一十里。大峽，在縣西一十里。浩亹、神濟二河，統宗於斯而流布焉。

河州　宋熙寧六年，木征據河州，王韶克之，穿露骨山，南入洮州境，山徑陡峻險隘，釋馬徒行〔一〕。雞窠山，在州西北一百四十里。其山最高，屹淩霄漢。分水嶺，在州北二百里黄河外，接西寧界，達虜出没〔二〕。積石軍城，在廓州達化縣西界。本吐谷渾地。唐貞觀中，吐蕃叛，初置爲靜邊鎮。高宗咸亨中，改爲積石軍。宋爲積石軍溪哥城。金大定二十二年，改軍城爲積石州。黑茨嶺，在州北九十里。焦紅嶺，在州西一百里。路通西寧。當川坡〔三〕，在州南一百六十里。臨洮路經此。他剌坪，在州北百里黄河外，接莊浪界。達虜出没。撒剌川，在州西積石關外二百里。夷、回五族，土官百户督率，昔聽守備節制，今設參將分守。把撒川、歸德守禦千户所，去州六百里。此地達虜出没。銀川，在州西六十里。宋英宗治平元年，瞎氈二子，長曰木征，居河州，少曰瞎吳叱，居銀川，率衆數萬内附。俺哥川，在州北五十里黄河南。土脈膏腴，五穀茂盛，果木異常。剌麻川，在州東北五十里。胖哥川，在州東北八十里黄河外。禪家川，在州東南一百六十里。大夏河，一名白水。在州南三里。漢張騫通西域，使大夏國。此水經流大夏。後趙麻秋攻枹罕，退保大夏。銀川河，在州西北六十里。樣卑河，在州西北百里。槐樹關河〔四〕，在州西南六十里。老鴉關河，在州西北八十里。鄧林谷，在積石山右。見方輿勝覽。囤子溝，在州東北二十里。其溝甚隘，深數十丈，長二十里。路通蘭州。西古城，在州西二十里。周圍垣牆尚存，相傳宋時築。東古城，在州東二里。遺址尚存，近白塔寺，乃唐舊城也。景古城，在州東南一百六、三十里。當川縣，在州西四十里。金置，元廢。北古城，在州北一里。俗名番城，乃元城也。黄河下渡，在剌麻川蓮花寨，通莊浪路。宋築安鄉關，夾河立堡，以護浮梁。今廢，止設千户一員守把。

【校勘記】

〔一〕釋馬徒行　「釋」，底本作「繹」，川本、滬本同，據滬本眉批及宋史王韶傳改。

〔二〕在州北二百里黄河外接西寧界達虜出没　「黄河外，接西寧界，達虜出没」，底本錯簡於下文「金大定二十二年，改軍城爲積石州」下，川本、滬本同，據嘉靖河州志卷一、乾隆甘肅通志卷五乙正。又「達」，底本作「遠」，據川本、滬本改。

〔三〕當川坡　「川」，底本作「州」，川本同，據滬本及嘉靖河州志卷一改。

〔四〕槐樹關河　「河」，底本脱，川本同，據滬本及嘉靖河州志卷一補。

蘭州　鎮遠橋，國朝洪武五年，宋國公馮勝遣守禦指揮趙祥，建於城西七里。越四年，衛國公鄧愈移建於州西一十里，爲古浮橋。十八年，守禦指揮楊廉移置城西北二里金城關。用巨舟二十四艘，横亘黄河上，架以木梁，棚以木板，圍以欄楯，兩岸南北爲鐵柱四，各長二丈，一落河底，鐵盤見存，木柱四十五，維鐵纜二，各長一百二十丈，麻纜四，草纜四，長亦如之。遇冬河將凍，則拆而修艌之〔一〕，來春冰泮復建。彭澤溥惠渠記：蘭州北濱大河，自昔無興灌溉之利於東西川者，雖有五泉、笋羅溝、黄峪諸水，然爲利甚少，獨城西南俗名阿干河〔二〕，發源自天都山者，下匯諸泉，爲利頗廣。水去城西數里，間繞龍尾山之麓，爲渠而東者，東南北田圃資之，依華林峯之麓爲渠者，迤西田圃資之。東渠多沙礫，西渠多冢穴。水稍湧激，遂崩壞而咸泄於河。正德己卯，慈利丁侯璿來知蘭州，乃措畫材木爲槽〔三〕，長一丈五尺，闊三尺，高一尺。肅王世子聞之，令承奉給材木以助之〔四〕，置槽於東、西兩渠者九十有二。時旱久，渠之崩泄逾兩月，俄水至如故，規以次灌溉。古碑，在府治南北極觀内。高二尺〔五〕，闊六尺，厚三尺。首刻獸物，趺列人形，文皆隸書。累經兵火，字畫剥落，無可辨識。相傳爲唐李晟平定羌、戎，於此建碑。金史宣宗紀：興定二年，龕谷提控夾谷瑞敗夏人於質孤堡。元光元年，蘭州提控唐括昉敗夏人於質孤堡〔六〕。烏古論長壽傳：提控洮州刺史納蘭記僧〔七〕，出洮州鐵城堡，屢敗宋人。夏國傳：夏自元昊始大，乃北渡河，城興州而都之。其地初有夏、綏、銀、宥、靈、鹽等州，其後遂取武威、張掖、酒泉、敦煌郡地，南界横山，東距西河，土宜三種，善水草，宜畜牧，所謂「涼州畜牧甲天下者」是也。土堅腴，水清冽，風氣廣莫，民俗强梗尚氣〔八〕，重然諾，敢戰鬬〔九〕。自漢、唐以水利積穀食邊兵，興州有漢、唐二渠，甘、涼亦各有灌溉，土境雖小，能以富强，地勢然也。自破宋後，盡陝西分界〔一〇〕，自鱗府路洛陽溝東距黄河西岸，西歷暖泉堡，鄜延路米脂谷至累勝寨，環慶路威邊寨過九星原至委布谷口，涇原路威川寨略古蕭關至北谷川〔一一〕，秦鳳路通懷堡至古會州，自此直距黄河，依見今流行分熙河路盡西邊以限封域〔一二〕，復分陝西北鄙以易天德、雲内，以河爲界。漢書食貨志：徙貧民於關以西，及充朔方以南新秦中〔一三〕，七十餘萬口。應劭曰：秦始皇遣蒙恬攘卻匈奴〔一四〕，得其河南造陽之北千里地甚好，於是爲築城郭，徙民充之，名曰新秦。四方錯雜〔一五〕，奢儉不同。今新富貴者爲「新秦」，由是名也。

蘭州　漢金城郡，領縣十三：允吾、浩亹、令居〔一六〕、枝陽、金城、榆中、枹罕、白石、河關、破羌、安夷、允街、臨羌。允吾廢城，即今古城。浩亹，在州之廣武縣西南。榆中故城，在州之金城縣東。白石，見下。後漢金城郡十城：允吾、浩亹、令居、枝陽、金城、榆中、臨羌、破羌、安夷、允街。金城郡故城，在廣武縣西南〔一七〕。晉涼州金城郡〔一八〕，統縣五：榆中、允街、金城、白土、浩亹。隋開皇初，置蘭州總管府。大業初，府廢，改爲金城郡，領縣二：金城、狄道。蘭州自魏、晉後爲前涼、西秦、南涼分據〔一九〕。隋始置府〔二〇〕。金城縣即舊子城縣。唐金城郡，以皋蘭山爲名〔二一〕，縣二：五泉、金城。金城，本廣武縣，即漢之枝陽。乾元二年，更名五泉。見下。按州地自武德以來，常以中國兵更戍，置使節度之。安禄山亂，肅宗起靈武，悉召西邊精兵赴難。吐蕃乘亂攻陷河西、隴右，迄五代不能復，故州之土地人民，終五代之世，史不一書。宋置蘭州金城郡軍事，元豐四年收復，縣一，蘭泉，倚郭。今名驛〔二二〕。砦一，龕谷，金升爲縣。今屬金縣。堡二：東關、阿干。先置皋蘭堡、鞏哥關〔二三〕、西關、勝如、質孤堡，後改鞏哥關作東關堡〔二四〕，置阿干堡。有河〔二五〕。定西城，後改通遠軍。定遠城，舊名李諾平。本龕谷砦。金城關、京玉關、通川堡，至南渡，盡陷於金。金蘭州刺史，縣三：定遠，兼第十將，即种誼所築定遠城，在州之東四十里，今屬金縣；龕谷；阿干。城二：寧遠、安羌。堡三：東關、質孤，臨夏邊，兼第八將；西關，臨黄河夏邊。鎮三：原川、猪嘴、納米〔二六〕。關一，京玉。元蘭州，初領阿干縣及司候司。至元七年，幷縣司入州。舊志〔二七〕：金升龕谷砦爲縣〔二八〕，後幷入金州〔二九〕。明洪武二年四月歸附。是年，省州爲縣，隸臨洮府，設蘭州衛於縣内，隸陝西都司。成化十三年，巡撫都御史余子俊奏請復置爲州，以金縣屬。黄河，自積石匯洮水、湟水，由金城東越亂山，過寧夏，出塞外爲河套，逶迤二千七百里，至龍門。浩亹河，源出塞外，東至允吾，入湟水。峽岸若門。

漢昭帝時，城在今城西南五十里，即廢允吾城，今之西古城也。隋開皇初，移築皋蘭山北少西，濱河。宋苗授修之，即石龜城。有石如龜伏城下。俗傳禹決河故道。國朝洪武十年，指揮同知王得增築，周迴六里二百步〔三〇〕，云云。弘治十八年六月，總制三邊經略都御史楊一清上疏，極言蘭州隔河即虜，乞留守城官軍，以防虜患，及乞修河北諸城堡。從之。隨築河北鹽場堡、安寧堡、定火城及諸邊塹，以備北虜。安寧堡在州西北三十里。定火城，即鐵古城，在州北七十里。萬曆三十五年正月，巡撫都御史顧其志檄兵備副使邢雲路，會總兵孫仁，修築新疆，自紅水迤南一百四十里，築永泰大城一座。永泰迤南一百里，築鎮虜堡。鎮虜堡迤南一百八十里，築保定堡。保定迤南至蘭州共五百里，其間築大墩院二座，墩臺四十四座，幷補修紅水及永泰東西墩臺七十餘座，公署、倉廒、營房俱備。三十六年四月，巡撫顧其志疏報永泰等城工完，計永泰設參將一員，領馬軍一千，步軍五百；鎮虜、保定各設操守一員，各領馬軍五十，步軍一百，又增鎮虜馬軍一百名，保定馬軍五十名；改蘭州參將於永泰，改景古守備於鹽場堡，又增景古馬軍一百名，步軍二百名，俱聽臨鞏道節制。是年冬，北銀定等酋糾西火落赤等酋，乘新疆初定，欲犯河、蘭等邊，火酋且造橋横架黄河。二酋分道並進，意圖大逞。邢雲路奉巡撫顧其志檄，會總兵孫仁，一面督參將張君恩、都司王嘉評等出兵，於十二月二十七日，北至青羊水截殺，斬虜首四十顆，銀酋遁去。一面督參將劉觀旋、千總韓完卜等出兵，於次年正月十七日，西至仰華寺側，舉火燒毀黄河浮橋，斬虜首六十一顆，火酋敗退，移帳西三百里駐牧。

【校勘記】

〔一〕則拆而修艌之　「拆」，底本作「折」，川本同，據滬本及萬曆臨洮府志卷六、康熙蘭州志卷一、乾隆皋蘭志卷四改。

〔二〕阿干河　「干」，底本作「于」，川本同，滬本及萬曆臨洮府志卷二四、乾隆皋蘭縣志卷一八引彭澤溥惠渠記作「干」，據改。

〔三〕乃措畫材木爲槽　「畫」，底本脱；「槽」，底本作「槽」，川本同，據滬本及萬曆臨洮府志卷二四、乾隆皋蘭縣志卷一八引彭澤溥惠渠記補改。

〔四〕令承奉給材木以助之　「令」，底本作「今」，滬本作「會」，據川本及萬曆臨洮府志卷二四、乾隆皋蘭縣志卷一八改。

〔五〕高二尺　「尺」，川本同，滬本作「丈」，當是。

〔六〕唐括昉　「昉」，底本作「助」，川本、滬本同，據金史宣宗紀改。

〔七〕納蘭記僧　「記」，底本作「池」，川本同，據滬本及金史烏古論長壽傳改。

〔八〕强梗尚氣　「强」，底本作「疆」，川本、滬本同，據金史西夏傳改。下「富强」，諸本作「富疆」，改同。

〔九〕敢戰鬬　「鬬」，底本作「門」，據川本、滬本及金史西夏傳改。

〔一〇〕盡陝西分界　「盡」，川本、滬本同，金史西夏傳作「畫」。

〔一一〕涇原路　「涇」，底本作「經」，據川本、滬本及金史西夏傳改。又「路」，底本脱，川本、滬本同，按金史地理志記此事作「涇原路威川寨」，今據補。

〔一二〕依見今流行分熙河路盡西邊以限封域　「西」，底本作「四」，川本、滬本同，按金史地理志記此事作「依見流行分熙河路盡西邊」，據改。

〔一三〕及充朔方以南新秦中　「充」，底本作「元」，川本、滬本同，據漢書食貨志改。

〔一四〕匈奴　「匈」，底本作「白」，川本、滬本同，據漢書食貨志顔師古注引應劭曰改。

〔一五〕四方錯雜　「錯雜」，川本同，滬本作「雜措」，漢書食貨志顔師古注引應劭曰作「雜錯」。

〔一六〕令居　「令」，底本作「今」，川本、滬本同，據漢書地理志改。下同。

〔一七〕在廣武縣西南　「南」，底本作「晉」，川本同，據滬本及紀要卷六〇改。

〔一八〕涼州　「州」，底本作「川」，川本同，據滬本及晉書地理志改。

〔一九〕蘭州　「州」，底本脱，川本、滬本同，乾隆皋蘭縣志卷四引萬曆蘭州志有「州」字，據補。

〔二〇〕隋始置府　「隋」，底本脱，川本同，據滬本及雍大記卷六、乾隆皋蘭縣志卷四補。隋書地理志：金城郡，「開皇初，置蘭州總管府」。是也。

〔二一〕皋蘭山　「山」，底本脱，川本、滬本同，雍大記卷一〇、乾隆皋蘭縣志卷四引萬曆蘭州志有「山」字，據補。

〔二二〕今名驛　「今」，底本作「令」，川本同，據滬本及康熙蘭州志卷一改。

〔二三〕鞏哥關　「哥」，底本脱，川本同，據滬本及宋史地理志補。

〔二四〕鞏哥關　「關」，底本脱，川本、滬本同，據宋史地理志、乾隆甘肅通志卷一〇補。

〔二五〕有河　川本、滬本同，乾隆皋蘭縣志卷四作「有阿干水」。

〔二六〕納米　「納」，底本作「細」，川本、滬本同，據金史地理志、乾隆皋蘭縣志卷四改。

〔二七〕舊志　「志」，底本作「州」，川本、滬本同，據康熙蘭州志卷一改。

〔二八〕金升龕谷砦爲縣　底本作「龕谷砦升爲金縣」，川本、滬本同。金史地理志：蘭州龕谷縣，「宋舊寨」。元史地理志：「金州，本蘭州龕谷寨，金升爲縣，以龕谷爲金州治所。」此舛誤，據改正。

〔二九〕後幷入金州　「金」，底本漫漶，據川本、滬本及康熙蘭州志卷一補。

〔三〇〕周迴六里二百步　「迴」，底本無，川本、滬本同，據康熙蘭州志卷一、乾隆皋蘭縣志卷四補。

河州　古西羌地。漢爲罕豪。武帝滅之，置罕幵縣〔一〕，屬天水郡；後改枹罕縣〔二〕，屬金城郡。後漢屬隴西郡。獻帝建安十九年，枹罕宋建反，自號平漢王，曹操遣夏侯淵討復之。晉屬晋興郡，劉曜擊枹罕，降。張駿復取爲河州。後趙石虎遣麻秋攻枹罕，退保大夏，即大夏水。虎嘆曰：吾以偏師定九州，今以九州之力，困於枹罕。秦苻堅取置河州。乞伏熾盤自立爲河南王，遷都枹罕。夏王勃勃攻秦，入枹罕。隋置枹罕郡，薛舉起兵克之。唐復爲河州，天寶初改爲安鄉郡，有鳳林關、鳳林縣，屬隴右道。宋治平元年，吐蕃木征以河州内附，遂置枹罕縣，隸熙河郡。紹興元年，金人置河州，屬熙河路。元置吐蕃等宣慰使司都元帥府。

史記：枹罕，河西地名。今河州有枹罕縣。釋義載：枹，鼓槌，警盜賊；罕，少也。言鼓音少，盜賊息。又按趙充國屯田，有䍐幵二羌〔三〕。䍐俗作罕〔四〕，幵音牽，皆西羌種。武帝滅之，置罕幵縣。據此，枹罕是罕羌地。罕，羌語也。

史記：河、湟二州名，皆西羌地。河州本漢金城郡。後秦置河州。湟州本漢西平郡，唐置湟州。括地志云：河水出敦煌郡塞外崑崙山，東注海。湟水出金城郡臨羌縣塞外，至允吾縣東入河。兩河内，故曰湟中，即今西寧是也。趙充國第五策言：至春，循河、湟漕穀至臨羌。熙、河，二州名，熙即熙州，今臨洮是也，河即河州。宋置熙河郡。熙寧七年，王韶至熙州，直趨定羌，進臨寧河。　太峙山，在州南百里。接洮州番界。　大山，在州東八十里。蘭州路經此。　黄河上渡，在城西百二十里。船夫屬州。下渡，在城北五十里。船夫屬衛。　洮河，在州東百里。河東屬蘭州，河西屬本州。　萬壽寺，在州北四里。唐初建，以鎮西番朶思麻之地。

後鄂國公尉遲恭重修浮屠十二層。洪武二十六年，作漢僧正司。寧河縣城，在州南六十里。周圍三里，南北二門，倚山爲壁。洪武三年，左副將軍鄧愈克之，因封寧河武順王。十二年，革縣，設官軍守禦。大通堡，在州北一百八十里。弘治二年，守備都指揮康永奏設。東繞黄河，北枕湟水，地接莊浪，虜寇出入，最爲險阻。官軍常守，遇冬添撥防守。弘化寺堡，在州北二百里。守備都指揮康永奏設〔五〕，係險阻之地。嘉靖三十七年，大賊深入，過大通河，至黑臺，洮州參將同河州守備統軍截殺。後始改河州守備，設參將。隆慶三年，參將張翼徧行河北，相地里險要〔六〕，虜賊出没，自大通窄道地方，至西寧下川口〔七〕，上下八十里，剷崖築牆。本年秋，大賊自大通入境，參將張翼用火炮堵回。馮家堡〔八〕，在黄河北七十里。守備都指揮康永奏設，係險阻之地，遇冬撥軍防守。

歸德州，在州西鄙七百里，七站方至。即古貴德州。洪武初年，征西將軍沐英平納鄰七站。三年，征虜左副將軍鄧愈克河州，吐蕃烏思藏等部來歸者甚衆。四年，指揮甯正撥官軍二百名備禦。九年，征西將軍窮追蕃部，至崑崙山，道路疏通，奏設必里一衛，分二十一族，頒賜金牌二十一面爲符，每牌刻印字號，上書不信者斬，留半内府，永爲信記。每年各族易馬，俱聽河州守備招調。今改參將領之。永樂四年，都指揮使劉釗奏調中左千户一所，歸德居住，仍隸河州衛，委指揮一員守備。

河州〔九〕　廓州故城，在積石關外。古西戎之地。本吐谷渾所築。漢宣帝時，諸羌皆叛，後將軍趙充國屯隴西，羈縻諸羌不敢動，即此。後周武帝逐吐谷渾，置廓州總管府。隋開皇初，府廢，置澆河郡，領河津、達化二縣。唐以澆河郡置廓州，寧塞郡，天寶元年更名。宋元符元年，廢爲砦。　河津故城，後周置洮河郡，領洮河、廣威〔一〇〕、安戎三縣。隋開皇初郡廢，大業初，幷三縣置，隸舊廓州。　達化故城，後周置。隋開皇初廢，大業初，幷綏遠縣入焉。唐仍隋舊。有積石軍，本靖邊鎮〔一一〕，儀鳳二年爲軍，有黃沙戍，隸舊廓州。　廣威故城，本化隆縣。先天元年曰化成〔一二〕，天寶元年又更名，隸舊廓州，先隸鄯州。　米川故城，唐貞觀五年置，又以縣置米州，十年州廢，隸河州。永徽六年來屬，舊廓州轄焉。　積石軍城，在廓州達化縣西界，州西一百二十里。本吐谷渾地。唐貞觀中，吐谷渾叛，初置爲靖邊鎮。高宗儀鳳中，升爲軍。宋亦爲積石軍溪哥城。金大定中，改軍爲積石州。　石堡城，舊天威軍。唐開元中，信安王攻下之，置振武軍。後爲吐蕃所陷。天寶中，哥舒翰又攻下之。　龍支故城，在州、衛。北一百四十里。後魏曰北金城，西魏改焉。有唐述山〔一三〕。隋屬枹罕郡。宋爲宗哥城。

【校勘記】

〔一〕罕幵縣　「幵」，底本作「井」，川本同，據滬本及漢書地理志、嘉靖河州志卷一改。下同。

〔二〕枹罕縣 「枹」，底本作「抱」，據川本、滬本及嘉靖河州志卷一改。下同。

〔三〕罕幵二羌 「罕幵」，底本作「罕井」，川本同，滬本作「罕幵」，據漢書趙充國傳、嘉靖河州志卷一改。

〔四〕罕俗作罕 「罕」，底本作「罕」，川本同，滬本作「穽」，據嘉靖河州志卷一改。

〔五〕守備都指揮康永奏設 「奏」，底本作「秦」，據川本、滬本及嘉靖河州志卷一改。

〔六〕相地里險要 川本、滬本同，嘉靖河州志卷一、康熙河州志卷一「相」下有「識」字。

〔七〕西寧 「寧」，底本作「軍」，川本、滬本同，嘉靖河州志卷一、康熙河州志卷一、嘉靖邊政考卷四作「寧」，據改。

〔八〕馮家堡 「馮」，底本作「馬」，川本、滬本同，嘉靖河州志卷一、康熙河州志卷一作「馮」，據改。

〔九〕河州 川本同，滬本無此二字。

〔一〇〕廣威 「威」，底本作「武」，川本、滬本同，據隋書地理志改。

〔一一〕本靖邊鎮 「本」，底本無，川本、滬本同，據新唐書地理志補。

〔一二〕先天元年曰化成 「年」，底本脱，川本、滬本同，新舊唐書地理志、紀要卷六四、康熙陝西通志卷二七有「年」字，據補。

〔一三〕唐述山 「述」，底本作「迷」，川本同，據滬本及隋書地理志改。

寧夏衛 靖虜渠，夏趙元昊浚此渠，因名李王渠。南北長三百餘里。國朝弘治中，巡撫都御史王珣奏開之，更今名。然石堅沙深，竟不能成功，仍廢之。漢延渠、唐來渠，拓跋氏據西夏，已有此二渠，資以富强。至元世祖至元元年，董文用爲西夏中興等路行省郎中，復開此及秦家等渠。尋以兵亂，復淤塞。張文謙薦邢臺人郭守敬爲河渠提舉〔一〕，修浚之，更立牐堰，渠復通〔二〕，夏人利之。逮今兩壩橋梁遺製，工作甚精。元史郭守敬傳：至元元年，從張文謙行省西夏。先是，古渠在中興者，一名唐來，其長四百里，一名漢延，長二百五十里，它州正渠十，皆長二百里，支渠大小六十八，灌田九萬頃〔三〕。兵亂以來，廢壞淤淺。守敬更立閘堰，皆復其舊。二年，授都水少監。守敬言：舟自中興沿河四晝夜至東勝，可通漕運，及見查泊、兀郎海古渠甚多，宜加修理。國朝洪武中，建設寧夏衛，因之〔四〕。漢渠自峽口之東鑿引河流，繞城自東而北，袤二百五十里，其支流陡口大小三百六十九處。唐渠自漢渠之西鑿引河流，繞城自西而北，餘波皆亦入於河〔五〕，袤四百里，其支流陡口大小八百八處。寧夏恃以爲利者，實此二渠焉。鐵渠，在城西南。新渠，在城南。紅花渠，抱城東南二門而西。良田渠，在城西。滿答剌渠〔六〕，在城西北。五道渠，在城東。東南小渠、西南小渠、西北小渠，三渠皆引唐來〔七〕，跨壕入城。以上諸渠，見資灌溉。延化渠，唐貞觀七年，夏州開此渠，引烏水入庫狄澤，溉田三百餘頃〔八〕。今廢。元昊宫，在賀蘭山東。元昊據有夏地，居興州，阻河依山爲固，建宫於此。

【校勘記】

〔一〕爲河渠提舉　「河」，底本作「阿」，川本同，據滬本及嘉靖陝西通志卷三八、嘉靖寧夏新志卷一改。

〔二〕渠復通 「通」，底本脱，川本、滬本同，據嘉靖陝西通志卷三八、嘉靖寧夏新志卷一補。

〔三〕灌田九萬頃 川本、滬本同，元史郭守敬傳「萬」下有「餘」字。

〔四〕因之 「之」，底本脱，川本同，據滬本及嘉靖寧夏新志卷一補。

〔五〕餘波皆亦入於河 「亦」，底本作「擾」，川本、滬本同，據嘉靖寧夏新志卷一改。

〔六〕滿答剌渠 「滿」，底本作「潘」，川本、滬本同，弘治寧夏新志卷一、嘉靖寧夏新志卷一、萬曆朔方新志卷一皆作「滿」，據改。

〔七〕三渠皆引唐來 川本、滬本同。嘉靖寧夏新志卷一作「東南小渠引紅花渠，西南小渠、西北小渠均引唐來渠」。

〔八〕引烏水入庫狄澤溉田三百餘頃 「烏」，底本作「鳥」，川本同，據滬本及新唐書地理志改。「三百餘頃」，川本、滬本同，新唐書地理志、嘉靖陝西通志卷三八作「二百餘頃」。

寧夏中衛 洛陽川，在衛西二十五里。 蜘蛛渠，袤五十八里，溉田三百餘頃。 石空渠，袤七十餘里，溉田一百七十餘頃。 弘治初，參將韓玉修浚，而胡馬不能渡矣。 白渠，袤四十里，溉田一百七十頃。 棗園渠，袤三十五里，溉田二百二十餘頃〔一〕。 羚羊店渠，袤四十五里，溉田二百六十餘頃。 夾河渠，袤二十七里，溉田一百四十餘頃。 柳青渠，袤三十五里，溉田二百八十四頃。 勝水渠〔二〕，袤八十五里，溉田一百四十餘頃。 以上六渠，俱在黄河東〔三〕。

東受降城，唐睿宗景雲三年，朔方軍大總管張仁愿築三受降城。敬宗寶曆元年，振武節度使張惟清以東城濱河，徙置綏遠烽南〔四〕。　中受降城，有拂雲堆祠。接靈州境有關，唐憲宗元和九年置。又有横塞軍〔五〕，元和九年，宰相李吉甫奏修復舊城。北有安樂戍〔六〕。　西受降城，玄宗開元初爲河所圮。十年，總管張説於城東別置新城。北三百里有鸊鵜泉。以上三城，俱在河外，今廢。　省嵬城，在黄河東。　單于大都護府，本漢朔方郡地。舊爲雲中都護府。隋爲金河縣。唐高宗時置單于大都護府。　安北大都護府，本燕然都護府。唐高宗龍朔三年曰瀚海都督府〔七〕。總章二年更名。開元二年，治中受降城。十年徙治豐、勝二州之境，十二年徙置天德軍。　清遠軍，宋太宗以靈武道路艱阻，欲城故威州，以通漕輓。轉運使鄭文寶請築此城，賜名清遠軍。真宗時，陷於夏。　威州，本安樂州。唐高宗咸亨二年〔八〕，以靈州之故鳴沙縣地置州以居之。肅宗至德後没於吐蕃。宣宗大中三年收復，更名威州。　鹽州五原郡都督府，本西魏之西安州〔九〕，後改鹽州。隋爲鹽川郡〔一〇〕。唐初没於梁師都。武德元年僑治靈州。貞觀元年州省，以縣隸靈州。二年，師都平，復置州。天寶元年，改曰五原郡。肅宗上元中，城爲吐蕃所毁，塞外無保障，犬戎入寇〔一一〕，復加版築。德宗時，復没吐蕃，尋復城之，領縣二，曰：五原、白池。宋咸平中，陷於趙德明。　温池〔一二〕，唐神龍中置縣。縣側有鹽池。唐及五代節度使兼領鹽池，榷鹽事〔一三〕。開元初，置燕山、燭龍二州，寄治温池界〔一四〕，並九姓突厥部落。

靈州守禦千户所　炭山，在所東南五十里。今猶爲陶冶之所。　金積山，在所南二百里。山多赭土，日照其色如金。　窑山〔一五〕，在所東北六十里。　平山，在所東北八十里。　天都山，在舊鎮武軍西北一百五十里。　天麻川，在東北，至捺龍谷路入静邊界。　千金陂，唐元和間開〔一六〕，在靈武縣。今靈州通此陂五十餘里，以資灌溉。　漢渠、胡渠、御史渠，在唐時共千金陂溉田五百餘頃。今廢。　光禄渠，唐元和末李聽爲靈武節度使，以境内有此渠，久廢，將議屯田。詔聽復開此渠，溉田千餘頃，當時賴之。今廢。　漢伯渠、秦家渠，俱在所西，皆引河開閘，流浸九十餘里，見資灌田一千五百餘頃。　金積渠，在所西漢伯渠之上，亦都御史王珣奏浚者，以功難就。今廢之。　靈州，在所西黄河中。隨水高下〔一七〕，未嘗淪没，故名。漢惠帝置靈州，取此。　禄蓮池，在所境。十六國春秋曰：赫連勃勃田於三交，至禄蓮池而還。　青鹽澤，在所境。按漢書曰：朔方郡青鹽澤，在南。即今之大小鹽池也。　沙井，在所南四十里。　典農城〔一八〕，在所境故富平縣西。水經注曰：河水經典農城東〔一九〕，又東北經懷渾障。

韋州羣牧千户所　狼山，在所東。　三山，在所東二百里。　桲子山，在三山南。溪澗險惡，豺虎所居，人迹罕到。山出桲子木。　蠡山，在所西二十里。　小蠡山，在蠡山東北。　琥八山，在所西南八十里。　鹿山，與琥八山相近。　青銅峽，疑今之峽口是也。按水經曰上河峽，即此。

【校勘記】

〔一〕溉田二百二十餘頃　「二百二十餘頃」，川本、滬本同，嘉靖陝西通志卷三八、弘治寧夏新志卷三、嘉靖寧夏新志卷三、萬曆朔方新志卷一皆作「九十余頃」。明統志卷三七、康熙陝西通志卷一一皆作「九十五頃」。

〔二〕勝水渠　「渠」，底本作「河」，川本、滬本同，據弘治寧夏新志卷三、嘉靖寧夏新志卷三、萬曆朔方新志卷一改。

〔三〕以上六渠俱在黄河東　川本、滬本同。嘉靖寧夏新志卷三寧夏中衛水利下，黄河西六渠爲：蜘蛛渠、石空渠、白渠、棗園渠、中渠、夾河渠；黄河東六渠爲：羚羊角渠、七星渠、貼渠、羚羊店渠、柳青渠、勝水渠。據此，「俱在黄河東」當有訛誤。

〔四〕徙置綏遠烽南　「烽」，底本作「峯」，川本、滬本同，據新唐書地理志、嘉靖陝西通志卷一三改。

〔五〕横塞軍　「横」，底本作「備」，川本、滬本同，據新唐書地理志改。

〔六〕北有安樂戍　「北」，底本作「此」，川本同，滬本無，據新唐書地理志、萬曆延綏鎮志卷二、康熙陝西通志卷二七改。

〔七〕唐高宗龍朔三年曰瀚海都督府　「曰」，底本脱，川本、滬本同，據新唐書地理志補。

〔八〕咸亨二年　「二年」，川本、滬本及嘉靖陝西通志卷一三同，新唐書地理志作「三年」。

〔九〕西安州　底本作「安西州」，川本、滬本同，據隋書地理志、元和志卷四乙正。

〔一〇〕鹽川郡　「川」，底本作「州」，川本、滬本及嘉靖寧夏新志卷三同，隋書地理志、元和志卷四、新舊唐書地理志皆作「川」，據改。

〔一一〕犬戎入寇　「犬」，底本作「大」，川本及萬曆延綏鎮志卷二同，據滬本及嘉靖陝西通志卷一三改。

〔一二〕温池　「温」，底本作「鹽」，川本、滬本及嘉靖陝西通志卷一三同。舊唐書地理志：「温池，神龍元年置。」新唐書地理志：温池縣，神龍元年置，有鹽池。元和志卷四：「温池縣，神龍五年置，縣側有鹽池。」「鹽池」當爲「温池」之訛，據改。

〔一三〕榷鹽事　「榷」，底本作「權」，川本同，據滬本及嘉靖陝西通志卷一三改。

〔一四〕置燕山燭龍二州寄治温池界　「山」，底本作「然」，川本、滬本同；「温」，底本作「鹽」，川本、滬本同。舊唐書地理志：靈州大都督府，開元初復置東皋蘭、燕然、燕山、雞田、雞鹿、燭龍等六州，並寄靈州界，屬靈州都督府。燕然、雞鹿、雞田三州寄在迴樂縣界；東皋蘭州寄在鳴沙界；燕山、燭龍二州寄在温池縣界，皆突厥九姓部落所處。新唐書地理志：羈縻州，回紇州十八中有燭龍、燕山二州，皆僑治温池。據此，改「然」爲「山」，改「鹽」爲「温」。

〔一五〕窑山　川本、滬本同，嘉靖陝西通志卷四、嘉靖寧夏新志卷三、萬曆朔方新志卷一皆作「磁窑山」。

〔一六〕唐元和間開　「開」，底本脱，川本同，據滬本補。

〔一七〕隨水高下　「隨」，底本作「隋」，據川本、滬本及萬曆陝西通志卷六改。

〔一八〕典農城　「典」，底本作「興」，川本同，據滬本及水經河水注改。下同。

〔一九〕河水經典農城東　「東」，底本作「西」，川本、滬本同，據水經河水注改。

岷州衛　露骨山，在衛西南一百里。宋王韶穿露骨山南，道隘釋馬，即此山。崆峒山，

按隋志：岷州有崆峒山。唐書云：州西有崆峒山。魯班崖，在衛南三百里。兩崖懸絶，有

二靈柯插入巖隙間。俗傳魯班鑿山，引臨江水入白水川，去壅塞之患。西川，在衛西洮河南崖。延袤五十里。遮陽河，在衛東九十里。源出氆氇嶺。臨江河，在衛南一百四十里。源出吐谷渾，至固城入白水江。布和川〔一〕，在衛西門外。南川，在衛南。南流入於洮河。

【校勘記】

〔一〕布和川「布」，川本、滬本及嘉靖陝西通志卷四同，明統志卷三七、隴右稀見方志三種岷州鄉土志皆作「步」。

山丹衛　甘凌山，在衛西北三十里。連亘甘州。紅寺山，在衛北二十五里。其山土色多紅。白石崖口，在衛東南二百里。靜寧山口，在衛南一百二十里。無虞山口，在衛南一百三十里。和寧山口，在衛南一百三十里。寧蕃山口〔二〕，在衛南一百四十里。紅寺山口，在衛北二十五里。靈羊山口〔三〕，在衛東北三十里。獨峯山口，在衛東北四十五里。饅頭山口，在衛東北七十五里。赤山口，在衛東北八十里。赤山東小口，在衛東北七十五里。赤山東口，在衛東北九十里。玉泉西小口，在衛東北一百里。玉泉西口，在衛東北一百一十里。玉泉口，在衛東北一百一十里。石人石馬關，在衛北一百五十里。

【校勘記】

〔一〕寧蕃山口 「口」，底本脱，川本、滬本同，據嘉靖陝西通志卷四、嘉靖邊政考卷四、順治丁酉重刻萬曆甘鎮志卷三補。

〔二〕靈羊山口 「口」，底本脱，川本、滬本同，據嘉靖陝西通志卷四、嘉靖邊政考卷四、順治丁酉重刻萬曆甘鎮志卷三補。

永昌衛 青松山，在衛西八十里。又名大黄山、焉支山〔一〕，蓋一山而連跨數處。脱歡山，在衛北四百里。金山，在衛北二十里。麗水出焉。炭山，在衛東南二十里。馬蹄山，在衛北二十五里。摩天嶺，在衛南七十里。考水河〔二〕，在衛西南八十里。流入水磨川。可可河，在衛東南境外。大通河，在衛南境外。

【校勘記】

〔一〕焉支山 「焉」，底本作「馬」，川本、滬本同，據嘉靖陝西通志卷四、雍勝略卷二四、乾隆五涼六德全志卷三改。

〔二〕考水河 「水」，川本、滬本及紀要卷六三同，順治重刊涼鎮志地理志、乾隆甘肅通志卷六、乾隆五涼六德全志卷三皆作「來」。

涼州衛　五澗谷，源自番禾古縣界出，流入白海。　洪源谷，唐聖曆中，吐蕃寇涼州，入洪源谷，即此。　黄羊川，在衛東南一百五十里。其地多水草，宜畜牧。　土彌干川〔一〕，在衛西南五十里。　靈泉池，在衛治南。後涼呂光嘗宴羣臣於此〔二〕。　休屠城，漢置，都尉治熊水障〔三〕。北部都尉治休屠城。　揟次城，漢置。　撲劚城，漢置。　允街城，漢置，屬金城郡。孟康曰：今涼州是。　媪圍城〔四〕。　蒼松城，南山，松陝水所出〔五〕，北至揟次入海。　番和城，後魏置郡。後周置鎮。隋爲縣，有焉支山。唐咸亨中，以縣置雄州。調露元年，改曰天寶縣。　昌松城，後魏置昌松郡。後周廢郡，以揟次縣入。開皇初，改縣爲永世，後改昌松。又有後魏魏安郡，後周置白山縣，尋廢。有白山。唐亦曰昌松〔六〕。東北一百五十里有白山戍。　神烏城，唐武德三年置。　嘉陵城〔七〕，唐神龍二年，於漢故鸞鳥縣城置，景龍二年省，先天二年復置。　大斗軍城，在衛西二百里。唐開元中，以赤水軍守捉使改大斗軍。西接張掖，東連武威。其鎮曰雪山。　雪山，在軍南五十里。　赤水軍城。　鸞鳥城，唐神龍中，以鸞鳥故地置嘉麟縣。　建康軍，在衛西二百里祁連山下。唐王孝傑開四鎮，置軍。張守珪嘗爲使。　寧寇軍，後周保定中置，號同城戍。在城東北十里。唐舊號同城守捉。天寶中隸張掖守捉。　烏城守捉、白亭守捉、交城守捉，俱唐置。　靈鈞臺〔八〕，在衛治北。晉明帝太寧初〔九〕，張茂作。今有遺址。　劉林臺，在衛西北五里。相傳竇融所築。舊名竇融臺。皇明洪武初，百户劉林戰死臺下，人重其節，因改今名。

【校勘記】

〔一〕土彌干川　「干」，底本作「于」，川本、滬本同，據嘉靖陝西通志卷四、雍大記卷一一改。

〔二〕後涼呂光嘗宴羣臣於此　「涼」、「光」，底本作「梁」、「充」，川本同，據滬本及紀要卷六三改。

〔三〕都尉治熊水障　「熊」，底本作「龍」，川本、滬本同，據漢書地理志、嘉靖陝西通志卷一三改。

〔四〕媼圍城　「圍」，底本作「闢」，川本同，據滬本及漢書地理志改。

〔五〕蒼柗城南山柗陝水所出　兩「柗」字，底本作「松」，川本、滬本同；「陝」，底本作「峽」，川本、滬本同，並據漢書地理志改。

〔六〕唐亦曰昌松　「唐」，底本作「塘」，據川本、滬本及新唐書地理志改。

〔七〕嘉陵城　「陵」，川本、滬本及嘉靖陝西通志卷一三同，本書下文及新唐書地理志、雍勝略卷二四皆作「麟」。

〔八〕靈鈞臺　「鈞」，底本作「鈎」，川本同，據滬本及明統志卷三七、紀要卷六三改。

〔九〕太寧　「太」，底本作「大」，川本、滬本同，據明統志卷三七、嘉靖陝西通志卷一三改。

莊浪衛　直衝溝口，在衛南五里。　大通沙溝口，在衛南三十里。　水槽溝口，在衛南七十五里。　減水溝口，在衛南一百七十里。　馬場溝口，在衛北二十里。　杜家沙溝口，在衛北五十里。石板溝口，在衛北七十里。石灰溝口，在衛北二十五里。謊徐兒溝口，在衛東北五里。古城，在衛南五里。野狐城，在衛南九十里。鐵裹城，在衛東一百八十里。浩亹水，在衛西一百里。發源塞外，經浩亹縣故城南，至允吾故縣入湟水，即今之大通河也。詳見水經注。允吾故城，在衛南境。此晉改廣武郡爲允吾縣。漢之允吾故縣，則在湟水北，今之西寧古鄯東四十里。浩亹縣故城，在衛西境大通城西北。令居塞〔一〕，在衛西境，西臨湟水。漢武帝時，霍去病所築，以拒羌人。迭烈孫城，在衛東南三百里。元立巡檢司，屬永昌路。國朝立迭烈孫縣巡檢司。在靖虜衛北九十里黃河岸上。速罕禿古城，在衛東三百里。大通河古城，在衛西一百三十里。苦水灣，在衛東南一百二十里。

【校勘記】

〔一〕令居塞　「令」，底本作「金」，川本作「今」，滬本同，據雍勝略卷二四、紀要卷六四改。

西寧衛　湟水〔二〕，按水經注，即西寧河也。源出故臨羌縣西北，由西石峽至西寧衛城北，又東至允吾，與浩亹水合，又東南入黃河。諸志指蘇連河爲湟水者，皆非也。浩亹水，在衛西北。一名閤門水。源出塞外，東至允吾界入湟水。按水經注及圖經，即今之大通河。諸志稱引，皆非。紅崖子山，在衛東八十里。阿剌古山，在衛東南一百八十里。雪山，在衛南一百里。積雪四時不消。南禪山，在衛西南三里。金山，在衛西六十里。有湫池〔二〕。爲西寧望山。北禪山，在衛西北五里。蘿蔔山，在衛東北三百五十里。牛心堆，唐李靖伐吐谷渾，敗其兵於牛心堆，即此。那孩川，在衛北。橋在西二十步。伯顏川，在衛西北。橋在西二里。車卜魯川，在衛北五里。廣木川，在衛北三十里。舊沙塘川，永樂四年改今名。景陽川，在衛西北五十里。覆袁川，隋煬帝西巡河，右至浩亹。吐谷渾伏允帥衆保此川〔三〕。鄯城縣，唐高宗儀鳳三年置。有土樓山。有河源軍，西六十里有臨蕃城，又西六十里有白水軍、綏戎城，又西南六十里有定戎城。又南隔澗七里有天威軍，軍故石堡城也，開元十七年置，初曰振武軍，二十九年没於吐蕃，天寶八載克之，更名。又西二十里至赤嶺，其西吐蕃，有開元年中分界碑。碾伯古城，在碾伯城西二里。二城連環，約三里。龍支縣舊城，唐肅宗上元二年，州没吐蕃〔四〕，以龍支、鄯城隸河州。按水經注，漢龍支縣，即西部都尉治，今之古鄯城也。河源軍故城，唐置，在湟州西，至鄯州一百二十里。一云：趙充國亭候地。白水軍故城，唐開元中，郭知運、張懷亮置。安仁軍故城，在鄯州西北星宿川。唐開元中置。振武軍故城，在鄯州鄯城縣西界，東距州二百里。本吐蕃鐵仞城，即石堡城。吐蕃謁鐵勾城。威戎軍故城，唐開元中，杜希望收吐蕃新城，因置。在鄯州西北三百五十里。樂都縣，在衛東一百二十里。初南涼秃髮烏孤，晉安帝隆安三年徙治此〔五〕，卒，弟利鹿孤立，徙治西平。後與北涼戰敗，復徙於此。今碾伯是也。湟河郡，晉安帝隆安二年，南涼破羌酋梁飢〔六〕，樂都、湟河、澆河太守皆以郡降。樹敦城、賀真城，元魏恭帝三年，涼州刺史史寧破吐谷渾〔七〕，奔南山。寧説突厥木杆曰：樹敦、賀真二城，吐谷渾之巢穴也。乃分道破二城。饅頭城、赤水城，隋煬帝大業四年，裴矩以鐵勒擊吐谷渾，大破之，拔饅頭、赤水二城。其可汗伏允南奔雪山〔八〕。

【校勘記】

〔一〕湟水　底本作「略湟水」，川本、滬本同，據水經河水注、紀要卷六四、乾隆甘肅通志卷六删「略」字。

〔二〕湫池　「池」，底本作「地」，川本同，據滬本及嘉靖陝西通志卷四、雍勝略卷二四改。

〔三〕吐谷渾伏允帥衆保此川　「衆」，底本作「泉」，川本同，據滬本及嘉靖陝西通志卷四、雍勝略卷二四改。

〔四〕唐肅宗上元二年州没吐蕃　川本、滬本同，雍勝略卷二四「州」上有「鄯」字，蓋是。

〔五〕初南涼秃髮烏孤晉安帝隆安三年徙治此　川本、滬本及嘉靖陝西通志卷一三同，康熙陝西通志卷二七「孤」下「晉」上有「於」字，蓋是。

〔六〕晉安帝隆安二年南涼破羌酋梁飢　「二」、「飢」，底本作「三」、「饑」，川本、滬本同，據通鑑卷一一〇改。

〔七〕史寧　「史寧」，底本作「寧」，川本、滬本同，據北史史寧傳補「史」字。

〔八〕其可汗伏允南奔雪山　「可」，底本作「河」，川本同，據滬本及通鑑卷一八一改。

鎮夷守禦千户所　乾柴溝口，在所東二十五里。石壩溝口，在所東三十里。石梯子溝口，在所東三十五里。石槽溝口，在所東四十里。石圈兒溝口，在所東四十里。西黑山溝口，在所東六十里。石峽口，在所北七里。張掖河所經處。兔兒關，在所北三十里。遮虜障，漢武帝命彊弩將軍路博德築遮虜障於居延澤邊，乃張掖、酒泉出兵之要地也。寧寇城，去所北一千二百里。即古居延城。元爲亦集乃路。紅崖子，在所西十五里。毛目城，在所北一百五十里。古連城，在所北一百八十里。王朔城，在所北二百二十里。胭脂堡，在所南六十里。

唐書：張守珪爲瓜州都督。瓜州地多沙磧，不宜稼穡，每年少雨，以雪水溉田。至是渠堰盡爲賊所毁，地少林木，難於修葺。守珪設祭祈禱，經宿而山水暴至，大漂材木，塞澗而流，直至城下。守珪使取充堰，於是水道復舊。　王方翼傳：方翼爲肅州刺史。時州城荒毁，又無壕塹，數爲寇所乘。方翼發卒浚築〔一〕，引多樂水環城爲壕。又出私財造水碾磑，税其利以養饑人〔二〕。檢校安西都護，築碎葉鎮城，立四面十二門，皆屈曲作隱伏出没之狀，五旬而畢。西域諸胡競來觀之，因獻方物。永隆中，車簿叛〔三〕，圍弓月城。方翼引軍救之，至伊麗河，賊前來拒，因縱擊，大破之。　後漢書桓帝紀：段熲擊當煎羌於湟中〔四〕，大破之。注：湟，水名，今鄯州。　靈帝紀：表是地震，涌水出。注：表是，縣，屬酒泉郡，今甘州。　桓帝紀：當煎羌寇武威，護羌校尉段熲追擊於鸞鳥，大破之。注：鸞鳥，縣，屬武威郡。

岑參使交河郡詩序云：郡在火山脚，其地苦熱，無雨雪。後魏袁翻傳：遷涼州刺史。時蠕蠕主、婆羅門，以國亂來降[五]，朝廷問翻安置之所。翻表請修西海故城以安處之。西海郡本屬涼州，今在酒泉直北、張掖西北千二百里，去高車所住金山一千餘里，正是北虜往來之衝要，漢家行軍之舊道。土地沃衍，大宜耕殖，即可永爲重戍，鎮防西北。舊唐書王方翼傳：遷肅州刺史。時州城荒毁，又無壕塹，數爲寇賊所乘。方翼發卒浚築，引多樂水環城爲壕。又出私財造水碾磑，税其利以養饑餒，宅側起舍十餘行以居之[六]。屬蝗儉，諸州貧人死於道路，而肅州全活者甚衆。册府元龜：鹽州與吐蕃、党項封境互接，爲二境咽喉之地。又有烏池鹽鹺之利。唐建中初，爲吐蕃所陷，平其墉而去。由是銀、夏、寧、延泊於靈武，歲以河南、河東、山東、淮南、青、徐、江、浙等道，兵士不啻四五萬，分護其地，謂之防秋。貞元九年，朝政稍暇，乃命副元帥渾瑊總兵三萬，復取其地，建城壁焉。自是虜塵乃清[七]，邊患遂止。唐末又復失之。後梁乾化元年，延州節度使高萬興收復。

【校勘記】

〔一〕方翼發卒浚築　「發」，底本作「復」，川本同，據滬本及舊唐書王方翼傳改。

〔二〕稅其利以養饑人　「人」，川本、滬本同，本書下文及舊唐書王方翼傳作「餒」。

〔三〕車簿　「簿」，底本作「薄」，川本、滬本同，據舊唐書王方翼傳改。

〔四〕段熲　「熲」，底本作「頻」，川本同，據滬本及後漢書桓帝紀改。下同。

〔五〕以國亂來降　川本、滬本同，魏書袁翻傳「以」上有「並」字。

〔六〕宅側起舍十餘行以居之　「舍」，底本作「含」，川本同，據滬本及舊唐書王方翼傳改。又，本段與上文所録王方翼傳重出。

〔七〕自是虜塵乃清　「清」，川本及册府元龜卷四三五將帥部同，滬本作「靖」。

陝西行都司

秦及漢初爲匈奴右地〔一〕，休屠王、昆邪王所居。武帝元狩元年，遣博望侯張騫使西域。三年，驃騎將軍霍去病出隴西，擊匈奴，出北地三千餘里，過居延，逾小月氏，至祁連山，斬首虜四萬餘級而還。秋，匈奴昆邪王並將其衆合四萬餘人來降，置五屬國以處之。元鼎二年，張騫欲厚幣招烏孫，居故渾邪王之地，以斷匈奴右臂。烏孫不肯東還，乃置酒泉郡，稍發徙民以實之。後又分置武威郡，以絶匈奴與羌通之道。六年，分武威、酒泉之地，置張掖、敦煌郡，實爲河西四郡，隸涼州部，郡各統縣，以制河西。更始時，竇融以河西並金城五郡歸漢，授融張掖屬國都尉。更始敗，融據河西，自稱五郡大將軍。光武建武五年，授融涼州牧。獻帝時，涼州數亂，五郡去雍隔遠，於是乃别以爲雍州。東晉永康二年，以張軌爲涼州刺史，居姑臧。及劉曜封張茂爲涼王，遂爲前涼。繼爲吕光所據，號後涼，居姑臧。秃髮烏孤據西平，號南涼。沮渠蒙遜據張掖〔二〕，號北涼。李暠稱西涼公，初居敦煌，後遷酒泉，并於蒙遜，後歸元魏。太延中〔三〕，平北涼，取張掖、樂都、武威、酒泉〔四〕，皆置將守之，仍以樂平王丕鎮涼州〔五〕。西魏廢，更張掖名甘州。

後周宇文復爲張掖郡。隋煬帝大業十三年，李軌起兵河西，自稱涼王，攻張掖、敦煌、西平、枹罕，皆克之，盡有河西五郡之地。唐復爲甘州張掖郡，隸河西節度。唐太宗貞觀元年，分天下爲十道，地屬隴右。睿宗景雲初，始置節度使。二年，置十道按察使，分隴右爲河西道。玄宗天寶元年，置十道節度經略使，仍隸河西。事文類聚云：東界黄河，西阻弱水，南跨青海，北據居延，廣一千七百四十五里，袤一千五百七十五里，加以羈縻之地，距金城，連隴、蜀，通西域，近匈奴，又奚翅三五千里。鎮國寺碑云：東瞰寧夏，南距黄河，西連蕃部，北控朔方。漢武帝紀：控制吐蕃，屏扞胡虜，斷匈奴右臂，張國家左掖。自西用武之地，衛内捍外之要區也。

【校勘記】

〔一〕秦及漢初爲匈奴右地　「初」，底本作「地」，川本同，據滬本及雍大記卷八、雍勝略卷二四改。

〔二〕沮渠蒙遜　「渠」，底本作「築」，川本同，據滬本及晉書沮渠蒙遜載記、通鑑卷一一三改。

〔三〕太延中　「太」，底本作「大」，川本、滬本同，據通鑑卷一二三改。

〔四〕取張掖樂都武威酒泉　「取」，底本作「敗」，川本、滬本同，據雍大記卷八、雍勝略卷二四改。

〔五〕樂平王丕　「樂」，底本作「東」，川本、滬本同，據通鑑卷一二三、順治丁酉重刻萬曆甘鎮志改。

甘州衛　本匈奴渾邪王地〔一〕。漢置張掖郡，取張中國臂掖之義〔二〕，後又置屬國都尉，以主蠻夷降者。後魏置西涼州。西魏更名甘州，取州東甘浚山，泉味甘冽爲名。

【校勘記】

〔一〕本匈奴渾邪王地 「渾」，川本、滬本同，漢書地理志、明統志卷三七、雍大記卷八並作「昆」。

〔二〕取張中國臂掖之義 「中」，川本、滬本同，漢書地理志、雍大記卷八無。又，雍勝略卷二四作「國中」。

肅州衛　本西戎地。漢初，月氏居敦煌、祁連間〔一〕，後爲匈奴昆邪王地。武帝置酒泉郡。晉時爲涼張軌所有。後歸後涼，尋入南涼，繼爲西涼昭武王所都，又歸北涼。隋爲肅州。唐武德中，析甘州之福禄，瓜州之玉門，置肅州酒泉郡。

【校勘記】

〔一〕月氏 「氏」，底本作「代」，川本同，據滬本及漢書西域傳改。

山丹衛　本匈奴昆邪王地。漢置删丹縣。西魏改爲弱水縣。隋復爲删丹。唐天寶中爲軍。國初立衛。志云：東抵永昌，西臨張掖，南逼雪山，北連胡虜。廣一百四十里，袤一百七十里。甘凌鎮其右，焉支峙其左，湖水縈帶於前後，控扼蕃胡，屹爲雄鎮。

永昌衛　古爲西戎地。漢初爲匈奴昆邪王右地。武帝置武威郡。唐爲涼州地。國初立衛。志云：面雪嶺之峯，背金川之水，雲川經其西，澗水繞其東。

涼州衛　漢初爲匈奴右地，休屠王所居。武帝以其地爲武威郡，治姑臧。元鼎六年，分武威、酒泉之地置涼州，以其地處西方，常寒涼也。前涼張軌、後涼呂光、南涼秃髮傉檀並據之〔一〕。北涼沮渠蒙遜亦遷都此。唐初爲李軌所據，尋克平之，復置涼州。志云：涼州險絶，土地沃饒，天梯在前，沙河繞後，左有古浪之險，右有西山之固。

【校勘記】

〔一〕秃髮傉檀　「傉」，底本作「㝵」，川本、滬本同，據晉書秃髮傉檀載記改。

鎮蕃衛　漢初爲匈奴右地。武帝開邊，築休屠縣，北部都尉治，屬武威郡。晉以後爲後涼呂氏將楊軌所據。國初立衛。

莊浪衛　古西戎地。漢爲金城郡允吾縣地。前涼置廣武郡。隋爲廣武縣，大業初，復爲允吾，屬武威郡。唐爲涼州地。元置莊浪縣。國初立衛。

西寧衛　古西羌所居，謂之湟中。漢武帝時，霍去病逐諸羌，渡湟水，築令居塞〔一〕。宣帝時，令後將軍趙充國伐先零羌〔二〕，以其地置破羌縣，爲屯田，屬金城郡。魏、晉爲西平。後魏置鄯州。隋煬帝至西平，大獵拔延山，皆此地。唐平薛舉，置鄯州西平郡都督府，爲隴右節度治。上元間，没吐蕃，號青唐城。宋收復，改西寧州。國初立衛。志云：萬山環抱，三峽重圍，紅崖峙於左，青海瀦於右。

高臺守禦千户所　本漢樂涫縣，屬酒泉郡。前涼置建康郡。北涼建都於此。唐置建康軍。國朝景泰中，設千户所。

【校勘記】

〔一〕令居塞　「令」，底本作「今」，川本、滬本同，據後漢書西羌傳改。

〔二〕令後將軍趙充國伐先零羌　「令」，底本作「今」，據川本、滬本及漢書宣帝紀、雍勝略卷二四改。

筆塵：靈州有填漢、尚書、御史三渠，皆屯田灌溉之資也。大曆中，吐蕃攻靈州，奪三渠水口以溉屯田〔一〕，則靈、夏之資於灌溉久矣。今寧夏富饒甲於西邊，水泉之利，號爲「小江南」，三渠之遺利尚有存者。

唐開元、天寶間，中國强盛，自長安西門，西盡唐境，萬二千里，閭閻相望，桑麻蔽野，天下言富庶者，無如隴右。所謂萬二千里，蓋包西域屬國而言，隴右則今之臨洮、鞏昌也，蕭條千里，曠無人煙，視古之富庶，殆如異域，何地利相懸之甚邪！

漢武帝元朔二年，衛青出雲中，西至高闕，遂至隴西，捕首虜數千，走白羊、樓煩王，取河南地爲朔方郡。主父偃言：朔方地肥饒〔二〕，外阻河，蒙恬城之以逐匈奴，内省轉輸戍漕，廣中國，滅胡之本也。公卿皆言不便〔三〕。上竟用偃計，立朔方郡，募民徙者十萬口，築城繕塞，因河爲固。轉漕甚遠，自山東咸被其勞，費數十百鉅萬，府庫並虚。

邱濬曰：臣按漢立朔方郡，即赫連勃勃命叱干阿利蒸土築城之處〔四〕，所謂夏州是也。後秦姚興以赫連勃勃爲安北將軍，鎮朔方。勃勃僭稱天王，建國曰夏，命其臣叱干阿利發嶺北夷夏十萬人，於朔方水北、黑水之南營起都城，號爲統萬。命其秘書監胡義周作頌，曰：營啓都城，開建京邑，背名山而面洪流，左河津而右重塞〔五〕。蓋此地在漢已有城，而赫連夏乃於此建都也。隋以朔方地分置勝州榆林郡。唐開元中，置朔方郡大總管兼安北都護〔六〕。唐末，拓拔思恭鎮是州，唐賜姓李。五代李仁福、彝超繼領節鎮，號定難軍。宋太平興國八年，李繼捧來朝〔七〕，願納土。其弟繼遷不樂内附，亡命嘯聚擾邊。淳化中，太宗以夏州深在沙漠，姦雄因之以竊據，欲墮其城。呂蒙正曰：自赫連築城以來，頗與關右爲患，若廢之，萬世利也。遂詔廢之，遷其民於銀、綏，分官地給之。其州兵不徙，相聚置營，仍曰夏州。真宗咸平末，繼遷死。景德中，其子德明款塞内附〔八〕，朝廷假以本道節制，始自夏州遷懷遠鎮，改爲興州居之，即今寧夏衛是也。德明之子元昊，僭號自稱夏帝〔九〕。史謂其境土方一萬里，河之内外，州郡凡二十有二，河南之州九，曰靈、曰洪、曰宥、曰銀、曰夏、曰石、曰鹽、曰南威、曰會。河西之州九，曰興、曰定、曰懷、曰永、曰涼、曰甘、曰肅、曰瓜、曰沙。熙、秦河外之州四，曰西寧、曰樂、曰廓、曰積石。其地饒五穀，尤宜稻麥。以今州郡考之〔一〇〕，興州即今寧夏也。河西及河外之州，今多存焉。其河南九州，雖其一、二可考〔一一〕，而其七者不知其所在〔一二〕，意者皆在今河套中邪〔一三〕？

正統元年九月乙巳，寧夏總兵官都督同知史昭奏：寧夏城池、屯堡、營墩，俱在黄河之外，備禦西北一帶。其河道迤東至察罕腦兒，直抵綏德，沙漠曠遠〔一四〕，並無守備。擬於來春相地於花馬池築立哨馬營，增設煙墩，直接哈剌兀速馬營。從之。四年六月丁丑朔，參贊寧夏軍務、右僉都御史金濂奏：寧夏原有五渠，引水溉田，今鳴沙洲七星、漢伯、石灰三渠，淤塞年久，田地荒蕪，請令河渠提舉司浚之，計用人力四萬，然渠成可溉蕪田一千三百餘頃，分授軍民，俾人闢五十畝，租稅視成熟田減三之一，則人爭赴工，而邊儲可充矣。上從之。五年十月甲午，參贊寧夏軍務、右僉都御史金濂言：賀蘭山所以障腹裏要害，往者林木生翳，騎射礙不可通。比來官校多倚公謀私〔一五〕，深入斬伐，至五六十里無障蔽。有如樵采者，猝爲虜所得，致知我虛實，豕突入寇，即無以阻遏之。請自今凡百材木需用，於雪山取之，不得於賀蘭山縱伐，以規利目前，貽患無窮。上從之。敕寧夏總兵官都督史昭嚴加禁約。六年五月辛丑，巡按陝西監察御史馮誠奏：寧夏僻在黄河之西，密邇夷虜，實關中要地。自高橋驛至河七十餘里，四曠無人。請於岸東西各立塞堡，撥官軍守瞭〔一六〕，庶盜息民安。從之。

方輿崖略〔一七〕：關中多高原横亘，大者跨數邑，小者亦數十里，是亦東南岡阜之類。但岡阜有起伏而原無起伏，惟是自高而下，牽連而來，傾跌而去〔一八〕，建瓴而落〔一九〕，拾級而登。葬以四、五丈不及黄泉，井以數十丈方得水脈，故其人多博大勁直而無委曲之態〔二〇〕。蓋土厚水深，人性之禀因之故也。

終南山，脈自大散關而度〔二一〕，左渭右漢，黑白兩龍江注之。水其東出者，自武功、太白牽連而至商洛，皆是南山，如太行在燕、代，隨處異名耳。其正面亘藍田、盩厔〔二二〕，中對長安，登者經樊川、杜曲。諺云：「城南韋、杜，去天尺五。」二曲爲唐長安林泉，花竹最勝〔二三〕，今皆荒落。自此入山，走深谷大壑，四、五百里〔二四〕，中多修道求仙人數百歲者，雲水遊人往往覓得之。漢長安城，在龍首山上。龍首來自樊川，其初由南向北，行至渭濱，乃始折而東〔二五〕。漢之未央據其折東高處爲基，故宮基直出長安城上，建章、昆明皆在原西，而秦長樂離宮，漢修之，亦東西峙焉。三秦記曰：此山長六十里，頭入渭水，尾達樊川，頭高二十丈，尾低可六、七丈，色赤。漢既據其上立未央宮矣，而山勢尚東趨，唐大明宮又據其趨東之壠，故含元正殿高平地四十尺也。若此山方北行未東之時，垂坡東下爲龍首原。原有六坡，象易乾卦，隋包六坡爲都城，大興宮殿，據第二坡應九二爻〔二六〕。唐建都因隋無改，止易宮名太極，至高宗風痺，惡太極下濕，遂遷據東北山上，別爲大明宮。至山勢盡處，引水以爲蓬萊山池，因名大興爲西内，大明爲東内，又於别建興慶宮爲南内。長安稱關中，蓋東有函關，西有散關，南有武關，北有蕭關，而長安居其中。其他若大震關之在隴右，瓦亭關之在固原，駱谷關之在盩厔〔二七〕，子午關之在南山，蒲津關之在同州，豹頭關之在漢中，設險守國，皆在名義之内。

自秦入蜀有三谷、四道〔二八〕。三谷者：其西南曰褒谷；南曰駱谷，從洋入；東南曰斜谷，從郿入〔二九〕。其所從皆殊。舊志謂駱谷、儻谷同一谷，褒谷、斜谷同一谷。非是。其棧道有四〔三〇〕：從成、和、階、文出者爲沓中陰平道，鄧艾伐蜀由之；從兩當出者，爲故道，漢高帝攻陳倉由之；從褒、鳳出者，爲今連雲棧道，漢王之南鄭由之；從城固、洋縣出者，爲斜駱道，武侯屯渭上由之。此四道、三谷者〔三一〕，關南之險阨，攻取所從來固矣。語見何仲默三秦志中。然志稱同一谷者，謂褒城谷，北口曰斜，南口曰褒；洋縣谷，南口曰儻，北口曰駱。

關中三面距險，以東臨六國諸侯言耳，非今之所稱備邊也。雍州山原皆從西北來，西北最高，羌虜據之，故關中視中原其勢俯，視羌虜其勢仰，甘、涼一路，云斷匈奴右臂，蓋不得已而以人爲險守之也。近日虜侵，番常奪路横截而過〔三二〕，時或住牧其中〔三三〕，則西北之險，我已與虜共之矣。此地非漢、唐撻伐，深入其阻，則番夷竊發，中國安得寧居？聞之陰山瀚海〔三四〕，虜咸野祀漢武、唐宗，如內土地神類，其威靈所懾久也。關中州縣最遠者，如鞏昌府成縣去府東南六百里，兩當縣去府東五百六十里，階州去府南八百里，皆白馬氐所居武都故地；延安府葭州去府北六百里，神木縣去府九百里，府谷縣去府東北千一百里。皆周環河套之內。祝穆曰：天下之大川以漢名者二，班固謂之東漢、西漢，黎州之漢水，源於飛越嶺者不與焉。固之所謂東漢，則禹貢之導漾自嶓冢山，徑梁、洋〔三五〕、金、房、均、襄、郢復至漢陽入江者也。西漢則蘇代所謂漢中之甲輕舟出於巴，乘夏水下漢，四日而至五渚者，其源出於西和州徼外，經階、沔，與嘉陵水合〔三六〕，俗謂之西漢，又經大安、利、劍、果、合，與涪水合，入於江。

慶陽緣邊人善蠱術，有爲稻田蠱者，能使其人腹中有土一塊，中出稻芒，穿腸而死。樹蠱者，則出樹枝撐腸，是亦桃生之類。然則是術不獨粵中有之。徐南孺分憲延、慶，爲余言曾閱其牘云。

寶鷄以西蓋屋咸以板〔三七〕，用石壓之。詩小戎：在其板屋。自古西戎之俗然也。此地流渠走水，依稀江南，在關中稱沃土。　自古稱棧道險，今殊不然，屢年修砌〔三八〕，可並行二轎四馬。其褒斜二谷俯黑龍江，咸乾灘亂石，不知漢張湯何以欲轉漕於渭，豈古今陵谷不同至是？其站皆軍夫，以百兵爲廄，置長，軍無餼廩，惟自種山田數畝而已。今軍日消而往來之絡繹如故，是宜有以處之。入川如秋林、富村、古店諸站，丁庶而富，其氣象又與漢中別。

會寧鮮流水源泉，土厚脈沉，泥淖斥鹵，即鑿井極深亦不能寒冽，居民夏惟儲雨水，冬惟窖雪水而飲。峨眉太岳頂上無水亦然。

無定河，此地浮沙善陷，輿人亟走亟換足，不則陷矣。故名。

甘、涼，原中國地。晉涼州志云：周衰，其地爲狄，後匈奴休屠、渾邪等王王月支，以地降漢。漢置張掖、酒泉、敦煌、武威、金城，謂之河西五郡，南隔距羌而斷匈奴右臂以通西域。故張騫通三十六國，班超復定五十餘國，條支、安息至於海濱四萬里外。魏、晉後，通者不過二、三國耳。　涼州稱涼者，以西北風氣最寒而名也，五、六月，自日中如雪皚皚而下者，謂之明霜。

河套雖古朔方之地，但漢、唐來棄之已久〔三九〕。起寧夏至黃甫川，黃河北繞二千五百里即南，自川至定邊亦一千三百里，以圍徑求之，當得縱横各一千二百里餘。其中皆蕪野荒原，惟虜可就水草住牧，安得中國人居之？即遷人實之，從何得室廬耕作？所謂得其地不足田，得其人不足守，幸而曾議不成耳。即成，費國家金錢數百萬，取之終亦必棄，爲虜復得。惟是銑出身任事之臣，一旦爲姦人所搆陷，身首異處，不能不令志士髮上指冠也。今以其顛末略志之：嘉靖丙午七月，套虜三萬人入寇，大掠延、慶，至三原、涇陽，曾公銑方以少司馬總督三邊，乃毅然請復河套，條爲八議，計萬餘言。上以連年虜寇，邊臣無以逐虜爲念者，深嘉銑志，切責本兵覆議之遲〔四〇〕。丁未五月，虜入，大敗我師，銑又襲擊斬獲之，上又嘉賞銑，令撫按參酌復套方略，因上營陳八圖及地圖一帙〔四一〕，上又答以温旨，下部議可，屬銑行。銑遂發甘肅總兵仇鸞十大罪，逮赴京。會是年澄城山崩，分宜嚴相嵩欲奪夏公言首輔〔四二〕，而陸炳亦怨言，助嵩圖之。於是嵩以山崩故疏陳缺失，謂銑開邊啓釁，誤國大計，言從中主之，淆亂國是。言訴不聽，下九卿議。冢宰聞淵、御史大夫屠僑、宗伯費寀、錦衣陸炳等希嵩指，劾言輕信銑，徇情擬旨。於是上怒，奪言官，致仕，逮銑赴京，是戊申正月也。時適俺答入套，延綏撫臣楊守謙奏稱，套内先有狼台吉、薅台吉、都剌台吉駐牧，今俺答復踏冰逾河，聲勢愈重。嵩遂擬旨，謂銑開釁生禍，復下九卿議。於是仇鸞訐銑：「謀國不忠，往年虜寇延、慶，多殺傷，銑匿不聞，乃收諸將金錢萬計，通貴近以免。銑明知誘殺有禁〔四三〕，乃於丁未二月襲虜希功，致全軍没，又匿不聞，臣久知套不可復，銑惡臣，行五千金陷臣。今陝人以調集盡竄，恐憂不在套，在邊圉之内。」時皆謂是疏嵩所授草。淵等又希嵩，論銑果匿邊情，以萬金賄言，當「交結近侍、扶同奏啓」律。以三月論斬銑西市；並逮言於丹陽，用前律以十月斬言。

金史移剌成傳：結什角者，西番既衰，其苗裔曰董氈，其子曰巴氈角，始附宋，賜姓趙，改名順忠。順忠子永吉，永吉子世昌，皆受宋官，爲左武大夫，遥領萊州防禦使，襲把羊族長。朝廷定陜西，世昌换忠翊校尉。既而鬼蘆族長京臧殺世昌，朝廷遣兵執京臧，斬之臨洮市，以世昌子鐵哥爲把羊族都管。大定四年，宋人破洮州，鐵哥弟結什角與其母走入喬家族避之〔四四〕。喬家族首領播逋與鄰族木波隴逋、厖拜〔四五〕、丙離四族耆老、大僧等立結什角爲木波四族長，號曰王子。其地北接洮州〔四六〕、積石軍。其南隴逋族，南限大山，八百餘里不通人行。東南與疊州羌接。其西丙離族，西與盧甘羌接。其北厖拜族，與西夏容魯族接〔四七〕。地高寒，無絲枲五穀，惟産青稞〔四八〕，與野菜合酥酪食之。其疆境共八千里〔四九〕，合四萬餘户。其居隨水草畜牧，遷徙不常。結什角念朝廷爲其父報讎，欲棄四族歸朝，四族不許。成至臨洮〔五〇〕，使人招結什角，乃率四族來附，進馬百匹，仍請每年貢馬。初，天會中，詔以舊積石地與夏人，夏人謂之祈安城。有莊浪四族：一曰吹折門，二曰密臧門，三曰隴逋門，四曰厖拜門，雖屬夏國，叛服不常。大定六年，夏人破滅吹折、密臧二門，其隴逋、厖拜二門與喬家族相鄰〔五一〕，遂歸結什角。

完顔綱傳：青宜可者，吐蕃之種也。宋取河、湟，夏取河西四郡，部落散處西鄙，其魯黎族帥曰冷京，據古疊州，有四十三族、十四城、三十餘萬户。東鄰宕昌，北接臨洮、積石，南行十日至笋竹大山，蓋蠻境也。西行四十日至河外，俗不論道里而以日計之云〔五二〕。冷京卒，子耳骨延嗣[五三]。青宜可始内屬。上以青宜可爲疊州副都總管。

【校勘記】

〔一〕筆麈至奪三渠水口以敝屯田　「麈」，底本作「塵」，川本同，據滬本及明于慎行穀山筆麈改。「敝」，底本作「敵」，川本、滬本同，據穀山筆麈卷一二改。

〔二〕朔方地肥饒　「朔方」，底本作「河南」，川本、滬本同，據史記主父偃列傳改。

〔三〕内省轉輸戍漕至公卿皆言不便　「内」、「輸」、「言」，底本脱，川本、滬本同，並據史記主父偃列傳補。

〔四〕叱干阿利　「干」，底本作「于」，川本、滬本同，據晉書赫連勃勃載記、大學衍義補卷一五一改。下同。

〔五〕左河津而右重塞　「塞」，底本作「寨」，川本、滬本同，據大學衍義補卷一五一改。

〔六〕朔方郡　「郡」，底本作「都」，川本、滬本同，據大學衍義補卷一五一改。

〔七〕李繼捧　「捧」，底本作「棒」，川本、滬本同，據宋史李繼捧傳、大學衍義補卷一五一改。

〔八〕其子德明款寨内附　「寨」，底本作「塞」，川本、滬本同，據大學衍義補卷一五一改。

〔九〕僭號自稱夏帝　「自稱」，底本脱，川本、滬本同，據大學衍義補卷一五一補。

〔一〇〕以今州郡考之　「州郡」，底本脱，川本、滬本同，據大學衍義補卷一五一補。

〔一一〕雖其一二可考　「其」，底本脱，川本、滬本同，據大學衍義補卷一五一補。「二」，底本作「一」，川本同，據滬本及大學衍義補卷一五一改。

〔一二〕而其七者不知其所在　上「其」字，底本脱，川本、滬本同，據大學衍義補卷一五一補。

〔一三〕意者皆在今河套中邪　「皆」，底本脱，川本、滬本同，據大學衍義補卷一五一補。

〔一四〕沙漠曠遠　「曠」，底本作「懷」，川本、滬本同，據明英宗實録卷二二二改。

〔一五〕比來官校多倚公謀私　「比」、「校」，底本作「北」、「杪」，川本、滬本同，並據明英宗實録卷七二改。

〔一六〕撥官軍守瞭　「撥」，底本作「橃」，據川本、滬本及明英宗實録卷七二改。

〔一七〕方輿崖略　川本、滬本同。按方輿崖略係明王士性廣志繹卷一篇名，以下諸條皆録自廣志繹卷三江北四省。

〔一八〕傾跌而去　「去」，底本作「立」，川本、滬本同，據廣志繹卷三改。

〔一九〕建瓴而落　「瓴」，底本作「翎」，川本同，據滬本及廣志繹卷三改。

〔二〇〕故其人多博大勁直而無委曲之態　「多」，川本、滬本同，廣志繹卷三作「稟者」。

〔二一〕大散關　「大」，底本作「土」，川本同，滬本作「上」，據廣志繹卷三改。

〔二二〕其正面亘藍田盩厔　「亘」，底本作「畫」，川本同，滬本作「盡」；「厔」，底本作「屋」，川本、滬本同，並據廣志繹卷三改。

〔二三〕花竹最勝　「竹」，底本作「行」，川本同，據滬本及廣志繹卷三改。

〔二四〕四五百里　川本、滬本同，廣志繹卷三作「三、四百里」。

〔二五〕乃始折而東　「折」，底本作「析」，據川本、滬本及廣志繹卷三改。

〔二六〕據第二坡應九二爻　「九」，川本、滬本同，廣志繹卷三作「第」。

〔二七〕駱谷關之在盩厔　「厔」，底本作「屋」，川本同，據滬本及廣志繹卷三改。

〔二八〕自秦入蜀有三谷四道　川本、滬本同，廣志繹卷三「四」下「道」上另有「棧」字。

〔二九〕鄘　底本作「郡」，川本、滬本同，據廣志繹卷三改。

〔三〇〕其棧道有四　川本、滬本同，廣志繹卷三「四」下有「出」字。

〔三一〕此四道三谷者　「四」，底本缺，川本、滬本同；「道」，底本作「通」，川本、滬本同，並據廣志繹卷三補改。

〔三二〕番常奪路橫截而過　「橫截」，底本無，川本、滬本同，據廣志繹卷三補。

〔三三〕時或住牧其中　「牧」，底本作「收」，據川本、滬本及廣志繹卷三改。

〔三四〕聞之陰山瀚海　「瀚」，底本缺，川本同，滬本脱，據廣志繹卷三補。

〔三五〕洋　底本作「津」，川本同，據滬本及廣志繹卷三改。

〔三六〕嘉陵水　「嘉」，底本缺，川本同，據滬本及廣志繹卷三補。

〔三七〕寶鷄以西蓋屋咸以板　「以」，底本作「川」，川本同，據滬本及廣志繹卷三改。

〔三八〕屢年修砌　「屢」，底本作「果」，川本同，滬本作「累」，據廣志繹卷三改。

〔三九〕但漢唐來棄之已久　「來」，底本作「末」，川本、滬本同，據廣志繹卷三改。

〔四〇〕切責本兵覆議之遲　「遲」，底本無，川本、滬本同，據廣志繹卷三補。

〔四一〕因上營陳八圖及地圖一帙　下「圖」字，底本作「圍」，川本同，據滬本及廣志繹卷三改。

〔四二〕分宜　「宜」，底本作「馳」，川本同，據滬本及廣志繹卷三改。

〔四三〕銑明知誘殺有禁　川本、滬本同，廣志繹卷三「誘殺」下有「撲殺」二字。

〔四四〕喬家族　「喬」，底本作「高」，川本、滬本同，據金史移剌成傳改。下同。

〔四五〕厖拜　「厖」，底本作「龐」，川本、滬本同，據金史移剌成傳改。下「厖拜族」、「厖拜門」改同。

〔四六〕洮州　「州」，底本作「水」，川本、滬本同，據金史移剌成傳改。

〔四七〕容魯族　「容」，底本作「客」，川本同，據滬本及金史移剌成傳改。

〔四八〕惟産青稞　底本「産」上衍「屋」字，川本、滬本同，據金史移剌成傳删。

〔四九〕其疆境共八千里　「千」，底本作「十」，據川本、滬本及金史移剌成傳改。

〔五〇〕成至臨洮　底本「洮」下衍「水」字，據川本、滬本及金史移剌成傳删。

〔五一〕厖拜　「厖」，底本作「龐」，川本同，據滬本及金史移剌成傳改。

〔五二〕俗不論道里而以日計之云　「里」，底本脱，川本、滬本同，據金史完顔綱傳補。

〔五三〕冷京卒子耳骨延嗣　「卒，子耳骨延嗣」六字，底本缺，川本、滬本同，據金史完顔綱傳補。

延安府

元爲延安路，本朝改爲府。屬河西道。府城，西據高山，餘三面築土包石爲城，因延水、南河爲池，周九里三分。春秋時，白翟所居。秦幷天下，置上郡。漢高帝元年，更爲翟國，七月復故。匈歸都尉治塞外匈歸障。屬并州。是年，仍爲上郡。漢末，羌胡擾攘，郡邑俱廢。元魏滅赫連〔一〕，以爲統萬鎮。孝武置金明郡，後魏宣武置東夏州〔二〕。西魏改爲延州，置總管府。隋開皇中，置延安郡〔三〕。〔眉批〕五路襟喉。宋王庶傳。修習戰備，高上氣力，以射獵爲先。

黄河，在府城東。北流經宜川、延川二縣境。延水，在府城東門外。源出安塞縣西北蘆關嶺，東南流入膚施縣境。又流經延長縣，入黄河。延安故城，在府城東五里。嘉嶺山，在府城南。宋范文正公營壘在焉。草場山，在城西南一百五十步。山脊半入城中，與府治相連。牡丹山，在府南四十里許。有山曰花原頭，一名牡丹山，山多牡丹，故名。清涼山，在府東。野豬峽，在城南四十五里〔四〕。山峽險窄，人多避兵於此。牡丹川，在膚施縣内西〔五〕。牡丹特盛，歐公花譜〔六〕，所謂延州牡丹，與荆棘無異者，指此。延安衛，五千户所。金明驛，城南〔七〕。魚河驛，在魚河堡。

【校勘記】

〔一〕元魏滅赫連 「滅」，底本作「憾」，川本、滬本同，據元和志卷三、卷四、萬曆陝西通志卷三、康熙延安府志卷一、圖書集成職方典卷五四一改。

〔二〕孝武置金明郡後魏宣武置東夏州 川本、滬本及萬曆陝西通志卷三、康熙延安府志卷一同。魏書地形志：「金明郡，真君十二年置。東夏州，延昌二年置。」元和志卷三：「孝文帝置金明郡，宣武帝置東夏州。」按真君爲太武帝太平真君年號省稱，延昌爲宣武帝年號，則此「孝武」爲「太武」或「孝文」之訛。

〔三〕隋開皇中置延安郡 川本、滬本同。隋書地理志：「開皇中廢總管府。大業三年，置延安郡。」元和志卷三延州：「隋開皇八年廢總管，但爲延州，煬帝以爲延安郡。」寰宇記卷三六同。此「置」上當有脱誤。

〔四〕四十五里　「里」，底本原作「名」，據川本、滬本及紀要卷五七改。

〔五〕在膚施縣内西　川本同，滬本無「内」字。

〔六〕歐公　川本同，滬本作「歐陽公」，明統志卷三六作「歐陽修」。

〔七〕金明驛城南　川本同，滬本「城」上有「在」字。

膚施縣　治。　城南河，在城南門外。自甘泉縣界北流至城，入延水。通志：南河水，出甘泉縣野豬峽，北流至府城東〔一〕，入於延水。河濱有延利渠，乃龐籍爲經略使，辟司馬光爲麟州通判時所鑿。籍有詩，光和曰：枝分清淺流，縱横貫城市。還如恩在人，潤澤無終既。按此，即嘗引水入城〔二〕。成化間，知府羅謚猶疏引之。今渠廢，而石刻猶存。　清化水，自安塞縣境，經城東四十里入延水。　范公井，在嘉嶺山半，當二水合流之衝。范仲淹於山上爲寨，鑿井備寇，後人以名。　清水，在縣北。流至老人谷，又東經古高奴縣地，〔旁注〕董翳爲翟王，都高奴。略云：即本縣金明寨地。合豐林水〔三〕。　延利渠，在城南三里。

延水城，在府城東北一百一十里。本後魏安民縣，隋廢。唐復置，改爲延水縣。宋省爲鎮，入延川。　豐林廢縣，在縣東三十五里。本後魏廣武縣，隋改名。宋省爲鎮。　門山廢縣，在府城東南一百八十里。後周宣帝分汾川、雲巖二縣地置，唐、宋、金因之。元并入宜川。

【校勘記】

〔一〕北流至府城東　底本「北」上有「峽」字，川本同，據滬本及清統志卷二三三刪。

〔二〕即當引水入城　「引」，底本作「到」，川本同，據滬本改。

〔三〕豐林水　「林」，底本脫，川本、滬本同，據水經河水注補。

安塞縣　府西北四十里。　城周三里七分。　漢高奴縣，隋金明縣。　塞門水，在城西北。西川水自保安縣黄花城東南流入。　小平泉水，自保安縣艾蒿嶺下與西川水合。　洛水，在城南一百二十里。　獅子山，在縣西二十里。　三堆山，在縣西南。舊敷政縣。　石嘴山，一名靈臺山，在縣北五里。有石高險。　延水，在縣北一百里。　洧水，在縣西北九十里，入延水。漢書：高奴有洧水。　背水，在縣北一百五十里。

塞門守禦百户所，在縣北一百五十里。　敷政巡檢司，在縣西南一百三、二十里。　萬安古城，在縣西南一百里。　金城縣古城，唐、宋、金縣名，在城西南一百三十里。形如「金」字，故曰金城。　招安砦，在縣西四十五里。　慶曆中，龐籍命部將狄青築。　新砦，控延川東北疆遠川一帶。宋太平興國中築。　新安砦，在縣北五十里，栲栳砦之西龍口平，控塞門川一帶。　宋招討使王籍命部將王信築。府志：有塞門驛，在城北一百五十里。　蘆關，在縣北一百七十里。有東西二城基址。　敷政廢縣，在縣西南一百三十里。唐置，元廢。今爲巡司。　龍安城，在北五十里。塞門城，在北一百五十里。宋范仲淹以西賊攻塞門，築此城。魏因城縣，唐天寶元年，改曰敷政。宋、金皆因之。

甘泉縣　府西南九十里。城周三里餘三分，止有南北門。漢爲雕陰縣，隋爲臨真縣。唐武德間，析洛交之地，置伏陸縣。天寶間，更名甘泉。〔眉批〕居延、鄜之間，據山川之險。伏陸山，在城内東首東北〔一〕，唐伏陸縣以此名。温泉山，在城南四十里。上有温泉。神林山，在城西南二十里。空洞山，在城東一百七十五里。左家山，在城東五、七十里。門限嶺，在城南三、二十里。野豬峽，在城北四十五里。甘泉，在城西南十五里。一統志：南五里。勞山，在縣北二十里。有大小二山。撫安驛，在治西北。雕陰山，在縣南二十里。洛河，在縣西百步。源出慶陽府洛源縣〔二〕。庫利川，在縣東北。〔旁注〕東五十里。土田沃壤，五穀豐饒。相傳羌人謂貯舊穀爲「庫利」，故名。雕陰廢縣，在縣南四十里。漢置。臨真廢縣，在縣東一百八、七十里。本漢高奴地，後魏置縣。唐、宋因之，元幷入甘泉。黑城，在縣東一百七十里。赫連勃勃置，城緣山坡，崎嶇不正。石門城，在縣西六十里。宋楊廣駐兵於此，址存。故縣，在縣東一百五十里，有城址。

【校勘記】

〔一〕在城内東首東北　川本同，滬本無「内東首」三字。明統志卷三六：「伏陸山，在甘泉縣東北。」紀要卷五七甘泉縣：「伏陸山，在縣治東北。」圖書集成職方典卷五四二引甘泉縣志：「伏陸山，在城内東面。」此「東首」兩字疑衍，滬本改誤。

〔二〕源出慶陽府洛源縣　「洛」，底本脱，川本同，據滬本及明統志卷三六補。又，紀要卷五二：「洛水源出慶陽府合水縣北二十里白於山，經廢洛源縣，又南經甘泉縣西。則此「洛源縣」前應有「廢」字。

保安縣　府西北一百八十里。　城周九里三分。即古栲栳城。五城相貫，俗名五花連城。唐永安縣〔一〕。　洛河水，在城西一百里。源自沙漠來。　鷂子川，在城西南八十里，西七十里。自合水縣界來，東流入洛水。　馬步川，在城西一百三十里。源自安化縣，東流入洛水。　響崖川，在城東六十里。　原林川，在城東八十里。其地寬平。成化十四年，添設馬驛。　州川水，在城西一百里。源自沙漠來，入洛北草地來南流〔二〕。　大石樓臺，在城南八十里。　小石樓臺，在城南四十里。　望瞭臺，在城西高嶺。可四望，置砲石其上，以備邊警。　艾蒿嶺〔三〕，在縣東六十里。　三國時，吕布生於其地，有窑穴，土人呼爲吕布窑。　九吾山，在縣北九十里。其地有神湫，歲旱，禱雨有應。　保安守禦百户所。　洛水，在縣西金湯城下。流入鄜州，直入黄河。　周水河，在縣西。繞城而下七十里，入洛水。　園林驛，在縣東九十里。　舊有順寧巡檢司〔四〕，在城西北四十里順寧城。成化間，改建土城於縣北七十里，巡檢司革。順寧關，在縣北八十里，地名大山岔〔五〕。成化四年修，周圍一里三分。吃莫河，在縣境。源出蕃部吃莫川，南流入洛河。不勝船筏。

石堡寨，在縣北。宋初置城，後廢。崇寧中，賜名威德軍。後復爲寨。順寧寨，在縣北四十里，西北，一作北四十五里。德靖寨〔六〕，在縣西六十、八十里。二寨，慶曆中築，元廢。洪武十四年，立順寧巡檢司。俱宋置，元廢。保勝砦，東北控扼莫河一帶蕃部，宋慶曆中築。以上三砦，亦范文正公守邊處。寧塞營〔七〕，在縣北。靖邊營，在縣北、南。二營俱有官軍防守。

園林堡，在縣東四十里。原林城，在縣北五十里。北與平戎堡相接〔八〕。通志：杏子城〔九〕、金湯城、原林城三城，俱宋范文正公守邊之處。金湯城，在縣西北一百二十里。本舊寨〔一〇〕，宋元符初築。杏子城〔一一〕，在東北東。九十里。狄青城，在西南九十里。宋狄青嘗守備於此。

兀喇城，在北一百八十里。今爲靖邊營。正統三年，都指揮同知曹勝重修，改爲寧塞城。見有官軍備禦。長城嶺路，宋慶曆中，韓、范諸公經略延、綏，控制西夏，置保安軍，切近夏界。自軍北歸娘族六十里，過長城嶺，至秦王井驛，經柳泊、并缺、巾口、白池、人頭堡、苦井、三岔、谷口、河北九驛，至古靈州懷遠鎮七百里。懷遠鎮，即今寧夏城中〔一二〕。元昊時，以懷遠鎮爲興州，建都居之。

【校勘記】

〔一〕唐永安縣　川本、滬本同。寰宇記卷三七：「保安軍，本延州之古栲栳城。唐咸亨年中，曾駐泊禁軍於此，貞元十四年，建爲神策軍，尋改爲永康鎮。」九域志卷三保安軍：「太平興國二年，以延州永安鎮置軍。」則唐無此縣，此當有誤。

〔二〕入洛北草地來南流　「來」，川本同，滬本作「東」，蓋是。

〔三〕艾蒿嶺　「蒿」，底本作「嵩」，「嶺」下有「山」字，川本作「艾蒿嶺山」，滬本作「艾嵩嶺」，據本書上文安塞縣小平泉水條下及大明一統名勝志卷一一、紀要卷五七、清統志卷二三三改删。

〔四〕順寧巡檢司　底本無「巡檢司」三字，川本同，據滬本及紀要卷五七補。

〔五〕大山岔　「山」，川本同，滬本作「三」。

〔六〕德靖寨　「靖」，底本作「請」，川本同，滬本作「清」，據九域志卷三、宋史地理志改。

〔七〕寧塞營　「塞」，底本作「寨」，川本同，據滬本及明統志卷三六、紀要卷六一改。

〔八〕北與平戎堡相接　「北」，底本作「此」，川本同，據滬本及明統志卷三六改。

〔九〕杏子城　底本作「杏城子」，川本同，據滬本、本書下文及宋史地理志乙正。

〔一〇〕本舊寨　底本「本」上有「西北」二字，川本同，據滬本及宋史地理志、圖書集成職方典卷五四八删。

〔一一〕杏子城　底本「城」下有「子城」二字，川本同，據滬本及圖書集成職方典卷五四八删。

〔一二〕寧夏城　「夏」，底本作「下」，據川本、滬本及圖書集成職方典卷五四八、嘉慶重修延安府志卷九改。

安定縣　府北一百九十里。　城周五里三分。　高柏山，在城北七十里。　神木山，在城南六十里。　堡子山，在城西三十五里。　古爲屯軍堡。　干岔山川〔一〕，在城西五十里。　麻兒河，在城西三十里。　源出堡子山，發源大蟲嶺，東流入清澗河。　潘陵川，在城南八十里。　發源鴉鴿嶺，延水，南流入府河〔二〕。　黑牛川，在縣西四十里。　發源白廟岔，東流會縣河。

安定守禦百户所。　安定砦，在縣東。　宋种諤遣曲珍率兵通黑水安定堡〔三〕，與夏人遇，大敗之，即此。　金亦爲堡，元升爲縣。　洪武二年，仍爲安定縣，立安定砦，以屯軍守備。　安定寨，在縣城中。　又有二寨：曰白洛城，曰龍州，在縣西北。　黑水堡，在縣北一百里。　金以李顯忠爲蘇尾九族都巡檢使〔四〕，駐兵黑水堡，即此。　白洛城，在縣西七西北八。十里。　洪武三年間設〔五〕，宣德間，指揮張英修〔六〕。　龍州砦，在縣西北一百七十里。　正統間，指揮陶敏修。　丹頭鎮，在縣東七十里。

【校勘記】

〔一〕干岔山川　川本同，滬本作「干岔山」，大明一統名勝志卷一一作「于岔山」。

〔二〕延水南流入府河　川本同，滬本作「南流入延水、府河」。紀要卷五七：潘陵川，「源出鴉鴿山，南流入於延水」。康熙延安府志卷一、圖書集成職方典卷五四二：潘陵川，發源鴉鴿嶺，南流入府河。此處當有脱誤，或「延水」上脱「南流入」三字，或爲「南流入延水、府河」之誤。

〔三〕曲珍　「曲」，底本作「屈」，川本、滬本同，據宋史曲珍傳、宋史紀事本末卷四〇改。

〔四〕蘇尾九族　「族」，底本作「簇」，川本同，據滬本及宋史李顯忠傳、宋史紀事本末卷四〇、大明一統名勝志卷一一改。

〔五〕洪武三年間設　川本同，滬本無「間」字。清統志卷二三四亦無「間」字。康熙延安府志卷一作「明洪武間設」。疑此「三年」或「間」字必有一衍。

〔六〕張英　「英」，底本作「莫」，川本同，據滬本及康熙延安府志卷一、圖書集成職方典卷五四八、嘉慶重修延安府志卷九改。

宜川縣　府東南〔旁注〕通志：東。二百八十里。城周九里三分。〔旁注〕六里餘。南削山爲城，東西因銀川、喬家河二水爲池。晉祠山，在縣西南一百里〔一〕。宜川水，在縣西一百里。東注黃河。黃河，在縣東一百里。喬家河，在城東北。澤徑河〔二〕，在縣東一百三十里、北一百里。東流入黃河。雲巖河川水〔三〕，在縣北八十里。東流入黃河。解家川，在縣北四十里。七郎山寨，在城西南一里。宋將楊業之子七郎屯兵於此。地勢險阻。元至正間，參政宋希哲據守。址存。馬頭山，在縣東八十里。上有古寨遺址。豐林山，周迴二十三里。兩山相夾，林木茂盛，百獸叢雜。庫利山，在縣境。與舊臨真縣相接。鳳翅山，在縣東南五里。山岔有唐渾瑊廟。雲巖山，在縣北八十里。山形重疊如雲。金於此置鎮。孟門山，在城北石溼下三里，黃河中流。相傳有石扼束河流〔四〕，俗謂之石溼八十里〔五〕。其山在黃河中，分水兩流。呂氏春秋曰：古龍門未開，呂梁未發。河出孟門，大溢逆流，名曰鴻水〔六〕。仕望川，在縣西北四十里。源出白馬神山，水東流，合宜川，入黃河。南河，在縣南一里。源出喬家河，至縣城北，并入銀川河。銀川河，在縣西一里。圍繞縣城北流合城南河。汾川水，在縣北八十里。源出甘泉縣界，東流入黃河。

丹州城，在縣東北二十九里。本後周丹陽縣，隋置丹陽郡。唐改爲州，元省。汾川城，在縣東七十里。本後魏安平縣，後周改名。宋省入宜川。咸寧縣，在縣東一百里。唐置，宋省入宜川。雲巖廢縣，在縣西北七十里。後魏置，唐因之。宋熙寧中，省爲鎮〔七〕。庫碢〔旁注〕蝸。川〔八〕，在縣西北二十里。川南爲漢，川北爲蕃。蕃、漢之人，於川內共締香火〔九〕，故呼香火爲「庫碢」。

【校勘記】

〔一〕西南一百里　「西南」，底本作「南北」，川本、滬本同。紀要卷五七宜川縣：「晉師山，在縣西南百里。」嘉慶重修延安府志卷一宜川縣：縣城西南一百里有晉師山，「縣志：一作晉祠。」此「南北」乃「西南」之誤，據改。

〔二〕澤徑河　「徑」，底本作「涇」，川本、滬本同，據大明一統名勝志卷一一、紀要卷五七、圖書集成職方典卷五四二改。

〔三〕雲巖河川水　川本、滬本同。本書下文載：「雲巖山，在縣北八十里。」又載：「汾川水，在縣北八十里。源出甘泉縣界，東流入黃河。」明統志卷三六、紀要卷五七、圖書集成職方典卷五四二作「雲巖山」、「汾川水」。此疑爲「雲巖山、汾川水」之脱誤。

〔四〕相傳有石扼東河流　「東」，底本作「東」，川本同，據滬本及明統志卷三六、紀要卷五七改。

〔五〕俗謂之石溞八十里　川本、滬本同。按弘治延安府志卷四、明統志卷三六、紀要卷五七皆無「八十里」三字。清統志卷二三三：石溞下引延綏志：在縣東北八十里。與山西吉州接界。疑「石溞」下有脱誤。

〔六〕名曰鴻水　「鴻」，底本作「洪」，川本、滬本同，據呂氏春秋愛類改。

〔七〕宋熙寧中省爲鎮　底本「宋熙寧中」錯簡於「省爲鎮」之下，川本同，據滬本及九域志卷三、宋史地理志乙正。

〔八〕庫碣蝸川　川本同，滬本作「庫蝸川」，寰宇記卷三五、萬曆陝西通志卷二〇、大明一統名勝志卷一一、明統志卷三六、紀要卷五七皆作「庫碣川」，此旁注「蝸」疑誤，滬本當誤。

〔九〕共締香火　「締」，底本作「諦」，川本同，滬本作「綿」，據弘治延安府志卷四、萬曆陝西通志卷二〇、明統志卷三六、紀要卷五七改。

延長縣　府東一百五十里。城周四里二百四十四步，〔旁注〕九里三分。因延水爲池〔一〕。〔眉批〕後據高奴山，前阻烏延水，形勝之地。延水，在縣南。自膚施縣界，流入宜川縣界。濯巾河水，在縣北。自延川縣來。翟水，在縣南錦屏山下。發源自西，經流延安府東，至馬頭關入黃河。油泉，在翟水南。內有一孔，油水幷出，油浮其上，水沉其下，居民取以燃燈。　于〔旁注〕舊會典作「千」。谷驛，在縣西七十里。有城。　錦屏山，在縣南一里。　鳳凰嶺，在縣東三十里。　交口川，〔旁注〕在縣北六十里〔二〕。　源出獨戰山，東入黄河。　高奴寨，在城北二百步高奴山上。四面陡絶。元脱列伯令參政何遠築以屯兵。天順間，知縣孫逢吉重修。　高奴山，在縣北二十里。上有古寨。　獨戰山，在縣東北六十里。其山險峻，一人能敵千人〔三〕。

【校勘記】

〔一〕延水　底本旁注「鹽」字，川本同，滬本作「鹽水」，據嘉慶重修延安府志卷一〇删，滬本改誤。

〔二〕在縣北六十里　底本「里」下衍「經」字，川本同，據滬本及圖書集成職方典卷五四二删。

〔三〕一人能敵千人　川本同，滬本「一人」下有「拒守」二字。大明一統名勝志卷一一、紀要卷五七作「一人拒守，可以當千」。寰宇記卷三六、弘治延安府志卷三、明統志卷三六、康熙延安府志卷一、圖書集成職方典卷五四二引延長縣志並作「一人獨戰，可以當千」。此「一人」下當脱「獨戰」或「拒守」二字。

清澗縣〔一〕　通志：府東北二百五十里〔二〕。　漢爲白土縣及雕陰〔旁注〕奢延。縣地〔三〕，隋改爲新平縣。宋名清澗城，金爲縣。宋康定元年，夏人犯延安。鄜將种世衡言：延安東北二百里有故寬州，請因廢壘興之，以當寇衝。朝命世衡董其役。且鑿井得泉，賜名青澗城。在綏德州南一百二十里。舊隸綏德州，嘉靖四十一年，改隸府。　城周三里五步，因東西交流水爲池。

〔眉批〕東據黃河，西繞黑水，前河後寨，左澗右隘，屹爲鱗、延之衝。本志。

官山嶺，在縣北五十里，通往來官道。黃河，在縣東一百五十〔旁注〕本志：一百。里。黑水河，在縣北一百里。自安定縣來，北流入懷寧河。清澗水，在城西。自安定縣來，南流至入延川縣，入黃河〔四〕。石井，在縣治西二百餘步〔五〕。宋种世衡所鑿。初，世衡城清澗，處險無泉，鑿地十五丈遇石，世衡命屑石一畚〔六〕，酬百錢，卒得泉，即此。奢延驛，治南〔七〕。石觜岔驛，在縣北七十里。烽臺山，在縣東二百步。上有烽墩。東河，發源自苜蓿嶺、吐谷嶺、黨家塿，三水合流環縣東。西流入清澗水〔八〕。西河，在縣西。發源自烽臺塿，東流入清澗水。清水河，在縣北二里。無定河，在縣東八、六十里。南入黃河。一名奢延水，又名銀水。輿地廣記：唐銀州東北有無定河，即圁水也。後人因積沙急流，深淺不定，故更今名。〔旁注〕源自西北沙漠地來，經米脂縣、綏德州，南流入縣，又南流入黃河。懷寧寨，在縣北七十里。宋置，元廢。綏平寨，在縣西一百里。宋置，李顯忠破紅巾寇乞郎羅義於此。黑水寨，〔旁注〕又見安定。在縣西一百里。金人以顯忠爲鄜延路第六將蘇尾九族都巡檢使駐兵之處〔九〕。

【校勘記】

〔一〕清澗縣　「清」，川本、滬本及清統志卷二五〇同，明統志卷三六、明史地理志作「青」。

〔二〕二百五十里　「里」，底本脱，川本同，據滬本及圖書集成職方典卷五四一補。

〔三〕漢爲白土縣及雕陰奢延縣地　底本「漢」作「溪」，川本同，據滬本及漢書地理志改。「奢延」，川本同，滬本無。

〔四〕南流至入延川縣入黄河　川本同，滬本無前二「入」字。紀要卷五七清澗水：「自安定縣流入境，又東南流入延川縣，合吐延川入於黄河。」則此處「至」或前「入」字當有一衍。

〔五〕在縣治西二百餘步　「西」，底本錯簡於「步」下，川本同，據滬本及紀要卷五七、清統志卷二五〇乙正。

〔六〕屑石一畚　「一」，底本脱，川本同，據滬本及宋史紀事本末卷三〇補。

〔七〕治南　川本同，滬本「治」上有「在」字。

〔八〕發源自苜蓿嶺吐谷嶺黨家堖三水合流環縣東西流入清澗水　底本「吐谷嶺、黨家堖，三水合流環縣東」，錯簡於「西流入清澗水」之下，川本、滬本同。康熙延安府志卷一：「東河，城東。發源自苜蓿嶺、吐谷嶺、黨家堖，三水合環於縣之東。」道光清澗縣志卷二：「東河，發源自苜蓿嶺、吐谷嶺、黨家腰，三水合流環縣東，至南門外入清澗河。」據以乙正。

〔九〕金人以顯忠爲鄜延路第六將蘇尾九族都巡檢使駐兵之處　「蘇」，底本作「侯」，川本、滬本同，據宋史李顯忠傳改。又「第六將」，川本、滬本同，本書下文清澗黑水砦下：「金置第六將營」，道光清澗縣志卷一黑水砦下載：「金置第六將營」，疑此脱「營」字。

延川縣　府東二百里。　城周五里。　西魏文安縣。隋改延川，大業中，改文州。唐武德，改基州〔一〕。　青眉山，在縣西北七、六十里。　後魏時，有吐蕃青眉族居此。　官道山，在縣西四十里，山下即官道。　滔水川水，在縣北五十里，東流入延水。　永平川水，在縣北九十里，北流入延水。黃河，在城東南。清澗水，在東城下，北流合延水。延水，在東城下。東南流，合清澗水。五龍川水，在縣東七十里，東流入黃河。指柏岔溝水〔二〕，在縣東北二十里，西流入延水。王林溝水，在縣南十五里，西流入延水。王家溝水，在縣西四十里，北流入延水。唐家岔水，在縣西五十里，北流入延水。土谷岔水，在縣北二十里。南流入延水。沙泉溝水，在縣西南七十里，東流入延水。柴溝水，在縣西北二十里，北流入延水。清平水，在縣西一百二十里，東流入延水。社樹平水，在縣西北三十里，南流入延水。永平砦，在縣北九十里，安定縣界。金皇統二年置。南山砦〔三〕，在縣南一里高阜上。元知院張廷祐築城屯兵〔四〕，今爲樹藝之地。文安驛，在縣西三十里。永寧關，在縣東七十里黃河渡口。以通糧運，軍民便之，路通綏德〔五〕。宋置，元廢。禪梯嶺，在縣西七十里。係縣境扼吭要口。中有石洞，上建堡。

【校勘記】

〔一〕唐武德改基州　「基」，底本作「綦」，川本、滬本同。新唐書地理志延川縣：「唐武德二年，招慰稽胡置基州。」寰宇記卷三六延川縣：「唐武德二年，以廢城南有哥基川，遂置基州。」此「綦」乃「基」字之誤，據改。又「武德」下蓋脱「二年」二字。

〔二〕指柏岔溝水　川本、滬本同。大明一統名勝志卷一一、紀要卷五七作「柏岔溝」，疑此「指」字衍。

〔三〕南山砦　川本、滬本同。康熙延安府志卷一、圖書集成職方典卷五四八作「南砦」，「山」字疑衍。

〔四〕知院張廷祐　川本、滬本同。康熙延安府志卷二「廷」作「延」，圖書集成職方典卷五四八「院」作「縣」。

〔五〕在縣東七十里黄河渡口至路通綏德　底本作「在縣境，路通綏德，東七十里黄河渡口，以通糧運，軍民便之」，川本、滬本同。圖書集成職方典卷五四三延川縣：「永寧關，在城東七十里黄河渡口。古今餉道，路通綏德。」則此「境」爲衍文，「路通綏德」乃錯簡，並據删改。

鄜州　府南一百八十里。内城周二里一百三十步，外城周十里，東濱洛河。〔眉批〕地習戰爭，女爲男作。本志。洛水，在州東百步。鄜畤〔一〕。漢志：秦文公東獵汧、渭，夢大蛇，止於鄜畤，以問史敦。敦曰：此上帝徵，君其祠之。於是作鄜畤以祠天。河西道分巡駐劄。鄜城馬驛，在北門外。三川驛，在州南七、六十里。張村驛，在州西七十里。隆益鎮驛，在州西〔旁注〕西北。一百二〔旁注〕四。十里。直羅巡檢司，在州西一百二十里。有城，隋司農少卿崔仲方所築〔二〕。舊爲縣。大迴嶺，在城南十里。梅柯嶺，在城西北三十里。餘樂川水，在城西南八十里。直羅川水，自直羅城南流入華池。沙飛溝水，在城南十里。三川水，在州南七、六十里。以華池水、黑源水、洛水同會，謂之三川〔三〕。〔旁注〕唐杜甫有三川觀水漲詩。葦谷，在州南三十里。谷有水，東南流入三川。

長城，在州西南四里。秦蒙恬所築。高奴城，在州東五里。項羽封董翳爲翟王，都高奴，即此。三川廢縣，在州南六十里。〔旁注〕七十五。本苻秦長城縣，後魏改三川縣。隋分置洛交縣，唐又分置直羅縣。宋省三川爲鎮。今州南舊鎮置三川驛。州西一百二十里有直羅巡檢司，即舊直羅縣也。九成宮，在城西二百里。即隋之仁壽宮。

【校勘記】

〔一〕鄜時　「時」，底本作「畤」，川本同，據滬本及史記秦本紀、漢書郊祀志改。下同。

〔二〕崔仲方　「方」，底本作「芳」，川本、滬本同，據隋書崔仲方傳、元和志卷三改。

〔三〕以華池水黑源水洛水同會謂之三川　川本同，滬本「源」作「原」，無「會」字。按元和志卷三、明統志卷三六、康熙鄜州志卷一有「源」字，舊唐書地理志、新唐書地理志、寰宇記卷三六無「源」字。萬曆陝西通志卷六：「三川水，在鄜州南六十里。以華池水、黑水、洛水同會，謂之三川。」本書下文鄜州三川縣舊城條亦作「黑水」，無「源」字，疑此「源」字衍，滬本改誤。

洛川縣　州東〔旁注〕東南。六十里。緣山爲城，周二里一百〔旁注〕六十。十六步，因澗溝爲池。

洛河，在縣西南五十里。自鄜州界來，南流入中部縣界〔一〕。仙宫河，在縣南四十里。自宜川縣界，西流入洛水〔二〕。黄梁河，在縣南七十里。源出爛柯山下，西南注於洛水〔三〕。聿津河〔四〕，在縣南一百二十里。自韓城縣界來，西流入洛水〔五〕。廂西河，在縣西北二十里。

自宜川縣界來，西南注於洛河〔六〕。　開撫川水，在縣東北四十里。自宜川縣界來，西南注入洛水。

鄜城巡檢司，在縣東南七十里舊鄜城縣。　鄜城廢縣，在縣東南七十里。隋置鄜城郡。唐末，以縣爲翟州，改爲禧州。後復爲縣。元至元間，並入洛川縣。其城緣溝崖而築，有楊班秋水。今爲巡檢司。

【校勘記】

〔一〕自鄜州界來南流入中部縣界　底本錯簡於下文開撫川水條下，川本同，據滬本及紀要卷五七乙正。

〔二〕自宜川縣界西流入洛水　底本錯簡於下文開撫川水條下，川本同，據滬本及紀要卷五七乙正。

〔三〕源出爛柯山下西南注於洛水　底本錯簡於下文開撫川水條下，川本同，據滬本及紀要卷五七乙正。

〔四〕聿津河　「聿」，底本作「幸」，川本、滬本同，據紀要卷五七、圖書集成職方典卷五四二改。

〔五〕自韓城縣界來西流入洛水　底本錯簡於下文開撫川水條下，川本同，據滬本及紀要卷五七乙正。

〔六〕自宜川縣界來西南注於洛河　底本錯簡於下文開撫川水條下，川本同，據滬本及紀要卷五七乙正。「注於」，滬本作「流入」。

中部縣　州南西南。一百四十里。　城周七里，因沮水繞城爲池。〔眉批〕人皆精於兵器。坊州圖經。子午嶺，在縣西二百里。雕窩谷，在縣西北十里。洛水，在縣東北三十五里。自鄜州界來，南流入洛川縣界。泥谷河水，在城西北七里。入沮水。杏城鎮，在縣東七里。晉置。〔旁注〕通志：杏城，姚萇所築。後魏於此置東秦州。石堂山，一名翟道山，在城西北。周穆王傳：天子命駕八駿之馬，造父爲御，南征朔野，徑絶翟道，升於太行。即此。龍首川，即縣川也。其東十里古川口，蓋沮、洛交會處也。小河，在縣西北七里。源出子午水，流至葛家川，沮水合〔一〕，即三河水。翟道驛，城北一里。橋山，在縣治北。下有沮水，或曰水從山底經過如橋，〔旁注〕東北二里，其山下水通如橋之狀。故名。上有橋陵，黄帝葬衣冠之所。山南麓有黄帝廟。〔眉批〕史記：黄帝鑄鼎於荆山，鼎成而帝崩，葬於橋山。又云：漢武帝北巡朔方，還祭黄帝於橋山〔二〕。地理志亦云：上郡陽周縣橋山南有黄帝冢。前即漢武祈仙臺。周圍城塹五里餘，樹柏萬餘株，横順成行，參天翳日，數百里外望之，猶有煙霞霏微、青翠玲瓏之狀。沮水，在縣南門外。源自寧州界子午嶺來，東南入於洛，流入洛川縣界。翟道城，在縣西北四十里。漢縣，後漢省。坊州城，在縣西南。唐置，元省入中部縣。

【校勘記】

〔一〕小河在縣西北七里源出子午水流至葛家川沮水合　川本、滬本同。紀要卷五七中部縣洛水：「又縣西北七里有谷河水及子午水，流至葛家川，與沮水合，亦謂之三河。」名稱谷河水，與此名小河異，又此沮水之上蓋脱「與」字。

〔二〕還祭黄帝於橋山　川本、滬本同。史記孝武帝本紀、封禪書「於」作「冢」。漢書武帝紀作「祠黄帝於橋山」。郊祀志同史記。

宜君縣　州南二百一十里。因龜山爲城，周五里三分。漢祋祤縣地，後魏改爲宜君縣。高脊嶺，在縣西南七十里。三井嶺，在縣東南五十里。洛水，在縣東北八十里。自鄜州界來，東南流入白水縣界。玉華川水，在縣西四十里。源出駐鑾崖，北流入洛水。姚渠川水，在縣西七十里。雷聲溝水，在縣東三十里。姚曲川水，在縣西南一百里。七里店水，在縣西四十里。自合水縣界來，東流入洛。雲陽驛，治東南〔一〕。玉華山，唐太宗建玉華宮，以此山爲名。金於此置玉華鎮。在縣西南四十里。鳳凰谷，在縣西南五十里。谷中有地九頃許。唐太宗建玉華宮九殿五間，即此處。駐鑾崖，在縣西。唐太宗駐鑾於此。慈烏水，在縣西北四十里。源自分水嶺，東流入本縣界。子午水，在縣西北一百三十五里。源出子午嶺，東南流入中部縣，合沮水。昇平廢縣，在縣西北三十五里。唐置。宋熙寧初，省爲鎮〔二〕。舊有礬場。

【校勘記】

〔一〕雲陽驛治東南　「雲」，底本作「靈」，川本、滬本同，據紀要卷五七、圖書集成職方典卷五四七改。又，滬本「治」

上有「在」字。

〔三〕宋熙寧初省爲鎮　底本「宋」錯簡於「初」下，川本同，據滬本及宋史地理志、康熙延安府志卷一乙正。

綏德州　府東北三百六十里。　漢雕陰縣。　西魏置綏州，亦爲綏德郡。　城周八里二百八十步。　南關城，周六里三十步。〔眉批〕黄河在其東，沙漠在其北。前倚雕山，後連川水，形勝之地。宋趙卨奏。　雕山，在城西南。　無定河，在州東門外，自米脂縣流入清澗縣界。　懷寧河，在州東南一、四十里，自安定縣南流入無定河。　滿堂川，在州東五十里。　宋女將楊滿堂曾在此屯兵。　疏屬山，在州境内。　山海經曰：貳負之臣曰危，危與貳負殺窫窳。帝乃梏之疏屬之山，桎其右足，反縛兩手與髮，繫之山上木〔一〕。　漢宣帝發磐石於上郡，石窑中得一人，徒裸被髮，反縛，械一足。問羣臣，莫能曉。　劉向按此對之，帝大驚〔二〕。　嗚咽泉〔三〕，在州南三〔旁注〕東五。里。即秦太子扶蘇自縊處。　綏德衛，五千户所。　青陽驛，治前〔四〕。　義合驛，在州東六、七十里。　官菜園渡口巡檢司，在州東一百二、四十里黄河西岸，吴堡縣地。　大理水，在州西北城下。出沙漠，東流入無定河〔五〕。出沙漠紅石川，經縣入綏德西北城下，東北流，與無定河合，注黄河。　宋种諤復綏州，夜渡大理水駐師，即此。

朔方臺，在城東一里無定河東岸。世傳秦太子扶蘇所築。　李廣寨，在州東門外無定河東岸〔六〕。孤山兒寨，在州北。又有五寨〔七〕：曰忽都，〔旁注〕東北四、五百里〔八〕。曰伯顏〔九〕，〔旁注〕北二百二十里。曰雙山兒，〔旁注〕東北三百里。曰拜堂兒，〔旁注〕東北三百里。曰魚兒河〔一〇〕，〔旁注〕北二百里。曰榆林庄。〔旁注〕北二百七十里。俱在州之北。柏林寨，在州東北二百五十、四百四十里。又有五寨：曰柳樹，曰高家堡，〔旁注〕東北四百里〔一一〕。曰東村，〔旁注〕東北五百四十里〔一二〕。曰神木，曰府谷。〔旁注〕俱東北四百四十里〔一三〕。俱在州之東北〔一四〕。土門寨，在州西。〔旁注〕西二百五十、西北二百九十里〔一五〕。又有響水麻，〔旁注〕西二百三十里〔一六〕。葉河，〔旁注〕西二百里。大兔鶻，〔旁注〕西二百五十里。波羅寺，〔旁注〕西北三百三十里。四寨俱在州之西。自李廣寨以下，凡十八寨，皆築城屯戍，隸綏德衛。義合寨，在州東四十里。夏置。宋元豐中收復。開光堡，在州北三十里。本唐縣，屬銀州。後廢。宋紹聖中修築，元符初賜名〔一七〕。又有海〔旁注〕河。末、窟兒、臨川、定遠、馬欄、中山等十六堡，皆在綏德之境。克戎城，在州西六十里。本夏之細浮圖寨，宋元豐中收復。紹聖中，賜今名。臨夏城，在州西九十里。其地本名囉嚴谷嶺。宋元符初，築城賜名。威戎城，在州西一百三十里。其地本名昇平塔。宋紹聖中，賜名。上郡城，在州北。秦郡。吳兒城，在州西北。赫連勃勃破劉義真於長安，虜其人，築城以居之。扶蘇墓〔一八〕，在州北山上。

【校勘記】

〔一〕繫之山上木　「木」，底本脱，川本、滬本同，據山海經海内西經補。

〔二〕漢宣帝發磐石於上郡至帝大驚　底本此文錯簡於下文嗚咽泉條之下，川本同，據滬本及山海經海内西經郭璞注、太平御覽卷五〇乙正。又「石窑」，川本、滬本同，山海經海内西經郭璞注作「石室」，御覽卷五〇同。此「窑」爲「室」字之誤。

〔三〕嗚咽泉　「嗚」，底本作「鳴」，川本同，據滬本及萬曆陝西通志卷六、大明一統名勝志卷一一、明統志卷三六、圖書集成職方典卷五四二改。

〔四〕治前　川本同，滬本「治」上有「在」字。

〔五〕出沙漠東流入無定河　川本同，滬本無。按下文重出「出沙漠紅石川……與無定河合」，疑衍。

〔六〕無定河東岸　「岸」，底本作「同」，川本同，據滬本改。

〔七〕又有五寨　川本、滬本同。按此云五寨，而實數六，當有訛誤。

〔八〕東北四五百里　底本旁注於下文孤山兒寨，川本同。按孤山兒寨已述方位，以下諸寨唯忽都旁注缺方位道里，據滬本改。

〔九〕曰伯顔　「曰」，底本無，川本同。按上下諸寨均有「曰」字，此當脱，據滬本補。

〔一〇〕魚兒河　「魚」，底本作「奂」，川本、滬本同。紀要卷五七載綏德州有魚兒河寨，「今改屬榆林衛。」同書卷六一榆林鎮：「魚河堡，在鎮南百餘里。舊爲魚兒河寨，屬綏德州。成化中，改今屬。」清統志卷二四〇：「魚河堡，在榆林縣南八十里。明正統二年，置魚河砦於九股水。成化十一年，巡撫余子俊移置今所。」則此「奂」乃「魚」之誤，據改。

〔一一〕東北四百里　川本同，滬本無此五字。

〔一二〕東北五百四十里　川本同，滬本無此七字。

〔一三〕俱東北四百四十里　川本同，滬本無此八字。

〔一四〕俱在州之東北　川本同，滬本「北」下有「四百里外」四字。

〔一五〕在州西西二百五十西北二百九十里　川本同，滬本作「在州西北二百九十里，一作西二百五十里」。

〔一六〕西二百三十里　川本同，滬本「西」上有「在」字。

〔一七〕宋紹聖中修築元符初賜名　「符」，底本作「復」，川本同，滬本作「符」，據宋史地理志改。此句滬本改作「宋元符初賜名，紹聖中修築」，誤。

〔一八〕扶蘇墓　「墓」，底本作「塞」，川本作「寨」，據滬本及明統志卷三六、圖書集成職方典卷五四九改。

米脂縣　州北八十里。　城周九里。　背干川水，在城北。自葭州來，流入無定河。　撫寧谷水，在縣西六十里。南流入大理河。　小理河，在縣西一百五十里，南流入大理河。　無定河，在縣西。自北沙漠地來，南流入綏德州界。　大理河，在縣西六十里，流入綏德州界。　銀川馬驛，治西〔一〕。　舊有碎金鎮，北四十里。巡檢司革。　銀州關，在縣西九十里。上有古城。　暖泉寨，在縣東六、四十里。金大定二十二年置。　永樂城，在縣西一百五十里，米脂川之西，宥州之東。二面重岡複嶺，路僅可通車馬，中無井泉。惟城連無定河，浸漬之餘，可以給食。宋徐禧因沈括之言，築城於此，卒敗。　嗣武城，在縣西北四十里。本舊囉兀城，宋置嗣武寨，金復爲城。

【校勘記】

〔一〕治西　川本同，滬本「治」上有「在」字。

葭州　府北五百八十里。　漢圁陰縣地〔一〕。　城周十二里。因山勢爲之，北自石門塢，循葭蘆川、黄河而南會孟梁下爲城〔二〕，即宋熙寧間所築葭蘆寨也。本朝洪武初，守備千户王綱，自北而南，截其四分之一爲城，又自門之南，截其二分爲郭。正統中，知州延昌開設南關，城門三，郭門四，險峻完固。〔眉批〕亂山迴繞，川水夾流，崎嶇險阻，邊方用武之地。蕃、漢互居，人性勇直，好尚武力，守望相助。　塔兒山，在州西北一百五十里。上有小塔。　麻莊樁山，在州西北一百五十里。　横嶺，在州南十里。　艾蒿坪，在州南六十里。　黄河，在東城下。　闕家川，在州西北一百三十里。

柳樹會，在州西北一百里。有寨倚山而立。寨之外，地勢寬平。有水泉，可居。　桃花關，在東城，下臨大河。今廢。　巡撫兵糧道駐劄。　金史完顔合達傳：北兵破葭州，構浮梁河上。　葭州提控王公佐寓州治北石山子〔三〕。　葭蘆川河，在州西五里。岸多蘆葦，故名。　宋元豐中，於此立寨。神泉寨，在州西二十五里榆木川。有泉，冬夏不竭。又有烏龍寨，在州西五十里。俱宋元符中置。寧河寨，在州北六十里。㳽川寨，在州北一百五十里。宋置。通秦寨，在州北五十里。七山兒堡，在州西二百四十里。牛皮凹堡，在州西二百里。三眼泉堡，在州西二百里。謝家梁堡，在州北一百八十里。石隨梁界堡，在州北二百里。宅門焉堡，在州北一百五十里。永樂城，本舊銀州治西二十五里。宋徐禧築。寧河砦、太和砦、神木砦、吳堡砦、永作堡、寧河堡、通津堡、護川堡、强川堡、晋安堡、康定堡，以上十一砦、堡，金置。

【校勘記】

〔一〕漢圁陰縣地　底本無「陰」、「地」二字，川本、滬本同，弘治延安府志卷八、明統志卷三六、紀要卷五七並作「圁陰縣地」。漢書地理志西河郡領圜陰縣，「圜」，本作「圁」，此脱「陰」、「地」二字，據補。

〔二〕循葭蘆川黄河而南會孟梁下爲城　「而」，底本作「西」，川本、滬本同，據弘治延安府志卷八改。

〔三〕王公佐寓州治北石山子　「州治」，底本作「治州」，川本、滬本同，據金史完顏合達傳乙正。

吳堡縣　州南八十里。府志：一百八十。城周二百二十步〔一〕。一里七十步〔二〕。〔眉批〕因黄河爲池，據西山爲城。寨西山，在城西三里。火燒山，在城北十里。黄河，在城東一里。清河溝水，在城西二十里。縣舊爲寨，故名〔三〕。河西驛，在縣南十里。弘治中，移於綏德州瓦舍峪，仍屬吴堡縣。官菜園站，在城南十里。永樂中設。官菜園渡，在縣南二十里。東過黄河，通山西路。

【校勘記】

〔一〕城周二百二十步　川本、滬本同。弘治延安府志卷八縣城：「宋築爲吴堡寨，周圍二百二十步。」則此「城」之前疑脱「宋築爲吴堡寨」六字。

〔二〕一里七十步　川本同，滬本「一」字上有「一作」二字。又「步」，滬本作「里」，誤。

〔三〕縣舊爲寨故名　川本、滬本同。按明統志卷三六、紀要卷五七：「宋置吴堡寨，金升爲縣。」「縣舊爲寨，故名」六字當記於吴堡縣下。

神木縣　宋時爲新秦縣神木堡，以境内陽家城有神松二株〔一〕，枝柯相連，故名。州東北三百里。城周四里三、五分。洪武六年革，十四年復。〔眉批〕東阻黄河，北控沙漠，山溪險隘。永興堡，在城東四十里。大柏油堡，在城東二十里。柏林堡，在城西南五十里。當夜堡，在城東南九十里。欄干堡，在城東六十里。石山子寨，在城南一百三十里。吾家石寨，在城北十二里。整飭東路兵備駐劄。屈野川，在縣西南一百五十里。舊屬銀城縣。大和寨，在縣西五十五里。西南九十。宋元祐中賜名。五原城，在縣境。漢光禄徐自爲出五原塞數百里〔二〕，築城列障，至盧朐山，即舊銀城廢縣北光禄塞是也。麟州城，在縣北四十里。本漢新秦地，唐置此州，宋因之。金陷於夏。雲州城，在縣東三里。元初立此州。後廢爲縣。銀城廢縣，在縣南四十里。本後魏石城縣，隋改銀城縣，唐、宋因之，金廢。連谷廢縣，在舊麟州北二、一十里。本隋連谷鎮。唐置縣，宋政和中廢。新秦廢縣，在縣境。唐置。宋管神堂、靜羌寨，惠寧、鎮川二堡。金没於夏〔三〕。

【校勘記】

〔一〕有神松二株　底本「松」作「枌」，「二」作「三」，川本同，滬本「松」作「樹」，「二」作「三」，據萬曆陝西通志卷二〇、大明一統名勝志卷一一、圖書集成職方典卷五四八改。

〔二〕五原塞　「塞」，底本作「寨」，據川本、滬本及史記匈奴列傳改。

〔三〕唐置宋管神堂靜羌寨惠寧鎮川二堡金没於夏　底本「宋」錯簡於「堡」下；「金没於夏」錯簡於「置」下；「羌」作「冠」，川本同，滬本「唐置宋」改於「金」上，「宋」下有「因之」二字，「羌」作「寇」。九域志卷四新秦：「管神堂、靜羌二寨，惠寧、鎮川二堡。」明統志卷三六新秦廢縣：「在神木縣。唐置。宋管神堂、靜羌二寨，惠寧、鎮川二堡。金没於夏。」據以乙正。

府谷縣　州東北五百里。　城周三里〔一〕。西北倚山爲城，東南因河爲池。　洪武六年革，十四年復。〔眉批〕南據黄河，北接沙漠。　五虎山，在縣東一里。　班家嶺，在縣西一百里。　梁家山，在清水堡營東五十里〔二〕。　古城山，在清水營堡南二里。　瓦窑山，在清水營堡西二、一里。　石山梁，在清水堡北三十里。　黄河，自沙漠來，經縣南一百十步，西南流入神木縣界。　清水川，在縣北五十里。自沙漠來，南入黄河。　清水營，在縣北六、七十里。舊爲府谷堡。成化五年中，築城池，置軍營，以備邊。　孤山堡，在縣西四十里。　皇甫川堡，在縣東北八十里。　紫城石寨，在縣東北一百里。接沙漠。　建寧土寨，在縣西北一百里。　干寨，在縣西南三十里。　高黄寨，在縣西南九十里。　木瓜寨，在縣西北五十里。　馬真石寨，在縣西南一百五十里。以上六寨，俱永樂間，知縣王潤建。　石空寺，在縣西一百里。　舊芭州城，在縣北九十里。　固城，在縣東北五十里。與清水營相近。有泉水，兵卒賴焉。　煖泉砦，在縣東北六十里。

【校勘記】

〔一〕城周三里　川本、滬本同。紀要卷五七府谷縣：「今縣城周五里有奇。」圖書集成職方典卷五四三府谷縣城池：「周五里八分。」清統志卷二三九府谷縣城：「周五里有奇。」此「三」當爲「五」之誤。

〔二〕清水堡營　川本同，滬本作「清水營堡」。按本書下文有作「清水營堡」。又下文及紀要卷六一、圖書集成職方典卷五四八：清水營，明成化五年，立營屯兵。弘治延安府志卷八梁家山、古城山、瓦窑山、石山梁下並作清水堡。

慶陽府

屬河西道。漢北地郡。西魏置朔州。隋開皇十六年，置慶州，煬帝改爲弘化郡。唐初仍爲慶州。天寶元年，改爲安化郡，中都督府。至德元載，又改爲順化郡〔一〕，升安定軍節度〔二〕。宋政和中，升慶陽軍節度爲府〔三〕。國初，爲慶陽府。城周七里十三步。南關城，周三里許。北關城，周七里許。元慶陽府，本朝因之〔四〕。〔眉批〕踐山爲城，因河爲池，雖金湯亦不是固。通志。慶州，不窋、公劉所居。其民有先王遺風。舊志。人多穴處，俗爲耕獵。郡志。城高如山，池深如泉。

馬嶺，一名箭筈山，在府北二十五里。左右有川，相傳漢牧地。其間舊多居民，有果實猿鳥，巖洞幽邃，莫窮所止。唐有馬嶺縣，以此名。太白山，在府城北一百五十里。黑水河發源於此。東河，在府城東。來自沙漠地，至城東北〔五〕，合懷安川、靈溝水，南流至合水縣界，爲馬蓮河。西河，在府城西。來自環河，流經城下，西合楊集澗、水谷溝、下馬汀諸水，由西轉南，會於東河。北岔河，在府城東七十里。來自白豹〔旁注〕川。寨，南流至合水縣，會建水。黑水河，在府城西一百二十里。源出太白山，合蒲川水，流入寧州界。蒲川河，源出環縣，過府西一百二十里，南流入黑水河。白馬川，在府城北、西一百二十里，南流注於東河。白豹川，在府城北三、二百里。與境内西陽川、洪水川合，東南流入保安縣洛河。宋史：築白豹城。即此地。靈溝水，在府城北五十里，流入東河。三合水，在府城西南一百三十里。東流至合水縣，入馬蓮河。白塔水，在府東北二百里，南流入合水縣界。洛水，源出府城南樂蟠廢縣北，經上郡雕陰秦望山，南過襄樂郡舊縣。鹽池，在府城北五百餘里。池有二：大池，自沙漠中來，周圍八十里。小池，控靈夏郡，周圍一十七里，俱産鹽。花馬池，在府城北六、五百里。周圍四十三里。與馬槽、孛羅、濫泥、鍋底等池相近。正統中，於此築城，建立營寨，屯兵積糧，以控制河套虜寇。正德三年，添設衛所，遂爲重鎮。〔眉批〕馬槽池，周一十七里一百六步。濫泥池，周九里三百四十步許。鍋底池，周一十七里一百八十步。孛羅池，周二里許。紅柳池，在府城北五百〔旁注〕十〔六〕。里。周圍二十六里一百四十步。其地多生紅柳。石溝池在其西，蓮花池在其東。〔眉批〕蓮花池，周一十里二百九十步。東小池，周三十一里三百一十步。狗池，周二百八十里一百二十步。自鹽池至此，九池俱産鹽硝。當作十一池。硝鹽池，周二十四里。石溝池，周二十里一百八十步。

橫山寨，在府境。宋元符初築賜名。東接東谷寨，西接寧羌寨，南接通塞堡〔七〕，北接定邊軍。柔遠寨，在府城西北一百四十里。宋仁宗時，夏人入寇，巡檢楊承吉與戰於此。懷威寨，在府境。東接延安府界，西接矜戎堡，南接威寧寨。天固堡，在府境彭原廢縣南。隋開皇中築，甚險固。荔原堡，在府城東北二百五十里。宋蔡挺築。其在府境者，又有通塞、麥川、威寧、矜戎、金村、勝羌、定戎等堡，皆宋時築。成化中，都御史馬文升令參政胡欽、同知馬驄等增築樓櫓、廳堂悉備，積糧屯兵，軍民便之。懷安東谷砦，宋咸平中置。懷安西谷砦，宋築，並以控制夏人。金湯砦、後橋砦。以上二砦，在府東。乃宋時西夏地界。有百餘里，侵入漠池〔八〕。范仲淹建議取之。馬鐙砦，在府北七十里。上砦，在府北六十里。寡婦砦，在府北三十里。成化八年，巡撫都御史馬文升築。控制虜寇，軍民稱便。通塞堡、麥川堡、矜戎堡、威寧堡，以上四堡，並在府境。宋時築。美泥堡，西南至慶州一百五十里。東谷堡五十里〔九〕，至淮安鎮十五里。靈泥堡，西南至慶州一百五十里，淮安鎮十五里，西谷口二十五里。括地志云：慶州弘化縣有不窋城。通典：慶州安化縣有尉李城。在兩川交口〔一〇〕，亦曰不窋城。不窋城，在府境内。夏政衰，不窋奔戎、翟之間，建邑而居，即此。靈武城，在府境北一百二十里。馬嶺城，漢縣，屬北地郡〔一一〕。郁郅城，在府境白馬、馬嶺兩水交口〔一二〕。漢縣，屬北地郡。水經注：尉李城。即此〔一三〕。第二將城，在府城東北一百二十里。宋築。大順城，在府城西北。當後橋川口〔一四〕。宋范仲淹所築，賜名大順。與白豹、金湯截然屹立府北。宋范仲淹以慶州西北馬鋪砦〔一五〕，當後橋川口〔一六〕，在賊腹中，欲城之，度賊必爭，密遣其子純佑，與蕃將趙明先據其地，引兵隨之。至則版築皆具，旬日城成，賜名大順。自是白豹、金湯皆不敢犯，環、慶寇盜少矣。〔眉批〕范文正公奏議：金湯東去德靖寨四十里，西去東谷縣六十里，西南去柔遠寨八十里。白豹西去柔遠寨十里，南去慶州一百五十餘里。白豹城，宋初係西夏地界。范仲淹建議取之，築此城。東接安疆寨，西接東谷寨，南接柔遠寨，北接勝羌砦。康定元年，范經略以任福等出師攻賊白豹城，破之。冬，又出師歸娘谷，與夏人戰，大敗之。金皇統中，亦置白豹大順二城。定邊城，在府城北三百里。宋元符初修築，後爲定邊軍。天聖間，范仲淹置。今有官軍及巡檢司守禦。鎮安城，在府城東，延安之西。宋築。西接九陽堡，南接威邊寨，北接蒼雞諸寨。馲駝城，在府東一百里〔一七〕。彭原廢縣，在府城西南九、八十里。後魏破赫連定於此〔一八〕。魏置彭陽縣，隋改彭原。唐置彭州，元省。洛源廢縣，在府東北二、一百七十里。後魏置歸德縣，隋改名，後廢。唐復置，宋爲堡。延慶廢縣，在府境東北三十里。本漢郁郅縣地柳谷城，後魏置縣。後省入安化，唐復置。懷安廢縣，在府城東一百八十里。唐開元中，括逃户連党項蕃落置。宋廢。今懷安鎮。一作淮。同川廢縣，在府城西八十里。本三泉城。隋義寧初，置三泉縣。唐改名，宋省入安化。安定州都督府，在府境。領黨、橋、烏、野利〔一九〕、米、還、西戎，凡七小州。安化州都督府〔二〇〕，在府境。領永和、威、旭、莫〔二一〕、儒、琮、西滄，凡七小州，今並廢。牛圈，在府境百里。〔旁注〕二百〔二二〕。皆沙磧，惟圈所瀦水，人馬足飲。章楶嘗置毒藥於此，夏人入寇，飲者多死。河西道分守駐劄。馬嶺，一名箭筈山，在府北二十五里。左右有川，相傳漢牧地。唐有馬嶺縣，以此名〔二三〕。蒲川，自環縣界來，經城西一百二十里，南流入黑水河。西陽川，自環縣來，經城北二百里，南流入保安縣洛河。窨子川，源出府西南二十里。至城南三里，入東河。懷安川，源出府北二百里。南流至城北二十里，入東河。故城川，源出城北二百里。東流入鄜州界，爲華池水。水谷溝水，源出府西北七十里。東南流二十里，入西河。下馬汀水，自環縣界地來〔二四〕，至府北三十里，入西河〔二五〕。

慶陽衛，左、右、中、後、中左五千户所。定邊守禦千户所。大樂澗，在府南五十里，東南流入寧州界。楊集澗，源出城西北九十里，東南流至府北五十里入西河。批驗鹽引所，舊名靈州批驗鹽引所，後改至萌城，與靈州鹽課司，俱屬慶陽府。安邊守禦千户所，在衛治北三百里。成化中開設。弘化驛，城内〔二六〕。舊有靈州、大鹽池〔旁注〕府北五百里〔二七〕。二巡檢司，革。舊有木鉢城遞運所，革。慶州故城，在府北門外。與今城相連。成化中，參政朱英增築。田家城，在慶州故城北。與故城相連。

【校勘記】

〔一〕順化郡 「順」，底本作「弘」，川本同，據滬本及元和志卷三、兩唐書地理志改。

〔二〕安定軍節度　「安定」，底本作「定安」，川本、滬本同，據寰宇記卷三七、通考卷三二二乙正。

〔三〕宋政和中升慶陽軍節度爲府　川本、滬本同。宋史地理志：「政和七年，升爲節度軍，額曰慶陽。宣和七年，改慶州爲府。」此「度」下當有脱文。

〔四〕元慶陽府本朝因之　川本同，滬本此八字改列於上文「升慶陽軍節度爲府」之下，而無下文「國初爲慶陽府」六字。

〔五〕至城東北　底本「至」上衍「來」字，川本同，據滬本及明統志卷三六、紀要卷五七删。

〔六〕十　川本、滬本同。嘉靖慶陽府志卷二：「紅柳池，在府北五百里。」與本書合，此旁注「十」字誤。

〔七〕通塞堡　「塞」，底本作「寨」，川本同，據滬本及宋史地理志、明統志卷三六、紀要卷五七改。下同。

〔八〕漢池　川本同，滬本「池」作「地」。

〔九〕東谷堡五十里　川本同，滬本「東」下有「至」字，「堡」作「寨」。按本書上文有東谷寨，九域志卷三慶州安化領有東谷寨、宋史地理志慶陽府安化領有東谷砦。疑此「東」上脱「至」字，「堡」當作「寨」。

〔一〇〕在兩川交口　底本「兩」作「西」，「交」作「文」，川本同，滬本「兩」作「西」，據通典卷一七三改。

〔一一〕馬嶺城漢縣屬北地郡　底本「馬」上有「白」字，「城」作「北」，川本、滬本同。漢書地理志北地郡首縣馬領。元和志卷三：「馬領縣東南至慶州六十七里。本漢舊縣，屬北地郡。」此「白」字當衍。又，本書上下均記城，「北」應「城」之誤。據删改。

〔一二〕郁郅城在府境白馬馬嶺兩水交口　底本「嶺」上脱「馬」字，川本、滬本同，據元和志卷三補。

〔一三〕水經注尉李城即此　川本同，滬本此句改在上文「在兩川交口，亦曰不窋城」之下。

〔一四〕後橋川口　「後」，底本作「復」，川本、滬本同，據宋史紀事本末卷三〇改。

〔一五〕馬鋪砦　「馬」，底本作「高」，川本、滬本同，據宋史范仲淹傳、宋史紀事本末卷三〇改。

〔一六〕後橋川　「後」，底本脱，川本、滬本同，據宋史范仲淹傳、宋史紀事本末卷三〇、紀要卷五七補。

〔一七〕駞駝城在府東一百里　川本、滬本同。嘉靖慶陽府志卷一七：「駱駝城，在府城東北一百里。」此「駞」疑爲「駱」字之誤，「東」下疑脱「北」字。

〔一八〕後魏破赫連定於此　「魏」，底本脱，川本同，滬本作「周」，據元和志卷三、萬曆陝西通志卷二〇補。滬本誤。

〔一九〕野利　「野」，底本脱，川本、滬本同，據兩唐書地理志補。

〔二〇〕安化州都督府　「安」，底本作「宋」，據川本、滬本及兩唐書地理志改。

〔二一〕旭莫　底本「旭」作「九」，「莫」作「英」，川本、滬本同，據兩唐書地理志、明統志卷三六改。

〔二二〕牛圈在府境百里二百　底本「圈」下原有「長」字，川本同，滬本「長」在「境」下，接下文作「二百里」，注「一作百里」。嘉靖慶陽府志卷一七：「牛圈，在府城二百里。」萬曆陝西通志卷二〇、明統志卷三六慶陽府：「牛圈，在府境百里。」大明一統名勝志卷一〇安化縣：「牛圈，去縣境百里。」紀要卷五七慶陽府：「牛圈，在府西北三百餘里。」順治慶陽府志卷五：「牛圈，在府城二百里。」圖書集成職方典卷五七三慶陽府：「牛圈，去府城百里。」清統志卷二六一：「牛圈，在安化縣西北二百里。」均無「長」字，據删。

〔二三〕馬嶺至以此名　川本同，滬本無。按此文已見前，此係重出。

〔二四〕自環縣界地來　川本同，滬本無「地」字，疑衍。

〔二五〕至府北三十里入西河　底本「北三十里，入西河」七字錯簡於下文慶陽衛定邊守禦千户所之下，川本同，據滬本及紀要卷五七乙正。

〔三六〕城内　川本同，滬本「城」上有「在」字。紀要卷五七：慶陽府，「今府治北有弘化驛。」圖書集成職方典卷五七一：弘化驛，「在慶陽府治東南，後改置府治北。」此疑誤。

〔三七〕府北五百里　川本同，滬本無。

安化縣　治。春秋、戰國時，爲義渠戎國。漢爲郁郅縣，唐爲安化縣，元并入本府。本朝仍立。鵝池，在縣治南二百三十八步〔一〕。宋慶曆中，經略安撫使施昌言浚鑿，自城中暗通西河汲水。

驛馬關驛，舊有驛馬關巡檢司〔二〕，革。定邊巡檢司，在城北一百里。槐安巡檢司，在城北一百五十里。驛馬關，在府城西南九十里。綏遠寨，在縣境地。〔旁注〕城西南九十里。本駱駝巷〔三〕。宋元符中築，賜名。〔旁注〕按此寨環縣收入，又名肅遠，恐只是一寨。東接定邊軍，西接寧羌寨，南接橫山寨，北接神堂寨。不窋墓，在府城東三里。碑刻剥落〔四〕，上有片石，大書周祖不窋氏陵。

【校勘記】

〔一〕鵝池在縣治南二百三十八步　川本、滬本同。明統志卷三六、紀要卷五七、圖書集成職方典卷五七一並作「鵝池，在府治東」。疑此「南」爲「東」之誤。

〔二〕驛馬關巡檢司　底本「驛馬」作「馬驛」，川本、滬本同，據本書上文及明統志卷三六、嘉靖慶陽府志卷八乙正。

〔三〕本駱駝巷　「駱」，底本作「縣」，川本、滬本同，滬本無「縣境地」三字。宋史地理志：綏遠砦，「地本駱駝巷」。明統志卷三六綏遠寨：「在安化縣境地，本駱駝巷。」嘉靖慶陽府志卷八綏遠寨：「本名駱駝巷。」此「縣」乃「駱」字之誤，據改。

〔四〕碑刻剥落　「刻」，底本作「久」，川本、滬本同，據嘉靖慶陽府志卷一七、圖書集成職方典卷五七三改。

合水縣　府東七十里。城周三里一百八十步。本漢歸德縣地。隋初，置華池縣，後又析合水縣、樂蟠縣。唐初，爲蟠交縣。天寶中，改蟠交爲合水。故城川，在縣南五十里。源出子午山，南流入寧州界。豹子川，在縣東北一百二十里〔一〕。源自安化縣界來，西入華池水。冉家河，在縣西五十里。自安化縣界來，南流入馬蓮河。厮坡水，在縣東八十里。發源子午山，東入華池水。小川水，在縣南。源出子午山，西流三十里，入合水。北川水，在縣東北一里。發源子午山，南流合建水。延鳩川，在縣東一百里。發源子午山，東流入華池水。清水溝，在縣西南一百里〔二〕。源出縣西田家里，南流入合水。華池驛，在縣西南七、六十里。邵莊驛，在縣東一百里。宋莊驛，在縣東一十里。華池巡檢司，在縣東北一百二十里〔三〕。子午山，在縣東五十里。一名橋山。南連耀州，北抵葭、鹽州〔四〕，東接延安，綿亘八百餘里，延至真寧縣〔五〕，相傳黃帝葬衣冠處。馬蓮河，在縣西南〔旁注〕西。四〔旁注〕五。十里。來自安化縣，合冉家河，南流入真寧縣界，會九龍川。〔旁注〕自安化縣界來，南流入寧州。玉梅川，在縣東七十里；延鳩川，在縣東九十里〔六〕，俱出子午山，東流入華池水。鳳川水，在縣東〔旁注〕北。七十里。源出子午山，東流二十里，入華池水。廝坡川，在縣東八十里。源出子午山，東流入華池水。豹子川，在縣東北一百二十里。源出安化縣界，南入華池水。平戎川，在縣東北一百八十里。源出保安縣界，南流入華池水。建水，在縣治東一里。源出子午山，西南流，〔旁注〕南流入北川〔七〕。與北岔川水合，謂之合水，南入馬蓮河，縣以此名。合水，在縣南一里。以建水、北川水相合，故名。西南流四十里，入馬蓮河。華池水，在縣東北一百、七十里。來自保安縣，至此合豹子川、平戎川、苗村溝諸水，流入鄜州界。

鳳川寨〔八〕，在縣東北五十里。鳳川鎮，在縣東五十里。宋范仲淹經略環、慶，於此置鎮。平戎寨，在縣東北一百八十里。二寨，皆宋范仲淹築。樂蟠廢縣，在縣西南七十里。隋置，宋省爲鎮。按唐書，義寧元年，析合水縣置。宋、金以來，廢爲金櫃鎮。金設華池驛。略畔城，在樂蟠東北五里。〔旁注〕縣西南六十里。漢爲略畔道縣，屬北地郡。弘州城，在樂蟠廢縣境。後周時，置長城鎮。隋置弘州，唐初廢。華池廢縣，在縣東北一百二十里。本漢歸德縣地。後魏置縣，後廢。唐初復置，又於縣置林州。宋省爲鎮。今設巡檢司。徐家窑石砦，在葫蘆河川，砦上寬平，可容數百人〔九〕，前代鄉民於此避兵。

【校勘記】

〔一〕在縣東北一百二十里　「二」，底本作「一」，川本、滬本同，據本書下文及嘉靖慶陽府志卷二、圖書集成職方典卷五七一改。

〔二〕在縣西南一百里　「百」，底本脱，川本、滬本同，據嘉靖慶陽府志卷二、圖書集成職方典卷五七一補。

〔三〕在縣東北一百二十里　「一百」，底本脱，川本、滬本同，據本書下文華池廢縣條及嘉靖慶陽府志卷四、紀要卷五七、圖書集成職方典卷五七三補。

〔四〕北抵葭鹽州　川本同，滬本無「鹽」字，同嘉靖慶陽府志卷二。明統志卷三六作「北抵鹽州」。圖書集成職方典卷五七一作「北抵葭州」。

〔五〕延至真寧縣　「延至」，底本作「其在」，川本、滬本同。據嘉靖慶陽府志卷二、圖書集成職方典卷五七一改。

〔六〕延鳩川在縣東九十里　底本「延」上有「與」字，「縣」上脱「在」字，川本同，並據滬本及嘉靖慶陽府志卷二删補。

〔七〕南流入北川　川本無「流」字，滬本無此五字。

〔八〕鳳川寨　「寨」，底本作「塞」，川本同，據滬本及明統志卷三六、紀要卷五七改。

〔九〕可容數百人　「百」，底本無，川本同，滬本及嘉靖慶陽府志卷八、圖書集成職方典卷五七三、清統志卷二六二「數」下有「百」字。順治慶陽府志卷一作「可容數百家」，此當脱「百」字，據補。

環縣　元爲環州，屬鞏昌路。本朝改爲縣，屬慶陽府。　府北二百里。　邊衝，界寧、固。城周五里三百五十步。　漢爲貴州方渠縣地。隋爲環州，又置鳴沙縣〔一〕。　黑水河，在縣南一百里。源出牛家山〔二〕，縣西一百五十里〔三〕，流入環河。　七里溝，在縣東七里。流入環河。　木坡溝，在縣南四十八里。自安化寨來〔四〕，流入環河。　三岔溝，在縣南一百二十里。東流入環河。　甜水溝，在縣西三里。自開城縣來，流入環河。　鴛鴦溝，在縣西十八里。東流入環河。　佛堂溝，在縣西一百里。東流入環河。　馬嶺，一名箭括，在縣南一百三十里。相傳唐之馬嶺縣西北有巖洞幽邃，莫窮所止。又見府。　守禦環縣前千户所，自慶陽衛移駐。通志：前千户所，並守禦千户所。　靈武驛，城内〔五〕。　靈祐驛，在縣南一百五十里。　曲子驛，在縣南九十里。　舊有韋州驛，革，北三百里〔六〕。　通志：有賈家井驛，在西南六十里。　烏崙山，在縣北三十里。山甚高峻，頂闊根狹，難於登陟。宋於此置烏崙寨。昔置，今有兵防守，今無〔七〕。　環河，古名環江，源出縣北七十里水源鋪。流經縣西城下，委曲環抱，石橋交跨，小港分流，南入安化縣界。　合道川，在縣西八十里。與境内黑水、甜水、七里溝諸水，俱注環河。自開城縣界來，流入環河。　葫蘆泉，在縣西鎮戎之東北地。　舊有蕃部居之，與明珠、滅臧部相接。

安化寨，在縣東七十里。其在縣境者，又有安邊、大拔、方渠等寨；羅溝、阿原、朱臺、流井、歸德、木瓜、麝香、通歸、惠丁等堡。定邊寨，在三店十溝。宋天聖中置。永和砦，西控大峴川，北至夏人界。宋天禧中置。安塞砦，北控夏界九星原路。宋天禧中築。團堡砦，宋天禧中築。大拔砦，入慶州路西。秦長城，在縣北三里。蒙恬所築。烏崙砦城，在縣北三十里烏崙山。宋范仲淹經略時置砦，屬通遠縣。今東面圮於河，爲河暴水所衝。合道城，在縣西南七十里。宋、金皆爲鎮。興平城，在縣境。地名灰家觜。宋元符初築。肅遠城，今訛爲需源城，在縣北四十里。〔旁注〕又見下。今北面圮於河〔八〕。安邊城，在縣境。地名徐丁臺〔九〕。宋崇寧中築。洪德砦城，在縣北六十里。宋置砦，章楶嘗遣折可適破夏人於此。木波城，在縣南四十五里。即古木波鎮。宋范仲淹經略時築。曲子城，在縣南九十里。永樂初〔一〇〕，征西將軍、總兵官何福築。今設曲子驛。靈祐城，在縣南一百五十〔旁注〕四十五。里。亦何福築。馬嶺廢縣，在縣南一百三十里。漢縣。後漢廢爲鎮。隋復置，唐因之。宋廢〔一一〕。紅城兒，在縣北九十里。成化八年重修。方渠廢縣，在縣南七十里。漢縣，後漢廢爲鎮。唐神龍三年，析馬嶺復置。五代晉省入通遠縣。宋爲砦〔一二〕。清平關，在縣境。其地舊名之字平〔一三〕。宋元符初，築爲關。通遠廢縣，即今縣治。宋爲環州，元省入州。肅遠砦城，在縣北四十里。北面暴水所衝，北控大落乾川，即馲駝平地，入西界舊路。宋咸平中，增築賜名。平遠砦城，在縣東七十里。控大峴川，入靈武路。宋天禧中築。花馬池，在縣北三百里。周四十三里。今其地置長城關。

【校勘記】

〔一〕漢爲貴州方渠縣地隋爲環州又置鳴沙縣　川本同，滬本叙於上文「環縣」之下。按漢無貴州，方渠縣屬北地郡。又，隋所置環州及鳴沙縣，其地在今寧夏，與環縣無涉。此當有訛誤。

〔二〕牛家山　「牛」，底本作「井」，川本、滬本同，據明統志卷三六、嘉靖慶陽府志卷二、紀要卷五七、圖書集成職方典卷五七一、乾隆環縣志卷一改。

〔三〕縣西一百五十里　川本同，滬本「縣」上有「在」字。

〔四〕木坡溝在縣南四十八里自安化寨來　川本、滬本同。嘉靖慶陽府志卷二環縣：「木鉢溝，在縣東四十里，源出安化縣界。」又嘉靖慶陽府志卷一七環縣：「木鉢城，在縣南四十五里，即古木波鎮，後訛爲鉢。」疑「坡」爲「鉢」或爲「波」字之誤。

〔五〕城内　川本同，滬本「城」上有「在」字。

〔六〕北三百里　川本同，滬本「北」上有「在縣」二字，嘉靖慶陽府志卷四作「三百三十里」，此「三百」下蓋脱「三十」二字。

〔七〕昔置今有兵防守今無　川本同，滬本無「置今」二字。明統志卷三六作「今有兵防守」。紀要卷五七：宋「爲戍守要地，金亦爲烏崙寨，元因之。今亦設兵防衛於此」。順治慶陽府志卷二作「昔置兵防，今無」。圖書集成職方典卷五七一：「宋於此置烏崙寨，置兵防守，今無。」按此疑「昔置」二字衍，或「置今」，或「今有」，當有一衍。

〔八〕今北面圮於河　「今」，底本作「合」，川本同，據滬本及明統志卷三六、嘉靖慶陽府志卷一七改。

〔九〕徐丁臺　底本「徐」下有「家」字，川本、滬本同，據宋史地理志、明統志卷三六刪。

〔一〇〕永樂初　底本「初」下原有「二年」二字，川本、滬本同，據明統志卷三六、嘉靖慶陽府志卷一七、紀要卷五七、圖書集成職方典卷五七三刪。

〔一一〕後漢廢爲鎮隋復置唐因之宋廢　底本錯簡於下文紅城兒條之下，「復」作「後」，川本同，據滬本及萬曆陝西通志卷二〇、明統志卷三六、紀要卷五七、圖書集成職方典卷五七三乙正。「後漢」，底本作「後魏」，川本、滬本及萬曆陝西通志卷二〇同。按續漢書郡國志、晉書地理志無馬嶺縣，明統志、紀要、順治慶陽府志卷一、圖書集成均作「後漢」，據改。

〔一二〕漢縣後漢廢爲鎮至宋爲砦　底本錯簡於下文清平關條之下，川本同，據滬本及萬曆陝西通志卷二〇、明統志卷三六、紀要卷五七乙正。「後漢」，底本作「後魏」，川本、滬本及萬曆陝西通志卷二〇同。按續漢書郡國志、晉書地理志無方渠縣，紀要卷五七、順治慶陽府志卷一、清統志卷二六二均作「後漢」，據改。

〔一三〕之字平　「平」，底本作「坪」，川本、滬本同，據宋史地理志、紀要卷五七、順治慶陽府志卷一改。

寧州　元屬鞏昌路，本朝改屬。　府南一百五十里。　考有千户所〔一〕。　城周三里有奇。四十步。　南關城，周二里。　本志：　西南關城，周二里餘。　東北關城，周三里餘。　〔眉批〕負橫嶺，扼九巘〔二〕，涇、蒲帶其西，邠、乾引其南，岡阜環列，山谷高深。本志。　彭原馬驛，在南關〔三〕。　政平驛，在州南〔旁注〕東南。　六十里。　襄樂巡檢司，在州東北六十里。　橫嶺，在州東一百里。　蓋子午山別阜也，即子午嶺。勢亘南北，其脊爲鄜、寧二州之界。大延川，在州東一百里〔四〕。其水來自横嶺，西流至城南，與九龍川合。馬蓮河，在州西二里〔五〕。其水自安化縣來，與九龍川水合。寧江，在州東一百里。〔旁注〕南七十。亦名寧河。〔旁注〕即今亞店河。東流入真寧縣界。珊瑚川，在州西一十五〔旁注〕二十。里。自安化縣界來，東南入馬蓮河。隋志：彭原有珊瑚水。奢延川，在州東一百里。一名小延川。自横嶺西流，至襄樂故城合大延川，又西流繞至城南，會九龍川。九龍川，在州東一百二十里。一名九陵川。自横嶺西流，至州西南合奢延川，南流入涇河。入馬蓮河。此寧州乃益州，而瀘水在四川、雲南界，作志者誤也〔六〕。白羊水，在州東一百五十里〔七〕。一名白谷川。源出白羊溪，流經横嶺，西北入至羅山務〔八〕，與武亭塞之水合爲大奢延川。走馬水，在州東三十里。本志：今未詳〔九〕。源出橋山，東北流入長城。又東北注奢〔旁注〕大。延川。

泥陽故城，在州東南五十里。漢舊縣。定平城，在州南六十里。本定安縣地，唐初析置此縣，屬邠州。後屬寧州，宋屬邠州。元省入寧州。定安廢縣，後魏置。唐因之，爲附郭縣。元省入州。襄樂廢縣，在州東北六十里。本漢襄洛縣，後魏改。元省。今設巡檢司，曰襄樂，嘗於此置燕州。安定故城，本名定安。金大定七年更。倚。有洛水、九陵水。城在州南六十里政平里。今設政平驛。芳池州都督府〔一〇〕，在州界。僑治懷安。領九州：曰寧靜，曰種，曰玉，曰濮，曰林，曰尹，曰位，〔旁注〕仁〔一一〕。曰長，曰寶州，皆党項野利氏種落。交城鎮，金天德二年置。　棗社鎮、大昌鎮，俱金皇統間置。　秦太子扶蘇墓，在州西十五里。又在平涼、綏德。

【校勘記】

〔一〕考有千户所　川本同，滬本無「考」字。

〔二〕九巘　「巘」，底本作「巇」，川本同，據滬本及圖書集成職方典卷五七一改。

〔三〕彭原馬驛在南關　底本「驛」下無「在」字，「南」作「兩」，川本、滬本同。圖書集成職方典卷五七三寧州：「彭原驛，在南關。」據此補「在」字，改「兩」爲「南」。

〔四〕在州東一百里　底本「在」下「州」上衍「城下」二字，川本同，據滬本及嘉靖慶陽府志卷二、紀要卷五七、圖書集成職方典卷五七一刪。

〔五〕在州西二里　底本「在」下「州」上衍「城下」二字，川本同，據滬本及嘉靖慶陽府志卷二、圖書集成職方典卷五七一刪。

〔六〕此寧州乃益州而瀘水在四川雲南界作志者誤也　川本同，滬本無。按此文與本州無涉，疑有誤。

〔七〕在州東一百五十里　川本、滬本同，明統志卷三六、嘉靖慶陽府志卷二、紀要卷五七、圖書集成職方典卷五七一無「五十」二字，此衍。

〔八〕西北入至羅山務　川本同，滬本無「入」字。嘉靖慶陽府志卷二寧州：「白洋水，在州東一百里。一名白谷川，流經橫嶺，西北入奢延川。」圖書集成職方典卷五七一同。清統志卷二六一引州志：「大延水有二源，一出橫嶺之白洋溪，謂之白洋水，西北流至羅山務。」本書下文寧州大延川條「其源有二，一自橫嶺白羊溪，北流至羅山務。」則此「入」當是「流」字之誤。

〔九〕本志今未詳　川本同，滬本無此五字。

〔一〇〕芳池州都督府　「池」，底本脱，川本、滬本同，據兩唐書地理志、寰宇記卷三三補。

〔一一〕仁　川本、滬本同。按兩唐書地理志、太平寰宇記卷三三載芳池州都督府領有位州，無「仁州」，此「仁」當衍誤。

真寧縣　州東二百里〔一〕。府志：府東南二百四十里〔二〕。　城周三里二里。二十六步。　隋羅川縣〔三〕。唐天寶中，於縣南二十里山洞中，獲白玉真人二十七，遂改爲真寧縣。萬曆二十九年，改隸府。　橋山〔四〕，在上郡陽周黄帝葬衣冠處。漢武帝元封元年，巡狩還，祀黄帝於上郡陽周。今中部縣地，與真寧相去三百餘里，而土壤相接。真寧之地，即無橋山〔五〕。隋以陽周地置羅川縣，唐以羅川爲真寧縣。　故隋書注云：羅川有橋山。舊志遂謂真寧有橋山黄帝冢，非也。長城，在縣東二、四十里。　雕嶺巡檢司，在縣東一百、六十里〔六〕。　羅水，經縣南城下，源出横嶺，西流入涇〔七〕。　真寧河，在縣南城下一十里〔八〕。源出横嶺，合小河南溝二水，西流入寧州界。　陽周城，在縣北三十五里。本漢縣〔九〕。秦將蒙恬賜死處。西魏置顯州，後廢。小河水〔一〇〕，在東城下。源出興樂里〔一一〕，南流入真寧河。龍秋水，在縣東六十里。南溝水，在縣南十里。北流至城南，入寧州界〔一二〕。于莊溝水，去縣二十里〔一三〕。南流入淳化縣界。馬槽溝水，在縣北十五里。要册湫〔一四〕，在縣東六十里。方輿勝覽云：橋山之尾有水，曰龍湫。此地是也。廣九畝，深數丈，無禽魚，萍草茂林，古樹陰翳，雖值旱澇，不凋不溢。旁有龍祠，唐開元中建。

【校勘記】

〔一〕州東一百里　底本「州」上有「略」字，「州」下有「府」字，川本同，滬本無「略州」二字。大明一統名勝志卷一〇真寧縣：「在州城東一百里。」明統志卷三六真寧：「在州城東一百里。」紀要卷五七真寧縣：「州東百里，西至府城二百里。」則此「略」、「府」二字乃衍，據删，滬本亦誤。

〔二〕府東南二百四十里　「里」，底本脱，川本同，據滬本及嘉靖慶陽府志卷一補。

〔三〕羅川縣　「川」，底本作「州」，川本同，據滬本及隋書地理志、兩唐書地理志改。

〔四〕橋山　「橋」，底本作「槁」，川本同，據滬本及漢書武帝紀、元和志卷三、寰宇記卷三三改。下同。

〔五〕即無橋山　「即」，川本同，滬本作「今」。

〔六〕在縣東一百六十里　川本、滬本同。嘉靖慶陽府志卷四真寧縣：「雕嶺巡檢司，在城東一百里。」紀要卷五七、圖書集成職方典卷五七一同，此「六十」二字蓋衍。

〔七〕西流入涇　「西」，底本作「而」，川本同，據滬本及圖書集成職方典卷五七一改。

〔八〕在縣南城下一十里　川本、滬本同。嘉靖慶陽府志卷二、紀要卷五七引通志、圖書集成職方典卷五七一無「城下」二字，當衍。

〔九〕本漢縣　底本「縣」下原有「郡」字，川本同，據滬本及漢書地理志刪。

〔一〇〕小河水　底本「河」下有「子」字，川本、滬本同，據本書上文真寧河條及明統志卷三六、圖書集成職方典卷五七一刪。

〔一一〕興樂里　川本、滬本同。嘉靖慶陽府志卷二作「樂興里」，同書卷三真寧縣：「樂興，在縣北二十里，統義井村、樂興村。」此「興樂」爲「樂興」之倒誤。

〔一二〕南溝水在縣南十里北流至城南入寧州界　「州」，底本作「川」，川本同，據滬本改。嘉靖慶陽府志卷二、圖書集成職方典卷五七一真寧縣：「南溝，在縣南二里。流入淳化縣。」與此記異。

〔一三〕去縣二十里　川本、滬本同，嘉靖慶陽府志卷二作「在縣東二十里」，與此記異。

〔一四〕要册湫　底本「湫」上有「靈」字，川本同，滬本「册」作「州」，據新唐書地理志、九域志卷三、通考卷三二二、大明一統名勝志卷一〇、明統志卷三六刪。滬本改誤。

清澗縣　寬州故城，在縣北三百步。　青化砦，宋太平興國中築，號青化堡，增兵戍守。西控青化川口。慶曆中，增修建砦。　順安砦，即唐初南平州安固縣地。宋初，建南安砦，康定中廢。慶曆中重修，賜今名。　綏平砦，在縣西一百里。隋開皇中，置平城州〔一〕。宋天聖中，賜名永平，後廢。慶曆中修復，改曰綏平。李顯忠破紅巾寇那羅義之處。金大定中，置第四將營。上砦，在縣東北八十里。石蝦蟆砦，在縣北三十里。順寧砦，在縣東八十里。東控大蟲谷口，北五十里即生户歸娘族。大理河，宋慶曆中築〔二〕。石胡砦，宋慶曆中築。丹頭砦，舊號丹頭堡。東接寬州路。宋慶曆中修。元至元初置丹頭縣，後并入安定縣。懷寧砦，在縣北七十里。故長寧砦也。宋慶曆中，賜名懷寧。金大定中，置第四將營。永平砦，東控永平川路。白草砦，東控黄河、伏落關路，北臨綏州界鐵茄坪〔三〕、定仙鎮、滿堂川三路，最爲要害之處。金大定中，置第二將營。又白草砦，在縣東一百里。黑水堡，宋慶曆中築。東控城平川，西控黑水川路，入盧子關，北自大理河至横山，最爲要害之地。清澗堡，即舊綏德縣地名清澗川，東控黄河一帶戎馬來路，宋慶曆中築。安定堡，地名馬蹄川，控清澗川一帶，東北控安遠廢砦。宋慶曆中築。元至元，升堡爲縣，又析置丹頭縣，四年，并丹頭入安定縣。營田鎮，在縣南三十里。种世衡營田處。

【校勘記】

〔一〕隋開皇中置平城州　川本、瀘本同。隋書地理志：雕陰郡領城平縣，西魏置。元和志卷四謂「隋改城中縣爲城平縣」。史籍均不載隋置「平城州」或「城平州」，疑此「平城州」爲「平城縣」之誤。

〔一〕大理河宋慶曆中築　川本、滬本同。按本書上下文俱記砦，此「大理河」三字當有誤。

〔二〕鐵茄坪　底本「鐵」作「缺」，「坪」作「平」，川本、滬本同，康熙延安府志卷一作「鐵笳坪」，圖書集成職方典卷五四八、清統志卷二五〇、道光清澗縣志卷二作「鐵茄坪」，據改。

鄜州　開元坡，在州西北一里。上有開元寺，唐韋莊詩：開元坡下日初斜。　黑鷹崖，在州東北三十里。　馬尾崖，在州西南一百二十里。　直羅關，在州西一百里。路通環、慶。唐太宗征突厥，開此據之。今設巡檢司守把。　牛武川水，在州東四十里。　會道溝水，在州南八十里。　黑水，在州南八十里。　華池水，在州西南。自保安縣界來，至州南八十里入洛。　江家川水，在州西九十里。　雙碾川水，在州西二百里。　果園溝水，在州西南。　丘家溝水，在州西北。　採銅川水，在州西北七十里。　吉子灣水，在州北五里。

直羅舊城，在州西一百二十里。隋司農少卿崔仲方所築〔一〕，枕羅川〔二〕。按唐書：高祖武德三年，析三川、洛交。因古直羅城置縣，羅水通城下，其地平直，故曰直羅。城尚存。　三川縣舊城，在州南六十里〔三〕。按隋書，舊名長城，西魏改焉。又有利仁縣，尋廢入焉。唐以爲三川縣，以華池水、黑水、洛水三水所會爲名。宋因之。金爲三水鎮，元爲巡檢司。今改三川驛。金史烏古論慶壽傳：遷元帥左監軍兼陝西統軍使〔四〕，駐兵延安，敗夏人於安塞堡，戰於鄜州之倉曲谷，有功。

【校勘記】

〔一〕崔仲方　「方」，底本作「芳」，川本、滬本同，據隋書崔仲方傳、元和志卷三改。

〔二〕羅川　底本「羅」下有「源」字，川本同，滬本「川」下有「水」字，據本書下文及兩唐書地理志删。

〔三〕在州南六十里　「南」，底本作「東」，川本、滬本同。元和志卷三載三川縣，「東北至鄜州六十里」，明統志卷三六、紀要卷五七、清統志卷二四九並載「在州南六十里」，康熙鄜州志卷一作「州南七十里」，此「東」乃「南」字之誤，據改。

〔四〕左監軍　「左」，底本作「右」，川本、滬本同。金史宣宗紀：貞祐四年，「夏人入安塞堡，左元帥左監軍烏古論慶壽遣軍敗之」。同書西夏傳亦記是年「左監軍烏古論慶壽」云云，此「右」爲「左」字之誤，據改。

洛川　洛水，在縣西南五十里。源出敷政故縣。今考敷政故縣，乃後魏、後周之因城縣，至天寶元年，始爲敷政。在今安塞縣境内。其水經甘泉縣西南，入鄜州。又東流入縣界，南流入中部縣東北。　雄兒山，在縣東五十里。　界頭山，在縣東南一百五十里。與澄城縣界。　爛柯山，在縣東北七十里。相傳以爲王質遇仙爛斧柯處。又浙江衢州去城十五里巖洞中，有碑猶存；又新安城西緱嶺山，亦有爛柯處。皆俗傳，非真也。

米脂　銀州關，在縣西九十里〔一〕。　流金河，在縣南。每歲居民壘石溪口，作堰，長五十餘丈，引以灌田。　飲馬河，在縣北。　煖泉水〔二〕，在縣東七十里，東流入葭州界〔三〕。　米脂水，在縣東南一百步。西流入無定河。　佛岔溝水，在縣南四十里，西流入無定河。　磨石溝水，在縣西八十里，南流入大理河。

克戎城，在縣西七十里。金大定二十二年，置第四將營。元至元四年，并入本縣。　清邊砦，在城西北。金大定二十二年置。　懷寧砦，在城西北一百三十里。金大定二十二年置。　碎金鎮，在縣北四十五里。又名碎金崖。自昔與西夏人互市處。

【校勘記】

〔一〕銀州關在縣西九十里　底本「州」作「川」，「九十」作「一」，川本、滬本同，據本書上文延安府米脂縣銀州關條及明統志卷三六、紀要卷五七改。

〔二〕煖泉水　底本作「煖水泉」，川本、滬本同，據紀要卷五七、圖書集成職方典卷五四二、清統志卷二五〇乙正。

〔三〕東流入葭州界　「州」，底本作「川」，川本同，據滬本及紀要卷五七、圖書集成職方典卷五四二改。

葭州　蟋蟀谷，在州東一百里。出紙劄。　西嶺，宋薛義敗夏人於葭蘆西嶺山，即此。　五女川，在州西北八十里。　真鄉川〔一〕，在州西北一百二十里。由沙漠東流入葭蘆〔二〕，即真鄉舊縣川也。闊荒河，在州西北一百二十里。禿尾河，在州北一百里。

舊稅課司，在州西北五十里通秦砦下，乃前代蕃、漢互市處。會典：延綏，國初築東勝等城，戍守河外。正統間，失東勝，退守黄河。後以虜入套内，又棄河守牆。鎮城舊在綏德，捐米脂、魚河等地於外幾三百里。成化中，徙鎮榆林堡。東起黄甫川，西至定邊營，千二百餘里，聯墩勾堡，横截河套之口，遂稱雄鎮。但鎮城不産五穀，芻糧皆仰給腹裏，餽餉不足，而連年調遣入衛，兵力少弱矣。後漢書桓帝紀：建和三年，廉縣屬北地。鮮卑傳：廉人善弩射者射中和連，即死。永樂四年五月〔三〕，寧長總兵官、左都督何福奏：陝西神木縣，在綏德衛之外七百餘里，蓋極邊衝要之地，虜之所常窺伺者。洪武中，每歲河凍，調綏德衛官軍一千駐戍。後設東勝衛，又在神木之外，遂罷神木戍兵。今東勝衛卒調永平、遵化，神木雖如舊戍守，然兵少不足以制寇，且縣治在平地，四山高峻，寇至，憑高射城中，難爲捍衛。縣城東山有古城，頗險峻，且城隍堅完，請移縣治於彼，益兵戍守爲便。上從其言，命於綏德衛再調一千户所駐戍守。

【校勘記】

〔一〕真鄉川　「鄉」，底本作「卿」，川本、滬本同；滬本「川」又作「州」，並據紀要卷五七、清統志卷二三九改。下同。

〔二〕由沙漠東流入葭蘆　「由」，底本作「内」，川本、滬本同，據紀要卷五七改。

〔三〕永樂四年五月　川本同，滬本「永」上有「神木縣」三字。按此下記神木縣事，此處脱，滬本補是。

宜君　唐太宗因避暑至山中，遂建玉華宮，後廢爲寺。其西有駐鑾崖，東有石巖，嶄然天成。下有鑿室，可容數十人。有泉懸勢若飛雨，外有水散漫流下，曰水簾。鳳凰谷，在縣西南五十里。嘗有五色雀見，故名。谷中有地九頃許。唐太宗建玉華宮九殿五間，即此處。按記云：其初有九殿五門，而可記其名與處者六，其正殿爲玉華，其上爲排雲，又其上爲慶雲。其正門爲南風，南風之東爲太子之居，其殿曰耀和，門曰嘉禮。知其名失其處者一，曰金飈門也。其西有珊瑚谷，蓋嘗有別殿在焉。蘭芝谷，在縣西五十里。以其常產一草，故名。唐太宗詔玄奘譯經於此〔一〕，其始曰肅威殿，後廢爲寺。沈括筆談：撫寧舊治無定河川中〔二〕，數爲虜所危。淳化中，李繼隆遷縣於滴水崖，在舊縣之北十餘里，皆石崖峭拔十餘丈，下臨無水〔三〕，今謂之囉瓦城者是也〔四〕。熙寧中所治撫寧城，乃撫寧舊城耳。

【校勘記】

〔一〕唐太宗詔玄奘譯經於此　「奘」，底本無，川本同。舊唐書玄奘傳：「唐貞觀十九年，歸京師，詔將梵本六百五十七部於弘福寺翻譯。」元和志卷三玉華宮：「永徽二年，有詔廢宮爲寺，便以玉華爲名。寺内有肅成殿，永徽中奉敕令玄奘法師於此院譯經。」雍正宜君縣志古迹：「玉華宮，後改爲寺。寺内有肅成殿，玄奘於此院譯經。」此脱「奘」字，據補。又，太宗時玄奘譯經於弘福寺，而譯經於玉華寺當在高宗時，此「太宗」，當作「高宗」。

〔二〕撫寧舊治　「治」，底本作「志」，川本同，據滬本及夢溪筆談卷一三改。

〔三〕無水　川本、滬本同。紀要卷五七引沈括曰作「定水」，胡道靜夢溪筆談校證卷一三作「定水」。

〔四〕囉瓦城　川本、滬本同。紀要卷五七引沈括曰、宋史地理志作「囉兀城」，胡道靜夢溪筆談校證卷一三作「囉瓦城」。

清澗　無定河，自綏德州界來，經縣東八十里，南流入黄河。懷寧河，源自安定縣柏山寺下，經縣北八十五里，東流入無定河。

寧川堡，在縣西三十里。路通安定。嘉靖乙巳，城堡道張公愚築。石嘴岔驛堡，在縣北七十里。民屯雜居，通綏德路。田莊堡，在縣北一百里。民屯雜居，通綏德路，俱張公築。懷寧城，在縣北九十里〔一〕。宋慶曆中修，賜名懷寧。接横山一帶。元豐中，隸綏德城。金大定中，置第四將營。綏平城，在縣西北一百二十里。即隋城平縣，或城平州〔二〕。宋天聖中，改永平，後廢。慶曆中復修，改綏平。元豐中，隸綏德城。金大定中，置第四將營〔三〕。相傳李顯忠破紅巾寇那羅義之處。後山砦，在城東北三百步。周圍一里，山高近城，爲邑之後衛。寬州城，唐初置，即今後山砦。拓跋氏砦，在縣北二十五里。俗呼石蝦蟆砦，音誤。營田堡砦，在縣南三十里。即宋种世衡營田處。順安砦，在縣北五十里。元豐中，隸綏德城。與懷寧、綏平俱一州守禦之要，即唐初南平州安周縣。宋初建南安砦，康定中棄之，慶曆中重修。今名觀音石砦，在縣東八十里無定河西岸。崖上石溝爲壕，内有湧泉。宋末，人多避難於此。黑水砦，在縣東北一百里。東控城平川，西控黑水川路，入蘆子關，北自大理河至横山，最爲要害之地。金置第六將營。宋慶曆中築。李永奇世都巡檢駐兵處〔四〕。新關石砦〔五〕，在縣東一百二十七里。崖下大河。白草砦，在縣東三十里〔六〕。東控黄河、伏落關路，北臨綏德界鐵茄坪〔七〕、定仙嶺、滿堂川三路，最爲要害之地。宋元符，隸綏德軍。金大定中，置第二將營。清澗砦，即隋綏平縣地名清澗川，在縣東一百四十里。東控黄河一帶。宋慶曆中修築。以上皆宋、金古迹，今無居人，聊記其名以備考。范仲淹作种世衡墓誌曰：君爲大理丞〔八〕，任鄜州從事，建言：「延安東北二百里有故寬州，請因其廢壘而興之，以當寇衝，左可致河東之粟〔九〕，右可固延安之勢〔一〇〕，北可圖銀、夏之舊。有是三利。」朝廷從之，以君董役事。且戰且城，然處險無泉，議不可守。鑿地百有五十尺，始至於石上。徒拱手曰：「是不可井矣。」君曰：「過石而下，將無泉耶？攻其石，屑而出之。」凡一畚償百金〔一一〕。過石數重，泉果沛發，飲甘而不耗〔一二〕，人以爲神。用是復作數井，兵民馬牛皆大足，賜名曰青澗城。東軒筆録：麟州踞河外，扼西夏之衝，但城中無井，唯有一沙泉，在城外，其地善崩，俗謂之抽沙，每欲包展入壁，而土陷不可城。熙寧中，吕公弼帥河東，令勾當公事鄧子喬往視〔一三〕。子喬曰：「古有拔軸法，謂掘去抽沙，而實以炭末，墐土即其上，可以築城，城亦不復崩矣。請用是法，包展沙泉，使在城內。」呂從之，於是大興版築，而包沙泉入城〔一四〕。至今城堅不可陷，而新秦可守矣。

【校勘記】

〔一〕在縣北九十里　川本、滬本同，本書上文清澗懷寧砦條及明統志卷三六、紀要卷五七「七」作「九」。

〔二〕隋城平縣或城平州　川本同，滬本無「或城平州」四字。隋書地理志雕陰郡：「城平，西魏置。」元和志卷四：「後魏孝明帝，置城中縣，隋改爲城平縣。」紀要卷五七：「城平城，後魏神龜初，置城中縣。隋避諱，改曰城平。唐武德二年，置南平州於此。」則隋不曾於此置「城平州」，「或城平州」四字疑衍，或「城」爲「南」之誤。

〔三〕金大定中置第四將營　「四」，底本作「三」，川本、滬本同，據本書上文清澗綏平砦條及金史地理志改。

〔四〕李永奇世都巡檢　川本、滬本同。萬曆陝西通志卷二四：「李永奇，世襲蘇尾九族巡檢。」清統志卷二五〇、道光清澗縣志卷二「世」下有「襲」字。此處疑脱。

〔五〕新關石砦　川本、滬本同，清統志卷二五〇引清澗縣志作「新開石堡」。

〔六〕白草砦在縣東三十里　川本同，滬本「東」下有「一百」二字。清統志卷二五〇：「白草砦，在清澗縣東北一百餘里黄河側。」道光清澗縣志卷二：「白草砦，在縣東一百二十里白草山。」疑此「東」下脱「一百」二字。

〔七〕鐵茄坪　「茄」，底本作「笳」，川本及康熙延安府志卷一同，據滬本、本書上文及圖書集成職方典卷五四八改。

〔八〕种世衡墓誌曰君爲大理丞　底本「衡」作「衝」，「君」上「曰」字重出，川本同，據滬本及宋史种世衡傳改刪。

〔九〕左可致河東之粟　「左」，底本脱，據川本、滬本及宋史种世衡傳、宋史紀事本末卷三〇補。

〔一〇〕右可固延安之勢　底本「固」作「因」，脱「可」字，川本、滬本同，據宋史种世衡傳、宋史紀事本末卷三〇改補。

〔一一〕凡一畚償百金　「金」，川本、滬本同，宋史种世衡傳作「錢」，疑此「金」爲「錢」字之誤。

〔一二〕飲甘而不耗　「飲」，底本作「欽」，川本同，據滬本改。

〔一三〕令勾當公事鄧子喬往視　「往視」，川本同，滬本「視」下有「之」字。東軒筆録卷八作「往相其地」，稗海本、四庫全書本作「往視其地」。疑此「視」下當有「之」字。

〔一四〕大興版築而包沙泉入城　「大」，川本、滬本同，東軒筆録卷八作「人」。「沙」，底本脱，川本、滬本同，據東軒筆録卷八補。

臨洮府

屬隴右道。衝，疲，路通甘肅。　自宋熙寧五年，王韶大破羌人，遂城武勝軍〔一〕。金、元因之，增修洮河之上，故曰洮城。洪武三年，指揮孫德增築。　城周九里三分。　前涼武始郡〔二〕，唐臨州狄道郡。寶應元年，没於吐蕃，號武勝軍。宋熙寧中，王韶敗羌人，復其地，遂城武勝，以爲鎮洮軍，尋爲熙州。元臨洮府。本朝因之。〔眉批〕被邊之地〔三〕，以鞍馬射獵爲事，其人勁悍而質木。宋志。　蕃、漢雜處。圖經。　古西羌之地，當雍州之尾。自秦而東，爲關、陜之通衢。自鞏而南，爲巴、蜀之咽嗌。自臯蘭而河、湟，又西涼之衝要。曹英永寧橋記。　洮河，地接吐蕃、木波，異時剽害良民，州縣不能制。金史僕散忠義傳。

黃河，在蘭州北。源出西域崑崙山。禹貢：導河自積石。蓋自積石至河州界，流經縣城，洮灕湟水入焉。又東北越亂山中，過寧夏，出塞外，始轉而東南，入中國山西境。洮河，在府城西南三、二里〔四〕。源出蕃地，〔旁注〕吐谷渾地西傾山。流入本境，盤束〔旁注〕旋。山峽中千數百里〔五〕，始經府城南，浩然奔放，聲如萬雷。〔旁注〕入府界，東流至枹罕縣，合衆流入於河〔六〕。松潘志云：洮河，源出松潘大分嶺〔七〕，西經臨洮。 恒水，在府城西南吐谷渾界。一名洮水。源出西傾山，流經府界，謂之恒水。 永寧橋，在府城西北。宋熙寧中，熙州浮梁成〔八〕，賜名永通。國朝移建於城西三里，更名永寧。造船十二，兩岸置木柱十二，維以鐵纜、草纜各二。

臨洮衛。 洮陽驛，城內〔九〕。 沙泥驛，在府北九十里。 蘭州〔一〇〕。 蘭州西北三百里，舊有大通河。 鑼鍋泉。〔旁注〕蘭州西北二百六十里。 莊浪。 火燒城。〔旁注〕蘭州西北二百七十里〔一一〕。 古浪城。 紅城子。〔旁注〕蘭州西北一百八十里。 沙井兒。 永寧大通口，蘭州西北二百五十里。 潛麻灣，蘭州西北一百四十里。 安遠、武勝，蘭州西北三百里〔一二〕。 鎮羌，蘭州西北四百里〔一三〕。 十三遞運所，革。

【校勘記】

〔一〕武勝軍 「武」，底本作「五」，川本、滬本同，據宋史地理志、宋史王韶傳、宋史紀事本末卷四一改。

〔二〕前涼武始郡　「前涼」，底本作「梁」，川本、滬本作「涼」。晉書地理志：「張駿又以狄道縣立武始郡。」寰宇記卷一五二同。萬曆陝西通志卷二：「前涼張駿置武始郡。」則此「梁」爲「前涼」之誤，據改。

〔三〕被邊之地　「被」，底本脱，川本、滬本同，據宋史地理志補。

〔四〕西南三二里　底本「西南」下衍「西」字，川本同，據滬本及紀要卷五七删。

〔五〕盤東旋山峽中千數百里　「東」，底本作「束」，川本、滬本同，據大明一統名勝志卷八、明統志卷三六、紀要卷五二、卷六〇改。

〔六〕合衆流入於河　「衆」，底本作「泉」，川本、滬本同，據圖書集成職方典卷五六七改。

〔七〕源出松潘大分嶺　「松」，底本脱，川本、滬本同，據圖書集成職方典卷五六七補。

〔八〕浮梁成　底本作「梁城建」，川本同，據滬本及明統志卷三六、紀要卷六〇改。

〔九〕城内　川本同，滬本「城」上有「在」字。

〔一〇〕蘭州　川本同，滬本無。按本書下文云：「蘭州西北三百里，舊有大通河」，此「蘭州」二字當屬重出，滬本是。

〔一一〕蘭州西北二百七十里　川本同，滬本無「北」字。

〔一二〕蘭州西北三百里　川本同，滬本「蘭」上有「在」字。

〔一三〕蘭州西北四百里　川本同，滬本「蘭」上有「在」字。

狄道縣　治。〔眉批〕後漢書安帝紀：先零羌敗涼州刺史皮陽於狄道。　十八盤山，在府東南一百里。其路崎嶇，古有驛，通岷州。摩雲嶺，在府北一百六十里。今山頂設巡檢司。嵐關坪，在府南二十七里。高敞，廣袤十餘里。鎖林峽，在府南六十里。林木鬱森，四封固蔽。南川，在府南九十里。胭脂川，在府西三、二十里。

鳴鶴城，三足城，二城皆在府界。昔吐谷渾有此地時所築〔一〕。舊臨洮城，在府北八十里。金大定年間築。北關城堡，在府北。周圍舊有牆垣，傾廢年久。景泰四年，知府劉昭新築。舊土城，一名番城，在南一里許，東西南三面與府城壕相連〔二〕。摩雲嶺巡檢司，在府北一百六十里〔三〕。路通蘭州。胡麻嶺，在府東一百二十里。路通安定。柳林遞運所，舊在縣北四十里。成化二十三年，徙縣東四十里。今移縣治西。抹邦山〔四〕，在府城南二十五〔旁注〕五十、三十。里〔五〕。宋神宗時，王韶征西羌，屯兵於此。〔眉批〕崆峒山，在府東五十里。俗名空頭山。杜詩：防身一長劍，幾欲倚崆峒。常家山，在府城西南六十里。與西傾山相連。其山有龍湫，深廣，演爲九曲十八灣。宋神宗時，夏人寇邊，羌酋鬼章等駐兵於此〔六〕。馬寒山，在府城北九十里。通志：在蘭州下。府志：馬銜山，俗誤爲馬寒。元昊攻蘭州至此。其山綿亘數百里，勢極高峻，雖炎夏冰雪不消。西傾山，在府城西南一百五十里。洮水所出。見漳縣〔七〕。按洮水所出曰西强，曰馬寒，咸曰西傾，殆一山綿亘甚長，而各有峯巒者歟？府志：西强山，在府西一百五十里。舊志謂即禹貢之西傾山。煤山，在府南八十里。通谷，在府城西六十里。宋熙寧中，嘗置堡。其谷東入西出，中可容千百人往來，不逾數十步。上有大竅，可見天日。東峪河，在府城東三、二里。源出渭源縣界分水嶺〔八〕，會馬兒藏、南峪水、成河，入於洮。三岔河，在府城西北一十里。東流入洮河。抹邦河，在府城南三十里。源出南川、岷山，會大小南川、松樹溝水、成河，入於洮。西流與打壁河，俱入洮河〔九〕。打壁河，在府北三十里。源出石井峽，西流入洮河。結河，在府城北六十里。三帶水交結。邦金川，在府城南六十里。宋神宗時，种誼等擊鬼章，夜濟邦金川，至鐵城，黎明，大破鬼章。即此。南關，在府城南。北關，在府城北。二關，宋嘗於此置堡。三岔關，在府城西三十里。打壁峪關，在府城北三十五里〔一〇〕。結河關，在府城北六十里。宋熙寧七年，於此置堡。下襯關，在府城南一百里。八角關，在府城南一百一十里。十八盤關，在府南一百二十里。以上關，皆臨洮衛戍卒防守。摩雲嶺關，在府城北一百四十里。今置巡檢司。長城，在府城北三十五里。史記：秦始皇遣蒙恬發兵三十萬，北築長城，起自臨洮。即此。起臨洮，歷岷州、環縣、真寧、鄜州諸處。安羌城，在府界。本溢機堡，宋宣和中賜名。廢康樂縣，在府城西三十六里。宋熙寧六年置寨，金爲縣，尋廢。

【校勘記】

〔一〕昔吐谷渾有此地時所築　「地」，底本脱，川本、滬本同，據明統志卷三六、圖書集成職方典卷五六九補。

〔二〕東西南三面與府城壕相連　「壕」，底本作「壤」，川本、滬本同，據紀要卷六〇、圖書集成職方典卷五六九改。

〔三〕在府北一百六十里　「府」，底本作「新」，川本同，滬本無，據本書上文狄道縣摩雲嶺條及明統志卷三六、紀要卷六〇改。

〔四〕抹邦山　「抹」，底本作「扶」，據川本、滬本及大明一統名勝志卷八、明統志卷三六、紀要卷六〇、圖書集成職方典卷五六七改。下「抹邦河」改同。

〔五〕二十五五十三十里　川本同，滬本作「二十五里」，夾注「一作三十五里」，明統志卷三六、紀要卷六〇作「二十五里」。

〔六〕羌酋鬼章　「酋」，底本作「笛」，川本同，據滬本及紀要卷六〇改。

〔七〕見漳縣　川本同，滬本無。

〔八〕分水嶺　「嶺」，底本脱，川本、滬本同，據紀要卷六〇、圖書集成職方典卷五六七補。

〔九〕源出南川至俱入洮河　川本同，滬本無前者「南川」及「入於洮」五字。明統志卷三六抹邦河：「在臨洮府城南三十里。源出南川，西流與府北打壁河，俱入洮河。」圖書集成職方典卷五六七抹邦河：「在城南三十里。源出岷山，會大小南川、松樹溝水、成河，入於洮。」則此「南川」與「岷山」、「入於洮」與「俱入洮河」，内容重複，滬本是。

〔一〇〕在府城北三十五里　「北」，底本脱，據川本、滬本及明統志卷三六、紀要卷六〇補。

渭源縣　府東一百二十里。　城周五里。〔眉批〕衆山環峙，二水合流。東西二原，延袤數里。本志。　本縣以北自分水嶺支派而下，岡阜雖多，殊無險隘，北虜深入，即長驅至境者屢焉。城守孤懸，備禦寡弱，謂之散地亦可。識治者不知當何如？

近蕃、漢雜處之地〔一〕。府志。生人勁悍木質。宋志。即宋渭源堡城。弘治十七年，拓築。後漢首陽縣，今俗名熟羊城。後魏置渭源縣，在今城東，有故墟。唐高宗上元二年，復治首陽。後陷吐蕃。至宋王韶始收復，置渭源、慶平、通谷三堡，屬熙州，即臨洮郡〔二〕。元至元十三年，升堡爲縣，屬臨洮路。嘉靖三十七年，割狄道二里附之〔三〕。五竹山，即青雀之支山，與露骨山相連。有五色細竹叢生，盛夏積雪不消。白樺嶺，在縣南。路通岷州。露骨山，在縣南五十里。其山高峻，炎夏積雪不消。平頂山，在縣南七十里。見下。首陽城，在縣東五十里。今屬隴西界，置遞運所。渭源堡，創於宋，元升爲縣，即今縣。治在舊墟西，周圍二里許。慶平驛，治東〔四〕。西二十里舊有分水嶺巡檢司〔五〕，革。柳林遞運所，在縣〔六〕。〔旁注〕通志：府北四十里。石井遞運所，在縣西二十里。通志：府北一百里。舊隸狄道〔七〕，成化十二年，改隸。鳥鼠同穴山，在縣西二十里。本志：迤北而東，支隴甚多，俗呼爲青雀山。〔旁注〕青雀山，在縣西三十里。渭水經發源其下〔八〕，其地鳥與鼠同處於穴。爾雅：鳥鼠同穴，其鳥爲鵌，其鼠爲鼵。禹貢：導渭自鳥鼠同穴。是也。注：鼵音突。如人家鼠而短尾；鵌似鵽而小，黃黑色。二物同穴，入地三四尺，鼠在内而鳥在外，鼠深而鳥淺，各自生育，不相侵害。自隴以西，諸山率有之〔九〕。按書蔡傳謂鳥鼠爲同穴之支山，及酈道元謂鳥鼠共爲雌雄，皆誤也。〔眉批〕渭河在縣西〔一〇〕。源出南谷山，東至縣北隔西源〔一一〕，又東會清源河。又東鍬峪河入，又東四十里隴西山河入，又東柯陽河入，至隴西北門，而隴西之西河入，至寧遠鴛鴦嘴，漳水入焉。其流始大，乃可大用舟楫。至關內，則灃、涇、漆、沮、滻、灞諸水〔一二〕，悉入於同州，達諸河。按禹貢，禹導渭自鳥鼠同穴，與岷山導江之文勢不侔，意禹所導，不屑細流，而同穴之異，不獨邑西有之。今觀流峙之狀，則寧遠之廣吳坡，天水之社樹坪，皆兩山夾拱，渭水穿流，勢多阻隘，乃可大施疏鑿。疑禹適見鳥鼠之異，遂名之，似有徵也。

南谷山，在縣西一、二十五里。酈道元云：渭水出南谷山，凡三源〔一三〕，在鳥鼠山西北。禹貢，自鳥鼠同穴導之耳。今在隴西首陽縣鳥鼠同穴山中。孔氏尚書傳云：共爲雌雄。張氏地理記云：不爲牝牡。分水嶺，在縣西十五里。南連鳥鼠，其山水分東西，以東皆入渭，以西皆入洮。渭河，在縣西北二里。〔旁注〕一里二百步。源出南谷，至鳥鼠山轉而東流〔一四〕，泉眼周圍七尺，下流漸大，經縣西北二里二百步有橋，曰渭橋。清源河，在縣南十步。源出縣西南三十里五竹山，東流入渭。南川河，在縣南三十五里。源出露骨山，西入洮。分水嶺關，在縣西一十里。

秦長城，在七聖山之支。馬超城，在縣北三里。渭源堡城，在縣西北三百二十步。宋王韶熙寧五年，大敗羌人，引兵渭源堡，即此。慶平堡城，在縣西北三十里慶平鋪前。古城，在縣東北，與今城相連，址存。

【校勘記】

〔一〕近蕃漢雜處之地　「蕃」，底本作「耆」，川本同，據滬本及紀要卷六〇改。

〔二〕臨洮郡 「洮」、「郡」，底本作「淮」、「府」，川本同，據滬本及宋史地理志、金史地理志改。

〔三〕割狄道二里附之 底本「狄道二里附之」六字錯簡於下文五竹山條之下，川本同，據滬本乙正。

〔四〕治東 川本同，滬本「治」上有「在」字。

〔五〕有分水嶺巡檢司 「分水嶺」，川本、滬本同，明史地理志作「分水嶺關」，此疑脱「關」字。

〔六〕柳林遞運所在縣 川本、滬本同。按本書上文狄道縣柳林遞運所：「舊在縣北四十里。成化二十三年，徙縣東四十里。今移縣治西。」圖書集成職方典卷五六九狄道縣柳林遞運所：「舊在縣東四十里，今移縣治西。」疑此「縣」下有脱文。

〔七〕舊隸狄道 「隸」，底本作「録」，川本同，滬本作「隸」。本書下文云「成化十二年，改隸」，此「録」當「隸」之誤，據改。

〔八〕渭水經發源其下 川本同，滬本無「經」字，紀要卷六〇作「渭水經其下」。此處「經」或「發源」當有一衍。

〔九〕諸山率有之 「率」，底本作「車」，川本同，據滬本及圖書集成職方典卷五六七改。

〔一〇〕渭河在縣西 川本同，滬本「渭」上有「一云」二字。

〔一一〕東至縣北隔西源 「源」，底本作「原」，川本同，據滬本改。

〔一二〕則灃涇漆沮滻灞諸水 「水」，底本脱，川本同，據滬本及圖書集成職方典卷五六七補。

〔一三〕凡三源 「源」，底本作「泉」，川本、滬本同，據水經渭水注改。

〔一四〕至鳥鼠山轉而東流 底本「流」下原有「源出南谷鳥鼠山」七字，川本同，據滬本及紀要卷六〇删。

蘭州　元蘭州，屬鞏昌路。本朝改爲縣，屬臨洮府。　府北二百一十里。　舊爲縣，成化十三年升。　城周十里。〔旁注〕六里一百步。　漢金城郡，前涼廣武郡〔一〕。隋置蘭州總管府，大業末，爲薛舉所據。　宣德間〔二〕，僉事卜謙自城西北至東增築外郭城十四里二百三十一步。正統十二年，增築郭城，自東至北七百九十七丈有奇。　國鎮分守與甘固糧儲户部參將駐劄，臨鞏兵備道。

藩封。　肅王，太祖第十三子。洪武十一年，初封漢王於臨清，二十四年，改封肅王於平涼。二十八年，之國甘肅。三十一年，移蘭州。　蘭州衛，州東〔三〕。　甘州中護衛，舊在甘州。洪武三十二年，從肅府移建於此。　甘州羣牧千户所。　淳化王府。　鉛山王府。　金壇王府，今廢。　會寧王府。　延良王府。　延安王府，今絶。　開化王府。　會昌王府。　莊康簡恭靖定昭懷懿王墓，俱在州東北平頂峯。　安王墓，在州西五里浦子灣〔四〕。

蘭泉驛，南關〔五〕。　臯蘭山，在州南五里。州之主山也〔六〕。高峻渾厚，左右蜿蜒，如張兩掖，東西環拱州城，延袤二十五餘里。隋置州，取此爲名。山下地勢平曠，可耕可守。漢霍去病擊匈奴，鏖戰臯蘭山下，即此地，因謂是山爲關寨云。　舊有河橋〔旁注〕州北三里〔七〕。　巡檢司，革。　本志：有蘭州遞運所，東關〔八〕。　天都山，在州南三十里。宋李憲遣苗綬伐西夏，嘗逾此山，燒南平屯，次葫蘆河而還。　又有樺林峯。　樺林山，在州南〔旁注〕在州西。三十里。　石門山，在州西南。水經注：灘水東北經石門口，山高峻險絶，對岸如門。馬寒山，〔旁注〕蘭州金縣〔九〕。綿亘數百里。閻王溝山，在州東二十五里。形勢勁拔〔一〇〕，上樹烽堠，以接東路煙火。柳溝山，在州東南四十里。西南三十里有山，亦名柳溝〔一一〕。白石山，在州東南八十里。昔周將梁暉至此，爲羌所圍，迫於無水，暉禱於山神，飛泉湧出，兵士取給，今呼梁泉。水北流，注於河。龍尾山，在州西南。即皋蘭山西支，形如龍尾落黄河之壖。摩雲嶺，在州南六十里。馬寒支山也，其高峻如在雲中。嵻峎山，在州南一百七十里。一名可狼山，俗呼熱薄汗山。昔西秦乞伏乾歸長子熾盤，築城於此。石嶮口峽，在州東二十五里。兩崖懸立，黄河至此，東流入金縣亂山二百餘里，始瀉爲巨川，如瀑布然，土人沿山引水，灌田甚多。女遮谷，在州東三十五里。宋李憲與苗綬城蘭州，遇賊數萬於此谷，綬與戰，破之。榆谷，在州西一百里。有大小二榆谷。漢西羌居此，緣山濱水，以廣田畜，故致强大，常雄諸種〔一二〕。地名鐵冶在焉。李麻峪，在州逾河西四十里。通甘州路。黄河，在州北五步。來自河州西寧界。經蘭州城北〔一三〕，東流至靖虜衛境。阿干河，在州西三里。源出馬寒山，自分水嶺分爲二，南流入金縣爲閣門〔旁注〕浩亹。河〔一四〕，北流入蘭州阿干峪〔一五〕，在州西四十里爲阿干河。自峽奔流至州城，〔旁注〕沿河居民，多爲水磨。灌溉之利甚溥。〔旁注〕田九十餘頃〔一六〕。〔眉批〕陳祥重疏水利記曰〔一七〕：蘭，古金城郡，北逼黄河，岸峻，東西兩川田畝〔一八〕，水不能上下。城西南水自馬寒山經阿干來，北傍城，直瀉黄河東去〔一九〕，乃於阿干河鑿渠引水十分之三，一自龍尾山麓經關王廟下，入灌東川田圃；一自西郭入注東西南三面隍塹；一自高崖子經古峯寺下，入灌西川田圃。成化中，巡撫都憲余公以兩川水利微〔二〇〕，而弗能當歲旱，欲倣寧夏漢延、唐來等渠，於黄河上流引水以灌溉，籌畫已具，會轉佐部，回京未果。

浩亹河，在州西北一百九十里。源出塞外。東柳溝水，在州東三十里。北流入黄河。五泉水，在皋蘭山下。泉有五眼，灌溉田甚多。筍籮河，在州西南六里。東流入黄河。皋蘭水，在州西南三里。自皋蘭山左右翼注灘水，出即稠泥溝〔二一〕。灘、潤二水，今不知所在，恐古有而今湮矣〔二二〕。西柳溝水，在州西五十里。黄峪溝水，在州西七里〔二三〕。源出尖山，州南六十里。北流入河。金溝水，在州西二十里。有大金溝、小金溝。灘水，在州東南一十五里。源出塞外，經皋蘭山，與皋蘭水合。湟水，在州西一百八十里。一名金城河，源出大小榆谷之北，與洮水、浩亹河水合而東流〔二四〕，又謂之金城河。潤水，在州西一百九十里。西北自塞外抵故允吾縣，與入鄭伯津合〔二五〕。大通河，在州西二百里。逆水，在州西二百五十里。源出故允吾縣之參街谷，東南流經街亭城，又經枝陽縣故城，東南入湟水。洮水，在州西二百里。水經云：北經安固城西〔二六〕。是也。曲柳泉，在州東三十里，東流入河。紅泥泉，在州東南十五里。出自皋蘭山麓，入於河。梁泉，在州東南八十里。出金城之南山，即白石山下泉也。萬眼泉，在州東北五、三十里。金城關，在州北二里黄河西北山要隘處。宋紹聖四年置，據河山築城以爲固。今於河南置巡檢司。京玉關，在州境。本名把椡橋，宋元符中，賜今名。金因之〔二七〕，元廢。阿干縣，在州南四十里。元置，今廢爲鎮。阿干峪，在州南四十里。其土宜陶器，經火不裂，故多窑冶。即阿干鎮關。阿干鎮關，在州南四十五里。本宋阿干堡，元改爲縣，今置關。以上二關，俱蘭州衛卒防守。鳳林關，在黄河側。

皐蘭堡，在州西南九十五里。宋元豐四年置。質孤堡，在州西一百八十里。宋元豐五年置。質孤故城，在州西一百八十里。有質孤縣舊基，金明昌間重築，臨夏邊境，兼第八將營。寧遠城，在州東。金明昌間築。安羌城，在州東。金明昌間築。河灘，有二：一在州西北十五里河水間〔二八〕。草木叢雜。一在州東十里河水間。可種五穀。崔家崖壩、教場後壩，二壩，皆東西二川資水利於黄河者。成化間，都御史余子俊欲爲之，未果。弘治初，撫按官委指揮楊義督修，工頗就緒，後有司不以民事爲務，遂廢之，今故址猶存。於此渠惟軍民利，亦足以爲備虜圖焉〔二九〕。後漢書金城郡有允吾、允街二縣。明帝紀：燒當羌寇隴西，敗郡兵於允街。遣謁者張鴻討叛羌於允吾。桓帝紀〔三〇〕：金城言黄龍見允街。勒姐羌圍允街〔三一〕。東關堡，在州東十八里。通志：宋元豐四年置，本名聾哥關，後改東關。金大定間築〔三二〕。本朝景泰初重築。西關堡，在州臨黄河，夏邊。大岔堡，在蘭州衛西北二十里〔三三〕。正統四年，都指揮李進建。鎮遠浮橋，舊在州西一十里，洪武十八年，移置城西北二里金城關。用巨舟二十四，横亘黄河，路入甘肅，通西域。允吾城，在州西南五十里。漢爲金城郡治。今名西古城。弘治間，蘭州衛指揮周倫重修爲堡，以處附近軍。榆中城，在州西二十〔旁注〕百。里。後漢時，諸羌居此。後漢書靈帝紀：遣蕩寇將軍周慎追擊北宫伯玉，圍榆中〔三四〕。狄道安故城，在州西八十里。漢徙留河諸羌於此，築城居之。舊五泉縣，洮水所逕，即蓋延輔擊狄道安故五溪蠻之地。廣武城，在州西二百二十里。本漢枝陽縣地。前涼置廣武郡，隋罷郡，置廣武縣。唐寶應間，陷於吐蕃。苑川城，在州西。即乞伏國仁所都。廢蘭泉縣，在州。隋置五泉縣。宋崇寧間，始置蘭泉縣，爲蘭州治。金廢。

【校勘記】

〔一〕前涼廣武郡　「前涼」，底本作「梁」，川本、滬本作「涼」，據晉書地理志、元和志卷三改。

〔二〕宣德　「宣」，底本作「寧」，川本同，據滬本及圖書集成職方典卷五六七改。

〔三〕州東　川本同，滬本「州」上有「在」字。

〔四〕在州西五里浦子灣　川本同，滬本作「在川西五子舖灣」。

〔五〕南關　川本同，滬本「南」上有「在」字。

〔六〕州之主山也　「主」，底本作「望」，川本、滬本同，據明統志卷三六、紀要卷六〇、圖書集成職方典卷五六七改。

〔七〕州北三里　川本、滬本「北」上有「西」字。

〔八〕東關　川本同，滬本「東」上有「在」字。

〔九〕蘭州金縣　「金」，底本作「令」，川本同，滬本無此四字。本書下文金縣載：「馬啣山，又名馬寒，在縣西南三十里。」此「令」乃「金」字之誤，據改。

〔一〇〕形勢勁拔　「勁」，川本同，滬本作「峻」，同圖書集成職方典卷五六七。

〔一一〕西南三十里有山亦名柳溝　「有山」，底本作「有溝」，川本、滬本同。圖書集成職方典卷五六七蘭州：「柳溝山，在城東南四十里。州西南三十里有山，亦名柳溝。」清統志卷二五二：「柳溝山，在皋蘭縣東南四十里。有皇坡，下有磁窑。又縣西南三十里亦有柳溝山。」則此「溝」當「山」之誤，據改。「西南」上蓋脱「州」或「又」字。

〔一二〕常雄諸種　「常」，底本作「當」，川本同，據滬本及後漢書西羌傳、寰宇記卷一五一改。

〔一三〕經蘭州城北　「蘭」，底本作「圖」，川本、滬本同，據明統志卷三六改。

〔一四〕閣門浩亹河　「閣」，底本作「門」，川本同，滬本無「閣門」二字。明統志卷三六：「浩亹河，一名閣門河。」則此「門」乃「閣」字之誤，據改。

〔一五〕北流入蘭州阿干峪　底本「入」、「干」俱作「於」，川本同，據滬本及明統志卷三六、紀要卷六〇改。下文「阿干河」之「干」，原作「於」，並改同。

〔一六〕田九十餘頃　「田」，底本作「日」，川本作「曰」，滬本作「灌田九十餘頃。」紀要卷六〇作「灌溉之利甚溥。今州西五里曰溥惠渠，引阿干水灌田百頃。」清統志卷二五二作「溉軍民園地幾百頃」。此「日」爲「田」字之誤，據改，「田」上當脱一「灌」字。

〔一七〕陳祥　川本同，滬本「祥」作「詳」。

〔一八〕兩川田畒　「田」，底本作「曰」，川本同，據滬本改。

〔一九〕直瀉黄河東去　「直」，底本作「真」，川本同，據滬本改。

〔二〇〕以兩川水利微　「微」，底本作「徵」，川本同，據滬本改。

〔二一〕出即稠泥溝　「即」，底本作「印」，川本、滬本同，據圖書集成職方典卷五六七改。

〔二二〕灘潤二水今不知所在恐古有而今湮矣　川本同，滬本無。

〔二三〕在州西七里　底本「七」下有「十」字，川本、滬本同，據明統志卷三六、紀要卷六〇、清統志卷二五二删。

〔二四〕與洮水浩亹河水合而東流　底本「合」下有「浩亹及洮河等水合」八字，川本、滬本同。滬本眉批：「此八字疑衍。」圖書集成職方典卷五六七載湟水「與洮水、浩亹水合」。此八字當衍，據删。

〔二五〕潤水至與入鄭伯津合　「塞」，底本作「寒」，川本、滬本作「塞」；「入」，川本同，滬本無；「伯津」，底本作「洋水」，川本、滬本同。漢書地理志令居：「澗水出西北塞外，至縣西南，入鄭伯津。」朱謀㙔本水經注箋河水：「澗水逕令居縣，又南逕永登亭西，歷黑石谷，南流注鄭伯津。」又云：「湟水又東逕允吾縣北爲鄭伯津，與澗水合。」按本書「潤水」即引自朱本水經注，應作「澗水」，「寒」爲「塞」字之誤，「洋水」爲「伯津」之誤，並據改；「與入鄭伯津」，蓋有誤，或「與」、「合」二字爲衍文。

〔二六〕北經安固城西　底本「西」上衍「州」字，川本、滬本同，據水經河水注删。

〔二七〕金因之　「金」，底本作「今」，據川本、滬本及金史地理志、明統志卷三六改。

〔二八〕河灘有二一在州西北十五里　川本、滬本同，圖書集成職方典卷五六七「河」上有「夾」字，無「五」字。

〔二九〕亦足以爲備虜圖焉　「備」，底本無，川本同，據滬本補。

〔三〇〕桓帝紀　「桓」，底本作「恒」，據川本、滬本及後漢書桓帝紀改。

〔三一〕圍允街　「圍」，底本作「圖」，川本、滬本同，據後漢書桓帝紀改。

〔三二〕本名鞏哥關後改東關金大定間築　「哥」，底本作「奇」，川本同，據滬本及宋史地理志、明統志卷三六改。底本「金大定間築」錯簡於上文「宋元豐四年」上，川本、滬本同。紀要卷六〇東關堡：「宋元豐四年置，本名鞏哥關，六年改爲東關堡。金因之，明景泰初重築。」圖書集成職方典卷五六九東關堡：「宋元豐四年置，金大定間復築之。」據以乙正。

〔三三〕蘭州衛　「蘭」，底本作「關」，據川本、滬本及紀要卷六〇改。

〔三四〕後漢書靈帝紀至圍榆中　「圍」，底本作「圖」，川本、滬本同，據後漢書靈帝紀改。底本此文錯簡於下文狄道安故城條之下，川本同，據滬本乙正。

金縣　通志：州〔一〕。府東一百八十里〔二〕。　元金州，屬鞏昌路。本朝改爲縣，屬臨洮府〔三〕。成化十四年，改隸蘭州。　土城，城周三里有奇。外郭當龕谷山口，即宋之舊寨也。宋爲蘭州龕谷寨。金大定間，升寨爲縣，至大間，置金州。　結家嘴山，在縣東二十五里。上建烽堠。　馬啣山，又名馬寒，在縣西南三十里。其上綿亘數百里，勢極高峻〔四〕，炎夏冰雪不消。　猪嘴山，在縣西北四十里。金於此置鎮。　白草原，在縣南二十里。草地廣闊，牧畜蕃盛。　康家硤，在縣南十五里。中有石洞，可以避虜。　前川，在縣東四十里。　後川，在縣東六十里。好麥川，在縣東南六十里。卧龍川，在縣西三十里。黄河，在縣北六十里。稠泥河，在縣東四十里。野牧岔河，在縣西北二十里。清水河，在縣東三十里。董家灣河，在縣東北三十里。清水驛，在縣東三十里清水鎮。定遠驛，在縣西四十里定遠鎮。舊有縣東三十里清水鎮，金縣縣西四十里定遠鎮二遞運所〔五〕，萬曆九年革。龕谷，在縣南二十里。即漢趙充國〔六〕、宋狄青置寨處。龕山，在縣南二十里。宋元豐四年，置寨於此。亂山，在縣東北五、八十里。其山相連數百里，參差狀如列戟。浩亹河，在縣南門外。一名閤門河。源出馬寒山峽中，流經縣南，東入黄河。略按浩亹河，源出西羌，今在莊浪、西寧衛境，而金縣載之，水經注亦兩出焉，未詳其故。小龕河，在縣南一十五里。源出龕谷、馬寒，東流與浩亹水合。浩亹城，在縣西二十里。漢縣。宣帝時，義渠安國將騎三千備羌築此，至浩亹。是也。〔眉批〕浩亹城，在縣南二十里。略按浩亹河北，今大同河之北也。此城是因誤收浩亹河於此，並著此城也。按漢書：義渠安國巡行諸羌，其事迹具在湟中，今莊浪、西寧二衛境也。

平地城〔七〕，在縣北四十里，唐戍兵所築。三角土城，在縣東三〔旁注〕東北一。十里。唐戍兵所築。今改築舊城。定遠城，在縣北三十里。唐郭元振置，韓遵表爲警州。寶應間，陷於吐蕃。宋种誼築城，以屯戍兵。金大定間，與龕谷寨並升爲縣，屬蘭州。元廢爲鎮。一條城，在縣東北一百九十里。宋狄青巡邊所築。今爲堡，以處縣民及蘭州戍守官軍。廢龕谷縣，在縣南二十里。漢趙充國屯田處，山路最險。宋元豐四年置寨。金升爲州縣〔八〕，尋廢。龕谷寨，在縣東南。金升爲州，即今小龕谷。東古城，在縣東二十里。唐時築。把石溝堡，在縣北四十里。買子堡，在縣北五十里〔九〕。十字川堡〔一〇〕，在縣北一百九十里。

【校勘記】

〔一〕通志州　川本、滬本同，明統志卷三六金縣「在州城東九十里」，紀要卷六〇金縣「州東九十里」。則此「州」下當脱「東九十里」四字。

〔二〕府東一百八十里　底本「里」下衍「府東一百八十」六字，川本同，據滬本删。

〔三〕本朝改爲縣屬臨洮府　底本「臨洮」二字錯簡於「爲」下，川本、滬本同，據明史地理志乙正。

〔四〕勢極高峻　「峻」，底本作「岐」，據川本、滬本及明統志卷三六、圖書集成職方典卷五六七改。

〔五〕金縣縣西四十里　川本同，滬本兩縣間有「在」字。據上下文，「金縣」二字蓋衍，滬本改誤。

〔六〕趙充國　「充國」，底本作「光圍」，川本同，據滬本及漢書趙充國傳改。下同。

〔七〕平地城　「地」，底本作「城」，川本、滬本同，據明統志卷三六、紀要卷六〇、圖書集成職方典卷五六九改。

〔八〕金升爲州縣　川本同，滬本無「縣」字。金史地理志龕谷：「宋舊寨。」元史地理志金州：「本蘭州龕谷寨，金升寨爲縣，以龕谷爲金州治。」大元一統志卷四：「金大定二十二年，升龕谷爲縣。正大三年，以龕谷縣爲金州治所。」則此「州」字當衍，滬本改誤。

〔九〕在縣北五十里　「北」，川本、滬本同，紀要卷六〇、清統志卷二五三作「東」。

〔一〇〕十字川堡 「十」，底本無，川本、滬本同，據紀要卷六〇、清統志卷二五三補。

河州 成化九年開設。府志：府志一百九十里〔一〕。通志：府東南二百二十、三百七十里〔二〕。考漢枹罕縣〔三〕，近西番。衝，煩，民疲。城周九里三分有奇。嘉靖丁卯，〔旁注〕無丁卯。創築南郭新城。周三里有奇。洪武三年，置河州衛。五年，設河州府，轄寧河一縣。七年，建陝西行都司。十年，立河州左、右二衛。十二年，省行都司及河州府縣，以左衛調洮州，改右衛爲河州衛軍民指揮使司，隸陝西都司，領千户所六，守禦千户所一。成化九年，增置河州，隸臨洮府。河州衛，左、右、中、前、後五千户所，在本城，東至臨洮府界一百六十里。參將、把守官及管糧府佐駐劄。茶馬司，治城內。歸德守禦千户所，中前千户所，在衛城西七百里。永樂四年建，隸河州衛。長寧驛，在州西一百二十里。臨黄河〔四〕。鳳林驛，城內〔五〕。銀川驛，在州西北六十里。和政驛，在州〔旁注〕南。東六十里。定羌城驛，在州東、南一百二十里。舊有定羌巡檢司，革，東一百十里，在州南定羌東十里〔六〕。舊有河州遞運所，革，東六十里。〔旁注〕寧河 定羌城三〔七〕。通志：州東一百五十里。本志：州南一百八十里。嘉靖十年革。又有三岔遞運所，舊會典有，新無。牛脊山，在衛〔旁注〕州。城南二十里。積石山，在衛〔旁注〕州。城西北一百二十里。〔旁注〕七十。兩崖如削，黄河中流。禹貢：導河積石，至于龍門。蓋積石爲河入中國之始，從此注蘭州，經靈州，出寧夏塞，至古豐州，東流歷東勝，入榆林境。隋立河源郡，命刺史劉權鎮之。唐李靖伐吐蕃，經積石。宋、元立積石州，西臨蕃界。洪武中，立積石關易馬，又立禹廟於關之東。鳳凰山，在州東十二、二十里。形如鳳凰，古號河州爲鳳林郡者以此。梨子山，在州東五十里。石門山，在舊鳳林縣。雪山，在衛〔旁注〕州。城西南一百五十里。接洮州蕃界。四時有雪，又名雪嶺。山之石如骨露，又名露骨山。〔眉批〕萬頃原，在州北二、三里。其上四望寬平，居民稠密，東西百里，南北五十里。河州川〔八〕，東西一百里，南北十五里。牛脊河，在州西北、南二十里牛脊山下〔九〕。廣通河，在州東南，寧河城東六十里。黄河上渡，在積石。路通西寧。黄河下渡，在州北六十里剌麻川。通莊浪路。淮河渡，在梨子山下〔一〇〕。通蘭州路。後漢書獻帝紀：曹操遣將夏侯淵討宋建于枹罕〔一一〕，獲之。

洪水河，在衛〔旁注〕州。城南門外二里。大夏河，在衛〔旁注〕州。城南三里。一名白水。黄河，在衛〔旁注〕州。城北八十里。槐樹關，在州南七十里。殺馬關、陡石關，俱在州南八十里。俺隴關，在州南二百里。乩藏關，在州西七十里。老鴉關，在州城西北九十里。土門關，在州城西九十里。積石關，在州城西北一百二十里。西山關，在州西。以上三關口，俱有官軍防守。殺馬關，在衛城西一百二十里。

大夏廢縣，在衛境。唐置，後廢。在州南有金紐山〔一二〕。隋置縣，屬枹罕郡。唐貞觀元年，省入枹罕，五年復置。鳳林廢縣，在衛境。本烏州，唐貞觀七年置縣，十一年州廢，更置安鄉縣〔一三〕。天寶復名鳳林。北有鳳林關積石山。今爲鳳林驛。定羌廢縣，在衛境。〔旁注〕州南百里。本河端城，〔旁注〕訶諾〔一四〕。宋改曰定羌。元置縣，河州路嘗治此。宋王韶克河州，追破阿諾木藏城〔一五〕，改名定羌。枹罕廢縣，在州西七十里衛治西。本漢縣，屬金城郡。隋置郡，宋省，兼領枹罕縣。有鳳林山，有可藍關。寧河廢縣，在衛城南六十里。本寧河寨。宋崇寧中，升爲縣。金、元因之，後廢爲鎮〔一六〕。今爲守禦千户所。又云今廢，設和政驛。

【校勘記】

〔一〕府志府志一百九十里　下「志」字，川本同，滬本作「東」；「里」，底本無，川本同，滬本有。明史地理志：河州，「東北距（臨洮）府百八十里」。圖書集成職方典卷五六七河州，「府西北一百九十里」。據補「里」字。下「府志」或「西北」之誤。

〔二〕府東南二百二十三百七十里　川本同，滬本無「三百七十」四字，清統志卷二五二作「在府西二百二十里」。

〔三〕考漢枹罕縣　川本同，滬本無「考」字。

〔四〕在州西一百二十里臨黄河　底本「臨黄河」三字錯簡於「西」下，川本同，據滬本及紀要卷六〇乙正。

〔五〕城内　川本同，滬本「城」上有「在」字。

〔六〕東一百十里在州南定羌東十里　川本同，滬本前「東」上有「在」字，「在州南定羌東十里」八字作注文，「在」上有

「一云」二字。

〔七〕舊有河州遞運所革東六十里寧河定羌城三　底本脱「里」字，川本同，據滬本補。又，滬本「革」作「在」，無「寧河定羌城三」六字。

〔八〕河州川　「川」，底本作「州」，川本同，據滬本及大明一統名勝志卷八、圖書集成職方典卷五六七改。

〔九〕在州西北南二十里　川本同，滬本有「西」，無「北」字。明統志卷三七作「在河州衛南二十里」。紀要卷六〇作「河州南二十里有牛脊河」。疑「西北」二字衍。滬本作「西」亦誤。

〔一〇〕淮河渡在梨子山下　川本、滬本同。清統志卷二五二：「梨子山，在河州東五十里，多生酸梨，其東即洮河渡。」疑此「淮」爲「洮」之誤。

〔一一〕夏侯淵討宋建于枹罕　底本「宋」作「朱」，「于」作「子」，川本、滬本同，據後漢書獻帝紀改。

〔一二〕在州南有金紐山　「金紐」，底本作「紐金」，川本、滬本同，滬本無「在」字。隋書地理志：枹罕郡大夏縣有金紐山。此「紐金」爲「金紐」之倒誤，據乙正。

〔一三〕安鄉縣　「鄉」，底本作「昌」，川本、滬本同，據元和志卷三九、舊唐書地理志改。

〔一四〕河端城　川本同，滬本作「訶諾端城」，宋史地理志、明統志卷三七作「河諾城」，萬曆陝西通志卷一〇作「訶諾城」，紀要卷六〇作「阿諾城」。

〔一五〕阿諾木藏城　底本「阿」作「訶」，「木」作「本」，川本、滬本同，據宋史王韶傳、紀要卷六〇改。

〔一六〕金元因之後廢爲鎮　底本「金」上衍「元廢」二字，川本同，據滬本及元史地理志、紀要卷六〇删。

寧夏衛　隸陝西都司。洪武初，立寧夏府。五年，詔棄其地，徙其民於陝西。九年，復命長興侯耿炳文弟忠爲寧夏衛指揮〔一〕，率謫戍及延安、慶陽騎士，立寧夏衛、寧夏中護、寧夏前左屯、寧夏右屯兵五衛指揮使司，隸陝西都司。永樂丁亥，封建廢藩，遂爲河西重地。　城周一十八里。　元置寧夏路，領靈州、鳴沙州、應理州，本朝未立。　靈州、鳴沙州〔二〕、應理州，並屬寧夏路。本朝未立。　藩封。　慶王，太祖第十六子。洪武二十五年，封國於韋州。三十五年，改建國於寧夏衛。　巡撫分巡河西、河東二兵備、管糧同知，總兵、參將、遊擊駐劄。　漢爲北地富平縣地。後周以其地置懷遠郡〔三〕。隋開皇中郡廢，屬靈州。唐武德中，置懷遠縣。西至賀蘭山六十里，隸靈州郡大都督府〔四〕。宋初，爲懷遠鎮。真宗咸平中，趙德明僭叛，自夏州遷懷遠郡，改爲興州，居之。德明子元昊，升州爲興慶府，又改中興府，遂爲西夏國都。疆域與宋延、慶明河分界。宋理宗寶慶中，元太祖伐夏，執夏主晛去，空其城。國初，立寧夏府。洪武九年，命長興侯耿炳文弟忠爲寧夏衛指揮，率謫戍及延安、慶陽騎士，立寧夏衛。〔眉批〕强梗尚氣，重然諾，敢戰鬭。金史夏國贊。　尚釋重巫，風俗不純〔五〕。舊志。　國朝居此土，有仕官者，有征調者，有謫戍者，皆五方之人。是以風俗錯雜，然皆能誦習詩書，摛詞華翰，迥非前代夷俗之比矣。通志。　黃河繞其東，賀蘭聳其西。本志。　西北以山爲固，東南以河爲險。衛志。　大沙井驛。舊有白塔兒、大沙井二遞運所，革。

【校勘記】

〔一〕耿炳文弟忠 「弟」，底本作「第」，據川本、滬本、本書下文及嘉靖寧夏新志卷一改。

〔二〕鳴沙州 「沙」，底本脱，川本同，據滬本及元史地理志補。

〔三〕後周以其地置懷遠郡 「置」，底本作「高」，川本同，滬本「懷遠」作「普樂」。隋書地理志：「懷遠，後周置，仍立懷遠郡。」寰宇記卷三六：「周建德三年遷二萬户於此置郡及縣，並名懷遠。」此「高」當爲「置」字之誤，據改。滬本誤。

〔四〕靈州郡大都督府 川本、滬本同。按元和志卷四、舊唐書地理志，唐武德七年，爲靈州都督府，此「郡」字蓋衍。

〔五〕風俗不純 「純」，底本作「絶」，川本、滬本同，據明統志卷三七改。

寧夏前衛 左、右、中、前、後五所。 外家堡並羊盧守禦千户所，隸焉。在衛城北四百二十里。

寧夏左屯衛 左、右、中、前、後五所，隸焉。

寧夏右屯衛 左、右、中、前、後五所，隸焉。

寧夏後衛　左、右、中、前、後五所，隸焉。一統志有寧夏中護衛，而無後衛、中屯衛。

寧夏中屯衛　在勝金關〔一〕。左、右、中、前、後五所，並靈州守禦千户所，隸焉。興武營守禦千户所，在衛城西南三百里。考。

靈州守禦千户所，在衛東南九十里。洪武中建，隸寧夏衛。興武營，在衛城東南三百二十里，黄河東南。正統九年建。城周七里八分。通志有高橋兒驛〔二〕，在城内。高橋兒遞運所，在城南。漢爲靈州。後魏太武平赫連昌，置薄骨律鎮。隋置靈武郡大都督府〔三〕。太宗幸靈州，破薛延陀，肅宗即位於靈武，皆此。韋州羣牧千户所，洪武二十五年，慶藩分封居此，凡九年。韋州地土高涼，人少病疾，地宜畜牧。至辛巳冬，始遷國於河外寧夏城中〔四〕。今韋州只留羣牧千户所居之。寧夏，在衛南三百六十里。唐爲靈州地。〔眉批〕默啜傳：唐河西六州，分處突厥内屬者，其一靈、夏。賀蘭山，在衛城西六十里。盤踞數百里，寧夏倚以爲固。峽口山，在衛城西南一百四十里。兩山相夾，黄河經其中，一名青銅〔旁注〕清洞。峽。上有古塔一百八座。省嵬山，在衛城東北一百四十里。西瓜山，在衛城東北二百八十里。三山，在衛東南二百六十里。三峯列峙。黑鷹山，在衛南二百五十里。觀音山，在黄河西。麥垛山，在衛東北三百里。黄草山，在衛北二百二十里。黄河，在衛城東南四十里。流至西南臨洮府蘭州，經寧夏中衛南，過峽口至本衛境。居人疏渠溉田數萬頃。又經衛境東北，過東勝州，復由綏德州境南流。自蘭、會來，經中衛，入峽口，經鎮城東北而去。又東北過東勝，抵雲中界〔五〕。黑水河，在衛城東。番名哈剌兀速河〔六〕，西流注於黃河。清水河，在衛城南三百五十里，故嗚沙州城南。即古葫蘆河也，河流甚狹，自平涼界來，注於黃河。觀音湖，在衛西北九十里，在賀蘭山大水口〔七〕。漢延渠，在衛城東南。支引黃河水〔八〕，繞城，溉田可萬頃。唐來渠，在衛城西南。亦引黃河水，繞城西，溉田萬餘頃。新渠，在衛城南。分唐來渠水，溉田數百頃。紅水渠〔九〕，在衛城南五里。分唐來渠水東流，溉田七百餘頃。又引入城中，民汲甚便。秦家渠，在黃河東南。分河水，溉田數百頃。漢伯渠，在黃河西南。分河水，溉田二百餘頃。鹽池，有二：大鹽池，在衛城北四百里。小鹽池，在衛城東南二〔旁注〕一。百七十里。其鹽皆不假人力，自然凝結。鎮遠關，在衛平虜城北八十里。實爲寧夏要地，今廢，爲害不細，經國者宜速復之。

靈武營，在衛城北一百里。正統十一年建。黑山營，在衛城北二百四十里。永樂元年建。清水營，在衛城東南一百二十里，黃河東南。正統七年建。興武營，見前。花馬池營，在衛城東南三百五十里。正統九年建，守備、參將分居於此。河西寨，在黃河西岸。河東寨，在黃河東岸。潘昶堡，在衛城東二十五里。自是而東南，又有金貴、李祥、張濟、魏敬、王信、王貴、任春、葉誠，凡八堡。俱屬寧夏衛。王景堡，在衛城西南四十里。自是而西南，又有李俊、邵剛、瞿靖、林皐、蔣鼎、陳剛，凡六堡。俱屬寧夏左屯衛。王澄堡，在衛城東北三十五里。自是而東南，又有張政、魏政二堡。俱屬寧夏左屯衛。楊顯堡，在衛城西南三十五里。自是而西北，又有陶容、雷福、桂文、常信、洪廣、高榮、姚福，凡七堡，俱屬寧夏右屯衛。謝保堡，在衛城北十五里。自是而北，又有張亮、李信、丁義、周澄，凡四堡。俱屬寧夏前衛。靈州城，在衛城南。〔旁注〕通志：此條在中衛。本漢靈州縣，後魏爲靈州，隋置靈武郡。唐肅宗即位於靈武，即此。宋改翔慶軍，元仍爲靈州。本朝州廢，置守禦千户所。保靜城，在衛城西南八十里。漢築。後魏置弘靜鎮，隋爲弘靜縣〔一〇〕，唐改名保靜。田州城，在衛北六十里。定遠鎮，在城北一百里。唐屬朔方節度，爲定遠軍，即元昊之興州，今之寧夏衛也。保靜鎮，在河外。即唐保靜，宋陷於趙德明，改爲靜州。今寧夏衛屯軍居之。臨河鎮，宋初，舊管蕃部三族，置巡檢使，以本部酋長爲之。真宗時，陷於趙德明。懷遠鎮，古朔方河外縣城。趙德明自夏州遷於此，改爲興州，即今寧夏衛也。靈武鎮，河外鎮也。前漢北地郡靈武縣，即此。隋、唐皆爲縣。豐安軍〔一一〕，唐屯田二十萬以上，河外六鎮。夏爲靜州，元廢。本朝屯軍居焉。夏州城，在衛城東黄河岸側。晉時，赫連勃勃築都城於朔方水北，黑水之南，名曰統萬。後魏置夏州。定州城，在衛城北六十里。本唐定遠城，夏元昊改爲定州。雄州城，〔旁注〕通志：此條在中衛。在靈州城西南一百八十里。本承天堡。唐僖宗中和二年間〔一二〕，徙雄州治此。韋州城，在衛城東南三百六十里。夏爲韋州靜塞軍〔一三〕。忻都城，〔旁注〕通志：此條在中衛。在衛城東北五百里。省嵬城〔一四〕，在黄河東。洪門鎮，本夏州地。唐邠州節度使張獻甫築洪門鎮城，置兵以防蕃寇。宋雍熙中廢。後屬趙德明，號爲洪州。石堡鎮，本延州西邊鎮塞，宋至道中，陷於元昊，僞號爲龍州〔一五〕。

【校勘記】

〔一〕在勝金關　底本「勝金」作「金勝」，川本、滬本同，據嘉靖寧夏新志卷三、嘉慶寧夏府志卷二乙正。按寧夏中屯衛治所在寧夏衛城内，而勝金關據上述寧夏新志、府志謂在寧夏中衛東六十里，本書下文寧夏中衛有勝金關條，此「在勝金關」四字疑衍。

〔二〕高橋兒驛　「橋」，底本作「槁」，川本同，據滬本及嘉靖寧夏新志卷三改。下同。

〔三〕隋置靈武郡大都督府　川本、滬本同。按隋書地理志、元和志卷四、舊唐書地理志，隋置靈武郡，唐武德元年改爲靈州總管府，七年改都督府。天寶元年，改靈州爲靈武郡。至德元載，升爲大都督府。此「隋」蓋爲「唐」之誤。

〔四〕寧夏城中　「城」，底本脱，據川本、滬本及大明一統名勝志卷一一補。

〔五〕自蘭會來至抵雲中界　川本同，滬本無。

〔六〕哈剌兀速河　「速」，底本作「連」，川本同，據滬本及嘉靖寧夏新志卷一、明統志卷三七改。

〔七〕在衛西北九十里在賀蘭山大水口　川本、滬本同，嘉靖寧夏新志卷一作「在城西北九十三里賀蘭山大水口下」。疑此「十」下脱「三」字，「口」下脱「下」字。

〔八〕支引黄河水　「支」，底本作「交」，川本、滬本同，據明統志卷三七、紀要卷六二改。

〔九〕紅水渠　川本同，滬本「水」下注「一作花」，嘉靖寧夏新志卷一、明統志卷三七、紀要卷六二「水」作「花」。

〔一〇〕後魏置弘靜鎮隋爲弘靜縣　兩「靜」字，底本並作「靖」，川本、滬本同，據隋書地理志、元和志卷四、萬曆陝西通志卷二〇、明統志卷三七改。

〔一一〕豐安軍　底本作「安豐軍」，川本同，據滬本及元和志卷四、舊唐書地理志乙正。

〔一二〕唐僖宗中和二年間　川本、滬本同。新唐書地理志作「唐僖宗中和元年」，明統志卷三七、紀要卷六二作「唐中和間」，萬曆陝西通志卷二〇作「唐中和二年」，此「二年」或「間」字必有一衍。

〔一三〕夏爲韋州靜塞軍　「韋」，底本作「鞏」，川本、滬本同，據宋史夏國傳、嘉靖寧夏新志卷三改。

〔一四〕省嵬城　「嵬」，底本作「蒐」，川本同，據滬本及嘉靖寧夏新志卷二改。

〔一五〕龍州　「州」，底本作「川」，川本同，據滬本及嘉靖寧夏新志卷二改。

寧夏中衛　領千户所五。　隸陝西都司。　城周四里三分。　秦、漢北地郡地，後周於此置環州及鳴沙縣。唐置安樂州，以處吐谷渾部落〔一〕。元爲鳴沙、應理二州。洪武初，州廢。三十二年，移建寧夏中衛於此。雍大記云：在大河之外，賀蘭山之西，與蘭州接境。東阻大河，西據沙山。副總兵、都司駐劄。〔眉批〕人性勇悍，以耕獵爲事，孳畜爲生。本志。石空寺山，在衛東七十里。米鉢山，在衛南七十里。雪山、冷山，皆在大河南，近平涼、蘭州界。大沙子山〔二〕，在舊應理州西南。俗呼爲扒里扒沙，迤西近莊浪、涼州諸界。啓剌八山，在大河西北。觀音山，在衛北五十里。沙山，在衛城西五十里。因沙所積，故名〔三〕。黄河，西南自靖虜衛來，分流入城。正河在城南，東北流注寧夏。中渠，在衛城南五里。蜘蛛渠，在衛城西二十里。東北流。白渠，在衛城東二十里。羚羊渠，在衛城南四十里。石空渠，在衛城東二十里。棗園渠，在衛城東九十里。元於此置屯田。七星渠，在衛城東南一百二十里。並溉田。黑山觜，在衛城北二十五里。黄沙口〔四〕，在衛城東北一百二十里〔五〕。觀音口，在衛城東北一百四十里〔六〕。大佛寺口，有二：一名大佛寺北裏口，在衛城東北一百九十里。一名大佛寺北外口，在衛城東北二百一十里。勝金關，在衛東六十里。鎮盧營，在衛城東四十里。正統二年建。石空寺營，在衛城東八十里。永樂二十二年建，守備駐劄。棗園營，在衛城東一百二十里。正統四年建。廣武營，在衛城東一百九十里。正統九年建。五百户堡，在衛城南三十里。永樂二十二年建。羚羊店堡，在衛城南六十里。正統元年建。回回墓堡，在衛城南一百二十里。宣德六年建。鳴沙城，在衛城東南一百五十里。本舊鳴沙鎮，此地人馬行沙有聲，故名。後周移置會州於此，尋廢。隋置環州及鳴沙縣，大業初州廢。唐貞觀中，復置環州，尋廢，以縣屬靈州。神龍初，爲默啜所據。咸亨中收復，仍於鳴沙縣置安樂州，以處吐谷渾部落。後没於吐蕃。唐書魏少遊傳：肅宗將至靈武，少遊整騎卒千餘，於靈武南界鳴沙縣奉迎〔七〕。大中間收復，改置威州，徙治方渠，以鳴沙爲屬縣。元初，於此立鳴沙州〔八〕，今廢。 温池城，在衛境。唐置温池縣，屬靈州，後改屬威州。

【校勘記】

〔一〕吐谷渾部落　「部」，底本作「却」，據川本、滬本及嘉靖寧夏新志卷三改。

〔二〕大沙子山　「沙」，底本脱，川本、滬本同，據明抄本寧夏新志卷二、乾隆中衛縣志卷一補。

〔三〕因沙所積故名　底本錯簡於下文蜘蛛渠條之下，川本同，據滬本及明統志卷三七、嘉慶寧夏府志卷二乙正。

〔四〕黄沙口　「口」，底本作「石」，川本、滬本同，據嘉靖寧夏新志卷三、明統志卷三七改。

〔五〕在衛城東北一百二十里　川本、滬本同，嘉靖寧夏新志卷三「二」作「一」。

〔六〕在衛城東北一百四十里　川本、滬本同，嘉靖寧夏新志卷三「四」作「二」。

〔七〕唐書魏少遊傳至奉迎　川本同，滬本列於上文「以縣屬靈州」之下，作注文。

〔八〕鳴沙州　「州」，底本脱，川本同，據滬本及元史地理志、嘉靖寧夏新志卷三補。

洮州衛軍民指揮使司　鞏昌府西南三百六十里。洪武十二年建衛〔一〕。永樂初，設都指揮。

天順間，設守備。嘉靖間，易守備爲參將。萬曆六年，易參將爲副總兵，隸陝西都司。左、右、中、前、後五所。　衛城外城，周九里有奇。　秦、漢以來，爲諸戎之地。晉爲吐谷渾所據。後周置洮陽郡，尋立洮州。唐爲洮州，治美相。貞觀中，徙治臨潭〔二〕。〔眉批〕人性勁悍，好習弓馬。衣褐食乳，以射獵爲生。一統志。　去岷更西，地氣尤寒。自虜牧兩川以來，遂爲衛邊。　東三十里曰黑松嶺〔三〕，扼羌一險也。南十里曰石門山，兩山相對如門。山南即古疊州之地。山有雪蟲，今爲生番界，俗名石門金鎖，限隔羌夷，西北五里曰玉笋山，其山高聳，登峯遠眺，見數百里外番人營帳，有烽火臺。西一百里曰九條嶺，爲要害之地。川曰丹巴〔四〕，爲虜入之路所當備者。南五十步曰南河，出石嶺山，經衛南入洮。　舊洮州衛通莽、捏二川，無丘垤之限，蟠番、羌諸族。其山川大約與洮州同。始設操守制番，自虜住兩川，漸迫門庭。萬曆十四年，更設守備。孤懸一隅，三面瀕夷川，虜南牧，首當其衝。地重兵單，是籌邊者所宜急爲計者也〔五〕。　山川險隘，道路縈紆〔六〕。右亘青海之塞，左臨白馬之氐，東連熙、鞏，西並洮、疊，內則三巴門户，外則二虜扼塞。地瘠而氣寒，五穀不能熟，惟産青果、大豆，故軍民皆崇儉而力作。

黃河，在衛西九百里。自崑崙山來，東經本衛，直抵河州衛界。　沙河，在衛西一千里。源出生蕃八狼川，西北流，經本衛沙剌族，入黃河。　青海，在洮水西。周迴千餘里〔七〕，中有小山。隋將段文振征逐賊於青海。唐築城，置神策軍於青海上，即此。　洮州茶馬司，在城內。　總鎮、管糧府佐駐劄。　次衛。　舊有洮州驛，城内〔八〕。隆慶四年革。　西控番族，東屏熙、鞏，南俯松、疊〔九〕，北蔽河、湟西南，今日之重地也。石門號爲金鎖，扼吭可恃。西山目爲玉笋，傳火先睹。誠增九條、丹巴之戍〔一〇〕，謹白石、黑松之烽〔一一〕。　洮州安，則臨、鞏安矣。　東隴山，在衛城東。〔旁注〕東北三百步。蕃人於此耕種。石嶺山，在衛城北一十五里。山勢峭拔，草木不生。白石山，在衛城西九十里。西傾山，在衛城西南二百五十里。西北二十五里。延袤數千里，外跨諸羌，内連列郡。洮水所出，西南之祖山也。禹貢：西傾因桓是來。即此。水經曰：西傾之南，桓水出焉。南河〔一二〕，在衛城南，南流五十步。源出石嶺山下，流經本衛南，入洮河。洮河，在衛城南三十五里。源出西傾山柏木溝，東流入岷州衛界，過狄道，入黄河。地高流急，冬不及凍結冰，蔽河而下，所謂洮河流珠者也。每初冬水凝凍，圓如彈子，蔽水而下，俗呼爲「珠子凌」〔一三〕。朶的河，在衛城西三百里。源出於川撒兒朶的番族，南流經本衛，入洮河。納憐河，在衛城西七百里。源出西番哈藏族，西北流經阿憐咂，入於黄河。白水江，在衛城西南五百里。源出西番香藏族，東流入疊州。石嶺關，在衛城北一十五〔旁注〕五十。里。松嶺關〔一四〕，在衛城東三十里。舊洮州關，在衛城西南七、三十里。舊橋關〔一五〕，在衛城東南四十里。新橋關，在衛城西南四十里。黑石嘴關，在衛城東北四十里。三岔關，在衛城東四十五里。高樓關，在衛城東五十里。羊撒關，在衛城北六十里。以上九關，俱有官軍防守。

舊洮州城，古臨潭縣地〔一六〕。在衛城西南七十里。晉永嘉中，吐谷渾所築。後周武帝逐吐谷渾而得其地。唐爲臨洮郡〔一七〕。國初，始築爲洮州衛。洪武十二年，改建新城，以其地爲砦，尋更爲堡。萬曆元年重築，城周二里，無池〔一八〕。孤城處二夷間，爲入犯之衝，而城薄小而不足恃。又歲徵糧料，轉輸新城，卒單食分，非經久計。議者謂當以其堡改設守禦千户所，則兵集糧留，國計民生兩得之矣。疊州古城，在衛城南界。唐武德初，析洮州之合川、疊川、樂川置，後廢。美相城，在衛境。唐置縣，天寶中，省入臨潭。臨潭城，在衛城西南七十里。唐貞觀五年置縣〔一九〕，後廢。鶴城鎮，在衛城東六里。吐谷渾所築。廣恩鎮，在衛城西一百六十里。唐置。洮源廢縣，後周置曰金城，並立旭州〔二〇〕，又置通義郡。隋開皇初郡廢，十八年，改縣曰美俗。大業初州廢，縣改名焉。洮陽廢縣，後周置曰廣恩，並置廣恩郡。隋開皇初郡廢，仁壽元年，改縣曰洮河。大業初，改曰洮陽。臨潭廢縣，在洮州西七十里。李西平王生處。

【校勘記】

〔一〕洪武十二年建衛　川本、滬本同，明統志卷三七、紀要卷六〇作「洪武四年，置洮州衛軍民指揮使司」。疑「十二」爲「四」之誤。

〔二〕臨潭　「潭」，底本作「澤」，川本、滬本同，據元和志卷三九、兩唐書地理志改。

〔三〕黑松嶺　「松」，底本作「招」，川本同，據滬本及明統志卷三七、紀要卷六〇、圖書集成職方典卷五五八改。

〔四〕川曰丹巴　「巴」，底本作「巳」，川本、滬本同，據康熙洮州衛志卷一、乾隆洮州衛志卷一改。

〔五〕是籌邊者所宜急爲計者也　川本同，「所宜急爲」，滬本作「所爲急宜」。

〔六〕道路縈紆　「紆」，底本作「汙」，川本、滬本同，據圖書集成職方典卷五五七改。

〔七〕周迴千餘里　「千」，底本作「十」，川本、滬本同，據隋書吐谷渾傳、大明一統名勝志卷一二改。

〔八〕城内　川本同，滬本「城」上有「在」字。

〔九〕南俯松疊　「松」，底本作「招」，川本、滬本同，據康熙洮州衛志卷一、圖書集成職方典卷五五七改。

〔一〇〕誠增九條丹巴之戍　「巴」，底本作「包」，川本、滬本同，據康熙洮州衛志卷一、圖書集成職方典卷五五七改。

〔一一〕黑松　「松」，底本作「枌」，川本、滬本同，據明史地理志、康熙洮州衛志卷一改。

〔一二〕南河　底本「南」下有「門」字，川本、滬本同，據明統志卷三七、紀要卷六〇、圖書集成職方典卷五五八删。

〔一三〕珠子凌　「凌」，底本作「陵」，川本同，據滬本及明統志卷三七改。

〔一四〕松嶺關　底本「松」上有「黑」字，川本、滬本同，據明統志卷三七、明史地理志、紀要卷六〇、乾隆洮州衛志卷一删。

〔一五〕舊橋關　「橋」，底本作「槁」，川本同，據滬本及明統志卷三七、紀要卷六〇改。下「新橋關」改同。

〔一六〕古臨潭縣地　「潭」，底本作「漳」，川本同，滬本作「洮」，據元和志卷三九、舊唐書地理志、紀要卷六〇改。下同。

〔一七〕唐爲臨洮郡　「洮」，底本作「眺」，川本同，據滬本及舊唐書地理志、紀要卷六〇改。底本此五字錯簡於下文「孤城處二夷間」之上，川本、滬本同，據圖書集成職方典卷五五九乙正。

〔一八〕無池　底本「池」下衍「關門」二字，川本同，據滬本及圖書集成職方典卷五五九删。

〔一九〕唐貞觀五年置縣　底本「唐」錯簡於「年」下，川本同，據滬本及元和志卷三九、新唐書地理志、寰宇記卷一五四乙正。

〔二〇〕並立旭州　底本「立」作「玄」，「州」作「川」，川本同，據滬本及周書武帝紀、隋書地理志改。

岷州衛　鞏昌府西南二百四十里。　唐臨漳郡〔一〕，領白石、大潭、岷山三縣〔二〕。元爲岷州吐蕃宣慰使司。洪武三年，開設岷州軍民府衛。永樂初，設鎮守都指揮。天順間，改守備。成化中，設兵備道。萬曆四十三年，裁守備，設操守。嘉靖二十四年，置岷州，四十年革。鞏記左右中三所考又云：轄階、文、西固共三所〔三〕。領千户所四、軍民千户一。分守洮、岷兵道，及守把官駐劄，隸陝西都司。　城周九里三分。　岷州邊備道、撫岷廳、分巡兵備駐劄。考〔四〕。

酒店子驛，在城東北九十里。　岷山驛，在城内。　西津驛〔五〕，在城西四十里。　通志：有宕昌驛，在城南五十里。通階、文一百一十五里。　梅川遞運所，在城北三十里。　舊有酒店子、〔旁注〕東北九十、北三十里。　野狐橋〔旁注〕西四十里。　二遞運所，革。　西固城軍民千户所，〔旁注〕城周三里三分，即武都故城。在衛城南四百里。　鞏昌府南五〔旁注〕三。百里。　洪武四年設，隸陝西都司，十五年改隸。地雖彈丸一隅，然右控洮、岷，左倚文、階，一線通路，三面歸番〔六〕，亦稱要地云。自漢武帝開設，所謂武都戍也。宋紹興二十年，改爲縣。

岷山，在衛城北一里許。山黑無樹木，土色黑，恒雪，不生草木，其西麓接四川界。江水所出。禹貢：岷山導江。是也。洮水經其下。〔眉批〕東二里曰東山〔七〕，疊水經其下，源出南山番境疊川，北流入於洮。有疊藏，有文虹橋〔八〕。遮陽山，在衛東百有二十里。突兀臨官道，四時蒼翠可觀，遮陽水經其下。崆峒山，在衛西四十里。隋、唐皆云岷州有空洞山。西二里曰洮河。下三十里曰岷江。西四十五里曰野狐河，即洮水上流處，隘洪流，岷之一險也。西固千户所〔九〕。東山有路，通階、文。南三里曰南山，一名筆架山，界番境。西七里曰西山，有路通洮、岷。北三里曰北山。西十里曰武都山，其山巍大，跨階、文，距洮、岷，爲一方之鎮，延綿至階州尤大，與岷、嶓並稱，故階州以名郡。白水江，源出蕃部。其色白。東七里曰兩河水，源出分水嶺，經所東入白水。分水嶺，在衛城南四十五里。其下有分水嶺河〔一〇〕，下有水，南北分流。普魯〔旁注〕氌氇。嶺，在衛城東七十五里。岷、鞏衛要之地。嶺右有塞堡通臨、鞏〔一一〕。摩雲嶺，在衛城西南。去宕昌寨三十里，山下即臨江。疊藏河，在衛城東門外。源出分水嶺〔一二〕，北流入於洮河。洮河，在衛城北一里。自洮州界來，東流至衛城，北入臨洮府界〔一三〕。荔川河，在衛城東南九十里。舊有荔川寨，以此爲名。閭井河〔一四〕，在衛城東北一百四十里。源出没〔旁注〕莫。遮攔山，流入馬淳河。馬淳河，在衛城東一百八十里。東流入鄣〔旁注〕漳。水。良恭河，在衛城東南二百八十里。宋有良恭鎮，以此河名。

茶埠峪寨，在衛城東一十五里。自是而東，又有冷落山、永寧堡〔一五〕、弄松堡三寨。梅川寨，在衛城東北三十里。自是而東北，又有普魯嶺、酒店子二寨。鵶山寨，在衛城東南三十五里。曹家寨，在衛城西一十五里。自是而西，又有中寨、野狐橋、冷地峪三寨。木昔寨，在衛城西南一十里。自是而西南，又有吳麻溝、鹿兒壩、柏木植、鎮羌、三岔五寨。栗林寨，在衛城南一十五里。自是而南，又有陵兀赤、分水嶺、哈答川、賞家族、脚力、高樓鋪、何家鋪、顛角、宕昌、老鼠川十寨。水磨溝寨，在衛城北五十里。又北二十里有馬崖子寨。以上諸寨，俱有官軍防守。長城，在衛城西二十里。秦蒙恬築長城，起於此。岷州古城，本秦臨洮城。東漢時，隴西羌反於臨洮，車騎將軍馬防、長水校尉耿恭擊平之。其城久廢。本朝洪武中建衛〔二六〕，因於舊基築二城，東西相連。索西城，在衛城東南九十里。東漢馬防所築，一名臨洮東城。漢明帝時，隴西羌反，車騎將軍馬防設奇兵破之，築城於此。一名臨洮城，一名赤城。宕昌郡城，在衛城南一百二十里。唐宕州宕昌郡。鐵州城，在衛東北六十里。宋吐蕃鬼章青宜結所居，熙寧中，岷州守將种誼破鬼章。良恭城，後周置。初曰陽宕，置宕昌郡。隋開皇初郡廢，十八年改名焉。大業初，置宕昌郡。天寶初，改懷道郡，後陷吐蕃。宋熙寧收復，置宕昌堡，屬岷州。時運蜀茶市馬於岷。及金人據洮，遂幷蕃市於此，歲市馬數千。梅川城，在衛城東北三十里。顛角城，在衛城南一百三十五里。酒店城，在衛城東北九、四十里。以上三城，俱古城。本朝有官軍守禦。祐川廢縣，在衛境。後周置基城縣，唐改祐川，後陷吐蕃。

宋崇寧中復置〔一七〕，岷州治此。元省。溢樂廢縣，在衛境。本秦臨洮縣地。西魏屬同和郡，隋屬岷州。唐置溢樂縣，宋省入祐川。和政廢縣，在衛境。後周置，宋廢。和戎城，後周置。有良恭山。閭井城，在衛東南一里。

【校勘記】

〔一〕唐臨漳郡　川本同，滬本「漳」作「洮」。按元和志卷三九、兩唐書地理志載，北魏置臨洮郡，西魏改爲溢樂縣，兼置岷州同和郡。隋開皇初郡廢，大業初州廢，復爲臨洮郡。義寧二年，改置岷州。唐初因之，天寶元年，改爲和政郡，考其地即明岷州衛，此當爲「和政郡」之誤。又，唐天寶元年曾改洮州爲臨洮郡，考其地即明洮州衛西舊洮州堡，滬本作「臨洮郡」，誤。

〔二〕領白石大潭岷山三縣　川本、滬本同。按元和志卷三九、兩唐書地理志、紀要卷六〇載，唐岷州領溢樂、祐川、和政三縣。此當有誤。

〔三〕西固　「固」，底本作「而」，川本同，據滬本及明統志卷三七、明史地理志改。

〔四〕考　川本同，滬本無，蓋衍。

〔五〕西津驛　「津」，底本作「洋」，川本、滬本同，據紀要卷六〇、圖書集成職方典卷五六二改。

〔六〕三面歸番　川本、滬本同，圖書集成職方典卷五五七「歸」作「臨」。

〔七〕東二里曰東山　川本同，滬本上「東」上有「衛城」二字。

〔八〕文虹橋　川本、滬本同，圖書集成職方典卷五五八作「百丈虹橋」。

〔九〕西二里曰洮河至西固千户所　川本同，滬本無。

〔一〇〕分水嶺河　「水」，底本作「守」，川本同，據滬本及明統志卷三七、紀要卷六〇改。

〔一一〕通臨鞏　「臨」，底本脱，川本同，據滬本及圖書集成職方典卷五五八補。

〔一二〕源出分水嶺　川本同，滬本「嶺」下注：「源出蕃境疊州，流至州城東門外。」

〔一三〕臨洮府　「洮」，底本作「眺」，川本同，據滬本及明統志卷三七、紀要卷六〇改。

〔一四〕閭井河　「閭」，底本作「開」，據川本、滬本及明統志卷三七、紀要卷六〇改。

〔一五〕永寧堡　「永」，底本作「求」，川本、滬本同，據明統志卷三七、紀要卷六〇改。

〔一六〕洪武中建衛　川本旁注「十一年指揮馬燁」，滬本作「洪武十一年指揮馬燁建衛」。

〔一七〕宋崇寧中復置　「復」，底本作「後」，川本同，據滬本及宋史地理志改。

漢中府

元興元路。本朝改漢中府，屬關南道〔一〕。禹貢：梁州之域〔二〕。周合梁於雍，又屬雍州。秦之西南，楚之西北，漢水之陽，名曰漢中。東接南郡〔三〕，南接廣漢，西接隴右，北接秦州。秦資其富，用兼天下。漢祖資之，奄有四海。唐爲山南道，後改爲山南西道。德宗革梁州，升爲興元府。宋分益、利、梓、夔四路，興元府爲利州路，後分利州東西路，而興元爲利東路。〔眉批〕風氣强梁。漢志。樸質無文，不甚趨利。性嗜口腹〔四〕，多事畋漁。好祀鬼神，尤多忌諱。人尤勁悍，性多質直。務農習射，語帶蜀音。隋志。

漢山，在府城南三十里〔五〕。四峯八面，北距漢水，南接巴山。天臺山，在府西北七十里。頂平如臺〔六〕，府治坐其岡脈。大巴山，在府南一百九十里。南接巴縣，春夏積雪不消〔七〕。米倉山，在府西南一百四十里。兩角山，與孤雲山相連〔八〕。頂極高〔九〕，有兩峯。古語：孤雲、兩角，去天一握。梁州山，在府東南一百八十里〔一〇〕。與孤雲、兩角相接〔一一〕。四圍皆大山，其上中三十里許甚平〔一二〕。或云相傳古梁州治也。漢江，在府南三里。自沔縣嶓冢山發源，東流入鄖陽府界〔一三〕。書曰：嶓冢導漾，東流爲漢。即此。其源自沔縣嶓冢山出，東流興安州界，由興安州之北，城固之南，又東流歷梁洋、西鄉、洵陽、漢陰、石泉，縈紆而入湖廣鄖陽府上津縣境。水經注曰：漢水出隴西坻道縣嶓冢山〔一四〕，東南至葭萌，與羌水合。始出曰漾水，南合沔水，東流爲漢。又東至漢陽府，會大江。水經：漢水有上濤、下濤〔一五〕。今志在洋縣東一十五里。老渚河，在府南十里〔一六〕。源出籠蓋山〔一七〕，流至府東南十五里，入漢江。廉水河〔一八〕，在府西南四里〔一九〕。源出大巴山，流入漢江。籠蓋山，在府西南五十里〔二〇〕。與巴山相接，老渚河源出此。中梁山，在府西一十五里。鎮梁州之中，故曰中梁山。脈自沔縣定軍山來，橫山之腹。有乾湖寺。武鄉谷，在府城南。蜀諸葛亮封武鄉侯，即此。褒水，在府西北四十里。有渠堰溉田。藩封：瑞王府。

漢中，秦頭楚尾，一大都會。舊兼轄興安，幅員開廣，設州縣者多至二十有五。明初，監古損益，定爲二州、十四縣，繁簡適宜，相沿二百餘祀。萬曆中年，郡丞胡化議割興安，以石泉等六邑隸之〔二一〕，而漢遂失左肩膏腴之地，瓜分豆析，無復漢、隋、唐、宋之規矣〔二二〕。洋、城固、西鄉、南鄭伯仲之間，寧羌、略陽自鄶以下無議焉。若沔之蕪陋〔二三〕，不過一村落〔二四〕；褒之衝疲，空城蕩蕩，闃無居人〔二五〕，鳳之境瘠，萬山中一亭，長有白石可煮耳。新志。

【校勘記】

〔一〕屬關南道　底本漫漶，據川本、滬本補。

〔二〕禹貢梁州之域　「禹貢梁州之」，底本漫漶，據川本、滬本補。

〔三〕東接南郡　「接」，底本作「控」，據川本、滬本及明統志卷三四改。

〔四〕性嗜口腹　「性」，底本作「惟」，據川本、滬本及隋書地理志改。

〔五〕在府城南三十里　「三」，川本、滬本同，紀勝卷一八三、大明一統名勝志卷四、明統志卷三四、紀要卷五六、圖書集成職方典卷五二九作「二」。

〔六〕頂平如臺　「頂」，底本漫漶，據川本、滬本補。

〔七〕春夏積雪不消　「夏積」，底本漫漶，據川本、滬本補。

〔八〕兩角山與孤雲山相連　「山與孤雲山相連」，底本漫漶，據川本、滬本補。

〔九〕頂極高　「頂極」，底本漫漶，據川本、滬本補。

〔一〇〕東南一百八十里　「里」，底本漫漶，據川本、滬本補。

〔一一〕與孤雲兩角相接　「與孤」，底本漫漶，據川本、滬本補。「角」，底本作「峯」，川本同，據滬本、本書下文漢中府南鄭梁州山條及紀勝卷一八三、紀要卷五六改。

〔一二〕四圍皆大山其上中三十里許甚平　川本、滬本同。紀勝卷一八三作「大山四圍，其中三十里許甚平」，大明一統名勝志卷四作「四面皆大山，其中三十里甚平曠」，俱無「上」字，此蓋衍。

〔一三〕鄖陽府　「鄖」，底本作「鄱」，川本同，據滬本及紀要卷五六改。下同。

〔一四〕漢水出隴西坻道縣嶓冢山　「西」，底本脱，川本同，據滬本及水經漾水注補。

〔一五〕漢水有上濤下濤　兩「濤」字，底本俱作「溝」，川本、滬本同，據水經沔水注、明統志卷三四改。

〔一六〕老渚河在府南十里　「老渚河在」，底本漫漶，據川本、滬本補。「府」，底本脱，據川本、滬本及紀要卷五六、圖書集成職方典卷五二九補。

〔一七〕出籠蓋山　「出籠蓋」，底本漫漶，據川本、滬本補。

〔一八〕廉水河　「廉」，底本作「廣」，川本、滬本同，據明統志卷三四、紀要卷五六改。

〔一九〕在府西南四里　「四里」，底本漫漶，據川本、滬本補。

〔二〇〕在府西南五十里　「五」，川本、滬本同，明統志卷三四、紀要卷五六、圖書集成職方典卷五二九作「八」。

〔二一〕以石泉等六邑　「等六」，底本漫漶，據川本、滬本補。

〔二二〕無復漢隋唐宋之規矣　「規矣」，底本漫漶，據川本、滬本補。

〔二三〕若沔之蕪陋　「陋」，底本漫漶，據川本、滬本補。

〔二四〕不過一村落　「不」，底本漫漶，據川本、滬本補。

〔二五〕閒無居人　川本、滬本及順治漢中府志卷一同。疑此「閒」爲「闃」之訛。

漢中衛　五千户所。洪武四年，設漢中守禦千户所。十三年，改漢中衛。三十年，調右千户所守禦沔縣。固原分守、兵備駐劄。關南道二：一分守道，駐興安州。舊駐商州，理漢中事。嘉靖十八年，以由商抵漢〔一〕，山路險遠，故駐興安。一分巡道，駐漢中府。成化年〔二〕，以流民入漢爲盜，都御史馬文升奏設，近年裁革。餉部即以本官兼理糧儲。嘉靖四十四年，始設漢、羌守備。

【校勘記】

〔一〕以由商抵漢　「由」，底本作「内」，川本、滬本同，據順治漢中府志卷四改。

〔二〕成化年　川本同，滬本「年」作「初」。

南鄭縣　周褒國安王十五年〔一〕，伐蜀，取南鄭。周衰，鄭桓公没於犬戎，其民南奔居此〔二〕，因曰南鄭〔三〕。秦厲公城其地。漢爲南鄭縣。後漢置漢中郡，始治此。〔眉批〕東接荆、襄，西通巴、蜀，南襟江、漢，北控褒斜。府城故址，在城東二里許。秦時所築。宋嘉定十二年，徙築此，周九里八十步。天啓元年，建立瑞府，展拓城基，周十里三分。漢陽驛，府治西城内〔四〕。青石關巡檢司，在縣南九十里。赤崖，在府城西。漢諸葛亮與兄瑾書曰：前趙子龍退師，燒壞赤崖以北閣道〔五〕。即此。青石關，在府城南九十里。

廉水廢縣，在府城南五十里。宋紹興四年置〔六〕，紹定中廢。漢中城，在府城東二里。春秋時，秦厲公所築者。漢書：高祖初爲漢王，都南鄭。即此。拜將壇，在城内南。漢高祖拜韓信爲大將軍處，故基尚存。曹操城，在府北十七里。操自長安西臨漢中，因築城，留夏侯淵等守之。

【校勘記】

〔一〕周褒國安王十五年　「國安」，底本作「安國」，川本同，滬本作「國安」。元和志卷二二興元府褒城縣：「古褒國也。」紀勝卷一八三興元府沿革：「秦伐蜀，取南鄭。」注云：「安王十五年。」則此「安國」乃「國安」之倒誤，滬本是，據乙正。

〔二〕其民南奔居此　「南」，底本作「而」，據川本、滬本及水經沔水注、元和志卷二二改。

〔三〕因曰南鄭　「南」，底本作「西」，據川本、滬本及元和志卷二二改。

〔四〕府治西城内　川本同，滬本「城」上有「在」字。

〔五〕燒壞赤崖以北閣道　「北」，底本作「此」，川本同，據滬本及諸葛武侯文集卷一與兄瑾言趙雲燒赤崖閣道書、水經沔水注、元和志卷二二改。

〔六〕宋紹興四年置　底本「宋」錯簡於「年」下，川本、滬本同，據萬曆陝西通志卷二〇、明統志卷三四、紀要卷五六、順治漢中府志卷二乙正。

褒城縣　古褒國。漢褒中縣。宋徙治於山河堰北。　府北四十里。　城周三里有奇。　漢、唐建打鐘村，宋徙山河堰北。　周七十六丈。　中梁山，在縣南三十里。　又屬南鄭。　孤雲山，在縣南一百二十里。　黃草山，在縣北四十里。　東臨褒水〔一〕，即連雲棧諸山。　石門，在縣西北十里。　乃古棧道，門上舊有梁。　秦典載王遠撰石門銘並引〔二〕。　馬道驛，在縣北九十里。　雞頭關巡檢司，在縣北八里。　通志：有青橋驛，府志有。　在縣北五十五里。　武關驛，在縣北一百三十里。　又城内有關山驛〔三〕，在治東南。　府志有三驛，俱爲軍站〔四〕。　連城山，在縣北六里〔五〕。　下距黑龍江〔六〕。　山頂有十二城堡連屬。　内有磚塔，高丈餘，旁有水池，俗傳漢王築。　箕山，在縣西北三十五里〔七〕。　山有秦王獵池及丙穴、道人谷。　諸葛亮遣趙雲、鄧芝等據箕谷，即此。　箕谷，在西南二十五里箕山下。　漢鄭子真隱居之處。　雞翁山，在縣北。　入斜谷一十里。　牛頭山，在縣西北二十五里。　中梁山，在縣南三十里。　以其鎮梁州之中〔八〕，故名。　四州山，在縣北一百三十里。登頂望之，可見褒、沔、洋、鳳四州。　七盤嶺，在縣北十三里。盤回七轉，方至山頂。自此入連雲棧。雞頭關下，自北南上〔九〕。　褒谷，在縣東北一十里。出連雲棧，直抵鳳縣斜谷七百里。郡國志：北口曰斜，南口曰褒，長四百七十里，同爲一谷。兩谷高峻，中間谷道，褒水所經。漢張良説高祖燒絶所過棧。曹操出斜谷，軍遮要以臨漢中。諸葛亮由斜谷取郿，皆此道也。　褒水，在縣東一里。即黑龍江，在東門外。發源太白山，自東北入褒水，東南入於漢。梁泉南流入褒中，又南流入漢江〔一〇〕。水經注曰：褒水西北出衙嶺山〔一一〕，東南逕大石門〔一二〕，歷故棧道下谷〔一三〕，俗謂千梁無柱〔一四〕。又名紫金水，發源太白山，經鳳縣，南流出褒谷，入漢江。入谷十餘里有石在水中，如兜鍪狀，名曰將軍石。又有大白石如盆，名曰白玉盆。　沔水，在縣南二十四里〔一五〕。源出古金牛縣界，南流合沮水、褒水，又東至南鄭入漢水。　華陽水，在縣西二十五里。源出牛頭山，南流入漢水。　讓水，在縣西南一百三十里〔一六〕。源自廉水，溉田之餘，東南流至古廉水城側〔一七〕，與廉水合，又東流入漢水。宋范柏年對明帝曰：臣鄉有廉泉、讓水。　馬道河，在縣北九十里。源自馬道驛北山，南流入褒水。發源自驛西山溝，至樊橋，與褒水合〔一八〕。　石門，在縣西北十里。乃舊棧道。　雞頭關，在縣北八里。關口有大石，狀如雞頭。自此入連雲棧，最爲險要。今有巡檢司。　漢陽關，在縣西北二十里。漢時所立，昭烈嘗破夏侯淵於此。　虎頭關，在縣北二百里。陽平關，在縣西一百八十里。漢置。今爲陽平驛。金牛廢縣，在縣西一百八十里。本漢葭萌縣。唐分置，後省。黑水縣，在馬道西百里。有故基斷碣。褒城驛，在縣南十里小柏鄉〔一九〕。秦置。石牛道，在縣境。即五丁所開之路。東漢永平中〔二〇〕，司隸楊厥又鑿而廣之〔二一〕。七盤山，下有天生橋，大石横亘江中，超足可渡，蓋天道，非人力也。棧道，在褒斜谷中。即漢張良説高祖燒絶之處。元時，有板閣二千八百九十餘間〔二二〕。今仍搆葺。古褒國城，在縣東三里駱駝坪下。廉水縣故址，在縣西南一百二十里。褒州故址，在縣南十里打鐘壩村。石鏡，在縣北十二里蕭何堰石門之上。可燭鬚眉，唐杜甫有詩。大羅帳、小羅帳，在縣南八十里。奇峯清流，即隆冬木凋，而此地蒼翠不改。

【校勘記】

〔一〕東臨褒水　「臨褒水」，底本漫漶，據川本、滬本補。

〔二〕秦典載王遠撰石門銘並引　「載」，底本漫漶，據川本、滬本補。又，「王」，底本漫漶，「遠」作「匾」；川本「王」作「之」，「遠」作「匾」，並據滬本及順治漢中府志卷六、圖書集成職方典卷五三四改補。

〔三〕關山驛　川本、滬本同，圖書集成職方典卷五三二、清統志卷二三八「關」作「開」。

〔四〕軍站　「軍」，底本作「單」，據川本、滬本改。

〔五〕在縣北六里　川本、滬本同，順治漢中府志卷一、康熙漢南府志卷一作「西北一里」。本書下文褒城：「連城山，在縣西北一里。」此處當有誤。

〔六〕下距黑龍江　「距」，川本、滬本同。本書下文褒城連城山條及順治漢中府志卷一、康熙漢南府志卷一並作「跨」，是。

〔七〕在縣西北三十五里　「三」，川本、滬本同。紀勝卷一八三、明統志卷三四、紀要卷五六、圖書集成職方典卷五二九並作「一」，此「三」蓋爲「一」字之誤。

〔八〕鎮梁州之中　「州」，底本作「山」，川本、滬本及順治漢中府志卷一同，大明一統名勝志卷四、明統志卷三四、紀要卷五六作「州」。本書上文漢中府中梁山條亦作「州」，此「山」乃「州」字之誤，據改。

〔九〕自北南上　「上」，底本作「下」，川本、滬本同，據紀要卷五六、圖書集成職方典卷五二九、清統志卷二三七改。

〔一〇〕梁泉南流入褒中又南流入漢江　川本、滬本同。水經沔水注：「褒水又南逕褒縣故城東，褒中縣也。褒水又南流入於漢。」疑此「梁泉」或衍，或爲「褒水」之誤。

〔一一〕出衙嶺山　「出衙」，底本漫漶，據川本、滬本補。

〔一二〕東南逕大石門　底本「南」下衍「二」字，川本同，據滬本及水經沔水注删。

〔一三〕歷故棧道下谷　「谷」，底本脱，川本同，據滬本及水經沔水注補。

〔一四〕俗謂千梁無柱　底本「謂」作「語」，「千」作「中」，川本同，據滬本及水經沔水注改。

〔一五〕在縣南二十四里　川本、滬本同，明統志卷三四、紀要卷五六、圖書集成職方典卷五二九並作「四里」，此「二十」二字蓋誤。

〔一六〕在縣西南一百三十里　「南」，底本作「北」，川本同，據滬本及明統志卷三四、紀要卷五六改。

〔一七〕東南流至古廉水城側　「東」，底本錯簡於「流」下，川本、滬本同，據明統志卷三四、紀要卷五六乙正。

〔一八〕發源自驛西山溝至樊橋與褒水合　底本「發源」上有「讓水」二字，川本、滬本同。嘉靖漢中府志卷一褒城縣：「馬道河，北九十里。發源自驛西山溝，東至樊橋，與褒水合。」此「讓水」衍，據刪。

〔一九〕在縣南十里小柏鄉　「十」，川本、滬本同，紀要卷五六、圖書集成職方典卷五三二作「二十五」。

〔二〇〕東漢永平中　「東」，底本作「在」，川本同，據滬本及紀勝卷一八三、大明一統名勝志卷四、明統志卷三四改。

〔二一〕楊厥　「楊」，底本作「陽」，川本、滬本同，據水經沔水注、紀勝卷一八三、萬曆陝西通志卷二〇、大明一統名勝志卷四、圖書集成職方典卷五三三改。

〔二二〕有板閣二千八百九十餘間　「板閣二」，底本漫漶，據川本、滬本補。

城固縣　府東七十里。　城周七里一十步。　關隘二：曰南木曹，通西鄉界。曰北木曹，通文川、連雲棧。今俱廢。　少年山，在縣西南四十里。西枕沙河，通西鄉、通江二縣。　三嵎山〔一〕，在縣西北四十里。三峯鼎立，其高萬仞。　慶山，在縣北三十五里。山頂有烽堠。西南三里即赤土坡城，周十五里。諸葛亮屯軍於此，以拒魏寇。　漢江，在縣南四里〔二〕。　北水河〔三〕，在縣西一十五里。源自太白山來，南流經縣，入漢江。　斗山，在縣西北二十里。與三嵎山對峙。脈在三嵎來，一起一伏，迤邐西南，迴轉東向，一峯聳起，有似斗杓，通崑崙、長安、武當〔四〕、青城、隴山。　壻水自北來，繞東出。有五門堰。　馬盤山，在縣北一百里。坡陀縈紆二十餘里，内有清溪三道。南沙河，在縣西南三十五里。與北沙河俱入漢水。小沙河，在縣南十里。並出巴山，入漢江〔五〕。堉水，在縣東北六里。源自太白山來，流經縣北，東入漢江。玉谷水，在縣西北二十五里。漢水自魏興泝流一百八十里，至玉谷溪口。文川，在縣西北四十里。兩水相合，灣環而流如「文」字〔六〕。黑水〔七〕，在縣西北五里。源自太白山出，南流入漢江。諸葛亮箋云：朝發南鄭，暮宿黑水。

北城，在縣東八里。即漢城固縣。其南有城相對，曰南城，皆蜀漢中郎將劉封所築〔八〕。石鼓，在縣北四十里褒水中。擊之有聲。通志此條在褒城。韓信臺，在縣東五里。韓信所築。漢王城，在縣東一十里。高十餘丈，南北一百八十步，東西三百步。漢王駐兵於此。街亭，在縣西十五里。三國志：蜀將馬謖大戰於此，敗績。樂城〔九〕，在縣西十八里。漢丞相諸葛亮所築。今廢，復立〔一〇〕。建興七年，丞相亮築樂城於城固〔一一〕。

【校勘記】

〔一〕三嵎山　「嵎」，底本作「隅」，川本、滬本同，據嘉靖城固縣志卷一、明統志卷三四、紀要卷五六、圖書集成職方典卷五二九改。下同。

〔二〕在縣南四里　「里」，底本漫漶，據川本、滬本補。

〔三〕北水河　「北水」，底本漫漶，據川本、滬本補。

〔四〕通崑崙長安武當　底本「安」作「至」，「武當」作「五光」，川本同，據滬本及明統志卷三四、紀要卷五六改。

〔五〕小沙河在縣南十里並出巴山入漢江　底本旁注於上文南沙河條，脱「小沙河在」四字，川本同，據滬本及嘉靖漢中府志卷一、紀要卷五六、圖書集成職方典卷五二九改補。

〔六〕灣環而流　「環」，底本作「還」，川本同，據滬本及嘉靖漢中府志卷一、順治漢中府志卷一、康熙城固縣志卷一改。

〔七〕黑水　「水」，底本漫漶，據川本、滬本補。

〔八〕劉封　「封」，底本作「豐」，川本、滬本同，據三國志蜀書劉封傳、紀勝卷一八三改。

〔九〕樂城　「樂」，底本作「築」，川本同，據滬本及三國志蜀書後主傳、紀要卷五六改。

〔一〇〕今廢復立　川本、滬本同，圖書集成職方典卷五三三作「今圮爲平地」。疑此「復立」二字衍。

〔一一〕丞相亮築樂城於城固　「樂」，底本作「築」，川本同，據滬本及紀要卷五六、順治漢中府志卷一、康熙漢南郡志卷一改。

洋縣　元洋州，本朝改爲縣。　府東南一百二十里。　城周六里三百六十步。　本漢城固縣地，後魏分置興勢縣，尋於縣置儻城郡〔一〕。　隋初郡廢，縣屬洋州。　後州廢，屬漢中郡〔二〕。　唐屬洋州，改爲興道縣。　天寶初，洋州始徙於此。　國初改爲洋縣。〔眉批〕東連襄、漢，西接秦、鳳，南蔽巴、蜀，北直長安。郡志。　關隘十有三：曰八里，曰華陽，曰鐵石，曰土門，曰築木，曰三嶺，曰重陽，曰白椒，曰水碓，曰弱嶺，曰桐木，曰宜娘子，今俱廢；曰石佛堡。　太白山，在舊真符縣北四十五里。山南隸鳳翔府，山背屬真符縣。唐天寶中，於山岸下得玉册，遂改爲真符縣。牛首山〔三〕，在縣北五里。形如牛頭，一名龍首山。雞子山，在縣南五里。下瞰漢江，東枕大沙河。峯巒聳峙，林木葱鬱，爲南山之最。一名鳳翼山。石鏗山，在縣北八十里。其山最高，可望一邑。寒泉山，在縣一百二十里。漢中記〔四〕：仙人李八百居此。興勢山，在縣北二十里。山形如盆，外甚險，盤道以上，漢諸葛亮嘗戍兵於此〔五〕。寰宇記云：在舊興道縣北四十三里。即今邑城所枕。形如一盆，外險而内有大谷，爲盤道上數里，方及四門，因名興勢山。蜀先主遣諸葛亮出駱谷，戍興勢，即此。太白山，在縣東北五百里。灙谷，在縣北三十五里。南口曰灙，北口曰駱。其中路屈曲八十餘里，凡八十四盤。唐德宗、僖宗幸興元，皆由此。今路險不可行。駱谷，在舊真符縣東北。屈曲八十里，凡八十四盤。蜀姜維出駱谷，曹爽自駱谷入漢中〔六〕，魏鍾會由斜谷、駱谷伐蜀，晉司馬勳出駱谷，皆此。黄金谷，在縣東八十五里。十五、六十里〔七〕。一名即黄金峽，漢水經其中。魏書：曹爽伐蜀，蜀將王平拒之於興勢，張旗幟至黄金谷〔八〕。即此。又有黄金戍，漢張魯所築也〔九〕。蜀將王平拒魏曹爽於此〔一〇〕。又海録碎事：氐人楊難當令薛健據黄金戍，即此谷。郡縣志：黄金水〔一一〕，出縣西百畝山黄金谷。〔眉批〕水經注曰：漢水經大小黄金南，山有黄金峭〔一二〕，水北對黄金谷，有黄金戍。赤阪，在縣東二十里。其土色赤。魏司馬懿伐蜀，丞相亮待之於城固赤阪，即此。漢江，在縣南一里。東流入黄金峽。金水河，在縣東一百一十里。源出秦嶺，流經黄金谷。益水河，在縣西北二十五里。出秦嶺，入漢口。苧溪水，在縣西北七里。東流入漢。龍涓水，在縣東二十九里。水出龍涓谷，西流入漢江。溢水河，一作益水〔一三〕，在縣西北。西二十五里，又作二十里。源出秦嶺，南流入漢江。灙水，源出縣北六十里石鏗山，流入漢水。又名駱谷水。

興道廢縣，在縣城東門〔一四〕。興勢廢縣，在縣東北八里。址存。白公城，在縣西二十里。秦白起守漢中，築此以控制蠻僚。天漢臺，在縣治北内〔一五〕。縣東有龍亭，漢蔡倫封龍亭侯，即此。黄金廢縣，在縣東八十里黄金谷。本漢黄金戍。張魯築城。魏始制縣。宋乾德中，省入真符縣。真符廢縣，在縣東一十里。唐析興道縣置華陽縣。天寶初，改真符縣。其治舊立桑平店，北至盩厔四百四十里。宋末兵廢，元復置，尋省。子午道，在縣東一百六十里。舊道在金州。梁時王神念别開此道。諺云：山水艱阻，黄金、子午。鐵城戍，在黄金廢縣西北八十里。城在山上〔一六〕，極險峻，故名。宋元嘉中，氐王楊難當遣薛健據黄金戍，爲蕭承之所拔，蕭坦又攻鐵城戍〔一七〕，拔之〔一八〕。是也。

【校勘記】

〔一〕儻城郡　「儻」，底本作「灃」，川本同，據滬本及隋書地理志、寰宇記卷一八三改。

〔二〕後州廢屬漢中郡　底本「州」作「周」，「廢」字脱，川本、滬本同。明統志卷三四、圖書集成職方典卷五二九作「後州廢，屬漢中郡」。紀要卷五六作「大業初州廢，屬漢川郡」。據以改補。按隋書地理志作漢川郡，與紀要載同。此「漢中郡」當作「漢川郡」。

〔三〕牛首山 「首」，底本作「頭」，川本、滬本同。按上文褒城縣已有牛頭山，新唐書地理志、明統志卷三四、紀要卷五六、清統志卷二三七，牛頭山屬褒城縣。康熙漢南府志卷一洋縣：「牛首山，北五里。又曰龍首也。」圖書集成職方典卷五二九同，則此「牛頭」應作「牛首」，據改。

〔四〕漢中記 「中記」，底本漫漶，據川本、滬本補。

〔五〕盤道以上漢諸葛亮嘗戍兵於此 「上漢」，底本漫漶，據川本、滬本補。

〔六〕曹爽 「爽」，底本作「彝」，川本、滬本同，據三國志蜀書王平傳、通鑑卷七四改。

〔七〕十五六十里 川本同，滬本「十五」作「一作」。

〔八〕魏書至張旗幟至黃金谷 底本無「幟」字，川本同，據滬本及三國志蜀書劉敏傳、通鑑卷七四、元和志卷二二補。「魏書」當作「蜀書」。

〔九〕又有黃金戍漢張魯所築也 「戍」，底本作「城」，川本、滬本同。通鑑卷七四胡三省注引杜佑曰：「黃金戍在洋州黃金縣西北八十里，張魯所築。」據改。

〔一〇〕蜀將王平拒魏曹爽於此 川本同，滬本無此句。

〔一一〕黃金水 「黃金」二字，底本漫漶，據川本、滬本及元和志卷二二補。

〔一二〕山有黃金峭 「山」，底本作「北」，川本同，據滬本及水經沔水注改。

〔一三〕一作益水 底本無「一作」二字，川本同，據滬本補。

〔一四〕在縣城東門　「城」，底本無，川本同，據滬本及明統志卷三四補。

〔一五〕在縣治北内　「内」，底本漫漶，滬本空缺，據川本補。

〔一六〕城在山上　「城在」，底本漫漶，據川本、滬本補。

〔一七〕又攻鐵城戍　「又攻」，底本漫漶，據川本、滬本補。

〔一八〕拔之　「之」，底本漫漶，據川本、滬本補。

西鄉縣　府東南二百四十里。　城周四里。　創自元末，蓋皇楓公屯戍址也〔一〕。　周三里三分四十步。　正德間，流賊之亂，巡撫藍章於東門外附作新城一垣，廣闊與舊垣稱。　漢分城固爲南鄉縣，建治於歸仁山，今漁渡壩是也。　晉改南鄉爲西鄉。　唐於此置洋州。　天寶中，洋州復置興道縣，而西鄉遂爲外邑。　漁渡壩，在縣東南三百六十里。　接四川通江界。　隆慶間，何勉倡亂。　既平，移本府巡捕、通判駐劄於此。　後改駐縣城，以後兵防守〔二〕。　崇禎中，置漁渡壩。　設兵二百名。　子午鎮，在縣東北一百八十里。　西接洋，東接石泉。　有公館，後改行茶溪新路，而舊館廢爲巡司。　大巴山巡檢司，在縣西南三百里；鹽場關巡檢司，在縣東南二百里。　二司與子午鎮巡檢司分方巡警，於茶法爲重云。　乾溪巡檢司。添設。　巴山，大巴〔三〕。　在縣西南。　一名大巴山，四百二十里。　一名小巴山，一百五十里。　設有巡檢司，通四川巴州界，西接四川保寧巴縣。　金竹山，在縣南三百五十里。　星子山，在縣東南三百五十里。　山脈自大巴來，陡落於洋源之前，故名。饒風嶺，在縣東北一百八十里。宋吳玠敗金人於此。清涼川，在縣北五里。今洋川也。唐德宗幸梁、洋〔四〕，梁帥嚴震具軍容迎之於此〔五〕。漢江，在縣東九十里。七十二渡河，在縣南五十里〔六〕。源出金竹山，其流縈迴，可渡者凡七十二處，北流入洋河。洋河水，在縣東二十里。發源星子山，流入漢江。自星子山出，西北流入木馬河。木馬河水，在縣西南百步。一名馬源水，源出巴山，東流入漢江。境内左西、空渠二水，皆注於此。子午河水，在縣東二百五十里〔七〕。源出子午谷，西流入漢江。定遠城，在縣南二百五十里。漢班超封定遠侯，即此。洋源廢縣，在縣南二十里。唐武德中置，寶曆初廢。清涼川，在縣北十里。今洋川也。唐德宗幸梁，梁帥嚴震具軍容迎駕於此。

【校勘記】

〔一〕創自元末蓋皇櫺公屯戍址也　「創」，底本脱，據川本、滬本及順治漢中府志卷二補。「末」，底本作「宋」，川本、滬本同，據順治漢中府志改。「櫺」，底本漫漶，川本、滬本空缺。圖書集成職方典卷五三〇西鄉縣城池：「相傳元皇櫺公戍址。」清統志卷二三八引西鄉縣志：「宋改建縣治於嵩坪之陽百步許，未有城池。元時皇櫺公屯徙西鄉，改遷今治。去嵩坪一里餘。」據補「櫺」字。

〔二〕後改駐縣城以後兵防守　川本、滬本同，滬本眉批：「後兵，後字疑訛。」順治漢中府志卷二下「後」字作「民」。圖書集成職方典卷五三〇漁渡壩公署：「後改駐縣城中，以原編民兵於此防守。」下「後」字爲「民」之誤。

〔三〕大巴　川本同，滬本無。

〔四〕唐德宗幸梁洋　「梁洋」，底本漫漶，據川本、滬本補。

〔五〕梁帥嚴震具軍容迎之於此　「梁」，底本脱，據川本、滬本及新唐書嚴震傳、明統志卷三四補；「具」，底本作「興」，川本同，據滬本及寰宇記卷一三八、大明一統名勝志卷四、明統志卷三改。下同。

〔六〕在縣南五十里　「在縣南」，底本漫漶，據川本、滬本補。

〔七〕在縣東二百五十里　川本同，滬本「二」作「一」。明統志卷三四、紀要卷五六西鄉縣：「子午水，在縣東一百二十里。」圖書集成職方典卷五二九引西鄉縣志：「子午水，在縣東一百五十里。」此「二」當作「一」，滬本是。

鳳縣　府西北四百二十里。　山邑地衝，民雜四種。　有連雲棧直接褒城。〔眉批〕重巒疊嶂，亭嶂聯絡，隱然爲蜀門之重。　城周四里〔一〕。　元鳳州，本朝改爲縣。　春秋爲氐、羌所居。　秦爲隴西郡地，漢高帝分置廣漢郡，武帝爲武都郡，領縣九，其屬有故道、河池二縣〔二〕。　後漢、晉因之。　魏明帝時，其地没之蜀〔三〕。　初楊氏部落居仇池，至難當傾國南寇。　宋文帝遣裴方明討之，難當奔魏。　後魏拓定仇池，於此置固道郡。　南齊以固道郡置南岐州。　西魏改爲歸真郡，又改南岐州曰鳳州。　隋廢州，置河池郡。　唐初復爲鳳州，天寶初改河池郡，乾元初復爲鳳州。　五代蜀置武興軍。　宋降爲團練州，分川、陝爲四路，隸秦鳳路。　高宗南渡，以鳳州隸西路〔四〕，仍爲鳳州，領縣三，治梁泉縣。　元以附郭梁泉縣并入。　國朝洪武三年〔五〕，仍爲鳳州，隸鳳翔府，四年改隸〔六〕。

隆慶四年革。舊有三岔，縣南五十里。梁山，西北一百九十里〔七〕。草涼樓，東北七十里。松林驛，在縣西南一百二十里。安山遞驛所，南一百九十里〔九〕。留壩巡檢司，在縣東南一百八十里。安山，在城。三驛革〔八〕。清風關巡檢司，在縣東北一百五十里。嘉靖九年添設。唐僖宗嘗駐蹕於此。〔旁注〕山險林密，盜賊出没。鳳凰山，在縣東三里。世傳鳳凰嘗棲此。武都山，在縣南六十里。弘治中，遷於廢丘關。正德中，徙柴關。有谷，産雄黄。紫柏山，在縣東南二十里。〔旁注〕南一百三〔一〇〕。方輿勝覽云：上有七十二洞，仙人多居於此。盛夏冷冰不消。和尚嶺在縣治東。宋吴玠大敗金兀术於此。嘉陵江，在縣北一里。見略陽〔一一〕。黄華川，在縣東北一十里。水經注：大散水流入黄華川。唐有黄華縣，以此名。後并爲梁泉縣。紅崖河，在縣西七十里。發源鞏府，〔旁注〕秦州南〔一二〕。流入嘉陵江，江邊有紅崖。野羊河，在縣南七十里。源出紫柏山，西南至廢丘關，與東溝河合。大散河水，源出縣東五里大散嶺。流經縣西，〔旁注〕與嘉陵江合〔一三〕。一名故道水。馬嶺關，在縣西三十五里。仙人關，在縣西一百里。路分左右〔一四〕：自成州經天水〔一五〕，出皂郊堡，直抵秦州，此左出之路。自兩當趨鳳縣，直出鳳翔大散關，至和尚原，此右出之路。

梁泉廢縣，在縣治東一里。今爲山川壇。後魏置，元廢。黄花廢縣，在縣東北一十里〔一六〕。唐置，後省。故道廢縣，在縣境。漢高祖引兵從故道敗章邯於陳倉，即此〔一七〕。

陳倉故道〔一八〕，在縣南一百里〔一九〕。自桑坪鋪山口入，至沔縣百丈坡出，其路六百餘里〔二〇〕。韓信度陳倉處〔二一〕，荒塞不通。諸關之外，又有關隘，曰盡口，曰黄牛堡，宋吴玠將楊從義築。曰吴曦堡，宋吴曦築此屯兵。曰土關隘，自青岡坪隘過武休關山寨，甚峻，元汪世顯取蜀經此。曰青崖谷。

【校勘記】

〔一〕城周四里　「城」，底本漫漶，據川本、滬本補。

〔二〕河池　「池」，底本作「地」，川本同，據滬本及漢書地理志、嘉靖漢中府志卷一改。

〔三〕魏明帝時其地没之蜀　川本同，滬本「之」作「入」，順治漢中府志卷二「之」作「于」。蓋「之」爲「于」之訛。

〔四〕以鳳州隸西路　「鳳州隸」，底本漫漶，據川本、滬本補。

〔五〕洪武三年　「武三年」，底本漫漶，據川本、滬本補。

〔六〕四年改隸　「四」，底本漫漶，據川本、滬本補。「隸」，底本脱，川本、滬本同。圖書集成職方典卷五二九鳳縣：「洪武三年，仍爲鳳州，隸鳳翔府。四年，改隸漢中。」據補。

〔七〕梁山西北一百九十里　底本「梁山」錯簡於「里」下，川本同，據滬本乙正。本書下文鳳翔府梁山驛：「在府西南二百里鳳縣城内。」嘉靖漢中府志卷二鳳縣：「梁山驛，治東南四十步。」疑此所記道里有誤。

〔八〕安山在城三驛革　「安山在城」，底本列於上文「草涼樓」上，川本同，據滬本乙正。滬本無「三」字，按此云三驛，實數爲四。又，清統志卷二三八：「安山驛，在留壩廳治南。」則此「城」下當脱載方位道里。

〔九〕南一百九十里　川本同，滬本「南」上有「在」字。

〔一〇〕在縣東南二十里南一百三　川本同，滬本作「紫柏山，在縣東南一百三十里」。圖書集成職方典卷五二九引鳳縣志：「紫柏山，在縣南一百三十里。」明統志卷三四、紀要卷五六作「紫柏山，在鳳縣東南七十里」。疑此處所記道里有誤。

〔一一〕嘉陵江在縣北一里見略陽　「在縣北一里」，底本漫漶，據川本、滬本補。底本此句旁注於下文黄華川條，川本同，據滬本及紀要卷五六、順治漢中府志卷一乙正。

〔一二〕秦州南　川本同，滬本無。

〔一三〕與嘉陵江合　底本「與」上有「城」字，川本同，據滬本及圖書集成職方典卷五二九删。

〔一四〕在縣西一百里路分左右　底本「里」下有「境」字，川本、滬本同。嘉靖漢中府志卷一鳳縣：「仙人關，西一百里。路分左右。」此「境」字衍，據删。

〔一五〕成州　「成」，底本作「戍」，川本同，據滬本及嘉靖漢中府志卷一、明統志卷三四改。

〔一六〕在縣東北一十里　「里」，底本漫漶，據川本、滬本補。

〔一七〕即此　「此」，底本漫漶，據川本、滬本補。

〔一八〕陳倉故道　「陳」，底本漫漶，據川本、滬本補。

〔一九〕在縣南一百里　「南一百」，底本漫漶，據川本、滬本補。

〔二〇〕其路六百餘里　川本、滬本同，嘉靖漢中府志卷一〇作「其路一百餘里」，順治漢中府志卷二作「延亘二百里」，紀要卷五六引輿程記、圖書集成職方典卷五三二「六」作「二」。疑此「六」爲「一」或「二」之誤。

〔二一〕度陳倉處　「倉處」，底本漫漶，據川本、滬本補。

寧羌州　通志：府西南三百三十里。會典：成化二十一年開設。風兼南北〔一〕，語雜秦、蜀〔二〕。秦之西南，蜀之東北，臨高夾深，九州之險。　州境與沔縣、紫陽、西鄉等縣，抵四川界各五六百里，絶險相連。　城周四里〔三〕。　通志：洪武二十九年，羌民田九成作亂，據馬面山，平之〔四〕。三十年，於沔縣之羊鹿坪開設寧羌衛。成化二十二年，建寧羌州，治於衛之南，領縣二：曰沔，曰略陽。今沔隸府，止領略陽一縣。　寧羌衛，原設衛州城。洪武三十年〔五〕，田九成亂〔六〕，移衛於此。　嶓冢山，在州北九十里。形如冢，漢水所出，東入襄陽。書：嶓冢導漾〔七〕。即此。有禹王祠。　丙穴，在州南一百八十里〔八〕。西流崖畔，秋冬水涸，則魚藏洞中難覓，春夏之交水漲始出。味美如鰤。詩：南有嘉魚。傳云：沔南丙縣。即此。　本沔縣地。戰國爲白馬氏之境，名羊鹿坪。漢分白馬氏置武都，爲武都地。武帝平西夷，屬隴西郡之西邑。更始時，隗囂據焉〔九〕。後漢分屬漢中之沔陽。魏武取漢中，復隸武都。西晉末，爲氐人楊茂搜取據〔一〇〕。南宋取之，屬東益州，即沔縣。後魏置嶓冢縣境〔一一〕，梁之東益，爲武興番王國〔一二〕，復屬漢中〔一三〕。西魏屬興州。隋改嶓冢爲西縣，屬漢川郡，後分屬利州〔一四〕。唐初，析綿谷置三泉縣。宋平蜀，先下三泉，置大安軍，屬大安。高宗南渡，爲利西路帥司治所之境。開禧中，屬沔州。元廢三泉，改大安州爲縣〔一五〕，分西縣置鐸水縣，而以沔州治之。國朝改州爲縣，地仍屬焉。洪武二十九年云云，寧羌衛〔一六〕，〔旁注〕州治北。左、右、中、前、後五千户所。陽平驛，在州西北十里。後改爲關。有巡檢司，未復。黄壩驛，州西五十里。有丞〔一七〕，舊俱屬沔縣。舊有寧羌遞運所，隆慶四年革。通志有柏林驛，在州北十里。〔旁注〕本志同〔一八〕。

【校勘記】

〔一〕風兼南北　川本、滬本同，順治漢中府志卷一「風」下有「氣」字。

〔二〕語雜秦蜀　川本、滬本同，順治漢中府志卷一「語」下有「諳」字。

〔三〕城周四里　「四」，底本作「百」，川本、滬本同，據紀要卷五六、清統志卷二三七改。

〔四〕平之　底本「之」作「王」，川本同，滬本作「□□平之」，順治漢中府志卷一作「遣將討平之」，清統志卷二三七作「討平之」。此「王」爲「之」字之誤，據改。「平」上當有脱文。

〔五〕洪武三十年　「武三十」，底本漫漶，據川本、滬本補。

〔六〕田九成亂　「亂」，底本脱，川本同，據滬本及清統志卷二三八補。

〔七〕嶓冢導漾　「漾」，底本作「源」，川本同，據滬本及尚書禹貢、水經漾水注改。

〔八〕在州南一百八十里　滬本同，川本「八」作「七」。

〔九〕隗囂據焉　底本「據」上有「置」字，川本同，據滬本及順治漢中府志卷一、圖書集成職方典卷五二九、康熙漢南郡志卷一删。

〔一〇〕爲氐人楊茂搜取據　「氐人楊」，底本漫漶，據川本、滬本補。「取」，川本、滬本同，圖書集成職方典卷五二九、康熙漢南郡志卷一俱作「所」，滬本眉批：「取，當作所。」疑此「取」爲「所」之誤。

〔一一〕後魏置嶓冢縣境　川本、滬本同。寰宇記卷一三三西縣：「後魏宣武正始中，分沔陽縣地置嶓冢縣，屬華陽郡。」此「縣」下蓋有誤脱。

〔一二〕梁之東益爲武興番王國　「爲武」，底本漫漶，據川本、滬本補。

〔一三〕復屬漢中　「中」，底本漫漶，據川本、滬本補。

〔一四〕後分屬利州　「利」，底本作「和」，川本同，據滬本及圖書集成職方典卷五二九改。

〔一五〕改大安州爲縣　「州」，底本作「軍」，川本、滬本同，據元史地理志、紀要卷五六改。

〔一六〕洪武二十九年云云寧羌衛　川本、滬本同。紀要卷五六寧羌衛：「在州城内。通志：洪武二十九年置。」清統志卷二三七寧羌州：「明洪武二十九年，省大安入沔縣，改置寧羌衛。」此「年」下當有脱誤，或「云云」爲「置」之誤。

〔一七〕有丞　底本「丞」作「水」，川本、滬本同，據清統志卷二三八改。

〔一八〕本志同　「同」，底本漫漶，據川本、滬本補。

沔縣　北通秦、隴，南控川蜀，山水稱爲高峻〔一〕。府志。　府西南一百里。〔眉批〕崖谷險峻，十里百折〔二〕。興州江運記〔三〕。　連雜羌、氐〔四〕，人尤勁悍〔五〕，性多質直，務農習獵。隋志。　府志〔六〕：成化二十二年〔七〕，改隸。　舊隸寧羌州。　嘉靖三十八年，改隸府。府志：隸府。　漢建興七年〔八〕，丞相諸葛亮築。三國志云：亮築漢、樂二城〔九〕。漢城即沔，蓋元和志古武興城云〔一〇〕。城周三里三分。治舊在縣東二十里，洪武四年移此。〔眉批〕戰國爲白馬氐之東境。漢分白馬氐置武都，以是地置沮縣，置梁州，治漢之沔陽。晉末，氐人楊茂搜自號氐主，據武都。後分立武興郡，即今縣治是也。南宋立東益州〔一一〕，梁立武興番王國。西魏改東益爲興州。隋爲順政郡，唐復置興州，宋因之。高宗南渡，爲利西路帥司治所。開禧中，逆曦之變，改爲沔州。元至元十四年，隸廣元路。二十年，廢褒州，止設鐸水縣，遷沔州而治焉。領縣三〔一二〕：曰鐸水、大安、略陽。國初，仍爲沔州，隸漢中府。七年，改爲縣。成化二十二年，置寧羌州，遂屬之，今復隸府治焉。新志無此一句。

龍門山，在舊大安軍城五里，去今城南六十里。懸壁環合，上透碧虛，中敞大洞，下潄清泉，夏綴珠水，冬凝冰柱。

潭毒山，在舊大安軍西二三里〔一三〕，今縣西八十五里〔一四〕。宋紹興三年，金撒離喝入興元府，劉子羽留吴玠等守三泉。子羽以潭毒山形斗拔，其上寬平有水，乃築壘以拒金兵，敵尋引去〔一五〕，子羽軍勢復振。

鳳凰山，在縣西北一百八十里〔一六〕。一名中子山，其山如鳳之張翔。

卧龍山，在縣北一里。東連百丈坡，西接一百八十渡。上有蓮花池。

飛仙嶺，在縣東三十里。上有閣道百餘間，即入蜀路。

守禦沔縣右千户所。

舊有僧會、道會司，洪武二十五年，僧人田九成與道士李普智爲妖術謀亂，郡守討平之。二十七年，遂除僧會，道紀不復設。

元沔州，屬廣元路。本朝改爲縣，屬漢中府。

金牛驛，在縣西一百里。

順政驛，城内西〔一七〕。

舊有黄沙驛，革，東四十里。

府志：驛四：曰順政，曰大安〔一八〕，即金牛，俱係民站，有丞。曰黄沙，曰青羊，〔旁注〕陽。俱係軍站，惟青陽尚未復設〔一九〕，遞運所亦未復。

白

馬巡檢司，後移九股樹。今廢。通志：有青陽驛，在西六十里。鐵山，在縣北五里。山出鐵。宋姚仲於此置寨，以拒金人。定軍山，在縣東南一十里。兩峯對峙。漢昭烈於此山下作營，斬魏將夏侯淵。山下有坡，可駐萬軍。諸葛亮卒，葬於此。今墓存。武興山，在縣東北一十五里。南臨漢江，古武興郡城治在此。大景山，在縣西北八十里。與小景山相連。小景山，在縣西北八十里。「景」，本作「丙」，唐避諱改之。山有穴，方圓三丈餘。其口向丙，有水潛流。每歲二三月，有魚長八九寸〔二〇〕，從穴中出焉。蜀都賦：嘉魚出於丙穴。是也。普明山，在縣西九十里。東接金堆〔二一〕，西連嶓冢。金堆山，在縣西七十里。嶓冢山，在縣西一百二十里。漾水所出。禹貢：嶓冢導漾〔二二〕。即此。百丈坡，在縣東北二十里。白馬關，在縣東一里。石頂關，在縣南八十里。百牢關，在縣西七十里。漢水，在縣北二十里〔二三〕，源出嶓冢山下。舊州河，在縣東二十五里。源自百丈坡來，流入漢江。黃沙河，在縣東四十五里。自雲濛山來，東流入漢江。養家河，在縣南二十里。自巴山來，東流入漢江。羅村河，在縣西南九十里〔二四〕。自牢固關來，東流與漢江合。沔水，在縣西三十里。一名沮水，源出鳳縣，因以爲名。南流入漢江。嘉陵江〔二五〕，在縣西北一百八十五里。漾水，在縣南舊大安軍。禹貢：嶓冢導漾，東流爲漢。即此。石頂原〔二六〕，在縣南三十里。宋置關，最險要。金牛峽，在縣西一百七十里。一名五丁峽〔二七〕。世傳蜀王使五丁開道，以引金牛者也。白馬河，在縣西三十步。匯自龍門溝出〔二八〕，南流入漢江。大安河，在縣西九十里。源自普明山來，南流與漢江水合。度水，通志無。在縣南二里境。水有二源：曰清湊、濁湊。清水出鱮魚，濁水出鰣魚，常以二八月取之。濜水，通志無。北發武都氐中，南流入沔，謂之濜口。丙水〔二九〕，在縣北八十里〔三〇〕。源出褒城縣西北牛頭山，流合沮水，經丙穴而過，有嘉魚。或謂之大丙水〔三一〕。

西樂城，在舊西縣西南〔三二〕。城甚險固，諸葛亮所築。西縣以此得名。沔陽城，漢水南〔三三〕。漢蕭何所築也〔三四〕。昭烈爲漢王，權住此城，盟於城下。金門外有盟壇尚存。在舊西縣東南一十六里。沔州舊址，在縣東二十五里。大安軍舊址，在縣西一百八十里。三泉舊址，在舊大安軍東一里。宋置縣。石馬城，在縣東二十里。諸葛亮屯兵之所。順政縣舊址，在縣西一百一十里。漢城，在南門。漢建興中，丞相諸葛亮築之於沔陽路，呼爲古城。長舉廢縣，在縣西一百里〔三五〕。後魏置，元省入沔州。府志：略陽縣西一百二十步〔三六〕。廢西縣，在縣西四十里。本後魏嶓冢縣，隋改名。元省入略陽。陳倉道，在縣東北二十五里。由百丈坡入山，今荒塞。漢諸葛亮出散關，圍陳倉；曹操自陳倉出散關，即此〔三七〕。孔明讀書亭，在卧龍山。上有蓮花池，水四時不涸。八陣圖，在定軍山下。圖列八陣，聚細石爲之，各六十四聚。又有二十四聚作兩層，每層各十二聚。晉桓温伐蜀經此，以爲常山蛇勢。其迹尚存，或人爲散亂，及夏水所没，水退如故。

【校勘記】

〔一〕山水稱爲高峻　「水」，底本作「林」，川本同，據滬本及順治漢中府志卷一、圖書集成職方典卷五二九改。

〔二〕十里百折　「里百折」，底本漫漶，據川本、滬本補。

〔三〕興州江運記　「記」，底本漫漶，據川本、滬本補。底本「興州江運」作「興州北蓮」，川本同，滬本作「開興江運」，據柳河東全集卷二六、嘉靖陝西通志卷三二、嘉靖徽郡志卷八、萬曆陝西通志卷三二改。

〔四〕連雜羌氏　「氏」，底本漫漶，據川本、滬本補。

〔五〕人尤勁悍　「人尤勁」，底本漫漶，據川本、滬本補。

〔六〕府志　「志」，底本脱，川本同，據滬本補。

〔七〕成化二十二年　上「二」字，底本脱，據川本、滬本及清統志卷二三七補。

〔八〕漢建興七年　「興」，底本作「炎」，川本、滬本同，據三國志蜀書後主傳、圖書集成職方典卷五三〇改。

〔九〕亮築漢樂二城　「二」，底本作「之」，川本同，據滬本及三國志蜀書後主傳、順治漢中府志卷二改。

〔一〇〕蓋元和志古武興城云　「志」，底本脱，川本同，據滬本及元和志卷二二補。滬本「古」上有「所稱」二字，當是。

〔一一〕南宋立東益州　「益」，底本作「蒼」，川本同，據滬本及元和志卷二二、康熙漢南郡志卷一改。下同。又，梁書武興國傳：「大同元年，置東益州。」北史氐傳：「大統元年，於武興置東益州。」則此云「南宋立」，有誤。

〔一二〕領縣三　「領」，底本作「鎮」，川本、滬本同，據元史地理志、嘉靖漢中府志卷一、順治漢中府志卷一改。

〔一三〕在舊大安軍西二三里　底本「西二三里」作「云云三泉」，川本同，據滬本改。

〔一四〕今縣西八十五里　底本「西」下有「界」字，川本、滬本同，據嘉靖漢中府志卷一、紀要卷五六、圖書集成職方典卷五三〇刪。

〔一五〕乃築壘以拒金兵敵尋引去　底本「乃築」、「拒」、「敵尋」五字漫漶，據川本、滬本補。

〔一六〕在縣西北一百八十里　「一百」，底本漫漶，據川本、滬本補。

〔一七〕城内西　川本同，滬本「城」上有「在」字。

〔一八〕曰大安　「安」，底本作「办」，川本作「刃」，滬本作「刄」。清統志卷二三八：「大安驛，在沔縣西南九十里。本名金牛驛。明初置，舊有驛丞，今裁。」此「办」乃「安」字之誤，據改。

〔一九〕惟青陽尚未復設　「青」，底本漫漶，據川本、滬本補。

〔二〇〕長八九寸　「長八」，底本漫漶，據川本、滬本補。

〔二一〕東接金堆　「接金堆」，底本漫漶，據川本、滬本補。

〔二二〕嶓冢導漾　「漾」，底本作「源」，川本同，據滬本及尚書禹貢、水經漾水注改。

〔二三〕漢水在縣北二十里　川本、滬本同。紀要卷五六：「漢水，在沔縣南十里。」按漢水不應在沔縣北，此當有誤。

〔二四〕羅村河在縣西南九十里　底本「南」作「北」，川本、滬本同。紀要卷五六沔縣：「羅村河，在縣西南百九十里。引爲羅村堰。」圖書集成職方典卷五三〇沔縣：「羅村堰，在縣西南一百九十里。引爲羅村河。」此「北」爲「南」字之誤，據改。「九十」之上蓋脱「一百」二字。

〔二五〕嘉陵江　「江」，底本漫漶，據川本、滬本補。

〔二六〕石頂原 「石頂」，底本脱，川本同，據滬本及明統志卷三四、紀要卷五六、康熙漢南府志卷一補。

〔二七〕五丁峽 「丁」，底本作「十」，川本同，據滬本及明統志卷三四、紀要卷五六、清統志卷二三七改。

〔二八〕匯自龍門溝出 川本、滬本同，滬本眉批：「匯，疑源之訛。」順治漢中府志卷一作「出龍門溝」。紀要卷五六作「其上流爲龍門溝」。清統志卷二三七引府志作「出龍門溝」。本書下文沔縣白馬河條亦作「出龍門溝」。疑此「匯」或衍，或當作「源」。

〔二九〕丙水 「丙」，底本作「兩」，川本同，據滬本及明統志卷三四改。

〔三〇〕在縣北八十里 「北」，底本漫漶，據川本、滬本補。

〔三一〕大丙水 底本漫漶，據川本、滬本補。

〔三二〕在舊西縣西南 「縣」，底本作「鄉」，川本同，據滬本及通典卷一七五、紀勝卷一八三、明統志卷三四改。下同。

〔三三〕漢水南 「水南」，底本漫漶，據川本、滬本補。滬本「漢」上有「在」字。

〔三四〕漢蕭何 「漢」，底本漫漶，據川本、滬本補。

〔三五〕長舉廢縣在縣西一百里 川本、滬本同。元和志卷二二：「長舉縣，南至興州（按即明略陽縣）一百里。」元一統志卷四：「長舉廢縣，先在興州北八十二里。唐貞觀二年，移治州西一百里。」紀要卷五六略陽縣：「長舉城，縣西百里。」疑此條當屬略陽縣，本書誤列於此。

〔三六〕略陽縣西一百二十步 川本、滬本同。清統志卷二三八引略陽縣志：「長舉廢縣，在縣西北一百二十里。」疑「步」爲「里」之誤。

〔三七〕即此 「即」，底本漫漶，據川本、滬本補。

略陽縣　府西北二百一十里。通志：州北二百二十里。　舊屬沔州。洪武七年，改沔州爲縣，以略陽隸府。成化二十二年，隸寧羌州。　城周五里。　漢爲沮縣地，後魏僑立略陽郡及略陽縣。元屬沔州，本朝屬漢中府。〔眉批〕地僻民頑，農末雜作。連峯環矗，江濤洶湧〔一〕。道路險僻，控扼蜀門。

舊有峽口、白水、嘉陵三驛，革。〔旁注〕考仍載嘉陵、白水。府志：亦有二驛。　陽平巡檢司〔二〕，舊係九股樹，東六十。府志：北八十。萬曆九年改。　白水巡檢司，縣北一百一十里〔三〕。舊係罝口。罝口巡檢司，在西北三十里。萬曆九年改。　玉女山，在縣治東南三十里〔四〕。山峯特立，半山有白石如人形。　盤龍山，在縣西五里。下有泉水，灣環如盤龍狀。　飛仙嶺，在縣東四十里。上有閣道百餘間〔五〕，即入蜀大路。　分水嶺，在縣南八十里。嶺下水分東西流。　殺金嶺，〔旁注〕坪。其旁地名殺金坪。　在縣西北一百一十里。宋吳玠嘗於此築壘，以拒金兵。舊長舉縣〔六〕。　宋紹興四年，金人攻鐵山，於仙人關高嶺立大柵。旁有殺金坪，吴玠堅壘於坪，會玠弟璘入援，幷兵禦之，虜遂退。　青泥嶺，在縣西北一百五十里〔七〕。懸崖萬仞〔八〕，上多雲雨，行者多逢泥淖。李白詩：青泥何盤盤。即此。　嘉陵江，在縣治西南。西二十里，又作一里〔九〕。源出鳳縣東大散關之西，歷兩當、略陽〔一〇〕，會東谷等水，流經四川利、閬、合州〔一一〕，至重慶府入大江。舟楫至漁關始通。　犀牛江，在縣西北一百二十里。又爲東西淮〔一二〕，自階州東流，入嘉陵江。　一百八渡河，在縣東八十步。源出退水河，自徽州界來，經城西南，流入嘉陵江。人渡者凡一百八處。武興城，在縣南二百步。鳴水廢縣，在縣西一百一十里。長舉縣，在縣西北一百二十步。後魏置落叢郡及縣。唐省入長舉。安康縣，在縣北一百八十三里。西城，在縣西百里。今之西淮灞是也。

【校勘記】

〔一〕江濤洶湧　「洶」，底本作「海」，川本、滬本同，據圖書集成職方典卷五二九改。

〔二〕陽平巡檢司　「陽平巡檢」，底本漫漶，據川本、滬本補。

〔三〕縣北一百一十里　底本錯簡於下文「玉女山」之上，川本同，據滬本及清統志卷二三八乙正。滬本「縣」上有「在」字。

〔四〕玉女山在縣治東南三十里　底本「里」下有「東一百二十里，北一百一十里，在治西」十五字，川本同，據滬本及圖書集成職方典卷五三〇、清統志卷二三八删。

〔五〕上有閣道百餘間　「閣」，底本作「闕」，川本同，據滬本及明統志卷三四、紀要卷五六改。

〔六〕舊長舉縣　川本、滬本同，滬本下有「在縣西一百步」。紀要卷五六略陽縣：「長舉城，縣西百里。」則此「舊長舉縣」下脱「在縣西百里」五字。滬本是，惟「步」應作「里」。

〔七〕在縣西北一百五十里　底本「里」下衍「舊長舉縣」四字，川本同，據滬本及明統志卷三四、紀要卷五六删。

〔八〕懸崖萬仞　「萬」，底本作「千」，川本、滬本同，據元和志卷二二、寰宇記卷一三五、紀要卷五六改。

〔九〕又作一里　川本同，滬本「一」下有「十」字。

〔一〇〕歷兩當略陽　「兩」，底本脱，川本、滬本同，據明統志卷三四、圖書集成職方典卷五二九補。

〔一一〕流經四川利閬合州　「閬」，底本作「閔」，川本同，據滬本及明統志卷三四、紀要卷六六、圖書集成職方典卷五二九改。

〔一二〕又爲東西淮　「東西淮」，川本及明統志卷三四同，紀要卷五六、明史地理志載：犀牛江，「即西漢水」。

興安州

府東南六百四十里。舊爲金州。萬曆十一年，以大水遷治，改今名。城周六里有奇。此未遷時金州城。　本漢中郡地，東漢末，分置西城郡。三國魏，改魏興郡。西魏以其地出金，改金州。元金州爲散州，本朝屬漢中府。萬曆二十三年，改直隸布政司〔一〕。〔眉批〕秦頭楚尾。圖經。　東接襄、沔，南通巴、達〔二〕，西連梁、洋，北控商、虢。郡志。　居襄、沔上流，其人半楚。宋圖經。

興安州守禦千户所。舊爲金州守禦千户所。　牛山，在州北五十里。　舊有乾祐巡檢司。　魏山，在州西南九里。山之東西南三面甚險絶。晉吉挹爲壘，守韋鍾於此。　天柱山，在州西五十里。懸崖壁立，秀出羣嶺〔三〕。　越河，在州西一十里。源自漢陰縣來，南流入漢江。　衡河，在州西七十里。流合漢陰縣東之月川水〔四〕，入漢江。　西城廢縣，在舊州西南三里。　青碌局，在州治西北。歲辦采取石青、石碌之所。今廢。水經注曰：漢水經西城縣故城南，又東爲龍泉，泉上有胡鼻山，石類胡人鼻故也。下臨龍井渚，泉深數丈。又曰漢水過西城縣，又東經鱉池而爲鯨灘〔五〕。

【校勘記】

〔一〕萬曆二十三年改直隸布政司　「萬曆」，底本脱，川本同，據滬本及清統志卷二四一補。底本此文錯簡於上文「西魏以其地出金」之上，據紀要卷五六、圖書集成職方典卷五三七、清統志卷二四一乙正。

〔二〕南通巴達　「通」，底本作「適」，川本同，據滬本及明統志卷三四、紀要卷五六、圖書集成職方典卷五三七改。

〔三〕秀出羣嶺　「羣」，底本作「泉」，川本同，據滬本及紀要卷五六改。

〔四〕合漢陰縣東之月川水　「之」，底本空缺，川本同，據滬本及紀要卷五六補。

〔五〕又東經鱉池而爲鯨灘　「灘」，底本作「灘」，川本、滬本同，據水經沔水注改。

平利縣　州南九十里。城周六里。元省入州。本朝仍立。八仙關，在縣南四百里〔一〕。狗脊關，在縣北四十五里。界溪河，在縣東一百三十里。源自湖廣竹山縣，北流入洵陽縣閭河〔二〕。灞河，在縣東。秋河，在縣東南一百九十里。源自四川大寧縣來，北流入界溪河。太平河，在縣東南。峯口河，在縣南。嵐河，在縣西南一百五十里。源自四川達縣來〔三〕，北流逕金州〔四〕，入漢江。鎮坪巡檢司，在縣東六百里。正德八年添設。女媧山，在縣東三十里。舊有女媧氏祠。灌溪河發源此山。灌溪河，在縣南二十步。發源女媧山，西流入金州黄羊河。舊縣址，在縣東一百三十里女媧山之東。

【校勘記】

〔一〕在縣南四百里　川本同，滬本「百」作「十」。

〔二〕閭河　「閭」，底本作「關」，川本、滬本同，據紀要卷五六、圖書集成職方典卷五三七、清統志卷二四一改。

〔三〕源自四川達縣來　「達」，底本作「逵」，川本同，據滬本及紀要卷五六改。

〔四〕北流逕金州　「流」，底本作「源」，川本同，滬本作「流」。清統志卷二四一作「北流經平利縣西南界」。此「源」當「流」之誤，據改。

石泉縣　州西八十里。會典：隸州，縉紳隸興安〔一〕。元省入州。本朝仍立。倚山臨江，與西鄉接境。舊隸金州。嘉靖三十八年，改隸府。今仍隸興安州。城周三里。太平山，在縣東八十里。漢江南岸。其山高峻，絶頂坦如平地。饒峯嶺〔二〕，在縣西五十里。其嶺與西鄉山相接。下有饒峯河，南枕漢江，右設饒峯關。宋紹興中，金撒離喝取金州〔三〕，劉子羽命田晟守饒峯關〔四〕，吴玠引兵援之，即此。漢江，在縣南五十步。源自沔縣嶓冢山，東流入金州。饒峯嶺巡檢司，在縣西四十里。舊有池河巡檢司，革。縣東四十里。十八盤山，在縣南五里，漢江南岸。曲盤十八，始達於巔。珍珠河，在縣西二里。源自五攢嶺〔五〕，縣北三十里。流入漢江。遲河，在縣東五十里。源自長安縣腰竹嶺，來至蓮花石，南入漢江。相傳此河易漲難退，故名。其地沃衍。景泰中，設巡檢司於此。饒峯河，在縣西十里。源自西鄉縣子午河，分流，東入漢江。大壩河〔六〕，在縣西十五里。源自秦嶺下來，西流入漢江。紅河，在縣北一里。兩岸沙石絶紅。源自五攢嶺，南流入漢江。石泉，在縣治南五十步。其泉清洌，四時不涸，民以資日汲，縣因以得名〔七〕。

【校勘記】

〔一〕隸州縉紳隸興安　「州」，底本作「在」，據滬本改。明史地理志興安州石泉縣：「嘉靖三十八年十一月改屬漢中府，萬曆十一年還屬州。」此文有脱誤。

〔二〕饒峯嶺　「峯」，川本、滬本同，宋史劉子羽傳、宋史紀事本末卷六九、明統志卷三四作「風」，此「峯」應作「風」爲是，下饒峯河、饒峯關同。

〔三〕金撒離喝　「喝」，底本作「蜀」，川本同，滬本作「唱」，據宋史吴玠傳、宋史紀事本末卷六九、續通鑑卷一一二改。

〔四〕田晟　底本作「曰歲」，川本、滬本同，據宋史吴玠傳、劉子羽傳、宋史紀事本末卷六九改。

〔五〕源自五攢嶺　「源」，底本作「河」，據川本、滬本及圖書集成職方典卷五三七改。

〔六〕大壩河　「壩」，底本作「噓」，川本、滬本同，據嘉靖平凉府志卷一、紀要卷五六、順治漢中府志卷四、圖書集成職方典卷五三七改。

〔七〕縣因以得名　「縣」，底本無，川本、滬本同。紀要卷五六石泉縣：「石泉，在縣治南。其水清洌，四時不竭，流入漢水。縣因以名。」圖書集成職方典卷五三七石泉縣：「石泉，在縣治南五十步。清洌不涸，民便汲取，縣以此得名。」此「縣」字脱，據補。

洵陽縣　州東一百二十里。城周四里。元省入州。本朝仍立。臨崖山，在縣東二百二十步。峯巒隱隱，環於縣治。東連漢江，北連鶻嶺。碧鈿山，在縣東二百五十里。其山產碧鈿子〔一〕，有洞，今封閉。青山，在縣西五十八里。其山產碧鈿石，有洞，今封閉。青風關，在縣北一百五十里。西接洵、汭，東接乾祐河，東西長一百八十里。漢江，在縣南一百一十步。自金州界來，東流入鄖縣〔二〕。洵河，在縣東一百二十步。自西北山流出漢江〔三〕，縣以是得名。三岔巡檢司，在縣北一百三十里。閭關巡檢司〔四〕，在縣東一百七十里。紫荆山，在縣東南五十里。當門山，在縣東一百七十里。兩峯如門。水銀山，在縣東北二百四十里。其山產朱砂水銀，有洞，今封閉。洵水，在縣治南。仗陵城，在縣西五十里。即木蘭寨，蜀漢軍救孟達之所。

【校勘記】

〔一〕碧鈿子　川本、滬本同，圖書集成職方典卷五三七「子」作「石」。本書下文青山，「其山産碧鈿石」。疑此「子」當作「石」。

〔二〕鄖縣　「鄖」，底本作「鄭」，川本、滬本同，據水經沔水注、紀要卷五六改。

〔三〕自西北山流出漢江　川本、滬本同。漢書地理志漢中郡旬陽：「北山，旬水所出，南入沔。」水經沔水注旬水：「北出旬山，又東南逕旬陽縣南，東南注漢。」紀要卷五六洵陽縣：「旬水，在縣治東。出商州鎮安縣南之洵山，有直水支流會焉。東流至縣東南，入於漢水。」疑此「出」當「入」或「注」之誤。

〔四〕閭關巡檢司　底本「關」作「闔」，川本、滬本同，據紀要卷五六、清統志卷二四二改。

漢陰縣　州西一百五十里。通志：六十里。　元省入州。本朝仍立。舊隸金州，嘉靖三十八年，改隸府。今仍隸興安州。　城周五里。　漢江，在縣南八十里，東流入金州。　龍王河，在縣東二十三里。　恒河，在縣東二十五里。北岸有古淘金場。　蒲溪河，在縣東三十里。與龍王板峪二河，源俱出鳳凰山，北流入月河。　雙乳河，在縣東五十里。源自金桑溪來，南流入月河。　板峪河，在縣南三里。　月河，在縣西一百步。　觀音河，在縣西北三里。源自馬蝗山來，南流入月河。　青泥河，在縣北三十里。源自長安縣界來，東流入恒河。　雲門山，在縣東二十里。　箭簳山，在縣東北一百八十里。　方山關，在縣西三十二里。唐貞觀二年置。

北阻方山，南臨漢水，當東、西驛路。　安陽城，在縣西二十四里。

白河縣　州南二百一十里。通志：東四百一十。考〔一〕。成化十二年添設。本洵陽縣地。成化八年，立白河堡。十二年，升爲縣，隸鄖陽府〔二〕。十三年，改隸漢中府金州。　城周三里。　鳳嶺，在縣城西北。環繞西南，如鳳翥，故名。　高瑱子洞，在縣西六十里。出碧瑱子〔三〕，今封閉。　白石河，在縣西南一百二十里。自竹山縣來，東北入漢江。　小白石河，在縣東南九十里。源自竹山縣界，北流入白石河。　紅石河，在縣東南八十里。源自漫營嶺來〔四〕，西北流入白石河。　冷水河，在縣西一百六十步。源自洵陽縣王鐵嶺，北流入漢江。　小冷水河，在縣西九十里。源自長岡嶺東，西南流入冷水河。　馬莊河，在縣西一百二十里。源自棕溪嶺來，東流入冷水河。

【校勘記】

〔一〕東四百一十考　川本同，滬本無「考」字。

〔二〕鄖陽府　「鄖」，底本作「鄭」，川本同，據滬本及紀要卷五六、圖書集成職方典卷五三八改。

〔三〕出碧瑱子　「碧瑱」，底本漫漶，據川本、滬本補。

〔四〕漫營嶺　「漫」，底本作「湜」，川本、滬本同，據紀要卷五六、清統志卷二四一改。

紫陽縣　州西二百五十里。考〔一〕。通志：西南二百里。正德七年添設。本漢陰縣地〔二〕，正德七年，立紫陽堡。八年，升爲縣。城周四里。漢江，在縣南。三台山，在縣東三十里。團螺山〔三〕，在縣西北六十里。雙河關，在縣西一里〔四〕。班鳩關，在縣南一百五十里〔五〕。任河，在縣西一里。發源大寧縣，北流入漢江。崖路崎嶇，通西蜀，板木結筏〔六〕，多由此出。汝河，在縣東南二十里，北流入漢江。灌河在縣西南。五郎河，在縣西五十里，北流入漢江。小石河，在縣西北二十里，南流入任河。松河，在縣西北。

【校勘記】

〔一〕州西二百五十里考　川本同，滬本無「考」字。

〔二〕本漢陰縣地　底本錯簡於下文「城周四里」之下，川本、滬本同，據紀要卷五六、清統志卷二四一乙正。

〔三〕團螺山　「團」，底本作「圞」，川本、滬本同，據紀要卷五六、圖書集成職方典卷五三七、清統志卷二四一改。

〔四〕在縣西一里　川本、滬本同。嘉靖漢中府志卷一紫陽縣：「雙河關，南一百里。」圖書集成職方典卷五三八紫陽縣：「雙河關，在縣南八十里汝河内。」清統志卷二四二：「雙河關，在紫陽縣東南一百二十里。當汝、洞二水間，故名。」此處所記方位道里疑有誤。

〔五〕在縣南一百五十里　「南」，底本脱，川本同，據滬本及嘉靖漢中府志卷一補。

〔六〕板木結筏　「筏」，底本脱，川本同，據滬本及清統志卷二四一補。

鳳翔府

元鳳翔府，本朝因之。屬關西道。　城周一十二里三分。　漢景帝分屬右内史，武帝更曰右扶風。漢高帝初名中地郡。百官表：中地守宣義爲廷尉。〔眉批〕馮翊、扶風，是漢之三輔，其風大抵與京師不異。隋志。　原田肥美，物産富饒。乃成周興王之地〔一〕。唐地理志。　渭、汧、岐、漆、雍五水，皆會於郡界。寰宇記。　鳳翔右衺涇、原〔二〕，地平少巖阻。唐王承元傳。　隴關阻其西〔三〕，益門扼其南。舊志。　鳳翔宅三輔，西爲寧國、河湟〔四〕，喉舌之區，地曼而險，峭岈嶔坎，率稱通藪。知府鄒廷望修城記。

杜陽山，在府東北二十五里。杜陽水〔五〕。　雍山，在府西北三十里。雍水所出，四面積高曰雍，又四面不見四方曰雍，雍州之名取此。　渭河，源出渭源縣南谷山。流至寶雞縣治南，又東過扶風岐山縣，入西安府界。　汧河，源出汧山，流經隴州汧陽縣，至寶雞縣東入渭。　雍水，源出府城西北平地，〔旁注〕通志：通雍山。　東流經扶風縣界，又歷中牢溪谷，號中牢水。　五馬山，昔張岩與金人戰於此〔六〕。

雍城。史記：秦德公元年，初居雍城大鄭宮。又曰卜居雍。後子孫飲馬於河。括地志云：岐州雍縣南七里故雍城，秦德公城也〔七〕。　秦記：康公居雍高寢，桓公居雍太寢。　西畤，在雍縣南二十里。史記：秦襄公作西畤，祠白帝〔八〕。　靈山，在府西二十五里〔九〕。上有寺。一名靈鷲山。鳳翔守禦千户所。東河橋驛。府西南一百六十里〔一〇〕。草涼驛，在府西南二百一十里。梁山驛，在府西南二百里鳳縣城内。長寧馬驛，在府西二百八十里關山西。與鞏昌府清水縣分界。舊驛原在武功縣東，成化九年改建。萬曆十年，以東河橋遞運所，改立於此。

【校勘記】

〔一〕乃成周興王之地　「成」，底本漫漶，據川本、滬本補。

〔二〕鳳翔右衷涇原　「右」，底本作「在」，川本同，據滬本及新唐書王承元傳改。

〔三〕隴關阻其西　「關」，底本作「開」，據川本、滬本及明統志卷三四、紀要卷五五改。

〔四〕河湟　「湟」，底本作「湼」，川本同，據滬本改。

〔五〕杜陽水　川本、滬本作「杜水陽」。康熙鳳翔縣志卷一作「杜陽川水所出」。萬曆陝西通志卷六、明統志卷三四、圖書集成職方典卷五二三並作「杜水所出」。疑此有脱誤。

〔六〕五馬山昔張岩與金人戰於此　「岩」，川本同，滬本作「嚴」。宋史高宗紀：建炎二年，「隴右都護張嚴及金人戰於五里坡。」同書劉惟輔傳：張嚴「擁大兵及金人於五里坡」。疑此「五馬山」爲「五里坡」之誤，「岩」爲「嚴」字之誤。

〔七〕秦德公城也　川本、滬本同，史記秦本紀正義引括地志作「秦德公大鄭宫城也」。此「城」上脱「大鄭宫」三字。

〔八〕秦襄公作西畤祠白帝　「白」，底本作「上」，川本、滬本同。史記秦本紀索隱：秦襄公「故作西畤，祠白帝」。漢書郊祀志：秦襄公「自以爲主少昊之神，作西畤，祠白帝」。此「上」爲「白」字之誤，據改。

〔九〕在府西二十五里　「二」，川本、滬本同，明統志卷三四、紀要卷五五、圖書集成職方典卷五二三並作「三」。

〔一〇〕府西南一百六十里　川本同，滬本「府」上有「在」字。

鳳翔縣　治。　秦雍縣。唐至德二載，改今名。　西平原，在城西三十里。宋吴玠與金人撒離喝相持處。　老君坡，在城東北二十五里。杜水所出〔一〕。　東湖，在城東一里。　玉泉，在城西北五里。有灌溉利，東南入渭。　雍縣城，在康公雍城北，府南，秦德公所都，里以地有雍山、雍水名。　鄧水，在城北七里，合塔寺河入渭。　塔寺河，在府東郭。小水從西來〔二〕，轉南達於渭。　東湖，在府城東門外。　返眼泉，在府西北三十里。出雍山下，即雍水，水出似人返眼，故名。世名西水，水經注曰左陽水。行一十里，至西平伏不見，伏三十里，至三岔復出〔三〕，東流合塔寺河。　至漳川〔四〕，同漆水入於渭。　秦惠文詛楚文碑，在開元寺。今不存。　蘇子瞻詩有云：吾閲古秦俗，面詐背不汗。　岐陽驛，縣東〔五〕。　黄花峪，在府城北二十里。　鄧水，在府城北二十五里。〔旁注〕東北二十。　横水，在府城東三十里。來自杜陽川，流入渭，俗呼夜叉河。

橐泉宫，在府城内。本名祈年宫，秦惠公所居，孝公更名橐泉，穆公葬其地。後人又於此建祈年觀，東南隅橐泉上。黄圖。橐泉宫。皇覽曰〔六〕：秦穆公冢，在橐泉宫祈年觀下。蘄年宫，穆公所造。廟記曰：蘄年宫在城外。秦始皇本紀：蘄年宫在雍。岐陽宫，在府城内。隋開皇六年建。橐泉，在府城内東南隅。爾雅曰：無底曰橐〔七〕。此泉注水不盈，旋盈旋涸，有似無底，故名橐泉。長安城，在府城西北九里。漢惠帝所築，在天興縣。金改天興爲鳳翔縣。杜陽城，在府城北九十里。漢縣，晉省。乾歸城，在府城西四十二里。晉時乞伏乾歸西據苑川，號曰西秦，因築此城，府志疑非是。岐陽廢縣，在府城東一百里。唐置，後廢。

【校勘記】

〔一〕杜水所出　底本「杜」下有「州」字，川本同，據滬本及紀要卷五五、清統志卷二三五删。

〔二〕小水從西來　「小」，底本作「山」，川本、滬本同，據康熙鳳翔縣志卷一、圖書集成職方典卷五二三、乾隆重修鳳翔府志卷一改。

〔三〕至三岔復出　「復」，底本作「後」，川本、滬本同，據康熙鳳翔縣志卷一、圖書集成職方典卷五二三、清統志卷二三五改。

〔四〕漳川　「漳」，底本作「潭」，川本、滬本同，據康熙鳳翔縣志卷一、圖書集成職方典卷五二三改。

〔五〕縣東　川本同，滬本「縣」上有「在」字。

〔六〕皇覽　「皇」，底本作「聖」，川本、滬本同，據史記秦本紀集解引皇覽曰改。

〔七〕爾雅曰無底曰橐　川本、滬本同。按廣雅釋器王念孫疏證引史記陸賈列傳索隱曰：「有底曰囊，無底曰橐。」爾雅無此文，疑「爾雅」爲「廣雅」之訛。

寶雞縣　古虢國。漢陳倉縣〔一〕，唐至德初改名。府西南九十里。度渭入益門鎮〔二〕，行棧道入蜀。城周七里三分〔三〕。姜氏城，在縣南七里。城南有姜水。帝王世紀：神農氏母有喬氏女，登爲少典妃，游華陽，感神而生炎帝〔四〕，長於姜水。即此。水經注曰：岐水東逕姜氏城，南爲姜水。陳寶祠，在縣東二十里。史記：秦文公獲若石云〔五〕，於陳倉北阪城祠之〔六〕。其神來常以夜，光輝若流星，從東南來集於祠城〔七〕，則若雄雞，其聲殷云。以一牢祠，命曰陳寶。臣瓚曰：陳倉縣有寶夫人祠，歲與葉君會也〔八〕。蘇林曰：質如石〔九〕，似肝。括地志曰：寶雞祠，在岐州陳倉縣東二十里故陳倉城中。陳倉驛，城内治東〔一〇〕。益門鎮二里散關巡檢司〔一一〕，在縣西南一十五里。虢川巡檢司，在縣東南一百二十里。府志：有東河橋驛，在縣西南七十里。張龍廟溝防守，在縣東河驛西〔一二〕。武職一員。秦嶺山，在城南六十里。南山之岑也。説見西安。益門山，在縣南一十五里。即秦嶺北麓之峪，蓋由此入益，故曰益門。石鼓山，在縣東南二十里。山麓舊有石如鼓者十，上有石鼓文，相傳爲周宣王田獵講武時石，蓋古無碑刻，凡文字勒諸器物而已，武事以鼓進兵，故勒文用鼓。今在北城國子監。陳倉山，在縣東南四十五里。上有石類山雞，一名雞峯山。西平原，在縣東北十五里。宋吴玠嘗與金撒離喝相持於此。撒離喝曰：善戰者立於不敗之地，難與爭也。遂引去。和尚原，在縣西南三十五里〔旁注〕四十里。大散關東。宋吴玠、楊政嘗大破金人於此〔一三〕。渭河，在城南一里。洛谷水，在縣東南六十里。源出南山，〔旁注〕秦嶺。北流入渭。箕谷水，源出縣東南箕谷，北流入渭。磻溪，在縣東南八十里磻溪谷中。亦作般溪。齊太公呂望表般溪之山〔一四〕，明靈所托。石壁深邃，林木秀阻。東南隅有石室，蓋太公所居。其水清冷神異，北流注渭。又有勒石在溪邊，下細上巨，俯臨溪中，相傳爲太公釣魚處，石上有兩膝所著迹。虢川，在城東南五十里。即虢縣川〔一五〕，在汧水東渭涯。陸川，在縣西二十五里。即陝之西地里平川盡處，故名。自此而東爲雍，爲秦川矣。二里關，在縣西南四十五里。高嶺崷崒〔一六〕，盤折而上，至爲險扼，連雲棧必由之路。古於此置關，有遺址存。大散關，在縣五十二里〔一七〕。通褒斜大路。金牙關，在縣東南一百二十里。見岐山。石鼻寨〔一八〕，在縣東四十里。諸葛亮所築，以拒郝昭。一名石鼻城。古天興縣〔一九〕。蘇軾詩：北客初來試新險，蜀人從此送殘山。案史：金人犯此，宋吴璘擊走之。虢國城，在縣南六十里。文王弟周虢叔所封建，是曰西虢。後魏於此立武都郡。後周置朔州〔二〇〕。隋改虢縣。元省。金陵河，在城東五里。源出五峯山，南流入渭。汧陽河，在城東三十里抵店東。源出隴州山下，東南流入渭。其東爲虢川，爲汧、渭間也。清澗河，在城南六十里。源出秦嶺煎茶坪，東北流入渭。塔梢河〔二二〕，在城西南一十五里。源出秦嶺，北流入渭。馬谷河，在城東南四十里。石上有窊處，如馬迹。水出秦嶺，北入渭。瀑布泉，在城西南七十里。其水出秦嶺煎茶坪，如飛練，北流至益門鎮北入渭，即清澗河源。其嶺南泉，即嘉陵江源。

桃、虢二城，在縣東六十里。史記：秦武公滅虢爲縣，謂之小虢。今二城相去十里，其水俗呼爲桃虢川。黄圖：虢公宫，秦宣太后起，在今岐州虢縣界。陳倉城，在縣東二十里。有二城相連，上城，秦文公築，下城，魏將郝昭築〔二三〕。漢諸葛亮出兵陳倉，攻圍二十餘日，無所利，乃此〔二三〕。按舊志云：左金陵，右玉澗，面渭水，背陵原。三秦記曰：秦武公都雍陳倉城。三交城，在縣西四十里。魏司馬懿與諸葛亮相拒於此，築城。苻秦武都郡治此。益門城，在縣西南一十五里。元末，李思齊築以備蜀。秦羽陽宫，在陳倉故城内。

【校勘記】

〔一〕漢陳倉縣　「倉」，底本作「蒼」，據川本、滬本及漢書地理志改。

〔二〕益門鎮　「門」，底本作「州」，川本、滬本同，據紀要卷五五、圖書集成職方典卷五二六、乾隆寶鷄縣志卷一改。

〔三〕城周七里三分　川本、滬本同。紀要卷五五載「今縣城周二里有奇」，圖書集成職方典卷五二四、乾隆寶鷄縣志卷二作「周二里七分」。此當有誤。

〔四〕感神而生炎帝　「炎」，底本作「黄」，川本、滬本同，據史記五帝本紀正義引帝王世紀、萬曆陝西通志卷二一改。

〔五〕秦文公獲若石云　底本「若」作「老」，「云」作「三」，川本同，據滬本及史記封禪書、漢書郊祀志改。

〔六〕陳倉北阪城祠之　「阪」，底本作「陵」，川本同，據滬本及史記封禪書、漢書郊祀志改。

〔七〕集於祠城　「祠」，底本作「桐」，川本同，據滬本及史記封禪書、漢書郊祀志改。

〔八〕歲與葉君會也　「會」，川本同，滬本作「合」。史記封禪書集解、漢書郊祀志俱引臣瓚曰：「或一歲二歲與葉君合。」封禪書索隱：「葉君即雄雉之神，故時與寶夫人神合也。」

〔九〕質如石　「石」，底本作「名」，川本同，據滬本及史記封禪書索隱引蘇林云改。

〔一〇〕城内治東　川本同，滬本「城」上有「在」字。

〔一一〕益門鎮二里散關巡檢司　「門」，底本作「州」，川本同，據滬本及萬曆陝西通志卷一四、明史地理志改。

〔一二〕在縣東河驛西　川本、滬本無「縣」字，當是。

〔一三〕楊政　「政」，底本作「震」，川本、滬本同，據宋史楊政傳、宋史紀事本末卷六九改。

〔一四〕齊太公吕望　「齊」，底本作「晉」，川本同，據滬本及史記齊太公世家改。

〔一五〕在城東南五十里即虢縣川　「五十」，川本、滬本同，乾隆寶鷄縣志卷一、圖書集成職方典卷五二三作「一百五十」。「川」，底本作「州」，川本同，據滬本改，「虢縣川」，上引二書皆作「古虢川」。

〔一六〕高嶺嶠崒　「嶠」，底本作「崗」，川本同，據滬本及圖書集成職方典卷五二四、乾隆寶鷄縣志卷一改。

〔一七〕在縣五十二里　底本「五十二」作「二十五」，川本、滬本同，據史記老子韓非列傳正義引括地志、元和志卷二、明統志卷三四、圖書集成職方典卷五二四改。滬本「縣」下有「西南」二字，同元和志、通鑑卷二一八胡三省注、紀要卷五五；正義引括地志作「東南」，明統志、圖書集成、清統志卷二三六作「南」。則此「縣」下疑脱「西南」二字。

〔一八〕石鼻寨　「寨」，底本作「塞」，據川本、滬本及通鑑卷二五六胡三省注、明統志卷三四改。

〔一九〕古天興縣　川本、滬本同。按此句與上下文無涉，疑衍。

〔二〇〕朔州　「朔」，底本作「翔」，川本同，據滬本及隋書地理志改。

〔二一〕塔梢河　川本、滬本同，乾隆寶鷄縣志卷一、圖書集成職方典卷五二三作「塔河」。

〔二二〕魏將郝昭築　「將」，底本作「持」，川本同，滬本作「時」，據明統志卷三四、紀要卷五五、圖書集成職方典卷五二六、乾隆重修鳳翔府志卷一改。

〔二三〕乃此　川本同，滬本作「乃引去，即此」。

岐山縣　府東五十里。　編户二十九里。　土城周五里一百二十步。通志：城周三里餘。

岐周驛，在治北。　雍勝略：漢雍縣地。後周割涇州鶉觚縣地置三龍縣，隋移於岐山南十里，改爲岐山縣〔一〕。唐改爲岐陽縣，武德中，移於龍尾城。　太王邑，岐山下。文王治岐。詩曰：居岐之陽。　叔向曰：昔成王盟諸侯於岐陽。　曾氏曰：岐，周之地，迫近西北二虜，鎬、方、焦穫之地，嘗爲其所據，即此地也。〔眉批〕天柱後擎，終南前峙，鳳堆西繞，龍尾東環。渭水縈乎南，梁山翼乎北。誠天作之勝地，誕聖之名邑。　鳳凰山，在縣北十五里周公廟後。即鳳凰鳴處〔二〕。石上有爪迹〔三〕，山出五色土。　岐山，在縣東北五十里。山有兩岐〔四〕，故名。禹貢：導汧及岐。太王邑於岐山之下，並此。或謂縣北山至東自西越六十里〔五〕，皆爲岐山。　梁山，在縣東北六十里。太王去邠，逾梁山，即此。秦建梁山宫於其下。史記：始皇三十五年〔六〕，幸梁山宫。　三龍山，在梁山西。後周以名縣。　崛山，在縣東北四十里。多石穴。一名耆闍山。上有耆闍崛山寺，唐乾寧四年建。　五將山，在縣北五十里。亦名武將山，其山連亘扶風、長安界。秦苻堅避此，爲姚萇所執。　天柱山，在縣北十里。　南山，在縣南七十里。即終南山。連亘扶風、鄠縣、長安、藍田界，西抵大散關。　太白山，在縣東南八十里。上有湫神廟，歲旱禱雨極應。東連郿縣、武功界。　箭括嶺，在縣東北六十里梁山上〔七〕。有缺因名，即太王所經。金將没立攻此〔八〕，吳玠遣兵擊敗之。　周原，在縣東北四十里。周太王避狄，遷國於岐山之下居之。詩云：周原膴膴。是也。岐山之陽，横亘東西。〔眉批〕毛氏曰：周原，漆、沮之間。帝王世紀曰：周太王所徙。南有周原，故始改號曰周〔九〕。　渭川，在縣南三十五里。即渭河南北岸水泉灌溉，地頗肥饒。　漆水，源出普潤廢縣東南漆溪，東南入渭。又云源出杜陽岐山。又見扶風。　岐陽廢縣，在縣東五十里。隋移三龍縣治此，後改岐山。唐復析置岐陽縣，後廢爲鎮。　岐山舊縣〔一〇〕，在龍尾鎮北五里〔一一〕，有遺址。　皐門、應門，周太王所作，在岐陽西北杜城村。　五丈原，在縣南五十里。漢諸葛亮據渭南，與魏司馬懿相拒，屯兵於此。上有武侯廟，舊屬郿，今屬岐山。其南有落星村。　龍尾坡，在縣東二十里，略南二十五。唐武德中，移縣治於此，更名岐陽縣。後又移之猪驛南十里〔一二〕，乃今縣地。至德間，仍立岐山縣。又鄭畋大破黄巢將於龍尾坡。　岐水，發源麟遊縣普潤里廢縣東南〔一三〕，流入漆水〔一四〕，一名灤水。　桃川，在縣南一百五十里。南北皆大山，中有川，東西四十里，南北三里許，近虢川十里。史記：秦武公滅虢，爲縣在此。有桃、虢二城，今廢。俗呼爲桃虢川。　渭河，在縣南四十里。源出渭源縣，東流至同州入河。太公垂釣，魏司馬懿屯渭濱，並此。　潢河，在縣南三里。一名水南河。東南流十里，與濰河會，名交河。　濰河，在縣南十里。一名後河。東流合潢河，經茂陵山入渭。　斜谷河，發源桃川。經太白峽、斜谷關，北流入渭，名石頭河。通志：石頭河，在縣南四十五里。又作五十里。　湋水，源出縣北湋谷。流經扶風縣南，唐以此水名縣。

杜陽故城，在縣東北四十里。漢縣，晉省。今名杜城村。　平陽故城，在縣西四十六里。黄圖：平陽封宫，秦武公元年，伐彭戲氏，至於華山下，居於平陽封宫。秦寧公徙都之處。　三龍縣故城，在縣東北四十里。即今岐陽鎮。　周城廢縣，在縣南。後魏置。　斜谷關，在縣南七十里。谷之南口曰褒，北曰斜。諸葛武侯自蜀遣孟琰帥師據五丈原，司馬懿來攻琰營，武侯作橋，懿見橋垂成，引兵而退。後置關，今廢。　金牙關，在縣西南一百里。　益店鎮、棗林鎮、龍尾鎮、蔡家坡、高店鎮、岐陽鎮、青化鎮，各立城一座。　召公亭，在縣西八里。召公村。史記正義曰：召亭，在岐山縣西南。召公奭之采邑。召公受封於燕，而食采於召。其後世世輔王室。水經注曰：岐水又南有邵公亭，邵公采邑也。又有周城，周城者，周公采邑也。皆文王時所封建也。

【校勘記】

〔一〕隋移於岐山南十里改爲岐山縣　底本脱「隋移」二字，「南」上衍「西」字，「十」作「軍」，川本同，滬本作「於岐山西南隋改爲岐山縣」，據元和志卷二、寰宇記卷三〇、紀要卷五五補改。

〔二〕即鳳凰鳴處　「鳴」，底本漫漶，據川本、滬本補。

〔三〕石上有爪迹　「上」，底本作「山」，川本同，據滬本及圖書集成職方典卷五二三改。又，圖書集成無「石」字，此疑衍。

〔四〕山有兩岐　「兩」，底本作「西」，川本同，據滬本及萬曆岐山縣志卷一、明統志卷三四改。

〔五〕至東自西　川本同，滬本作「自東至西」，當是。

〔六〕始皇三十五年　「五」，底本作「二」，川本、滬本同，據史記秦始皇本紀改。

〔七〕在縣東北六十里梁山上　「六」，底本作「三」，川本、滬本同，據上文梁山條及萬曆岐山縣志卷一、明統志卷三四、圖書集成職方典卷五二三改。

〔八〕金將没立攻此　「没」，底本作「設」，川本同，據滬本及宋史吴玠傳、吴璘傳改。

〔九〕故始改號曰周　「號」，底本作「虢」，據川本、滬本及史記周本紀正義、帝王世紀改。

〔一〇〕岐山舊縣　「岐山」，底本漫漶，據川本、滬本補。

〔一一〕北五里　「北五」，底本漫漶，據川本、滬本補。

〔一二〕後又移之猪驛南十里　「驛」，底本漫漶，川本空缺，滬本無；「之」，川本同，滬本作「石」。舊唐書地理志作「貞觀八年，移治猪驛南。」寰宇記卷三〇同。紀要卷五五作「貞觀八年，移治於石猪驛南。」據補「驛」字。

〔一三〕發源麟遊縣普潤里廢縣東南　川本、滬本及萬曆岐山縣志卷一同。本書下文麟遊縣岐山條及明統志卷三四、紀要卷五五無「里」字，此疑衍。

〔一四〕流入漆水　「水」，底本作「山」，川本同，據滬本、本書下文麟遊縣岐山條及水經渭水注、萬曆岐山縣志卷一改。

扶風縣　漢美陽縣。府東一百一十里。城周四里。西北俱溝澗，漆、漳二川環其東南，因以爲池。　飛鳳山〔一〕，在城南一里。隔漳川。　漳水，在城西南五十步，南入渭。　浪店溝河，在城東十五里，南入漳川。　鳳泉水，在城東十步，南入漳。　渭河渡，在縣南三十里。　梁山，在縣東北六十里。即太王自邠遷岐所逾處。　美水，源出美山。經美陽故城，至縣東五十里浪店南入於漳。

麗亭，在縣東南三十里。　鳳泉驛，治東〔二〕。　三時原，在縣南二十里。本志：東北二十里〔三〕。東連武功縣界。史記：秦文公作鄜畤，宣公作密畤，靈公又作吳陽上畤。今無遺迹。　漆水，在縣城東門外一里。西北從岐來，南流與漳水合，入渭。即詩之「自土、沮、漆」者也。源出普潤廢縣東南漆溪，東入於渭。又云漆水出右扶風杜陽岐山。棫陽宫，在縣東北三十里。秦昭王所作。高泉宫，在縣東美陽故城。秦宣太后嘗居之。崇正鎮内。美陽故城，在縣北二十里。即今法門〔旁注〕崇正。鎮，東城垣尚在。法門寺，在崇正鎮。即漢美陽縣。有古木塔四層。元和十四年，功德使上言鳳翔法門寺塔葬佛指骨〔四〕，三十年一開之，則歲豐人安，來年應開請迎之。帝從其言，遣中使迎佛骨至京師。

【校勘記】

〔一〕飛鳳山 「鳳」，底本作「風」，川本同，據滬本及紀要卷五五、圖書集成職方典卷五二三改。

〔二〕鳳泉驛治東 「驛」，底本作「縣」，川本、滬本同，滬本「治」上有「在」字。萬曆陝西通志卷一四扶風縣：「鳳泉驛，在縣治東。」紀要卷五五扶風縣：「鳳泉驛，在今縣治東。」此「縣」爲「驛」之誤，據改。

〔三〕東北二十里 「里」，底本脱，據川本、滬本補。

〔四〕葬佛指骨 「骨」，底本作「晉」，川本同，據滬本及舊唐書憲宗紀改。

郿縣 元屬西安路，本朝改屬。府東南一百四十里。志作九十。本志同。城周三里。郿城，在縣北十五里。漢爲郿縣〔一〕。隋於此置郿城郡。〔眉批〕東連豐、鎬，西接散關〔二〕。郿塢城，在縣東十五里。漢董卓封郿侯，據此築塢，高厚皆七丈，號曰萬歲塢，徙金銀雜物於其内，積三十年穀，俗謂之小長安。斜城，在渭水南。後周武帝築，置雲州〔三〕。唐改郇州〔四〕。城址尚存。太白山，在城東南四十里。周圍五百里，其上四時積雪，無草木。有湫池，神祠禱雨，甚有靈應。關中諸山，莫高於此，山巔高寒，不生草木。有湫池，雖三伏亦凝冰，蓋山巔常有積雪不消，盛夏祀之，猶爛然，故以太白名。關中過旱〔五〕，則登山取湫。山既高寒，冰雪常凝，身弱衣薄登山者多死，俗傳以爲太白神龍留人，非也。麓有鬼谷，即鬼谷子授蘇秦捭闔術處。五丈原，在城西三十里。今屬岐山縣。斜谷口，即漢諸葛亮駐師伐魏處。渭河，在城北三里。清湫河，在城東二十五里。出太白山，經黑谷，北流入渭。衙嶺山，在縣西南一十五里。太白山，在縣東南四十里。東連武功縣界。斜谷河，在城西南三十里。出衙嶺山，經斜谷，北過五丈原，入於渭。導一派經縣東，自谷北流。〔旁注〕以給溉灌〔六〕。金明昌八年，郿令孔天監開〔七〕。褒水，出衙嶺山，南流至褒城縣〔八〕，入沔。成國渠〔九〕，在縣東九里。至上林，入蒙籠渠。又有高泉、昇原二渠，在廢虢縣。水經注曰：斜水出武功縣西南衙嶺山，北歷斜谷，過五丈原東，原在武功西十餘里〔一〇〕，水出武功縣，亦謂之武功水。諸葛亮表：遣虎步監孟琰據武功水東，司馬懿因水〔一一〕，出騎萬人，來攻琰營。亮作車橋〔一二〕，懿見橋垂成，便引兵退。略按褒斜二水，舊屬武功，今屬郿。年久渠淤。景泰二年〔一三〕，典吏高瑄復開，至今通流，甚利於民。漢故縣，在今縣北一十五里〔一四〕，渭水之北。鳳泉廢縣，在縣北。隋末置。唐屬郇州〔一五〕，貞觀中省。斜谷關，〔旁注〕見岐山〔一六〕。在縣西南三十里。考：五十里〔一七〕。

【校勘記】

〔一〕郿縣　底本「郿」下衍「城」字，川本、滬本同，據漢書地理志、紀要卷五六删。

〔二〕東連豐鎬西接散關　川本同，滬本無。

〔三〕雲州　「雲」，底本作「靈」，川本同，據滬本及周書武帝紀、元和志卷二、萬曆陝西通志卷一四改。

〔四〕唐改郇州　「郇」，底本作「郿」，川本、滬本同，據元和志卷二、兩唐書地理志、萬曆陝西通志卷一四改。

〔五〕關中過旱　川本同，滬本「過」作「遇」。

〔六〕導一派經縣東自谷北流以給溉灌　底本「以給溉灌」注於下文褒水條，「東」錯簡於「以」字上，川本同，滬本「以給溉灌」在「流」下，「導」上有「自斜谷河東」五字，「派」作「渠」。紀要卷五五：「導斜谷口水，經縣城東，以資一邑汲溉。」圖書集成職方典卷五二三：「導一派，自谷北流，經縣城東，以給一縣汲溉。」清統志卷二三五：「導斜水自斜谷北流，徑縣城東，以資汲溉。」據以改正。

〔七〕金明昌八年郿令孔天監開　川本、滬本同。紀要卷五五：「縣西南三十里有孔公渠，金明昌八年，郿令孔天監導斜谷口水，經縣城東，以資一邑汲溉。年久渠淤。」圖書集成職方典卷五二三載同。按明昌爲金章宗年號，僅六年即改承安，此云「八年」，誤。

〔八〕南流至褒城縣　「南」，底本漫漶，據川本、滬本補。

〔九〕成國渠 「國」，底本作「周」，川本同，據滬本及水經渭水注、元和志卷二、萬曆陝西通志卷一一改。

〔一〇〕原在武功西十餘里 「武功」，底本作「原」，川本同，據滬本及水經渭水注、紀要卷五五改。

〔一一〕司馬懿因水 川本、滬本同。水經渭水注「水」下有「長」字，此處當脱。

〔一二〕亮作車橋 「車」，川本同，滬本作「竹」。按水經渭水注載諸葛亮表作「竹」，御覽卷七三引諸葛亮集作「東」。

〔一三〕景泰二年 「泰」，底本作「秦」，據川本、滬本及紀要卷五五改。

〔一四〕在今縣北一十五里 「在今」，底本作「今在」，據川本、滬本乙正。

〔一五〕郇州 「郇」，底本作「邵」，川本同，滬本作「郿」，據元和志卷二、兩唐書地理志改。

〔一六〕見岐山 川本同，滬本叙於下文「考五十里」下。

〔一七〕考五十里 「里」，底本漫漶，據川本、滬本補。

麟遊縣 漢杜陽縣。府東北一百二十里。城周五里。天順間，築外城，周九里。〔眉批〕因山爲城，因澗爲池。清湫鎮，在縣東二十五里〔一〕。至正十四年，元將歹驢所築〔二〕，城址尚存。柿林故城，在縣東四十里〔三〕。元時置縣，屬郿州〔四〕。遺址尚存。五將山，又見岐山。在城南五十里。秦苻堅信讖，奔五將山，爲後秦姚萇所執。一名武將。招賢川，在縣西六十里。其水發源於招賢里。石窯巡檢司，在縣西一百五十里。天台山，在縣西五里。唐九成宮之西，即九成宮内小池〔五〕。鳳鳴山，在縣西五里。與天台山相對。麟遊水，在縣治南一里。源出招賢川，〔旁注〕經城下。東流入渭。杜水，在縣西境。源出普潤廢縣東南。岐水，源出普潤廢縣東南，流入漆水〔六〕。一名灃水。九成宫，在縣西五里。本隋仁壽宫，唐太宗修以避暑，更名九成宫。今存。高祖、太宗、高宗，每年四月幸此避暑，九月回長安。貞觀二年，醴泉出，魏徵奉敕撰銘。永安宫，在縣西三十里。貞觀八年建。普潤廢縣，在縣西一百二十里。本漢漆縣城。有鐵官城，今城西有小城，蓋置鐵官處。隋置普潤縣，唐爲隴右軍。元省入本縣。醴泉，在縣西五里九成宫。年久泉涸。唐魏徵撰銘，歐陽詢書碑，存。

【校勘記】

〔一〕清湫鎮在縣東二十五里　川本、滬本同。明統志卷三四、紀要卷五五、乾隆重修鳳翔府志卷一並載：清湫鎮，在郿縣東二十里。圖書集成職方典卷五二六載：清湫鎮，在郿縣東二十五里。則清湫鎮當屬郿縣，此屬麟遊縣，誤。

〔二〕歹驢　「歹」，底本作「石」，川本、滬本同，據圖書集成職方典卷五二六、乾隆重修鳳翔府志卷一、清統志卷二三六改。

〔三〕柿林故城在縣東四十里　川本、滬本同。圖書集成職方典卷五二六郿縣：「柿林故城，在縣東四十里。元時置縣，屬郿州。」清統志卷二三六：「柿林舊縣，在郿縣東四十里。元初置，屬郿州。尋廢。」則柿林故城當屬郿縣，此屬麟遊縣，誤。

〔四〕鄜州　「鄜」，底本作「邵」，川本同，據滬本及元史地理志改。

〔五〕即九成宫内小池　川本、滬本同，滬本眉批：「池，疑當作山。」

〔六〕流入漆水　「漆」，底本漫漶，據川本、滬本補。

汧陽縣　漢隃麋縣，後周置汧陽郡及縣。　在隴州東九十里。府西六十里。　舊隸隴州。嘉靖三十八年，改隸府。　舊城在今縣西五里。嘉靖二十六年〔一〕，被水患，移建於此。　城周三里。　箭筈嶺，在縣南一十里。十五里。蜀將陳彦威敗李茂貞兵於此〔二〕。　汧河。　暉川河，在縣東五十步〔三〕。　草壁峪溪，在縣西三十里。　天池溝，在縣東五十里〔四〕。水流不涸。以上諸水，並宜疏引溉田。　隃麋澤，在縣東八里〔五〕。漢以此澤名縣。　龍泉山，在縣東一十五里。有泉出其下。

隃麋城，在縣東三十里。漢縣。耿況封隃麋侯〔六〕。　汧陽舊縣，在今縣西八十里。後周於馬牢故城置，宋移於此。

【校勘記】

〔一〕嘉靖二十六年　「六」，底本作「一」，川本、滬本同，據紀要卷五五、圖書集成職方典卷五二四、清統志卷二三六改。

〔二〕陳彥威　「威」，底本作「成」，川本同，據滬本及通鑑卷二七一改。

〔三〕在縣東五十步　川本、滬本同。紀要卷五五、清統志卷二三五作「在汧陽縣西」。乾隆重修鳳翔府志卷一汧陽：「暉川河，縣西五里。」疑此處有誤。

〔四〕在縣東五十里　「十」，底本脱，川本、滬本同，據明統志卷三四、紀要卷五五、圖書集成職方典卷五二三補。

〔五〕隃麋澤在縣東八里　「東」，底本脱，川本同，據滬本及元和志卷二、萬曆陝西通志卷六補。

〔六〕耿況封隃麋侯　「況」，底本作「沈」，川本同，據滬本及後漢書耿弇傳改。

隴州　漢郁夷縣〔一〕。後魏置隴東郡及東秦州。唐隴州汧陽郡。　府西一百八十里。　城周五里三分。　元屬鞏昌府。　本朝改屬，汧源縣倚郭并入州。　後漢書順帝紀：永和五年，令扶風、漢陽築隴道塢三百所，秦、鳳要害之地〔二〕。　置屯兵。　且湅羌寇武都，燒隴關。　分守關西道駐劄之地。　長寧驛，在州西一百二十里關山之西〔三〕，與秦州清水縣界。　成化五年，巡撫馬文升遷興平縣長寧驛百户所於此。　咸宜關巡檢司，在州西四十里。　正統中設，後革。　隴安巡檢司，在州南一百五十里。　故關大寨巡檢司，在州西七十里。　香泉巡檢司，在州南一百五十里。　成化中設。　秦嶺山，在隴安廢縣西南。　與西秦地勢相連，其山高於諸山。　詳見西安秦嶺下。　或曰嶺西通大秦國，大秦西爲弱水、流沙，去長安四萬里，故退之南山詩云：東西兩際海〔四〕。　關山，在州西四十里。長五十里。　山多鸚鵡。　高五十里，盤折而登，路通臨、鞏，爲秦、鳳要害之地。嶺西有石嘴驛。小隴山，在州西。巖障高險，不通軌轍。漢張衡詩云：我所思兮在漢陽，欲往從之隴坂長。漢陽，在秦州之西故縣也。掃帚關，在州西七十里。舊谷關，在州西八十里。道通秦、鞏。白崖關，在州西北六十里。石險關，在州西三十五里。青崖關，在州西三十里。以上三關，路通固原〔五〕、寧夏、慶陽，實當險要，各設墩堡，以便備禦。隴水，在州南。温水，在州東。八渡水，在州東南四十里。蒲峪水，在城西南四十里。靈水，在城南三十里。發源南山西側。汭水。以上諸水，不時泛漲，衝崩田廬，爲患頗大。隴山，在州西六十里。高而長，其頂有泉水，四注而下。説文：隴，天水大坂也〔六〕。一名隴坻〔七〕。三秦記曰：其坂九迴〔八〕，人欲登者七日乃得越。故歌曰：隴頭流水，鳴聲幽咽。遥望秦川，肝腸斷絶。上有清水四注下，所謂隴頭水也。郭仲産秦州記曰：隴山東西一百八十里。登山嶺，東望秦川四、五百里〔九〕，極目泯然。山東人行役升此而顧瞻者，莫不悲思〔一〇〕。又歌曰：隴頭流水，分離四下。念我行役〔一一〕，飄然曠野。登高遠望，涕零雙墮。岍山，在州西四十里。汧、隴，無蠶桑，八月乃麥，五月乃凍解。汧水所出。禹貢：導汧及岐。即此。本志：汧，即吴山。吴嶽山，在州南八十里。今爲西鎮。漢書：在扶風汧縣西〔一二〕。有五峯：曰鎮西，曰大賢，曰靈應，曰會仙，曰望輦。周禮：其山鎮曰嶽山。是也。水經注云：吴山之峯，秀出靈霄〔一三〕，山頂相捍，望之常有落勢〔一四〕。洪武三年，詔革前代封號，稱西鎮吴山之神。天井山，在州西南一百里。山巔有井，雖旱不涸。　金門山，在州西南一百里。兩山相合如門，渭水經其中。方山原，在州西一百里。楊政嘗知方山原，凡軍儲芻粟，悉貯其中。宋吳玠與金人戰於此。白環谷，在州西汧源舊縣界〔一五〕。白環水出焉。　汧河，在州南。　汭水，在州西北。在州南七十里。出汧縣西北。源出絃蒲藪西北，西由新平、扶風入渭。周禮職方：雍州，其川涇、汭。詩：芮鞫之即。皆此。　絃蒲藪，在州西四十里。周禮職方：其澤藪曰絃蒲〔一六〕。晉地志：汧縣有蒲谷鄉絃中谷。即此。　魚龍川，源出小隴山，東北流〔一七〕。中有五色魚，人不敢取，因謂之魚龍川。　長蛇川，在吳山廢縣境。其水委曲，流如長蛇。後魏以此川名縣。　五節堰，唐地理志汧源縣有此堰〔一八〕，引隴川水通漕。武德八年，水部郎中姜行本開。今廢。　回中宮，在州西北一百四十里。秦建。漢文帝時，匈奴入蕭關境，燒回中宮〔一九〕，即此。〔眉批〕按漢匈奴傳曰〔二〇〕：自隴以西有犬戎。史記曰：自隴以西有緄戎。地理志：隴之安戎〔二一〕。乃唐防禦使薛逵大中六年奏稱，臨水挾山〔二二〕，當川險谷〔二三〕，危牆深塹〔二四〕，克揚營壘之勢，改爲定戎關。　隴關，在州西七十里。有舊故關、新故關，俱屬故關大寨巡檢司。按唐志：汧源縣西有安夷關〔二五〕，在隴山，本大震關。大中間，防禦使薛逵徙築〔二六〕，更名。疑即新、舊二關也〔二七〕。　關中記曰：東曰函谷，西曰隴關，二關之間，謂之關中。　天寶末，大震關使郭英乂斬祿山使高嵩〔二八〕。廣德元年，吐蕃入大震關。　金兜堡，在州西北四十里。　秦城，在州南三里。秦非子養馬汧、渭之間有功，周孝王命爲大夫，居此。至德公遷於雍，歷穆公以下，又十七世至孝公，始徙咸陽。〔眉批〕括地志云：故汧城在隴州汧源縣東南三里〔二九〕。帝王世紀云：秦襄公二年，徙都汧。即此城。通志：非子事周孝王，養馬於汧、渭之間，馬大蕃息，孝王封爲附庸，居秦谷。至曾孫秦仲，宣王命爲大夫，秦仲孫襄公赴幽王之難，以兵助送平王。王封襄公爲諸侯，遂有周西都畿內八百里之地。莊公居犬丘，文公居汧、渭，德公居於雍。德公以下十八世居雍，獻公遷櫟陽，孝公遷咸陽。秦谷，今隴西縣。犬丘，今興平縣。雍，今鳳翔治。櫟陽，今臨潼縣。郁夷城，在州西五十里大寧關側〔三〇〕，近汧水源。漢爲縣，東漢省。晉於此置隴關縣。回中城，在州西北四十里。即漢來歙開道處〔三一〕。汧縣故城，在今州治東汧源故縣。臨汧城，在州西北隅。本唐汧陽縣地。太和初築，久廢。永信城，在州北〔三二〕。唐地理志：汧源縣華亭有義寧軍。大曆八年，置治於此。又貞元十三年，築永信城於平戎川。南由廢縣，在州東南一百二十里。本漢汧縣地，後魏置南由縣。唐初，於此置含州，後并入吳山縣。吳山廢縣，在州東南一百二十里。本漢隃麋縣地，後魏置長蛇縣，隋改吳山，唐改華山，尋復舊。元省入汧源。隴安廢縣，在州南一百二十里。金置縣，元省入汧源〔三三〕。汧源廢縣，在州東南。後魏置爲汧陰縣，隋改曰汧源。唐、宋並爲州附郭〔三四〕，本朝洪武初省入州。周赧王墓，在州西北三十里。按史言：赧王入秦，秦受其獻〔三五〕，歸赧王於周。墓安得在隴？又一統志：湖廣慈利縣有赧王墓〔三六〕。容齋續筆云：其中藏古器甚多。

【校勘記】

〔一〕郁夷縣　川本、滬本同。按元和志卷二、明統志卷三四、紀要卷五五、清統志卷二三五作「汧縣」，此處疑誤。

〔二〕令扶風漢陽築隴道塢三百所秦鳳要害之地　底本「風」作「鳳」，「秦」作「奉」，「秦、鳳要害」錯簡於「隴」下，無「之地」二字，川本同，滬本作「令扶風、漢陽築隴道塢三百所」，下注「秦、鳳要害之地」。後漢書順帝紀：「永和五年九月，令扶風、漢陽築隴道塢三百所。」滬本是，據改。

〔三〕關山　「關」，底本漫漶，據川本、滬本補。

〔四〕東西兩際海　「兩」，底本作「雨」，川本同，據滬本及韓昌黎集卷一改。

〔五〕固原　「固」，底本作「周」，川本、滬本同，據圖書集成職方典卷五二四、乾隆重修鳳翔府志卷二、清統志卷二三六改。

〔六〕隴天水大坂也　底本「隴」下有「山」字，川本同，據滬本及説文𨸏部删。

〔七〕一名隴坻　「坻」，底本作「城」，川本同，據滬本及續漢書郡國志劉昭注引三秦記改。

〔八〕其坂九迴　底本「迴」下衍「岫」字，川本同，據滬本及續漢書郡國志劉昭注引三秦記删。

〔九〕東望秦川四五百里　「五」，底本脱，川本同，據滬本及續漢書郡國志劉昭注引秦州記補。

〔一〇〕山東人行役升此而顧瞻者莫不悲思　底本「顧瞻者莫不悲思」七字錯簡於上文「人欲登者七日乃得越」下，川本、滬本同，據本書下文鳳翔府隴州及續漢書郡國志劉昭注引秦州記乙正。

〔一一〕念我行役　「念」，底本作「令」，川本同，據滬本及續漢書郡國志劉昭注引秦州記改。

〔一二〕在扶風汧縣西　底本「汧」下衍「陽」字，川本、滬本同，據漢書地理志删。

〔一三〕水經注云吴山之峯秀出靈霄　川本同，滬本「之」作「三」。水經渭水注作「三峯霞舉，疊秀雲天」。圖書集成職方典卷五二三引水經作「吴山之峯，秀出雲霄」。同本書。

〔一四〕望之常有落勢　「有」，底本作「雨」，川本同，據滬本及水經渭水注、萬曆陝西通志卷六引水經改。

〔一五〕在州西汧源舊縣界　底本「汧」在「州」上，「源」作「原」；川本「州西」作旁注，「源」作「原」；滬本「州西」在「界」下作注文，「源」作「原」。明統志卷三四作「在隴州汧源舊縣界」，圖書集成職方典卷五二三作「在州西汧源舊縣界」，據改。

〔一六〕其澤藪曰絃蒲　「藪曰」，底本漫漶，據川本、滬本補。

〔一七〕東北流　「流」，底本漫漶，據川本、滬本補。

〔一八〕汧源縣有此堰　「此」，底本作「北」，川本、滬本同。按新唐書地理志：汧源縣有五節堰。則「北」當「此」之訛，據改。

〔一九〕燒回中宫　「燒」，底本脱，川本同，據滬本及漢書文帝紀、匈奴傳補。

〔二〇〕按漢匈奴傳曰　「按漢匈」，底本漫漶，據川本、滬本補。

〔二一〕地理志隴之安戎　川本同，滬本無「地理志」三字。按漢書地理志無此文，疑誤。

〔二二〕奏稱臨水挾山　「奏」，底本作「秦」，川本同，據滬本及唐文拾遺卷三一薛逵築定戎關奏改。

〔二三〕當川險谷　「險」，川本同，滬本及唐文拾遺卷三一薛逵築定戎關奏作「限」。

〔二四〕危牆深塹　「深」，底本脱，川本同，據滬本及唐文拾遺卷三一薛逵築定戎關奏補。

〔二五〕按唐志汧源縣西有安夷關　川本、滬本同。按新唐書地理志載，汧源縣西爲安戎關。吴山縣西乃安夷關。清統志卷二三六載，安夷關，在隴州西南。蓋此「夷」爲「戎」之誤。

〔二六〕薛逵　「逵」，底本作「遠」，川本同，據滬本及新唐書地理志改。

〔二七〕疑即新舊二關也　川本同，滬本無「疑」字。

〔二八〕大震關使郭英乂斬禄山使高嵩　底本「使」上衍「外」字，據川本、滬本及通鑑卷二一八删。

〔二九〕故汧城在隴州汧源縣東南三里　底本無「故」字，「汧源縣」上有「舊」字，川本、滬本同，據史記秦本紀正義引括地志補删。

〔三〇〕大寧關側　「側」，底本漫漶，據川本、滬本補。

〔三一〕即漢來歙開道處　「開」，底本作「關」，川本同，據滬本及後漢書來歙傳改。

〔三二〕在州北　底本「州」上衍「城」字，川本同，據滬本及圖書集成職方典卷五二六、乾隆重修鳳翔府志卷二删。

〔三三〕元省入汧源　「源」，底本作「陽」，川本、滬本同，據元史地理志、明統志卷三四、紀要卷五五改。

〔三四〕唐宋並爲州附郭　「並」，底本作「置」，川本、滬本同，據明統志卷三四、圖書集成職方典卷五二六改。

〔三五〕秦受其獻　「獻」，底本作「賜」，川本、滬本同，據史記秦本紀改。

〔三六〕湖廣慈利縣有赧王墓　「慈」，底本作「落」，川本同，據滬本及明統志卷六二改。

平涼府

屬關西道。　城周十一里三分。　規方五百里，而監故軍屯居十之五、六〔一〕，楚肅韓王府所據又居二、三焉，府僅得十之二。故名存而實削矣。　當四會之衝，居北地之要。唐建中詔。〔眉批〕士尚氣略，人以騎射爲先。郡志。　北連朔方，南襟隴、蜀，東抵豳、岐，西距安、會。包括小隴、空同、可藍、大同、美高、都盧諸山。渡涇、汭而帶河、渭，據雍、涼之交，兵馬芻牧之鄉。四通交馳，亦西陲都會也〔二〕。府志。　元爲平涼府，屬鞏昌路。本朝屬陝西布政司。

可藍山，在府南二十里。今名分水嶺山，亦名都盧山。赫連定據平涼，嘗屯兵於此山。崆峒山，在府西南四十里。有問道宮〔三〕，莊子謂黃帝問學道於廣成子〔四〕，蓋在此山。元史趙炳傳：嗣王之六盤，徙炳等於平涼北崆峒山。笄頭山，在崆峒山西，府西四十里。山如婦人笄頭之狀，涇水所出。史記：黃帝西至於崆峒，登笄頭山。即此。涇河，自府城西南白巖發源，至涇州，又東南至邠州界，又東南至西安府高陵縣界，會入於渭。橫河，在府城西五十里。源出華亭縣，流至此，與境內湫谷諸水，俱入於涇河。汭水，自隴州流經本府崇信、華亭兩縣境，至涇州又東流入涇河。〔眉批〕詩：侵鎬及方，至于涇陽。後漢書靈帝紀：破羌將軍段熲破先零羌於涇陽。注：涇陽縣，屬安定。在原州。

陝西行太僕寺。陝西苑馬寺，永樂四年建，領長樂、靈武、威遠、同川、熙春、順寧六監，開城、安定、弼隆、廣寧、清平、萬安、慶陽、定邊、武安、隴陽、保川、泰和、天興、永康、嘉靖、安勝、康樂、鳳林、香泉、會寧、雲驥、昇平、延寧、永昌二十四苑，俱在本府及慶陽、鞏昌府地界。正統三年，又并甘肅苑馬寺入焉。平涼衛，五千户所。安東中護衛。藩封。韓王府。太祖第十八子，洪武〔五〕。關西道分巡及行太僕駐劄。有苑馬寺監苑。永樂六年，改封平涼〔六〕。府志：平涼衛〔七〕，永樂六年，改建安王府。十五年薨，無後〔八〕。洪熙元年，改建爲韓王府。宣德五年，韓恭王之國平涼。

【校勘記】

〔一〕而監故軍屯居十之五六　「居」，底本無，川本同，據滬本及嘉靖平涼府志卷一補。「十」，底本作「七」，川本、滬本同，據本書下文及嘉靖平涼府志卷一改。

〔二〕亦西陲都會也　「陲」，底本漫漶，川本作「陸」，滬本作「陲」，嘉靖平涼府志卷一作「陲」，圖書集成職方典卷五五一作「陸」，據補「陲」字。

〔三〕問道宫　「問」，底本作「閤」，川本同，據滬本及明統志卷三五、紀要卷五八改。

〔四〕黄帝問學道於廣成子　「道」，底本漫漶，據川本、滬本補。

〔五〕韓王府太祖第十八子洪武　川本同，滬本「洪武」二字在「第」上。明史諸王傳：「岷莊王楩，太祖第十八子。洪武二十四年，封國岷州。」「安惠王楹，太祖第二十二子。洪武二十四年封。永樂六年，就藩平涼。十五年薨。無子，封除……洪熙初，韓恭王改封平涼，就安王邸。」此處有誤，「洪武」下有脱文。

〔六〕永樂六年改封平涼　川本同，滬本無。此文應屬上文韓王府。

〔七〕府志平涼衛　「平」，底本作「草」，川本同，據滬本及嘉靖平涼府志卷一改。滬本無「府志」二字。

〔八〕十五年薨無後　底本「年」下空缺，「薨」作「苑」，川本同，滬本「苑」作「薨」，「年」下有「王」字。嘉靖平涼府志卷一作「十五年薨，無後」，明史諸王傳作「十五年薨，無子」。據改。

平涼縣　治。〔眉批〕蕭關故道，前控大川，善水草。宋史孫繼鄴傳〔一〕。　翠屏山，崆峒峯之最高者。俗呼屏風山。　本漢朝那、涇陽二縣地〔二〕，屬安定郡。後漢省涇陽入朝那。後魏廢爲長城縣地，後周復置朝那縣。隋改平涼縣〔三〕。　香爐峯，在崆峒山。　胡盧河，本名蔚茹水。原出鎮原縣西南頹沙山下〔四〕，流入涇河。唐志：白草軍，在蔚茹水之西。謂此。　湫谷水，在府東南三里，北流入涇河。　大岔水，在府東一十三里。源出華亭縣界，北流入涇河。　南峪水，在府南二里，北流入涇河。　古蕭關。又見鎮原。　六盤關，在府西七十里。唐吐蕃入寇，陷没，宣宗朝收復。宋咸平中，知渭州曹瑋置砦戍守〔五〕。唐書：大中三年，康季榮奏收復原州石門、驛藏、木峽、制勝、六盤、石峽等六關。張君緒奏收復蕭關，敕於蕭關置武州。三州七關軍人百姓〔六〕，皆河、隴遺黎，數千人見於闕下。上御延喜門撫慰，令其解辮〔七〕，賜之冠帶，共賜絹十五萬疋。　高平驛，城東北〔八〕。　安國鎮遞運所，在縣西四十里。　平涼遞運所，城東二里〔九〕。　花家莊遞運所，在縣東九十里。　上郿現遞運所，在縣東五十里。　雕窠峽，在府城南三十里。　通稍關，在府城東五里。　平涼衛軍戍守〔一〇〕。

朝那城，在府城東南。漢縣，屬安定郡。後魏割入臨涇。後周復置，唐省。潘原廢縣，在府城東四十里。本漢陰盤縣地，唐天寶初置縣。會盟壇，在府城西北五里。唐貞元五年築，渾堿與吐蕃會盟於此〔一一〕。秦太子扶蘇墓，在府城東南四十里。

【校勘記】

〔一〕宋史孫繼鄴傳　「繼」，底本作「繕」，川本、滬本同，據宋史孫繼鄴傳改。

〔二〕涇陽　「涇」，底本作「溪」，川本同，據滬本及漢書地理志、明統志卷三五改。

〔三〕隋改平涼縣　「隋」，底本漫漶，據川本、滬本補。

〔四〕頹沙山　「頹」，底本作「催」，川本、滬本同，據明統志卷三五、紀要卷五八、圖書集成職方典卷五五一改。

〔五〕知渭州曹瑋置砦戍守　底本「砦」上有「此」字，據川本、滬本刪。

〔六〕三州七關　「七」，底本作「十」，川本、滬本同，據舊唐書宣宗紀、通鑑卷二四八改。

〔七〕令其解辮　「辮」，底本作「辦」，滬本同，川本作「瓣」，據舊唐書宣宗紀改。

〔八〕城東北　川本同，滬本「城」上有「在」字。

〔九〕城東二里　川本同，滬本「城」上有「在」字。

〔一〇〕平涼衛軍戍守　川本同，滬本「平」上有「有」字。

〔一一〕渾堿　「堿」，底本作「城」，川本同，據滬本及兩唐書李元諒傳改。

崇信縣　府東南八十里。　城周三里五分一百九十八步。〔旁注〕本志〔一〕。　唐貞元間，武康郡王李元諒築三鎮屯軍〔二〕，此地爲崇信鎮〔三〕。　宋初，置崇信縣。　白石川，在縣南六十里。　赤城川，在縣西南四十里。　三鄉川，在縣西八十里。　汭水，在縣北八十步。　黄花谷，在縣西五十里。　銅城，在縣西四十里。　廢潘原縣有銅城山，故名。　府志：縣西四十里曰赤城川，至靈臺之東入黑水，以匯涇。　又縣南八十里曰白石川，即黑水。　東至邠口匯涇。〔旁注〕三停口入於涇。　五馬山，在縣西南四十里。

九功城〔四〕，在縣東五十里北山之麓〔五〕。　赤城，在縣西南四十里。　金爲鎮〔六〕。　山坡上土赤，故名。　城高溝深〔七〕，周圍二里，可以避兵。　今作堡曰新安。　廐城〔八〕，在縣南二百步，山城外原上。　李元諒築修廐百間畜馬〔九〕。　城周一百八十二步，南北二門，今址存。

【校勘記】

〔一〕本志　川本同，滬本無。

〔二〕武康郡王　「康」，底本漫漶，據川本、滬本補。

〔三〕此地爲崇信鎮　「此」，底本作「屯」，川本、滬本同，據圖書集成職方典卷五五一改。

〔四〕九功城　川本作「九宫城」，「宫」，旁注「功」；滬本作「九功宫舊城」。順治崇信縣志上卷作「九工城」。圖書集成職方典卷五五五：九宫城，初欲建城於此，築九堵而罷，又曰九工。

〔五〕在縣東五十里　川本、滬本同。按順治崇信縣志上卷、圖書集成職方典卷五五五、清統志卷二七三並作「十里」，蓋此「五」爲衍字。

〔六〕金爲鎮　「金」，底本作「今」，川本、滬本同，據金史地理志、明統志卷三五、紀要卷五八改。

〔七〕城高溝深　底本「深」作「潭」，「城」上衍「爲」字，川本同，據滬本及清統志卷二七二改删。

〔八〕廐城　「廐」，底本作「麻」，川本同，據滬本及順治崇信縣志上卷、圖書集成職方典卷五五五改。

〔九〕李元諒築修廐百間畜馬　底本「廐百間」作「鹿首關」，川本、滬本同。順治崇信縣志上卷：「李元諒築修廐百間畜馬。」圖書集成職方典卷五五五作「李元諒以鎮國節度使築崇信城，因築廐城蓄馬」。此「鹿首關」，當爲「廐百間」之訛，據改。

華亭縣　府東南八十、南一百二十里。　金佛峽〔一〕，長二十里。峭壁對峙，當河西故道。　土城周五里一百八十步。　縣居華尖山之西麓，古爲亭，故以名縣〔二〕。東瞻儀山，故以名州。　漢爲朝那縣地。後漢爲朝那、烏枝二縣地。後魏始築城置鎮，屬安定郡。隋大業初，置華亭縣。　瓦亭驛〔三〕。　瓦亭遞運所、瓦亭巡檢司，並在縣西北一百八十里。　三鄉巡檢司，在縣西三十里〔四〕。　通志作三鄉川。　舊有馬頭巡檢司〔五〕，革。　臙脂川，在縣西北一百一十里。東流入涇河。　瓦亭關，在縣西北一百八十里。漢隗囂使牛邯守瓦亭。唐肅宗幸靈武〔六〕，牧馬於瓦亭。宋吳玠與金人戰於瓦亭，大破之。皆此。今置巡檢司。雍録曰：瓦亭關，在原州高平縣南，即隴山北垂。

【校勘記】

〔一〕金佛峽　「金」，底本脱，川本同，滬本作「石」，據明統志卷三五、紀要卷五八、圖書集成職方典卷五五一補。

〔二〕古爲亭故以名縣　「古」，底本作「右」，川本、滬本同，據圖書集成職方典卷五五一改。

〔三〕瓦亭驛　「亭」，底本作「解」，川本同，據滬本及紀要卷五八引通志、圖書集成職方典卷五五四改。

〔四〕三鄉巡檢司在縣西三十里　川本、滬本同。紀要卷五八：「三鄉鎮，在縣西八十里。有三鄉川，置巡司於此。」清統志卷二五九：「三鄉鎮，在華亭縣東南八十里。地有三鄉川，故名。舊有巡司。」疑「三十里」爲「八十里」之誤。

〔五〕舊有馬頭巡檢司　川本、滬本同。紀要卷五八：「志云縣又有馬鋪嶺巡司。」明史地理志亦作「馬鋪嶺巡檢司」。疑此處「馬頭」爲「馬鋪嶺」之誤。

〔六〕幸靈武　「靈」，底本漫漶，據川本、滬本補。

鎮原縣　元爲鎮原州，屬鞏昌路。本朝改爲縣，屬平涼府。府北一百三十里。城周一里二百七十步。東山，在縣東二里。極高峻，其下爲舊東山縣。雉頭山，在縣西三十里。狀如雉頭。秦始皇二十七年，巡隴西、北地，至雉頭山。即此。和戎原，在臨涇廢縣南二十五里〔一〕。涇水，舊高平縣〔二〕，東入於渭水。石門峽水，在大隴山北，名石門峽，有水經流，謂之石門峽水。苦水，出舊高平縣百里山〔三〕，一水有五源，俱出隴山，合而爲一〔四〕。白水驛，在縣南九十里。平安寨巡檢司，在縣西九十里。雞頭山，在縣西五十里。隗囂嘗使其將王孟塞雞頭山道，以拒漢兵。大隴山，在縣西七十里，高平縣地。肥水，在縣西北四十里，與自延水俱注高平川〔五〕。蒲〔旁注〕川。水，在縣東北五十里。發源南蒲谷，與靈臺細川水合。自延水，西出自延溪〔六〕，與肥水俱入高平水。陽晉水，自西蕃界東流至鎮原縣〔七〕，又流入涇州界。三水，在縣東北六十里。流三派，會歸一川〔八〕。高平川，在縣治南二百步。源出舊高平縣之大隴山苦水谷，又名苦水。三川水，在縣西北三十里。其源本一，流而爲三，入高平川〔九〕。本峽關，在縣西南境內。又有石門、驛藏、制勝、石峽、木峭，並六盤〔一〇〕、木峽爲七關，皆唐時置。蕭關，在縣西一百四十里。漢朝那縣地。漢文帝時〔一一〕，匈奴入蕭關。又武帝西登崆峒，出蕭關，即此。漢書地理志：安定郡涇陽幵頭山在西〔一二〕，禹貢涇水所出，東南至陽陵入渭。師古曰：幵，音苦見反，又音牽。此山在今靈州東南，俗訛謂之汧屯山。新城鎮，在縣西五十里。〔旁注〕控大盧路。宋置，屬原州。柳泉鎮，在縣西北七十里。宋置，屬原州，領耳朵寨。舊名鵓鴿泉〔一三〕，今名柳泉。宋慶曆中置。臨涇城，在縣西二里。本漢縣。晉安定郡治此。原屬涇州，元并入鎮原州〔一四〕。第一城，在縣東。漢寇恂傳：

隗囂將高峻據高平第一。武州城，唐大中間，於原州之蕭關置武州。中和間，僑治潘原〔一五〕。領蕭關一縣〔一六〕。五代周廢。唐書：元和三年，段祐請修臨涇城，在涇州北九十里，扼犬戎之衝要。詔從之。平夏城，在縣境石門峽江口好水河之陰。舊名石門城。宋章楶築，紹聖中，賜名平夏。後升爲懷德軍，金以後廢〔一七〕。彭陽廢縣，在縣東八十里。本漢舊縣，屬安定郡。隋廢。唐置豐義縣。宋復曰彭陽。

【校勘記】

〔一〕在臨涇廢縣南二十五里　「南」，底本脱，川本同，滬本空缺，據明統志卷三五、清統志卷二七二補。

〔二〕涇水舊高平縣　川本同，滬本「水」下有「出」字，當是。

〔三〕苦水出舊高平縣百里山　川本、滬本同。水經河水注：苦水：「水出高平大隴山苦水谷。」「苦水，發源高平縣東北百里。」此「山」字蓋衍。

〔四〕一水有五源俱出隴山合而爲一　底本「水」下有「二」字，川本同，滬本無。水經河水注：苦水「又西北流逕東西二土樓故城北，合一水，水有五源，咸出隴山。」此「二」字衍，滬本是，據刪。

〔五〕俱注高平川　「川」，底本脱，川本、滬本同，據水經河水注、紀要卷五八、圖書集成職方典卷五五一、清統志卷二一五八補。

〔六〕自延水西出自延溪　「溪」，底本作「漢」，川本同，據滬本及水經河水注改。

〔七〕東流至鎮原縣　「原」，底本作「源」，據川本、滬本及明統志卷三五改。

〔八〕會歸一川　「川」，底本作「州」，川本同，據滬本及明統志卷三五、紀要卷五八改。

〔九〕入高平川　「川」，底本作「州」，川本同，據滬本及明統志卷三五、紀要卷五八改。

〔一〇〕六盤　底本漫漶，據川本、滬本補。

〔一一〕漢文帝　「文」，底本漫漶，據川本、滬本補。

〔一二〕玕頭山在西　「玕」，底本作「升」，川本同，據滬本及漢書地理志改。下同。

〔一三〕鶉鴿泉　「鶉」，底本作「鶉」，川本、滬本同，據康熙鎮原縣志卷上、圖書集成職方典卷五五五、清統志卷二七三改。

〔一四〕原屬涇州元幷入鎮原州　底本上「原」上有「元省」二字，川本、滬本同，據元史地理志、紀要卷五八、圖書集成職方典卷五五五刪。紀要、圖書集成上「原」字作「唐」，蓋是。

〔一五〕中和間僑治潘原　「間」，底本作「開」，川本同，據滬本改。

〔一六〕領蕭關一縣　「領」，底本作「嶺」，川本同，據滬本及新唐書地理志、萬曆陝西通志卷二〇改。

〔一七〕金以後廢　「以」，底本作「川」，川本同，據滬本及圖書集成職方典卷五五五改。

固原州　元爲開城路，領開城一縣。本朝以路幷入開城縣〔一〕。　舊爲開城縣。　府西北一百三十里。考：西一百八十。通志：西北一百九十〔二〕。　城周九里三分。　成化三年，胡寇内侵，殺縣官，城殘毁，乃奏請移縣於北四十里之固原〔三〕，即舊原州鎮戎軍。　成化五年，都御史馬文升檄按察使僉事楊冕等，增築新城〔四〕，添設固原衛於縣治内。總督、總鎮、分巡、兵備、總兵駐劄。隸陝西都司。弘治十五年，巡制尚書秦紘奏改爲固原州〔五〕。會典：固原在寧夏之南。成化以前，套虜未熾，獨靖虜一面備胡。平、固、安、會之區，號爲無事。自弘治中，火篩入掠後，遂當虜衝，始即州治爲鎮城，以固、靖、甘、蘭四衛隸之，設總督、總兵、參、游等官。東顧榆林，西顧甘肅，與寧夏爲唇齒，稱巨鎮云。　固原衛。　永寧馬驛，城内〔六〕。　舊有固原巡檢司，革。　大六盤山，在州西南七十里。　六盤山，在州西二十里。元世祖嘗於此駐驛。　馬屯山，在州西南四十里。秦苻登與姚萇戰敗，奔此。　大黑水，在州北一百五十里。流入黃河。五十里，合小黑水流入黃河〔七〕。旁有小黑水流入焉。　小黑水，在州北一百二十里。流入大黑水。　朝那湫，有二，俱出山間，一在舊縣東十五里，一在舊縣西北三十里。土人謂之東海、西海。方四十里，水停不流，冬夏不增減，不生草木。戰國時，秦人詛楚投文於此。其東有祠。漢書郊祀志：湫淵，祠朝那。蘇林曰：湫淵在安定朝那縣，方四十里，停水不流，冬夏不增不減，不生草木。師古曰：此水今在涇州界，清澈可愛，不容穢濁，或諠污，輒興雲雨。土俗亢旱，每於此求之〔八〕，相傳云龍之所居也。

天聖寨，在舊縣東北一百里。宋置，屬鎮戎軍〔九〕，元廢。　定川寨，在鎮戎廢城西北二十五里〔一〇〕。一名定川堡。宋置，金省。　長城，在州北。秦所築。　西安城，在州北一百里〔一一〕。宋有西安州，屬渭州。金皇統間，以屬夏〔一二〕。廢開城路，在州治東北。本宋鎮戎軍開遠堡。元至元中，安西王分治秦、蜀〔一三〕，遂立開城路於此。本朝省。廢廣安州，在州東四十五里。宋咸平三年，置東山寨。金大定二十二年，升爲縣，隸鎮戎州。元至元十四年，改廣安縣，十五年，升爲州，隸開成路。本朝未立，今仍爲東山寨。朝那湫祠，在舊縣東十五里。戰國時，秦人詛楚，投文於此湫。漢祠之，至今歲旱，土人禱雨於此。

【校勘記】

〔一〕本朝以路并入開城縣　川本、滬本同。元史地理志開成州：「至元十年，皇子安西王分治秦、蜀，遂立開成府，仍視上都，號爲上路。至治三年，降爲州。」明史地理志：「開成州，元直隸陝西行省，治開成縣。洪武二年，省州入縣。」此處「路」字當作「州」。

〔二〕考西一百八十通志西北一百九十　底本叙列於下文「城周九里三分」下，川本同，據滬本及文義乙正。

〔三〕固原　「固」，底本作「周」，川本同，據滬本及紀要卷五八、圖書集成職方典卷五五二改。

〔四〕增築新城　底本漫漶，據川本、滬本補。

〔五〕秦紘　「紘」，底本作「絃」，據川本、滬本及明史秦紘傳改。

〔六〕城内　川本同，滬本「城」上有「在」字。

〔七〕五十里合小黑水流入黄河　底本叙列於下文「旁有小黑水流入焉」下，川本同，滬本改列於此，「五」上有「一云」

二字。紀要卷五八固原州：「大黑水，在州北五十里。流經寧夏境入黃河。又州北百二十里有小黑水流入焉。」圖書集成職方典卷五五一固原州：「黑水有二：一在州北五十里爲大黑水；一在州北百二十里爲小黑水，合流入黃河。」滬本是，據以乙正。

〔八〕每於此求之　「每」，底本脱，川本同，據滬本及漢書郊祀志顏師古注補。

〔九〕宋置屬鎮戎軍　「屬」，底本脱，川本、滬本同，據九域志卷三、宋史地理志、明統志卷三五補。

〔一〇〕在鎮戎廢城西北二十五里　「城西」，底本漫漶，據川本、滬本補。

〔一一〕西安城在州北一百里　「安城在」，底本漫漶，據川本、滬本補。

〔一二〕金皇統間以屬夏　「間」，底本作「開」，川本同，據滬本及金史地理志改。

〔一三〕安西王分治秦蜀　「治」，底本作「置」，據川本、滬本及元史地理志改。

里。

涇州　古阮國。元屬陝西行省，本朝改屬。涇川縣倚郭，本朝并入州。府東一百五十里。回、漢雜處〔一〕，衝，煩，多訟。城周三里。百泉，在州西三十五里。泉眼百餘，四時不竭。共池，在州北五里。詩：侵阮徂共。注：國名，古阮國之地，即今州之共池是也。今華嚴海印寺下，水泉湧出，派趨二池，池內水相通連，內有蓮花。安定驛，城內〔二〕。瓦雲驛。涇州遞運所〔三〕。高家凹遞運所。金家凹巡檢司，在縣東。史記：秦始皇二十七年，巡隴西、北地，出笄頭，過回中。漢書：文帝十四年，匈奴入蕭關，殺都尉，燒回中宮，候騎至雍。武帝元封四年〔四〕，幸雍〔五〕，通回中道，遂北出蕭關。回中山，在州西三里〔六〕。下臨涇河。漢武帝幸雍，道回中〔七〕，遂北出蕭關，即此。上有王母宫。師古漢書注曰：回中在安定。長武寨〔八〕，在州東七十里。唐屯神泉軍處〔九〕。宋范仲淹奏差宋良等領蕃、漢軍馬，往涇州長武寨把隘，即此。後置爲縣，元省。唐書李懷光傳：懷光率師城長武以處軍士，城據原首，臨涇水，俯瞰通道，北蕃自是不敢南侵，爲西邊要路。百泉故城，後魏置長城郡及黄石縣〔一〇〕。西魏改黄石爲長城。隋開皇初郡廢，大業初，縣改爲百泉。保定故城，本舊安定縣。唐至德元年，更名保定。廣德元年，没於吐蕃。大曆三年復置。有折墌故城〔一一〕。涇州故城，在州北五里。薛舉城，在州東北十里。唐破薛舉於此。回中宫，在州西五里。漢文帝時，匈奴入蕭關，燒回中宫。一作在隴州西北一百四十里。薄落亭，在州界。一名瓦亭〔一二〕。按淮南子：涇水出薄落山。則亭或因山爲名也。烏氏城，在州南。氏，音支。漢爲縣，屬安定郡。後省。莽曰烏亭，東漢復舊，晉因之。涇川廢縣〔一三〕，在州北五里。本漢安定縣。後魏置涇川縣。唐改保定縣，爲涇州治。金復曰涇川。本朝省入州。

【校勘記】

〔一〕回漢雜處　「回」，底本作「四」，川本同，據滬本改。

〔二〕城内　川本同，滬本「城」上有「在」字。

〔三〕涇州遞運所　「涇」，底本作「逕」，川本同，據滬本及圖書集成職方典卷五五四改。

〔四〕武帝元封四年　「封」，底本作「狩」，川本、滬本同，據漢書武帝紀、明統志卷三五改。

〔五〕幸雍　「幸」，底本作「車」，川本同，據滬本及漢書武帝紀、明統志三五改。

〔六〕在州西三里　川本同，滬本作「在州西三、五里」，明統志卷三五、紀要卷五八、圖書集成職方典卷五五五作「在州西五里」。

〔七〕道回中　底本漫漶，據川本、滬本補。

〔八〕長武寨　「寨」，底本漫漶，據川本、滬本補。

〔九〕神泉軍　川本、滬本同。新唐書兵志載，隴右道有神策軍。又云：「初，哥舒翰破吐蕃臨洮西之磨環川，即其地置神策軍。」新唐書地理志洮州：「西八十里磨禪川有神策軍，天寶十三載置。」疑此「泉」爲「策」字之誤，然其地不在涇州，而在洮州。

〔一〇〕後魏置長城郡及黄石縣　「黄」，底本作「萬」，川本、滬本同，據魏書地形志、隋書地理志、元和志卷三改。下「黄石」改同。

〔一一〕折墌故城　「折墌」，底本作「樹遮」，川本、滬本同，據舊唐書薛仁杲傳、通鑑卷一八六、元和志卷三、新唐書地理志改。

〔一二〕薄落亭在州界一名瓦亭　底本敘列於上文回中宫條上，川本同，據滬本乙正。

〔一三〕涇川廢縣　「川」，底本作「州」，川本、滬本同，據萬曆陝西通志卷二〇、明統志卷三五、紀要卷五八、圖書集成職方典卷五五五改。

靈臺縣　古密國。　州南九十里。通志：一百三十里〔一〕。　城周四里三分。　漢爲北地郡鶉觚縣地。晉爲鶉觚、陰密二縣地，屬安定郡。隋析置靈臺縣。　保巖山，在縣東南三十里。山勢峭拔，回旋百折。上有庵宇亭臺，望之如畫〔二〕。　兼山〔三〕，在縣西北九十里舊良原縣。有重山之義，乃涇州主山也。　達溪川〔四〕，在縣南二里〔五〕。　妲己川，在縣西七十里〔六〕。　三香水，在縣東十五里〔七〕。源出麟遊縣東，亦爲三交川水。　細川水，在縣東南一里。上流接鎮原蒲谷水〔八〕。　白石原，在縣西北。其原首起舊良原縣西南三十里，東下三十里分爲兩原：一名良原，一名良杜原。

古密國，即今縣。周文王伐密。左傳：密須之鼓，與其大路。史記：周共王游涇上〔九〕，密康公從。皆此地。　鶉觚城，在縣境，接邠州廢宜禄縣界。漢縣，唐省。　陰密城，在縣西五十里。文王所伐之密。秦白起遷於此。漢、晉爲縣，屬安定。隋省。　良原廢縣，在縣西北九十里。隋置，元省。　涇、汭下流，山溪多泉，宜疏築汲溉轉輸資用〔一〇〕，以爲民利，而皆莫之省。地據西鳳、平涼之交，五方雜處，集鎮亦多，而皆爲牙儈逋逃之藪，縣民無所利焉。故公私因弊〔一一〕，而姦盜弘多。

【校勘記】

〔一〕一百三十里 「里」，底本脱，川本同，據滬本補。

〔二〕望之如畫 「畫」，底本漫漶，據川本、滬本補。

〔三〕兼山 「山」，底本漫漶，據川本、滬本補。

〔四〕達溪川 「溪川」，底本漫漶，據川本、滬本補。

〔五〕在縣南二里 「在縣南」，底本漫漶，據川本、滬本補。

〔六〕妲己川在縣西七十里 「西」，底本脱，川本同，據滬本及明統志卷三五、紀要卷五八補。

〔七〕三香水在縣東十五里 「十五」，底本作「五十」，川本同，據滬本及寰宇記卷三二、順治靈臺縣志卷一乙正。

〔八〕上流接鎮原蒲谷水 「原」，底本作「源」，據川本、滬本及明統志卷三五改。

〔九〕周共王游涇上 「上」，底本作「丘」，川本同，據滬本及史記周本紀改。

〔一〇〕轉輸資用 「輸」，底本作「輪」，川本同，據滬本改。

〔一一〕公私因弊 川本同，滬本「因」作「困」，蓋是。

靜寧州 元屬鞏昌路，本朝改屬。 府西南二百三十里。 近邊，衝煩，苦寒，民瘠。 城周七里。 隴山，在州東南一百五十里舊水洛縣。乃水洛川及犢奴水所出，以近隴州之地，故名。 石門山，在州南一百五十里。又爲石門峽，山石如門〔一〕，其路斬絶，即隴山北垂也。劉滬破氐、羌於此。 水洛山，在州南一百五十里。 左枕六盤，右跨安、會，前控秦、隴，後拒蕭關，爲河、隴孔道〔二〕。涇陽驛，城内〔三〕。靜寧遞運所，城内〔四〕。高家堡遞運所〔五〕，在州西四十里。橫山〔六〕，在州北一十里。蕃部所居。水洛川，在州南一百五十里。源出隴山，西流合犢奴川水〔七〕，又經石門峽，謂之石門水。西南流入秦州界，入於渭。

靜邊寨，在州西七十里。宋天禧中置〔八〕，屬德順軍。金屬隆德縣。得勝寨，在州南一百五十里。宋曹瑋置，領開邊堡。治平寨，在州南八十里。宋治平中置，吳璘嘗遣王中正破金人於此。後金置爲縣，元省。隴干城，在州治。宋曹瑋所築，嘗曰異時涇、渭有警，此必爭之地也。後置縣，元省。水洛城，在州東一百里。本西羌地。宋仁宗朝，劉滬勸令城主鐸斯那獻結公之地〔九〕，遂城之。後爲水洛縣。其地川平土沃，又有水輪、銀、銅之利。宋招討使鄭戩遣劉滬築之，以捍西夏。金置縣，元省。威戎城，在州南四十里。宋爲堡，金置縣，元省。通邊城〔一〇〕，在州東一百二十里。水洛亭〔一一〕，在州東南九十里。城周一里一百七十步。

【校勘記】

〔一〕山石如門　「石如」，底本作「如石」，川本同，據滬本及明統志卷三五、紀要卷五八乙正。

〔二〕爲河隴孔道　「孔道」，底本漫漶，據川本、滬本補。

〔三〕城内　川本同，滬本「城」上有「在」字。

〔四〕城内　川本同，滬本「城」上有「在」字。

〔五〕高家堡遞運所　「高」，底本作「寯」，川本、滬本同，據紀要卷五八、圖書集成職方典卷五五四、清統志卷二五九改。

〔六〕横山　「山」，底本漫漶，據川本、滬本補。

〔七〕犢奴川水　「川」，底本作「州」，川本同，據滬本及水經渭水注改。

〔八〕宋天禧中置　底本錯簡於下文「隆德縣」下，川本同，據滬本及九域志卷三、宋史地理志、金史地理志乙正。

〔九〕劉滬勸令城主鐸斯那獻結公之地　底本「主」作「立」，「鐸」作「驛」，川本同，據滬本及宋史劉滬傳改。劉滬傳「斯」作「廝」。

〔一〇〕通邊城　「邊」，底本作「遍」，川本、滬本同，據九域志卷三、圖書集成職方典卷五五五、清統志卷二五九改。

〔一一〕水洛亭　川本、滬本同，滬本眉批：「亭，疑當作城。」

莊浪縣　元爲莊浪州，屬陝西行省〔一〕。本朝改爲縣，屬靜寧州。　州東南九十里。城周一里一百七十步。　盤龍山，在縣南五十里。狀如盤龍。　櫻桃原，在縣西三十里。　牡丹岔，在縣西三十里。　磨石峽，在縣西北十五里〔二〕。　陽三川，在縣西南五十五里。山陽有三川〔三〕，故名。　寨子川，在縣北十里〔四〕。　曹務川〔五〕，在縣北四十里。　苦水川，在縣西九十里〔六〕。其水南流，入秦安縣界〔七〕，味苦〔八〕。　蓮花城，在縣西南一百里。　宋經略使鄭戩行邊至蓮花堡，天寒，與將佐置酒，會暮塵起，有報敵騎至此。戩曰：此必三川將按邊回，非敵騎也。

已而果然。蓮花故城，在縣南四十里。達舍堡，在縣東二十里。張川堡，在縣西三十里。

【校勘記】

〔一〕元爲莊浪州屬陝西行省　底本「元爲莊浪州」錯簡於「行省」下，「屬」作「唐」，川本、滬本同。元史地理志：莊浪州，直隸陝西行省。明史地理志静寧州莊浪：「元莊浪州，直隸陝西行省。」據改。

〔二〕在縣西北十五里　「北」，川本、滬本同，康熙莊浪縣志卷一、乾隆莊浪縣志略卷四作「南」。疑此「北」爲「南」字之誤。

〔三〕山陽有三川　「三」，底本作「二」，川本同，據滬本及明統志卷三五、紀要卷五八、圖書集成職方典卷五五一改。

〔四〕在縣北十里　「北十里」，底本漫漶，據川本、滬本補。

〔五〕曹務川　「曹」，底本漫漶，據川本、滬本及康熙莊浪縣志卷一補。

〔六〕在縣西九十里　「九」，川本、滬本同，明統志卷三五、紀要卷五八、圖書集成職方典卷五五一作「二」，此「九」蓋爲「二」字之誤。

〔七〕入秦安縣界　「安縣界」，底本漫漶，據川本、滬本及康熙莊浪縣志卷一補。

〔八〕味苦　「味」，底本漫漶，據川本、滬本及康熙莊浪縣志卷一補。

隆德縣　宋爲隆德寨，金升爲縣。　州東九十里。　舊隸静寧州。嘉靖三十八年，改隸府。今仍隸州。城周九里三分。六盤山，在縣東二十五里。冬夏有雪，古謂之絡盤道〔一〕。

其山盤旋六折，始達於巔。　六盤關，在縣東六十五里。　曹務川，在縣西南四十里。　馬閫川〔二〕，在縣西北六十里。　孤樹川，在縣北三十里。　底堡河，在縣西三里。源出縣東南二十里美高山，其西有堡，故名。　六盤水，在縣北〔三〕。　隆城驛。　神林堡遞運所。　隆德遞運所。　好水川，在縣西二里。源出六盤山，西流入苦水。宋韓琦命任福屯兵好水川，禦夏元昊〔四〕，即此。　武延川，在縣西北七十里。宋曹瑋知渭州日〔五〕，與陳興、秦翰破章埋族於武延川，即此。　縣舊治，在今縣西北九十里。　紅土城，在縣北四十里。　中安堡。　章川堡。

【校勘記】

〔一〕古謂之絡盤道　「絡」，底本作「終」，川本同，據滬本及圖書集成職方典卷五五一改。

〔二〕馬閫川　川本同，滬本「閫」作「閫」，紀要卷五八、圖書集成職方典卷五五一作「藺」，嘉靖平涼府志卷一三、清統志卷二五八作「藺」。此「閫」字疑誤。

〔三〕六盤水在縣北　川本同，滬本無。

〔四〕元昊　「昊」，底本作「吳」，川本同，據滬本及宋史韓琦傳、宋史紀事本末卷三〇改。

〔五〕曹瑋　「曹」，底本作「雷」，川本同，據滬本及宋史曹瑋傳改。

鞏昌府

在布政司西一千一百六十里。屬隴右道。領州三〔一〕，縣一十四〔二〕。城周九里三分〔三〕。隆慶中，復築北郭，開東西北三門。周時爲羌、戎地。秦隴西〔四〕。漢天水、武都〔五〕。後漢南安。西魏南秦州。元爲鞏昌路，本朝改爲府。

石門山，在城西。高且險，接壤固原，時有邊警。東山，在府城東一十五里。赤亭水所出，亦曰赤亭山。西山，在府城西九十里〔六〕。廣陽水所出。渭水，在府城北五里。源出臨洮府渭源縣〔七〕，自故熙州首陽縣界，過鞏州襄武故城，又東南經貆道故城西〔八〕，與赤亭水合，經城南，得粟水。石門山，在城西四十里。水經注曰：離水又東經石門口，山高險絶，對岸如門，故名。馬鹿山，在城西八十里。其山四圍石崖甚險，有古戍軍寨。荆谷，在城西九十里。荆頭川水所出〔九〕。黑水峽，在城西九十里。渭水所經。赤亭水，出東山赤谷〔一〇〕，南入於渭。粟水，在城南三十里。昌丘水，在城西南六十里。出西南丘下，東北注武城水。科羊水，在城西二十里。泉水，在城西八十里。武城川水，在城西九十里。兩源合注，東北流經鹿部，亦謂之鹿部水。又與昌丘水合，又東北入於渭。

人性質直，以射獵爲生。蕃、漢雜居，習弓馬。舊志。左挾大隴，右掉名臯，岷、嶓障前〔一一〕，蘭、雪殿後〔一二〕。江分番境，階、文、洮、固爲之籬。河限虜衝，安、會、蘭、靖張其掖。雲棧扼三巴之喉〔一三〕，金城拊五涼之背〔一四〕。秦即稱百二哉，鞏得其什六矣。通遠驛，城內〔一五〕。北境鄰虜，安、會之郊，有殘元遺種〔一六〕，稱土達，未盡變於夏。南境鄰羌，階、文之野，有熟番雜居，不無染於氐〔一七〕。中路冠蓋往來〔一八〕，稍稱文物之地，然或以茶徒礦聚狎其習，回民猓種誨之盜〔一九〕，此鞏俗之大概也〔二〇〕。

【校勘記】

〔一〕領州三　「領」，底本作「鎮」，川本同，據滬本及明史地理志改。

〔二〕縣一十四　「十四」，底本漫漶，據川本、滬本補。

〔三〕城周九里三分　「城」，底本漫漶，據川本、滬本補。

〔四〕秦隴西　底本漫漶，據川本、滬本補。

〔五〕漢天水武都　「漢」，底本漫漶，據川本、滬本補。

〔六〕在府城西九十里　「西」，底本脱，川本同，據滬本及明統志卷三五補。

〔七〕臨洮府　「臨」，底本作「靈」，據川本、滬本及明統志卷三五、紀要卷五二改。

〔八〕又東南經貆道故城西　底本「經」上衍「縣」字，川本同，據滬本及水經渭水注删。

〔九〕荆谷在城西九十里荆頭川水所出　川本、滬本同。紀要卷五九：「南河，府南二十里。源出荆谷中，北流入渭。」圖書集成職方典卷五五八：「南河水，在府城南三十里荆谷。北流烽火臺入渭。」清統志卷二五五：「荆頭川水，在隴西縣南。」府志：有南河，源出府南三十里之荆谷。」則荆谷在鞏昌府南三十里，此處當有誤。

〔一〇〕出東山赤谷　底本「山」下衍「武」字，川本同，據滬本及水經渭水注、紀要卷五九删。

〔一一〕岷嶓障前　「前」，底本脱，川本同，據滬本及圖書集成職方典卷五五七補。

〔一二〕蘭雪殿後　「雪」，底本作「陵」，川本、滬本同，據圖書集成職方典卷五五七改。

〔一三〕雲棧扼三巴之喉　底本「雲棧」作「靈機」，川本、滬本同，據圖書集成職方典卷五五七改。

〔一四〕金城拊五涼之背　「拊」，底本作「附」，川本同，據滬本及圖書集成職方典卷五五七改。

〔一五〕城内　川本同，滬本「城」上有「在」字。

〔一六〕有殘元遺種　底本漫漶，據川本、滬本補。

〔一七〕不無染於氏　「於氏」，底本漫漶，據川本、滬本補。

〔一八〕中路冠蓋往來　「中路」，底本漫漶，據川本、滬本補。

〔一九〕回民猓種誨之盜　「回」，底本作「細」，川本、滬本同，據圖書集成職方典卷五六一改。

〔二〇〕此鞏俗之大概也　「概」，底本作「暨」，據川本、滬本改。

隴西縣　治。　赤觜山關，在赤觜山東、城南二十里。　妙娥關，在城東四十里。　鵶兒峽關，在城東四十里。　藥鋪山關，在城南五十里。　首陽關，在城西四十里首陽故城。　鑾家灣關，在城西北二十里。後川關，在城北十里。烏龍關，在城北二十里。首陽城，在府西五十里。鳥鼠山，渭水所出之處。漢書：渭水自首陽東至京兆船司空入河。是也。隴西故城，在府西北五里。宋章楶所築。武城故城，在府西六十里武城川。宋章楶築。通西城，在府北安定縣界。金時爲寨〔一〕。安西城，在府北一百一十里。金大定時，築爲寨堡。甸子川遞運所。通志〔二〕：安定縣六十里〔三〕。隆慶元年，自安定縣改。北關遞運所，城北二里〔四〕。錦布谷遞運所，在縣北六十里。六泉，在府城東南五里。乞伏國仁率騎兵襲鮮卑三部於六泉，即此。熟羊寨，在府城西北四十里。宋熙寧中置〔五〕。金貞祐中，築爲寨。三岔堡〔六〕，在府城北二十五里。宋熙寧中置。襄武城，在府城東十五里。漢縣。晉爲隴西郡治。唐爲渭州治。宋廢。宋史王沿傳：爲涇原路經略、安撫、招討使兼知渭州〔七〕，增屯兵〔八〕，城中隘甚，乃築西關城五里。豲道廢縣，在府東十五里。漢置。東漢南安郡治此〔九〕，隋廢。

【校勘記】

〔一〕金時爲寨　川本、滬本同。宋史地理志鞏州隴西縣有通西砦。金史地理志作通西縣。紀要卷五九安定縣：「通西城，在縣南四十八里。本宋之通西砦，金升爲縣，屬定西州。元省。」清統志卷二五六：「通西故城，金初置通西縣，屬鞏州；貞祐四年，屬定西州。元至元三年，省入定西州。」則此處「寨」當爲「縣」之誤，或「金」作「宋」。

〔二〕通志　「志」，底本作「治」，據川本、滬本改。

〔三〕安定縣六十里　川本同，滬本「縣」下空缺。圖書集成職方典卷五五八安定縣：「甸子川，在縣西北六十里。」疑此處「縣」下脱「西北」二字。

〔四〕城北二里　川本同，滬本「城」上有「在」字。

〔五〕宋熙寧中置　底本原叙列於下文「築爲寨」下，川本、滬本同。九域志卷三：「熟羊寨，熙寧元年置。」宋史地理志：熟羊砦，初隸秦州。熙寧五年，改屬通遠軍。據乙正。

〔六〕三岔堡　「堡」，底本作「保」，川本同，據滬本及九域志卷三、宋史地理志改。

〔七〕渭州　「州」，底本漫漶，據川本、滬本補。

〔八〕增屯兵　底本漫漶，據川本、滬本補。

〔九〕東漢南安郡　「東漢南」，底本漫漶，據川本、滬本補。

安定縣　府北二百八十里。通志：一百八十。府志：一百六十。東聯靖、會，西抵臨、蘭，北倚亂山，南臨雙峪，八達之通衢。敦本尚實，耕牧自給，野無惰農。邑有蓋藏，號稱上邑。衝，煩，界甘、固〔一〕，有邊警。今城，宋紹聖三年〔二〕，涇原道經略使章楶兩築〔三〕。後接南門，創築關城一座，周共六里三分。城周三里三分。接南門創築關城云云〔四〕。元定西州。本朝改安定縣。唐爲渭州西市貿馬之所〔五〕。宋元豐中，築定西城〔六〕，屬通遠軍。金大定中，改爲定西縣。貞祐中，升爲定西州，領安西、通西二縣〔七〕。元省二縣入州，後因地震，改安定州。秤鈎灣驛，在縣北六十里。通蘭州、甘肅。通安驛，在縣南七十里。本志：八十。延壽驛，城北〔八〕。西鞏驛，在縣東六十里。通會、靖、固原〔九〕。巉口巡檢司，在縣北四十里。好地掌遞運所〔一〇〕，在縣南五（旁注）四，五。十里。舊有秤鈎灣、西鞏鎮、安定三遞運所，萬曆九年革。本志：東關有遞運所〔一一〕。西南百里有熟羊城〔一二〕，舊設遞運所，今改屬隴西縣。本唐渭州西市貿馬之所，金始置縣。安西縣故城，在縣北三十五（旁注）本志：三十。里。宋紹聖三年，宣撫使章楶築。通西故城，在縣南四十里。平西故城，在縣北八十里。關川故城，在縣北一百二十里。

【校勘記】

〔一〕界甘固　「固」，底本作「因」，川本同，據滬本改。

〔二〕宋紹聖三年　「三」，底本作「二」，川本、滬本同，據宋史地理志、紀要卷五九改。下同。

〔三〕章楶兩築　川本、滬本同。「兩築」，宋史地理志作「建築」，紀要卷五九作「進築」，圖書集成職方典卷五五九作「始築」，此「兩」字當誤。滬本眉批：「兩，疑所字之訛。」

〔四〕接南門創築關城云云　川本同，滬本無此句。

〔五〕唐爲渭州西市貿馬之所　「州」，底本作「川」，川本、滬本同，據大明一統名勝志卷九、明統志卷三五、紀要卷五九改。

〔六〕宋元豐中築定西城　「定」，底本作「安」，川本、滬本同，據九域志卷三、宋史地理志、明統志卷三五改。

〔七〕領安西通西二縣　「安西」，底本作「西安」，川本、滬本同。金史地理志：「定西，貞祐四年六月，升爲州，以通西、安西隸焉。」紀要卷五九安西城：「金貞祐中升爲安西縣，屬定西州。」此「西安」乃「安西」之誤，據乙正。

〔八〕城北　川本同，滬本「城」上有「在」字。

〔九〕通會靖固原　「靖」，底本作「清」，川本、滬本同，據圖書集成職方典卷五六二改。

〔一〇〕好地掌遞運所　底本「地掌」作「池亭」，川本、滬本同，據紀要卷五九、圖書集成職方典卷五六二、清統志卷二五六改。

〔一一〕東關有遞運所　川本同，滬本無「有」字。

〔一二〕熟羊城　「熟」，底本作「熱」，川本同，據滬本及清統志卷二五六改。

會寧縣　府北二百八十里。　元新會州〔一〕，屬鞏昌路。本朝爲會寧縣。　城周四里〔二〕。　漢襄武縣北境，又分置祖厲縣。後魏置烏蘭縣。正統二年，分北境四里設靖虜衛〔三〕。　宅四山之中，衝邊要邑，白草、碾子諸原，積爲盜藪，地控二邊〔四〕，邑居四塞，層巒列峙，四水合流，鞏、臨之右臂，秦、隴之北門。　黄河，在城北二百八十里。　南河，在城南二里。發源庲岔河〔五〕，流入黄河。　什字川里河，在城東五十里。發源隱山諸谷，流入黄河。　響河，在城東一百一十里。縣巖下瀉〔六〕，潺急觸石〔七〕，聲聞數里，故名。下流入白水江。松樹岔河，在城東南三十里，流入南河。米家峽河，在城南六十里。發源蒸餅諸山谷，其水澄冽。乾溝河，在城西北九十里。乾溝驛，在縣北九十里。保寧驛，城内〔八〕。郭城驛，在縣北一百八十里。青家驛，在縣東九十里。舊有會川〔旁注〕州。驛，北二百七十里。革。青家驛巡檢司，在縣東九十里。翟家觜遞運所〔九〕，在縣東四十五里。舊有會寧、青家驛二遞運所，萬曆九年革。記有烈孫巡檢司，在縣東九十里。雪山，在縣北四百里。周圍百餘里，羣峯回旋，形勢險峻，山林茂密，春夏積雪如冬，因名。春夏積雪不消。通安寨，在縣境。祖厲河，在城北一百八十里。以舊縣名。其流入黄河。西寧城，在縣東三十五里。記：城有三，俗呼西寧連城。遺址尚存。宋靖康元年，經略使章楶築，名曰甘泉堡〔一〇〕。後爲元所滅〔一一〕。金西寧州以此爲名。

【校勘記】

〔一〕元新會州　川本、滬本同。元史地理志：「會州，金置寶川縣，陷於河西，僑治州西南百里會川城，名新會州。元初棄新會州，遷於所隸西寧縣。」明史地理志鞏昌府會寧：「元會州，屬鞏昌總帥府。至正十二年三月，改爲會寧州。洪武十年，降爲縣。」則元當爲會州，此「新」字疑衍。

〔二〕城周四里　川本同，滬本「里」下有注文「記五」。紀要卷五九：「今城周五里。」圖書集成職方典卷五五九：「周五里。」

〔三〕分北境四里設靖虜衛　川本、滬本同，圖書集成職方典卷五五七「虜」作「遠」。

〔四〕地控二邊　川本、滬本同，圖書集成職方典卷五五七「二」作「三」。疑是。

〔五〕床岔河　「床」，底本作「庥」，川本同，據滬本及紀要卷五九改。

〔六〕縣巖下瀉　「瀉」，底本作「灣」，川本同，滬本無，據圖書集成職方典卷五五八改。

〔七〕潺急觸石　「急」，底本作「葱」，川本同，據滬本及大明一統名勝志卷九、紀要卷五九改。

〔八〕保寧驛城内　「保」，底本作「紹」，川本、滬本同，據紀要卷五九、圖書集成職方典卷五六二改。又，滬本「城」上有「在」字。

〔九〕翟家觜遞運所　「翟」，底本作「瞿」，川本同，據滬本及萬曆陝西通志卷一四改。

〔一〇〕名曰甘泉堡　「甘泉堡」，底本漫漶，據川本、滬本補。

〔一一〕後爲元所滅　「後爲元」，底本漫漶，據川本、滬本補。

通渭縣　府東北六十里。府志：北一百六十里〔一〕。　城周三里三百二十八步。　漢襄武縣。宋皇祐四年，始置通渭縣。崇寧五年，改通渭寨〔二〕。金復升爲通渭縣〔三〕，元省。國初，復置通渭縣。　十八盤山，在城南五十里。其山高險，道一十八盤。　桃花山，在城西南一百里。　海子川，在城東北三十里。　中川，在城西十五里。　華川，在城西八十里。本志：在西三十里，即今馬苑川。四圍平坦，草茂水清，宜牧。國朝平涼苑馬寺安定苑於此牧馬，圍長治之。其水〔旁

注〕出馬苑川。　經縣城南，東南治三十步入渭。　甜水河，在城西北七十里〔四〕。　金雞川故城，在縣南七十五里雞川鎮。　唐屬秦州，宋屬天水郡，金屬秦州，元并入秦安。　未安縣故城，〔旁注〕雙古城。　在城南一百里。〔旁注〕府志：北六十。西南八十。　俗傳宋女將楊滿堂所築〔五〕。　安遠鎮。本志。　漢城川故城，在城西八十里城川鋪。

【校勘記】

〔一〕北一百六十里　「里」，底本脱，川本同，據滬本及圖書集成職方典卷五五七補。

〔二〕崇寧五年改通渭寨　底本「崇」作「熙」，「通渭」作「安遠」，川本、滬本同，據宋史地理志、紀要卷五九改。

〔三〕通渭縣　「通渭」，底本作「雞川」，川本、滬本同，據金史地理志、明統志卷三五、紀要卷五九改。

〔四〕在城西北七十里　川本、滬本同。按萬曆重修通渭縣志卷一、紀要卷五九、圖書集成職方典卷五五八作「七里」，此「十」字蓋衍。

〔五〕宋女將楊滿堂　「將」，底本作「得」，川本、滬本同，據圖書集成職方典卷五六三改。

漳縣　分野書作「鄣」。　府南七十里。　古爲鹽川寨舊城，在故城峪，後圮於水〔一〕，正統間，移至三台山麓〔二〕，即今城。　城周一里三分。　箭筈山，在城西南二十里。　山勢險峻，自來蓄戎出没之處，居民結寨於此以禦之。　馬鋪山，在城西北十五里。　四圍石崖，居民避兵處。　三岔山，在縣西三十里。其下有店子，路通三岔山，西抵洮、岷，北接秦、隴，東入漳之要會。三岔驛，在縣西三十里〔三〕。舊有三岔遞運所，革。官如學究，民若曉星，鄉野之人，負薪賣炭以自給〔四〕，惟鹽廠稍有煙聚，資井爲生，邇來課重水縮，反階之爲厲，日見蕭條。説者謂當并歸隴西，以省附庸之費。西傾山，在縣西北七十里，即禹貢西傾。其山跨隴、蜀界，蕃、漢俯洮、岷，綿延數十里。漳水，在縣南三里。自縣東寨坡發源〔五〕，西北會西傾山水，西南會西谷水〔六〕，合流東入於渭。故城，在縣西南五里鹽川鎮。

【校勘記】

〔一〕後圮於水　「後」，底本作「浸」，川本、滬本同，據圖書集成職方典卷五五九、清統志卷二五六改。

〔二〕三台山　「三」，底本作「天」，川本、滬本同，據圖書集成職方典卷五五九、清統志卷二五六改。

〔三〕三岔驛在縣西三十里　「驛在縣西三十」，底本漫漶，據川本、滬本補。

〔四〕負薪賣炭以自給　底本漫漶，據川本、滬本補。

〔五〕自縣東寨坡發源　川本、滬本同。大明一統名勝志卷九作「發源縣西之木寨坡」。明統志卷三五作「自縣西木寨坡發源」，紀要卷五九作「源出縣西本寨坡」。疑此處「縣」下脱「西」字，「東」字或「木」字之誤。

〔六〕西南會西谷水　川本、滬本同。大明一統名勝志卷九、明統志卷三五漳水：「西南會東匝谷水。」疑此「會」下脱「東」字，「西」爲「匝」字之誤。

寧遠縣　府東九十里。　古豲道舊址。元至元中，升爲縣。　城周三里有奇。　南逼南山，北迫渭水，地局勢促，其形如偃月。　屏山臨渭，有一夫當關之勢〔一〕，故宋、金皆立寨，必爭之地，山險，水迅，人悍。　石門山，在城東北五十里。其山四圍皆峽，中有一門，下有洞，光映如月，名夜月洞。　古爲寨，避兵處。　南峪河，在縣城東三十里。來自禮縣大樹關〔二〕，會楊家河，經樂善鎮北流入渭。　渭河，流經縣北城下，旁有通渠溉田。　山丹河，在城西十里。自岷州界發源，經湯哥川〔三〕，從山丹鋪左流入渭〔四〕。行筏〔五〕。　廣吳河，在縣西三十五里。其水自岷山、冷落山發源，流入渭。　來自漳縣，經廣吳坡北入渭。行筏。　桃花山，在縣北二十里。中有溪流，又名桃花峽。　發源通渭縣界，有石似玉。　山丹峪，在縣西十五里。　廣吳山，在縣西北二十里。　有廣吳堡故城，其下廣吳水繞流〔六〕。

【校勘記】

〔一〕有一夫當關之勢　「夫」，底本作「天」，川本同，據滬本及圖書集成職方典卷五五七改。

〔二〕來自禮縣大樹關　「禮」，底本脱，川本同，據滬本及圖書集成職方典卷五五八補。

〔三〕湯哥川　「湯」，底本作「楊」，川本同，滬本作「湯」。萬曆寧遠縣志卷一：「灘哥川，在縣西南三十里。」本書下文寧遠下作「湯哥川」，「湯」旁注「灘」。按「湯」、「灘」音同，此「楊」乃「湯」之誤，據改。

〔四〕左流入渭　川本、滬本同，紀要卷五九作「北注於渭」。

〔五〕行筏 「筏」，底本作「玳」，川本同，據滬本、本書後文寧遠縣湯哥川條及圖書集成職方典卷五五八改。

〔六〕其下廣吳水繞流 底本「水」上有「流」字，川本、滬本同。大明一統名勝志卷九作「廣吳水繞其下」，圖書集成職方典卷五五八作「其下廣吳水繞流」。此「流」乃衍字，據刪。

伏羌縣 府東一百八十里。 城周四里。 春秋冀戎地。秦武公伐冀戎，置冀縣。 東倚關嶺，西雄朱圉，南蔽天門，北環渭水。重岡複嶺，萬山四塞，灘高流急，舟楫不通。秦、隴間居要之地，運轂之樞也〔一〕。 川原平衍，有溉稻種棉之利。地當衝衢，車馬供應，與寧遠同；而采山通商之利，與繁村大鎮不得寧遠什一。 石鼓山，在縣南七十里。記：有石鼓，鳴則兵起。其山有鼓〔二〕，其鼓不擊自鳴則有兵。詳見水經。隋書之冀城有石鼓崖〔三〕，謂此。 鼉山，在縣東二里。居渭水口，山形如鼉，最奇。 渭水經其下，左轉而入新陽川，若不見其泄者，至此曲折入秦州界，若無水口，然俗傳伏羌人富庶賴此。 渭河，自寧遠界來，流經縣北三里。 散渡河，在縣北五里。發源通渭，經流十八盤山麓來，流至縣東北五里入渭。 永寧河，在城西四十里。自南山發源，〔旁注〕至永寧鎮。北流入渭。 沙溝，在城西南三里，北流入渭。 朱圉山，在縣西南二十里。即禹貢朱圉。俗名白崖山。漢書云：山在冀縣南梧中聚。 永寧縣城，在縣西四十里。宋置，元省。 舊土城，與今城相連〔四〕。宋時築，國朝景泰初，知縣王恂重修。冀縣故城，在縣南一百五十步。達隆堡〔五〕，宋慶曆中築。安遠砦，宋天禧中築。大落門砦，在伏羌西。有落門谷，先爲羌、戎所居。宋雍熙中〔六〕，知州温仲舒發兵取之，遂置砦爲内地。祥符中，再修，置永寧寨。威遠砦〔七〕，宋祥符中築。舊名臯落，改今名。小落門砦，在縣西一百四十里。

【校勘記】

〔一〕運轂之樞也　底本「運」作「連」，「樞」作「區」，川本、滬本同，據圖書集成職方典卷五五七改。

〔二〕其山有鼓　底本「有」作「如」，川本同，據滬本及水經渭水注、元和志卷三九改。

〔三〕隋書之冀城有石鼓崖　「之」，川本同，滬本作「云」。

〔四〕與今城相連　「今」，底本作「金」，川本、滬本同，據圖書集成職方典卷五六三、清統志卷二五六改。

〔五〕達隆堡　底本「達隆」作「違龍」，「堡」上有「谷」字，川本、滬本同，據九域志卷三、宋史地理志改。

〔六〕宋雍熙中　「雍熙中」，底本漫漶，據川本、滬本補。

〔七〕威遠砦　底本漫漶，據川本、滬本補。

西和縣　元爲西和州〔一〕，本朝改西和縣。東直吐谷渾青海之塞〔二〕，南直白馬氐之地，西連熙、鞏，北並洮、疊〔三〕，在西河爲重地。圖經。通遠、鹽官，幾成訟區，木門保子，羈縻而已。

猓夷環居，流劫難禁。　府東南五百里。　城周四里。　縣城，宋紹興間，安撫使李永琪城於南山高峻處，名十二連城，開三門。洪武二年，改建於南山下。　秦臨洮縣。漢爲上禄，屬武都。後魏析上禄置長道縣，蓋諸葛武侯出師地。宋紹興中，金入中原，陝西盡陷。吳玠復五路，改屬洮、岷。又以去洮、岷遠，徙治白石鎮。據南山，建城十二，相連極嚴峻。外控蕃虜，內衛全蜀，爲岷州僑寓。　仇池山，在城南一百里。林木繁茂，四面壁立，峭絶險固，自然有樓櫓卻敵狀。上有平地，方二十餘里，有豐水泉如湖，可煮鹽。自下而上，有羊腸盤道三十六回，即晉楊難當所據處。　通靈山，在縣西一百四十里。四山環合，二水縈流，有清水泉，自巖飛落如玉繩，亦勝境也。　屏風峽，在縣西一百里。宋大觀間，郭思作祁山神廟記，以此爲祁山〔四〕。　橫嶺河，在縣南五十里。自山谷巖穴發源。　祁山，在縣北七十里。山上有城，極險峻。蜀志云：諸葛亮率諸軍伐魏，攻祁山。即此。　崆峒山，在縣南一百二十里〔五〕。寰宇記：在溢樂縣治西。　通靈山，在縣東南三百餘里〔六〕。　白水江，在縣北二里，一名白江。從西蕃界東流，經武階州下，合嘉陵江。　漢水，在舊長道縣南。源出嶓冢山，西流與馬池水合。有諸葛亮壘。　西漢水，在縣東北九十里。自秦州舊天水縣界流入。漢地理志：隴西鹽官鎮有鹽官水〔七〕。即此水。　濁水，在縣境。從長道縣界，穿大潭舊鎮，合清水，入階州。

仇池故城，在縣南一百里。見成縣。　柏闕寨，在縣内。　鐵城堡，在縣東十八里。　穀藏堡〔八〕，在縣西十里。俱宋熙寧中置。　白石鎮城，在縣西三里。唐大中間築，後改爲縣。　鹽官城，在縣東三十里。去嶓冢西四十里。有鹽井。　大潭廢縣，在縣東南三百里。西魏置潭水郡。隋爲潭水縣。宋初，改大潭縣，熙寧中，屬岷州，後廢。宋改名，後兵廢。　長道廢縣，在縣〔九〕。分上祿縣置，隋改曰長道。唐天寶末廢，後復置。宋屬岷州。後爲西和州附郭〔一〇〕。後魏入西和州〔一一〕。　南北峪，在縣西六十里。長道廢縣二峪，有萬餘家。　諸葛表言：祁山去沮五百里，有人萬户。瞻其丘墟，信爲殷矣。即此。

【校勘記】

〔一〕元爲西和州　「西」，底本脱，川本、滬本同，據元史地理志、明史地理志補。

〔二〕東直吐谷渾青海之塞　川本、滬本同，圖書集成職方典卷五五七作「西值吐谷渾青海之塞」。此「東」當「西」之誤。

〔三〕西連熙鞏北並洮疊　川本、滬本同。考地望，洮、疊在其西，熙、鞏在其北偏西，疑此處「西」、「北」二字互倒。

〔四〕以此爲祁山　川本、滬本同。大明一統名勝志卷九：「郭思正作神廟記，以屏風峽爲祁山正峯云。」紀要卷五九：「宋郭中正以此爲祁山之正峯也。」圖書集成職方典卷五五八、清統志卷二五五云：郭思作祁山神廟記，以此爲正祁山。疑此「祁」上脱一「正」字，或「祁」下脱「正峯」二字。

〔五〕崆峒山在縣南一百二十里 「崆峒山在縣」，底本漫漶，據川本、滬本補。

〔六〕在縣東南三百餘里 「百餘里」，底本漫漶，據川本、滬本補。滬本無「東」字。按上文載通靈山，在縣西一百四十里，與此不合。

〔七〕隴西鹽官鎮有鹽官水 底本上「官」作「闕」，下「鹽」作「三」，川本、滬本同。按今本漢書地理志無此文，圖書集成職方典卷二六三鹽官城：「漢地理志隴西鹽官鎮有鹽官水。」據改。

〔八〕穀藏堡 「藏」，底本作「城」，川本同，據滬本及九域志卷三、宋史地理志改。

〔九〕在縣 川本同，滬本「在縣」下有「西」字。紀要卷五九西和縣：「長道城，在縣西北二十里。西魏置縣治此。」「縣」下當有脱文。

〔一〇〕後爲西和州附郭 底本「州附郭」錯簡於下文「西和州」下，川本、滬本同，據明統志卷三五、紀要卷五九、圖書集成職方典卷五六三乙正。

〔一一〕後魏入西和州 川本、滬本同。按後魏前未置西和州，此當有誤。元史地理志西和州：「惟有長道一縣。元至元七年，亦并入本州。」紀要卷五九西和縣：「建炎五年，岷州徙治縣之白石鎮，改曰西和州，以長道縣爲附郭。元至元七年，縣并入州。」則此「後魏」乃「元」之誤。

成縣 元成州，本朝改爲縣。 府東南七十里〔一〕。 城周不及三里。 漢下辨縣〔二〕。郊關内外，多屬階、文。秦、禮軍屯，囂陵善訟，彊悍難治。鑛徒時聚，流劫横行。崇禎七年，爲流賊所陷。八年，移治宋吴玠舊址，曰上城〔三〕，城之西北隅連城也〔四〕。周不滿三里，四面平峻，以舊城作關廂。　鳳凰山，在縣東南十里〔五〕。溪中有二石相對〔六〕，山腰有瀑布，與鳳凰臺相對。漢時，有鳳凰棲其上。　泥功山，在縣西二十里。上有泥功廟，石像古怪。唐杜甫有詩。　積草嶺，在舊天水、同谷之間。唐杜甫有詩。　雷洞，在縣南十里龍峽之南半山上。宋紹興初，金人南侵，前樞密都承旨郭執中集鄉豪駐守於此，虜遣使説誘，執中斬其使於洞。飛龍峽，在仇池山下。昔氐楊飛龍據此，因名。唐杜甫避亂居此。　栗亭河，在栗亭廢縣。鳳凰臺，在鳳凰山。唐杜甫有詩。　萬丈潭，在縣東南七里。杜甫有詩。峽有龍水，故詩曰：低徊虎穴上，面勢龍水頭。　黄渚關巡檢司，在縣北一百里。　寶井山，在縣東南一十里。宋石洵直題名記云：長慶中，始遷於寶井。即今治也〔七〕。　天井山，在縣西二十里。有漢耿勳磨崖碑。　兑山，在縣東廢栗亭縣境〔八〕。堯典：申命和仲，宅西，曰昧谷。鄭康成曰：西者，隴西之西。今人謂之兑山。　方山，在縣東四十里。晉武都氐嘗據此。　黑谷山，在縣北。大山喬林，連跨數郡，山有黑谷關。宋紹興郡守程俊置〔九〕。　仇池山，在縣西北一百里，亘西和界〔一〇〕。四面壁立，峭絶險固，自然有樓櫓卻敵狀。上有平地，方二十餘里。隋書云：仇池山有百頃堆，方二十餘里。其山四面壁立〔一一〕，其上峯巒險峻，狀如樓櫓。東西二門盤道約七里〔一二〕，羊腸屈曲三十六迴〔一三〕，其上寬平，可田百頃。晉氐人楊難當等先後據之〔一四〕。有泉有鹽，可收保〔一五〕，亦可庚姦。　隴右名山也，羊腸盤道三十六迴，有豐水煮土成鹽。　仇池城，在仇池山。戰國爲白馬氐羌國。晉時，楊難當三世據此。後魏於此置仇池郡。舊志：仇池城四面斗絶，壁立千仞，石角外向，如雉堞然，唯有一門可通。上有田百頃，泉九十九眼。東柯谷，在縣東南。東河水，在縣治東。源出秦州，南經龍峽〔一六〕，會弱水，入嘉陵江。又有南河水〔一七〕，又名下辨水〔一八〕，在縣東。出青渠堡〔一九〕，會東河水入龍峽，注嘉陵江。泥陽水〔二〇〕，在縣東五十里廢栗亭縣境〔二一〕。其水自天水谷發源，東南流至泥陽鎮，與栗亭水合，通入興縣界。六漢水，在縣西北六十里。源出西和縣境，流經縣之六漢堡〔二二〕，入犀牛江〔二三〕，即西漢水也。洛谷水，在縣西八十里。洛，一作駱。唐太和初，詔於駱谷築城，其城近上禄縣，有遺址。十九泉，在縣南四十里。

同谷廢縣，在縣西一百七十五里。白環堡，在縣北二百二十里。宋紹興間置，後廢〔二四〕。過南十里，又有上店堡。漢源廢縣，在縣西一百二十里。天水廢縣，在縣北二百里，去秦州七十里。唐置縣，後廢。宋復置，元并入成州。上禄廢縣，在縣西一百里。漢屬武都郡，東晉屬仇池郡〔二五〕。隋初，爲倉泉縣〔二六〕，後改上禄。栗亭廢縣，在縣東七十里。本後魏蘭倉縣地〔二七〕。五代唐時，置栗亭縣，屬成州，宋因之〔二八〕。元以縣置金洋州〔二九〕，後並廢。外有木皮嶺，爲入蜀路，極險要。考〔三〇〕。黄龍潭，在縣西二十里〔三一〕。潭深莫測其際。有後漢武都太守李翕磨崖記。

【校勘記】

〔一〕府東南七十里　川本同，滬本「十」作「百」。大明一統名勝志卷九、明統志卷三五、紀要卷五九並載：「府東南六百里。」此「十」蓋「百」之誤。

〔二〕漢下辨縣　「辨」，底本作「辦」，川本同，據滬本及漢書地理志改。

〔三〕曰上城　「城」，底本漫漶，據川本、滬本補。

〔四〕城之西北隅連城也　上「城」，底本漫漶，川本、滬本作「成」。清統志卷二七六：「崇禎九年，移縣治於城之西北隅。」則川本、滬本之「成」爲「城」之誤，據補。「之西北隅連」，底本漫漶，據川本、滬本補。

〔五〕在縣東南十里　「縣東南十里」，底本漫漶，據川本、滬本補。

〔六〕溪中有二石相對　「溪中有」，底本漫漶，據川本、滬本補。

〔七〕即今治也　「也」，底本漫漶，據川本、滬本補。

〔八〕在縣東廢栗亭縣境　「廢」下底本衍「縣」字，川本同，據滬本及明統志卷三五、圖書集成職方典卷五五八刪。

〔九〕程侵　底本作「杜侵」，川本「杜」旁注「程」，滬本同，據萬曆陝西通志卷二〇、乾隆直隸秦州新志卷二改。

〔一〇〕亘西和界　「和」，底本作「如」，川本同，據滬本改。

〔一一〕其山四面壁立　「壁」，底本漫漶，據川本、滬本補。

〔一二〕盤道約七里　「約七里」，底本漫漶，據川本、滬本補。

〔一三〕羊腸屈曲三十六迴　「羊腸屈曲三」，底本漫漶，據川本、滬本補。

〔一四〕先後據之　「後據之」，底本漫漶，據川本、滬本補。

〔一五〕有泉有鹽可收保　「有泉有鹽可收」，底本漫漶，據川本、滬本補。

〔一六〕南經龍峽　「龍」，底本脱，川本同，據滬本及明統志卷三五、圖書集成職方典卷五五八補。

〔一七〕又有南河水　「又」，底本漫漶，據川本、滬本補。

〔一八〕下辨水　「下」、「水」，底本漫漶，據川本、滬本補。

〔一九〕出青渠堡　底本「渠」作「築」，「堡」下衍「下」字，川本同，據滬本及明統志卷三五、紀要卷五九改删。

〔二〇〕泥陽水　「水」，底本漫漶，據川本、滬本補。

〔二一〕在縣東五十里　「在」，底本漫漶，據川本、滬本補。

〔二二〕六漢堡　「六」，底本漫漶，據川本、滬本補。

〔二三〕犀牛江　「犀」，底本作「翠」，川本、滬本同，據明統志卷三五、清統志卷二七六改。

〔二四〕後廢　底本「後」下衍「唐」字，川本、滬本同，據明統志卷三五、圖書集成職方典卷五六三、清統志卷二七五删。

〔二五〕漢屬武都郡東晉屬仇池郡　「漢」，底本錯簡於「仇池郡」下，川本同，據滬本及漢書地理志乙正。

〔二六〕倉泉縣　「倉」，底本作「蒼」，川本、滬本同，據魏書地形志、隋書地理志改。

〔二七〕藺倉縣　「倉」，底本作「蒼」，川本、滬本同，據魏書地形志、紀要卷五九改。

〔二八〕置栗亭縣屬成州宋因之　「栗亭縣」，「屬成州」，「宋因之」，底本漫漶，據川本、滬本補。

〔二九〕元以縣置金洋州　「元」，底本漫漶，據川本、滬本補。

〔三〇〕極險要考　「險要考」，底本漫漶，據川本、滬本補。

〔三一〕黃龍潭在縣西二十里 「黃龍潭在縣」，底本漫漶，據川本、滬本補。

秦州 府東三百一十里。 城周四里二分。 唐天寶初，節度使王忠嗣城雄武城於今城之東。宋知州羅拯城東西二城，蓋節度使城也。國朝洪武初，守禦千户鮑成約西城舊址而城之〔一〕。周四里有二〔二〕，其東郭則裁古城之半以爲城〔三〕。 東扼隴坻，西倚天門，南通蜀、漢，北枕六盤。蘭、河之中堅，關隴之重鎮。 分巡隴右道駐劄。 米谷山，去舊天水縣四十里，去今成縣百餘里。唐寶應間，吐蕃陷天水，邑人保聚此山。 東柯谷，在州東南五十里〔四〕。唐杜甫有詩。 鐵堂峽，在天水廢縣東五里。峽有石笋，青翠，長者至丈，小者可爲礪。 蜀漢姜維居此峽。有鐵堂莊，四山環抱〔五〕。對面有孤冢，相傳維祖塋也。 唐杜甫有詩。 渭水，西自伏羌縣界，經州北四十里。 三陽川，在州北三十里。東流入渭。其地有伏羲畫卦臺。 永川河，在州東三十里，北流入渭。 牛頭河，在州東五十里，南流入渭。 夕河，在州南城外，東流入渭。 北流泉，在州南八里。杜甫詩：山頭南郭寺，水號北流泉。 秦西垂舊基，在州境。史記：伯益之裔中潏，在西戎，保西垂〔六〕。後莊公破西戎，宣王予以犬丘之地〔七〕，爲西垂大夫。注：西垂，在上邽縣西南九十里。又史記云：文公元年，居西垂宮〔八〕。 嶓冢山，在州西南六十里〔九〕。禹貢：嶓冢導漾，東流爲漢。按通典云：嶓冢山有二〔一〇〕：一在天水郡之上邽；一在漢中之金牛。在天水者，漢水所出也。其陽有水〔一一〕，西南流至漢陽，爲漢江。其南爲分水嶺，南流爲漾，北爲赤峪。麥積山，在州東南八十里。狀如積麥，爲秦地林泉之冠。又有豆積山在其中。郡記。瓦亭。水經云：安定烏氏縣有瓦亭關。故有瓦亭川水，即隴水上流，今州南路。瓦亭山，在州東北。不在秦州〔一二〕。漢隗囂使將軍牛邯所守處〔一三〕。燕子關，在東南一百里，去舊天水縣九十五里。駱駝巷關，在州南五十里。洮平關，在州西南九十里。伏羌舊城，在州西九十里。大潭廢縣，在州西南四百里。隴城，在州東北一百八十里〔一四〕。今屬秦安縣地。罕幵舊城〔一五〕，在州境。漢置，屬天水郡。水洛城，在州西北。宋時劉滬築。甘泉城。結藏城。長道廢縣，在州西南二百二十里。天水廢縣，在州西南七十里。天水軍舊址，在州西南九十里。三都谷，在州境。宋曹瑋破吐蕃唃厮囉十萬衆於州之三都谷〔一六〕。赤谷，在州西南七里。中有赤谷川。唐杜甫有詩。雕窠谷〔一七〕，在州南，麥積之北。舊有隗囂避暑宫故址。天水湖，在州南七里。宋初，立亭其上〔一八〕，號天水殿，又以水療疾有效，改惠應殿。其水冬夏無增減，故名〔一九〕。馬池水〔二〇〕，在嶓冢山下，南流與西漢水合。石榴關，在州南九十里〔二一〕。現子關，去舊天水縣百里〔二二〕，對隴州吴山路。定西寨，在州西北〔二三〕。宋置，領六堡〔二四〕。三陽寨〔二五〕，在州北四十里。領十四堡。皂郊堡，在州西南三十里。宋置。顯親城，在州東南〔二六〕。漢置縣。郡記：顯親縣，通鑑云隴城西北，不在秦州東南也，然屬秦州。成紀廢縣，在州。伏羲所生之地。本朝省入州。成紀舊基，在州西五十步。帝王世紀曰：庖羲生於成紀。上邽廢縣，在州境。漢置，屬隴西郡〔二七〕。府志：今爲清水縣。晉天水郡治此。隋因之。唐廢。諸葛壘，在州南二里。俗謂下募城。旁有司馬懿壘，俗謂上募城。魏太和中，諸葛亮攻天水，詔懿拒之，此其壘也。木門，在州西南一百一十二里。魏張郃追諸葛亮於此，中飛矢死。地網，在州西南，舊天水、長道二縣近邊〔二八〕。地勢平衍，騎兵縱横無礙〔二九〕。宋宣撫使吴璘乃創地網於平田間〔三〇〕，縱横鑿爲渠，每渠闊八尺，深丈餘〔三一〕，連綿不斷如網。其後，金人來犯〔三二〕，騎兵始不得肆。

【校勘記】

〔一〕鮑成　「鮑」，底本作「駒」，據川本、滬本及乾隆直隸秦州新志卷三改。

〔二〕周四里有二　「里」，底本作「百」，川本同，據滬本及乾隆直隸秦州新志卷三改。

〔三〕裁古城之半以爲城　「以」，底本作「矣」，據川本、滬本及乾隆直隸秦州新志卷三改。

〔四〕在州東南五十里　「東」，底本漫漶，據川本、滬本補。

〔五〕四山環抱　「環」，底本漫漶，據川本、滬本補。

〔六〕保西垂　「保」，底本作「堡」，川本同，據滬本及史記秦本紀改。

〔七〕宣王予以犬丘之地　「宣」，底本作「軍」，川本、滬本同。史記秦本紀：「周宣王乃召莊公昆弟五人，與兵七千人，使伐西戎，破之。於是復予秦仲後，及其先大駱地犬丘并有之。」正義引水經云：「秦莊公伐西戎，破之，周宣王與大駱犬丘之地。」此「軍」乃「宣」之誤，據改。

〔八〕云文公元年居西垂宮　底本漫漶，據川本、滬本補。

〔九〕嶓冢山在州西南六十里　「冢山在」，底本漫漶，據川本、滬本補。

〔一〇〕按通典云嶓冢山有二　「按通典云：嶓冢山有」，底本漫漶，據川本、滬本補。

〔一一〕其陽有水　「其陽有」，底本漫漶，據川本、滬本補。

〔一二〕不在秦州　「州」，底本漫漶，據川本、滬本補。

〔一三〕漢隗囂使將軍牛邯所守處　「漢」，底本錯簡於上文「不在秦州」上，川本同，據滬本及後漢書隗囂傳乙正。

〔一四〕隴城在州東北一百八十里　川本同，滬本「一百」下夾注「一作八十」。元和志卷三九秦州：「隴城縣，西南至州一百二十里。」

〔一五〕罕幵舊城　「幵」，底本作「升」，川本同，據滬本及漢書地理志改。

〔一六〕十萬衆　「十」，底本漫漶，據川本、滬本補。

〔一七〕雕窠谷　「雕窠」，底本漫漶，據川本、滬本補。

〔一八〕宋初立亭其上　「宋初，立」，底本漫漶，據川本、滬本補。

〔一九〕其水冬夏無增減故名　「無增減，故名」，底本漫漶，據川本、滬本補。

〔二〇〕馬池水　「馬」，底本漫漶，據川本、滬本補。

〔二一〕石榴關在州南九十里　底本漫漶，據川本、滬本補。「榴」，川本、滬本作「流」，據元一統志卷四、明統志卷三

五、明史地理志改。

〔二二〕現子關去舊天水縣百里　「現子關」，底本脱，川本、滬本同，據元一統志卷四、紀要卷五九補。「去舊天水」，底本漫漶，據川本、滬本補。

〔二三〕在州西北　「西北」，底本漫漶，據川本、滬本補。

〔二四〕宋置領六堡　底本漫漶，據川本、滬本補。

〔二五〕三陽寨　底本漫漶，據川本、滬本補。

〔二六〕顯親城在州東南　「親城在州東」，底本漫漶，據川本、滬本補。

〔二七〕漢置屬隴西郡　底本「漢置」錯簡於「郡」下，川本同，據滬本及漢書地理志、明統志卷三五乙正。

〔二八〕二縣近邊　底本漫漶，據川本、滬本補。

〔二九〕騎兵縱横無礙　「横」，底本漫漶，據川本、滬本補；「縱」，底本作「總」，川本同，據滬本及萬曆陝西通志卷二〇改。

〔三〇〕宋宣撫使吴璘　「宣撫」，底本作「撫宣」，川本同，據滬本及宋史吴璘傳、宋史紀事本末卷六九乙正。

〔三一〕深丈餘　「丈」，底本漫漶，據川本、滬本補。

〔三二〕金人來犯　「犯」，底本漫漶，據川本、滬本補。

秦安縣　府東北三百里〔一〕。州西北九十里。城周三里九十步。秦邑。史記：非子蓄馬蕃息〔二〕，孝王分土爲附庸，邑於秦。括地志云：秦州清水縣本名秦邑。今考其邑有水出小隴山〔三〕，曰秦水，其谷曰秦谷。蓋秦初爲附庸，以玆水名。後得天下，遂仍其名也〔四〕。舊志：在隴州。恐非。漢顯親縣，晉臨渭縣。四山旋拱，二水環流〔五〕。本志。九龍山，在縣東四十里。其山九峯，狀若龍翔〔六〕，磅礴百里，爲縣主山〔七〕。逕隴縣隴州〔八〕，以達於省。迤西爲廟山、七星山、中嶺、三臺山〔九〕，皆九龍山之支山也〔一〇〕。大隴山，在縣東九十五里。一曰隴山，一曰隴坂，一曰隴坻〔一一〕。東漢書曰〔一二〕：漢陽有大坂。是也。詳隴州。

隴城廢縣，在縣東北九十里。漢爲略陽道〔一三〕，東漢爲略陽。晉爲略陽郡，泰始中〔一四〕，更名。統臨渭、平襄、略陽、清水。隋開皇二年廢郡，縣改曰河陽，六年改曰隴城。唐武德二年，以縣置文州。八年州廢，來屬。貞觀三年，置長川縣。六年〔一五〕，省入焉。宋、金仍爲隴城。元至元七年，并隴城入秦安。今爲隴城鎮。隴城巡檢司，在縣東九十里略陽道故城内。軒轅丘〔一六〕。史記：黃帝居軒轅之丘。因以爲名。按水經有軒轅溪〔一七〕，在今秦州。

【校勘記】

〔一〕府東北三百里　「里」，底本脱，川本同，據滬本補。

〔二〕非子蓄馬蕃息　「馬」，底本漫漶，據川本、滬本補。

〔三〕今考其邑有水　「其邑」，底本漫漶，據川本、滬本補。

〔四〕後得天下遂仍其名也　「天下遂」，底本漫漶，據川本、滬本補。

〔五〕四山旋拱二水環流　「旋拱二水環流」，底本漫漶，據川本、滬本補。

〔六〕狀若龍翔　「若龍翔」，底本漫漶，據川本、滬本補。

〔七〕磅礴百里爲縣主山　底本漫漶，據川本、滬本補。

〔八〕逕隴縣隴州　「逕隴」，底本漫漶，據川本、滬本補。

〔九〕中嶺三臺山　底本漫漶，據川本、滬本補。

〔一〇〕皆九龍山之支山也　「皆九龍山之支山」，底本漫漶，據川本、滬本補。

〔一一〕隴坻　「坻」，底本漫漶，據川本、滬本補。

〔一二〕東漢書曰　底本漫漶，據川本、滬本補。

〔一三〕漢爲略陽道　底本漫漶，據川本、滬本補。

〔一四〕泰始中　「泰」，底本作「秦」，川本同，據滬本及晉書地理志改。

〔一五〕六年　「六」，底本漫漶，據川本、滬本補。

〔一六〕軒轅丘　「丘」，底本作「立」，川本同，據滬本及史記五帝本紀改。

〔一七〕水經　「水」，底本漫漶，據川本、滬本補。

階州　府南八百里。　地僻民貧，近西番，設階、文參將防守。　磚城周二里。府志：萬曆八年，於城西復築土城，周圍共六百丈。　秦以前白馬氐居之。漢置武都郡〔一〕。唐爲武州，景福初〔二〕，始爲階州。　武都舊郡，將利雄藩都〔三〕，山川險阻，隴、蜀咽喉，古來用武之地。南逼番虜，西通套酋。州志：居鞏之南鄙，地接漢川，氣暖而產繁，又商賈雜集，百貨輻湊，洮、岷一大陸海也。米尖山，在州北一百二十五里。山巔有古土城，俗謂之米倉城。角弩谷，〔旁注〕弓峪。在州西八十里。即漢姜維剿殺五部氐、羌之所。楊家崖，在州北一百里。經白水江。宋吳玠與弟璘爲將，保蜀屯守之處。白水江，在州南二里〔四〕。源出西番界，東流經本州，入蜀。犀牛江，在州北二百六十里。流入嘉陵江。北峪河，在州西二里。其水南流，入白水江。兩水，在州西三十里。南入白水江。青崖關，在州南九十里。東固城鋪，在縣北。有古城，與西固城爲州左右扇。階州守禦右千户所，有泉有險，敵不可攻。隸秦州衛。平落驛，在州北二百四十里。殺賊橋驛，在州西一百七〔旁注〕二。十里。七防關巡檢司，在州東北三百五十里。盤隄山，在州東南七十三里。〔旁注〕記云：通志：南三十里。州志：東一百三十。是一山相連。近有盤隄城。元和志：魏鄧艾與漢姜維相持於此。考云：即沓中陰平道地築城〔五〕，置葭蘆戍。後魏置盤隄縣〔六〕。沮水，在州境西。州西八十里。出角弓峪，南流入白龍江。魏破叛氐於此。紫水，在州境。〔旁注〕州志：出福津，入白龍江。今失其處。漢封璽書用武都紫泥〔七〕，即此水之泥也。東八十里，南入白水江〔八〕，出紫泥可封璽，漢人用之。又出上品雄黃，色如雞冠。

米尖故城，在米尖山頂。最爲險要。盤隄廢縣，在州舊治南一百三十五里。即茄蘆戍。後魏置南五部縣，後改名盤隄。唐廢。將利廢縣，在州北三百一十里。近犀牛江。本後魏石門縣，西魏改安育，後周又改今名。唐武州治於此，元廢。本後魏覆津縣，唐改名，爲武州治。元移階州治此，并縣入焉。

福津廢縣，在州東七十里。

【校勘記】

〔一〕漢置武都郡　「置」，底本作「書」，川本同，滬本作「爲」。漢書地理志武都郡：「武帝元鼎六年置。」據改。

〔二〕景福初　「福」，底本作「禧」，川本、滬本同，據新唐書地理志、明統志卷三五改。

〔三〕將利雄藩都　川本同，滬本作「將利雄都」，夾注：「都，一作藩。」圖書集成職方典卷五五七作「將利雄藩」。則此「藩、都」二字或一衍，或一作注。

〔四〕白水江在州南二里　川本、滬本同。紀要卷五九階州：「白水江，經州南，去州二百餘里。」圖書集成職方典卷五五八階州：「白水江，在州南二百里。一名白龍江。」疑此「二」下脱「百」字。

〔五〕陰平道　「陰」，底本作「險」，川本同，滬本作「陰」。漢書地理志：廣漢郡領有陰平道。通鑑卷一三四：「魏以楊難當族弟廣香爲陰平公、葭蘆戍主。」則此「險」當「陰」之誤，滬本是，據改。

〔六〕後魏置盤隄縣　「盤」，底本作「旋」，川本同，據滬本及隋書地理志、元和志卷三九改。

〔七〕用武都紫泥　「用」，底本作「周」，川本同，據滬本及元和志卷三九改。

〔八〕東八十里南入白水江　川本、滬本同，滬本眉批：「東上疑有奪字。」清統志卷二七六階州：「紫水河在州東八十里。源發迭石北，南注白龍江。」按此「東」上蓋脱「州」字。

文縣　州東七十里〔一〕，府東南九百里。元文州。本朝改縣〔二〕。　城周三里。　北至階州界一百五十里。漢置陰平道〔三〕，晋爲陰平郡〔四〕。後爲氐、羌所據，置文州。西魏置曲水縣。隋廢州，唐復置，治曲水縣。在南白二江之間〔五〕，故名。德宗時，以舊城在平地，移於東四里高原上，即今千户所城。考：州南二百五十〔六〕。西經高原，東南皆平地。　周三里三分。　成化六年，建城於所城之西，周二里三分，中隔河一道，有橋以通縣所。　地近西番，事簡民稀，秦、蜀出入之道。　地雜羌、夷，俗尚儇薄，射獵好訟。本志。　左山右江，號稱天險，既設縣砦，立軍民二字〔七〕。　草塞外多材木，守者視爲奇貨，部卒采取，置器貢上，因以自利，致番、漢貿遷，爭奪起釁，以此文有不靜之番。　洪武二年歸附，改爲文縣〔八〕，隸階州。　六年，設守禦千户所，隸陝西都司。　十五年，改隸秦州衛。　二十三年，省文縣入階州。　二十七年，千户張者作亂，命平羌將軍甯政擒誅。本所軍士，俱調浙江。　文縣守禦軍民千户所。　臨江關驛，在縣北一百二十里。路通四川海門等衛。　洪武二十八年，設文縣守禦軍民千户所〔九〕，直隸陝司都司。　成化九年，都御史馬文升奏復文縣，築城，隸陝西都司。　分巡兵道、參將駐劄。　陰平古道在縣南。　徑道縈紆，江流直下，至今循險，爲秦、蜀之扼。　諸山環峙，兩江水合流。　東接連雲，西盤百頃，秦、隴之屏幃，巴、蜀之門户。　西達仇池〔一〇〕，北倚紫金，南通白水，關、隴之襟喉，巴、蜀之門户。

【校勘記】

〔一〕州東七十里　川本、滬本同。明統志卷三五文縣：「在州東二百一十里。」紀要卷五九：「州南二百十里。」圖書集成職方典卷五五七：「州東南二百七十里。」此所載道里當有誤。

〔二〕本朝改縣　「改縣」，底本脱，川本同，據滬本及明統志卷三五補。

〔三〕陰平道　底本作「堦平通縣」，川本同，據滬本及漢書地理志改。

〔四〕晉爲陰平郡　「陰」，底本作「堦」，川本、滬本同，據晉書地理志、明統志卷三五改。

〔五〕在南白二江之間　川本、滬本同，寰宇記卷一三四、紀要卷五九「白」作「北」。

〔六〕考州南二百五十　川本、滬本同。「十」下當脱「里」字。

〔七〕立軍民二字　川本同，滬本無「字」字，疑衍。

〔八〕洪武二年歸附改爲文縣　川本、滬本同。按明統志卷三五、明史地理志、紀要卷五九載：洪武四年，改爲文縣。疑此「二」爲「四」之誤。

〔九〕洪武二十八年設文縣守禦軍民千户所　底本無「洪武」二字，「守禦」作「設砦」，川本、滬本同。明統志卷三五：「洪武二十八年，建文縣守禦軍民千户所。」紀要卷五九：「洪武二十八年，改置文縣守禦軍民千户所。」此脱「洪武」二字，「設砦」爲「守禦」之誤，據以補改。

〔一〇〕西達仇池　「西」，底本脱，川本同，據滬本補。

徽州　府東四百八十里。府志東南六百。州志同〔一〕。城周五里三分。就所城近西築，城相連，周三里有奇，知州侯控所築〔二〕。金史宣宗紀：興定二年，陝西行省兵破宋雞公山〔三〕，取河州、成州，至河池縣黑谷關，守者皆遁。鐵山，在州東南四十里。其色如鐵，其形似巾，又名巾子山。方輿勝覽云：懸崖萬仞，時出雲雨。宋宣撫吴玠拒金人撒離喝於鐵山〔四〕。即此。天門山，在州東南九十里。兩山對峙若門。天池山，在州南三十里。山巔池澤寬廣，洞然深黑。青泥山，在州南四十里。殺金嶺，在州南六十里。其上有仙人關，右周回三十餘里。金人攻仙人關，吴玠〔五〕、吴璘禦之殺金坪，連戰皆捷，虜衆遂退，即此。又云關在州西北七十里。今軍壘遺迹尚存。嘉陵江，在州南七十里。河池廢縣，在州東南十五里。唐城。徽山驛，城内北〔六〕。虞關巡檢司，在州南五十里〔七〕。通志：批驗茶引所，在州北七十里。原在大鎖鎮，今移於城内西街。紫金山，在州北三十里。有水入於漢中，爲山河堰。木皮嶺，在州西十五里，與成縣連。路極險阻，自同谷入番經此。杜甫詩：南登木皮嶺，艱險不易論。是也。唐黄巢之亂，王鐸置關於此，以遮秦、隴。

河池廢縣，在州。漢縣〔八〕，屬武都郡。晉廢。後魏置廣化縣，隋復漢名，唐屬鳳州。宋紹興初，宣撫司治此。元省入州。永寧縣舊址，在州東四十里。即今永寧鎮。舊屬鳳州。元革，縣治并入徽州。寧羌衛千户所舊城，洪武初，開設寧羌衛於成縣〔九〕，設一千户所於本州之南。洪武三十年，因漢中田九成作亂，剿平後，遂移置本衛於沔縣之羊鹿坪，而城址俱存。

【校勘記】

〔一〕府志東南六百州志同　底本錯簡於下文「城周五里三分」之下，川本同，據滬本乙正。

〔二〕侯控　川本、滬本同。嘉靖徽郡志卷二、圖書集成職方典卷五五七作「侯裡」，蓋「控」爲「裡」之誤。

〔三〕雞公山　底本作「輿岔」，川本、滬本同，據金史宣宗紀改。

〔四〕撒離喝　「離」，底本作「嚇」，川本同，據滬本及宋史吳玠傳改。

〔五〕吳玠　「玠」，底本作「圻」，川本同，據滬本及宋史吳玠傳改。

〔六〕城内北　川本同，滬本「城」上有「在」字。紀要卷五九引通志：「徽州治北有徽山驛。」此「内」疑衍字。

〔七〕在州南五十里　「南」，底本脱，川本同，據滬本及紀要卷五九、圖書集成職方典卷五五九補。

〔八〕漢縣　底本「漢」錯簡於下文「晉廢」下，川本同，據滬本及漢書地理志、明統志卷三五乙正。

〔九〕開設寧羌衛於成縣　「開」，底本作「關」，川本同，滬本無，據圖書集成職方典卷五六四改。

兩當縣　州東南一百里，府東南七百里。　蕞爾小邑，舟楫不通，民性質樸，事簡訟息，糧無逋欠。　保棧道，城周三里。記：二里有奇。　漢故道縣。　鸑鷟山〔一〕，在縣東十五里。古鳳州取名此。下有分水溪。　天門山，在縣南五十里。　陽山，在縣南一百六十里。迤南略陽界。　天池山，在縣西北十五里。　分水嶺，在縣東十里。　銀瓮峽，在縣東二十里。　獅子川，在大渠鄉北十里。　紅崖河，在縣東三十里。　兩當水，在縣東郭外。發源於縣北界三谷，流入故道川。黄花驛，城内〔二〕。嘉陵江，在縣南四十里。源出大散關之西嘉陵谷，至鳳州入兩當、徽州，又經興利果合州、重慶府〔三〕，入於蜀江。兩當水，在縣境。流入故道川，又名故道水。兩當驛，在縣。東抵汴京，西抵益州，皆三十六程，故曰兩當。

【校勘記】

〔一〕鸑鷟山　「鷟」，底本作「鷲」，川本、滬本同，據元和志卷二二、九域志卷三、明統志卷三五改。

〔二〕城内　川本同，滬本「城」上有「在」字。

〔三〕重慶府　「慶」，底本作「廢」，川本同，據滬本及明統志卷三五、紀要卷六六改。

岷州衛　府西南二百四十里。左、右、中三所。岷州，嘉靖二十四年添設，四十年革。注府下〔一〕。

【校勘記】

〔一〕岷州嘉靖二十四年添設四十年革注府下　底本叙列於「岷州衛」上，川本、滬本同，據明史地理志、紀要卷六〇乙正。

文縣　南山，在南城外，所治南。清水江繞其下。　太白山，在縣所。南二百五十里。山谷高深，常多霜雪，春夏不消。　龍頭山，在縣所。城西七里。從古松州黨蓁山來，至當州石馬水口絶，其山如龍頭。　金珠山，在所城東。寰宇記云：武德元年，移文州於陰平白馬水〔一〕，東接金珠山。即此。　白水，在縣所。城外。源自故松州赤磨嶺流下，東北流至所境。　黑水，源出素嶺山。水經注云：黑水出於羌中，西南經黑水城西，南入於白水。　金珠水，在所城西五里。寰宇記云：經松州東流，合大同水口，因金珠爲名〔二〕。　東維水。寰宇記云：出曲水縣東北邛維谷〔三〕。水經注云：出西北維谷，東南入白水。　白馬水。寰宇記云：出曲水縣西南曾敬山。水經注云：出長松縣西南白馬溪，北注白水。　太白水，在所城北，一名羌水。

玉壘關，在縣南所東。一百二十里〔四〕。

鐵爐寨，在所南四十里。　陰平寨，在所西八十里。又西有鎮羌寨，又西南有哈南壩寨。　臨江寨，在所北一百二十里。　廢扶州〔五〕，在縣所。境西。後魏置鄧州，後改寧州。唐初爲扶州，領同昌、帖夷、尚安、鉗川四縣。大曆中並廢。　安昌城，在縣所。東北三十二里。西魏廢帝立寧州〔六〕，修築故城。　盧北城，在廢長松縣東五十一里。西魏置盧北郡，隋初郡廢。同谷志云：秦、蜀出入之路。　又有陰平道，今爲蜀門户。鍾會伐蜀，姜維表請備陰平。後主不從，故及於難橋頭。鄧艾自陰平道，出綿竹滅蜀。今麻關谷口有鄧艾、姜維故城。

【校勘記】

〔一〕文州　「文」，底本脱，川本、滬本同，據寰宇記卷一三四補。

〔二〕因金珠爲名　川本同，滬本「珠」下有「山」字。按寰宇記卷一三四，「珠」下有「村」字，明統志卷三五同此。

〔三〕邛維谷　「邛」，底本作「即」，川本、滬本同。寰宇記卷一三四曲水縣：「東維水，今名邛維水，出縣東北邛維谷。」此「即」爲「邛」字之誤，據改。

〔四〕在縣南所東一百二十里　川本、滬本同。明統志卷三五、紀要卷五九載在文縣東一百二十里，此「南」字或衍，或爲「縣東南」之訛。

〔五〕扶州　「扶」，底本作「抉」，川本同，據滬本及元和志卷二二、新唐書地理志、寰宇記卷一三四改。下同。

〔六〕立寧州　「立」，底本作「在」，川本、滬本同，據元和志卷二二、寰宇記卷一三四、明統志卷三五改。

鳳翔府〔一〕

五里坡，在府城西四十里。隴右督護張嚴追金兵〔二〕，戰於此，敗没〔三〕。橋頭寨，在府城東北一十五里。宋吴璘遣將彭青，劫金主於橋頭寨。竹閣，在府東北五里。唐光啓中，李茂貞節度鳳翔時建，後爲大光寺。鳳女臺，在府南五十里。秦穆公時，有蕭史者，善吹簫，能致白鵠、孔雀。穆公女弄玉好之，公爲作鳳臺以居之。積數十年，一旦女隨鳳去。雍宫世有簫管之聲，後人因臺作祠以祀之。大金佛寺，在府治東衛〔四〕。元世祖有疾，鑄金佛像，高尺許，重三十斤，准帝年數也。以此像賜寺中供奉，洪武初像失。啓聖宫，在府東北一十五里。奉玄元皇帝，蓋老子適戎化胡示聖績之地。天寶中，因舊廟以爲宫〔五〕。乾符二年重修，校書郎崔就撰記，歲久碑蝕。嘉靖三年，道士李洞陽翻刻，字訛不可讀。秦穆公冢，在府城東南隅。

【校勘記】

〔一〕鳳翔府　底本無「府」字，川本同，據滬本補。

〔二〕張嚴　「嚴」，底本作「巖」，川本同，據滬本及宋史劉惟輔傳、紀要卷五五改。

〔三〕敗没　「没」，底本作「設」，川本同，據滬本及康熙鳳翔府志卷一改。

〔四〕在府治東衛　川本同，滬本無「衛」字。明統志卷三四：「金佛寺，在府治東。」圖書集成職方典卷五二五：「大金佛寺，在府治東。」俱無「衛」字。乾隆重修鳳翔府志卷三：「大金佛寺，城東街。」則此「衛」字或衍，或爲「街」之誤。

〔五〕因舊廟以爲宫　「廟」，底本作「朝」，據川本、滬本及乾隆重修鳳翔府志卷三改。

岐山縣　朱石澗，在斜谷關之内。繚曲四十里許，有路達桃川。通濟渠，在縣南三十里。成化間，參政謝公督作，沃田甚廣。潤德泉，在縣西北十五里，周公廟東，廟後舊有泉水，竭多年。唐大中間，有五泉一時湧出，節度使崔珙繪圖上之，賜名潤德泉。故老相傳，世治則出，否則竭。唐大中初，復出，鳳翔節度使崔珙奏，賜名潤德泉〔一〕。周太王廟，在縣東北四十〔旁注〕五十。里。岐陽〔旁注〕鎮。舊地。王季廟、文王廟，俱在太王廟側。泰伯廟〔二〕，在縣西北寇村。周公廟，在縣西北十五里鳳凰山之麓。唐武德中建。王禕記：廟去縣十五里，出城循澗水西北行至山下，乃折入山之腹，而廟在焉。至是四面皆絶壑峭壁，其間平地，東西僅五、六十步，南北如之，而稍修，形勢殊幽阻。廟東北十數步有靈泉，出巖石間，即澗水所從出也。又云周公之稱，因以太王所居周地，爲其采邑故也。水經岐山之南有周城〔三〕，周公采邑也。杜預云：周城在美陽縣西北。帝王世紀云：周太王所徙，南有周原也。周城，今爲岐陽鎮。其城故址猶存，廣袤可七、八里，四圍皆深溝，實在今岐山縣東北五十里，正太王所居，而周公食采之地也。然岐山縣西北十里餘，其地曰周公邸。地形頗平衍，意者周城乃公采邑，而其居邸則在此歟。倉頡墓，在縣南五里，倉頡廟東。石獸石柱猶存。按一統志，白水縣東八十里，直隸南樂縣西三十五里，河南開封府，俱有倉頡冢。又按山東通志，東阿縣西北三十里有冢，又一在壽光縣。按路史禪通紀：史皇氏倉帝居陽武，葬利鄉。疑在壽光者爲是。周幽王陵，在岐陽鎮北。按一統志，在臨潼縣北。幽王死驪山下，臨潼爲是。縣志言鎮内有太王廟，而諸志俱無太王冢，或者其太王乎！姜嫄廟，在周公廟後。

【校勘記】

〔一〕唐大中初復出鳳翔節度使崔珙奏賜名潤德泉　川本同，滬本無。按此句與上文重複。

〔二〕泰伯廟　「泰」，底本作「秦」，據川本、滬本及圖書集成職方典卷五二五改。

〔三〕周城　「城」，底本作「地」，川本、滬本同，據水經渭水注改。

寶雞縣　石塔山，在縣東南七十里。其形如塔，山上有石盆，歲旱禱雨輒應。　煎茶平山，在縣西南六十五里。　祀雞臺，在縣東二十里。即秦文公遊獵，獲陳寶處。　射箭臺，在縣西南十里。元憲宗入蜀，嘗駐師於此較射。碑刻尚存。　黃牛堡，在縣西南一百八十里。金徒單合喜與吳璘戰處。　太公釣臺，一名磻溪石，在縣東六十里。即太公垂釣處，石上膝迹宛然。　姜氏城，在縣南七里。城臨姜水。帝王世紀云：神農氏母有嬌氏女，游華陽，感神而生炎帝，長於姜水。即此。　益門鎮巡檢司。白鸞記曰：陝西既入關，即夷曠寬衍，延袤千餘里。西南抵寶雞縣縣治，南出逾渭橋〔一〕，行十餘里，復岸然山合〔二〕，惟一隘口始入，是爲益門鎮，居民數百家，中建巡檢司，具官分符，職主盤詰。鎮西有山，自南轉折而來〔三〕，崇岡崱屴〔四〕，峻嶺巑岏，牆立鎮後山之兩麓〔五〕，蜿蜒垂下，灣環於鎮，如揖拱睨盼然〔六〕。東則清江，發源於南山之下，沃泉始溜，涓涓瀸瀸，既出而潭匯淵漭，魚龍所宫，鍾而復流，灘聲崩渚，滉瀁瀺灂，至鎮則沛乎北注，亂於渭，達於河。清江之陰，秦山參差而東〔七〕，嵯峨厜㕒，循麓而上，谷澗谽谺，林莽陰森，煙霧羃歷，跬步難進，更無劇驂，崇期之路〔八〕，惟一鳥道，出鎮之南，天梯、雲棧，鈎連百折，達荆、梁，通漢、益〔九〕，名鎮以益，義取諸此。括地志曰：大梓樹在岐州陳倉縣南十里陳倉山上。録異傳曰：雍南山有大梓樹〔一〇〕，秦文公伐之，輒大風雨，樹生合不斷。有人夜往山中，聞有鬼語樹神曰：秦若使人被髮，以朱絲繞樹伐汝，汝得不憂否？明日，其人以語，文公如其言伐之，有一青牛出，走入豐水，復出，使騎擊之，不勝。墜地復上，髮解，牛畏之不出，故置髦頭騎，因此武都郡立怒特祠，是大梓牛神也。鳳女臺，在縣東南六十里。列仙傳曰：蕭史，秦穆公時人，善吹簫，能致白鵠、孔雀，公女弄玉好之，以妻焉，遂教弄玉作鳳鳴。居數十年，鳳凰來止其屋，爲作鳳臺，夫婦止其上不下。數年，一旦皆隨鳳凰飛去，故秦氏作鳳女祠〔一一〕。雍宫世有簫聲〔一二〕。

【校勘記】

〔一〕南出逾渭橋 「逾」，底本空缺，川本同，據滬本及乾隆寶鷄縣志卷一引白鸑記補。

〔二〕復岸然山合 「岸」，川本、滬本同，乾隆寶鷄縣志卷一引白鸑記作「崖」，此「岸」爲「崖」字之誤。

〔三〕自南轉折而來 「而」，底本作「面」，川本同，據滬本及乾隆寶鷄縣志卷一引白鸑記改。

〔四〕崇岡崱屴 「崱」，底本作「⿱山前」，川本同，據滬本及乾隆寶鷄縣志卷一引白鸑記改。

〔五〕牆立鎮後山之兩麓 「牆立」，底本作「橋在」，川本同，據滬本及乾隆寶鷄縣志卷一引白鸑記改。

〔六〕如揖拱睨盼然 「盼」，底本作「盻」，川本同，據滬本及乾隆寶鷄縣志卷一引白鸑記改。

〔七〕秦山參差而東　「秦」，底本作「泰」，川本、滬本同，據滬本眉批及乾隆寶鷄縣志卷一引白鸞記改。

〔八〕崇期之路　「期」，底本作「朝」，川本、滬本同，滬本眉批：「朝，當作期。」據爾雅釋宫「八達謂之崇期」、乾隆寶鷄縣志卷一引白鸞記改。

〔九〕通漢益　「漢」，川本、滬本同，乾隆寶鷄縣志卷一引白鸞記作「滇」，此「漢」疑爲「滇」字之誤。

〔一〇〕大梓樹　「梓」，底本作「梈」，川本同，滬本無，據本書上文及史記秦本紀正義引括地志改。下「大梓」改同。

〔一一〕故秦氏作鳳女祠　「氏」，底本作「氐」，川本同，滬本無此文。列仙傳卷上：「故秦人爲作鳳女祠於雍宫中。」此「氏」當爲「氏」字之形誤，據改。

〔一二〕括地志曰至雍宫世有簫聲　川本同，滬本無此文。

扶風縣　茂陵山，在縣東三十里。漢末馬超居此，有廟存焉〔一〕。秦川，在縣東北一十五里吕寨村後。南流合美水。其地宜蘆葦。吕寨温泉，即秦川之源，隆冬不冰。岐陽城，在縣西北十五里。即周太王舊國。有神道碑，在柳店鋪西。杜城，在縣北三十里。今杜城寺是其地。詩譜曰：岐山南有杜陽。即此。即周太王立臯門、應門之處。召宅，即召伯采地，在縣東三十里。今爲鎮。郚城，在縣東南三十五里。有姜嫄廟。梁山宫，即太王去邠所逾處。秦立宫此山下。三輔黄圖云：在好時界。隋文帝泰寧陵，在縣東南四十五里。

【校勘記】

〔一〕有廟存焉　川本同，滬本無「焉」字。

鄠縣　秦王嶺，在縣東十餘里。唐太宗爲秦王時，嘗屯兵於此。　鍾呂坪，在縣東五十里南山內有一小山，其形不甚高峻，其勢極爲寬平，人登此地，心曠神怡，俗傳鍾呂傳道於此。　金錢石，在陽峪谷。其形上大如房室，下小如碾盤，旁臨深淵，用手摇之即動，視之隱然有金錢。　響瑠坡，在縣西十里。人行則有聲。　教坊河，出太白山，北流入渭。　清水河，出斜谷口，北流入渭〔一〕。　湯谷河，出太白，北流入渭〔二〕。　乾溝河，出桐谷，北流入渭。　魚龍泉，在縣東南湯谷峪。每歲穀雨日，此泉內先有金鯽數對游出，後有大魚繼之，三日乃止，人競取之。　温泉，在縣東南五十里。出太白山下，其水沸湧如湯。今名湯峪，有疾者多往浴之，亦效。水經注曰：杜彥達曰可治百病，世清則疾愈，世濁則無驗。其水下合溪流，北注渭。　通濟渠，成化中新修。　安仁宮，在縣城內。本隋之離宮。見隋書。　郚亭，即斄亭。後漢書：鄠有郚亭。即王忳爲寃鬼報戮亭長處也。又見武功志。　白起城，在縣東北十五里。秦白起所築，遺址猶存。　碗子城，在縣南四十里。赤眉賊所築。　井田故地，在横渠南。即横渠先生所畫未就之井田也。　斜谷關，在縣西南三十里。見寶雞。　太白湫神廟，在縣東南四十里太白山上。唐柳宗元有祠堂碑。古諺云：武功太白，去天三百。三秦記曰：太白山在武功縣南，去長安二百里，不知高幾許。山下軍行，不得鳴鼓角，鳴鼓角則疾風暴雨兼至也。周地圖記曰：太白山甚高，上常積雪〔三〕，無草木，半山有横雲如瀑布則澍雨，人常以爲候。語曰：南山瀑布，非朝即暮。水經注曰：太白山南連武功山，於諸山最爲秀傑。冬夏積雪，望之皓然。

【校勘記】

〔一〕清水河出斜谷口北流入渭　川本同，滬本無。

〔二〕湯谷河出太白北流入渭　川本同，滬本無。

〔三〕上常積雪　「雪」，底本作「粟」，川本、滬本同，據寰宇記卷三〇引周地圖記改。

麟遊縣　石臼山，在縣南十五里。有石臼存焉，舊有仙人杵藥於此。吴雙山，在縣南二十里。四峯峭立，嵐光可愛。箭筈嶺，在縣南五十里。見岐山。杜水，源出縣西招賢里杜山之陰，經流縣南城下，東入於渭。澄水，源出縣北澄名里，經流縣東城下〔一〕，合杜水入渭。萬年宫，在九成宫側。唐高宗建。永徽四年閏四月，帝在萬年宫，夜大雨，山水衝玄武門，衛士皆走，郎將薛仁貴登門桄大呼，以警宫内。上遽出，乘高，俄而水入寢殿，漂溺三千餘人。即此宫。有高宗自置碑，字毁不可讀。儀鳳三年夏五月，幸九成宫，山中雨寒，兵士凍死者不少。茂公營，在縣南十五里石臼山頭，左右對峙。唐太宗避暑九成宫，徐茂公屯兵於此。尉遲澗，在縣東三十里。唐太宗避暑，尉遲公開修輦路，盤轉山曲，平爲坦途。今古路猶存。

【校勘記】

〔一〕經流縣東城下 「經」，底本作「徑」，川本同，據滬本改。

汧陽縣 澗口河，自楚作原，由南入汧。暉川河，自馮坊里，由南入汧。東江河，在縣西門外。石魚溝，有神曰石魚娘娘，溝内有石，敬潔牲醴祈禱，劈石兩片，俱有魚形，宛然若生，否則不全。在草壁峪西。草壁峪溪，在縣西三十里。

隴州 吴山，在縣南七十里。古文以爲汧山。山有五峯，欲雨則山腰雲霧湧出。上有望輦峯、鸚鵡峯、大小錦屏、玄鶴巢、鳳凰石巢、嘯月臺、龍湫，山下有西鎮吴岳廟。漢書：在扶風汧西〔二〕。唐天寶改爲汧陽，元屬吴山縣。在山東南四十里。元末縣廢，今改爲縣頭鎮，遂屬隴州。地志稱曰吴山。尚書：導岍及岐。岍，即此山也。周禮：雍州，其山鎮曰嶽山。爾雅云：河西，嶽。埤雅謂：吴山爲西嶽，華山爲中嶽。吴嶽即岍山，亦名吴山。山海經云：吴山之峯，秀出雲霄，山頂相捍，望之常有落勢〔二〕。其位西方，故曰西鎮。一水河，發源於望輦峯，左旋繞廟前，入於渭。隴山，在州西北六十里。有大坂，名隴坂，即祭遵破王元兵處。三秦記：其坂九迴，不知高幾許，欲上者，七日乃得越。高處可容百餘家，清水四注下。郭仲産秦州記曰〔三〕：隴山東西一百八十里。登山嶺，東望秦川四、五百里〔四〕，極目泯然〔五〕。山東人行役升此而顧瞻者，莫不悲思，云云。景福山，在州西北一百五十里。亦名龍門山，中有鳳爪、朝元、定心三峯。龍盤山，在州南吳山、舊縣之東南七里。山勢蟠曲如龍，乃一州之最勝處。分水嶺，在關山頂上。北河，在州北。源出州外諸山，其流最細，會温泉水〔六〕，南入汧。大寧舊關，在州西五十里。近汧水之源。

馬頰社〔七〕。通志：爲隴安縣孝感鄉〔八〕，社内有前代鑄鐵監基。金兜堡，在州西北四十里。舊唐書食貨志：武德八年十二月，水部郎中姜行本請於隴州開五節堰，引水通運，許之。

文王作邑於豐，自岐下徙都之，西分岐。岐，周故地〔九〕，爲周召之采邑。岐山縣南，今有召亭焉。武王克商，封虢叔於虢。秦文公卜居汧、渭之會。曰：昔周邑我先君嬴於此。邑爲郿縣故城，在縣東十五里。十年，初爲鄜時。括地志云：在岐州雍縣南二十里〔一〇〕。十六年，文公以兵伐戎，戎敗走。文公遂收周餘民有之，地至岐，岐以東獻之周。十九年，得陳寶神於陳倉縣東二十里〔一一〕。二十七年，伐南山大梓，豐大特〔一二〕。寧公二年，徙居平陽。正義曰：

帝王世紀云：秦寧公都平陽。按：岐山縣有陽平鄉，内有平陽聚。括地志云：平陽故城在岐州岐山縣西四十六里。秦寧公徙都之處。寧公葬西山。正義曰：括地志云：秦寧公墓在岐州陳倉縣西北三十七里秦陵山。帝王世紀云：秦寧公葬西山大麓，故號秦陵山也。按：文公亦葬西山，蓋秦陵山也。武公元年，居平陽封宫。正義曰：宫名，在岐州平陽城内。十一年，初縣杜、鄭。滅小虢。正義曰：括地志云：故虢城在岐州陳倉縣東四十里。次西十餘里又有城，亦名虢城。輿地志云：此虢文王母弟虢叔所封，是曰西虢。德公元年，初居雍城大鄭宫。正義曰：括地志云：岐州雍縣南七里故雍城，秦德公大鄭宫城也。宣公四年，作密畤。在渭水南。繆公亡善馬，岐下野人共得而食之者三百餘人。正義曰：括地志云：野人塢在岐州雍縣東北二十里。繆公葬雍。皇覽曰：秦繆公冢在橐泉宫祈年觀下。正義曰：廟記云：橐泉宫，秦孝公造。祈年觀，德公起。蓋在雍州城内。括地志云：秦繆公冢在岐州雍縣東南二里〔一三〕。獻公元年，城櫟陽而徙都之〔一四〕。正義曰：括地志云：櫟陽故城，一名萬年城，在雍州東北一百二十里。漢七年，分櫟陽城内爲萬年縣。今屬咸寧縣〔一五〕。

後漢光武建武六年，隗囂反，使其將王元據隴坻，詔祭遵軍汧。八年，來歙將兵二千人，伐山開道，從番須、回中逕集略陽。正義曰：番須谷，在汧縣。回中，在隴州西北四十里。略陽，秦州舊名〔一六〕。帝如長安〔一七〕，遂至汧。安帝元初二年，以虞詡爲武都太守，羌衆數千遮詡於陳倉穀谷。順帝永和五年，羌寇武都境隴關。關在隴州西七十里。唐志：汧源縣西有安夷關〔一八〕，在隴山。本大震關。後主建興六年〔一九〕，右將軍亮伐魏，圍陳倉，守將郝昭兵纔千人，晝夜相攻拒二十餘日。魏遣張郃救之，未至，亮引還。十二年，亮至郿，軍於渭水之南，屯兵五丈原。耕者雜於渭濱居民之間，百姓安堵，軍無私焉。晉孝武太元十六年，秦主登及後秦主萇戰〔二〇〕，秦師敗績，屯郿。魏肅宗正光五年，都督元志討莫折念生，戰於隴口，敗績，東保岐州。

隋文帝開皇十三年，作仁壽宮於岐州之北、麟遊縣西五里。隋末，羣盜益起，李洪據扶風，邵江海據岐山，丘行恭聚兵萬人保郿城〔二一〕。唐太宗貞觀六年，更仁壽宮爲九成宮，幸之以避暑。四月十六日，宮中醴泉出，命魏徵撰銘，歐陽詢書。玄宗出奔，至扶風遂入蜀。楊國忠妻、子及虢國夫人走陳倉〔二二〕，縣令薛景仙誅之。殺賊將，克扶風城守。此扶風即前岐州，今府治也。安祿山遣高嵩以敕書、綵繒誘河、隴將士，大震關使郭英乂斬之。關即安夷關，今故關巡檢司。肅宗至德元載，改扶風爲鳳翔郡。二載二月，帝至鳳翔。冬十二月，帝發鳳翔。憲宗元和十四年，功德使上言：鳳翔法門寺在縣北二十里。有古塔四層〔二三〕。塔有佛指骨，帝遣中使迎之〔二四〕。宣宗大中間，防禦使薛逵築汧源縣安夷關〔二五〕。僖宗中和元年，黃巢遣尚讓寇鳳翔〔二六〕，鄭畋使司馬唐弘夫伏兵要害，自以兵數千，陣於高岡，賊以畋書生輕之，鼓行而前，伏發，大敗於龍尾坡。光啓元年，李克用進逼京城，田令孜奉上奔鳳翔。克用還軍河中，表請還宮。令孜劫帝如寶雞，朱玫、李昌符進逼車駕〔二七〕，帝復走入大散關。昭宗天復元年，朱全忠圍鳳翔，李茂貞自持與全忠戰於虢縣之北〔二八〕，大敗。天祐元年，蜀遣王宗儔伐岐，攻隴州，岐王自將屯汧陽，蜀將陳彦威敗岐兵於箭筈嶺。漢隱帝乾祐元年，趙暉圍王景崇於鳳翔，蜀主遣安思謙將兵救鳳翔，思謙遣申貴將兵二千，設伏於竹林，以兵數百壓寶雞而陳，漢兵逐之，遇伏而敗，蜀兵進屯渭水，漢益兵五千戍寶雞，思謙引還。

宋高宗建炎二年，金人寇熙、河，都監劉惟輔逆擊於新店，破之。隴右都護張嚴追戰五里坡，敗死。四年，張浚軍興州，遣吴玠守和尚原以拒金。時關隴大路盡陷於金，止餘階、成、岷、鳳、洮及鳳翔之和尚原，隴州之方山原而已。紹興元年，金沒立自鳳翔，烏魯折合自階出散關，約日會和尚原。烏魯折合先期至陣，北山索戰，玠命諸將堅陣待之，更戰迭休，金人大敗，遁去。沒立方攻岐山箭筈嶺關，玠復遣兵擊敗之。兀术會諸帥兵十餘萬，造津梁跨渭，自寶雞結連珠營，壘石爲城，夾澗與官軍相拒〔二九〕，進薄和尚原。玠弟璘選勁弩，命諸將分番迭射，連發不絶。又以奇兵旁擊，絶其粮道。度其困且走，設伏於神岔以待之。敵至，伏發，遂大亂。因縱兵夜擊，大敗之。四年，吴玠、吴璘與金兀术戰於仙人關，大敗之。十年，金人犯石鼻砦，璘遣姚仲等破走之。十二年，和議成，割和尚原、方山原以畀金，以大散關爲界。三十一年，金遣徒單合喜爲西蜀道行營兵馬都統制，由鳳翔取大散關。三十二年，吳璘遣別將彭青至寶雞渭河，夜劫橋頭大寨，破之，乘勝復秦、隴、洮州、大散關，分兵守和尚原，金人走寶雞。金史章宗紀：泰和六年十二月戊午〔三〇〕，右監軍充攻下大散關。七年四月癸丑，宋人攻破散關，鞏州鈐轄兀顏阿失死之。癸酉，復下散關。金史彀英傳：宗弼再取和尚原，彀英以本部破宋五萬人，遂奪新叉口，宗弼留兵守之。是夜，大雪，道路皆冰〔三一〕，宋兵屯和尚原，勢重不可徑取。宗弼用彀英策，入自旁近高山叢薄翳薈，出其不意，遂取和尚原。宗弼傳：攻吳玠於和尚原，抵險不可進，乃退軍，伏兵起，且戰且走，行三十里，將至平地，宋軍陣於山口，宗弼大敗。徒單合喜傳：爲陝西路統軍使，是時宋吳璘侵古鎮，分據散關、和尚原、神叉口、玉女潭〔三二〕、大蟲嶺、石壁寨、寶雞縣，兵十餘萬，陷河州、鎮戎軍。合喜遣丹州刺史赤盞胡速魯改以兵四千守德順，吳璘以二十萬人圍之。統軍都監石抹迭勒將兵萬人，破宋兵於河州，還過德順。合喜遣萬户完顏習尼列、大良順，寧州刺史顏盞門都各將本部兵〔三三〕，合二萬人，會迭勒擊敗璘軍，追至德順城南小溪邊，璘自將大軍蔽岡阜而出，合戰，日已暮，兩軍不相辨，乃解。宋人驅商、虢及華山、南山之民五萬人，來圍華州。押軍萬户裴滿挼剌以騎兵千人敗其前鋒〔三四〕，追至其大軍，亦敗。已而，彰化軍節度使璋敗宋姚良輔軍於原州，宋戍軍自寶雞以西，至於大蟲嶺，皆自散關遁去。頃之，吳璘聞赤盞胡速魯改等軍已去德順〔三五〕，率兵號二十萬〔三六〕，復據德順，陷鞏州、臨洮府。

合喜以璋權都統，習尼列權副統，將兵二萬攻之。連戰，宋兵雖敗，尚恃其衆，不肯去，分其兵之半守秦州。合喜乃自行，駐水洛城〔三七〕，東自六盤山，西抵石山頭，分兵守之，當德順、秦州之兩間，斷其餉道，璘乃引去。都統璋、副統習尼列邀擊宋經略使荆皐，自上八節至甘谷城，殺數千人。宋張安撫守德順，棄城遁，胡速魯改邀擊之，所殺過半，遂復德順州。宋之守秦州者，亦自退。高景山定商、虢，宗室泥河取環州〔三八〕。於是，臨洮、鞏、秦、河、隴、蘭、會、原、洮、積石、鎮戎、德順、商、虢、環、華等州府一十六，盡復之。

完顏綱傳：宋程松遣別將曲昌世襲方山原〔三九〕，自率兵數萬分道襲和尚原、西山寨、龍門等關。是日，大霧四塞〔四〇〕，既又暴雨，和尚原、西山寨、龍門關戍兵不知宋兵來，松遂據之。蒲察貞遣行軍副統裴滿阿里、同知隴州事完顏孛論以兵千人伏方山原下，萬户粤屯撒合門、美原縣令术虎合沓別將壯士五百，取間道潛登，出宋兵上，自高而下，宋兵大駭，伏兵合擊，遂破之。貞乃分遣术虎合沓、部將完顏出軍奴率兵千人出黄兒谷，取和尚原。同知會州事女奚列南家、押軍猛安粘割撒改率兵千人，出大寧谷，取西山寨，貞自以兵七百，由中路取龍門等關。程松已焚閣道，貞且修道且進兵〔四一〕，至小關，松將楊廷據險注射，貞不得前，令行軍副統裴滿阿里爲疑兵〔四二〕，潛遣猛安胡信率甲士五十人繞出其後〔四三〕，反擊之，宋兵大亂，遂斬廷於陣。宋兵走二里關，復敗之。宋兵走龍門，追擊大破之。合沓乘夜潛登和尚原絶頂，宋人驚以爲神，皆散走，破其衆二千人。南家斬木開道以登西山，再與宋兵遇，皆敗之，遂盡復故地。蒲察貞撤黄牛戍，宋安丙乘之，連兵來襲，遂陷散關，鞏州鈐轄兀顏阿失死之〔四四〕。

元史憲宗紀：八年，分三道伐宋，帝由隴州入散關，諸王莫哥由洋州入米倉關〔四五〕，孛里叉萬户由漁關入沔州。秋七月，留輜重於六盤山，率兵由寶雞攻重貴山，所至輒平。九月，駐蹕漢中。

晉書載紀：劉曜圍陳安於隴城，安敗，南走陝中。曜使將軍平先、丘中伯率勁騎追安，安與壯士十餘騎於陝中格戰〔四六〕，安左手奮七尺大刀，右手執丈八蛇矛，近交則刀矛俱發，輒害五六，遠則雙帶鞬服，左右馳射而走。平先亦壯健絶人，與安馳戰，三交，奪其蛇矛而退，遂追斬於澗曲。

邵氏聞見後録：鳳翔府祁陽鎮法門寺塔〔四七〕，葬佛手指骨一節，唐憲宗迎入禁中，韓愈表諫者。塔下層爲大青石芙蕖〔四八〕，工製精妙，每芙蕖上一葉，上刻一施金錢人姓名，殆數千人，宫女姓名爲多，如曰張好好、李水水之類，與慈恩寺塔磚上所書同。又刻白玉象，所葬佛指骨，置金蓮花中，隔琉璃水晶匣可見。予宣和中過之，有老頭陀言：舊多寶器，唐諸帝諸王施以供佛者，盡爲權勢取去，尚餘二水晶獸環洗〔四九〕，亦奇物也〔五〇〕。

升庵集：漢地理志陳倉有上公、明星、黄帝孫、舜妻育冢祠〔五一〕，即堯之二女乎？別一人乎？古事茫昧，傳疑可也〔五二〕。

舊唐書韓愈傳：鳳翔法門寺有護國真身塔，塔内有釋迦文佛指骨一節，其書本傳法〔五三〕，三十年一開，開則歲豐人泰。十四年正月，上令中使杜英奇押宫人三十人〔五四〕，持香花，赴臨皐驛迎佛骨。自光順門入大内，留禁中三日，乃送諸寺。王公士庶，奔走捨施，惟恐在後。百姓有廢業破産，燒頂灼臂而求供養者〔五五〕。

【校勘記】

〔一〕在扶風汧西　底本「汧」下衍「陽」字，川本、滬本同，據漢書地理志删。

〔二〕山海經云吴山之峯秀出雲霄山頂相捍望之常有落勢　川本、滬本同。按今本山海經無此文。水經渭水注：「俗以此山爲吴山，三峯霞舉，疊秀雲天，崩巒傾返。山頂相捍，望之恒有落勢。」太平御覽卷四四：「酈元水經注云：流水發南山西側，俗以此山爲吴山。其山三峯望之，恒有落勢。」則此「山海經」爲「水經注」之誤。

〔三〕郭仲産秦州記　「産」，底本作「素」，川本同，據滬本及續漢書郡國志劉昭注引秦州記改。

〔四〕東望秦川四五百里　底本「四五百里」作「四百五十里」，川本、滬本同，據續漢書郡國志、紀要卷五二引郭仲産秦州記改。

〔五〕極目泯然　「泯」，底本作「氓」，川本同，據滬本及續漢書郡國志、寰宇記卷三二引秦州記改。

〔六〕温泉水　「温」，底本作「渭」，川本、滬本同，據水經渭水注、乾隆重修鳳翔府志卷一改。

〔七〕馬頰社　「社」，底本作「村」，川本、滬本同，據萬曆陝西通志卷一四、圖書集成職方典卷五二六改。下同。

〔八〕隴安縣　「隴」，底本作「杜」，川本、滬本同，據萬曆陝西通志卷一四、明統志卷三四改。

〔九〕西分岐岐周故地　川本同，滬本無「西」及一「岐」二字。

〔一〇〕在岐州雍縣南二十里　「州」，底本作「周」，川本、滬本同，據史記秦本紀正義引括地志改。

〔一一〕十九年得陳寶神於陳倉縣東二十里　川本同，滬本無。按史記秦本紀，此「神」乃衍字。

〔一二〕二十七伐南山大梓豐大特　川本同，滬本無。

〔一三〕在岐州雍縣東南二里　「二」，底本作「三」，川本、滬本同，據史記秦本紀正義引括地志改。

〔一四〕獻公元年城櫟陽而徙都之　川本、滬本同。史記秦本紀：「獻公元年，止從死。二年，城櫟陽。」集解引徐廣曰：「徙都之，今萬年是也。」此「元」當作「二」。

〔一五〕咸寧縣　「咸」，底本作「戎」，川本、滬本同，據明統志卷三二、明史地理志改。

〔一六〕略陽秦州舊名　川本同，滬本「州」作「縣」。漢書地理志天水郡轄有略陽道。清統志卷二七五略陽故城：「在秦安縣東北。漢置略陽道，屬天水郡。」此「州」當作「縣」，滬本是。

〔一七〕帝如長安　川本同，滬本「帝」上有「光武帝紀曰」五字。

〔一八〕汧源縣西有安夷關　川本、滬本同。此「夷」當作「戎」。參見校勘記〔二五〕。

〔一九〕後主　「主」，底本作「王」，川本同，據滬本及三國志蜀書後主傳改。

〔二〇〕秦主登　「主」，底本作「立」，川本同，滬本作「王」，據通鑑卷一〇七改。

〔二一〕丘行恭　「恭」，底本作「暮」，川本同，滬本作「慕」，據兩唐書丘行恭傳改。

〔二二〕楊國忠　「楊」，底本作「陽」，川本同，據兩唐書楊國忠傳、通鑑卷二一八改。

〔二三〕鳳翔法門寺在縣北二十里有古塔四層　底本「在縣北二十里有古塔四層」錯簡於下文「塔有佛」下，川本同，滬本無此句。圖書集成職方典卷五二五扶風縣：「法門寺，在縣北二十里。古塔四層。唐憲宗迎佛骨於此。」據以乙正。

〔二四〕憲宗元和十四年至帝遣中使迎之　川本同，滬本無此文。

〔二五〕安夷關　川本、滬本同。新唐書地理志隴州汧源：「西有安戎關，在隴山，本大震關，大中六年，防禦使薛逵徙築，更名。」此「夷」當作「戎」。

〔二六〕黄巢遣尚讓寇鳳翔　「寇」，底本作「克」，據川本、滬本及舊唐書僖宗紀、通鑑卷二五四改。

〔二七〕朱玫李昌符　底本「玫」作「致」，「符」作「苻」，川本同，據滬本及兩唐書僖宗紀、新五代史莊宗紀、通鑑卷二五六改。

〔二八〕昭宗天復元年朱全忠圍鳳翔李茂貞自持與全忠戰於虢縣之北　川本同，滬本「持」作「恃」。通鑑卷二六三：昭宗天復二年，「李茂貞大出兵，自將之，與朱全忠戰於虢縣之北。」疑此「元」當作「二」，「持」當作「將」。

〔二九〕夾澗與官軍相拒　「軍」，底本作「寧」，川本同，據滬本及宋史吴玠傳改。

〔三〇〕泰和六年十二月戊午　底本「二」作「一」，「午」作「子」，川本、滬本同，據金史章宗紀改。

〔三一〕道路皆冰　「冰」，底本作「水」，川本同，據滬本及金史轂英傳改。

〔三二〕神叉口玉女潭　「叉」，底本作「乂」，川本同，滬本作「义」，據金史徒單合喜傳改。「玉」，底本作「王」，川本同，據滬本及金史徒單合喜傳改。

〔三三〕各將本部兵　「各」，底本作「谷」，川本、滬本同，據金史徒單合喜傳改。

〔三四〕裴滿挼刺　「挼」，底本作「撫」，川本同，據滬本及金史徒單合喜傳改。

〔三五〕赤盞胡速魯改　「胡」，底本脱，川本、滬本同。按本書上文作「赤盞胡速魯改」。又，金史世宗紀：大定二年十月壬辰，「丹州刺史赤盞胡速魯改敗宋兵於德順州」。據補「胡」字。下同。

〔三六〕率兵號二十萬　「率」，底本作「車」，川本、滬本同，據金史徒單合喜傳改。

〔三七〕水洛城　「水」，底本作「永」，川本、滬本同，據金史徒單合喜傳改。

〔三八〕宗室　「宗」，底本作「宋」，川本、滬本同，據金史徒單合喜傳改。

〔三九〕曲昌世　「昌」，底本作「吕」，川本、滬本同，據金史完顔綱傳改。

〔四〇〕大霧四塞　「塞」，底本作「寨」，川本同，據滬本及金史完顔綱傳改。

〔四一〕貞且修道且進兵　「道」，底本脱，川本、滬本同，據金史完顔綱傳補。

〔四二〕行軍副統　「副」，底本作「護」，川本同，據滬本及金史完顔綱傳改。

〔四三〕猛安胡信率甲士五十人　底本「猛」作「德」，「十」作「千」，川本、滬本同，據金史完顔綱傳改。

〔四四〕鞏州鈐轄兀顔阿失死之　底本「鈐」作「軨」，「兀」作「完」，川本同，滬本「鈐」作「軨」，「兀」作「完」，據金史完顔綱傳改。

〔四五〕洋州　「洋」，底本作「祥」，川本、滬本同，據中華書局點校本元史憲宗紀校勘記〔一六〕改。

〔四六〕陜中　「陜」，底本作「峽」，川本、滬本同，據晉書劉曜載記改。

〔四七〕祁陽鎮　「祁」，底本作「祈」，川本同，滬本無此三字，據邵氏聞見後録卷二八改。

〔四八〕塔下層爲大青石芙蕖　「青」，底本作「有」，川本同，滬本無此句，據邵氏聞見後録卷二八改。

〔四九〕尚餘二水晶獸環洗　「洗」，底本脱，川本同，滬本無此句，據邵氏聞見後録卷二八補。

〔五〇〕邵氏聞見後録至亦奇物也　川本同，滬本無。

〔五一〕舜妻育冢祠　「育」，底本作「盲」，川本同，滬本無。今本竹書紀年疏證卷上：舜三十年，「葬后育于渭。」漢書地理志：陳倉縣有「育冢祠」。此「盲」爲「育」字之誤，據改。

〔五二〕升庵集至傳疑可也　川本同，滬本無。

〔五三〕其書本傳法　「法」，底本作「注」，川本同，滬本無此句，據舊唐書韓愈傳改。

〔五四〕上令中使杜英奇　「使」，底本作「令」，川本同，滬本無此句，據舊唐書韓愈傳改。

〔五五〕舊唐書韓愈傳至求供養者　川本同，滬本無。

平涼志：黃帝西登空同，至於笄頭。空同有三笄頭，惟一涇水所源，其爲平涼，不可易也。禹貢：雍州，涇屬渭汭。導渭，東會于涇。明涇在西也。山海經：華山西七百里曰高山，出豪彘。今平涼西美高山、六盤是也。夏、商之衰，周太王遷邠，其詩曰：豳居允荒，芮鞫之即。芮，今芮水，經華亭、崇信入涇者也。文王爲西伯，其屬密國，東有咸陽，西界涇、寧，恃其强大，不從命，擅興師，侵阮徂共。西伯救阮兵〔一〕，今涇州境也。密地西偏近阮者，在今涇州靈臺；而東境則逼周北境，周既救阮克密，因建程邑爲都。其詩曰：依其在京，侵自阮疆。毋矢我陵〔二〕，我陵我阿；毋飲我泉，我泉我池。度其鮮原，居岐之陽。在渭之將，萬邦之方，下民之王。朱子注云：漢爲扶風安陵，今咸陽縣地也。周官職方：其川涇、汭。而涇屢咏於周詩，且可舟檝，時制五服，定爲五百里甸祭，千里侯祀，千五百里賓享，二千里要貢，二千五百里荒王。穆王以不享征犬戎，蓋戎去洛二千餘里爲荒服，而王居在鎬京千五百里内〔三〕，則亦可以賓享責焉。正今平涼以西，山後州縣也，故王征之，是後大爲周患。共王游於涇，而密康公從。今平涼東南靈臺，涇州境也。幽王既敗於戎，秦襄公伐戎，復涇東八百里之地。是時平涼西北盡爲戎，後爲義渠烏戎。秦昭王滅義渠，置北地郡，幷有平涼地。秦方圖楚，爲文詛楚，投朝那湫中。文曰：敢昭告於巫咸大神，以抵楚王熊相之多辠朝那湫。今平涼高山，在在稱之，惟華亭西北五十里湫頭山者。是也。漢定三秦，仍屬北地。武帝始分置安定郡，又增置十三州，以安定屬涼州。屬縣二十一：曰高平，今平涼縣以北也。曰安俾，曰撫夷，今鎮原、固原州北也〔四〕。曰朝那，今隆德〔五〕、靜寧、華亭、固原、鎮原、平涼之交也，六盤至隴山。曰臨涇，自笄頭山，涇水百泉所出，今華亭西北，百巖、化平，平涼西南，大同、空同也。曰涇陽，今涇州也。曰陰密，今靈臺也。曰烏氏，烏水北入黄河，都盧山在其西。曰參䜌，治戎、胡，皆今固原北境也。曰彭陽，今城尚存，在固原、鎮原〔六〕，東北接慶陽之交。今三縣多爲苑馬地矣。曰陰槃，曰鶉陰，今崇信、靈臺之境也。曰月支，道居月支降胡，今隆德、靜寧境也。其安定以西，則今屬鞏昌〔七〕。

至獻帝又東置新平郡，則三水、眴卷諸縣，今爲邠州，屬西安。鹵爲鹽池，屬寧夏矣。曹操復九州，安定仍屬雍州。晉因之。平涼始爲鎮，五胡之亂，務廣州郡，而安定常屬雍州。後又分涇州、原州，殆一州一郡矣，乃無所屬。隋知其弊，去州爲郡。唐復郡爲州，則平涼爲涇州安定郡，原州平涼郡華亭則屬隴州。玄宗改州爲郡。肅宗改安定爲保定，尋復郡爲州，又於臨涇置行渭州，西北置武州。代宗時，遂立節度府於涇州，兼刺史，領四鎮北庭行營。五代因之，以安國、耀武鎮置平涼縣，西去涇源四十里，東去潘原七十里，在今府城西三十五里，安國鎮西古城是也。宋涇、原、渭，因唐而改置鎮戎軍於北，割原之半置德順軍於西，在武、渭之交。西夏叛亂，仁宗始置經略招討使於涇州，兼知州事，尋改觀察使，後又有都副總管。金仍宋，而升渭州爲平涼府，德順、鎮戎、涇、原皆爲州。始立今府治，蓋古耀武鎮地。東去安國故城三十里而贏。元仍金，而改鎮戎爲廣安州，增莊浪州，後以莊浪屬鳳翔。大明平涼府仍金，而改鎮戎爲鎮原縣，開城縣〔八〕，德順爲靜寧州隆德縣。繼又降莊浪爲縣，與涇州靈臺、華亭，並屬平涼，爲二州八縣。又置平涼衛，宣德中，韓王開國，又移安東衛於其境。舊志以臨涇爲鎮原，考唐人未復原州，僑渭州於臨涇，則臨涇不可爲鎮原明矣。又以朝那、烏氏爲平涼者，亦非朝那近湫。今瓦亭以南也，故爲治平，今並屬華亭、烏氏，則固原、鎮原北境至於河，而臨涇界在府川，故定以臨涇爲府治云。

【校勘記】

〔一〕西伯救阮兵　川本同，滬本無「兵」字。

〔二〕毋矢我陵　「矢」，底本作「戌」，川本同，據滬本及詩經大雅皇矣改。

〔三〕千五百里内　「里」，底本脱，川本同，據滬本補。

〔四〕今鎮原固原州北也　「州」，底本作「以」，川本同，據滬本及嘉靖平涼府志卷五改。

〔五〕隆德　「德」，底本脱，川本同，據滬本補。

〔六〕在固原鎮原　「在」，底本作「立」，川本同，據滬本及文義改。

〔七〕屬縣二十一至則今屬鞏昌　川本、滬本同。所言「屬縣二十一」，僅列十三，當有脱誤。按漢書地理志安定郡，所脱八縣爲：復累、鹵、安定、三水、安武、祖厲、爰得、眴卷。

〔八〕改鎮戎爲鎮原縣開城縣　川本、滬本同。明史地理志平涼府鎮原：「元鎮原州，屬鞏昌總帥府。洪武初降爲縣，來屬。」又固原州下云：「南有開成州，元直隸陝西行省，治開成縣。洪武二年省州，以縣屬平涼府。」紀要卷五八平涼府鎮原縣：「宋至道三年，置鎮戎軍於此。金大定二十二年，升爲州，屬平涼府。元改曰鎮原州，屬鞏昌府。明初改州爲縣，又改今屬。」又固原州：「唐屬原州，宋屬鎮戎軍，金屬鎮戎州。元置開成路於此，至治中降爲州。明初復廢爲縣，弘治十五年改置固原州。」則明初改鎮原州爲鎮原縣，省開成州爲開成縣，此「鎮戎」當作「鎮原州」，而「開成縣」上有脱文。

平涼　漢臨涇、涇陽地，而得朝那之東境。東漢以後，更置高平。隋始平涼縣屬原州〔一〕。唐亦爲平高、平涼，皆治今北山之原。後唐清泰三年，以安國、耀武二鎮置平涼縣〔二〕，今安國鎮西古城也。宋因之，更置潘原。金始立平涼，附郭，亦置潘原。元并潘原入平涼，皇朝因之。　横跨南北山原，經洛、涇流。西據可藍、空同，東接涇、原，中包韓都。山川雄秀，甲於關塞〔三〕。暖泉，元柳湖泉，出府城北。潭深數尋，溢出，灌溉諸園圃，冬暖不凍。嘉靖八年，韓昭王以千金築城三仞，移山川、社稷壇於内〔四〕，以備不虞。磚甕門一樓，複道相連，亭榭十數〔五〕，花卉竹木千數，環以清塘兩重。通畫舸，植菡萏芰蒲，畜金鯽鯉魚之屬，爲一方遊覽勝境。

【校勘記】

〔一〕隋始平涼縣屬原州　川本同，滬本「始」下有「以」字，蓋是。

〔二〕後唐清泰三年以安國耀武二鎮置平涼縣　「三」，底本作「二」，川本、滬本同，據舊五代史郡縣志、新五代史職方考改。「置」，底本脱，川本同，據滬本及舊五代史郡縣志、新五代史職方考補。

〔三〕甲於關塞　「塞」，底本作「寨」，川本同，據滬本及圖書集成職方典卷五五一改。

〔四〕社稷壇　「壇」，底本脱，川本同，據滬本補。

〔五〕亭榭十數　「榭」，底本作「樹」，川本、滬本同，據清統志卷二五九改。

涇州　居涇之陽。商、周阮、共之地。武王時，爲畿内諸侯，亦曰密。春秋爲秦，漢爲安定郡治〔一〕。魏、晉因之。後秦爲雍州治。後魏始置涇州安定郡。周、隋、唐因之。州郡迭稱。肅宗以安禄山叛，易「安」爲「保」。代宗時，吐番陷河、隴，北庭、安西四鎮行營精兵咸屯於涇，遂置涇原節度使，兼刺史。而原州已陷，節度使領行營兵，治涇而已。兵多食少，乃擇河南鄭、滑二州賦給之，故曰北庭四鎮行營，涇原、鄭滑節度使，涇州刺史。德宗始削鄭滑。憲宗時，郝玼收復原州平涼郡〔二〕。宣宗康季榮收復武、渭、安樂三州七關〔三〕，涇原恒爲重鎮。五代、宋因之。又崇其號曰彰化軍。太宗罷節度使，宗加副都督署〔四〕，又爲涇原經略招討，治涇州。金升平涼爲府，涇爲州。元因之。皇朝仍元爲州，徙治涇陰。領靈臺縣〔五〕，而屬平涼府，爲關西孔道。嘉靖三十年，分守關西道、右參政李公冕始居之，涇復爲重地矣。然地狹民寡，城壓山下，溪流衝激，不足爲守。君子可深慮云。　朝松志曰：涇幅員廣袤可二百里，水自汧頭來，經城東，西北合渭入河。其利甚巨，顧涇人習見近害，不睹遠利，遂漫視之。不知涇陽、富平、高陵、淳化諸縣，寶此不啻膏露。余嘗思迹前人布導斯利，然日淺不暇，後必有同是心者矣。脱第五葉，山川。

東七十里曰唐長武城。其上大原如砥，東西百餘里，與邠均有之，官道貫其中。　宋張舜民畫墁録：涇州東長武城在城濼，最爲控扼要害之地。唐太宗親征薛舉嘗駐蹕〔六〕，門樓十二間，御榻在其下。或云柱上有太宗題字尚在也。北阻涇水，即高墌二城，樓尚完。涇北爲故州城。有水泉出佛寺下，云古共池也。　東十餘里有薛舉城，即折墌。東原十餘里泉曰湫池。又北二十餘里曰烏氏城。又北十餘里曰後川河，鎮原之橫河也。南北皆原，谷水皆注之，東至長武北而入涇。

【校勘記】

〔一〕春秋爲秦漢爲安定郡治　川本、滬本同。元和志卷三涇州：「春秋時屬秦，至始皇分三十六郡，屬北地郡。漢分北地郡置安定郡。」紀要卷五八涇州：「春秋時秦地，始皇時屬北地郡。漢屬安定郡。」疑此上一「爲」當作「屬」，「秦」下脱「地」字。

〔二〕郝玭收復原州平凉郡　「玭」，底本作「玼」，川本、滬本同，據中華書局點校本舊唐書憲宗紀上校勘記〔一二〕改。

〔三〕宣宗康季榮收復武渭安樂三州七關　底本「康」作「唐」，「七」作「十」，川本、滬本同，據新唐書宣宗紀、通鑑卷二四八改。

〔四〕太宗罷節度使宗加副都督署　川本「督」作「部」，滬本「宗」上空缺，「督」作「部」。嘉靖平涼府志卷五「宗」上有「頒」字，「督」作「部」。乾隆涇州志上卷作「太宗罷節度使，加副都部署」。疑此「督」爲「部」之誤，「宗」字當衍，或「宗」上有脱文。

〔五〕領靈臺縣　「領」，底本作「嶺」，據川本、滬本及嘉靖平涼府志卷五改。

〔六〕唐太宗親征薛舉嘗駐蹕　「蹕」，底本脱，川本、滬本同，據晝墁録補。

靈臺　商爲密須右地。諸侯之姞姓者，其地東漸咸陽大國也。商政既衰，恃其强大，北侵阮、共。周文王爲西伯，救阮伐密，滅之，始爲周畿内。武王復封密侯，其後爲共王所滅。秦爲陰密及鶉觚，改屬北地郡。魏、晉爲陰密與鶉觚，屬安定。北魏以鶉觚屬趙平郡〔一〕，陰密屬平涼郡，陰槃屬平原郡。周又割鶉觚爲三龍縣，屬岐州。隋爲鶉觚、陰槃、良原縣地，屬安定。然西境今皆爲崇信矣。大業元年，析鶉觚爲靈臺。然靈臺在豐水，北去此三百餘里，以其俱文王伐密所得地，故名耳。尋又置良原縣。二年，省入鶉觚。唐天寶二年，復置靈臺，仍屬安定。而安定爲涇州彰義軍，領靈臺、良原，尋置良原軍。李茂貞置靈臺軍，五代廢軍復縣，屬渭州。宋太平興國元年，更彰義爲彰化，靈臺屬之。咸平四年，立秦鳳路，改屬焉。建炎四年，没金，以靈臺、良原屬慶原路。元至元七年，省入涇州。十一年，復立靈臺，而以良原省入。皇朝因之。

北四十里曰後川河，乃華亭匯汭水，南支横渠良原赤城，東至亭口，入涇者也。

【校勘記】

〔一〕北魏以鶉觚屬趙平郡　「趙」，底本作「隨」，川本、滬本同。隋書地理志安定郡：「鶉觚，舊置趙平郡，後周廢郡。」元和志卷三涇州靈臺縣：「本漢鶉觚縣，屬北地郡，周屬趙平郡。」寰宇記卷三四邠州宜禄縣：「本漢鶉觚縣也。」周地圖記云：「後魏孝明熙平二年，析鶉觚縣置東陰盤縣。廢帝元年……又改爲宜禄縣，屬趙平郡。」魏書地形志作「隨平郡」，温曰鑑魏書地形志校録：「考靈徵志（景明四年二月）：『趙平郡上言鶉觚縣木連理』。此『隨』字誤。」魏書費穆傳：以生擒梁將曹義忠，「進封趙平郡開國公」。周書梁臺傳：普泰初，「轉行趙平郡事」。「大統初，復除趙平郡守」。此「隨」爲「趙」字之誤，據改。

靜寧州　在隴山之陰。秦屬北地郡，漢屬安定郡，西魏屬會州。後陷吐番，大中收復〔一〕。

五代、宋因之。祥符中，知渭州曹瑋創隴干城控西夏。慶曆間，經略使韓琦請建爲德順軍，屬秦鳳路。金皇統二年升州。元幷治平、水洛爲靜寧州，而領隆德。皇朝因之。洪武三年，降鳳翔府莊浪州爲縣，來屬隸平涼府。嘉靖三十八年，以隆德隸府，唯領莊浪。好水川，在州北十里。宋任福軍敗於此。靜寧，山川綿曠〔二〕，水泉通利。多夷商，饒畜牧，織褐。善養馬，便騎射，尚氣力。亦好音樂歌謠，飲阿剌吉。燒酒。婚嫁以牛馬爲禮，其禮俗則同於府矣。東拒隴山峻嶺，奧區亘數百里，逋逃盜賊穴焉，州縣莫能制，監臨罔攸開。矧南連鳥鼠、岷、隴，東接棧道、終南，號爲「陸海」。林藪莫測，妖狐怪鼠，或廁其間。漢之邊章王國，魏之万俟莫折，唐之徐赤髭、徐世勣，後爲吐番酋，宋之史斌。前事可鑑，敢忘杞人之憂乎！

【校勘記】

〔一〕西魏屬會州後陷吐番大中收復　川本同，滬本「收」上有二「中」字，嘉靖平涼府志卷七亦有二「中」字。乾隆靜寧州志卷一：「西魏屬會州，隋、唐屬渭州，中陷土番，大中間收復。」疑此「收」上脱一「中」或「間」字。

〔二〕山川綿曠　「山川」，底本作「川山」，川本同，據滬本及嘉靖平涼府志卷七乙正。

莊浪　漢屬安定。唐、宋屬渭州。金屬德順。元始置莊浪路，大德八年降州，屬鳳翔路。

大明洪武三年降縣，屬靜寧州，隸平涼府。僻居隴山之陰，層山峻嶺，溪澗崎嶇，陋邑也。而山幽勢阻，盜賊淵藪，尤不可不加意於撫綏云。　又按靜寧莊浪，西暨華亭，有鬼門關、火焰山〔一〕、寶蓋山、麻庵山、大小十八盤山、湫頭山、笄頭山、龍冢峽〔二〕、美高山。北抵六盤，南北二百里，東西七十里，皆隴山也。往昔竹樹林藪，猛獸窟巢。承平日久，逋逃四集，千萬成羣，盡爲田疇。寄名藩府，而無官長法治，横一郡之中，如之何不可憂也！　隴山既冷，而山陰尤甚。四、七月或霜雪，地利寒薄，民恒皮裘，無他生殖，貧苦尤甚云。

【校勘記】

〔一〕火焰山　「焰」，底本作「炎」，川本、滬本同，據本書下文華亭華尖山條及圖書集成職方典卷五五一改。

〔二〕龍冢峽　川本、滬本同，嘉靖平涼府志卷八「冢」作「家」。

固原州　商爲昆夷，周末爲義渠烏戎。秦幷之，爲北地郡朝那縣。南及華亭之境。漢因之，武帝析爲安定郡蕭關。晉屬臨涇，蓋有平涼鎮原、固原之地。北魏爲太平郡〔一〕。宇文周屬原州。隋復屬安定，爲他樓〔二〕。唐復屬原州，元和屬行渭州，而兹地已陷吐蕃。宋爲涇原路鎮戎軍所屬城砦，金因之。元置開城府，西北去平涼一百三十里，爲安西王行都〔三〕，治盡川、陝西域。夏秋避暑居之，虜以土帳爲「斡耳朵」，今故開城西，名斡耳朵是也。巨礎尚存，爲諸宗所取。安西王誅，國削，移西安州，降路爲開城州。大明降縣。而鎮戎東境别爲鎮原、固原〔四〕，爲平涼衛右所屯田，去縣北四十里〔五〕。正統十四年，北虜阿南渡河，寇陝西。景泰元年，創固原城，以都指揮榮福帥洮、岷、臨、鞏之師守之〔六〕。三年，改右所爲固原守禦千户所，靖虜衛署指揮僉事張正守焉，而屬榮福。天順五年，福罷，以平涼衛指揮哈昭守備〔七〕，始有守備之號。成化三年，套虜陷開城，乃移縣於固原。四年，土達滿四反於石城，都御史項公忠、馬文升討平之，遂廣集兵，立固原衛左、右、中三千户所。六年，馬公又請以陝西按察司僉事楊君勉爲兵備，於西安州設守禦千户所。十九年，都御史余公子俊又於固原之北設鎮戎、平虜二千户所，皆隸固原衛。弘治十五年，總制尚書秦公紘開府，請升縣爲州。

轉販河池鹽利，以佐軍需，商旅輻湊。然市井姦宄多端，而地斥鹵沙确〔八〕，寒氣異常，苑馬及楚、蕭、韓、黔之牧地，將大半，屯居半，民得什之二焉，其貧瘠可知矣。故市井繁而閭閻衰，其弊類平涼云。

固原居蕭關之外，距六盤北尚百餘里。中五十里曰牛營山〔九〕，蓋古蕭關云。西南四十里六盤陰水曰西海子，曰清水，諸水咸滙焉。東南四十里曰東海子，亦滙清水。河北水皆鹹苦，唯紅古城（旁注）北二百里。西泉甘可食，頗植稻。平曠蕭索〔一〇〕，少高山，峻防便用騎兵，故據泉以控遏，策之要也。

宋李繼隆，太宗時，爲靈、環十州都部署。初，饋餉靈州，必由旱海，逾冬春，芻粟始集。繼隆排衆議〔一一〕，堅請經古原州蔚茹河路〔一二〕，太宗許之，遂以如京使胡澄率師城古原州，爲鎮戎軍。　居人多土達回夷，商旅雜五方，而山西延綏尤衆，饒字牧，牛車轉鹽，衣食不乏，少盜竊。　近以防秋繹騷，既無驛遞頓舍村落，供饋不前，頗爲寇攘，時暴行旅焉。　脱第七十二葉，河渠。　西安州城，在西北二百五十里〔一三〕。　鎮戎所城，在州北一百二十里。　平遠城〔一四〕，在州東北二百一十里。　郡牧所城，在州西二十里。　海剌都城，在州西北二百一十里。　紅古城，在州北二百二十里。　白馬城，在州東一百二十里。　下馬房城，在州北三百里。　彭陽城，在州東一百二十里。　細腰葫蘆峽城，在州東北百五十里。　通韋州、靈夏諸處，其路兩山相夾，最爲要害。　東山城，在州東南四十里。　石城堡，在州西北一百五里。　四壁削立，中有石井五，各闊丈餘以貯水〔一五〕，惟一路可登，地甚險窄。　成化四年，滿四等據以叛，尋夷其險，今爲廢城矣。　定川寨，在州西北二十五里。　天聖寨，在州東八十里。　平安寨，在開城東一百二十里〔一六〕。　橫城大邊，梁家泉新邊，南自舊邊徐斌水起，北至鳴沙州黄河岸止〔一七〕，共一百二十五里。

【校勘記】

〔一一〕北魏爲太平郡　「北」，底本作「先」，川本同，據滬本及嘉靖平涼府志卷九改。

〔一二〕他樓　底本作「地犍」，川本、滬本同，滬本眉批：「地犍疑誤。」寰宇記卷三三蕭關縣：「本隋他樓縣。唐貞觀六年，置緣州，領突厥降户，寄治於平高縣界他樓城。」又，「廢他樓縣，本漢高平縣地。隋時爲他樓縣」。此「地健」乃「他樓」之誤，據改。

〔三〕爲安西王行都　「王」，底本作「五」，川本、滬本同。元史地理志：「元初仍爲原州，至元十年，皇子安西王分治秦、蜀，遂立開成府，仍視上都，號爲上路。」本書下文及嘉靖平涼府志卷九作「安西王」，此「五」乃「王」字之誤，據改。

〔四〕而鎮戎東境别爲鎮原固原　「而」，底本作「西」，川本同，據滬本及嘉靖平涼府志卷九改。

〔五〕去縣北四十里　「去」，底本作「五」，川本、滬本同，據嘉靖平涼府志卷九改。

〔六〕都指揮榮福　「都」，底本作「郝」，川本、滬本同，據嘉靖平涼府志卷九改。

〔七〕唅昭　川本、滬本同，嘉靖平涼府志卷九「唅」作「哈」。

〔八〕斥鹵沙确　「斥」，底本作「斤」，川本同，據滬本改。

〔九〕牛營山　「牛」，底本作「午」，川本、滬本同，據本書下文華亭縣及嘉靖平涼府志卷九改。

〔一〇〕平曠蕭索　「索」，底本作「槖」，川本、滬本同，據嘉靖平涼府志卷九改。

〔一一〕排衆議　「衆」，底本作「泉」，川本同，據滬本改。

〔一二〕古原州蔚茹河路　川本同，滬本「州」作「川」，同嘉靖平涼府志卷九。

〔一三〕在西北二百五十里　底本「西」上衍「北」字，川本同，據滬本及紀要卷五八删。

〔一四〕平遠城　「遠」，底本脱，川本同，滬本空缺，據紀要卷五八、清統志卷二五九補。

〔一五〕各闞丈餘以貯水　「各」，底本作「谷」，川本、滬本同，據圖書集成職方典卷五五五、清統志卷二五九改。

〔一六〕在開城東一百二十里　「開」，底本作「州」，川本同，據滬本及圖書集成職方典卷五五五改。「東」，底本脱，川本同，滬本空缺，據圖書集成補。

〔一七〕鳴沙州　「沙」，底本作「河」，川本同，據滬本及紀要卷五九改。

鎮原　秦爲北地郡，漢爲高平，東漢置彭陽，今得其南境。元魏置鎮，爲太平郡原州。隋爲平高縣，屬平涼郡。唐因之，又改原州、武州。廣德俱没吐蕃，大中復爲州〔一〕，唐、五代因之。宋至道三年，用李繼隆、繼和議建鎮戎軍〔二〕，通蔚茹川運道，武州境也，而兼今鎮原、固原地。詳具府志中。金改州，又置原州。元并爲鎮原州，得鎮戎東南境。大明洪武二年，降爲縣，隸平涼府。蓋古伐玁狁至於太原地也。南臨涇，升峻阪如山，無峯巒，擬川多絶澗〔三〕。地形高敞，開墾最先〔四〕。世遠土瘠尤甚，乏林藪水草之饒，窒工商桑麻之業，貧陋無以充徵求，乃奮死命，當篳楚以興嚚訟，比之九州縣，尤可哀也已〔五〕。北抵環、慶〔六〕，古稱旱海，甚者瀦靈池以飲，比平涼之水泉通利〔七〕，又爲寒苦。柳泉鎮，在縣西七十里。新城鎮，在縣西五十里。控大盧川路。屯子鎮，在縣東五十里。

【校勘記】

〔一〕大中復爲州　「州」，底本脱，川本同，據滬本及新唐書地理志補。

〔二〕繼和　底本「繼」作「維」，川本同，據滬本及宋史李繼和傳改。

〔三〕擬川多絶澗　川本、滬本同，滬本眉批：「擬字疑誤。」圖書集成職方典卷五五一無「擬」字。

〔四〕開墾最先　「開」，底本作「闢」，川本同，據滬本及嘉靖平涼府志卷一〇改。

〔五〕尤可哀也已　「已」，底本脱，據川本、滬本及嘉靖平涼府志卷一〇補。

〔六〕北抵環慶　「慶」，底本作「虜」，川本同，據滬本及嘉靖平涼府志卷一〇改。

〔七〕甚者瀦靈池以飲比平涼之水泉通利　底本「池」作「地」，「比」作「北」，川本同，據滬本及嘉靖平涼府志卷一〇改。

華亭　古盧國地。有都盧山，在禹貢爲汭水之原。周武王誓，有盧人。傳曰：盧彭在西北。後爲戎那，屬義渠。秦滅義渠，始置朝那縣，屬北地郡。其南屬隴西郡。兩漢、晉屬安定郡。後魏於西北六十里置大會鎮，今大會坡也。隋大業初，改朝那爲華亭縣，仍屬安定郡。隋史：華亭爲倚，有隴山、汭水。義寧二年，唐太宗平薛仁杲〔一〕，以地屬隴。貞觀中，置儀州，革治華亭。尋廢州復縣，屬隴。廣德元年，陷吐蕃。永泰中復之，東南析爲神策軍地。後唐同光中，復儀州。五代改義州。宋初，復儀州，附郭華亭，領安化縣，而百泉析屬之。咸平中，知州宋某奏割鳳翔之崇信赤城爲屬縣〔二〕。徽宗時，省州爲華亭縣，與安化、崇信屬渭州，尋陷於金，遂立平涼府，而安化改爲化平。元并化平入華亭。

北稍得臨涇之西境，西北越蕭關，至開城西斡耳朵，東南至隴之白崖山，縱二百餘里。東至崇信斷萬山，西至靜寧餓鬼店、水洛川之鬼門關，横將百里。後遭紅巾之亂，城民屠戮。皇明洪武二年，入版圖。尋有秦虎討白院判之役，山民亦多死者，遂招僑流以充户丁，或單丁爲户，或無妻爲丁，終身之後，丁倒户絶。林木暢茂，人民鮮少。蕭關地又爲郡牧所北境割三十里，而平涼安東衛屯苑馬牧地亦錯處其中，承平日久，流亡四集，漸益開闢，而有司莫之省，乃韓府敬依地亘其西割六十里，又創武安苑，東割三十里。故華亭縱僅百八十里，而横繞四十里。户口蓋稀少云〔三〕。華尖山之西曰皇家山，又西曰爛柯山〔四〕，益西曰觀音殿山，又名齊山。漸南曰風洞山，又南曰十八盤山，極南曰海龍山，巢入曰寶蓋山、火焰山〔五〕、鬼門關，絶人迹也〔六〕。齊山之北曰瓦獅山。又北曰老龍山，曰尖山，隴巘也〔七〕。又北曰嵓然山，其上曰湫頭山，爲朝那湫，渟泓五畝，中有微行。又北曰烏龍山，其上曰笄頭山，下有百泉，流爲涇。今號南山河。底西北曰高山，山海經所稱也。益西北曰六盤山，其東曰瓦亭山。瓦亭東二十里爲唐彈箏峽。唐代宗時，涇州西界止守彈箏峽，今金佛峽也〔八〕，去府七十里。金佛峽南北咸山水鳴石如彈箏，東直府城七十里，其水入涇，頗得臨涇故地。又北二十里曰牛營山，蓋古蕭關。又西北二十里曰斡耳朵。元安西王大帳房，皆隴也。高山之東曰都盧山、聚糧平，又東則空同，又南曰白崖山，又東北曰馬嶺山。縣西北四十里曰石香爐峽，又北曰松子峽。朝那湫之下流，匯於馬峽口，循華尖、縣城之北而東曰北河。華尖之南曰南河，原於齊山，循仙姑、縣城之南而東，與北河匯於東峽口。又西北五十里曰大會坡、新店川、柴坻川諸水，東出東峽之東十五里爲汭水〔九〕，西南十八盤諸泉爲木賊溝、延官溝、水磨川、武村川，東至斷萬山，匯於汭。又南爲屯頭川、三鄉川，東逕崇信赤城、良原、靈臺，而東北匯於涇。又南爲海龍諸泉，東南入汧。大會坡西北十里爲百泉，流爲白巖川〔一〇〕。又西北曰聖女川，曰化平川，曰龍家峽川，皆匯於空同之前峽。又西北曰焉支川，曰暖水前後川，曰駞家川，皆匯於沙棠川。出空同之後峽，匯於空同之東麓曰南亂。又西北曰卧陽川，曰蔡家川，曰瓦亭川，皆會於金佛峽。循府川而東，至龍音寺之東麓，與空同前後峽之水合而爲涇。過府城西北曰北亂。蕭關、斡耳朵之水，北流入於黄河。

華亭。諺曰：山高地冷，早霜薄收。民多居板屋，倚巖隈，中間稍作瓦室，今皆市之，更結草廬，以便流徙。初能射獵，多獲齒皮，采漆木蜜蠟，獲膏油以博易，衣食恒有餘，今皆無之。飯粟麥菽豆，而生理大困。始者土曠人稀，道無行旅，野户不扃。今木柞道通，遊食四集，廣置集場，姦宄不勝，猾胥偷民，巧文爲患。歲止正朔一相過，無他節序。婚嫁以馬牛羊畜爲禮，迎女以馬。喪用僧，疾信巫，畏官吏刑逼。弗識文字，莫辨曲直，唯納賄祈母而已〔一一〕。尚存淳古之風，而五方遊猾、逋逃、巨盜叢穴其間以亂之，莫之或制，可哀也已。嗚呼！正德十年，大虜深入，掠華亭，南及汧、隴，男女拒戰，死者甚衆，虜爲民殺者數百。率用檀木爲弓，紉以皮及麻，雖雨及林樾皆可射，虜遂名木弓縣。

【校勘記】

〔一〕唐太宗平薛仁杲　「杲」，底本作「貴」，川本、滬本同，據兩唐書薛仁杲傳改。

〔二〕知州宋某奏割鳳翔之崇信赤城爲屬縣　「奏」，底本作「走」，川本、滬本同，據嘉靖平涼府志卷一一改。

〔三〕户口蓋稀少云　川本、滬本同，嘉靖平涼府志卷一一「蓋」作「益」，當是。

〔四〕爛柯山　「爛」，底本作「欄」，川本、滬本同，據圖書集成職方典卷五五一改。

〔五〕又南曰十八盤山極南曰海龍山巢入曰寶蓋山火焰山　川本、滬本同，滬本眉批：「巢入疑誤。」嘉靖平涼府志卷一一「巢入」二字漫漶。順治華亭縣志卷上作「深入」。圖書集成職方典卷五五一華亭縣：「十八盤山，在風洞山南。」又，「海龍山，在縣西南五十里」。又，「寶蓋山、火焰山，俱在十八盤山極南，絶無人迹」。則此「巢入」二字疑有誤。

〔六〕絶人迹也　「絶」，底本作「無」，據川本、滬本及嘉靖平涼府志卷一一、順治華亭縣志卷上改。

〔七〕隴巇也　「巇」，底本作「山獻」，川本同，據滬本及嘉靖平涼府志卷一一、圖書集成職方典卷五五一改。

〔八〕今金佛峽　「佛」，底本作「併」，川本同，據滬本及明統志卷三五、紀要卷五八改。

〔九〕東出東峽之東十五里爲汭水　「汭」，底本作「泗」，川本、滬本同，嘉靖平涼府志卷一一作「汭」。清統志卷二五八引平涼府志：「汭有二源：北源出湫頭山之朝那湫，匯於馬峽口，循華尖之北，俗呼北河。南源出齊山，凡三派，會於仙姑之東麓，俗呼南河。又循縣城之南而東，與北河會於東峽口，曰汭水。」又引明王凝窮汭記：汭水「又沿流而下三十里，皆斷崖摧壁，謂之汭峽，亦謂之東峽。出峽至石堡，北受柴坻水」。是此「泗」當「汭」之訛，據改。

〔一〇〕白巖川　「白」，底本作「百」，據川本、滬本及嘉靖平涼府志卷一一改。

〔一一〕唯納賄祈母而已　川本、滬本同，嘉靖平涼府志卷一一「母」下有「于謁」二字。

崇信　商、周，芮鞠鮮原。秦屬北地。漢爲安定鶉觚、陰槃之西境。王莽之亂，赤眉、隗囂相尋干戈，馮異、王常破之番口〔一〕。曹操降楊秋，後遥應諸葛亮，尋復降魏。晉因之〔二〕。劉曜陷安定，石、苻、姚、赫連、拓跋因之〔三〕，又與秦、馮爲四戰之衝〔四〕，屬涇州。周、隋、唐因之。德宗時，隴右節度武康王李元諒城百里、良原、崇信，各屯兵，以禦吐蕃。而良原爲縣，其西北則屬潘原〔五〕。黄巢之亂，築銅城。宋肇崇信縣，屬渭州。金屬平涼府，元仍金，大明因之。縣西北百步，於汭之陽，疏渠埴以引汭，畜魚蒔荷作閣焉。蓋李元諒所治，兵燹雖廢，其渠尚存，邑人愛之，不啻甘棠之思召公也。元諒以城中水鹹，汲汭稍遠，於西北郭浚深一丈，徑五尺，得甘泉以受兵。大抵崇信水泉沃利勝涇、原，而東南温和過華亭。邑雖小，能以元諒之所以利民者，利民即易治爲樂土也。

【校勘記】

〔一〕赤眉隗囂相尋干戈馮異王常破之番口　川本、滬本同。按後漢書劉盆子傳：建武二年，赤眉「至陽城、番須中」。同書來歙傳、隗囂傳：八年，歙率軍「從番須、回中徑至略陽」，隗囂使將守番須口等地。此「番口」應作

「番須口」，並非馮異、王常事。

〔二〕晉因之　「因」，底本作「國」，川本、滬本同，滬本眉批：「國，當作因。」據嘉靖平涼府志卷一二改。

〔三〕拓跋　底本作「柘拔」，川本作「柘跋」，據滬本及嘉靖平涼府志卷一二改。

〔四〕又與秦馮爲四戰之衝　「馮」，川本、滬本同。按「馮」字，文難解，疑爲「鳳」字之誤，「鳳」指「鳳翔府」。

〔五〕潘原　「潘」，底本作「番」，川本、滬本同，據元和志卷三、兩唐書地理志改。

隆德　本靜寧析置。宋始有羊牧隆城〔一〕，尋名隆德。金肇縣，元因之。改順德爲靜寧州，仍隸焉。大明因元，而附隸平涼府。嘉靖三十八年，直隸府。南六十里，坡曰祭旗，宋曹瑋蓋禡焉〔二〕。硤曰梁殿〔三〕，元太弟避暑處。南有河曰南源，出高山。東有河曰清流。城内有泉注人居，可登廚也。西一里曰底堡河，出高山。北二十里曰各道河，北亂湫之流也。西北六十里曰苦水河。南六十里曰通邊川。諸水皆南道靜寧，而東入渭。爲里五，其一土達曰弱隆，亦八丹故部。免其徭賦雜役，盡以爲兵，而馬械咸自資常冠軍。平涼九州縣，咸有常徵民兵，而唯優本人，不免户賦雜役，故曰困。弱隆之賦既蠲，而四里賦少，樂輸易完，故課常最，民罕逃。　其地則高寒同固原，宜字牧，而肅、韓苑牧，侵奪失業爲甚云。　邑小而寒苦貧陋，四、七月或霜，歲不能一熟。　然於十城之中，獨能織褐績麻及胡麻爲布，但疏惡甚耳。　君子禮俗同於府，其小人或染夷風，多火葬，蒸寡嫂，漸被華亭之山矣。　漢文帝十四年，匈奴老上單于大入朝那蕭關，至彭陽，燒回中。元太祖二十二年閏月，避暑六盤山。憲宗八年七月，留輜重於六盤山，率兵由寶雞攻蜀。命太弟忽必烈駐六盤山，治關中。世祖二十四年〔四〕，從總帥汪惟和言，分所部戍四川軍五千人屯田六盤山。二十五年四月，陝西省督鞏昌兵五千人屯田六盤山。

【校勘記】

〔一〕羊牧隆城　底本作「隆牧羊城」，川本、滬本同，據九域志卷三、明統志卷三五、康熙隆德縣志卷一乙正。

〔二〕宋曹瑋蓋禡焉　底本脱「曹」字，「瑋」作「瑋」，川本、滬本同；「禡」，底本作「榪」，川本同，滬本作「禡」。嘉靖平涼府志卷一三作「宋瑋蓋禡焉」。康熙隆德縣志卷一：「南六十里祭旗坡，宋曹瑋征吐蕃蓋禡焉。」圖書集成職方典卷五五一隆德縣：「祭旗坡，在縣六十里。宋曹瑋征吐蕃蓋禡焉。」並據補改。

〔三〕硤曰梁殿　「梁」，川本、滬本同，康熙隆德縣志卷一、圖書集成職方典卷五五一、清統志卷二五八作「涼」。

〔四〕世祖二十四年　川本、滬本同。按本書此下所記事，據元史世祖紀在至元二十四年，則此「世祖」下應有「至元」二字。

慶陽府

慶州城，在府城北門外，周八里。業樂城，在府城東北八十里。周二里二十步。在慶州七十里〔一〕、槐安鎮七十里、柔遠砦五十里。宋范仲淹因蕃部内附，故築此以容之〔二〕。車箱峽路，在府城北。自槐安西北入通幕川〔三〕，經靜邊鎮、香柏砦，取車箱峽路過慶州舊蕃戎地，北入鹽州約五百里。此路山原川谷中行，不甚艱險。宋初，懷安至鹽州蕃部〔四〕，並内附。至道中，五路出師，丁罕從此路進軍至鹽州。其時靜邊、白豹、金湯、復橋等鎮並爲夏境，各置堡寨，乃范文正公經略時修築以備之。

【校勘記】

〔一〕在慶州七十里　川本同，滬本「州」下空缺，據嘉靖慶陽府志卷一七、圖書集成職方典卷五七三，此「在」當作「去」。

〔二〕因蕃部内附故築此以容之　「部」，底本脱，川本同，滬本「蕃」下有部字，據滬本及嘉靖慶陽府志卷一七、圖書集成職方典卷五七三補。

〔三〕自槐安西北入通幕川　「川」，底本作「州」，川本、滬本同，據嘉靖慶陽府志卷一七、圖書集成職方典卷五七三改。

〔四〕至鹽州蕃部　「蕃」，底本作「舊」，川本、滬本同。按嘉靖慶陽府志卷一七、圖書集成職方典卷五七三「舊」作「蕃」，蓋是。

環　烏崙城，周一里三十步。宋范仲淹經略時置砦，屬通遠縣，屯兵控烏崙山一帶。咸平中重修〔一〕。東至蕃界，西接永和砦，南接環州，北接肅遠砦〔二〕。　木鉢城，在縣南四十五里。即古木波鎮，後訛爲「鉢」。周三里八十步。舊屬靈州。宋范仲淹經略時築，咸平中重修〔三〕。西至合道川，南至大拔鎮。金因之，元廢。成化間，都御史馬文升重修，屬慶陽衛。屯兵守禦。　馬嶺廢縣，見上。宋廢，范仲淹復築爲鎮，金、元因之。周三百七十五步。界於通遠縣，南至府城七十五里，至阜城鎮二十五里，北至琵琶砦四十五里。成化中，都御史馬文升重修。　安塞廢縣，在縣西十里。漢置，後廢。唐復置，五代晉省入通遠縣。後改爲砦〔四〕。

【校勘記】

〔一〕咸平中　川本及嘉靖慶陽府志卷一七同，滬本「中」下注「疑誤」，眉批：「咸平當作治平。」

〔二〕肅遠砦　「肅遠」，底本作「蕭定」，川本、滬本作「肅定」，據九域志卷三、宋史地理志改。

〔三〕咸平中重修　川本、滬本同，滬本眉批：「咸平疑誤。」

〔四〕安塞廢縣至後改爲砦　「塞」，底本作「寨」，川本、滬本同，據宋史地理志、嘉靖慶陽府志卷一七、圖書集成職方典卷五七三改。按漢、唐皆不置安塞縣，此誤。

寧州　安定廢縣，在州城内。後魏置，唐、宋因之，附郭。元省入州。定平廢縣〔一〕，在州南六十里。本安定縣地。唐初析置此縣，屬邠州，後屬寧州。宋屬邠州。元省入寧。今設政平驛〔二〕，屬州，政平所，屬慶陽衛。

【校勘記】

〔一〕定平廢縣　「定」，底本作「安」，川本、滬本同，據元和志卷三、兩唐書地理志改。

〔二〕政平驛　「政」，底本作「鎮」，川本同，據滬本及嘉靖慶陽府志卷四、紀要卷五七、圖書集成職方典卷五七三改。

周之先后稷子不窋所居，號北豳。春秋時，爲義渠。始皇析其地爲北地郡，漢因之。北魏置朔州，後周廢。隋開皇初，置合川鎮〔一〕，未幾廢，尋置慶州〔二〕。煬帝大業間，改置弘化郡，領合水、馬嶺、華池、歸德、洛源、弘德、弘化凡七縣。唐武德初，復爲慶州。天寶初，改安化郡。領安化、延慶、華池、樂蟠、合水、同川六縣。至德間，改順化郡。乾元初，復爲慶州。升定安軍〔三〕。五代梁，改武靜軍，周〔旁注〕誤。廢延慶、合水二縣。後唐降爲州。宋乾德初，復爲慶州，廢同川縣。治平間，置環慶路。政和間，升慶陽軍。宣和間，置慶陽府，領安化、華池、樂蟠三縣。金初，改置安國軍，又改定安軍，又改置慶原路。元初，復爲慶陽府〔四〕，并彭原、安化，止領合水一縣〔五〕。國朝復爲慶陽府。

【校勘記】

〔一〕合川鎮 「川」，底本作「州」，川本、滬本同。元和志卷三慶州：「隋文帝開皇三年，改置合川鎮。」紀要卷五七同。此「州」乃「川」字之誤，據改。

〔二〕尋置慶州 「尋」，底本作「秦」，川本、滬本同。元和志卷三：慶州：「隋文帝開皇三年，改置合川鎮。十六年，割寧州歸德縣置慶州。」嘉靖慶陽府志卷一、圖書集成職方典卷五七一：「未幾廢，尋置慶州。」此「秦」乃「尋」字之誤，據改。

〔三〕定安軍 「定安」，底本作「安定」，川本、滬本同，據九域志卷三乙正。

〔四〕慶陽府 「陽」，底本作「原」，川本、滬本同，據元史地理志、明統志卷三六改。

〔五〕并彭原安化止領合水一縣 底本「彭原」下衍「合水合」三字，「合水」作「安化」，川本、滬本同。元史地理志慶陽府：「至元七年，并安化、彭原入焉。領縣一：合水。」據以删改。

安化 漢郁郅縣〔一〕，屬北地郡。魏、後周皆爲鎮。隋於城西置合水縣，屬慶州，後更置弘化縣。唐初改合水縣。貞觀初，改弘化縣。天寶初，改安化縣。至德初，改順化縣。宋復改安化縣。元省，國朝復置。

【校勘記】

〔一〕漢郁郅縣 「郅」，底本作「邽」，川本、滬本同，據漢書地理志、明統志卷三六改。

合水 秦、漢北地郡之歸德縣地。西魏改蔚州及華池縣〔一〕。後周廢。隋初復爲華池縣，義寧間，析合水爲樂蟠縣。唐天寶初，更名蟠交曰合水。五代周，省合水入樂蟠縣。宋復爲合水縣，省華池、樂蟠入焉。金、元、國朝因之。

【校勘記】

〔一〕西魏改蔚州及華池縣 「西」，底本作「東」，川本、滬本同，據隋書地理志、明統志卷三六改。

環 古朔方鳴沙之境〔一〕。秦、漢屬北地郡。後魏爲鎮〔二〕，屬靈州。後周置會州。隋初改置環州，大業間州省，屬靈武郡。唐初復爲會州。貞觀初，改環州。咸亨中，置安樂州。大中間，復置威州。五代梁廢，晉復爲威州，治靈州之方渠縣，更割寧州之馬嶺木鉢以益方渠。周復爲環州，尋改置通遠軍。宋復爲環州，又置通遠縣。元省州，以縣屬鞏昌路〔三〕。國朝洪武初，改爲環縣。

【校勘記】

〔一〕古朔方鳴沙之境　「沙」，底本作「河」，川本同，據滬本及乾隆環縣志卷一改。

〔二〕後魏爲鎮　「後」，底本作「東」，川本、滬本同，據明統志卷三六、圖書集成職方典卷五七一改。

〔三〕元省州以縣屬鞏昌路　川本、滬本同。元史地理志：環州，舊領通遠一縣。元至元七年，并入本州。明統志卷三六環縣：「宋環州治通遠縣，金因之。元以通遠縣省入州，屬鞏昌路。」此謂元省環州，以通遠縣屬鞏昌路，誤，應作「元省縣入州，屬鞏昌路」。

寧州　本公劉故屬邑。春秋時，義渠戎國地。秦、漢屬北地郡，治泥陽縣〔一〕，屬安定郡，復屬北地郡。晉没於戎。後魏置華州〔二〕，又改置班州，又改置豳州，又改置寧州，又合之曰豳寧，後周分置趙興郡。隋復屬北地郡〔三〕。唐復爲寧州。天寶間，改置彭原郡。領安定、襄樂、彭原、真寧、彭陽五縣。宋復爲寧州，宣和初，升興寧軍。金屬慶原路〔四〕，元屬鞏昌路。國朝復爲寧州。

【校勘記】

〔一〕秦漢屬北地郡治泥陽縣　川本、滬本同。漢書地理志：北地郡首縣馬領，泥陽爲屬縣。續漢書郡國志：北地郡首縣富平，泥陽爲屬縣。寰宇記卷三四寧州：「秦并天下，是爲北地郡。漢爲泥陽縣之地，亦爲北地、上郡二郡之地。後漢兼屬安定。」此「治」疑爲「漢」字之誤。

〔二〕後魏置華州　底本「後」作「東」，「置」作「治」，川本、滬本同。魏書地形志豳州：「皇興二年爲華州。」明統志卷三六寧州：「後魏於此置華州。」此「東」、「治」爲「後」、「置」二字之誤，據改。

〔三〕隋復屬北地郡　川本、滬本同。寰宇記卷三四寧州：「後周分置趙興郡，隋初如之，至煬帝又改爲豳州，尋廢豳州，改趙興郡爲北地郡。」明統志卷三六寧州：「後周分置趙興郡，隋改爲北地郡。」此「復屬」當作「改爲」。

〔四〕金屬慶原路　「原」，底本作「元」，川本、滬本同，據金史地理志、明統志卷三六改。

直隸府。

真寧　秦屬北地郡。漢上郡陽周縣。後魏置泥陽、惠涉二護軍〔一〕，尋置泥陽郡。後周廢。隋初改羅川縣，屬北地郡。唐天寶初，改置真寧縣。宋以後因之，屬寧州。萬曆二十九年，改

【校勘記】

〔一〕後魏置泥陽惠涉二護軍　底本「後」作「東」，「二」作「三」，川本、滬本同，據元和志卷三、寰宇記卷三四、萬曆陝西通志卷三改。

寧州　九龍川，一名九陵川。源自横嶺，流至州城西南入馬蓮河。珊瑚川，見上。馬

蓮河，發源水頭鋪，南流至州城之西，合城北九龍三水爲一，南至政平入涇。大延川，其源有二：一自橫嶺白羊溪，北流至羅山務。一自武亭寨，西南流至羅山務。二水合流，爲大延川。至襄樂與小延川合，南流至州城北，名城北河〔一〕，南流入馬蓮河。小延川，自橫嶺盧保兒鎮發源，西流至襄樂，合大延川。

唐書：涇州保定郡，上。本安定郡，至德元載更名。縣五：有府六：曰涇陽、四門、興教、純德、肅清、仁賢。保定，上。本安定，至德元載更名。廣德元年没吐蕃。大曆三年復置。有折墌故城。靈臺，上。本鶉觚，天寶元年更名。臨涇，中。良原，上。興元二年没吐蕃。貞元四年復置。潘原。中。本陰盤，天寶元年更名，後省爲彰信堡。貞元十一年復置。

原州平涼郡，中都督府，望。廣德元年没吐蕃。節度使馬璘表置行原州於靈臺之百里城。貞元十九年，徙治平涼。元和三年，又徙治臨涇。大中三年，收復關、隴，歸治平高。廣明後，復没吐蕃，又僑治臨涇。縣二：有府二：曰彭陽、安善。平高，望。有崆峒山。西南有木峽關。州境又有石門、驛藏、制勝〔二〕、石峽、木靖等關，並木峽、六盤爲七關〔三〕。又南有瓦亭故關。百泉。上〔四〕。

困學記聞：薄伐玁狁，至於太原。後漢西羌傳〔五〕：穆王西征犬戎，遷戎於太原。夷王衰弱〔六〕，荒服不朝，乃命虢公率六師伐太原之戎〔七〕，至於俞泉。宣王遣兵伐太原戎，不克。蓋自穆王遷戎於太原，而太原爲戎、狄之居，宣王僅能驅之出境而已。其後料民太原，而戎患益深。酆山之禍已兆於此。其端自穆王遷戎始，西周之亡，猶西晉也。書此以補詩説之遺。

【校勘記】

〔一〕南流至州城北名城北河　底本「城北名」三字脱，川本同，據滬本及清統志卷二六一補。

〔二〕制勝　「勝」，底本脱，川本、滬本同，據新唐書地理志、通鑑卷二四八補。

〔三〕六盤　「六」，底本作「大」，川本同，據滬本及新唐書地理志、通鑑卷二四八改。

〔四〕百泉上　「百泉」，底本脱，川本同，據滬本及新唐書地理志補。

〔五〕後漢西羌傳　「羌」，底本作「域」，川本、滬本同，據後漢書西羌傳改。

〔六〕夷王衰弱　「弱」，底本作「請」，川本同，據滬本及後漢書西羌傳改。

〔七〕伐太原之戎　「之」，底本作「西」，川本、滬本同，據後漢書西羌傳改。

崇信　五龍山，在縣西四十里。距峽口之陽，峯嶺蜿蜒，林木蓊翳。相傳爲唐時禦戎故壘。　峽口，在縣西四十里。兩崖峻削，羣峯巑岏。汭水自華亭南、北二源合流出此。在唐時爲禦戎要地，有戍守遺迹。　汭水，源華亭。一出馬峽口諸泉爲北源，一出仙姑山諸泉爲南源，匯而東流，經峽口四十里，過縣城北，又東七十里至涇州回中，屬於涇。禹貢：涇屬渭汭。是也。武泉文汭源辨曰：後世稱汭水者〔一〕，以誤沿誤，千載滋疑，止緣朱子傳詩汭水出吳山西北。蔡氏傳禹貢出絃蒲藪之西北，遂不復詳察其地，而以隴州汧源縣爲汭水之源。今考隴州諸水，皆由汧入渭，不與涇通，此不待辨而知其與汭無涉也。唯吳山、絃蒲藪二説〔二〕，先儒抑豈無據，而妄稱之。考古志，華亭有隴山，有汭水，紀載甚確。則汭水出華亭，固無疑矣。吳山，即隴山。華亭與隴州山連壤接。境内諸山，皆屬隴，又曰小隴山，且唐、宋之際，縣舊屬尚未入平涼也〔三〕。則朱子所稱吳山西北，安知不在華亭境内，而必執隴以問汭耶？載考絃蒲藪，在今隴州蒲峪，是汧、隴之西藪也。而其西北即爲華亭西山，是蔡氏之説，亦非剌謬，後人不勝深考西北之義，誤以汭水爲汧，則泥古所致，不審於禹貢涇屬渭汭，及公劉芮鞫之即，果何所解也。是不可不辨。芮谷，注：爾雅：水北曰汭。又小水入大水之名，蓋兩水合流之内也，故從水從内。禹貢稱汭，亦無定名，曰會於渭汭，東過洛汭，是也。獨涇屬渭汭，汭有定名。考汭源起自華亭，南北兩泉，下合而爲一。東行五十里，至崇信峽，斷萬山峙其北，烏龍山、五馬山峙其南。水自北注者曰左峪、湫峪、殿子坡峪、散化峪；自南注者曰五馬峪、通汭峪、紅土峪、西寺峪、城東峪，合三山九峪之水，汭流始大〔四〕，越四十里過崇信城，又七十里抵涇州回中山〔五〕，遂屬於涇。計汭源於華亭，盛於崇信，繞於涇水〔六〕，衆水以成名。揆諸爾雅水北之文，雖曰不合，實則與從水從内之義相同。

【校勘記】

〔一〕後世稱汭水者 「汭」，底本作「泗」，川本同，據滬本及民國重修崇信縣志卷一引舊志改。

〔二〕唯吳山絃蒲藪二説 「絃」，底本作「並」，川本同，據滬本及民國重修崇信縣志卷一引舊志改。

〔三〕縣舊屬尚未入平涼也 川本、滬本同。民國重修崇信縣志卷一引舊志作「縣境屬隴，尚未入平涼也」。

〔四〕汭流始大 「始」，底本作「姑」，川本同，據滬本改。

〔五〕抵涇州回中山 「回」，底本作「曰」，川本、滬本同。本書上文：「又東七十里至涇州回中，屬於涇。」清統志卷二五八引明王凝窮汭記：「又東七十里至涇州，過回山，乃屬於涇。」此「曰」乃「回」字之誤，據改。

〔六〕繞於涇水 川本、滬本同，民國重修崇信縣志卷一「繞」作「統」。此「繞」疑「統」字之誤。

漢中府

南鄭 漢山，在府城南三十里。四峯八面，東連老渚河，北距漢水，南接巴山，山頂有池。 梁州山，在府城東南一百八十里。與孤雲、兩角相接，大山四圍，其上三十里許甚平〔一〕，或云古梁州治也〔二〕。 米倉山，在府城西南一百四十里。最高絶頂，可見褒、沔、洋、鳳四縣。 大巴山，在府城南一百九十里。接巴州〔三〕，春夏積雪不消。 駱谷，在府城東一百二十里〔四〕。北通盩厔縣駱谷關。自洋縣真符至此屈曲八十里〔五〕，八十四盤。 武鄉谷，在城北門内。舊志：蜀諸葛亮封武鄉侯。即此。

【校勘記】

〔一〕大山四圍其上三十里許甚平　川本同，滬本無。紀勝卷一八三作「大山四圍，其中三十里許甚平」。大明一統名勝志卷四作「四面皆大山，其中三十里甚平曠」。疑此「上」爲「中」之誤。

〔二〕梁州山至或云古梁州治也　川本同，滬本無。

〔三〕接巴州　川本、滬本同，明統志卷三四、紀要卷五六、圖書集成職方典卷五二九「接」上有「南」字。

〔四〕在府城東一百二十里　「里」，底本脱，川本同，據滬本及圖書集成職方典卷五二九補。

〔五〕真符　「符」，底本作「苻」，川本同，據滬本及紀勝卷一八三改。

襃城　連城山，在縣西北一里〔一〕。下跨黑龍江，頂有十二峯，連接如城壘然，土人謂之十二連城。峯各有池〔二〕，池邊有教場，以山凹爲内外將臺，樵牧於此，往往得矢鏃，蓋漢王練兵之所也。其第三峯有飲馬渠，長百步許。雞翁山，在縣北十五里，即連城後山。突起高峯，狀如雞飛。天池山，在縣南四十五里。上有穴，名風洞，春夏多風，秋冬白氣時騰。頂有池，冬夏不涸。雲霧山，在縣西北七十里。絶頂有崖，高百丈餘，横過數十步，崖壁上有水痕如龍，黑白各四，顛倒懸掛，時作雲雨。襃城山高，此其第一。玉盆，在縣北八里，襃水東岸。石生成一盆，光潔如玉，内外有大隸「石盆」二字，周圍有記。相對有釣魚臺，高廣七尺許，乃鄭子真垂釣處也。斜谷。孫資又曰：昔武帝征南鄭，取張魯，陽平之役，危而後濟。又自往拔出夏侯淵軍，數言南鄭地爲天獄〔三〕，中斜谷道爲五百里石穴〔四〕，極言其深險。何大復三秦志曰：自秦入蜀，有三谷四道。三谷者：其西南曰褒谷，從褒入；南曰駱谷，從洋入；東南曰斜谷，從郿入，其所皆殊〔五〕。舊志謂首尾一谷，非是。其棧道有四出：從成、和、階、文出者爲沓中、陰平道，鄧艾伐蜀由之。從兩當出者爲故道，漢高帝攻陳倉由之。從褒、鳳出者爲今連雲棧道，漢王之南鄭由之。從城固、洋縣出者爲斜、駱道，武侯屯渭上由之。此四道三谷者，關南之險阸，攻取所從來固矣。沙河，在縣西北六十七里。發源雲霧山，北入褒水。武關河，在武關東南。源自南流，合龍江。鶴溪，在縣南五十里。山峽流泉下注，狀如瀑布飛練，居民賴之〔六〕。青橋河，在青橋驛北。源自西南流，與褒水合。石溝河，在縣北一百五十里。源自武曲山，至武關驛東合褒水。石板河，在縣西南九十里。以石板布堰，蓋古迹也。後漢司隸校尉楊厥碑云：唯坤靈定位〔七〕，川澤股躬〔八〕，澤有所注，川有所通〔九〕。余谷之川，其澤南隆〔一〇〕，八方所達，益域爲充〔一一〕。高祖受命，興於漢中，道由子午，出散入秦。建定帝位，以漢詆焉〔一二〕。後以子午，塗路歰難，更隨圍谷，復通堂光〔一三〕。凡此四道，垓鬲尤艱〔一四〕。至於永平，其有四年，詔書開余，鑿通石門。中遭元二〔一五〕，西夷虛殘，橋梁斷絶，子午復修〔一六〕。於是故司隸校尉、犍爲武陽楊君厥〔一七〕，字孟文，深執忠伉，數上奏請。廢子由斯，得其度經。

【校勘記】

〔一〕在縣西北一里　川本、滬本同，明統志卷三四、紀要卷五六、圖書集成職方典卷五二九作「在縣北六里」。本書上文漢中府褒城縣：「連城山，在縣北六里。」此「一」蓋爲「六」字之誤。

〔二〕峯各有池　「各」，底本作「谷」，川本、滬本同，據順治漢中府志卷一、康熙漢南府志卷一改。

〔三〕數言南鄭地爲天獄　「獄」，底本作「嶽」，川本同，據滬本及三國志魏書孫資傳裴松之注引資別傳改。資別傳「地」作「直」。

〔四〕斜谷道爲五百里石穴　「里」，底本脱，川本、滬本同，據三國志魏書孫資傳裴松之注引資別傳補。

〔五〕其所皆殊　川本、滬本同，圖書集成職方典卷五二九「所」下有「從」字，此疑脱。

〔六〕居民賴之　川本、滬本同，圖書集成職方典卷五二九引褒城縣志「賴」作「利」。

〔七〕唯坤靈定位　「坤」，底本作「從」，川本、滬本同，據金石萃編卷八司隸校尉楊孟文頌改。

〔八〕川澤股躬　「股躬」，底本作「攸同」，川本、滬本同，據金石萃編卷八改。

〔九〕川有所通　「川」，底本作「州」，川本、滬本同，據上文「川澤股躬」及金石萃編卷八司隸校尉楊孟文頌改。

〔一〇〕其澤南隆　「澤」，底本作「道」，川本、滬本同，據金石萃編卷八司隸校尉楊孟文頌改。

〔一一〕益域爲充　「域」，底本作「城」，川本、滬本同，據金石萃編卷八司隸校尉楊孟文頌改。

〔一二〕以漢詆焉　「詆」，川本、滬本同，疑爲「祇」之誤。

〔一三〕更隨圍谷復通堂光　「隨」、「圍」，底本作「隘」、「围」，據金石萃編卷八司隸校尉楊孟文頌改。「堂」，底本作「唐」，據川本、滬本及金石萃編卷八改。

〔一四〕垓鬲尤艱　「尤」，底本作「允」，川本、滬本同，據金石萃編卷八司隸校尉楊孟文頌改。

〔一五〕中遭元二　「元二」，底本作「元元」，川本、滬本同，滬本眉批：「元元，當作元二。」據金石萃編卷八司隸校尉楊孟文頌改。

〔一六〕子午復修　「午」，底本作「谷」，川本、滬本同；「修」，底本作「循」，川本、滬本同，並據金石萃編卷八司隸校尉楊孟文頌改。

〔一七〕楊君厥　「君」，底本脱，川本、滬本同，據金石萃編卷八司隸校尉楊孟文頌補。

城固　通關山，在縣北三十里。蕭何守漢中，修此道以通關中。天池山，在縣南三十里。頂有池水，曰天河池。四時不涸，歲旱祈雨有應。九真山，在縣北五十里。道家謂太白山六百里，與三嵎山相接。有大峯，上有九真玉井，即此。文川，昔梁州刺史范柏年見明帝，帝問曰：廣州有貪泉，卿州亦有此泉否？答曰：梁州惟有文川、武鄉，廉泉、讓水。又問卿居何處？答曰：臣所居在廉遜之間。帝美其對。

洋　酆都山，在縣西二十五里。其脈遠通秦嶺，巋然一重鎮也。上有崇道觀，有二池，深各六七尺。下一池，俗傳昔有人於中濯足〔一〕，遂涸。惟上一池，冬夏不竭。人不可穢，稍穢觸則渾，數日後方清。蒿平山，在縣東六十五里。有靈湫，歲旱於此禱雨輒應。

【校勘記】

〔一〕俗傳昔有人於中濯足「人」，底本作「入」，川本同，據滬本及嘉靖漢中府志卷一、順治漢中府志卷一改。

西鄉　武子山，在縣東二十里。上有風洞，深不可測。又有龍泉，其泉自石下穴湧出，世傳云泉日隨潮溢，潮生則水濘，潮息則水清。歸仁山，在縣東南四百里。産茶之處。十二先鋒嶺，在縣東南。相連百餘里，無人煙。嘉靖間，兵憲郭君搆神祠於中途，住僧供奉，以濟行人。

鳳　豆積山，在縣北一里。一名虎腦山，又名遯迹山，下臨嘉陵江。玉皇山，在縣東八十里〔二〕。山極寒，不生禽鳥。絶頂有大石，覆如殿宇。内有玉皇古像。太白山，在縣東六十里。有靈湫。鳳嶺，在縣南二十五里。昔時鳳儀於此。牛蹄嶺，在縣東百里。麻峪，在縣南一百里。山形峻惡，多藏盜賊。嘉陵江，在縣北一里。出大散關西，經兩當縣，與川江合。舟楫至漁關始通。紫金水，在舊河池縣北一里。沿流自武休關〔三〕，入漢中爲山河堰，即褒水之源。出太白山，波濤洶湧，可通舟楫入蜀，因石墮江心，今不通矣。

【校勘記】

〔一〕在縣東八十里　「東」，底本脱，川本同，滬本空缺，據圖書集成職方典卷五二九補。

〔二〕沿流自武休關　「休」，底本作「林」，川本同，據滬本及順治漢中府志卷一改。

沔

雲濛山〔一〕，在縣東北二十里。山高聳，常有雲氣，俗傳徐佐卿化鶴升仙地。舊有飛仙閣百餘間，今廢。

白馬河，在縣西三十步。出龍門溝，南入漢江。

龍門溝，在縣北一里。東卧龍山，西烽燧山〔二〕，其中如門。

三泉，在縣西八十五里，舊大安軍東門外瀕江蒼石上，窪然爲泉者三，如車輪，如盤蓋，品列鼎峙，幽穴之溜，涓涓而注，汲者甫就擔，而泉復滿。唐蘇頲有詩。

興劉寨，漢建安二十四年，劉備立爲漢中王，設壇陳兵於此。今廢。

【校勘記】

〔一〕雲濛山　「雲」，底本作「靈」，川本、滬本同，據紀要卷五六、圖書集成職方典卷五二九改。

〔二〕烽燧山　「烽」，底本作「峯」，川本、滬本同。嘉靖漢中府志卷一寧羌州：「烽燧山，南五里。昔置烽燧。」明統志卷三四：「烽(烽)燧山，在沔縣治西。昔人嘗置烽燧其上。」此「峯」爲「烽」字之誤，據改。

寧羌州 天臺山，在州東四十里。頂平如臺，勢淩霄漢。天池山，在州東南四十里。〔旁注〕本志。層巒疊嶂，迥出羣峯。上有池，四時不竭〔一〕，寒氣逼人，莫敢近視，近則雷電立至。龍洞，在州東北百里。自高而下丈許，洞門三十重〔二〕，每門有二石柱爲之障限。內有石牀，人曰龍牀。下有水不竭，凡遇旱進洞取水，水至境內，即大雨。又西一百五十里，中崖一洞，亦曰龍洞。有天生石橋，如龍門狀。內有石像，旁有仙桃，顆色特異，味亦甘美。嘉雨洞，在州南七十里西流河崖畔。秋冬水涸則魚藏，春夏水漲則魚出，味美似鰣。詩所謂南有嘉魚，注謂出自沔南之丙穴。即此。丙穴，在州南一百里。古城二：一在州東，一在州北。相傳宜娘子築以屯兵者，址存。

【校勘記】

〔一〕四時不竭 「時」，底本作「十」，據川本、滬本及清統志卷二三七改。

〔二〕洞門三十重 「重」，底本作「里」，川本同，據滬本及圖書集成職方典卷五二九改。

略陽 冉家山，在縣北三里。相傳爲冉閔故居。八渡山，在縣北十五里。四面險阻，林木茂盛。路分三岔，山溪交聚〔一〕，亦要害也。大丙山，在縣南二十里。下有石洞，名曰丙穴。鐔水河，在縣東北一百五十里。俗名黑河，與沔界者，以此名縣。縣址尚存〔二〕。八渡河，在縣東一百七十里〔三〕。出退水河，西南入嘉陵江。白水江，在縣西一百二十里。有白水巡檢司。隗囂臺，在縣治前。漢隗囂所築也〔四〕。後來歙斬將因保其城，又曰來歙備兵臺。宋吴璘、玠據以禦金人。今臺存，而亭宇圮矣。郙閣，在縣西二十里。崖高數十丈，俗名白崖。有蔡邕銘記，隸書，鐫諸崖壁。後太守田克仁復刻於靈巖之絶壁，其文尚存。

【校勘記】

〔一〕山溪交聚　「山」，底本作「三」，川本、滬本同，據圖書集成職方典卷五二九、清統志卷二三七改。

〔二〕縣址尚存　川本、滬本「址」作「基」。

〔三〕在縣東一百七十里　川本、滬本同。圖書集成職方典卷五二九引略陽縣志：「八渡水，在縣東八十步。自徽州來，經縣城，流入嘉陵江。」清統志卷二三七引通志：「八渡水，在縣東八十步。源出退水，自徽縣界來，逕八渡山下，繞城東南，會夾渠水入嘉陵江。」疑此道里有誤。

〔四〕隗囂　「隗」，底本作「禺」，川本同，據滬本及後漢書隗囂傳改。

寧羌州　龍頭山，在州東南十五里。一名馬面山。雞鳴山，在陽平驛。昔人屯兵於上，其相連有擊鼓山。寨子山，在州東八十里。崖畔一洞，昔人避兵於上。石門洞，在州東南三十里。崖高數仞，内有石柱、石門、石壁，昔人常避兵於此。老兵洞，在州西北一百里。内有空谷，容百餘人。迴水河，在州西三十里。西流河，在州南六十里。溪水流入西川。東流河，在州東九十里。平滄河，即大安東門橋，州北九十里。燕子河，在州西一百二十里。黄壩河，在州東二百里，水流入漢。青河，在州北一百里。黑水河，在州北七十里。

大安鎮，在州北九十里。即古大安，舊無城。正德中，累遭寇焚，知州謝豸同衛官築城。周二百四十七丈。州之關四，隘口一，峽一，皆有古迹。南北無關隘，惟東西疊見〔一〕。今以地勢參酌其宜，西守牢固關，則蜀變不得入；東守五丁峽，則棧變不能乘。此二地及陽平關三處，極爲要衝云。陽平關，在州西北九十里。漢置，今爲陽平驛。河通川、峽，貨殖頗熕〔二〕。牢固關，在州西四十里。秦、蜀分界。鐵鎖關〔三〕，在州東五十里。今廢。猪尾關〔四〕，在州東八十里。今廢。土關隘，在州西五十里。五丁峽，在州北五十里。秦惠王欲伐蜀，無路，乃作石牛，以金置其尾，詭言牛能糞金，欲以給蜀，蜀王使五丁力士開山，引之。至漢永平中，司隸楊厥又鑿而廣之。

大安橋記曰：大安鎮乃宋之三泉，元之大安縣，南達滇、楚，北達京畿，爲寧羌巨鎮。東門外有水，名曰平滄江。源自大漁洞，至大安入漾州，達於漢江。

【校勘記】

〔一〕惟東西疊見　川本、滬本「東西」作「西東」。

〔二〕貨殖頗煩　川本、滬本「煩」作「蕃」。

〔三〕鐵鎖關　「關」，底本脱，川本同，據滬本及嘉靖漢中府志卷一補。

〔四〕猪尾關　川本、滬本同。大明一統名勝志卷四、紀要卷五六「尾」作「屋」，疑此「尾」爲「屋」之訛。

漢中府〔一〕

舊志：漢中炎德興王之疆〔二〕，三國用武之地。我朝洪武三年置府，領州二，縣十四。東西相維，厥慮淵哉，乃好事者突議改隸興安，而割石泉等六縣隨之〔三〕。所稱漢中膏腴地半已分裂，今之漢，非復曩昔之漢也。據見在九屬，洋爲最，城固次之，南鄭、西鄉又次之。寧羌、略陽地，不逮城、洋，而物産頗饒，褒、鳳、沔三邑埒耳。然鳳在萬山中，境瘠多逋負，褒則衝疲甚，軍民時訌構。要之，通變圖治，神化宜民，存乎其人矣。按漢之爲郡，厥壤膏沃，貢賦所出，頗類蜀川。輿地紀勝云：秦頭楚尾，一大都會。黄權以爲蜀之股肱，楊洪以爲蜀之咽喉〔四〕。窮谷峭壁，萬仞直下。蜀先主得漢中，亦曰：曹公雖來，無能爲也。宋曹洪曰：漢中地形險固，四嶽、三塗，皆不及也。其褒、沔、城固原野方三百里，有肥田活水，修竹魚稻，棕櫚橘柚。一江舳艫，直達楚、越，美哉其地乎。而據巴、蜀之粟，出秦、隴之馬，通荆、襄之財，由來利之矣。然地遠而求多，民雜而賦繁，害來於所産，災取於所聚，何大復之有感而言也。誠然哉！誠然哉！困學紀聞：旱麓。毛氏云：旱，山名也。曹氏按漢地理志：漢中南鄭縣有旱山，池水所出〔五〕，東北入漢。旱山在梁州之境，與漢、廣相近，故取以興焉。祝穆曰：天下之大川，以漢名者二。班固謂之東漢、西漢。而黎州之漢水源於飛越嶺者不與焉。固之所謂東漢，則禹貢之導漾自嶓冢山，逕梁、洋、金、房、均、襄、郢，復至漢陽入江者也。西漢，則蘇代所謂漢中之甲，輕舟出於巴，乘夏水下漢，四日而至五渚者。其源出於西和州徼外，逕階、沔，與嘉陵水合，俗謂之西漢，又逕大安、利、劍、果、合，與瀘水合入於江。

升庵集：顔師古曰：棧，即閣也。劉禹錫山南西道新修驛路記有云：我之提封，踞右扶風〔六〕，觸劍閣，一千一百里，自散關抵褒城，次舍十有五。自褒而南，逾利州，至於劍門，十有七，道塗次舍，可見於此。又云棧閣盤虚〔七〕，下臨谽谺〔八〕，層崖峭絶，枘木亘鐵〔九〕。因而廣之，限以鈎欄〔一〇〕，狹徑深陘，從而拓之，方駕從容。棧閣之制〔一一〕，亦可想也。歐陽詹棧道銘有云：秦之坤，蜀之艮，連高夾深，九州之險也。大抵漢中雖是平川，東北入長安，西南出劍門，皆有棧閣之路。惟今洋州子午谷，南北正對長安，自保寧府上船，十日可至陽平關，乃寧羌州所轄，由陸路三日可到沔縣，又一日可到漢中〔一二〕，沔縣下水，亦一日至漢中。

常璩漢中志：漢中郡，本附庸國，蜀〔一三〕。周赧王二年〔一四〕，秦惠文王置郡，因水名也。漢有二源：東源出武都氐道漾山，因名漾。禹貢：流漾爲漢。是也〔一五〕。西源出隴西嶓冢山〔一六〕，會白水，經葭萌入漢。始源曰沔，故曰「漢沔」。在詩曰：滔滔江、漢，南國之紀。其應上昭於天。又曰：惟天有漢。其分野與巴、蜀同占，其地東接南郡，南接廣漢，西接隴西、陰平，北接秦川。厥壤沃美〔一七〕，賦貢所出，略侔三蜀。六國時，楚强盛，略有其地。後爲秦。漢高帝爲漢王，都南鄭。及東伐，令蕭何居守漢中，資其兵食，卒平天下，屬縣十二〔一八〕。三國時，處蜀、魏界，固險重守，自丞相、大司馬、大將軍，皆鎮漢中。蜀平，梁州治沔陽〔一九〕。太康中，晉武帝孫漢王迪受封〔二〇〕，更曰漢國，郡但六縣。南鄭縣，郡治。周貞王十八年，秦厲公城之〔二一〕。有池水，從旱山來入沔。沔陽縣，州治。有鐵官。又有度水，水有二源：一曰清檢，二曰濁檢。有魚穴，清水出鰋，濁水出鮒，常以二月八月取。蜀丞相諸葛亮葬定軍山。褒中縣，孝昭帝元鳳六年置，本都尉治也。山名扶木〔二二〕，有唐公房祠也。城固縣，蜀時以沔陽爲漢城，城固爲樂城〔二三〕。蒲池縣。西鄉縣。

魏興郡，本漢中西城縣。漢季世別爲郡〔二四〕。建安二十四年，劉先主命宜都太守孟達從秭歸北伐房陵、上庸，自漢中又遣副軍中郎將劉封乘沔水，會達上庸，以申耽弟儀爲建信將軍、西城太守。達、耽降魏。黄初二年，文帝轉儀爲魏興太守〔二五〕，封鄖鄉侯〔二六〕。蜀平，遂治西城，屬縣六。土地險隘，其人半楚，風俗略與荆州沔中郡同。西城縣，郡治。元康元年，封越騎校尉蜀郡何攀爲公國也。錫縣〔二七〕。安康縣。興晉縣，晉置。鄖鄉縣，本名長利縣。縣有鄖鄉。洵陽縣，洵水所出。

上庸郡，故庸國，楚滅之。秦時屬蜀，後屬漢中。漢末爲上庸郡〔二八〕。建安二十四年，孟達、劉封征上庸，上庸太守申耽稽服，遣子弟及宗族詣成都，先主拜耽征北將軍，封鄖鄉侯，仍郡如故。黄初中降魏，魏文帝拜耽懷集將軍，徙居南陽。省上庸，并新城。孟達誅後，復爲郡。屬縣五。上庸縣，郡治。北巫縣。安樂縣〔二九〕，咸熙元年，爲公國，封劉後主也。武陵縣。安富縣。微陽縣。晉書上庸郡有上廉，無安樂。

新城郡，本漢中房陵縣也。秦始皇徙吕不韋舍人萬家於房陵，以其隘地也。漢時，宗族、大臣有罪，亦多徙此縣。漢末以爲房陵郡。建安二十四年，孟達征房陵，殺太守蒯祺，進平三郡，與劉封不和，封奪達鼓吹。關羽圍樊城，求助於封、達，封、達以新據山郡，未可擾動爲辭。羽爲吴所破殺。達既忿封，又懼先主見責，遂拜書先主，告叛降魏。魏文帝以爲散騎常侍、建武將軍，襲劉封，封敗走，達據房陵。文帝合三郡爲新城，以達爲太守，後諸葛亮以書招之。明帝泰和初，達叛魏歸蜀，司馬宣王攻之，亮以其數反覆，不救，遂爲宣王所誅滅。宣王分爲三郡，新城郡屬縣四。房陵縣〔三〇〕，有維山，維水所出，東入瀘。瀘字疑當作漢。又按巴漢志，新城郡有維水所出，亦云東入瀘。沶鄉縣。昌魏縣。綏陽縣〔三一〕。右三郡〔三二〕，漢中所分也〔三三〕。在漢中之東〔三四〕，故蜀漢謂之東三郡。蜀時爲魏，屬荆州。晉元康六年，始還梁州。山水艱險，有黄金、子午、馬驄、建鼓之阻。又有作道，九君摶土作人處，而其記及，漢中記不載。

梓潼郡，本廣漢屬縣也。建安十八年，劉先主自葭萌南攻州牧劉璋，留中郎將霍峻守葭萌。張魯遣將楊帛誘之，峻曰：「小人頭可得，城不可得也。」〔三五〕劉璋將向存、扶禁由巴閬水攻峻〔三六〕，歲餘不能克。峻衆才八百人，存衆萬計，更爲峻所破。成都既定，先主嘉峻功。二十二年〔三七〕，分廣漢置梓潼郡，以峻爲太守。屬縣六。東接巴西，南接廣漢，西接陰平，北接漢中。出金、銀、丹、漆、藥、蜜。世有雋彦，人侔於巴、蜀。梓潼縣，郡治。有五婦山，故蜀五丁士所拽蛇崩山處也。有善板祠，一曰惡子。民歲上雷杼十枚，歲盡不復見，云雷取去。涪縣，去成都三百五十里，水通於巴，爲蜀東北之要，蜀時，大將軍鎮之。有宕田，平稻田〔三八〕。孱水，出孱山。其源出金銀鑛，洗取，火融合之爲金銀。陽泉，出石丹。大司馬蔣琬葬此。晉壽縣，本葭萌城，劉氏更曰漢壽。水通於巴西，又入漢川。有金銀鑛，民今歲歲洗取之〔三九〕。蜀亦大將軍鎮之。漆、藥、蜜所出也。大將軍費禕葬此山。白水縣，有關尉，故州牧劉璋將楊懷〔四〇〕、高沛守也。廣漢縣。德陽縣〔四一〕，有劍閣道三十里，至險，有閣尉，桑下兵民也〔四二〕。

武都郡，本廣漢西部都尉治也。元鼎六年，别爲郡，屬縣九。東接梓潼〔四三〕，西接天水，北接始平。土地險阻，有麻田，氐傁，多羌、戎之民，其人半秦，多勇戇。出名馬、牛、羊、漆、蜜。有瞿堆百頃險勢，氐傁常依之爲叛，漢世數征討之。分徙其羌，遠至酒泉、敦煌。其攻戰壘戍處所亦多。建安二十四年〔四四〕，先主遣將軍雷同、吴蘭平之，爲魏將曹洪所破殺。魏益州刺史天水楊阜治此郡，阜以濱蜀境，移其氐傁於汧、雍及天水略陽。建興七年，丞相諸葛亮遣護軍陳戒伐之〔四五〕，遂平武都、陰平二郡，還屬益州。魏將夏侯淵、張郃、徐晃征伐，常由此郡，而蜀丞相亮及魏延、姜維等多從此出秦川，遂荒無留民〔四六〕。其氐傁楊濮屬魏，魏遥置其郡，屬蜀〔四七〕。蜀平，屬雍州。太康六年，還梁州。八年，氐傁齊萬年反〔四八〕，郡罹其寇，晉民流徙入蜀及梁州。永嘉初，天水氐傁楊茂搜率種人爲寇，保據其郡，貢獻長安。愍帝以胡寇方盛，欲懷來戎、翟，拜驃騎將軍、左賢王。劉曜破長安，丞相平昌公上隴，據天水。茂搜數饋平昌公，拜茂搜長子難敵征南將軍，少子堅頭龍驤將軍，種衆彊盛〔四九〕，東破梁州，南連李雄〔五〇〕，威服羌、戎。時平昌公爲劉曜所破，陳安作賊，於時并氐傁如一國。茂搜死，敵、堅代爲主。數歲，曜自攻武都，敵、堅南奔雄，至晉壽，遣子爲質，又厚賂雄兄晉壽守將稚〔五一〕。曜不獲敵、堅，引還武都〔五二〕。恃險驕慢，攻走雄陰平太守羅演。演，稚舅也。稚忿恚，白兄琀與雄〔五三〕，求征之。雄使琀、稚將數千人攻之〔五四〕。時敵妻死，葬於陰平。琀、稚徑至下辨〔五五〕，按下辨，縣名。有赤亭〔五六〕。入武街城，以深入無繼，盡爲氐傁所破殺。敵、堅死，子盤、毅復代爲主〔五七〕。咸康四年，敵從弟初殺磐、毅兄弟，代爲主，迄今。自茂搜父子之結據也，通晉家及李雄、劉曜、石勒、石虎、張駿，皆稱臣奉貢，受其官號，所向用其官及其年號。　下辨縣，郡治。一曰武街。　武都縣，東漢水所出，有天池澤〔五八〕。一本云天地澤。　上祿、故道縣〔五九〕。上祿、故道，二縣名，俱屬武都郡〔六〇〕。　河池縣，泉街水入沮，合漢也〔六一〕。　沮縣，河池水所出東狼谷也〔六二〕。　平樂縣。　修成縣〔六三〕。　嘉陵縣。

陰平郡，本廣漢北部都尉。永平後，羌虜數反，遂置爲郡，屬縣四。東接漢中，南接梓潼，西接隴西，北接酒泉〔六四〕。土地山嶮，人民剛勇。多氐傁，有黑白水羌、紫羌。胡虜風俗、所出與武都略同〔六五〕。漢安帝永初二年，羌反，燒郡城，郡人退往白水〔六六〕。會漢陽諸羌反，溢入漢，殺太守，漢陽杜琦自稱將軍，叛亂廣漢郡，屯葭萌。漢使御史大夫唐喜討琦，進討羌，經年不下，詔賜死。更遣中郎將尹就討羌，亦無功。諸郡太守皆屯涪。元初五年，巴郡板楯軍救漢中，漢中大破羌，羌乃退，郡復治，置助郡都尉。劉先主之入漢中也，爭二郡不得。建興七年，諸葛亮始命陳戒平之。魏亦遥置其郡，屬雍州。自景谷有步道，經江油左擔行出涪〔六七〕，鄧艾從之伐蜀。元康六年，還屬梁州〔六八〕。永嘉末，太守王鑒粗暴，郡民毛深、左騰等逐出之，相率降李雄。晉民盡出蜀，氐、羌爲楊茂搜所占有。　陰平縣，郡治。漢曰陰平道也。　甸氐縣，有白水〔六九〕，出徼外，入漢。　平武縣，有關尉。自景谷有步道，經江油左擔出涪，鄧艾伐蜀道也。

劉主時〔七〇〕，置義守，號關尉。　剛氏縣，涪水所出，有金銀鑛。　右梁州。

大安縣〔七一〕，漢爲葭萌縣地。　三國蜀先主改爲漢壽郡。　晉末屬晉壽郡。　宋、齊、梁、後周皆因之。　唐武德四年，分利州之綿谷縣置三泉縣，於縣又置南安州。　八年州罷，以縣屬利州。　天寶元年，改屬梁州，又移縣於關城倉陌沙水西〔七二〕。　宋至道二年，建爲大安軍，割西縣隸焉。　三年軍罷，復爲縣，還以西縣隸興元府。　後又復置軍，元至元六年，升軍爲州，屬利州路。　二十年，降爲大安縣，屬沔州。　本朝未立。

【校勘記】

〔一〕漢中府　「府」，底本無，川本同，據滬本補。

〔二〕舊志漢中炎德興王之疆　川本同，滬本「舊志」在「漢中」下。

〔三〕而割石泉等六縣隨之　底本「而」在「割」下，川本同，據滬本乙正。

〔四〕楊洪　「洪」，底本作「宏」，川本、滬本同，據三國志蜀書楊洪傳改。

〔五〕池水　「池」，底本作「沱」，川本、滬本同，據漢書地理志、水經沔水注改。

〔六〕踞右扶風　「踞」，底本作「距」，川本、滬本同，據全唐文卷六〇六改。

〔七〕棧閣盤虚　「盤」，底本作「淩」，川本、滬本同，據全唐文卷六〇六改。

〔八〕下臨谽谺　「谽」，底本作「谿」，川本漫漶，滬本作「豁」，據全唐文卷六〇六改。

〔九〕枘木亘鐵　「枘」，底本作「柄」，川本同，據滬本及全唐文卷六〇六改。「亘」，底本作「垣」，川本、滬本同，據全唐文卷六〇六改。

〔一〇〕限以鉤欄　「欄」，底本作「闌」，川本、滬本同，據全唐文卷六〇六改。

〔一一〕棧閣之制　「棧」，底本作「劍」，據川本、滬本、本書上文改。

〔一二〕又一日可到漢中　川本、滬本無「可」字。

〔一三〕漢中郡本附庸國蜀　「蜀」，川本同，滬本作「屬」。據劉琳華陽國志校注卷二應作「屬蜀」。

〔一四〕周赧王二年　川本、滬本同。按史記秦本紀：惠文王後元十三年，「攻楚漢中，取地六百里。置漢中郡」。時當周赧王三年。任乃强華陽國志校補圖注卷二改「二年」爲「三年」，蓋是。

〔一五〕禹貢流漾爲漢是也　川本、滬本同。禹貢：「嶓冢導漾，東流爲漢。」漢書地理志：「嶓冢道漾，東流爲漢。」水經漾水注引常璩華陽國志：「禹貢：導漾，東流爲漢。是也。」此處當有脱誤。

〔一六〕西源出隴西嶓冢山　川本、滬本同。任乃强華陽國志校補圖注卷二隴西下有「西縣」二字。

〔一七〕厥壤沃美　「壤」，底本作「址」，川本同，據滬本及華陽國志卷二改。

〔一八〕屬縣十二　「二」，底本作「一」，川本同，據滬本及華陽國志卷二改。

〔一九〕梁州　「梁」，底本作「涼」，川本同，據滬本及華陽國志卷二改。

〔二〇〕太康中晉武帝孫漢王迪受封　「康」，底本作「唐」，川本同，據滬本及華陽國志卷二改。「孫」，底本作「子」，川本、滬本同，據任乃强華陽國志校補圖注卷二引晉書武十三王傳改。「迪」，底本作「迎」，川本同，據滬本及華陽國志卷二改。

〔二一〕周貞王十八年秦厲公城之 「八」，底本作「六」，川本、滬本同，據任乃強華陽國志校補圖注卷二引史記六國年表改。「厲」，底本作「屬」，川本同，據滬本及華陽國志卷二改。

〔二二〕山名扶木 「木」，底本作「水」，川本同，據滬本及華陽國志卷二改。

〔二三〕城固縣蜀時以沔陽爲漢城城固爲樂城 川本同，滬本下「城固」之「城」作「成」。兩「城固」，按漢書地理志、續漢書郡國志、晉書地理志、華陽國志卷二作「成固」，則此「城」應作「成」。

〔二四〕漢季世別爲郡 「季」，底本作「李」，川本同，據滬本及華陽國志卷二改。

〔二五〕轉儀爲魏興太守 「轉」，底本作「改」，川本同，據滬本及華陽國志卷二改。

〔二六〕鄖鄉侯 「鄖」，底本作「鄭」，川本同，據滬本及華陽國志卷二改。下文「鄖鄉縣」，亦據滬本及華陽國志卷二、水經沔水注、宋書州郡志改。

〔二七〕錫縣 「錫」，川本同，滬本作「錫」。按任乃強華陽國志校補圖注卷二作「錫縣」是。

〔二八〕漢末爲上庸郡 「末」，底本作「宋」，川本同，據滬本及華陽國志卷二、水經沔水注改。

〔二九〕安樂縣 「縣」，川本、滬本同。按任乃強華陽國志校補圖注卷二作「鄉」。本書上文云：上庸郡「屬縣五」。若計安樂縣，成六縣，當非。

〔三〇〕房陵縣 川本、滬本同。廖寅本華陽國志卷二「縣」下有「郡治」二字，云：「舊脱此二字，今補正。」按本書上文南鄭縣、西城縣、上庸縣，下文梓潼縣、下辨縣、陰平縣下俱有「郡治」二字，此當脱。

〔三一〕綏陽縣 「綏」，底本作「緩」，川本同，滬本作「綏」。晉書地理志殿本、宋書州郡志、南齊書州郡志作「綏」，廖寅本華陽國志卷二作「綏」，顧廣圻校云：「綏，原誤緩。」據改。

〔三二〕右三郡　川本同，滬本「郡」下夾注：「案三郡謂魏興、上庸、新城郡，皆司馬宣王所分置。」

〔三三〕漢中所分也　「所」，底本作「府」，川本同，據滬本及華陽國志卷二改。

〔三四〕在漢中之東　「中」，底本脱，川本同，據滬本及華陽國志卷二補。

〔三五〕小人頭可得城不可得也　「小」，底本作「十」，川本同，據滬本及三國志蜀書霍峻傳、華陽國志卷二改。

〔三六〕闐水　「闐」，底本作「閆」，川本同，據滬本及三國志蜀書霍峻傳、華陽國志卷二改。

〔三七〕二十二年　下「二」，底本作「三」，川本同，據滬本及續漢書郡國志劉昭注引地道記、華陽國志卷二改。

〔三八〕有宕田平稻田　川本同，滬本及廖寅本華陽國志卷二「宕」作「岩」，「平」作「本」。任乃强華陽國志校補圖注卷二：「宕田，謂紫土丘陵中之農田。平稻田，謂沖積平原上之水稻田。」劉琳華陽國志校注卷二：「『岩田』，當是『山原田』之誤。」

〔三九〕民今歲歲洗取之　底本「洗取」作「取洗」，川本同，據滬本及華陽國志卷二乙正。

〔四〇〕劉璋　「劉」，底本無，川本同，據滬本及華陽國志卷二補。

〔四一〕廣漢縣德陽縣　川本、滬本同。廖寅本華陽國志卷二作「漢德縣」，注云：「舊作廣漢縣、德陽縣，誤衍，今删正。漢德縣，沈約以爲疑劉氏所立。廣漢郡之廣漢縣、德陽縣，自在蜀志中，不得屬梓潼也。」任乃强華陽國志校補圖注卷二改「廣漢縣」爲「昭歡縣」，「德陽縣」爲「漢德縣」。

〔四二〕桑下兵民也　川本、滬本同。按任乃强華陽國志校補圖注卷二，「桑」字上當有「領」字。

〔四三〕東接梓潼　川本、滬本同。按任乃强華陽國志校補圖注卷二，當作「東接漢中，南接梓潼」。

〔四四〕建安二十四年　川本、滬本同。按三國志蜀書先主傳：建安二十三年，「先主率諸將進兵漢中。分遣將軍吳蘭、雷銅等入武都，皆爲曹公軍所没。」通鑑卷六八漢獻帝建安二十三年：「曹洪將擊吴蘭……進，擊破蘭，斬之。」此「二十四年」當爲「二十三年」之誤。

〔四五〕陳戒　「戒」，川本、滬本及華陽國志卷二同，華陽國志卷七劉後主志作「式」，三國志蜀書後主傳、諸葛亮傳作「式」。下同。

〔四六〕遂荒無留民　「留」，底本作「晉」，川本同，據滬本及廖寅本華陽國志卷二改。

〔四七〕魏遥置其郡屬蜀　川本、滬本同。廖寅本華陽國志卷二「郡」下注：「當重有郡字。」「屬蜀」，劉琳華陽國志校注卷二：「按此郡屬蜀，上文已言之，此二字當是衍文。」任乃强華陽國志校補圖注卷二補爲「惟地屬蜀」。

〔四八〕八年氐傁齊萬年反　川本、滬本同。按晉書惠帝紀：元康六年，「秦雍氐、羌悉叛，推氐帥齊萬年僭號稱帝」。通鑑卷八二同。此言「八年」承上文爲「太康八年」，當爲「元康六年」之誤。

〔四九〕種衆彊盛　「彊」，底本作「疆」，川本同，據滬本及廖寅本華陽國志卷二改。

〔五〇〕南連李雄　「南」，底本作「與」，川本同，據滬本及華陽國志卷二改。

〔五一〕又厚賂雄兄晉壽守將稚　川本、滬本同。晉書李雄載記：「琀、稚，雄兄蕩之子也。」此「兄」下脱一「子」字。

〔五二〕曜不獲敵堅引還武都　川本、滬本同。廖寅本華陽國志卷二「堅」下注：「當重有敵堅二字。」劉琳華陽國志校注卷二：「查本書卷九云：曜既引還，稚遣難敵兄弟還武都。據此，明是『武都』上脱『敵堅還』三字。」

〔五三〕白兄琀與雄　「琀」，底本作「含」，川本、滬本同，華陽國志卷九、晉書李雄載記、通鑑卷九二作「琀」，據改。下同。

〔五四〕雄使琀稚將數千人攻之　底本「稚」錯簡於「將」下，川本、滬本同，據華陽國志卷二乙正。

〔五五〕琀稚徑至下辨　「徑」，底本作「征」，川本同，據滬本及華陽國志卷二、卷九改。

〔五六〕按下辨縣名有赤亭　底本注於下文「子磐、縠復代爲主」之下，川本同，據滬本乙正。

〔五七〕子磐縠復代爲主　川本、滬本同，華陽國志卷二「磐」作「盤」，通鑑卷九五亦作「盤」。

〔五八〕天池澤　「池」，底本作「地」，川本、滬本同，據華陽國志卷二改。

〔五九〕上禄故道縣　川本、滬本同。廖寅本華陽國志卷二「禄」下有「縣」字，注云：「舊脱縣字，今補正。」蓋是。

〔六〇〕上禄故道二縣名俱屬武都郡　底本注於下文「沮縣河池水所出東狼谷也」之下，川本同，據滬本乙正。

〔六一〕泉街水入沮合漢也　底本「街」下衍「縣」字，川本、滬本同。廖寅本華陽國志卷二「泉街」下注云：「舊衍縣字，今删正。」漢書地理志、續漢書郡國志、水經沔水注俱無「縣」字，據删。

〔六二〕河池水所出東狼谷也　川本、滬本同。漢書地理志武都郡沮：「沮水出東狼谷。」續漢書郡國志武都郡沮：「沔水出東狼谷。」水經沔水注：「沔水出武都沮縣東狼谷中。沔水，一名沮水。」廖寅本華陽國志卷二於「河池」下云：「按河池二字當作沮。」則此「河池」爲「沮」或「沔」字之誤。

〔六三〕修成縣　「成」，底本作「武」，川本同，滬本及廖寅本華陽國志卷二俱作「成」。顧廣圻校云：「成，原誤武。」據改。

〔六四〕東接漢中南接梓潼西接隴西北接酒泉　川本、滬本同。按任乃强華陽國志校補圖注卷二，此四至不合，當爲「東接武都，南接梓潼，西接汶山，北接隴西」。

〔六五〕武都　「都」，底本作「郡」，川本、滬本同，據華陽國志卷二改。

〔六六〕郡人退往白水　川本、滬本同，華陽國志卷二「往」作「住」。

〔六七〕江油 「油」，底本作「由」，川本同，據滬本及華陽國志卷二改。下同。

〔六八〕還屬梁州 「屬」，底本作「蜀」，川本、滬本同，據華陽國志卷二改。

〔六九〕旬氏縣有白水 川本、滬本同。按任乃强華陽國志校補圖注卷二，「白水」當爲「羌水」。

〔七〇〕劉主 「劉」，底本作「則」，川本同，據滬本及華陽國志卷二改。

〔七一〕大安縣 川本同，滬本「縣」上有「廢」字。按紀要卷五六載，大安縣，明初廢，則滬本是。

〔七二〕倉陌沙水 「沙」，底本作「河」，川本、滬本同，據寰宇記卷一三三改。

洵陽〔一〕 地理通釋：洵陽。漢地理志：漢中旬陽縣〔二〕。北山，旬水所出，南入沔。史記〔三〕：酈商攻旬關。索隱曰〔四〕：漢中旬水上之關。在金州。水經：漢水東合旬水。輿記廣記：金州洵陽縣。後漢省。晉復置，屬魏興郡。按金州，後漢末爲西城郡，魏得之改魏興，申儀爲太守，屯洵口。水經注：旬水東南注漢，謂之旬口〔五〕。蜀蔣琬欲由漢、沔襲魏興。今屬利州路。南蔽夔、峽，西接梁、洋，爲控扼之地。蘇秦説楚威王曰：北有陘塞、郇陽。即洵陽也。郇、旬、洵，三字通。徐廣以爲順陽。故城在鄧州復縣西。索隱以爲新陽〔六〕。故城在蔡州真陽縣西南。皆非也。又按楚世家：懷王二十五年，與秦盟黄棘。秦復與楚上庸。正義括地志云：今房州竹山縣及金州是。頃襄王十九年，割上庸、漢北地予秦。正義：謂割金、房、均三州及漢水之北。蘇代云：殘均陵，塞鄳隘。正義：均州故城，在隨州西南五十里。楚割上庸之明年，秦拔西陵，又一年拔郢。

【校勘記】

〔一〕洵陽　底本無，川本同，據滬本補。

〔二〕旬陽縣　「旬」，底本作「洵」，川本漫漶，據滬本及漢書地理志改。

〔三〕史記　底本無，川本同，據滬本補。

〔四〕索隱曰　「索隱」，底本作「正義」，川本、滬本同，據史記酈商列傳索隱改。

〔五〕謂之旬口　「謂」，底本脱，川本、滬本同，據水經沔水注補。

〔六〕索隱以爲新陽　「隱」，底本作「陽」，川本同，據滬本及史記蘇秦列傳索隱改。

褒城　孤雲山，在縣南百二十里。兩角山，在縣南一百二十里。與孤雲山相接。玉臺閑話云：興元之南，有路通於巴州，其路險峻，行三日始達於巔，其絶高處，謂之孤雲。〔旁注〕極高有兩峯。古語云：孤雲、兩角，去天一握。〔旁注〕上有淮陰侯廟。青橋山，在縣北四十里。今有青橋驛。黄草山，在縣北四十里。東臨褒水，即連雲棧諸山。馬道山，在縣北九十里。今置馬道驛。斜谷，在縣西北。至鳳縣界一百五十里。舊有棧閣二千九百八十九間，板閣二千八百九十二間，有一溪，可行舟。見方輿勝覽所載。今亦存。廉水，在縣西南一百二十五里。即廉泉水，源出巴縣大巴山密谷，環廉水縣東北，至中梁山南，東流與漢水合。連雲棧，洪武二十五年，欽遣普定侯監督軍夫，增損歷代舊路，開通修建。雞頭棧，八十五間，大小石洞，棧即今雞頭關。北橋棧，三間。石嘴七盤棧，即今七盤棧閣，九十二間。又河底七盤下橋棧，一十五間。獨架橋，一百四十二間。倚雲棧，今響水灘棧閣，五十一間。石佛灣棧，即今盤龍塢棧閣〔一〕，八十五間。堡子鋪棧，六十間。飛石崖棧，即今老君崖閣，八十六間〔二〕。三岔鋪棧，即今馬道南橋，三間。河底棧，即今浴馬澤棧閣，二十六間。長亭鋪棧，即今甜竹碥棧閣，三十八間。半坡棧，今上天橋，五十八間。燕子碥棧，今燕子棧，六十一間。滴水橋，即今火燒碥棧閣，百二十一間。武曲鋪棧，南橋，二間〔三〕。鳴玉棧，今簸箕碥棧閣，二十六間〔四〕。虎頭關棧，三十八間。盤龍棧〔五〕，一百一十五間。青雲棧，今臘魚潭橋，三間。臘魚潭棧，三十六間。碧霄棧，四十五間。焦崖鋪橋，四間。黑龍灣，今武曲灣棧閣，七十一間。飛仙閣，杜甫有飛仙閣詩。今武曲關北棧閣，二十三間〔六〕。黑龍棧，今西溝橋，十間。小灣棧，即今八里關棧閣，二十三間。雲門棧，今武關北橋，十二間。登坡棧，即今新開嶺棧，五十間。〔旁注〕宋書曰：明帝問廣州貪泉，范柏年對曰：梁州惟有文川、武鄉，廉泉、讓水。又問卿宅何處？對曰：臣居廉讓之間。帝嗟其善對〔七〕。轉灣邊山崖子，即今安山灣棧閣，八十五間。青陽棧，今青水棧〔八〕，一十五間。〔旁注〕連雲棧內一百四十二間，上阻石崖，下走龍江，最爲險峻。有方正學詩。爲連雲棧者四十：曰雞頭、曰石洞、曰石嘴七盤、曰倚雲，即響水灘。曰石佛灣，即盤龍塢。曰堡子鋪、曰飛石崖，即老君崖。曰閻王碥，憑虛爲棚，易於傾卸，北數步巨石，轉折，江水吞吐，行者至此，未有不魂銷也。曰架雲、曰石碑口、曰十二眼，即白石崖。曰青橋，即石碑橋〔九〕。曰曲欄〔一〇〕，即今黃草。曰馬道、曰順平、曰逍遥、曰磴空，即老君崖。曰三岔、曰河底、曰長亭，即甜碥棧〔一一〕。曰半坡，即上天橋。曰燕子碥，巨石橫亘，江水紫迴，崖溜注泄最險。曰滴水，即火燒碥。曰鳴玉，即簸箕碥棧〔一二〕。曰武曲、曰虎頭、曰盤龍、曰青雲、曰臘魚潭、曰碧霄、曰石梯。先是以木爲梯，嘉靖七年，易木以石。自南入北險若下井，自北逾南難若上天。巖半有巨石，鐫字數行，宋紹興中，榷茶所也。曰焦崖、曰黑龍灣、曰飛仙閣、曰黑龍、曰小灣、曰雲門、曰登坡、曰轉灣邊山崖子，即安山灣棧。曰青陽，即青水棧。

【校勘記】

〔一〕盤龍塢棧閣　川本、滬本同，紀要卷五六「龍」作「雲」。

〔二〕八十六間　川本、滬本同。嘉靖漢中府志卷二：「飛石崖棧，即今老君崖橋，一百八十間。」紀要卷五六作「飛石崖棧，二百八十間，今曰老君崖橋閣」。圖書集成職方典卷五三三作「飛石崖棧，二百八十間」。此「八十六間」，蓋有誤。

〔三〕武曲鋪棧南橋二間　「二」，底本作「一」，川本、滬本同。紀要卷五六：「武曲鋪棧二間，今曰南橋。」圖書集成職方典卷五三三：「武曲鋪棧二間。」此「一」爲「二」字之誤，據改。又據本書上下文例，「南」上當脱「即今」或「今」字。

〔四〕二十六間　「六」，底本作「八」，川本、滬本同，據紀要卷五六、圖書集成職方典卷五五三改。

〔五〕盤龍棧　川本、滬本同，紀要卷五六、圖書集成職方典卷五三三「龍」作「虎」。

〔六〕二十三間　「二」，底本作「五」，川本、滬本同，據紀要卷五六、圖書集成職方典卷五三三改。

〔七〕宋書曰至帝嗟其善對　川本同，滬本無。按此事見於南史范柏年傳，當旁注於上文廉水條下。

〔八〕今青水棧　「青」，底本作「晴」，川本漫漶，滬本同，據本書下文及嘉靖漢中府志卷二、紀要卷五六改。

〔九〕石碑橋　川本、滬本同，紀要卷五六「石」作「古」。

〔一〇〕曲欄　川本漫漶，滬本同。紀要卷五六「欄」作「檻」，圖書集成職方典卷五三三作「欖」，下俱有「橋」字。

〔一一〕甜碥棧　川本、滬本同。按本書上文及紀要卷五六「甜」下有「竹」字，此疑脱。

〔一二〕簸箕碥棧　「碥」，底本作「碑」，川本同，據滬本、本書上文及紀要卷五六、順治漢中府志卷二改。

城固　南木曹關，在縣南三十里。東距圪兜坡，南接天池山，北近漢江，西繞沙河。通西鄉縣界。北木曹關，在縣西北三十五里。東通深背嶺，南接浮遊山，西繞獅子山，北至亭子嶺。路通文川，接連雲棧。

洋　子午谷，有三〔一〕，在縣東一百六十里。漢、魏舊道也。梁將軍王神念以緣山避水，橋梁多壞，乃別開乾路，仍名子午，即今縣東三十里龍亭，正子午谷出入之路。師古曰：子，北方也。午，南方也。道通南北，故名。蜀魏延請從褒中出秦嶺，當子午而北，不十日可到長安。又張郃由子午攻漢中。晉桓温命涼州刺史司馬勳出子午道。又楊貴妃嗜生荔枝，詔沿道置驛，自涪陵由達州趨西鄉，入子午谷至長安，止三日。並此。篔簹谷，在縣西北五里、北八里。谷中最佳處，據山之夕陽，内平外昂，土色甚美。掘三尺許即得水，且産竹。宋文同作亭谷中。三十六盤關，在縣東北百八十里。鐵石關，在縣東北百五十里。榆林關，在縣東北三百里。土門關，在縣北七十里。八里關、華陽關，俱在縣北八十里，廢。宜娘子關，在縣東八十五里。藥木關，在縣南二里。天寧河，在縣東五里。源出牛頭山，南流入漢江。沙河，在縣東五里。〔旁注〕又作西南十五里。源出龍首山，南流入漢江。大沙河，在縣東三十里。源出巴山界，東流經雞子山，入漢江。大龍河，在縣東三十里。右水河，在縣東九十里。金水河，在縣東百一十里。大龍以下，俱源出秦嶺，南流入漢江。焦溪河，在縣東百四十里。源出秦嶺，下流與蒲河、文水河、院平河相合，東流十里，名子午河，南流入漢江。小沙河，在縣西南二十里。源出巴山，北流入漢江。瀼水河，在縣西一里。源出石銼山界。潛水，在縣東六十里。禹貢：沱、潛既道。是也。駱水，在興勢縣西一里。以駱駝山得名。在縣北六十七里。

西鄉　皂軍關，在縣南十五里皂軍山。皂軍山，在縣南五十里。即元皇楓公屯戍處。略南十里，又南五里有皂軍關。臨崖碥關，在縣西南百三十里大巴山。鹽場關，在縣南七百五十里。左西河，

【校勘記】

〔一〕子午谷有三　川本、滬本同，順治漢中府志卷一、圖書集成職方典卷五二九「三」作「二」。

在縣西南六十里。源出巴山，西北流入木馬河。空渠河，在縣西南三十里。源出巴山，東北流入木馬河。

鳳堡子山，在縣南三里。上有堡子鼎峙，舊傳宋吳曦戍兵於此〔一〕。南岐山，在縣南十里。上有竹雲洞，洞有湫池。方輿勝覽云：南岐，鳳之名州，其疆理與鳳翔鄰。有周之興，鸑鷟常鳴於此，翺翔至南而集焉。是以西岐曰鳳翔，南岐曰鳳州。武休關，在鳳州之東，褒斜谷之口。三山翼然對峙，南曰褒，北曰斜，在唐爲驛路，以通巴、漢。柴關嶺，在縣南一百五十里。今柴關嶺至高峻，形勢峻險，爲虎狼藪，故設關於下。畫眉關，在縣東南一百九十里。廢丘關，在縣西三岔驛八里〔二〕。漢書：項羽封章邯爲雍王，都廢丘。漢樊噲引水灌廢丘，章邯自殺。即此。大散關，在舊梁泉縣。宋時爲極邊，拒金人，爲秦、蜀要路。斜谷河，在縣東二里。源自父子谷來，達鳳凰山之南，北流入嘉陵江。東溝河，在縣南六十里。源自三岔驛後東山來，西南流入嘉陵江。小峪河，在縣西三十里。源自秦嶺，東南流入嘉陵江。紫金水，在縣東百五十里。源出太白山，下入漢中爲褒水。連雲棧橋，四十五處。爲連雲棧者二十有九：曰陳倉閣，曰紅花鋪，曰五里坡，曰湫池頭，曰小堡子，曰青雲閣，曰觀音閣，曰玄女閣，曰上關，曰桃園子，曰狗兒灣，曰白石，曰半截井，曰分水嶺，曰石崖子，曰磨石嘴，曰申家灣，曰欄馬牆，曰大柳樹，曰石關子，曰柳林，曰野羊鋪，曰觀音堂，曰桃園溝，曰瓮子潭，曰蝦蟆溝，曰亂石鋪，曰青石碥，曰畫眉關。

【校勘記】

〔一〕吳曦 「曦」，底本作「曦」，川本、滬本同，據宋史吳曦傳、嘉靖漢中府志卷一改。

〔二〕廢丘關在縣西三岔驛八里 川本、滬本同。清統志卷二三八：「廢丘關，在鳳縣南六十里。」「三岔驛，在鳳縣南五十里。」則廢丘關在三岔驛之南，此「西」蓋爲「南」字之誤。

寧羌州 金牛峽，在州北五〔旁注〕東北四。十里。一名五丁峽。秦惠王謀伐蜀，患山隘險，〔旁注〕自古稱蜀道之最險者。乃作五石牛，每日置金於牛尾下，詭言能糞金，欲以遺蜀王。蜀王負力而貪，乃令五丁力士開道引之。秦因使張儀、司馬錯引兵滅蜀。 鐵鎖關，在州東五十里。 豬尾關〔一〕，在州東八十里。 牢固關，在州西四十里。實爲秦、蜀要衝之處。 七盤關，在州西七十里。 陽平關，在州北九十里。漢置，今爲陽平驛。 略陽關，在州北二百里。 青木川，在州西三百十里。 黃壩河，在州東二百里，流入漢。 東流河，在州東九十里。 西流河，在州南六十里。西流入川。 燕子河，在州南六十〔旁注〕北一百二十。里。 洄水河，在州西〔旁注〕二。三十里。潆洄繞城。 黑河，在州北七十里。 寒溪河，在州北九十里。 清河，在州北一百里。

【校勘記】

〔一〕豬尾關　川本、滬本同。按大明一統名勝志卷四、紀要卷五六「尾」作「屋」，疑是。

略陽　白熊山，在縣東八十里。　武興山，在縣南二里。　天池山，在縣南二〔旁注〕北一。百里。上有池，周回二畝，水深丈餘，冬夏不涸。　兩號山，在縣西南二里。西接犀牛江，南接四川廣元界。　堡子山，在縣東北二里。與斬斷山相接，俱在堡子。舊傳吳曦屯軍於上〔一〕。　略陽關，在縣東南八十步。　七方關，在縣西百九十里。　仙人關，在縣北百四十里，與殺金坪地相連。　洛索河，在縣西南。　白水河，在縣西北。〔旁注〕北四十里〔二〕。　青泥河，在縣北。　魚洞子，在南二十里。即丙山下石穴，嘉魚出此。

【校勘記】

〔一〕吳曦　「曦」，底本作「曦」，川本、滬本同，據宋史吳曦傳、嘉靖漢中府志卷一改。

〔二〕白水河在縣西北北四十里　川本、滬本同。紀要卷五六略陽縣：「白水江，在縣西百二十里。」圖書集成職方典卷五二九縣志：「白水江，在縣西一百二十里。」清統志卷二三七：「白水江，在（略陽）縣西北一百二十里。」此載里數當有誤。

興安州

通志：金州。鳳凰山，在州西七十里。麓發漢陰縣界，盤延二十餘里〔一〕，懸聳萬仞，冠絶羣山。魏山，在州西南九里〔二〕。其山東西南三面險絶不通。昔晉吉挹爲梁州督護，苻堅使韋鍾伐之，挹於急口岐山爲壘固守，鍾三年不能下，即此山也〔三〕。鵲嶺，在州東，接上津縣界。防遏商州來路，地極險要。青碌洞，二十處，在州東四十里青碌山。洞中産大青、大碌。今洞封閉，官住取采。碧瑱洞，二處，一在州東五十里青碌山，一在州西五十里天柱山。今封閉。源溪關，在州東南二百七十里。任河關，在州西三十五里。越嶺關，在州西九十里。漢江，在州北門外。黄羊河，在州東八里。其水自吉河分派，北流入漢江。吉河，在州西二十里。源自平利縣界來，北流入漢江。恒河，在州西七十里。流合漢陰縣東月川水，入漢江。嵐河，在州西七十里，北流入漢江。道河，在州西百三十里，北流入漢江。洞河，在州西一百三十里，北流入漢江。汝河，在州西一百三十五里，北流入漢江。任河，在州西一百五十里，北流入漢江。傅家河，在州北二十五里。源自牛山來，西流入漢江。

洵陽　西北山，在縣西北百五十里。　蜀河，在縣東一百五十三里。源自咸寧縣，南流入漢。　仙河，在縣東一百八十八里。源自湖廣上津縣，南流入漢江。　平頂河，在縣西南三十八里。源自神仙洞，〔旁注〕縣西南一百五里。西北入閭河。　閭河，在縣西二十五里。源自平利縣，北流入漢江。　冷水河，在縣北三十八里。源自佛北山，西南流入洵河。　乾溪河，在縣北四十五里。源自金州，東流入洵河。　乾祐河，在縣北一百二十里。源自乾祐山，南流入洵河。　西岔河，在縣東北二百里。源自西北山，東南流入蜀河。

華亭　隴山，在縣西三十里。北接沙漠〔一〕，南界汧、隴，高十五里，冬夏有雪。　朝那山，在

【校勘記】

〔一〕盤延二十餘里　川本、滬本同。紀要卷五六興安州：「鳳凰山，在州西七十里。跨石泉、漢陰、紫陽三縣之境，綿亘三百餘里。」圖書集成職方典卷五三七興安州：「鳳凰山，西阻池河，北阻越河，東南阻漢，廣二百五十里，周八百里，跨興、漢、石、紫四郡縣之地。」此作「盤延二十餘里」當誤，或「十」爲「百」之訛。

〔二〕魏山在州西南九里　底本「九」下衍「十」字，川本、滬本同，據本書上文興安州魏山條及紀勝卷一八三引元和志、嘉靖漢中府志卷一、大明一統名勝志卷四、明統志卷三四、圖書集成職方典卷五三七删。

〔三〕即此山也　「山」，底本誤作「上」，川本同，據滬本及嘉靖漢中府志卷一改。

縣西七十五里。湫頭山，在縣西北六十里。山腰有湫池二，其深莫測，遇旱禱雨多應。都盧山，在縣西北七十里。六盤山，在縣西北二百里。有六盤關。瓦亭山，在縣西北百八十里。有瓦亭關。金佛硤，在縣西北百八十里。上有金妝石佛像三，在石崖内。峽長二十里〔二〕，峭壁對峙，不見天日，當河西孔道。嘉靖十九年，都御史趙廷瑞作關門，築小城於峽口，復建清水、紅沙二石墩於山上，增軍戍守，頗稱險隘，即古蕭關。彈箏峽，在縣西北百八十里。水流音韻鏗鏘，自成律吕，故名。安口峴，在城東六十里。制勝關，控隴西一帶，舊號大震門。宋慶曆中，改制勝關，管沿山小砦二十五處。涇河，在縣西北八十里，東流入平涼縣界。北河，在縣北一里，東流與汭水合，流入涇河。汭水，在縣南一百步〔三〕。東流與汭水合，〔旁注〕必誤。入涇河。武村水，在縣南一十里。策底水，在縣北三十里，東流入涇河。

蕭關縣故城，在縣西北一百八十里。即唐武州蕭關縣。儀州古城，與縣城相連，内有儀州舊基。化平縣古城，在縣西北一百二十里。中山縣故城，在縣西南一百八十里。武州故城，在縣西北一百八十里。今瓦亭驛。連耳山古城，在縣西北一百八十里。大木寨舊基，在縣西北一百三十里。小木寨舊基，在縣西北一百三十里。大會鎮，在縣西九十里。

【校勘記】

〔一〕北接沙漠　「漠」，底本作「漢」，川本同，據滬本及紀要卷五二、圖書集成職方典卷五五一改。

〔二〕峽長二十里　「長」，底本作「山」，據川本、滬本及紀要卷五八、圖書集成職方典卷五五一改。

〔三〕汭水在縣南一百步　川本、滬本同。紀要卷五八華亭縣：「汭水，在城東南三里。」圖書集成職方典卷五五一華亭縣：「汭水，在縣東三里許。流入涇水。」疑此方位道里有誤。

鎮原　耳朵城，古城也。宋慶曆中修，與綏寧、靜安二砦相應援。　武亭城，在縣南六十里。　綏寧砦，在縣西北。按地圖，宋時，細腰古城北有一路入番界故威州，慶曆中修築，更今名。　靖安砦，地名葫蘆泉。北有二路，一入番界故威州，一至新門砦，宋慶曆中修築，賜今名。　鐵原砦、開遠砦、平安砦、新門砦、西壕砦，俱在縣境。　佛空坪堡，古縣也。宋慶曆中修，捍北邊戎馬來路。

固原州　砲架山，在州西北一百二十里石城堡前〔一〕。四壁削立，極爲險峻。成化五年，滿四反，據此。　須彌山，在州北九十里。上有古寺，松柏桃李鬱然，即古石門關遺址。　大南川，在州東六十里。　小南川，在州東南五十里。　撒都兒川，在州北六十里，秦長城外。　乾川，在州東北百六十里。　海子河，在州西南三十里〔二〕，流入硝河。　須滅都河〔三〕，在州北九十里，流入小黑水。硝河，在州北一百里，流入須滅都河。清水河，在州西南四十里。出六盤山，入黃河。東海，在州東北十五里。半山間有泉眼，東西長五里，南北闊一里。東岸有廟，舊傳朝那祭龍神潤澤侯處。

【校勘記】

〔一〕在州西北一百二十里　底本「一百二十」作「三十」，川本、滬本同，據紀要卷五八、圖書集成職方典卷五五一、清統志卷二五八改。

〔二〕在州西南三十里　「南」，底本作「北」，川本、滬本同，據紀要卷五八、圖書集成職方典卷五五一、清統志卷二五八改。

〔三〕須滅都河　「滅」，底本作「減」，川本、滬本同，據紀要卷五八、圖書集成職方典卷五五一、清統志卷二五八改。下同。

靜寧州　上峽，在州東五里。林家峽，在州東一百七十里。北峽，在州北五里。馬連岔，在州東七里。白土岔，在州南五里。牡丹岔，在州西南六十里。通遍川，在州東一百五十里。張麻川，在州東一百五十里。威戎川，在州南四十里。宋於此築威戎堡，金置威戎縣，因名。陽三川，在州南一百里。人當川，在州南一百二十里。垂家川，在州南一百二十里。温家川，在州南一百二十里。南川，在州南一百四十里。底店子川〔一〕，在州東南百二十里。犢奴川，出隴山，西經水洛亭南〔二〕，西北入於洛水。疑即水洛川。高家川〔三〕，在州西二十里。天麻堡川，在州西南一十五里。拋龍川，在州西南二十五里。麻家川，在州西南二十五里。隴干川，在州西南。北川，在州北一百四十里。苦水河，在州西五里。水味略苦，不堪民用。

【校勘記】

〔一〕底店子川　川本、滬本同，圖書集成職方典卷五五一、乾隆靜寧州志卷一、清統志卷二五八作「底店川」。

〔二〕西經水洛亭南　「水」，底本作「永」，川本、滬本同，據水經渭水注改。

〔三〕高家川　川本、滬本同，圖書集成職方典卷五五一、乾隆靜寧州志卷一、清統志卷二五八作「高家堡川」。

安定　南安山，在縣南一里許。俗呼廟坡山，自蜀連於此，故名〔一〕。鳳凰山，在縣東五里。西巖山，在縣西二里。並起自馬苑，蜿蜒數百里，二山蓋邑中諸山之綱紀也。北亂山，在城北一百〔旁注〕八十。里。其山形勢百出，故曰亂山。雙峪嶺，在城南五十里。胡麻嶺，在城西八十里。其山自臨洮起伏至此，甘河水出焉。錦雞原，在城西四十里。巉口關，在城北四十里。路通甘肅。麻子川，在城南四十里。苦水河發源於此。好麥川，在城西北四十里。五塚川，在城東北二十五里。闞川，在城北八十里。其川在闞南，通蘭州〔二〕，北通靖虜。甸子川，在城西六十里。東西二十里，南北三十里。通渠流水，物産最勝。肅府置内官營於此地，内有烏龍〔三〕。商賈四達，俗號「馬頭」。得羅川，在城西南二十里。土脈肥饒，約有千頃。東河，在城東三十步。環流城之東北，其味苦。發源於百里之麻子川〔四〕，又名苦水河。〔旁注〕凡東之溪流皆屬焉。西河，在城西一百步。環流西北，其味甘。發源於百里之甸子川〔五〕，又名甜水河。凡西之溪流皆屬焉。至北城角折而東，與東河會。北流二百里至靖虜〔六〕，入黃河。蓋邑中諸水之綱紀也。煖河，在城西十五里。冬寒，河水盡合，惟此處不凝，魚蝦生焉，俗呼横河。

【校勘記】

〔一〕自蜀連於此故名　川本、滬本同。紀要卷五九安定縣：「城南一里有南安山，以地舊屬南安郡而名。」圖書集成職方典卷五五八、清統志卷二五五並載山「以地舊屬南安郡而名」，此之「自蜀連於此，故名」疑有誤。

〔二〕通蘭州　川本、滬本同。康熙安定縣志卷一作「西通蘭州」。蓋此脱「西」字。

〔三〕内有烏龍　川本同，滬本「龍」下有「城」字。大明一統名勝志卷九作「内有烏龍闞故址」。圖書集成職方典卷五六三同，疑此「龍」下脱「城」或「故址」。

〔四〕發源於百里之麻子川　「之」，底本無，據川本、滬本補。紀要卷五九安定縣：「東河，出縣南四十里麻子川。」圖書集成職方典卷五五八安定縣：「東河水，在縣南四十里。發源於麻子川。」疑此「百」爲「四十」之誤。

〔五〕發源於百里之甸子川　川本、滬本同。紀要卷五九安定縣：「縣西北六十里有甸子川，西河源於此。」圖書集成職方典卷五五八安定縣：「西河，在縣西二十里。發源於甸子川。」清統志卷二五五：「西河，在安定縣西。源出甸子川……其甸子川在縣西四十里。東西二十里，南北三十里。」則此「百里」疑有誤。

〔六〕北流二百里至靖虜　川本同，滬本「二」下注：「一作三。」

會寧　桃花山，在城東南五里、東三里〔一〕。土石俱赤似桃花，故名。其山自六盤山經靜寧，蜿蜒至縣西南而止，日出鮮明若桃花。上有神泉，山半有黑池湫。府志：桃花山左，一名式虎山。蒸餅山，在城南六十里。即今太僕牧馬之地，周圍百餘里，形圓如餅，故名。亂山，在城西北二百五十里。一山千峯，亂疊若冢，故名。鐵〔旁注〕帖。木山，記作木山〔二〕。在城西北一百里〔三〕。遠觀草木，皆形黑如鐵，元宰相帖木兒封地，故名。林木繁茂，禽獸孳多，冬日獵采者無虛日。其山自馬寒山起伏四百餘里，乃至縣北關川而爲是山，其土石色黑如鐵，九泉出焉。於關川爲亂山，當烏蘭之交，爲十八盤山。十八盤山，在城西北二百里。路峻險崎嶇，自麓及巔，盤曲一十八週。烏蘭山，在城北〔旁注〕西。一百八十里。古以烏蘭名郡，金將郭蝦蟆與元戰不勝，自焚於此。其山自六盤山，經道家原至此。下舊烏蘭關，今廢。大神山、小神山，俱在城北四百二十里。寶積山，在城北四百四十里。產石灰及鐵鑛。大白草原，在城東北三百里。上多產白草。葉家原，在城北一百八十里。道家原，在城北一百八十里。海都原，在城北二百二十里。紅石崖，在城東一〔旁注〕南二。百二十里。其旁爲響河洞，其洞產紅石，即本草所載代赭石也。其石擬丹砂，研之其色赤。石炭岸，在城東南二十里。產石炭及煤〔四〕。白土岸〔五〕，在城南三十里。白膩若粉。硝崖，在城北一百里。夾河兩岸，皆產朴硝。青土崖，二處：一在城南二十里，一在城北百里。土色粉青，堪飾棟宇，去衣油垢。祖厲故城，一名郭斌城，在城北一百五十里。漢屬安定郡。祖厲河水出焉。即金將郭蝦蟆與元戰不勝，自焚之處。會州故城，在縣北三百五十里。〔旁注〕又云會州故址，在會寧州故城內。府志：在縣北境黃河上。舊址廢。國朝正統十三年，巡撫都御史陳鑑奏置靖虜衛〔六〕。烏蘭故址，去祖厲故城數十里，俗訛爲烏龍城。通安城，在縣東北七十里。舊城，在縣北三十五里。古城，在縣南三十里〔七〕。陡城，在縣北三百三十里。黑城，在縣北一百六十里。烏雞城，在縣東北五十里。三角城，在縣東三百四十里。牛角城，在縣北三百五十里。水泉堡，在縣北二百四十里。

【校勘記】

〔一〕在城東南五里東三里　底本「東三里」原敘於下文「故名」之下，川本同，滬本「東南五里」下夾注「一作東三里」，是，據乙正。

〔二〕記作木山　底本叙於下文「冬日獵采者無虚日」下，川本同，滬本作「鐵木山」下夾注，是，據乙正。

〔三〕在城西北一百里　底本「一百里」作「二百五十里」，川本、滬本同，據紀要卷五九、圖書集成職方典卷五五八、清統志卷二五五改。

〔四〕産石炭及煤　「炭」，底本作「灰」，據川本、滬本改。

〔五〕白土岸　「土」，底本作「石」，據川本、滬本及大明一統名勝志卷九改。

〔六〕國朝正統十三年巡撫都御史陳鑑奏置靖虜衛　川本、滬本同。紀要卷六二靖遠衛：「明正統二年，復修廢城，置靖鹵衛。」明史地理志：「靖虜衛，正統二年，以故會州地置。」圖書集成職方典卷五五七：「正統二年，以衝邊分北境四里設靖虜衛。」疑此「十三年」爲「二年」之誤。

〔七〕在縣南三十里　「在」，底本作「南」，川本同，據滬本及圖書集成職方典卷五六三改。又，圖書集成「三」作「二」。

場。寧遠馬宗城山，在城南五十里。舊有廟兒鎮。太陽山，在城南一百八十里。舊有鐵冶有馬務關。箭竿山，在城西南四十里。内有石窟，寬四丈，高三百餘丈，自古避兵處。下有馬務鎮，十八里。高六百丈，周十里。柏林山，在城西南六十里。内有水泉通流，自古避兵處。龍平山，在城西南二瓜，疑作蝸，在城西南六十里。有泉倒流，可資千家。其上有石磑、石碓，古避兵處。瓜牛山，避兵處。斗底山，在城西南七十里。高五百餘丈，周圍四里。上有空隙，日月未出，其空先有光，自古形如覆斗，前代倚山立寨以避兵。今有故迹。水溪

〔旁注〕記：旗。山，在城西南七十里。高三百餘丈，自古避兵處。瓦簪山，在城西南八十里。榜薩水出焉〔一〕。鐵〔旁注〕銀。罐峪，在城南三〔旁注〕四〔二〕。十里。舊有銀、銅、鐵冶，酒井、鹽池。其峪有洞，有鐵冶，有酒井，有鹽池。清池峪，在城西十里。其地取土煮鹽，以利居民。佛兒崖洞，在城西南三十里。出粉土資畫。硯石峽，在城東南四十里。中有石，温潤可作硯。木林峽，在城北四十里。馬務關，在城東南四十里。水關，在城東南四十里。大木樹關，在城東南八十里。温泉河，在城東五十里。水自温泉〔旁注〕縣東四十里。流出。綁撒河，在縣西三十里。孟家河，在縣西一百里。馬成龍川水，在縣西南七〔旁注〕二。十里。相連地有捉馬峪、溝鎖龍峪〔三〕。湯〔旁注〕灘。哥川，在縣南三十里。其川爲山丹河，可行筏。桃花峪水，在縣北五里。廣吳堡故城〔四〕，在縣西二十五里。〔旁注〕三十里。宋置。納泥故城，在縣西四〔旁注〕五。十里。永寧寨故城，在縣東三十里。宋建隆中築。西北控龕谷路，至蘭州五百五十里，舊號尚書寨。至道中，改今名，置稻田，以爲險固。來遠寨，在縣東一百九十九里。

【校勘記】

〔一〕榜薩水　川本同，滬本「薩」作「蔭」。

〔二〕四　川本同，滬本無。圖書集成職方典卷五五八寧遠縣：「銀罐峪，在縣南三十里。」清統志卷二五五：「銀觀峪，在寧遠縣南三十里。」則滬本是。

〔三〕溝鎖龍峪　底本「峪」下有「入」字，川本同，據滬本刪。

〔四〕廣吳堡故城　「堡」，底本作「縣」，川本、滬本同，據九域志卷三、宋史地理志改。

秦州　滔山砦，宋太平興國中築。　將鷄砦，宋天禧中築。　三陽砦，宋開寶中築，扼三都谷口。慶曆中，開稻田四百頃，以捍賊路。管小砦十六。　定西砦，在州西北。宋置，領六堡。　榆林砦，去州三百四十五里。　臨江砦，宋雍熙初築，在渭水之南。　三陽砦，皇統二年置，在三陽川。　馬駿砦，在州西馬駿嶺下。　祁山堡，在州西南。　劉溝堡，宋熙寧二年，夏人寇秦州，攻劉溝堡，陷之，殺守將，餘死者不可勝計。　皂郊堡，在州西三十里。宋嘉祐中置。　柏陽堡，在州東。　湫池堡，在舊天水縣七十里。今地屬成縣。　靖安堡，在舊天水縣三百里〔一〕。今屬成縣。　西顧堡。已上俱宋時有之，至金廢〔二〕。　秦亭，即街亭，在城東。〔旁注〕東南七十里。　蜀馬謖與魏張郃戰於此。〔旁注〕失利處。　西縣，在秦州、上邽縣西南。一名始昌。曰西城者，西縣城也。　縣西有嶓冢山，西漢水所出。

【校勘記】

〔一〕在舊天水縣三百里　川本同，滬本「縣」下空缺，圖書集成職方典卷五六四亦作「在舊天水縣三百里」。按此

「縣」下當脱方位之文。

〔二〕至金廢　「金」，底本作「今」，川本、滬本作「金」。金史地理志秦州：「舊有甘谷城……西顧堡，後廢。」據改。

秦安　斷山，在縣東一百二十里。其山當略陽南北之衝，截然中起，不與衆山連屬，其勢若斷，故名。　長山，在縣南二里。東自隴城南山東，延亘百餘里。至社樹平迤邐而西〔一〕，至縣東南，翩然而集。一曰三陽山，其山連秦州之三陽川。　單于山，在縣西南。其山對峙隴河之陽，縣之前若屏若阜。　神仙山，在縣西北四十里。其山自陽兀川以至閉門關約六十里〔二〕，一曰神仙嶺，東南聯小神仙山。　青龍山，在縣東北二十里。其山當縣之北，崒嵂高出，望之若負，俯鎖峽，帶隴水，山原細路，經行如棧。其路逕靜寧、固原，以達於寧夏。　小長安嶺，在縣東北百里〔三〕。其嶺長，故亦曰長安山。　白草原，在縣西南。　隴河，在城西三十步。亦曰新陽河〔四〕。按水經曰：渭水自新陽下城南，又與新陽崖水合，即隴水也。　帶縣川，蓋隴水也。其川倚九龍，揖三陽，負青龍水，奔騰其間，凡五曲。　略陽川，在縣東九十里，亦隴水也。　卧龍川，在縣東九十里。其川衷盤龍。〔旁注〕盤龍山，在縣東九十里〔五〕。　障百頃〔六〕，水出南山，北流入於略陽。　石坂川，在縣東一百二十里。其水出大隴，南流入於略陽。　二甸川〔七〕，在縣東一百三十五里。其水受鄧川，西入略陽。　陽兀川，在縣西北三十里。其川控鎖峽，帶黑龍，〔旁

注〕黑龍山，在縣西北二十里。呑竹林，納八龍，〔旁注〕八龍山，在縣西北六十里。邀元川，引馬峽諸水〔八〕，東南流入於隴。府志：帶黑龍，枕陽極，浮隴水，納元川，引馬頰，東南入隴水。牛駱川，在縣西北三十里。其水東注雞川，西注關川。元川，在縣西北四十里。其水西流，入於陽兀。神泊川，在縣西北七十里。其水注安遠，逕伏羌入渭。了中川，在縣西北九十里。其水受閉門關，縈迴而注於神泊。關川，在縣西北一百里。即閉門關也。其水踞仙嶺，指坷塿。坷塿山，在縣西北九十里。受吳川，注了中。吳川，在縣西北一百三十里。其水受石門，達陽兀。東川，在縣南二里〔九〕。其水西流於縣南，入於隴。蓮花川，在縣東七十里。其水南入隴。

乾磑廢城，在縣東十里。定西砦，宋太平興國中築。靜戎砦，宋太平興國中築，在長山嶺下。隴城砦，唐縣，至德後，陷於吐蕃。宋慶曆中建。靜邊砦，宋祥符中，詔築於南市城西南。

【校勘記】

〔一〕社樹平　「社」，底本作「杜」，川本同，據滬本及大明一統名勝志卷九改。

〔二〕陽兀川　「川」，底本作「州」，川本同，據滬本及嘉靖秦安縣志卷二改。

〔三〕在縣東北百里　川本、滬本同。紀要卷五九秦安縣：「小長安嶺，在縣西北百有五里。」清統志卷二七四：「小長安嶺，在秦安縣西北一百五里。」疑「東」當作「西」。

〔四〕亦曰新陽河　「新」，底本作「龍」，川本、滬本同。水經渭水注：「渭水又東出岑峽，入新陽川。」嘉靖秦安縣志卷二亦作新陽河，「龍」當「新」之誤，據改。

〔五〕其川衷盤龍盤龍山在縣東九十里　川本同，滬本作「其川出縣東九十里盤龍山」。

〔六〕百頃　「百」，底本作「北」，據川本、滬本及嘉靖秦安縣志卷二改。

〔七〕二甸川　川本、滬本同，嘉靖秦安縣志卷二「二」作「三」。

〔八〕引馬峽諸水　「引」，底本無，據川本、滬本、本書下文引府志及嘉靖秦安縣志卷二補。

〔九〕在縣南二里　「南」，川本、滬本同，嘉靖秦安縣志卷二、圖書集成職方典卷五五八作「東」。

清水　床穰砦，在縣西七十里。宋開寶中築，控床穰川一帶，管小堡十一。金皇統二年重立。

弓門砦，在縣北一百二十里〔一〕。宋太平興國中築。冶坊砦，在縣西五十里。宋太平興國中築。定邊砦，至本州一百八十里。靜戎砦，在縣西北五十里。唐宣宗大中二年，鳳翔節度使崔珙奏破吐蕃，克清水。清水先隸秦州，詔以本州未復，權隸鳳翔。宋白曰：清水，漢舊縣。其地即秦仲始所封。九域志：清水縣在秦州東九十里〔二〕。宋白曰：長興中，移清水縣於上邽鎮。九域志之清水，長興所移也。

【校勘記】

〔一〕弓門砦在縣北一百二十里　川本、滬本同。乾隆清水縣志卷二：「弓門寨城，北七十里。」圖書集成職方典卷五六三清水縣：「弓門古城，在縣北七十里。」清統志卷二七五：「弓門鎮，在清水縣北。」九域志：太平興國三年，置弓門寨。縣志：弓門古城，在縣北七十里。」疑此處道里有誤。

〔二〕清水縣在秦州東九十里　「東」，底本無，川本、滬本同，據九域志卷三補。

禮　岷峨山，在縣西二百里〔一〕。長道川，在縣東三十里。西江，在縣西三十里。岷江，在縣西岷峨山麓。堰城河，在縣東二里。平泉河，在縣東北二十里。

【校勘記】

〔一〕在縣西二百里　川本、滬本同。乾隆直隸秦州新志卷二禮縣：「岷峨山，西一百里。」圖書集成職方典卷五五八禮縣：「岷峨山，在縣西南百里。」疑此「二」爲「一」之誤。

文　素嶺山，在縣西。山高積雪，因名。黑水發源於此。今名露骨山。八盤山，在縣北五十里。蛇到退嶺，在縣西。極爲險窄。猫兒崖，在縣西百餘里。爲階州通路，棧道倚崖，極爲險峻。清水江，在縣南八十步。源出扶州，流入白水江。東峪水，在縣西二十里。西園水，在縣南十五里。麻關河，在縣西。五渡河，在縣北八十里。老鼠關，在縣西。階州通路。

鄧艾城，在縣東七里[一]。魏鄧艾由陰平道伐蜀，蓋此時所築。姜維城，在縣東七里。蜀姜維於此築城，與鄧艾相守。廢長松縣，在縣西一百里。本西魏建昌縣，屬盧北郡[二]。隋屬文州，唐省入曲水縣。廢曲水縣，在縣内。本漢之陰平道。西魏置縣，屬文州。唐以爲文州治，在南白二江之曲[三]，因名。今爲千户所治。廢文州，在縣内。後周置文州，治陰平郡。隋初郡廢，煬帝時州廢。唐後置，德宗時，以舊城在平地，遂移於故城東四里高原上，即今所城是也。

【校勘記】

〔一〕在縣東七里　底本「七」下衍「十」字，據川本、滬本及元和志卷二二、紀要卷五九删。

〔二〕盧北郡　「北」，底本作「比」，川本同，據滬本及隋書地理志、元和志卷二二、寰宇記卷一三四改。

〔三〕在南白二江之曲　川本、滬本同，寰宇記卷一三四、紀要卷五九「白」作「北」。

徽州　倉坪，在州東三十里，古黄沙驛倉，今廢。白水峽，在城南五十里白水河邊。石家硤，在州南十里。人煙硤，在州北三十里。八尺硤，在州東北九十里。仙人關，在州東南七十里。宋吴玠、吴璘嘗據此拒金保蜀[一]。小河關，在州南。乃秦、蜀咽喉。上川，在州北十里〔二〕。下川，在州南五里。洛壩河，在州東北八十里。白水河，在州南五十里。永寧河，在州東四十里。横水河，在州北七十里。流入泥陽川。忠義水，在州南十五里。太白池，在州東二十里。周迴幾五十畝，諸山環圍。宋元豐中，禱雨有應，封顯應侯。

【校勘記】

〔一〕宋吳玠吳璘嘗據此拒金保蜀　「據」，底本無，川本同，據滬本補。

〔二〕上川在州北十里　川本、滬本同。嘉靖徽郡志卷一：「上川，北二十里。中川，北十里。下川，南五里。」疑此「十」上脫「二」字。

秦州〔一〕　鞏郡記〔二〕：秦，古成紀也。周曰秦。即秦亭、秦谷，非子所封邑。漢曰天水，秦州記云：郡前有湖水，冬夏無增減〔三〕，因以爲名焉。秦國也，天水郡也。其名著，隋、唐以後，秦州與雍州並稱〔四〕。每置牧焉，則隴以西郡縣惟秦爲劇，其平襄、上邽、伯陽、當亭、秦嶺、勇士、新陽、西、漢陽、休官諸縣及氐道，皆在其域中。而雄武〔五〕、鎮遠，則宋、金皆置爲軍。國初，因元之舊復爲州。有秦州衛，省成紀。其州有嶓冢山、秦嶺山、漾水。

【校勘記】

〔一〕秦州　底本脱，川本同，據滬本補。

〔二〕鞏郡記　川本同，滬本無「鞏」字。

〔三〕冬夏無增減　底本「無」作「興」，脱「減」字，川本同，據滬本及漢書地理志顔師古注引秦州地記改補。

〔四〕其名著隋唐以後秦州與雍州並稱　川本、滬本同。圖書集成職方典卷五五七作「著名隴土，隋、唐以後，秦、隴並稱」。此「著」下疑有脱文。

〔五〕雄武　「武」，底本脱，川本、滬本同，據宋史地理志、金史地理志補。

徽州〔一〕　本漢河池也〔二〕。而華陽志則云仇池者，蓋以後魏拓定仇池、百頃，徽亦其地爾。或爲廣化，或爲河池，皆得爲郡。或屬雍，或屬梁，亦爲隴、蜀要會，亦稱梁泉、固道，嘗置宣撫使云。國初，改元之南鳳州爲徽州，省永寧〔三〕。

【校勘記】

〔一〕徽州　「州」，底本無，川本同，據滬本補。

〔二〕漢河池也　「池」，底本作「地」，川本同，據滬本及漢書地理志改。

〔三〕國初改元之南鳳州爲徽州省永寧　川本、滬本同。元史地理志徽州：「別置南鳳州，治於河池。後又升永寧鄉爲縣，與兩當同爲屬邑。至元元年，改爲徽州；七年，并河池、永寧二縣入州。」嘉慶徽縣志卷二：「元初置南鳳州，以永寧、兩當爲屬邑。至元元年改徽州，七年省永寧縣入州。」則改南鳳州爲徽州及省永寧縣入州在元，此作國初改并，當誤。

階州〔一〕 古武都也。以有天池大潭，故謂之都。戰國間，白馬氐據之。後爲郡，爲鎮，爲州。所領縣亦多，今皆屬漢郡，而階亦或隸秦，或隸利焉。國初，改元之階州爲縣，後復爲州。有階州千户所，有福津縣、將利縣。其州有武都山。

【校勘記】

〔一〕階州 「州」，底本無，川本同，據滬本補。

隴西 漢襄武縣也。其東爲獂音完。道縣，西則襄武。後因郡名以名縣，然或爲渭州，或爲渭砦，而縣自唐至今矣。今爲附郭。其縣有鳥鼠山，有渭水。

安定 唐渭州貿馬西市也。初爲安西城，繼爲定西縣，爲定西州。元末，鞏昌副總帥世顯據其地〔二〕。國初歸附，仍爲縣。

【校勘記】

〔一〕元末鞏昌副總帥世顯據其地　川本同，滬本「世」上空缺。按元史有汪世顯傳，所缺即「汪」字。

會寧　襄武縣東北境也。自後魏置縣，後置會州，又爲西會州，又爲會寧郡，又爲會州。隋屬安定。後陷於河西〔一〕，僑治新會州，又爲西會州，復爲西寧縣。國初，仍爲會寧縣。其縣濱黄河。

【校勘記】

〔一〕後陷於河西　「後」，底本作「矣」，川本同，據滬本改。

寧遠　豲道縣東境也。唐亦屬隴西縣，自宋始縣。濱渭新興、武城二縣〔一〕，固其地也。見水經。國初，仍因元爲縣。豲道，即桓道。

【校勘記】

〔一〕濱渭新興武城二縣　底本「武城」作「城武」，川本、滬本同，據水經渭水注乙正。

通渭　襄武縣東北境也。縣置自宋，其甘谷、宋縣。雞川，金縣。皆省入矣。其地跨三縣，而雞川爲多。國初，仍金、元爲縣。

伏羌　即冀戎地〔一〕。自秦武公置縣，後又置天水郡，又置伏州，而名縣以伏羌則唐也。後魏曰當亭，然與秦州界平襄間，故亦嘗爲郡。國初，仍因元爲縣。其縣有朱圉山。

【校勘記】

〔一〕即冀戎地　「冀」，底本作「翼」，據川本、滬本及史記秦本紀改。

西和　本秦臨洮縣也。後爲成州〔一〕，爲天水之南境。宋徙白石鎮，爲西和州〔二〕，又移南山，遂爲岷州僑治，以唐和政郡爲名。時金人請和，因改爲和州，又加「西」字，以别南和州。而以長道爲附郭，元省長道縣入西和州。國初，改州爲縣。

【校勘記】

〔一〕後爲成州　川本、滬本同。按明西和縣未曾置成州，據紀要卷五九、清統志卷二五六「爲」當作「屬」。

〔二〕宋徙白石鎮爲西和州　「西」，底本作「古」，川本、滬本同。元史地理志西和州：「唐岷州，又改和政郡，又仍爲岷州，宋改曰西和。」紀要卷五九西和縣：「(宋)建炎五年，岷州徙治(長道)縣之白石鎮，改曰西和州。」又長道城下云：「吳玠以李永琪守岷州，移州治於白石鎮。及金人請和，改岷州爲西和州。以淮南有和州，故此爲西也。」此「古」當「西」之誤，據改。

成　春秋、戰國，白馬氏據仇池、百頃，遂爲白馬氏國。蓋近羌〔一〕，乃後爲道，下辨。爲郡，武都、同谷、仇池。爲州，成、汶、南秦。然界於隴西、武都之間，乃世爲楊氏所有。國初，以同谷、天水省入，而改爲縣。其縣有仇池山。

【校勘記】

〔一〕蓋近羌　川本、滬本同，滬本眉批：「『蓋近羌』下疑有訛字。」

清水　即秦仲所封地。蓋邽山近秦亭，即上邽之治頗大。〔旁注〕周桓王十四年，秦武公伐邽戎，取其人來，置上邽縣〔一〕。上邽之名自此始。秦屬隴西郡，漢屬天水郡。西至嶓冢，東至大隴。曰清水則置自後魏〔二〕，故上邽縣乃在秦、清之間，而古清水縣則近小隴。元以冶坊省入之。國朝縣如元。以一縣之水皆清，故名清水。

【校勘記】

〔一〕周桓王十四年秦武公伐邽戎取其人來置上邽縣　川本、滬本同。按史記秦本紀：武公十年，「伐邽、冀戎，初縣之。」集解：地理志隴西有上邽縣。應劭曰：「即邽戎邑也。」秦武公十年，當周莊王九年，此處言「周桓王十四年」，誤。

〔二〕曰清水則置自後魏　川本、滬本同。漢書地理志：天水郡領有清水縣。晉書地理志：清水縣屬略陽郡。則清水之置縣，不自後魏。

秦安　成紀縣北境也。金皇統中，始以秦砦置縣，元并隴城、雞川二縣入焉。然初保於夏中潏，繼牧於周非子，至金陵。宋則南爲軍，屬宋；北爲砦，屬金。而秦分矣。南得成紀什之二，東得隴城什之七，北得雞川什之二。國初，縣如元，屬秦州。

禮　秦天嘉也〔一〕。後爲漢陽地，以近嶓冢，故又爲漢源。有大潭縣，有長道縣。金、元曾爲奧魯所。國初爲禮店所，成化間，割秦州南鄙爲禮縣，屬秦州。

【校勘記】

〔一〕秦天嘉也　「嘉」，底本作「喜」，據川本、滬本及圖書集成職方典卷五五七、乾隆直隸秦州新志卷一改。

兩當　即漢故道縣地，置兩當自後魏始，後爲郡。兩當、武都。至宋徙治廣鄉，皆屬鳳州。國初，兩當仍爲縣，屬徽州。元陵胡氏曰：大散關與嘉陵江地勢險隘相當也〔一〕，然實以兩當水得名。

【校勘記】

〔一〕嘉陵江　「嘉」，底本作「秦」，川本同，據滬本及紀要卷五九改。

文〔一〕　禹貢：梁州之域，周爲雍州地。後爲陰平道，爲屬國都尉，爲郡，爲州。後没於楊茂搜，李雄又據而有之。西魏置岷州及同和郡。隋改州爲郡，末復置州，改分臨洮、和政二縣。唐改和政郡，後復爲州，治溢樂、祐川、和政三縣〔二〕。後復爲歸義軍節度。宋置和州路，亦復爲州，隸熙河路，後隸秦鳳路。紹興間，洮、岷失於金，後復其州，乃徙治白石，改曰西和〔三〕。屬利州路，後仍爲金所據。元於祐川縣地復置州，屬吐番都元帥。國朝置岷州衛，嘉靖乙巳，奏復岷州。

鳥鼠子曰：秦、隴亦大矣，東倚隴，南指漢，西據岷，北阻河，盤踞仇池、河池，襟帶渭水、江水，而鳥鼠、西傾、朱圉、武都聯於右，嶓冢、嘉陵距於前，秦嶺、小隴限於左，黄河、積石環於後。通蜀自鳳，而有陰平、武、階之險，逾岐自汧，而有天水上邽之雄。控番在岷，而有洮陽、疊川之阻，禦狄在原，而有金城、烏蘭之壯。是故宋以渭川爲隴西根本，信乎！憑隴可以輔中原，而引西域也。其疆域何減於岐、豐也哉！寰宇記：文州，先主都蜀，此地爲邊陲要阨。其後鍾會伐蜀，姜維請備陰平橋，後主不從，故敗。又，鄧艾自陰平景谷道懸兵束馬，經江油、綿竹以滅蜀。

【校勘記】

〔一〕文　川本同，滬本作「岷州」。按下所記事既有文縣又有岷州，兩地相混。

〔二〕唐改和政郡後復爲州治溢樂祐川和政三縣　川本、滬本同。元和志卷三九：岷州，管縣三：溢樂、祐川、和政。溢樂爲附郭縣。兩唐書地理志略同。則唐岷州領溢樂、祐川、和政三縣，而州治溢樂。疑此「治」當作「領」。

〔三〕改曰西和　「和」，底本作「河」，川本同，據滬本及紀要卷六〇改。

階州　文王爲西伯，理化西羌。文王薨後，羌人感其化，婦人以孝髽角，至今未泯。宋史：西接羌、戎，南抵蜀、漢。有銅、鹽、金、鐵之産，絲枲、林木之饒。其民慕農桑，好稼穡，大抵夸尚氣勢，甚者好鬬。被邊之地，以鞍馬射獵爲事。其人勁悍而質木。翰墨大全：文州地雜羌、夷，俗同秦、隴。蒼厓絶壁，屹爲巨限，爲蜀門户，秦、蜀出入之道。漢武置陰平道。成州，地狹民醇，以耕織爲業，以射獵爲先。其民質樸勁勇，有崆峒之氣，有古桃源風。方輿勝覽：西和州，其俗悍勁地瘠，少可耕之田。內則屏翰蜀門，外則控制虜境。秦城起於州界，今州城二十里崆峒山，自山傍洮水而東。郡介秦、隴間，古爲用武之國〔一〕。同谷志〔二〕。文州，亂山環合，無可耕之野。慈濡廟記。東接漢中，西接隴右，西北出入之地，居萬山中。天水根本在蜀，蜀屏翳在文州、階州。其人半秦，多勇戇。同谷志。

【校勘記】

〔一〕古爲用武之國　「古」，底本作「右」，川本同，據滬本及乾隆成縣新志卷一改。

〔二〕方輿勝覽至同谷志　川本同，滬本「方」上有「西和縣」三字。按此當列於西和縣下，滬本是。

隴西　東十五里曰東山。見上。東南三十里曰樺林山。其山蒼翠，其上有竹，有靈湫。四十里曰翠屏山。其形如屏。有六泉，西秦乞伏國仁帥騎兵襲鮮卑三部於泉曲。南一里曰仁壽山。其山自南聳拔，磅礴百里，至郡之陽而止，其後有湫。十五里曰雀富峪，雀泉出焉。三十里爲宋坂，栗水出焉。五十里曰藥鋪〔旁注〕平聲。山，其山與漳縣連，其上多藥，其藥如鋪，古爲關隘。

西南二十一里曰赤壘山。其土赤，其形峭拔。其上有堡，可以備虜。八十里曰馬鹿山。其山四面皆石，其石壁立，林木森密。上有石砦，其高處有五臺，其臺五出：曰圓明，有圓明寺，元廢。國朝永樂間，進弘靜禪師世襲住持，以鎮番口。曰定嵣，古爲神禹治水行祠。曰馬鹿，林石森列如突，古有玄武廟。曰蓮峯，其峯層列如蓮，而林木競秀，花卉爭妍。有三墨泉，其泉汩汩不竭，其下有龍雲谷，谷聲鏗然，如樂之奏，有湫焉，其上可避虜。有鐵瓦寺，左右洞四，多藥餌，多蕨，民多采木、采藥、采蕨於上，其峪多水，水多可資沃。曰老君，古有老子殿，有石洞一。有獅子厓，其厓鵠立，武城水出焉。故謂之秦五臺，然其山之奇特，不下晉五臺。

西二十里曰露骨山。見下。曰首陽山，其首面陽，其山連露骨，其上嵐霧時開，林木叢列，視蒲坂、首陽巍而麗，其地爲首陽鄉。曰條嶺山，臬水出焉。八十里曰鳥鼠山[一]。其山連渭源，俗名青雀山。其南谷，渭水出焉。神禹導源即其處。八十五里曰翠豐山。其山有黑湫，有湫神廟，其廟有雌雄樹，盤結者百餘年矣。九十里曰西山，廣陽水出焉。有九龍泉，其泉冬春勇流，會於廣陽。九十五里曰荆谷，荆谷水出焉。

郭北曰渭水，其水出渭源縣北之南谷，至鳥鼠山東流，有泉三，其色清，其味洌。自西南流東北轉東，初才數勺，已乃盈科。及至隴西縣北，遂沛然，然其流皆湜湜，故自隴至秦，資以沃田，引以轉磑者，不下四百里，民賴之。又東過寧遠縣北，又東過伏羌縣北，又東北過秦州，東南出寶雞縣大散關，而又漸大。

東曰赤亭水。水出東山赤谷，西流逕城北，南入於渭。又十里有後川關。又十里有烏隆關。

南三十里曰栗水。水出西南安都谷[二]，東北流注於渭。西南六十里曰昌丘水。水出西南丘下，即碧嵓水。東北注武城水，亂流，東北入於渭。八十里曰臬水。水出西南雀富谷，東北逕襄武縣南，東北流入於渭。九十里曰武城川水。水出鹿部曲西山，兩源合注。謂南川水。東北流逕鹿部南，亦謂之鹿部水，曰廣陽水，水出西山，東北流入於渭。東北六十里曰荆頭川水。水出襄武西南鳥鼠山荆谷，東北逕襄武縣故城北，東北流入於渭。

東南五里曰襄武縣故城。東十五里曰獂道縣故城。西三十里曰首陽縣故城。六十里曰武城縣故城。北百有十里曰通西砦故城。西北五里曰隴西縣故城，亦曰南安郡故城。

【校勘記】

〔一〕鳥鼠山　底本「鳥」下有「麗」字，川本同，據滬本及水經渭水注删。

〔二〕水出西南安都谷　「南」，底本空缺，川本作「蜀」，據滬本及水經渭水注補。

秦州　卷四下第六缺一張。

東六十里曰小隴山。見下。又五十里爲吴砦，有吴鎮，采木者自此而入南山。有木廠，有客店。東南四十里曰秦亭山。其左曰永豐山，其中則東柯峪也。秦亭山亘四十里，其上有秦亭，其下爲秦谷，非子所居，所謂邑之秦也。旁有紫金山，下有馬當山、馬房山、東柯〔一〕。南五里曰仙嘉嶺，下有杜工部草堂，前爲子美村。見下。又五里有隴凍山，其曲有磁冶。又旁曰石門，有石峽如門，峽水出焉，流入於渭。八十里曰麥積山，又曰麥積岩〔二〕。其高壁立入雲，旁山莫伍。其岩上懸而下洞，其内可坐百人，遠望之如廈，近仰之如蓋，岩水下滴如檐。中有萬佛堂、千佛堂、上七佛、中七佛、下七佛諸殿。懸崖百丈，上有石洞，洞有大碑六，皆高丈餘。大木一，長七丈，然洞門僅闢三尺，而碑在其内，木横其中，人以爲異。其堂、其殿、其洞，皆鑿石爲之。曲徑懸閣，並列如屏，非磚、非瓦、非木，狀若天然，登逾千仞，下視羣山，如在其中。其下有湫，自石瀉出，不涸不溢，其味甘云，飲之已疾。初爲普淨寺，因產靈芝，改名應乾。至唐復產靈芝，改名瑞應。其山天將雨即有霧，自牛堂石中滃出，即雨，故名麥積煙雨，天水第一佳境也。其南曰香積山，其下有香積洞，永川水出焉。麥積之北曰雕窠谷，其上有隗囂避暑宫，其前有瀑布瀉蒼厓間。又十里自麥積。爲石嶺關，其關有磁冶。又五十里，界兩當有礦洞。今無。又十里曰改龍山，其下有改龍鎮，即故上邽縣。俗呼爲街子口。其故址存。九十里曰仙人山，亦曰仙人岩，麥積至此有岩突出兩山間〔三〕。上懸下洞，其阿如屋。又二十里曰燕子山，有燕子關。其地多油松，多屋板，有蠟。黨水出焉，東流自三川，入於嘉陵江。又四十里曰麗石山，其下爲麗橋，即麗橋鎮。爲麗水，其水自瓦泉、貴坪、陰平山至秦嶺，略胡店。入於渭橋，南四十里界鳳縣。燕子關北五十里有七星山，迤東二十里界寶雞。又〔旁

注〕此又字，似承燕子關。百五十里曰秦嶺，唐書以爲秦嶺山，其山長而秀，周迴殆數百里。其東連鳳郡，其西接漢郡〔四〕。三百二十里曰金門山，其山峻絶，秀麗如畫，蜿蜒綿延，而接鳳郡。自小隴嶺南望，其峯五出，宛如吳岳。有棧道逕鳳縣，有金門寺。又三百四十里爲胡店。有防守公館，筏經行焉。又有桃花七十二溝。其水俱北流，入於渭。南三十里曰皂郊堡山，其山峻仄如堡，古故以爲堡。又三十里曰天水川，其川之右即平闌山。有避難川、自經嶺，金阿鄰師入皂郊堡，宋人避難於此，守將自經死，王逸斬阿鄰復之。又前有瓦子岔，抵大門鎮，界成縣。自鐵衣硤、白馬關，越天水，抵黄鼠關，界徽州。西南四十里〔旁注〕疑六十里爲是。曰嶓冢山，其陽有漾水，西南流至漢陽，爲漢水。通典云：在天水之上邽。上邽所轄地甚大。同谷志云：在天水。漢中别有漢水。其南爲分水嶺，其水南爲漾，北爲赤峪。曰神馬山，其下有神馬祠池，其池淵洄。開山圖云：隴西神馬山有淵池，龍馬所生，又名龍淵水云。九十里曰木門。張郃邀諸葛武侯於其處，中流矢死。又前界成縣。百一十里米谷山。去天水縣四十里，去成縣百里。宋〔旁注〕當作唐。寶應間，吐蕃陷天水，邑人保於是山。西二十五里曰黑谷山。見下。七十五里曰半坡山，連關子嶺。有鎮。八十里曰柿子川，其下爲横河。横河水自方口寺南流入於漢，其地界禮縣。九十里曰刑馬山，其山邃連洮、岷，約五里，中有大南峪、小南峪，其水皆東北流而爲藉。其山多林木，其路通車。迤南有固城山，其旁有蒿平，其上多當歸。又六十里曰洛

峯山，温泉水出焉。其水逕小洛門，界寧遠。　百九十里曰馬騣山，其上爲砦。東至固城鎮五十里，南至長道縣三十里。　北一里曰壽山，亦曰北山，其上有隗囂連城，有内外宫。其陰爲尉遲坡。　三十里曰卦山，其山俯渭，自西傾迤邐至此。其北突出一小山，其山如綴珠，如充纊。其上爲羲皇畫卦臺，其山南仰卦山，北倚龍馬山。臺之北間以渭，渭之北、龍馬之南爲龍馬洞，云龍馬曾出此臺之東北，當渭中流，爲分心石，其石中虚外實，其形如太極，又如龍馬然，與水浮沉，水縱大石隨之。其臺有畫卦遺迹。有羲皇廟，其廟面陽，視卦臺若却顧然者。　四十里曰龍馬山，曰長山，中間以隴河迤北爲長山城，爲土門。　迤南爲三陽川。長山南阜也。　其北爲番，八番九番十里；其南爲漢，四漢六漢二十里。　漢爲宋，番爲金，昔分而今其名猶存也。　有谷口山，有箭豰嶺，其曲八里，界秦安。　西北一里曰天靖山。見下。　六十里曰鳳凰山，其山兩翼翩然南旋若鳳。其下有媧皇廟。　迤西四十里爲剪子嶺，爲關子嶺。見下。　又四十里爲槐樹嶺，界伏羌。　迤北四十里曰新陽山，其下曰新陽川，俗名沿河城。　有新陽下城。　東北二十里曰百頃原，其原平而大，南臨藉水（五），北出渭水，東至峽五里，謂之峽口，藉水東入於渭。　又十五里曰牛頭山，其山如牛，連上邽，接九龍山，其山九峯，如龍之盤。　其下爲牛頭峽，清水出焉。俗謂之牛頭水。　南流入於藉。　西南七里曰天水湖。見上下。　四十里曰漾水。見下。　九十里曰苑川水，其水出天水縣之子城南山，東流歷子城川。　南門外曰藉水。見下。　北二十五里曰渭水。見下。　三十里曰隴水，其水自秦安五峯三都谷口，南流至三陽川，入於渭。東南三十五里曰永川水，其水自黑水峪東流出永川口〔六〕，入於渭。峪南一里曰甘泉，有甘泉寺。其上有蛾眉峯，俗謂之甘泉縣。有斷碑，或疑即秦亭。四十五里曰濛水，俗呼爲東柯水，出邽山，北流入於渭。東五十里曰秦水。見下。

東郭曰秦州節度使故城。迤東曰天水郡故城。三十里曰隴城縣故城。時漢隴城縣，爲金所侵，宋乃寄治於此。然亦隴城南境也。四十里曰上邽縣故城。在邽山。即今東柯峪街子口。西五十步曰成紀縣故址。即今城皇廟地，豈即州城歟。五十里曰當亭縣故址〔七〕。七十里曰黃瓜縣故址。西南五十里曰氐道縣故址。西北五十里曰新陽縣故城。七十里曰平襄縣故城。在冀縣東北。境内有勇士縣故城。金史張中彥傳：爲秦鳳經略使〔八〕。秦州當要衝而城不可守，中彥徙治北山，因險爲壘，今秦州是也。

【校勘記】

〔一〕東柯　川本同，滬本「柯」下有「峪」字。圖書集成職方典卷五五八、乾隆直隸秦州新志卷二有東柯山。清統志卷二七四：「東柯谷，在州東南。通志：谷在州東南五十里，其旁爲東柯里。」滬本蓋是。

〔二〕麥積岩　「岩」，底本作「砦」，川本同，滬本作「岩」。紀要卷五九作「崖」。乾隆直隸秦州新志卷二麥積山：「形如麥積岩間。」本書下文謂「岩水下滴如檐」。則此「砦」當「岩」之誤。滬本是，據改。

〔三〕有岩突出兩山間　「岩」，底本作「砦」，川本同，據滬本及圖書集成職方典卷五五八、乾隆直隸秦州新志卷一改。

〔四〕西接漢郡　川本、滬本同，圖書集成職方典卷五五八、清統志卷二七四作「南界漢中」。此「西」爲「南」字之誤。

〔五〕南臨藉水　「南」，底本作「尚」，川本同，據滬本改。

〔六〕黑水峪　川本、滬本「水」作「天」。

〔七〕五十里曰當亭縣故址　底本「縣」在「故」下，據川本、滬本乙正。

〔八〕爲秦鳳經略使　「鳳」，底本作「風」，川本同，據滬本及金史張中彦傳改。

階州　東一百二十里爲觀風厓。舊名猫耳。魏鄧艾自此緣木，魚貫入蜀。百五十里有蛇倒退厓〔一〕。其厓棧道如懸，故險。百八十里曰栗亭山，有大蟒厓。三百里曰大羅山。五百八十里曰八盤山，其山遠而高，登者逾日，然無人煙。南百三十里曰盤陧山〔二〕。見上。西七十里曰武都山，去西固十里。蓋一方之巨澤，故以名郡。八十里爲角弓峪。蜀姜維於是峪攻剿五部氐、羌。即角弩峪〔三〕。百二十里曰峯帖山，舊有巡檢司。今廢。北九十里曰米尖山，其上有米倉故城〔四〕。百里曰楊家厓〔五〕，古爲家計砦，控白水江。宋吴玠、吴璘保蜀時築，有泉。二百里曰明月山，有燕子洞，其洞有玄鳥千百羣棲其上。有石子蓮花洞，洞内有大坪，坪後又有洞，其門之左右有石龍，門之前有石燭，其内有湫，湫内嘗有鴛鴦浮焉。山常有光五色。二百五十里曰鐵爐山，寇馬興所據。三百八十里曰貞平山，其山層峙，階、文之間，馬興竄於此。

北一里曰階州故基。西二里曰武階郡故城。福津。將利。盤隄。並見上。東九十里有羊馬城。東南三十里有乳水營。百二十里有葭蘆戍。西百五十里有松樹城。北百二十里有米倉城。百五十里有東固城。

【校勘記】

〔一〕百五十里有蛇倒退厓　川本、滬本同。圖書集成職方典卷五五八階州：「蛇倒退崖，在州東北五十里。」清統志卷二七六階州楊家巖：「蛇倒退巖，在州東北五十里。」疑此「百」字衍。

〔二〕南百三十里曰盤隄山　川本、滬本同。紀要卷五九階州：「盤堤山，在州東南七十三里。」本書上文階州：「盤隄山，在州東南七十三里。」此記里距遠，誤。

〔三〕角弩峪　「弩」，底本作「拏」，川本同，據滬本、本書上文階州角弩谷條及寰宇記卷一五四改。

〔四〕北九十里曰米尖山其上有米倉故城　川本、滬本同。按下文云：「北百二十里有米倉城。」本書上文階州：「米尖山，在州北一百二十五里。山顛有古土城，俗謂之米倉城。」又圖書集成職方典卷五五四階州：「米尖城，在州北一百二十五里米尖山頂，俗謂之米倉城。」則此「九十里」當作「一百二十五里」。

〔五〕楊家厓　「家」，底本無，川本、滬本同。按本書上文階州及紀要卷五九、圖書集成職方典卷五五八作「楊家崖」，此當脱「家」字，據補。

岷州 時置州。 北一里曰岷山，其山跨隴、蜀而聳峙，高視雍、梁二州之境〔一〕。 其土黑，恒有雪。其東清水，其西洮水出焉〔二〕。 其陽有玉女神祠。今廢。 洮水經其下，無草木。 東二里曰東山。見下。 七十里爲普魯嶺，其山高聳，有路，有郵亭，通臨、鞏。 百二十里曰遮陽山，其山突兀，四時蒼翠，若畫圖然，其下爲遮陽水。 南十里曰金通山〔三〕，一曰金童。 上有嶽神祠，有二郎神廟。蜀祀李冰，此亦祀李冰耶？ 歲五月十五日，番、漢致祀。 四十五里爲分水嶺。見下。 西二十里曰崆峒山〔四〕，山在當夷縣。溢樂縣析置，在溢樂縣西二十步。 隋書、唐書皆云岷州有崆峒山。 西南百里曰露骨山，〔旁注〕摩雲嶺見下。 高淩霄漢，四時積雪，分水〔旁注〕當即分水河。經其下。

州城相連者曰臨洮郡故城，亦曰臨洮縣。 亦曰岷州故城。 東南九十里曰索西故城，一曰臨洮東城。漢明帝時，車騎將軍馬防所築。 二百一十二里曰良恭縣故址。縣屬宕昌郡，有良恭山。 南百五十里曰宕州故城，見下。 一曰宕昌郡故址。又曰宕昌州〔五〕，曰懷道郡。有懷道、和戎二縣。 東北三十里曰梅川故城。 境内有溢樂縣故城。見下。 有同和郡故址。 有和政郡故址，一曰和政縣故址。本後周洮城郡。又有同和縣。 有祐川縣故址。見下。 西南三百十里曰疊州故城。 境内諸郡縣，今羌皆雜居之，故其地理遠近，莫得而詳也。 近復岷州，或可漸得其故郡縣矣。

【校勘記】

〔一〕高視雍梁二州之境　川本、滬本同，圖書集成職方典卷五五八「梁」作「涼」。

〔二〕洮水　「洮」，底本作「江」，川本、滬本同。圖書集成職方典卷五五八岷州衛：「岷山，在衛北一里。洮水在焉。本書下文亦云：「其陽有玉女神祠，洮水經其下。」則此「江」當「洮」之誤，據改。

〔三〕南十里曰金通山　川本、滬本同。紀要卷六〇岷州衛：「又城南里許有金通山。山勢嵯峨，亦名金童山。」圖書集成職方典卷五五八岷州衛：「金童山，在衛城南半里。」疑此「十」爲「一」字之誤。

〔四〕西二十里曰崆峒山　「二十」，底本空缺，川本、滬本同。元和志卷三九岷州溢樂縣：「崆峒山，在縣西二十里。」紀要卷六〇岷州衛：「崆峒山，在衛西二十里。」據補。

〔五〕宕昌州　川本、滬本同。周書宕昌羌傳：「高祖詔大將軍田弘討滅之，以其地爲宕州」。隋書地理志：「宕昌郡，後周置宕昌國，天和元年置宕州總管府。」此「宕昌州」蓋衍「昌」字。

會寧　北三百二十里曰屈吳山〔一〕。其山自六盤山，而通懷戎之西南，乃爲是山。又分而爲大神山、小神山，峯巒聳峙，林木森茂，其澗有泉幷流。北自白草原，連寶積山，故其上晴嵐時出，望之靄然。其東有大白草原，在縣東北三百餘里。其原平廣肥饒而多白草〔二〕，有小白草原。西三里曰牧馬原。其原自隴西北嶺起，至縣西之龜岩，周八十里。其下有南河諸水。其原高並羣山，相傳古牧馬官原。東南五里曰桃華山。七里曰式虎山，其山自馬苑分桃花支隴而來，保川二水逕焉，流近縣城乃合。西北百五十里曰烏蘭山，其山自十八盤逕道原而至此。其下有烏蘭關，有祖厲河。南河。見下。東二里曰苦水。其水苦，出自翟家諸山澗中，逕桃華山，注於南河。十字河。見下。祖厲河，其河自安定界逕關川、〔旁注〕西北二百里。烏蘭山下，至郭城驛，合祖厲縣河，入於黄河。又云一自祖厲縣西北，與祖厲水合，名祖厲河。見翰墨大全。一自祖厲縣南，北逕祖厲入於河，名祖厲水。黄河。見下。南二十里爲紅石崖。見下。南二十里爲青土岸〔三〕，其二粉青。三十里爲白土岸。其土膩瑩若粉。東南二十里爲黑土岸。産石灰，産煤。北百里爲硝岸，其岸大河岸也。産芒硝，其硝如堆，故曰堆銀，亦爲青土岸，其土亦粉青。

東三十五里曰西寧縣故城。見下。三十五里〔旁注〕疑誤。曰會寧州故城，曰會州故址。北百八十里曰烏蘭縣故城，又曰祖厲縣故城。見下。南二十里曰敷川縣故城。北百六十里曰保川縣故城。東北五十里曰栗州故城。七十里曰通安故城。

【校勘記】

〔一〕北三百二十里曰屈吴山　川本、滬本同。紀要卷五九會寧縣：「縣東北百里有屈吴山。」清統志卷二五五：「屈吴山在會寧縣東北一百里。紅山之左，接靖遠縣界。」此里距蓋誤。

〔二〕其原平廣肥饒而多白草　「白」，底本作「百」，川本同，據滬本及圖書集成職方典卷五五八改。

〔三〕南二十里爲青土岸　「爲」，底本無，川本同，據滬本補。